6
THE MODERN WESTERN THOUGHT SERIES

Routledge
Taylor & Francis Group

西方现代思想丛书

── 珍藏版 ──

自由宪章

[英] 弗里德里希·奥古斯特·冯·哈耶克 著

杨玉生 冯兴元 陈茅 等译

杨玉生 陆衡 伊虹 统校

F.A.Hayek

The Constitution
of Liberty

中国社会科学出版社

图字:01-2017-9064 号

图书在版编目(CIP)数据

自由宪章/(英)哈耶克(Hayek F. A.)著;杨玉生等译.
—北京:中国社会科学出版社,2012.5(2025.1重印)
(西方现代思想丛书;6)
ISBN 978-7-5161-0945-8

Ⅰ.①自…　Ⅱ.①哈…②杨…　Ⅲ.①新自由主义(经济学)
Ⅳ.①F091.352.1

中国版本图书馆 CIP 数据核字(2012)第 114677 号

出 版 人　赵剑英
责任编辑　李庆红
责任校对　宗　合
责任印制　张雪娇

出　　　版　中国社会科学出版社
社　　　址　北京鼓楼西大街甲 158 号
邮　　　编　100720
网　　　址　http://www.csspw.cn
发 行 部　010-84083685
门 市 部　010-84029450
经　　　销　新华书店及其他书店

印刷装订　环球东方(北京)印务有限公司
版　　　次　2012 年 5 月第 1 版
印　　　次　2025 年 1 月第 28 次印刷

开　　　本　880×1230　1/32
印　　　张　19.25
插　　　页　2
字　　　数　486 千字
定　　　价　76.00 元

《西方现代思想丛书》之一

主　　编　冯隆灏
编委会委员　（按姓氏笔划为序）
　　　　　　冯兴元　曲克敏　孟艺达　青　泯
　　　　　　柯汉民　郭福林

译者的话

一

20世纪90年代，中国与世界的关系表现出两个明显的趋势：一方面，冷战结束后，意识形态的冲突在逐渐减弱，世界一体化进程得到加速；另一方面，中国改革开放的深入正在进一步把中国推向世界。中国汇入世界大潮已不可避免。目前，中国社会生活的各个方面都正在与世界"接轨"。但是，社会构成中的"软件"部分——即思想文化，却没有也永远不可能谈什么"接轨"的问题，世界一体化的趋势只能带来更多的文化碰撞与交流。

目前，许多西方政治家从国家战略的需要出发，通过人权等武器，对中国施加压力，以期达到遏制中国的目的。这种做法加深了东西方文化之间的冲突。西方的思想家虽不一定有这样的政治目的，但他们的著作论述的一般是西方文明所特有的思想原则，他们习惯于把这些思想原则看作是世界各民族应效仿的典范，加之他们一般对非西方国家的历史和现实所知甚少，所以也难于理解，为什么某些思想原则在西方被奉为至宝，而在其他国度里却没有获得应有的影响力。殊不知，这种社会选择是同一个国家的历史和文化分不开的。而且，中国和亚洲其他国家的经验表明，西方思想体系并不是惟一适应现代社会的思想体系。已有越来越多的西方学者开始认识到，从推进社会现代化的角度看，儒家文化同基督教文化一样可以获得成功。

　　受意识形态冲突的影响，我们长期以来对西方价值观也缺乏认真、系统的研究，对某些基本概念的理解也不是很全面，很准确，特别是很少从历史文化的角度探讨西方价值观的成因。造成东西方价值观的不同，有意识形态方面的因素，但更深刻的原因还在文化方面。不然，便难于解释为什么政治制度不同的亚洲国家都不约而同地采取一种与西方不同的现代化模式，并一致抗议西方国家将他们关于人权的价值观强加于人。从文化角度看问题，我们便会发现，文化价值观是长期历史积淀的结果，不是人们可以随便加以改变的。因此，尊重历史和传统是看待文化价值观问题的一个基本立足点。不同的文化在共存共荣中进行对话乃是解决文化冲突的一个根本途径。而系统地了解不同文化的内涵以及历史成因又是进行这种对话的必要条件。

　　90 年代，中国改革开放的主要内容是完成向社会主义市场经济的转变。典型的市场经济在西方国家已搞了好几百年，西方国家在这方面积累了大量的经验，并形成一整套行之有效的、规范市场经济的制度。在西方，论证这种充分发展的市场经济之合理性的理论就是西方文明所特有的自由主义。自由主义作为一种理想化的政治哲学和政治纲领不仅不能原封不动地套用于我国，并且"它在任何地方任何时候都没有被全部贯彻实行过。甚至在人们视为自由主义的故乡和自由主义的模范国家英国，也没有成功地贯彻自由主义的全部主张"（路德维希·冯·米瑟斯：《自由与繁荣的国度》，韩光明等译，中国社会科学出版社 1994 年版，第 44 页）。然而，当我国的各项具体的经济制度都在与发达国家"接轨"的时候，不认真研究作为发达国家经济制度一个重要理论基石的自由主义，是不可想象的。自由主义的某些主张确实是和我国的思想体系格格不入的，但必须承认，作为自由市场经济的重要理论基础，自由主义理论反映和总结了市场经济运行的一般规律。我国目前的经济改革试图要建立活跃的市场主体体系、统一开放的市场体系以及完备的市场经济法规体系，事实上，这些目标同自由主义的主张是相一致的。再者，要论证我国社会主义市场经济同西方的市场经济有哪些区别，也要求我们系统地研究西方的自由主义理论。目前，西方的"福利国家"模式出现了普遍的危机，在这种背景下，古典自由主义在西方经历一段衰落之后，又出现了复兴的趋势。我们能不能通过研究"福利国家"对古典自由主义的背离以及由此引起的结果而获得某些启示呢？

思想文化方面的渗透是无孔不入的，一个对外开放的中国显然不能再通过封闭人们视听的办法，防止外来思想的侵入，我们应该有勇气和自信，成为思想文化碰撞与交流的主动参与者。希望这套"西方现代思想丛书"能使中国思想界看到西方自由主义的"庐山真面目"，从而推动我们对东西方文化碰撞与文化交流过程的参与。

二

由于我们长期以来缺乏对西方自由主义理论的系统了解和研究，因此我们对自由主义的理解存在一些误区。首先，我们过去常常把西方的自由民主思想不加区分地当作一个整体来看待，甚至许多人认为，自由思想和民主思想是一回事。其实，西方近代自由思想和民主思想是两种独立的理论传统，从起源上看，自由思想产生于英国，而民主思想产生于法国。在欧洲资产阶级革命时期，两种传统出现过融合的趋势，并且有些法国思想家（如孟德斯鸠和托克维尔）更偏爱英国传统；而一些英国思想家（如霍布斯）却对法国传统推崇备至。然而，尽管如此，两者的基本理论倾向是完全不同的，造成这种不同的原因是："经验主义世界观在英国曾占支配地位，而理性主义世界观在法国曾占支配地位"（见本书第四章）。在不同的世界观的引导下，"一派把自发性和没有强制看作是自由的精髓，另一派则相信只有在追求并获取一个绝对的集体目标时，才能实行自由"；"一派赞成有机的、缓慢的和半意识的生成，另一派则赞成纯理论的深思熟虑；一派赞成反复试验的步骤，另一派则只允许具有强制性和惟一有效性的模式。"（见本书第四章）与我们许多人的看法不同，在西方思想家看来，自由和民主就其性质和所涉及的问题而言是完全不同的，"自由主义是一种关于法律应具备哪些内容的学说，而民主则是一种关于法律制定方式的学说"（见本书第七章）。更具体地说，民主主义关心的是谁去掌握公共权力的问题，而自由主义关心的却是公共权力的界限问题；民主主义者强调，公共权力要由民众来行使，即主张多数人的统治；而自由主义则强调，公共权力不能超越一定的界限，也就是说，个人享有某些权利，这些权利不受国家的干涉，而无论这个国家政权是掌握在少数人手里，还是多数人手里。也许指出两者的对立物更有益于说明两者的区别：民主的对立物是专制，而自由的对立物是极权。

其次，自由思想和民主思想曾经共同促成了现代国家在西方的兴起，由此人们普遍认为，即使自由思想和民主思想不是一回事，它们也是两种彼此无矛盾并且相得益彰的思想体系。的确，无论从历史上看，还是从理论上看，民主思想和自由思想都是相互促进的关系。在18—19世纪，倡导个人自由的思想家通常也是赞成民主制的。应该说，民主最可能成为保护个人自由不受侵犯的政府形式，而个人拥有一定程度的自由又是民主制得以有效运行的一个条件。但是，随着以大众参与为特征的现代民主制的发展，这两种理论传统发生着越来越大的冲突。以卢梭的"人民主权"观念为基础的现代民主思想出现了这样一种理论倾向，即认为"多数人的统治是无限的，并且是不可限制的"（见本书第七章），其根据是："既然权力已掌握在人民手中，那么便不再有限制权力的必要。"（见本书第七章）特别是，纳粹党通过现代民主制的程序在德国合法地获取政权，摧毁自由制度的事实，使自由主义者进一步认识到，现代民主思想将多数人的意志看作是至高无上之权力源泉的倾向，对个人自由构成了极大的威胁。在这种背景下，民主思想和自由思想之间原本存在的分歧便进一步显现出来了。实际上，自由主义对民主思想所信奉的多数人之决定一直是颇持微词的。第一，在自由主义者看来，"政府的所作所为应得到多数人的同意，这项原则并不一定意味着，多数人从道德角度看有权利为所欲为"（见本书第七章）。第二，多数人之决定并不一定总是最优化、最公正的抉择，事实上，"一个由受过良好教育的精英人物执掌的政府比多数人投票选择的人执掌的政府，往往效率更高，甚至更公平"（见本书第七章）。那么，为什么要赞成民主呢？主要有以下三个理由：民主是迄今发现的和平地解决利益冲突的惟一方法；民主是提高民众对公共事务理解水平的有效方法；民主是个人自由的重要保障。然而，自由主义者并不认为，在民主制下，个人自由的保障并不是完全可靠的，如果把多数人的决定看作是至高无上的，如果所有问题都依照多数人的意志来解决，那么，自由就会被葬送。自由主义者坚持认为，"应该由多数人投票决定的范围要有一定界限"，"一时的多数人之权力应受到长期性原则的限制"（见本书第七章）。只有当这一原则在现代民主制中被人们所普遍接受时，现代民 主制才可能成为个人自由的卫士，而不是对个人自由的最大威胁。认为在民主制下多数人的意愿可以决定一切问题，认为多数人的决定具有最高效力，这实际上就是把民主看作是一种终极价值。而民主却只是达到某种人类目标的一种方法。

对西方自由思想的第三个误区是把自由主义等同于一个提倡

个人绝对自由的思想流派。我们不能不说，这种看法是有失公正的。自由主义从来没有主张过绝对的自由，他们所说的自由总是同"责任"联系在一起的，总是"法律之下的自由"（Freedom under the law）。早期的自由思想家孟德斯鸠在《论法的精神》一书中就曾指出："自由是做法律所许可的一切事情的权利；如果一个公民能够做法律所禁止的事情，他就不再有自由了，因为其他的人也同样会有这个权利"（《论法的精神》上册，商务印书馆1982年版，第154页）。本书作者哈耶克也指出："自由是能与'不准做某些事'相容的……"（见本书第一章），"法律之下的自由"的另一层含义是自由需要法律的保障。西方自由主义所说的自由指的是一个人摆脱他人强制的状态。然而，在社会生活中，一个人对另一个人的强制，只能依靠强制的威胁来阻止，而这种强制的威胁只能依靠国家通过法律来实施。同时，为了防止国家强制力对个人自由的侵害，也需要用法律界定公共权力有效性的范围。

三

《自由宪章》①一书的作者弗里德里希·奥古斯特·冯·哈耶克（Friedrich A. von Hayek，1899—1992）是西方著名经济学家和自由主义思想家。哈耶克1899年生于奥地利首都维也纳一个学术世家。他早年就读于维也纳大学，先后获法学博士和经济学博士。完成学业后，主要从事经济方面的研究工作。1924年，开始参加由奥地利经济学派的重要代表人物路德维希·冯·米瑟

---

① 原书名为 The Constitution of Liberty。对此，国内学者的译法各异，有译成《自由宪章》者，有译成《自由之构成》者。考虑到《自由宪章》一名已为绝大多数人所认同，故从此名。

斯（Ludwig von Mises，1881—1973）主持的"私人研讨班"，正是在米瑟斯的影响下，哈耶克放弃了原有的社会改良主义者的立场，成为自由市场经济的坚定捍卫者和理论家。与此同时，哈耶克开始研究经济周期理论。1927年，奥地利经济周期研究所成立，哈耶克担任该所所长。1931年，哈耶克发表一部专著，题为《价格与生产》。这部著作因提出了与正处于鼎盛时期的凯恩斯学派不同的观点，而引起了强烈的反响，哈耶克因此在伦敦经济学院获得了一个教授的职位。他从此离开了故乡维也纳，迁居伦敦，并且加入了英国国籍。离开奥地利对哈耶克来说是一次机遇，在此后的十几年中，虽然法西斯先后在德国和奥地利得势，并很快将战火燃遍整个欧洲大陆，但哈耶克却得以继续集中精力于教学和研究工作，写出了数部有影响的著作，比如《利润、利息和投资》、《资本纯理论》、《科学的反革命》以及《通往奴役之路》。其中后两部著作已不是纯经济学著作，而表现出哈耶克从思想史和哲学的角度论证自由主义的倾向。第二次世界大战结束后，哈耶克同美国学术界建立了广泛的联系。1950年，他辞去在伦敦的教职，来到美国芝加哥大学任教。1960年，哈耶克发表了这部全面阐述自由主义理论与政策的力作——《自由宪章》，正是这部著作确立了他在自由主义思想史中的地位和声誉。1962年，哈耶克又返回欧洲，先后在联邦德国弗赖堡大学和奥地利萨尔茨堡大学任教。在萨尔茨堡期间，他完成了自己的最后一部重要著作——《法律、立法与自由》。由于名噪一时的凯恩斯主义无力解释战后西方国家经济发展的现实，因此进入70年代以后，一度被"打入冷宫"的自由主义经济理论重获影响力。1974年，哈耶克因其早年的经济周期理论研究，同美国经济学家冈纳·缪尔达尔（Gunnar Myrdal）一起获得诺贝尔经济学奖。

哈耶克是一位博大精深的学者，他一生的著述涉及面甚广，从纯经济理论到经济哲学、政治哲学、法理学以及思想史。但他的全部著述都始终围绕着一个中心，即论证自由的内涵和价值。他被誉为自亚当·斯密以来最受人尊重的自由主义道德哲学家和政治经济学家。

前面已经说过，哈耶克早年主要从事"纯经济理论"研究，并在这个领域取得了引人瞩目的成就，但《自由宪章》却不是一部纯经济学著作。哈耶克毅然抛开早年的研究兴趣，而涉足其他领域，是基于这样一种认识：只有通过重新阐释和奉行自由主义思想大师们曾经倡导的那些基本原则，我们时代的许多迫切的社会问题才能得到解决。到目前为止，从来没有人对自由主义思想原则的整个哲学基础作过全面的阐述，而要完成这一任务，单纯依靠专门经济学的知识是远远不够的。长期以来，哈耶克在研究纯经济问题的同时，一直在为完成这项任务作知识方面的积累和准备。特别是到美国以后，他完全跳出专门经济学的框子，大量阅读思想史、政治哲学和法哲学方面的著作，经过近十年的努力，终于写成这部被人称为"现代自由主义主要宣言"的名著。

《自由宪章》是一部宏篇巨著，洋洋洒洒，数十万言，对自由主义理论进行了全面系统的阐述，回答了有关自由主义的一些基本问题，例如，自由的含义是什么？自由的价值何在？怎样保障个人自由，等等。与其他许多政治术语一样，"自由"也是一个被人使用广泛并且歧义颇多的一个概念。哈耶克在本书的一开头就开宗明义地指出："本书研究人的一种状态，在这种状态下，社会中他人的强制被尽可能地减到最小的限度。这种状态我们称之为'自由'的状态"（见本书第一章）。稍加思考，我们就可以看到，自由主义所说的"自由"（英文为 freedom 或 liberty；德文为 Freiheit）是一种社会概念，它是以人与人之间的社会关系为基础的。离开了他人行为对一个人的影响，就谈不上自由或不自由。因此，那种通常把客观选择范围的大小看作是衡量自由之程度的做法，是对自由概念的一种误解。哈耶克在书中生动地比喻说，假如一个攀岩者跌入山涧，只有一条出路，或甚至没有复出的可能，也不能说他已失去了自由主义所说的自由。另外，人们通常把选择政府、参与立法的权利叫作"政治自由"（political freedom）。哈耶克认为，这种"政治自由""实际上是把自由的原始意义运用于作为整体的人群而形成的一种集体自由"（见本书第一章），但它并不是一种原始意义上的自由。人们并不一定非要拥有它，才能拥有原始意义上的自由。再其次，人们还用"自由"表达人们不受一时的感情冲动的干扰，而用理智支配自己行动的程度，这时它常被人们称为"内在自由"（inner freedom）或"主观自由"（subjective freedom）。最后，人们实现自己愿望的能力也常被比喻成一种自由，比如很多人都梦想过，如果有了一对翅膀，就会像鸟儿一样"自由"飞翔。这实际上是指超越人们身体方面的局限而按照自己的愿望去行动的能力。凡此种种都不是在自由主义所倡导的"自由"的意义上谈论自由。因为限制这些"自由"的东西并不是他人的强制。哈耶克还指出，之所以只把"强制"（英文为 coercion；德文为 Zwang）作为"自由"的真正对立物，是要强调，当人们不自由时，主要是因为人们被迫按他人的意志去做某事，而不是因为人们不能做许多事。而在哲学上经常用以同"自由"对立的用语——"制约"（英文为 restraint；德文为 Beschränkung），常常强调"自由受损是因为人们不能做许多事情"（见本书第一章）。

　　人类似乎天生就具有爱好自由的本性。古往今来，有几个人不认为自由是值得向往的呢？然而，自由主义所主张的自由真的在每个场合下都会给一个人带来好处吗？或者说，能按照自己的意志去行动的状态总是那么令人神往吗？按照哈耶克的自由定义，一个小业主一定比一个大公司的高级雇员要自由得多，但能有多少人能单纯为了自由而放弃后者那丰厚的薪水和稳固的地位，而独自地承担生活的风险呢？这也就是说，一个人的具体利益不一定同他的自由程度成正比，有时甚至成反比。正是在这个意义上，哈耶克指出，"我们尤其必须认识到：我们可能是自由的，但同时也是可怜的。自由并不意味着事事皆好或没有坏事。自由的确可能意味着忍饥挨饿，铸成大错或舍命冒险"（见本书第一章）。既然如此，自由的价值又何在呢？对于这个问题，通常有两种角度不同的论证方式，一种是以社会功利为出发点，另一种以道德伦理为依据。前者在于着重说明没有自由就不会有文化的发展和物质的繁荣，这既适用于人类的历史，又适用于人类的未来；而后者则强调自由符合人的尊严，符合人性。哈耶克更侧重于从哪一方面来论证自由的价值，这是一个有争议的问题。但可以肯定的是，在《自由宪章》这本书中，哈耶克更多地是从第一个方面来论证自由之价值的，而这恰恰是中国读者以前所不太熟悉的。

　　哈耶克论证自由之价值是以其知识观和文明进化观为基础的。哈耶克认为，人类的知识和智慧的有限是一个基本的事实。尤其是在社会领域，人类"具有一种不可避免的无知"。哈耶克在这里所说的知识是包括"人们借助过去的经验去适应环境的一切方式"（见本书第二章）。我们根本无法知道使人类社会赖以存在的内在机制是如何运作的。并且，这种无知随着科学的发展和文明的进化不是在缩小，而是在扩大，因为现代社会的自我协调机制变得越来越复杂。承认这一点对于维护自由极其重要，因为正是那些相信人类最终会变得全知全能的人，容易成为自由的敌人。人类理性无法掌握这些全部的知识，因而人类不能理性地设计未来的发展。人类文明的进化是"通过有选择地剔除不太适合的行为而最后形成的"（见本书第二章）。作为对环境变化的反应，一种新的行为方式或适应方式都是首先局部地、自发地出现的，它不是人类理性设计的结果。这种新的方式在同其他方式的共存与竞争中逐步显示出优越性和更高的适应力，被更多的人所效仿，直至最终占据统治地位。这种"社会选择"过程同"自然选择"过程其实是一样的，特别是进化的初期，一个群体中某些个体作出适应环境变化的反应，纯属偶然性的选择，自然界中的物种是这样，具有理性的人类也是这样。在"社会选择"过程中，人类理性只是在进化的最后阶段，才开始扮演重要角色，即当一种新的适应方式的优越性充分显示出来之后，人类理性可以通过某种人为手段抑制或加速某种适应方式的成长。也就是说，是行为方式或适应方式的自发性生长，为人类理性提供了可资比较和选择的多样素材，理性本身却无法设计出这些多样性的素材。这种自发性成长得以实现的一个重要前提是：一个群体中的每个个体都拥有根据自己的知识、兴趣和其他因素设定自己所追求的目标，并且有针对性地选择实现这个目标的具体方式的可能性。这种可能性就是自由主义所说的自由。没有这种自由，文明进化的速度就会被大大地延缓。现代社会在短短几百年的时间里创造出了多么令人惊叹的文明成果呀！究其原因，是因为人类在很大程度上获得了这种自由。人类未来的文明进化和物质繁荣也同样以保持这种自由状态为前提。这就是自由的价值之所在。不过，哈耶克认为，自由只是一种被动性的状态，这种状态并不能自然而然地给每一个人带来好处，它只是为人们采取积极的行动创造了条件。自由价值的实现取决于人们对它的利用。在哈耶克看来，真正能够很好地利用自由所提供的机会，而对文明进化作出巨大贡献的人只是少数。人们不禁会问，既然如此，自由是不是对大多数人来说就不重要了呢？当然不是。自由主义者认为，在芸芸众生之中，哪些人会对文明进化作出巨大贡献是由许多人们无法把握的偶然因素促成的。而我们事先并不知道，谁注定会成为这样的"幸运儿"。只有将自由给予所有的人，才会使少数人有可能充分地利用自由所提供的机会，才不会将对未来发展具有决定性意义的新思想和新事物扼杀在摇篮中。另外，从功利的角度看，一个人自身是否自由固然重要，但更为重要的是给予他人以同样的自由。因为一个人往往不一定能从自身的自由中获得好处，但他却总是能从那些充分地利用了自由所提供的机会的少数人的行为中获得物质利益。总之，自由是同每一个人的命运息息相关的。

　　一个自由社会的根本前提是：每一个社会成员都有严格划定的私人领域（private sphere），他在其中的活动是不受任何人，特别是不受任何国家强制力干预的。实现这一点的根本方法就是必须坚持"法治"（the rule of law）。从字面上来理解，"法治"就是法律的统治或用法律进行统治，它常常被人理解为政府的一切行为都必须具有合法性，也就是说，政府只能依法办事，不能超越法律。这当然是哈耶克所说的"法治"的一个要求，但仅仅如此，是十分不够的。哈耶克认为，并不是所有由立法机关颁布的东西都是"法治"所要求的法律。所以，政府按立法机关制定的规则办事，并不一定就符合"法治"。"法治"还要求，制定法律时要遵循某些并不一定成文的原则。这些原则是指导法律制定的"超法律的"（metalegal）学说，是高于我们通常所说的法律的。那么，这些原则的内容是什么呢？第一，真正意义上的法律要具有一般性的特征。也就是说，它"针对的是一些尚未知的案例，并不包含涉及特殊的个人、地点或事物的内容"（见本书第十四章）。第二，法律必须是已知的和确定的。第三，法律必须是平等的，即法律规则必须平等地适用于所有人。除了法律要符合上述原则外，"法治"还要求有专门的机构来负责将一般性的规则应用于具体案例，这就是指独立的法官。独立的法官对维护自由之所以必不可少，是因为遵守一般性法律规则给社会带来的益处往往不如一个具体的目标所带来的好处那样显而易见，如果没有一个其兴趣只在于使一般性法律规则得到遵守而没有其他考虑的专门机构，人们常常会采用一切手段去追求某个具体目标而不考虑这是否违背一般规则。在现代社会，对个人自由的最大威胁来自政府的行政权力。政府要履行自己的职能，就不可能不拥有相当的支配权和强制权。但公民的人身和财产绝不能成为政府权力支配的对象。只有在例外的情况下，政府才能干涉公民这方面的权利。这就要求一方面立法机构应用一般法律规则严格限定这些例外情况，另一方面，独立的法官要对每个具体的例外情况进行司法审核，以判定该例外是否是绝对必要的。

四

哈耶克写作《自由宪章》的目的，是要重新对"自由理想进行全面的阐释"。这本书是否完成了这一任务？这种自由理想中的哪些部分是出于他个人的偏见？哪些为西方特有文化传统的产物？哪些是人类共同的精神财富？对于这些问题，当然要靠读者自己寻找答案。

这部中文版的《自由宪章》主要是根据美国芝加哥大学出版社1960年英文版翻译而成，此外，在翻译和统校过程中，参考了德国图宾根的摩尔出版社1991年德文版。参考德文版加深了我们对英文原文的理解，避免了不少可能出现的错误。德文版在英文版的基础上添加了一些注释，这些附加注释无疑为我们提供了更多的学术背景资料。在一定程度上，可以说《自由宪章》是一部欧美思想史的著作，哈耶克在此书中旁征博引，涉及多方面的背景知识，并且在许多地方，他的引证都使用了希腊语、拉丁语、法语、意大利语等语言的原文，这增加了翻译的难度。要不是各方面专家的帮助，我们很难顺利地完成这部译作。在此，我们特向王明毅、罗凤礼、许明龙、陈祥超、廖学盛等先生以及周以光和张丽女士表示谢意。中国社会科学院青年社会科学研究中心为本书的翻译、出版提供了不少帮助，特别是中心的孟庆龙先生做了大量组织工作，在此一并表示感谢。

尽管我们已竭尽全力使译文完美，但却远不敢妄言译文的字字句句都已妥善得没有修改的余地了，如果能使面目全非的误译减少到最低限度，我们也就心满意足了。这部译作是集体合作的结果，各位译者的具体分工是：导言由伊虹译，序言、前言、第一章至第六章由杨玉生、黄岭峻、马立东译，第七章由杨玉生译，第八章、第十二章至第十五章由陈茅译，第九章至第十一章由王松海译，第十六章和后记由张永华译，第十七章至第二十二章由冯兴元译，第二十三章由马立东译，第二十四章由李申译。此外，孙尧奎、海蒂还翻译了部分章节。全书由杨玉生、陆衡和伊虹负责统校，孟庆龙负责统稿。

杨玉生

1996 年 5 月于北京

目　录

导　言 ……………………………………………………… （1）

序　言 ……………………………………………………… （11）

前　言 ……………………………………………………… （13）

第一篇　自由的价值

第一章　自由与自由的诸种含义 ………………………… （27）

第二章　自由文明的创造力 ……………………………… （44）

第三章　进步的一般意义 ………………………………… （65）

第四章　自由、理性和传统 ……………………………… （82）

第五章　责任与自由 ……………………………………… （109）

第六章　平等、价值和品行 ……………………………… （127）

第七章　多数人的统治 …………………………………… （149）

第八章　受雇与独立经营 ………………………………… （171）

第二篇　自由与法律

第九章　强制与国家 ……………………………………… （191）

第十章　法律、命令和秩序 ……………………………… （212）

第十一章　法治的起源 …………………………………… （233）

第十二章　美国的贡献：宪法制度 ……………………（267）

第十三章　自由主义与行政："法治国家" …………（299）

第十四章　个人自由的各种保障 …………………………（321）

第十五章　经济政策与法治 ………………………………（348）

第十六章　法律的衰落 ……………………………………（365）

第三篇　福利国家中的自由

第十七章　社会主义的衰亡和福利国家的兴起 …………（395）

第十八章　工会和就业 ……………………………………（414）

第十九章　社会保障 ………………………………………（439）

第二十章　税收与再分配 …………………………………（470）

第二十一章　货币政策框架 ………………………………（496）

第二十二章　住房和城市规划 ……………………………（515）

第二十三章　农业与自然资源 ……………………………（535）

第二十四章　教育与研究 …………………………………（554）

后　记　我为什么不是一个保守主义者 …………………（575）

致　谢 ……………………………………………………（595）

导　言

雷奥纳多·P. 里奇欧*

　　弗里德里希·奥古斯特·冯·哈耶克 1899 年出生于维也纳。在修完维也纳大学政治学和经济学博士学位课程之后，他成为纽约大学的一位客座研究员。回到维也纳之后，他在商业周期研究所担任路德维希·冯·米瑟斯的助理，并成为维也纳大学经济学讲师（1929—1931 年）。后来，他成为伦敦经济学院的经济学教授（1931—1950 年），芝加哥大学社会伦理学教授（1950—1962年）以及德国弗赖堡大学经济学教授（1962—1968 年）。

　　哈耶克沿着他的良师路德维希·冯·米瑟斯所开创的道路研究两大问题：其一是市场经济里的商业周期问题（见米瑟斯著《货币与信用理论》以及计划经济里的国民核算问题（见米瑟斯著《社会主义》以及《人类行为》）。

　　关于商业周期，哈耶克的著作有《货币理论与商业周期》、《价格与生产》、《利润、利息和投资》以及《资本纯理论》。他还编辑了《集体主义经济计划：有关社会主义可能性的评述》。

　　20 世纪 30 年代后期，哈耶克开始感到欧美的自由主义社团正在被民族社会主义、法西斯主义和斯大林主义所战胜。他感到在自由主义社团里，知识分子们正在这些非自由主义意识形态面前退却。他想解释这一知识分子的退却现象。

---

　　* 雷奥纳多·P. 里奇欧（Leonard P. Liggio），美国弗吉尼亚州费尔法克斯市乔治·梅森大学人文研究所教授。

哈耶克选择了撰述一部一般性的研究著作,那就是《通往奴役之路》。受到亚历克西·托克维尔、阿克顿爵士的作品以及伊莱尔·贝洛克的作品《奴性的国家》的熏染,哈耶克注意到,在社会历史中,国家主义的兴起意味着社会从一种向着自由的进化过程急剧脱离。哈耶克申述道,在国家主义制度下,理性的相应衰落"最初以通俗易懂的形式呈现在我的《通往奴役之路》当中"。

有关在 19 世纪法国社会科学中滥用理性的问题,哈耶克写了几篇文章,它们收录于《科学的反革命》,在这些文章中,哈耶克试图分析两类理性主义之间的认识论矛盾。他把自己与从亚里士多德到托马斯·阿奎那又到约翰·洛克的批判的理性主义传统联系在一起。

在对理性主义传统的批判中,哈耶克包括了许多人:亚里士多德、托马斯·阿奎那、萨拉马卡学派、约翰·洛克、孟德斯鸠、B. 曼德维尔、大卫·休谟、亚当·斯密、亚当·弗格森、埃德蒙·伯克、伊曼纽尔·康德、亚历克山大·冯·洪堡、邦鸦曼·贡斯当、阿里克西·托克维尔以及阿克顿爵士。

哈耶克批评了建构主义的理性主义,他把它与 17 世纪的弗兰西斯·培根、若内·笛卡尔以及托马斯·霍布斯联系在一起。构成主义的理性主义在 18 世纪为让-雅克·卢梭和一些百科全书学派人物所承继,而在 19 世纪,它为亨利·圣西门、奥古斯特·孔德、格奥尔格·W. F. 黑格尔以及卡尔·马克思所承袭(见哈耶克著《建构主义的错误》,这是他在奥地利萨尔茨堡大学当教授的首次讲座的讲稿,1970 年 1 月 27 日再版于《哲学、政治学、经济学和思想史新研究》)。

在《科学的反革命》一书中,哈耶克把建构主义的理性主义归结为科学主义,或者是不恰当地把自然科学方法应用于涉及人类行为的科学的思想。

可以说,哈耶克的著作关系到人类知识问题。计划经济的任何理性计算问题暴露出任何政府官员或者官僚在掌握全民头脑中的知识方面是无能为力的。社会主义的失误是没有认识到人类无知的失误。

在《社会知识的利用》（载《美国经济评论》第 35 卷第 4 期，1945 年 9 月；再版于哈耶克《个人主义与经济秩序》，芝加哥，芝加哥大学出版社，1948 年；也见哈耶克《经济学与知识》，哈耶克在伦敦经济俱乐部的主席发言，1936 年，再版于哈耶克《个人主义与经济秩序》）一书中，哈耶克分析了政府计划的谬见。

由于缺乏明确界定的产权，计划经济没有能力进行计算，从而造成资源配置的无效率。但是，在从社会主义向市场经济过度的过程中，缺乏产权会带来更坏的结果。如果不懂法治，重建产权的过程将会是不完善的。

1974 年 12 月 11 日，哈耶克在瑞典斯德哥尔摩接受诺贝尔奖仪式上作的题为《伪知识》的演讲（哈耶克，《新研究》）中说道：

> 使社会中的学生认识到他的知识存在不可克服的局限性，事实上是给他上一堂如何学会谦虚行事的课，这堂课可以保护他不至于成为那些进行旨在控制社会的不幸努力的人们的帮凶——这样一种努力不仅使他成为他的同仁的暴君，而且也很可能使他成为一种文明的破坏者，这种文明不是由某一个头脑设计的，而是通过上百万个人的自由努力发展而来。

由于社会主义的失误是没有认识到人类无知的失误，带有哈耶克传统的最重要的当代经济学教科书是小格拉尔德·P. 欧德里斯克尔和马里奥·J. 里索著的《时间与无知的经济学》。时间和无知是人类存在的不可避免的组成部分，私人的努力必须对之挑战，但是国家权力不能解决问题。《时间与无知的经济学》对新古典经济学决定论的经济计量学模型以及它的伪知识提出了挑战（见小格拉尔德·P. 欧德里斯克尔著《作为协调问题的经济学：弗里德里希·奥·哈耶克的贡献》，哈耶克作序）。

从 1950 年起，哈耶克在芝加哥大学开设了一个有关社会科学认识论和方法论的研讨会，同样是诺贝尔经济学奖得主的米尔顿·弗里德曼以及许多同系成员参加了该会。弗里德曼声称哈耶克的研讨会是他所体会到的、在知识上最重要的贡献之一。哈耶克认识论的一个重要论断也许可以在他的《政治思想语言中的混乱》中找到（见 E. E. 米勒著《哈耶克政治思想的认知基础》，载 R. L. 坎宁安编《自由与法治》）。

在芝加哥大学，哈耶克教授致力于研究法律和立宪主义。他在开罗的讲学材料被埃及国民银行作为《法治的政治理想》发表。这也是其《自由宪章》的第十一章和第十六章。

伪知识是哈耶克著作的一个重要主题。早在《自由宪章》中，在第二章《自由文明的创造力》的开篇，哈耶克就引用了阿尔弗雷德·诺斯·怀特黑德 1911 年《教学导论》中的话语："文明是通过扩展我们无意识地所从事的重要活动而进步的。"哈耶克这样开始了第二章：

> 苏格拉底有句名言——承认无知乃开智启慧之母，此点对于我们认识社会具有深刻意义。要认识社会，我们就必须首先意识到我们对许多有助于人们实现自己目标的东西必然是一无所知的。个人从超过现有知识范围的更多的知识中得到好处，这是社会生活中大多数优越性赖以存在的基础，这在比较先进的所谓文明社会里尤其明显。也许可以说，文明的生成就是始于个人能够利用自己知识范围之外的更多知识来追求自己的目标；换言之，就是始于个人能够利用自己知识范围之外的更多知识来突破无知的藩篱。（见英文版第 22 页）

　　哈耶克的出发点是苏格兰启蒙运动道德哲学家的构想：社会和文明是人的行为的产物，但不是人的设计的产物。哈耶克说道：

　　　　文明是人的行动的产物，或者更恰当一些说，数几百代人的行动的产物。但这并不意味着文明就是人的设计的产物，甚至也不意味着人们清楚文明发挥功能或继续存在的基础。（《自由宪章》，英文版第 23 页，以及第426 页，该页提到亚当·弗格森著《论文明社会史》。）

　　哈耶克强调了与有助于达到成功目标的知识相比每一个人的无知的重要性。知识分散在无数个人当中。它是那些单个人的知识，它不存在那些整体当中。文明允许每一个人从"所有人的分离的、局部的，有时是相互矛盾的信念中"获益（《自由宪章》英文版第 25 页）。

　　换言之，在很大程度上正是因为文明能使我们不断利用我们作为个体并不具备的知识，正是因为我们作为个体每次运用我们已经确定的知识都会帮助素昧平生的他人达到目的，所以文明社会的成员比起离群索居的个人，能够更好地实现其目标。

　　哈耶克受到了他的朋友化学家迈克尔·波兰尼的影响。哈耶克引用他的话说："如果公元 30000 年的一家图书馆为我们今天所支配，我们就不能理解它的内容。我们应当如何从知觉上把握一个从其本质上看超越了我们的理解力的未来呢？"（迈克尔·波兰尼著《个人知识》以及《沉默的一维》。这些主题在托马斯·索维尔著《知识与决定》中得到了进一步发掘）。

　　哈耶克在《自由宪章》（英文版第 160 页）中引用了迈克尔·波兰尼有关一个"多中心秩序"的自发形成的话语："如果通过允许人类只服从统一适用于他们当中所有人的法律，发挥自身的首创性，并由此在人类中产生互动作用并实现秩序，那么我们就会在社会中拥有一种自发的秩序制度"（波兰尼著《自由的逻辑》，第 159 页）。

　　哈耶克对"法治"原则的表述是他有关人、思想和社会的观点的综合，是一种把他的知识（人类智力的局限）理论、他那经过修正的规则功利主义（rule utilitarianism）以及他那自发社会秩序的观念在自由主义政府的本质和局限问题上的运用。

　　哈耶克把约翰·洛克所指的主要问题认为是"无论是谁在行使权力，应如何能够防止它变为专权"的问题。在洛克的《再论公民政体》中，他坚持立法机关不能通过即兴专横的法令进行任何专权或者统治。洛克声明道："所有拥有国家立法权或者最高权力的人都有义务，依照确定并长期有效的、向人民公布并让人民了解的法律而不是遵照一时的决议来治理国家；要依靠中立而正直的、必须根据那些法律来裁决争端的法官来治理国家。此外，这些掌权者还有义务，在国内将政府这一组织的权力仅仅运用于执行这些法律。"（《自由宪章》，英文版第 170 页）

　　哈耶克说道，"在威廉·佩利的作品中，法治信条得到了充分的申述"，佩利的作品对早期美国思想、并对英国思想都有重大影响：

　　　　一个自由国家的首要准则是，法律应由一组人制订，由另外一组人管理。换言之，立法者和司法者应该分开。如果这些职能统一在同一个人或者同一组人身上，特定的法律为特定的情况制定，它们往往从局部动机出发而涌现，而且直接指向私人目的。当这些职能保持分离时，一组人就会制定出一般性的法律，而没有预见到它们可能影响谁；而且如果制订了，就必须由另一组人来执行，无论它们将涉及到什么人……如果法律所涉及到的各个党派和利益团体是已知的，立法者的倾向将会不可避免地不是偏向这一边就是那一边。假若既没有固定的规则以规范立法者的决定，又没有更高的权力

以监督他们的活动，那么，这些倾向将会损害公共司法
的公正性。(《自由宪章》，英文版第173页，摘自威
廉·佩利《道德和政治哲学原则》第348页及其后。)

哈耶克指出了那些把法治概念视为防止立法和规定过滥的屏
障的处于主导地位的古典自由主义思想家，这些人包括从洛克到
他自己。一个独立于行政和立法的司法是保护公民权利不受立法
和规定过滥之损害的重要因素。

这些问题对所有的社会都形成了挑战。从洛克到启蒙运动代
表，欧洲的思想家被中国圣人的著作所影响，这些著作被译成了
拉丁文。在20世纪，欧美学者研究了中国古典作家；中国的政
治思想在起草美国人权宣言的过程中也被考察。人们在继续考虑
这一主题，如德巴利和杜韦明编的《儒学与人权》。

也许我们可以用哈耶克在他于1966年9月佩勒兰山学社
(或译"朝圣山学社")东京会议上的发言稿《一个自由主义社会
秩序的原则》中的原话来结束导言：

难道这一切如此
不同于《老子》
第五十七章中的诗句
"我无为
而民自化，
我好静
而民自正。"

我们探寻的不是尽善尽美，众所周知，世上根本就不存在尽善尽美；我们要寻找这样一种人类宪章——它带来的不便最小，也最可原谅。*

——阿尔杰农·悉尼

---

* 摘自悉尼的《谈政府》（Algernon Sidney, *Discourses Concerning Government* [London, 1698]）第 142 页和《著作集》（*Works* [new ed.; London, 1772]）第 151 页。

献给
　　在美国正在生长的陌生的文明

序　言

关于本书的旨趣，我在前言中已作说明。而在注释前的少许文字中，我也对写作之中得到的主要帮助——道谢。这里我要做的只是告诉读者一些注意事项，并表达我的歉意。

本书主要讨论的不是科学教给我们的那种知识。如果我不是用了大半辈子研究经济学，并在近几年致力于了解其他一些社会科学的推论，我是写不出这本书的。尽管如此，我在书中一不局限于就事论事，二不拘泥于因果推理。我的目标是为大家描绘一幅理想蓝图，并说明实现它的途径以及实现它在实际生活中意味着什么。为此，科学分析只是手段，不是目的。我相信自己是本着诚实的态度来运用我关于我们生活在其中的这个世界的知识的，至于读者是否接受我运用这些知识得出的价值标准，则由他们自己决定。

另外，我想表达的歉意同我决定将我的书呈献给读者时的特殊情况有关。工作任务越宏大，其结果的不当之处就越多。这大概是不可避免的。像本书所探讨的这样一个内容包罗万象的课题，我们永远有余地把它研究得更深入，可以说只要我们还有能力，这项工作便永无止境。无疑，我自己将很快发现我本应该把这一点或那一点说得更透彻一些，并且我造成了一些我本可以自己纠正的错误，如果我在研究中再坚持更长一段时间的话。对读者的尊重当然要求作者拿出基本完备的作品，但我认为这并不意味着要等到没有任何改进余地时，才能出版作品。至少当许多人都在关注同一问题时,这样做也未免高估了你个人的重要性。况且,如果一个人已将研究推进了一步(我希望我做到了这一点),他再继续研究同一课题,其回报率很容易迅速下降。其他人可能更有资格为我正在建造的大厦添砖加瓦。因此,我在这里只想说,我为写作此书已竭尽全力,我已不知道,怎样充分地以更简洁的方式来说明其主要论点。

　　或许还应告诉读者的是:尽管我旅居美国近十年,并在美国写作此书,但我不能说我是作为一个美国人来写作的。我的青年时代是在我的原籍奥地利度过的,在英国又度过了我中年期的20个寒暑,而且入了英国籍,我的思想实际定型于这两个国家。知道我的这些经历,对读者或许会有所帮助,因为本书在很大程度上就是上述背景的产物。

　　　　　　　　　　　　　　　　　　　　　F. A. 哈耶克
　　　　　　　　　　　　　　　1959 年 5 月 8 日于芝加哥

前　　言

　　我们是通过何种途径达到现在的境地？我们是在何
种政体下成长壮大的？我们借以成长壮大的民族传统是
什么？……如果我们考察一下各项法律，便会发现法律
为所有具有形形色色的私人差别的人提供无差别的公
正……自由的政体也会反映到日常生活中去。……然
而，我们在私人关系中享有的这种无拘无束并不会使我
们这些公民无法无天。防止这种担心的主要措施，就是
教导人们服从法官和法律，特别是那些确保弱者利益的
准则，而无论这些准则已载入成文的法律文件，还是虽
不成文，但若破坏它们就会被看作是一种耻辱。*

——伯里克利

旧的真理若想保持其对人们思想的影响力，就必须不断地用
后来人的新语言和新概念对它重作解释。那些曾经被证明是最有
效的表达方式由于不断地被使用而越来越失去其原有的意义。基
本观念虽然一如既往地令人信服，但是，甚至当传统范式论及到

---

　　*　篇首引文录自伯里克利在国葬典礼上的演说，参见修昔底德《伯罗奔尼撒战
　　争史》，商务印书馆 1978 年版，第 127—137 页。

今天还存在的相同问题时，它们讨论这些问题的语言也并不是我们今天的语言，其论证也不是在我们所熟悉的语境中进行，它们也没为我们今天提出的问题提供直接的答案。[1] 这种情况恐怕无从避免，因为一种激动人心的理想一经阐释，便不可能再保持完整：因此对理想的阐释必须以占统治地位的观点为起点，必须把当代人所熟悉的许多东西看作是既定的条件，并根据当下具有现实意义的问题来解释一般原则。自由理想渗透了欧洲文明的每一个细胞，它的部分实现是欧洲文明得以存在的前提。早就有人试图对这种自由理想进行全面的阐释。[2] 但是在近一百年来我们文明的这个基础已被人们淡忘和忽视了，人们更热心于巩固新的社会秩序，而很少关注那些现存社会秩序所依据建立的原则。[3] 只是自从我们发现有一种完全不同的制度在同我们分庭抗礼时，我们才感到，我们对我们的目标缺少明确的观念，也缺少坚定不移的原则，本来我们是可以借助它同对手的教条主义意识形态相抗

---

① 一些说法在过去之所以流行，是因为它在当时似乎表达了一个重要真理。当这一真理已家喻户晓之时，甚至经过反复的、机械的应用这些说法已不再具有特定的意义之时，人们仍然不会放弃它们。这些说法最终因不能激发任何思考而寿终正寝。只有经过一代人对它们的忘却，它们才会重见光明，这样它们能够通过用新的力量去传播与其类似的原始意义，从而得到应用——只有再一次经过这个相同的循环过程，这些说法才能成功。

② 西奇威克（H. Sidgwick）是试图以高校教科书的有限方式来全面地重新阐释自由社会原则的最后一人。见其《政治学原理》（The Elements of Politics，［London，1891］）。该书在很多方面堪称一流，却还不足以反映英国的自由传统的内容，因为它已经严重沾染上了理性主义者（rationalist）的功利主义，而这种主义极易导向社会主义。

③ 与欧洲其他国家相比，英国的自由传统历时更久，在英国，早在1885年就有一个在自由党人中颇负盛名的作家在谈到自由党人时写道："自由党人目前最为迫切的任务，不是争取个人自由，而是重建社会。"参见蒙塔古著《个人自由的限制》（F. C. Montague，The Limits of Individual Liberty，［London，1885］）第16页。

衡的。

在争取世界各民族的道德支持的竞争中，谁缺少一个强有力的信念，谁就会处于劣势。怀疑自己的理想和所获成就的价值，只考虑如何创造一个"更美好的世界"，这长期以来就是西方知识分子的态度。然而，这种情绪无助于赢得追随者。我们若想在这场大竞争中获胜，就必须首先自己搞清楚，我们的信仰是什么。我们还必须清楚我们想维护什么，如果我们不想让自己误入歧途的话。我们同其他民族的交往同样要求我们必须阐明我们的理想。今天，对外政策的问题在很大程度上是哪种政治哲学将取得胜利的问题。我们的文化能否存在下去可能取决于我们能否在世界上将一股足够强大的力量团结在一个共同的理想之下。

我们是在极不利的条件下面对这一任务的。世界上许多民族开始接受西方文明和西方思想之时，西方国家已对自己的文明感到迷茫，并且失去了对曾经造就了西方文明的那些传统的信仰。也是在此时，西方的知识分子在很大程度上丧失了对自由的信念，而恰恰是自由在上个世纪将使西方文明得以生长的各种力量充分调动起来，从而引发出前所未闻的发展。因此，那些将西方思想引入不发达国家的人士从欧洲和美国那里学到的主要不是西方人建立自己文明所依据的那些原则，而大多是梦想如何得到使西方人得以成功的那些途径。

这种发展是极具悲剧性的，因为向西方学习的国家用以指导其行动的观点，虽然也许使它们能够模仿西方的某些成就，但却妨碍它们作出自己独特的贡献，而它们自己的文化传统本来是可以提供这种贡献的。并不是西方历史发展的所有结果都能够或都应该移植到其他文化土壤之中去的。如果允许最终在受到西方文明影响的那些地区出现的任何文明都自发生成，而不是对其从上至下强行嫁接的话，这些文明会更快地找到一个适当的发展方式。自由演化的必要条件是那个人的首创精神，如果缺少这种精神成为事实（这一点常常遭到否认），那么无论在任何地方都有生命力的文明也不能得到生长。若真有这种情况，我们的首要任务便是重新唤醒这种精神，自由政体才会这样做，而极权政体却不然。

就西方而论，我们必定希望在那里仍然存在着对某些基本价值的广泛认同。但是，这种认同现在已变得模糊不清。若想使这些价值得到发扬光大，重新全面地阐述和证明势在必行，刻不容缓。目前，似乎还没有一部著作，对首尾连贯的自由观点的整个哲学基础作过全面的阐述，也没有一部著作能为希望理解自由理想的人提供理论指南。诚然，我们有一些相当不错的历史论著说明了"西方的政治传统"是如何产生的。但是，它们也会告诉我们，"大多数西方思想家的目标都曾经是建立这样一个社会，在其中，个人很少受到统治者独断权力的限制，他们享有在既定的权利和义务的框架内决定自己行动的权利和责任。"① 可我不知道它们其中哪一部著作解释过在面临当今的具体问题时，这段话意味着什么，以及最终证明自由理想正当性的基础是什么。

近年以来，已有人大胆地尝试着去澄清流行已久的、关于一个自由社会应采取何种经济政策的混乱思想。我并不想低估这种尝试已取得的成绩。然而，虽然我仍然把自己主要看作是一名经济学家，但我越来越感觉到，最终要通过承认某些基本原则才能找到解决我们时代许多迫切的社会问题的答案，而这些原则已超出了专业经济学或任何其他单一学科的范围。虽然我最初是从关注经济政策问题起步的，但在现实的引导下我已逐步担当起一项野心勃勃的、甚或胆大妄为的任务，即通过重新全面地阐述自由哲学的基本原则来研究经济政策问题。

---

① 沃特金斯：《西方的政治传统》(Frederick Watkins, *The Political Tradition of the West*, [Cambridge: Harvard University Press, 1948]) 第 10 页。

但是，对于我超出了我可以有把握地说掌握了所有技术细节的专业领域而进行的冒险行为，我并不会抱歉。为了重新获得关于我们目标的连贯观念，这样的冒险也许越多越好。事实上，通过写作这部书我所获得的一点认识是：由于我们过于倾向让专家去作决策，并且不加分析地接受他们关于某个他们自己也一知半解的问题的观点，所以我们的自由在许多方面都受到了威胁。然而，由于经常碰到的经济学家和其他专家之间的冲突将会一再出现在我这本书中，所以我想在这里强调指出，经济学家**没有**权利要求拥有一种特殊知识，以使他有能力去协调所有其他专家的努力。经济学家所能自诩的只是，由于其职业的关系，经济学家研究各种不同人类目标之间存在的冲突，这使得他比其他人更清楚地认识到，任何人类的理性都无法掌握左右人类社会行为的全部知识，因此，需要有一个不依赖于个人判断的、非人为的机制，去协调所有单个人的努力。经济学家关心的就是这种非人为的社会过程，在这个过程中得到运用的知识是一个人或一个有组织的集团所望尘莫及的。这种关心使得经济学家不断地起来反对其他专家们的野心，因为这些专家们由于感到他们的专门知识没有得到足够的重视因而要求得到控制权。

从某一方面看，我写作这本书的雄心可能超过读者的期望，同时又使他们失望。本书讨论的主要还不是特定国家或特定时代的特定问题，至少在前面几章，我想讨论的是具有普遍适用性的原则问题。写作本书的构想基于这样一种认识：在全世界都存在着同样一种思想倾向（无论打着什么旗号，披着什么伪装），这种倾向正逐步瓦解着人们对自由的信仰。我们若想有效地遏制这种倾向，就必须理解成为各种表象基础的共同本质。我们还必须记住，自由的传统不是哪一个国家的专利品，甚至在今天任何民族都不可能独自占有它。我的主要意图不是讨论美国和英国的特定的制度和政策，而是这两个国家在古希腊人、文艺复兴早期的

意大利人以及荷兰人所奠定的基础上创造出来的那些原则；当
然，法国人和德国人对这个自由传统的基础也作出过重要贡献。
另外，我的目的不是提供一个具体的政策纲领，而是阐明应根据
何种标准来判断具体措施是否同一个自由政体相适应。我从不认
为自己有能力设计一个全面的政策纲领，否则，便是同本书的宗
旨背道而驰了。说到底，这种全面的政策计划只有通过将一般哲
学运用于今天的具体问题，才能逐渐形成。

　　诚然，如果不把一种理想同其他理想作比较，便无法恰当地
说明这种理想，然而，本书的主要目的不在于批评。[①] 我的意图
是为未来的发展打开大门，而不是将其他可能性拒之门外。换言
之，我们要防止任何为未来发展敞开的门被人关闭，当国家独揽
控制某些发展的权力时，总会发生这种情况。我所重视的是改进
我们的制度这项正面的工作。如果说我充其量只能指明值得追求
的发展方向，那么至少我在尽力更多地关注指明应该打通的道
路，而对于如何为道路清除障碍则费心较少。

　　既然本书想阐明一般原则，那么它就只能主要论及政治哲学
的基本问题，但随着讨论的深入，它也会触及某些实际问题。在
本书的三个部分中，第一个部分试图说明我们为什么需要自由以
及自由带来了什么。这里对决定着所有文明生长的那些因素进行
了某些考察，并且此处的讨论必定主要是理论性的和哲学性的，

---

① 我也希望，我不会给人以理由来像柯尔律治（S. T. Coleridge）告诫伯克
（Edmund Burke）那样告诫我，这种告诫在今天显得特别重要。他指出：
"如果说一种政治制度的危险在于，它只对道德高尚、想象力丰富的人以及
所有那些在看到慈善行为蓬勃发展时兴高彩烈，因而容易错把他们自己的优
秀品性和卓越能力当作人类共同特征的人产生特殊魅力的话，那么，说这种
政治制度除了针对强盗和刺客就没有动人之处，或者说它除了来自蠢才和疯
子的头脑就没有正常的起源，这种看法也是不明智的。"参见怀特编《柯尔
律治的政治思想》（*The Political Thought of Samuel Taylor Coleridge*，ed,
R. J. White [London，1938]）第 253 页。

当然前提是，"哲学"一词能恰当地说明成为政治理论、伦理学家和人类学交汇点那个领域。接下来探讨的是由西方人发明的、用以保护个人自由的那套制度。这里我们会涉足法理学领域，并将从历史角度来探讨有关问题。然而，我们既不从法学家的角度，也不从历史学家的角度来观察该制度的发展。我们关注的将是一种理想的成长过程，这种理想在多数时代并未被人清楚地认识，也并未被人充分实现，因此为了让这种理想作为我们解决我们时代问题的指导，还需要进一步澄清对这个理想的认识。

在本书的第三部分，那些基本原则将通过在当今亟待解决的政治问题和社会问题上的具体应用而获得检验。我所选择的问题限于那些领域，在这些领域中，错误地选择我们面临的若干可能性最容易危害自由。这种讨论意在说明，用不同的方法追求同一目标经常会造成不同结果：不是增进自由，就是摧毁自由。对这些问题中的大部分，单靠专业经济学并不能充分地提供制定政策方面的指导，而这些问题只有被放在更宽广的框架内才能被人们所认识。但是，这些问题所可能引出的复杂争论无法在本书中得到详尽无遗的探讨。对这些问题的讨论主要还是为了说明本书的中心目的，也就是说关于自由的哲学、法理学和经济学解释仍需交叉进行。

本书旨在有助理解，而不是激发热情。虽然我在就自由问题进行写作中常常情不自禁，但我在进行讨论时一直力争尽可能保持清醒头脑。像"人的尊严"、"自由的完美"这类情绪化的表达，尽管高贵可嘉，但在晓之以理的过程中不能有它们的容身之地。我已意识到，一个对许多人来说曾经是一种神圣的情感、并为许多人坚定地捍卫，却从来不把这看作是一个知识问题的理想，用"冷血"的、纯粹知识的方式来研究会有某种危险。除非唤起人们的情感，否则我不认为自由的事业能够获胜。但是，尽管不断激励人们为自由而战的强烈本能是不可或缺的支持，但它并不是可靠的向导，也不能使我们避免错误。
同样高尚的情感也曾经被某些人用来歪曲我们的目标。更为重
要的是，反对自由的论点主要属于知识领域，因此我们必须在
这领域中与之对抗。

　　有些读者可能会由于形成以下印象而感到困惑不解，在他们
看来，似乎我并不把个人自由的价值当作毋庸置疑的道德前提，
并且我一直尽可能地从权宜的角度出发来论证自由的价值。这恐
怕是一种误解。但是，我们若想使那些不相信我们的道德观点的
人信服，我们不能把这些道德观点看作是不言而喻的，这是确凿
的。我们必须表明，自由不仅是一种特定的价值，而且是大多数
道德价值的源泉和条件。① 如果只有一个人享有自由，他因此所
能够获得的好处远不及整个社会处于自由状态带来的好处多。因
此，只有了解了一个自由人组成的社会总体上与一个不自由的社
会究竟有什么不同，我们才能充分认识自由的价值。

　　我还要提醒读者，不要期望我们的讨论会总是保持在高远理
想或精神价值的层面上。实际上，自由依赖于极为平凡的小事，
那些热切希望保留自由的人必须通过关注公共生活中的世俗利
益，通过努力去理解那些容易被理想主义者看作是习以为常的、
甚至是低下的问题，来证明自己的忠实。自由运动的知识领袖们
曾经过分地将自己的注意力只放在他们最关心的那些自由的具体
运用上，却很少去试图理解那些并不直接影响他们的限制自由的

---

　　① 奥登（W. H. Auden）在介绍詹姆斯的《美国纪实》（Henry James，*The A-
　　　merican Scene*，〔New York，1946〕，p. xviii）一书时，曾说过："自由不是
　　　一种价值，而是价值的园地。"贝在《自由的结构》（C. Bay，*The Structure
　　　of Freedom*，〔Stanford Calif.；Stanford University Press，1958〕）第 19 页
　　　中也曾说过："自由是其他价值得以充分生长的必要条件。"（因这部后出版
　　　的书得到的太晚，所以我只能在附注中偶尔引用。）

因素意味着什么。①

　　如果要让本书的主体始终尽可能地实事求是，不带感情色彩，那么书的开头必然会更为平淡。由于某些必须使用的词的词义已经变得非常模糊，因此，十分重要的是，我们应该一开始就使用它们时的意义形成统一认识。"freedom"和"liberty"这两个词是最严重的受害者。它们被人滥用，它们的意义被扭曲，以致于可以说，"只要不给定其具体的内容，它便没有任何意义，而稍一引申它便会具有你喜欢的任何一种内容。"② 因此，我们不得不首先从解释什么是我们所讨论的自由开始。像"强制"（coercion）、"武断"（arbitrariness）和"法律"（law）这类术语，在讨论自由时不可或缺，但它们的意义同样模糊不清，若不对它们进行考察，便无法获得关于自由的精确定义。对这些概念的考察被延搁至本书第二部分的开头，以便在我们开始讨论更为实质的问题以前，界定术语的枯燥工作不会造成太大的妨碍。

　　有关人类共同生活的哲学是经过两千多年的时间而逐步形成的。这种哲学经常依靠新生力量从逆境中崛起的这一事实，给了我试图重新阐述这种哲学的勇气。在最近几代人中间，这种哲学经历过一段衰微的时期。如果说在某些读者，尤其是在欧洲的读者看来，我这本书探讨的是一种不再存在的制度的合理性的问题，那么，问题的答案便是：只有重建这种制度，西方文明才不

---

① 怀特黑德在《思想探险》（A. N. Whitehead, *Adventure of Ideas* ［New York：Mentor Books，1955］）一书第37页写道："不幸的是，自由的内涵已被对自由所作的文字游戏掏空了。……自由的概念被人狭隘地理解，被当成使同代人厌恶的那些苦思冥想人物的化身。说起自由，我们容易只把它理解成思想自由、出版自由、信仰自由等等。……这种观念是完全错误的……自由的文字表达，主要是为了渲染。……其实，首要的是行动自由。"

② 贝克著《旧世界的新自由》（C. L. Becker, *New Liberties for Old* ［New Haven：Yale University Press，1941］）第4页。

会衰亡。这套制度是建立在一种哲学的基础上的，当这种哲学影响深远时，它便停滞不前；而当它处于守势时，却经常取得进展。在近几百年中，这种哲学确实是裹足不前，但现在它正处于守势。然而，正是针对它的批评向我们说明了，这种哲学的传统形式中有哪些缺陷。要更好地理解个人自由的必要条件，今人无须比过去的大思想家更聪明。因为，近百年来的经验所教给我们的东西，是麦迪逊、米尔、托克维尔和洪堡等人不可企及的。

使这种传统获得新生的时机是否已经来临，这不仅取决于我们完善这种传统的努力所取得的成功，而且还取决于我们这代人的态度。如果我们不承认雄心壮志是有极限的，这种传统便会被拒之门外，因为，这种传统是一种有节制的、甚至是谦恭的信念，其基础是对人类的智慧和能力的悲观评价，它意识到，在我们所能计划的限度内，甚至最完美的社会也无法满足我们的全部愿望。这种传统同"至善论"（Perfectionism）相去甚远，与热情洋溢的改革者的急切和冒进也同样是风马牛不相及的，因为这些改革者对某些罪恶的义愤常常使他们对实现其计划可能会造成的损害和不公正视而不见。就个人而言，雄心壮志、急切和匆忙也许还是值得赞赏的，但如果这种品性控制了强制的权力，如果社会进步将依赖于那些认为一旦被授予权力便同时拥有更高智慧，并因此有权将其观点强加给别人的人，那么这种品性便极为有害了。我希望，我们这代人已经认识到，正是这种或那种形式的"至善论"曾经多次摧毁社会业已取得的成就。① 实际上，要

---

① 在以后的论述中，休谟（David Hume）将被看作是我们的良师益友，他早在 1742 年就说过（《随笔》［Essays，Ⅱ］第 371 页）："因追求完美而过分严肃的哲学，常以纠偏改错为借口，伤及我们心灵中最宝贵的情感和最有用的本能。应该知道，人类的行动是受到这种情感和本能左右的。"他还警告我们（第 373 页）"不要通过精益求精的方式追求幸福和完美，以至于背离我们已接受的行为准则太远"。

通过确立更加有限的目标，持有更多的耐心和更谦虚的态度，我们才能更迅速地进一步前进。而如果我们处在"一种对我们时代的卓越智慧及其辨别力所具有的自负和傲慢的信念指导下"，①结果会适得其反。

---

① 沃兹华斯：《漫游记》（W. Wordsworth，*The Excursion* [London，1814]），Part Ⅱ。

第一篇　自由的价值

自古以来，演说家和诗人都极力称颂自由，但却没有人告诉我们自由为何如此重要。我们对这个问题的态度应取决于我们把文明看作是一成不变的、还是进步不已的。……在一个进步不已的社会之中，任何对自由的限制都会使经受了考验的事业在数量上减少，从而使进步的速度降低。而在这样一个社会中，行动自由之所以要给予个人，不是因为他由此获得更大的满足感，而是因为如果让他按自己的意愿行事，而不是按我们要给予他的命令去做，他将能更好地为我们中的其他人服务。*

——H. B. 菲利普斯

---

* 引自菲利普斯的"论进步的性质"（H. B. Phillips, "On the Nature of Progress", *American Scientist*, XXXIII ［1945］）第 255 页。

第一章　自由与自由的诸种含义

> 关于自由一词，始终没有一个好的定义，而美国人民现在恰恰亟需一个定义。我们都宣称信奉自由，但用词虽同，所指迥异。……这里就有两种东西，不仅不同，而且互相冲突，但它们都叫"自由"。*
>
> ——亚伯拉罕·林肯

1. 本书研究人的一种状态，在这种状态下，社会中他人的强制被尽可能地减到最小限度。这种状态我们称之为"自由"（freedom or liberty）① 的状态。这两个词也曾被用来指称生活中

---

* 篇首引文录自《亚伯拉罕·林肯全集》（*The Writings of Abraham Linoln*，ed. A. B. Lapsley [New York, 1906], Ⅷ, 121.）。孟德斯鸠在《论法的精神》（*Spirit of Law*, Ⅺ, 2CI, 149）一书中也说过类似的话："没有一个词比自由有更多的涵义，并在人们意识中留下更多不同的印象了。有些人认为，能够轻易地废黜他们曾赋予专制权力的人，就是自由；另一些人认为，选举他们应该服从的人的权利就是自由；另外一些人，把自由当作是携带武器和实施暴力的权利；还有些人把自由当作是受一个本民族的人统治的特权，或是按照自己的法律受统治的特权。"

① 关于 freedom 和 liberty 的区分，迄今似乎还没有被普遍接受的解释，所以我们将交替使用它们。尽管我个人喜欢用前者，但后者似乎更少被滥用。当罗斯福（Franklin D. Roosevelt）把"免于匮乏的自由"（freedom from want）包括在他的概念之内时，"liberty"对于他的"高级双关语"（罗宾逊著《民营企业或公共控制》[Joan Robinson, *Private Enterprise or Public Control*]）几乎是不能被使用的。

其他许多美好的事物，因此，若一开始就问它们究竟意味着什么，是无益的。① 似乎最好应该首先阐明我们使用这两个词究竟是指何种状态，然后，再考虑它们的其他涵义，才能更精确地界定我们已经采纳的这些涵义。

一个人不受其他某人或某些人武断意志的强制，② 这种状态常常被看作"个人的"（individual）或"人身的"（personal）自由。当我们想让读者切记我们正是在这个意义上使用"自由"一

---

① 克兰斯顿在《自由：一个新分析》（M. Cranston, *Freedom: A New Analysis* [New York, 1953]）中曾经阐明了对"freedom"所作的非常严格的语义学分析的有限价值。这对于想看到哲学家们是如何沉溺在自己对这一概念新奇定义之中的读者是具有启发意义的。若想进一步弄清该词的歧义，可参看阿德勒的《自由的思想：对自由概念的辩证考察》（Mortimer Adler, *The Idea of Freedom: A Dialectical Examination of the Conceptions of Freedom* [New York 1958]），我曾有幸见到该书的书稿。另外，奥斯陆大学将出版一本更全面的著作，作者是奥夫斯塔特（H. Ofstad）。

② 参见边沁的《法理学的界限》（J. Bentham, *The limits of Jurisprudence Definded*, ed. C. W. Everett [New York: Columbia University Press, 1945]）第 59 页："根据强制生产的不同渠道，自由也相应地具有若干种类，而恰恰是没有强制时，自由才会出现。"还见施里克的《伦理学问题》（M. Schlick, *Problems of Ethics* [New York, 1939]）第 149 页；奈特的"自由的意义"（F. H. Knight, "The Meaning of Freedom", in *The Philosophy of American Democracy*, ed. C. M. Perry [Chicago: University of Chicago Press, 1943]）第 75 页："社会中自由的原始意义……总是一个消极性的概念……而强制是一个必须真正加以界定的术语。"该作者在以下两篇文章中对此作了更充分的讨论：见"自由的意义"（"The Meaning of Freedom", *Ethics*, Vol. LⅡ [1940]）和"价值的冲突：自由和正义"（"Conflict of Values: Freedom and Justice", in *Goals of Economic Life*, ed. A. Dudley Ward [New York, 1953]）。诺伊曼在《民主国家和独裁国家》（F. Neumann, *The Democratic and the Authoritarian State* [Glencoe, Ill., 1957]）第 202 页也指出："自由即不存在强制的公式仍是正确的……从这一公式出发基本上形成了文明世界一整套理性的法律体系。……这种对自由的解释是自由概念中绝对不可放弃的要素。"贝在《自由的结构》（C. Bay, *The Structure of Freedom* [Standford, Calif.: Stanford University Press, 1958]）一书的第 94 页也说过："在自由的所有目标中，最大限度地使每个人免除强制是占第一位的。"

词时，我们总是使用这种表达方式。当然，有时也可用"公民自由"（civil liberty）一词，但为了不与所谓"政治自由"（political liberty）混淆，还是不用为好。"公民的"和"政治的"分别源于拉丁文和希腊文中具有相同意义的词，所以极易混淆。①

我们上面对"自由"涵义的尝试性说明已经表明，自由是一种状态，一个生活在人群之中的人，只能希望逐渐接近这种状态，而不能完全达到它。因此，一种自由政策尽管不能完全消灭强制及其恶果，但应该尽量将之缩小到最低限度。

关于"自由"一词，我们所用的概念似乎是它的原始意义。②人，或者说，至少是欧洲人，在进入文明史时是被分成自由和不自由两类的，这一区分有着某种特定的意义。自由人的自由是有很大差别的，但这仅仅表现在他们所拥有的独立性的程度上，而这种独立是奴隶所不曾拥有的。自由历来指人们按照自己的决定和计划去行动的可能性，与此相反的一种状况是某人不得不屈从于他人的意

---

① 目前，"公民自由"这个术语似乎主要是用来指那些对民主制的运行特别重要、实现个人自由的措施，比如言论自由、集会自由和新闻自由。在美国，它专门指《权利法案》所确保的基本权利。与"内在的自由"截然不同，"政治自由"这个术语有时也用于说明个人自由（personal liberty），而不是我们用政治自由一词所表达的集体自由。虽然这种用法得到过孟德斯鸠的认可，但它在今天只能引起混乱。

② 参见巴克的《对政府的反思》（E. Barker, *Reflections on Government* ［Oxford: Oxford University Press, 1942]）第1页："自由原本表示自由人或自由生产者的特质或地位，它是相对于奴隶而言的。"从语源学的角度看，似乎"自由的"之日耳曼语词根表示一个受保护的社会成员的地位。关于此点，还可参见尼科尔的"贵族与随从"（G. Neckel, "Adel und Gefolgschaft", *Beiträge zur Geschochte der deutschen Sprache und Literatur*, XLI ［1916]），特别是第403页："'自由的'本来是指那些受保护、并享有权利的人。"另见施拉德尔的《语言比较和史前史》（O. Schrader, *Sprachvergleichung und Urgeschichte*, Ⅱ/2, *Die Urzeit* ［3d ed.；Jena, 1906—07]）第294页，以及瓦斯的《古老的德意志自由》（A. Waas, *Die alte deutsche Freiheit* ［Munich and Berlin, 1939]）第10—15页。同样，拉丁语"liber"和希腊语"eleutheros"似乎也来自表示部落成员资格的词。当我们在后面考察法律和自由的关系时，我们将会看到这一点的意义。

志，在他人专断的强制下被迫以特定方式去行动或放弃行动。因此，对自由的传统解释是："不受他人武断意志的支配。"

"自由"的这个原始意义，有时被认为是流于粗俗，但考虑到那些哲学家欲使其高雅反而导致混淆的结局，我们最好还是接受它的原始意义。更为重要的是，它的原始意义比较明确，它指一件事，也仅指这件事——即我们所希望的一种状态，这不同于别的定义，尽管也叫"自由"，却是指我们希望的其他许多事。我们将会发现，严格地说，这些不同的"自由"不是同一种类的不同变种，而是完完全全的不同种类，而且相互之间是矛盾的，所以必须明辨。尽管从某种角度上看，列举不同种类的自由也说得过去，但就我们所说的自由而言，"免于……的自由"（freedoms from）和"能做……的自由"（freedoms to）是一码事，程度不同，但种类是一样的。

在这个意义上，自由"专指人与人之间的一种关系"，① 能够侵害它的惟有他人的强制。应当特别注意的是，某人在某一时刻内所能选择的行动范围，同自由并无直接关系。譬如，某个攀岩者遇险，发现仅有一条路可以脱身，这时，尽管他别无选择，但却享有自由。即使这个攀岩者跌入深涧，不能复出，人们也不会失去对原始意义上的自由的情感。说其"自由被剥夺"或"成为俘

---

① 格林：《谈政治义务的原则》（T. H. Green, *Lectures on the Principles of Political Obligation*，[new impr.；London，1911]）第 3 页："关于'自由'的意义，我们当然必须承认，只要人们使用这个术语来表达某人与他人的社会、政治关系，它便是一种比喻。甚至在人们最初使用这个术语时，它的意义也不是固定的。实际上它总是指免除他人的强制。在不同的社会状态下，'自由人'享受的免于强制的程度和条件是不同的。一旦'自由'不是指个人和他人已经确立的关系，而是指其他什么，那么它的意义便更加不确定了。"另外，参见米瑟斯的《社会主义》（L. von Mises, *Socialism* [new ed.；New Haven：Yale University Pess，1951]）第 19 页："自由是一个社会学概念，用它去说明社会以外的状态，便毫无意义可言"；还有第 194 页："这就是人在外向性生活中的自由——即不受他人的武断力量的支配。"

房"，都只是形象比喻，与前面涉及社会关系的解释是不同的。①

　　某人在行动上有多少条路可供选择，这个问题固然很重要，但与自由不同。自由是指一个人在多大程度上能够自行其事。在多大程度上他能够自己确定其行为方式，以及在多大程度上可根据自己所执著追求的目标，而不是根据别人为实现其意图所设定的强制条件去行动。一个人是否自由，并不取决于选择范围的大小，而是取决于他能否自己根据自己的意愿行事，或者说，他人能否迫使他按照他人的意愿，而不是他自己的意愿来行事。因此，自由的前提应该是：个人具有自己有保障的私人空间，在这一空间内，有许多事情是别人无法干预的。

　　若要更为准确地把握"自由"的概念，首先要系统地考察"强制"这一相关词的含义。但在此之前，我们还要对自由的原始意义和其他意义作一番比较，以弄清自由的真正内涵。与原始意义上的自由一样，其他意义上的自由也是大多数人所希望的状态；二者之间还有一些别的关联，②所以用词相同。我们的当务

---

①　参见奈特的"讨论：自由的意义"（F. H. Knight，"Discussion：The Meaning of Freedom"，*Ethics*，LII［1941—42］，93）："如果鲁滨逊·克鲁索跌入洞穴或身陷丛林，这时说他正在争取使自己自由或重获自由，当然没有错，但这也适用于动物。"这种用法现在可能已被普遍采用。尽管如此，它指的不是奈特教授所主张的没有外部强制的自由概念。

②　从语言学的角度看，之所以将"free"以及与之相应的名词引申，并在各种不同的场合下使用，是因为英语（以及日尔曼语和拉丁语）中缺乏一个形容词来泛指某事不存在。"devoid"或"lacking"一般只用于表示不存在期望之事或通常是现存之事。没有一个相应的形容词（除"free"of外）去表示不存在某种不期望的或与目的相悖的东西。我们通常说，某物没有（free of）寄生虫，没有杂质，摆脱了（free of）恶习，这样，freedom 就是指不存在不期望的东西。同样，当我们想说，某事自行其事，不受外部因素的决定或影响时，我们便会谈到它摆脱（its being free of）了一般不与其发生联系的东西的影响。在科学上，我们也常说"自由的程度"，这是指有几种不受已知或假定的决定体影响的可能性（参见克兰斯顿的前引书，第5页）。

之急就是尽量明确地指出它们的差异。

2. 与我们的用法不同,自由在一般人看来,首先是指"政治自由",亦即人们选择政府、参与立法和控制行政的权利。这实际上是把自由的原始意义运用于作为整体的人群而形成的一种集体自由。但是,在这个意义上的"自由的人民"并不一定就是"由自由人构成的人民";人们也并不一定非要先享有这种集体自由,然后才能获得个人自由。这正如我们不能因为哥伦比亚特区的居民、住在美国的外侨或无权参加选举的未成年人没有享有政治自由,便说他们也缺少充分的个人自由。[1]

有人认为,那些刚刚开始公共生活的年轻人是自由的,因为他们已认同他们生于其中的社会秩序。这种说法所以是荒谬的,是由于这些年轻人可能还不知道有更好的社会秩序,即使是同他们父辈的思想完全不同的一代人也只有当进入中年后,才会考虑去改变现存的社会秩序。但是这也不会,或者说不一定使得他们不自由。在认同政治秩序和享有个人自由之间寻求联系,是造成自由一词概念混淆的原因之一。诚然,任何人都有权"将自由等同于⋯⋯积极参与公共权力和制定公共法律"。[2] 只是我们必须清楚,如果他这样做,他所说的是与我们上述完全不同的另外一种状态。用同一个词指代不同的状态,并不意味着某种状态在任

---

[1] 拉斯基 (H. J. Laski) 将这些都说成是不自由,他在《现代国家的自由》(*Liberty in the Modern State* [new ed. London, 1948]) 第 6 页写道:"选举权对自由来说是必不可少的,一个公民若无选举权,便没有自由。"通过对自由的相似的界定,凯尔森 (H. Kelsen) 在"民主的基础"("Foundations of Democracy", *Ethics*, LXVI, No. 1, pt. 2 [1955], 94) 一文中,成功得出以下结论:"想揭示在自由和财产之间具有必然联系的企图⋯⋯已告失败",虽然所有坚持这种联系的人一直在谈论个人的和非政治的自由。

[2] 米姆斯著《多数人》(E. Mims, Jr., *The Majority of the People* [New York, 1941]) 第 170 页。

何意义上都可以等同或取代其他状态。①

概念混淆的危险在于它会掩盖一个事实——即人们可能投票同意或通过契约成为奴隶，受制于一个暴君，从而放弃原始意义的自由。有人长期自愿为类似于法国外籍志愿兵团的军事组织卖命，有的耶稣会士完全为教团的缔造者的理想而生活，把自己看作"既无智慧、又无意愿的行尸走肉"②，诸如此类，便很难说他们享有我们所谓的自由。曾有过无数的人投票赞成暴君，从而使自己失去独立性，这一事实或许会使我们明白，能够选择政府并不等于确保自由。进而言之，如果以为人民同意的政治制度，便肯定是一个自由的政治制度，那么我们讨论自由的价值，就毫无意义了。

当我们谈论一个民族，摆脱外人的奴役，决定自己命运的愿望时，这是将自由的概念用于集体，而非个人。这里，我们所说的自由是指人民整体不受外人的强制。一般而言，主张个人自由的人也会怀着同样的热情支持民族自由，譬如，在 19 世纪自由主义运动和民族主义运动就曾经持续而艰难地融会到一起。然而，尽管民族自由和个人自由在概念上相似，但绝不相同，追求前者

---

① 参见孟德斯鸠的《论法的精神》（Montesquieu, *Spirits of the Laws*, Ⅺ, 2 [1, 150]）："总而言之，在民主国家里，人们似乎是想做什么就可以做什么，因此，大家都认为这类政体是最自由的，因而人民的权利和他们的自由也被混为一谈了。"另见德洛尔梅著《英国的宪法》（J. L. De Lolme, *The constitution of England* [new ed., London, 1800]）第 240 页："以投票的方式同意制定法律，实际上是对权力的一种分享；生活在一个能够做到法律面前人人平等和有法必依执法必严的国家中……便是自由。"

② 詹姆斯曾经在《宗教经验面面观》（William James, *Varieties of Religious Experience* [New York and London, 1902] 第 314 页）引用了罗耀拉（Ignatius Loyola）的一封信，充分地描述了一个耶稣会士的正常心态："在上司眼里我是一块柔软的蜡，或者说是一个他随心所欲任意处置的东西，他可以要求我发信、收信、开口或者沉默以及一切类似的事情，我必须满怀热情，准确无误地去执行命令。又像老人手中的一根随手使用、随意乱放的拐杖。因此我必须在上司的掌握之中，按照其认为最有效的方法侍奉上司。"

并不一定增进后者，而追求前者有时还令人们宁可放弃异族多数人的自由统治，转而选择本民族的暴君；另外，它还为恣意限制少数派成员的个人自由提供了口实。尽管人们追求个人自由和追求自己所属的群体自由，可能都是基于类似的情感，但仍有必要把这两个概念区分开。

3. "自由"的另一个歧义是所谓"内在的"或"形式上的"（有时也称"主观的"）自由。[①] 它与个人自由比较接近，因此更易混淆。它是指个人根据自己考虑成熟的意愿、理智或持续长久的信念，而不是根据一时冲动或形势来行事的程度。然而，"内在自由"的反面不是他人的强制，而是一时的感情、道德或智慧上的缺陷所造成的影响。如果某人没有完成经深思熟虑要干的事情，如果某人在关键时刻因丧失意志力而未如愿，我们都可以说他"不自由"，成了"感情的奴隶"。再如人们只要信息灵通本可大功告成，但无知和迷信妨碍了他们，对此我们也可以用"内在自由"一词，或者说"知识使人自由"。

个人面对多种选择能否机智地做出并坚持他自己的决定，与个人是否受到他人意志的强制，是两个不同的问题。当然，二者也并非毫无关联，譬如同样的情况，对某些人已经构成强制，对另外一些人却只是容易克服的一般困难，而且究竟如何完全取决于相关者意志的强弱。就此而言，"内在自由"和"没有强制的自由"将共同决定该相关者能在多大程度上利用其知识来选择机会。既然如此，区分二者也是十分重要的，原因之一是因为"内在自由"和哲学上关于"意志自由"的概念混乱有关。人们曾经错误地认为"科学决定论"（scientific determinism），使个人责任失去了存在的基础。对自由理想的损害，莫过于此。后面第五

---

① 中世纪的经院学派已经觉察到"内在自由"和"没有强制的自由"二者之间的区别，他们将自由明确分为"源于必要的自由"和"源于强制的自由"。

章将继续探讨这个问题，这里我只想提示读者警惕这种概念混淆，弄清上述两种自由的异同，以及另外一种相关谬论——即认为只有当我们做在某种意义上应该做的事时，我们才是自由的。

4. 用同一个词将个人自由和其他自由混淆起来，除上述两种做法外，第三种更加有害。它就是我们简单提及的、用"自由"来指代身体方面"做我想做之事的能力"，[1] 亦即如愿以偿的能力，或者说是我们所能选择的程度。很多人都曾做过这种"自由"之梦，梦见自己会飞，能摆脱地球的吸引力，"像小鸟一样自由"地飞往自己想去的地方，或者能随心所欲地改变环境，等等。

这种对自由的比喻式用法，长期以来流传甚广，但过去还很少有人真正将这种意味着无所不能的、"逾越所有障碍的自由"（freedom from obstacles）混同于任何社会秩序下皆能获得的个人自由。只是从社会主义者故意利用这种概念上的混淆来论证其理论时，人们才发现其危险性。将自由混同于力量（power）的做法一旦被认可，那么，利用"自由"一词的魅力来摧毁个人自由的诡辩将永无止境，[2] 打着自由的旗号怂恿人们放弃自由的花招也将

---

① 伍顿：《计划下的自由》（Barbara Wootton, *Freedom under Planning* [London, 1939]）第 10 页。据我所知，最早在权力意义上使用自由一词是伏尔泰的《无知的哲学》（Voltaire, *Le Philosophe ignoret*, XIII, quoted by B. de Jouvenel, *De la souveraineté* [Paris, 1955]，第 315 页）："真正的自由就是权力，如果个人可以为所欲为，那么他就是自由的。"这似乎与我们将在第四章必须加以区分的唯理论者的自由或法国传统的自由紧密相连。

② 参见德鲁克的《经济人的终结》（P. Drucker, *The End of Economic Man* [London, 1939]）第 74 页："自由愈少，谈论'新自由'便愈多。但这种'新自由'是与欧洲人习惯理解的'自由'正好相对的一个词。欧洲人鼓吹的这种'新自由'是指多数人有反对单个人的权利。"其实"新自由"之风也同样刮到了美国，威尔逊的《新自由》（Woodrow Wilson, *The New Freedom* [New York, 1913]）一书就表明了这一点，尤其参阅该书的第 26 页。最近的代表作有格鲁奇的"国家资源委员会的经济学"（A. G. Gruchy, "The Economics of the National Rosources Committee", *A. E. R.*, XXIX [1939], 70.）一文，其中，他以赞同的口吻说："对于国家资源委员会的经济学家，经济自由并非不限制个人行动，而是为了个人安全的实现对个人和团体施以集体性的制约和指导。"

永无完结。正是借助这种混淆，对超越条件的集体力量的承认最后取代了对个人自由的信仰，而且极权国家也以自由的名义剥夺了人民的自由。

在将自由的内涵从个人自由转化为自由即力量的过程之中，哲学传统也起了一定的作用，在传统上，哲学常用"制约"（restraint）一词来界定自由，而不是我们用的"强制"。如果牢牢记住"制约"在严格意义上是以制约者的行动为前提的，那么这个词在一定范围内可能更适用。① 在这个意义上，"制约"一词经常让我们想起自由受损是因为人们不能做许多事，而"强制"一词所强调的是人们被迫去做某些事。其实，两个词同样重要。甚至为准确起见，或许应将自由界定为"没有制约和强迫（constraint）"。② 但不幸的是，这些词也逐渐被用来表示自己对自己行动的影响。因此，自由的内涵便很容易从"没有强制"滑向"我们实现愿望没有障碍"，③ 或者更通俗地说，"没有外在障碍"。④ 这和把自己视作能为所欲为的力量，其实是一样的。

这种对自由的错误解释是一个值得注意的不祥之兆，因为即使那些仍然珍视个人自由的国家也深受其影响。在美国，它也在"自由主义者"的圈子内广为流行，并成为其政治哲学的基础。一些公认的"进步派"知识分子领袖，如康芒斯（J. R. Commons）、⑤ 杜

---

① 科温在《反政府的自由》（E. S. Corwin, *Liberty against Government* [Baton Rouge: Louisiana State University Press, 1948]）一书第 7 页指出："自由是指我们选择和行动的自由不受他人的制约。"这种解释是可以接受的。

② 《牛津英文小字典》（*The Shorter Oxford English Dictionary* [Oxford, 1933]）解释"强制"的第一义："以武力或基于武力的权威施加的强迫或'制约。'"

③ 罗素著"自由和政府"（B. Russell, "Freedom and Government", in *Freedom, Its Meaning* ed. R. N. Anshen [New York, 1940], 第 251 页）。

④ 霍布斯著《利维坦》（T. Hobbes, *Leviathan*, ed. M. Oakeshott [Oxford 1946]）第 84 页。

⑤ 康芒斯:《资本主义的法律基础》（J. R. Commons, *The Legal Foundations of Capitalism* [New York, 1924]），尤其是该书的第 2—4 章。

威（John Dewey）都曾散布过一种思想，认为"自由是力量，是做特定事情的有效力量"，要求自由就是要求力量，① 而没有强制只是"自由的消极方面"，只能被"视为达到自由（即力量）的一种手段"。②

5. 将力量意义上的自由混同于原始意义上的自由必然导致将自由等同于财富，③ 某些人因此会打着"自由"的旗号要求重新分配财富。然而，尽管自由和财富都是我们希望拥有的，尽管我们常须借助二者实现心愿，但它们毕竟不同。我能否主宰命运、自行

---

① 杜威："自由与社会控制"（J. Dewey, "Liberty and Social Control", *Social Frontier*, November, 1935. p. 41）。还可参见他的"强力与强制"（"Force and Coercion", *Ethics*, XXVI [1916], 362）："不管（使用强力）是否正当，……它实质上是一个为达到目的所用的手段是否有效（包括是否节省）的问题。"另外，在第 364 页"强力作为达到目的的一个工具，衡量价值的标准便要视其作用时的效率大小和节省程度"。杜威对"自由"概念的玩弄是骇人听闻的，因此福斯迪克在《什么是自由》（D. Fosdick, *What is Liberty?* [New York, 1939]）一书第91 页对他的批评是公正的："自由和平等的定义屡遭玩弄，二者几乎被用来指代一样的行动环境，以致和平等这类原则就要混而为一了。杜威是这种玩弄概念的典型代表，他说：'如果将自由和一定数量的平等联系起来，将安全又用来指及文化的、道德的以及物质的安全，那么，我认为，安全只同自由是一致的。'他在重新界定这两个概念，以使它们几乎是指代相同的行动条件之后，进而向我们保证，两者是一致的。这种戏法没完没了。"
② 杜威：《经验与教育》（J. Dewey, *Experience and Education*, [New York, 1938]）第 74 页。另参见桑巴特的《现代资本主义》第 2 卷第 43 页（W. Sombart, *Der Moderne Kapitalismus*, II [Leipzig, 1902]），这里解释说"技术"就是"走向自由的发展"。齐美尔在《技术哲学》 （E .Zschimmer, *Philosophie der Technik* [Jena, 1914], pp. 86－91）一书中对这种观点作了进一步阐明。
③ 参见佩里的《自由的意义》 （R. B. Perry, *Freedom：Its Meaning*, ed, R. Anshen [New York, 1940]）第 269 页："既然个人的有效自由和财富源泉之间存在着适当比例，那么'财富'和自由之间的界限便被打破了。"这会使得其他人认为："如果有更多的人买了汽车，外出度假，那么自由也就随之增加了。"

选择是一个问题；供我们选择的机会是多还是少，却是完全不同的另外一个问题。宫廷的侍臣尽管生活在奢华环境中，但他必须听从主人差遣，比起一个贫苦的农民或工匠，他的自由可能更少，因为他几乎不能自行安排生活和选择机会。同样，统率一支军队的将军或负责一项工程的主管，也可能大权在握，在某些方面，甚至是不受制约的权力，但比起一个农夫或牧人，他的自由也可能更少，因为只需上司一句话，他便不得不改弦易辙，也不能根据自己的需要来改变生活方式，作出对他来说最重要的抉择。

在讨论自由时，若想使用词更加精确，就不能以所有人是否都把这种自由看作是好东西为基础来界定自由。很可能有人并不珍惜我们所说的自由，不知道自己能从自由之中获取巨大好处，还想放弃自由以换取其他好处；更有可能的是，有人觉得要按自己的计划和决定来行事，不仅没有好处，反而是一个负担。然而，尽管不是所有的人都能充分利用自由，但它仍是令人向往的。我们必须考虑到这样两个问题：大多数人从自由之中获取的好处，是否取决于他们如何利用自由所提供的机会；自由的存在是否取决于大多数人出于自身之需要对它向往。其实很可能我们从所有人的自由之中获取的好处并不来自为多数人承认为是自由的结果的那些条件；另外自由在发挥其功效时，既是通过它提供的明显机会，也是通过它强加于我们的纪律。

我们尤其必须认识到：我们可能是自由的，但同时也是可怜的。自由并不意味着事事皆好①或没有坏事。自由的确可能意味

---

① D. 加波和 A. 加波在"论自由的数学理论"（D. Gabor and A. Gabor, "An Essay on the Mathematical Theory of Freedom", *Journal of the Royal Statistical Society*, Ser. A. CXVII ［1954］, 32）一文中，对此作了妙趣横生的说明。他们一开始就声称，自由"意味着不存在不受欢迎的强制，因此该概念是与讨人喜欢的一切东西并存的"。然后，他们又认为不能放弃这个显然无用的概念，不仅要采用它，而且还要用它来"衡量"自由。

着忍饥挨饿、铸成大错或舍命冒险。从我们所说的自由来看，一个一名不文、居无定所的流浪汉实际上比享有安全，生活舒适的义务兵自由得多。正是因为自由总是显得并不比其他东西优越，所以说它是一种需要特殊称谓的特殊东西。"政治自由"和"内在自由"两个词出现已久，在使用中只要稍加注意，还不致造成混乱，但对于将"权利"与"自由"混同的做法恐怕是不能容忍的。

不管怎样，我们都不能因为我们使用同一个词而把诸种自由视作同一类别的不同变种。否则，便会引出极其危险的谬论，造成一个得出荒谬绝伦结论的语言陷阱。[①] 力量意义上的自由，政治自由和内在自由都与个人自由是不同类的，甚至不能靠稍微牺牲某种自由，以更多换取其他自由，最终获得自由的某些要素。我们或许可以通过交换，用一种好东西换另一种好东西，其实，这属于哲学上一种极其粗糙的唯实论（realism），它以为我们用相同的词来指代诸种自由，其中肯定存有共性。但我们是出于不同的原因来要求不同的自由，而且各种自由的有无，也会产生不同的效果。如果我们不得不在诸种自由之中作一选择的话，那么我们抉择的依据是我们更看重哪一种自由，而不是就整体而言自

---

① 参见阿克顿爵士的《关于近代史的演讲》（Lord Acton, *Lectures on Modern History* [London, 1906]）第 10 页："自由与力量的关系，就像永恒与时间一样。"另外参见马林诺夫斯基的《自由和文明》（B. Malinowsky, *Freedom and Civilization* [London, 1944]）第 47 页："如果我们掉以轻心，将自由混同于力量，那么就会培育出暴政，就像我们将自由混同于没有任何制约而滑向无政府一样。"还可参见奈特的"作为事实和标准的自由"（F. H. Knight, "Freedom as Fact and Criterion", in his *Freedom and Reform* [New York, 1947], 第 4 页以下）；克罗普塞的《政体和经济》（J. Cropsey, *Polity and Economy* [The Hague, 1957], 第 11 页），以及布朗芬布伦内尔的"经济自由的两个概念"（M. Bronfenbrenner, "Two Concepts of Economic Freedom", *Ethics*, Vol. LXV [1955]）。

由是否能得到增进。

6．有人常常攻击我们所说的自由概念是纯消极的。[①] 然而，"和平"也是一个消极概念，还有"安全"、"宁静"、"没有障碍或邪恶"等也是消极的。确实，自由就属于这种消极概念，它表示我们的行动没有某种"特殊障碍"——即他人的强制。只有通过我们的运用，它才能变消极为积极。自由并不确保我们拥有特定的机会，但它只是使我们有可能根据我们所处的环境去决定做什么。它能让我们自己决定如何利用我们自己发现的机会。

尽管自由一词的用法颇多，但自由只有一个。一旦失去真正意义上的自由，诸种自由才会出现，它们是指某些集团和个人可能获得的某些特殊恩惠与豁免，而其他人则仍无自由。从历史上看，在走向自由过程中，我们确实获得过一些特殊的自由。但这只是获准去做某些特殊事情，并不等于自由，尽管它也可以被叫作"一种自由"。自由是能与"不准做某些事情"相容的，但如果个人在做他能做的大多数事时，还需别人同意，这便无自由可言。自由和诸种自由的差异实际上是两种状态的差异，一种是除了一般原则禁止的，所有其他事情都可以做；另一种是除了明文规定允许的，所有其他事情都不能干。

---

① "积极自由"和"消极自由"的区别，是通过格林（T. H. Green）而普及的，但这种观点最终来自黑格尔。参见《自由立法和契约自由》（"Liberal Legislation and Freedom of Contract"，*The Works of T. H. Green*，ed. R. L. Nettleship [London，1988]，Vol. Ⅲ]，主要涉及"内在自由"的思想一直被人们使用得很多。参见伯林的《自由的两个概念》（Sir Isaiah Berlin，*Two Concepts of Liberty* [Oxford，1958]）。作为保守党人接受社会主义论点的一个典型例子，罗西特在"关于美国的保守主义"（Clinton Rossiter，"Towards an American Conservatism"，*Yale Review*，XLⅣ [1955]，361）一文中写道："保守党人应该给我们一个带有积极意味，包罗万象的自由定义……在新保守党人的字典里，是借助'机会'、'创造'、'生产'和'安全'这些词来给自由下定义的。"

如果我们把自由与奴役重新对照一下，就会看到自由的消极性丝毫不会降低自由的价值。如前所述，我们是在原始的意义上使用自由一词。倘若我们考察一下自由人和奴隶的实际区别，肯定有助于坚持自由的原始意义。从最古老的自由共同体——古希腊城邦的社会状况中我们对这种实际的区别已有了许多了解。已经发现的一些解放奴隶的法令能使我们领悟到其中的基本要点。一般而言，实现自由应该具备四项权利，而那些释奴令给予前奴隶的权利也是四项：第一，"一个受保护的社会成员的法律地位"；第二，"免于随意的逮捕"；第三，"自行选择工作的权利"；第四，"自行选择迁徙的权利"。①

这已经包括了18—19世纪公认的自由的基本条件。其中未提私有财产权，这是因为当时的奴隶已经能够拥有自己的财产。② 如果再加上财产权便已包括了保护个人免受强制的一切要素。然而它没有涉及我们上述的诸种自由，也没有涉及近来用来取代自由的所谓"新自由"。显然，奴隶如果仅有选举权，仍谈不上自由；同样，任何程度的"内在自由"除了仍使他做奴隶外，别无它用——然而理想主义的哲学家曾力图使我们相信情形与我们上面所说相反。即使奴隶拥有一定程度的奢侈舒适的生活、支配别人或某些自然资源的权力，但这一切都不能改变他惟主人马首是瞻的地位。如果他和其他公民一样在法律面前受到同等对待，如果他能够免于武断的限制，并可以自行选择工作，如果他能够拥有和获得财产，那么便没人能强迫他去按别人的指令去行事。

---

① 韦斯特曼："在奴役和自由之间"（W. L. Westermann, "Between Slaverg and Freedom", *American Historical Review*, L ［1945］, pp. 213-27）。

② 即使当时没有这方面的法律，它至少也是实际案例。参见琼斯的《希腊人的法律和法律思想》（J. W. Jones, *The Law and Legal Theory of the Greeks* ［Oxford: Oxford Uriversity Press, 1956］）第282页。

7. 我们关于自由的定义是以强制这一个用语的含义为基础的，我们首先要说清强制的意义，才能使自由的定义精确化。此外，还有一些相关概念需要界定，尤其如"武断"、"一般规则或法律"等。从逻辑上看，我们本来现在就应该从事这项工作（这不是说，我现在一点不这样做），但在迫使读者跟随我们去完成界定用语含义这项似乎有些枯燥的任务之前，我们还是先说清为什么我们所说的自由如此重要，然后在本书第二部分的开头再给这些词下定义，届时我们还将从法律方面考察自由的政治制度。因此，这里就无须系统地讨论"强制"，而只要把结论摆出来就够了。这样做可能因其简单而有点教条化，后面对此再作论证。

我们所说的"强制"，乃是指一个人的外部条件受他人控制，为了避免更大的恶果，他被迫为实现他人的目的工作，而不能按照自己的计划行事。他除了在别人所创造的条件下可以选择最小的祸害外，他既不能自行运用智慧或知识，又不能追求自己的目标或信仰。"强制"是极其有害的，它能使你不再是一个能够思考问题、判断价值的人，而成为受人操纵的工具。自由的行动是指个人根据自己的知识，选择自己的方法，进而追求自己的目标，它的实现必须基于不以他人的意志为转移的外部条件。也就是说，自由在前提上应有一个已知的范围，在这个范围内他人无法通过改变外部条件，使行动者只拥有被他人所规定的惟一选择。

当然，强制也不可能完全避免，因为防止强制的惟一办法还是强制的威慑。① 在自由社会之中，强制的垄断权是只授予国家

---

① 参见奈特的《自由与改革》（F. H. Knight，*Freedom and Reform* ［New York，1947]）第 193 页："政府的主要功能是'防止强制'，保证每一个人都有权在与他人自由交往的条件下过自己的生活。"

的,① 并将其限于防止个人之间的强制所必要的限度内。这只有通过国家保护个人的私人领域免受他人干涉,以及划定私人领域才是可能的。这种私人领域的划定不是根据特别的指定,而是通过创造某种条件,使个人能够根据说明政府在不同情形下将采取何种行为的规则来确定自己的私人领域。

不过,政府实行的强制要受一般原则的制约,以便使其只限于最低的限度,并尽量无害,直至在多数情况下,个人不受任何强制,除非明知要受强制,却要他自讨苦吃。甚至在强制无可避免的情形下,只要将其规定在有限的可预见的义务范围内,或者起码使个人不受他人武断意志的操纵,其最大危害性还是可以排除的。政府实施的强制,应非人格化,并受制于抽象的一般原则。但这些原则对个人的影响究竟如何是我们在制定它们时无法预见的,甚至政府的强制行为会成为个人形成自己计划的依据。根据已知原则实施的强制会成为帮助个人实现自己的目标而非他人的目标的工具,因为它们是被强制者已接受的外部条件的结果。

---

① 参见伊哈林的《法律:达到目的的手段》(R, von Ihering, *Law as a Means to an End*, trans, I. Husik [Boston, 1923]) 第 242 页;韦伯《社会学论文集》(Max Weber, *Essays in Sociology* [New York, 1946]) 第 78 页:"国家就是(成功地)拥有'合法使用物质力量之垄断权'的人类共同体";马林诺夫斯基的《自由和文明》 (B. Malionwski, *Freedom and Civilizition* [London, 1944]) 第 265 页:国家"只是拥有强制力垄断权的历史性机构";克拉克的《商业的社会控制》(J. M. Clark, *Social Control of Business* [2d ed.; New York, 1939]) 第 115 页:"暴力强制应该是国家的特权";另外参见霍贝尔的《原始人的法律》 (E. A. Hoebel, *The Law of Primitive Man*, [Cambridge: Harvard University Press, 1954]) 第 2 章。

第二章　自由文明的创造力

　　文明是通过扩展我们无意识从事的重要活动而进步的。但思想的活动则像战斗中骑兵部队的冲锋——数量有限，需要新马，而且只能用于关键时刻。*

——怀特黑德

　　1. 苏格拉底有句名言——承认无知乃是智慧之源，此点对于我们认识社会具有深刻意义。要认识社会，我们就必须首先意识到我们对许多有助于人们实现自己目标的东西必然是一无所知的。个人从超过现有知识范围的更多的知识中得到好处，这是社会生活中大多数利益赖以存在的基础，这在比较先进的所谓文明社会里尤其明显。或许可以说，文明的生成就是始于个人能够利用自己知识范围之外的更多知识来追求自己的目标；换言之，就是始于个人能够利用自己知识范围之外的更多知识来突破无知的藩篱。

　　个人对于文明发展所依赖的许多东西具有一种无可避免的无知，这是一个基本事实，但人们却很少在意。哲学家们和研究社

---

　　* 篇首引文录自怀特黑德的《数学导论》（A. N. Whitehead, *Introduction to Mathematics* [London，1911]）第 61 页。本章曾发表于莫利编的《个性论文集》（*Essays on Individuality*，ed，F，Morley [Pittsburye：Universitg of Penn-syglvania Press，1958]）。

会的学者对此也是有意掩饰，认为这种无知只是一个可以忽略的缺陷。然而，尽管根据个人无所不知的假设来讨论道德或社会问题，在最初的逻辑分析中或许一时有效，但对于解释现实的世界却毫无作用。现实世界的难题都是由一个"实际的困难"所决定的——即我们的知识远未完备。科学家们喜欢强调我们知道的东西，这只是在自然领域，而在社会领域，经常是我们不知道的东西更重要，若继续强调我们知道的东西，便可能使人们误入歧途。许多乌托邦大师的构想之所以一文不值，就是因为他们追随了认为我们无所不知的理论家们。

应该承认，人类的无知是一个颇难讨论的课题。甚至一开始就似乎不能界定其内涵。当然，我们不能很好地讨论对我们来说一无所知的事情。虽然我们不知道答案，但至少要能提出问题。这就要求我们对正在讨论的未知世界真正有所了解。如果我们要弄清社会是怎样运作的，就必须试着界定人类无知的一般性质和范围。尽管我们在黑暗之中什么也看不见，但我们必须摸索到黑暗区域的边界。

有人断言，人既然创造了文明，他就能够随心所欲地改变文明的制度。对这个断言的意义进行分析，这有助于认识到那个关于人类知识的普遍见解具有误导的效果。除非个人在创造文明时对自己的所作所为了然于心，或者他至少知道如何将文明维持下去，否则，这种断言便不成立。诚然，在某种意义上，人类确实创造了自己的文明。文明是人行动的产物，或者更恰当一些说，是数百代人行动的产物。但这并不意味着文明就是人们设计的产物，甚至也不意味着人们清楚文明发挥功能或继续存在的基础。①

———————

① 参见弗格森的《市民社会史论》（A. Ferguson, *An Essay on the History of Civil Society* [Edinburgh, 1767]）第 279 页："海狸、蚂蚁和蜜蜂所表现出的技巧，常被说成是自然的智慧。而人们却常将民族开化之成绩归于自己，并且假定与野蛮的心灵相比，自己具有更高一筹的能力。其实，人类的建

　　还有人认为，个人先天就具有构思文明的能力，并已创造出了文明。这种观点也是根本错误的。人并不可以简单地将自己构思的模式强加给世界，而为使自己不断适应周边环境，其思想本身就是一个不断变化的系统。如果相信我们只须将引导行动的思想付诸实施，便能获得较高层次的文明，那就大错特错了。我们要向前发展，就必须为目前的观念和理想留有不断修正的余地，不断增加的经验使得人们有必要不断修正目前的观念和理想。我们很少能够构思出五百年，甚至五十年后，文明会是或能是什么样子，就像中世纪的人，甚至我们的祖父辈不能预见我们今天的生活方式一样。[2]

　　其实，关于人可以有意识地建立文明的想法，是源于一种错误的唯理智论（intellectualism）——它认为个人不仅具有不受自然影响的理性，还具有独立于经验之外的知识和推理能力。然而，人类思想的发展是文明发展的一部分，而且正是既定时代的文明状态决定了人类目标和价值的范围及其可能性。人类思想是无法预见其自身发展的。尽管我们总是必须去争取实现我们当前的目标，同时我们还必须让新的经验和未来事件有机会去确定那些目标将会实现。

　　一个现代人类学家曾经声称："不是人主宰着文化，而是文

　　　树，与动物一样，均受自然的启迪，均是本能的产物，并直接受人们置身于其中的环境之变化的影响。成就的取得源于连续不断的改进，而人们在改进时，并不清楚它们的一般效果；这些改进还把人类活动带入一个复杂状态，这种复杂状态是世界上最具有能力的人类也无法人为可以设计的；即使整个过程已开始实施，但我们仍不能全面了解它。"

②　参见波兰尼的《自由的逻辑》（M. Polanyi, *The Logic of Liberty*［London, 1951］）第 199 页："几千年，抑或 50 年以后人们赖以评判自己思想的观念，是我们意想不到的。如果我们今天得到一本关于 3000 年的书，我们便不能理解它的内容。那么我们又如何能够有意识地确定将来的事情呢？就'将来'的本质而言，它是超出我们的理解范围的。凡是假定人们可以确定将来的人，只能暴露其夜郎自大，视野狭窄。"

化主宰着人"，这种说法可能有点夸张；但他还有一句发人深省的话："正是我们对文化本质的极其无知，才使我们相信自己能够指导和控制文化"，[①] 他至少提出了对唯理智论的一个重要更正。这位人类学家的告诫有助于我们形成一种较为真实的印象。人们对其理性认为是可以达到的目标的刻意追求，同制度、传统和习惯是相互作用的，而后者往往会产生出一些同我们的目标大相径庭的东西。

指导个人行动的自觉知识（the conscious knowledge）从以下两个方面构成了使人得以实现其目标的前提条件之一。首先，个人之思想本身也是他生活于其间的文明的产物，他可能意识不到形成自己思想的许多经验——这些经验已经融入风俗、习惯、语言和道德信仰，成为人们思想得以形成的根基及其特性一个组成部分。其次，个人所能明确掌握的知识只占帮助他达到目的所需知识的很小一个部分。利用他人掌握的知识也很大程度上是我们达到个人目标的一个必要条件。如果我们考虑到这一点，就会发现我们对决定着我们行为结果的外部环境的了解是多么可怜。知识只作为个人的知识而存在。"作为整体的社会知识"的说法，充其量只能算是一种比喻。所有的个人知识的总和也不能构成一个整体。主要问题在于我们如何才能利用以分散、局部、有时甚至相互矛盾的见解的形式存在着的知识。

换言之，在很大程度上正是因为文明能使我们不断利用我们作为个体并不具备的知识，正是因为我们作为个体每次运用我们特定的知识都会帮助素昧平生的他人达到目的，所以文明社会的成员比起离群索居的个人，能够更好地实现其目标。为满足我们

---

① 怀特："人对文明的控制：一个人类学的幻想"（Lesle A. White, "Mans Control over Civilization: An Anthropocentric Illusion", *Scientific Monthly*, LXVI [1948], 238）。

的期望，社会活动的整体是如何进行调控的，对此我们知道的不多；而究竟是何种力量通过使个人行动能够恰如其分地互相适应，来实现这种调控，我们知道的就更少了。当发现自己对这种调控因素茫然无知时，总的来说，我们的态度是怨恨，而不是惊奇。我们想打碎整个纷乱如麻的文明机器的莽撞念头，便是由于个人无法知道他自己正在干什么。

2. 如果我们把知识只理解为个人掌握的明确知识，即帮助我们获悉这或那是怎样的知识，① 那么将文明的增长和知识的增长等同起来，就使人会误入歧途。这种知识也更局限于科学知识。下述观点对于了解我们以后的论述极为重要，它与一种流行的见解相反，② 认为科学知识甚至不能包容社会不断利用的所有明确知识。探求知识的科学方法并不能满足社会对于明确知识的所有需要。关于流变中的特殊事实的知识，曾被人们不断利用，但它们并不都能自行完成组织化或自行做出系统解释；其中许多知识只是存在于难以计数的个人身上。专家的知识中的很大一部分也适用同样的道理。因为，专家的知识也不是什么独立存在的东西，而只是关于在何处和用何法发现所需信息的知识。③ 然

---

① 见赖尔的 "知怎样与知那样"（G. Ryle, "Knowing How and Knowing That", *Proceedings of the Aristotelian Society*, 1945/46）；另可比较波兰尼的《个人知识：关于后批判哲学》（M. Polanyi, *Personal Knowledge: Towards a Post-critical Philosophy* [London and Chicago, 1958]）。

② 参见拉姆齐常引用的话："除了科学，一无所知。"见其《数学基础》（F. P. Ramsey, *The Foundations of Mathematics* [Cambridge: Cambridge University Press, 1925]）第 287 页。

③ 关于这些不同种类的知识，参见拙著 "论社会制度之'意义'"（"Ueber den 'sinn' Sozialer Institutionen," *Schweizer Monatshefte*, October, 1955）；关于本章的整个论点在专门经济问题中的运用可参见拙著《个人主义与经济秩序》（*Individualism and Economics Order* [London and Chicago, 1948]）中的两篇文章 "经济学与知识"（Economics and Knowledge）和 "知识在社会中的应用"（The Use of Knowledge in Society）。

而，就我们这里讨论的目标而言，区分不同种类的理性知识还不是最重要的，而当我们提到明确知识时，实际上是统称这些不同种类的知识。

惟有将知识解释为人们借助过去的经验去适应环境的一切方式，才可以把知识的增长和文明的增长等同起来。然而，这个意义上的知识已经超出了我们的智力所能掌握的范围，而我们的智力也根本不可能掌握所有的知识。我们的习惯和技能、我们的情感态度、我们的工具以及我们的制度——所有这些在此意义上都是对过去经验的适应，都是通过有选择地剔除不太合适的行为而最后形成的。所有这些与我们的明确知识一样，也是成功不可或缺的基石。当然，这些左右着我们行动的非理性因素并不总是有助于成功，其中一些因素早已不再有用，甚至成为障碍，但可能仍被长久地保留着，虽然如此，我们却不能没有它们，甚至于我们能否成功地运用智力，也要取决于这些因素的不断作用。

人们常为其知识的增长而自豪。然而，人们创造活动的结果却是，明确知识的局限性越来越大，因此会制约人们有意识行为的无知的范围也在不断扩大。在近代科学刚刚起步之际，一些最明智的人士就已意识到："已被承认的人类无知将随着科学的进步而加大。"① 不幸的是，科学的进步使人们，其中也包括许多科学家，普遍认为，我们的无知正在逐渐减小，所以能更广泛、自如地控制人类的行为。正是由于这一原因，那些陶醉于知识增长的人往往成为自由的敌人。我们自然知识的增长，不断开拓着无知的新领域；而知识的增长使得我们创造的文明也日趋复杂，

---

① 桑蒂拉那：《伽利略的罪过》（G. de Santillana, *The Crime of Galileo* [Chicago: University of Chicago Press, 1955]）第 34 页。斯宾塞（Herbert Spencer）也说过："在科学中，我们知道愈多，接触的非科学也就愈广。"

这也就为我们认知周围的世界设置了新的障碍。人类知道的愈多，人们掌握的知识在全部知识中所占的比例就愈小。文明程度愈高，个人对文明运作的认识程度便相应地愈低。正是人类知识中的这个部分会使个人对其中大部分知识一无所知的状况有所加重。

3. 当我们谈到知识传播时，实际上是指我们已作过区分的文明进步的两个不同方面：其一是我们的知识存储在时间上的传递；其二是成为我们行为基础的各种信息在同代人之间的相互传播。两者不可能截然分开，同代人使用的交流工具也是文化遗产的一部分，而个人在追求自己的目标时也经常使用这种遗产。

我们非常熟悉科学领域内知识积累和传播的过程——它既表现了整个自然界的一般规律，又揭示出我们生活于其中的这个世界的具体特性。然而，尽管它是我们所继承之知识宝库中最显眼的部分，也是我们必备知识的主要部分，但从知识的一般意义上看，它仍只是知识的一个部分；因为，除此之外，我们还支配着人类发明的许多工具（此处是指最广泛意义上的工具）。这些工具可以帮助我们应付身边环境，它们是人类经验世代相传的结果。一旦有一种更有效的工具摆在我们面前，我们肯定会毫不犹豫地采用它，尽管我们不知道它为何更有效，也不知道我们是否还有其他选择。

这些人所发明的"工具"构成了人类为适应环境而从事的活动的主要部分，它们远比物质性工具的内涵要广，包括个人习惯于遵守而又不知究竟的各种行为方式；包括对人类有用、无须主观设计而自发累积形成的"传统"和"制度"。一般而言，人不仅不知道自己为何采用一种形式的工具而不是另一种形式的工具，而且他也不知道自己到底能在多大程度上选择一种形式的行动而不是另一种形式的行动。说到底，他不知道自己的成功在多大程度上是由于遵守那些连自己都意识不到的习惯。这种情况不仅发生在原始人身上，也同样发生在文明人身上。随着人们的明确知识的增长，这种广义的"工具"和经过试验而被普遍采纳的做事方式也会在同等程度上得到积累。

我们在这里要讨论的不是传递给我们的知识或未来新工具的形成，而是现行经验怎样用以帮助那些不曾直接获得这些经验的人士。至于时间中的进步（progress in time）将尽量搁到下一章讲，这里集中讨论社会中个人的零散知识和不同技能，以及各种习俗和机遇是如何帮助人们使其行为适应不断变化的环境的。

环境的每一变化都将导致资源利用、人类活动的方式与倾向以及习惯等单方面的变化。而那些首当其冲的人类活动一旦变化，将逐步导致全社会的进一步调整。因此，可以说每次变化都会在某种意义上给社会造成一个"问题"，尽管个人可能还意识不到这一点；而该"问题"的"解决"是逐渐地通过新的一轮全盘调整而实现的。那些置身其中的人可能根本就不知道他们为什么要做自己正在做的事情，而我们也无法预见：在每阶段谁将率先做出合适的举动或者知识和技能、个人态度与外部环境之间怎样结合方能给人们指明正确的答案，或者先行者的经验通过何种途径才会传播给要效仿的其他人。知识与技能的结合是渗透于行动之中的，并由此产生恰当而被人接受的实践方式或工具，但要全面把握这种结合将是十分困难的。正是通过变化了的环境下芸芸众生在日常生活中的平凡行为，某些范例得以产生并流行起来。其重要性甚至不亚于那些被人们明确认同和传播的主要思想创新。

谁最终能使资质和机会恰如其分地搭配起来，从而找到一条较好的道路？通过何种方式才可以将不同种类的知识和技能结合起来，从而促成问题的解决?[①] 其实，这两个问题是同样无法预言的。应该知道，知识与资质的成功结合，不是由共同努力去寻求解决社会问题方案的人们经过共同商讨而选定的,[②] 它是个人模仿成功者的结果，因为他们受到某些记号或符号的引导，譬如，社会为其劳动产品提供的价格以及对其行为标准之道德或审美价值做出的评判——简而言之，它是个人利用他人经验的结果。

其中极为重要的是个人要能够根据自己特定的知识去行动，这些知识常常是独一无二的，至少对某些特定的条件来说是如此，并且他还应该能利用自己的技能和机会在已知的限度内去追求自己的目标。

4. 行文至此，本章的主要论点已经非常清楚。这就是主张个人自由的论据是承认自己对决定我们是否能够实现目标，获取

---

① 参见巴尼特的《革新：文化变迁的基础》（H. G. Barnett, *Innovation: The Basis of Cultural Change* [New York, 1953]），尤其是第 19 页："每个人都可以多次成为革新者。"又见第 65 页："在个人主义与革新潜能之间，有一种积极性的关系。个人在探寻他的经验世界，根据自己对感官印象的解释来组建其经验世界的要素时，其自由愈大，产生新思想的可能性愈大。"

② 参见刘易斯的《经济增长的理论》（W. A. Lewis, *The Theory of Economic Growth* [London, 1955]）第 148 页："改革者总是少数。最初只有一、两个或很少的几个人将新思想付诸实践，而不管这些新思想是技术上的新观念，组织上的新形式，新的商品，或其他什么新东西。这些新思想可能迅速被其他人接受，但更可能的是，人们带着怀疑和不信任接纳它们，所以新思想开始时传播甚慢。一段时间之后，新思想看来还管用，这时才有愈来愈多的人接受它们。因此，人们常说'变革是精英人物的工作'、'变革之程度大小有赖于社会中领导者之素质'。如果这只是指大多数人不是改革者，只是效法者，这种说法是很对的。然而，如果这意味着所有的新思想都是由某些特殊阶层或群体获得的，那就有点大谬不然了。"另见第 172 页："对新思想的集体判断是如此经常地出错，以至社会进步有赖于个人力排众议，自由评判的事实都成了引起争议的问题。……给一个政府委员会以决定的专断权似乎对双方都不利。"

福利的许多因素都具有不可避免的无知。①

假如真有无所不知的人，假如我们真能知道影响我们实现现时愿望的一切因素，并了解我们将来的需求和愿望，我们就没有理由倡导自由了。反过来说，个人自由会使预见一切变得不可能。为了给不可预见和不可预言的事情留有发展的余地，自由是必不可少的。我们渴望自由，是因为我们已经学会指望通过自由获得实现我们许多目标的机会。正因为每个人知道的东西都很少，尤其是我们不清楚谁知道的最多，所以我们相信人们独立的、竞争性的努力会使我们得到一经见到就想拥有的东西。

尽管上述说法会伤害人的自尊，但我们必须承认文化的进步

---

① 一些作家至少部分地看出此点，如梅特兰在《论文集》（F. W. Maitland, *Collected Papers*［Cambridge：Cambridge University Press，1911］，I，107）中强调，"最强有力的论据乃是基于大师们的无知，而且是必然的无知。"另外参见克兰林和马丁的文章"自由、权威及分权"（B. E. Kline and N. H. Martin，"Freedom，Authority and Decentralization"，*Harvard Business Review*，XXXVI［1958］），尤其是第 70 页："我们社会中的指挥阶层或任何组织之主要特点，不是有知，而是无知。想一想我们任何人也只能知道身边事物的一小部分。而且他知道或相信的许多东西都是错误而非真实的。……在任何时候，无论是对某个指挥官，还是对整个组织来说，其所不知道的要比知道的多得多。——为了提高效率而将我们自己组成一个权力等级制时，我们似乎真可以成为制度化的无知。在我们充分利用少数人所知道的东西之同时，我们也清楚绝大多数人却无从探寻我们知识之外的黑暗区域。"

　　还有一点很重要，即就我们的目的而言，"无知"一词显得多少有些过于狭窄。当我们不知道什么是正确时，在某些情况下用"不确知"（uncertainty）一词可能更好一些，因为如果无人知道在指定背景下何者是正确的，那么我们能否实质性地讨论某事是正确的，便很难说了。在这样的例子中，虽然可能会有某种答案是有价值的（如果它已被人们知晓和被普遍接受的话），但现存道德却不会就某个问题提供任何答案。这里，我要感谢古德里奇（P. E. Goodrich）先生，是他在一次讨论中的评论帮我澄清了这个重要之点，尽管我还有一点未被说服，即在我强调无知的地方，使用"不完美"（imperfection）一词。

和保存都有赖于偶然性得到尽可能的发挥。① 偶然性事件是在单个人的知识和态度、技能和习惯相结合中发生的，当训练有素的人面临某些特殊情况并有应付的准备时，偶然性事件也能发生。我们对许多东西必定无知意味着我们不得不经常同可能性和偶然性打交道。

当然，在社会生活中和在个人生活中一样，有利的偶然事件不会经常发生。② 我们必须准备好捕捉它们。但偶然性毕竟是偶然性，它们不会变成必然性。它们意味着有意识地去冒险，意味着个人和群体可能遭遇不幸（尽管他们与成功者一样有品行），意味着可能出现对大多数人来说的惨败或挫折，意味着总体看实现纯收益只具有较高的可能性。为此，我们能做的事只有两件，其一是增加机会，使个人的资质与环境以特定的组合造成新工具的产生和旧工具的改善；其二是促进新事物的传播，使那些有能力的人尽快知道。

一切政治学说均假定大多数人都是非常无知的。但自由的倡导者与其余的人不同，他们把自己和最聪明的人都看作无知者。与生机勃勃的文明在进化过程中所利用的全部知识相比，最聪明的人和最愚蠢的人所拥有的知识都显得十分贫乏，因此，二者的差别也就微不足道了。

关于宽容的经典论证是由密尔顿（John Milton）和洛克（John Locke）提出，而由穆勒（John Stuart Mill）和白哲特（Walter Bagehot）重新阐述的。它自然也是以承认我们的无知

---

① 参见惠勒的"女巫的七重唱：寻求真理过程中的辅助物"（J. A. Wheeler, "A Septet of Sibyls: Aids in the Search for Truth", *American Scientist*, XLIV [1956], 360）："我们的全部问题便是尽快地犯错误。"
② 参见帕斯特尔（Louis Pasteur）的话："在研究之中，机遇只偏爱对其有准备的头脑。"塔顿曾在《科学发现中的推理和机遇》（R. Taton, *Reason and Chance in Scientific Discovery* [London，1957]）一书的第 91 页引用。

为前提的。它是通过非理性主义地认识我们理智的功能而使之成为可能的一般性思考的特殊运用。通观全书，我们将发现：尽管我们经常意识不到，但所有的自由制度都契合我们是无知的这个基本事实，也契合我们面临的是机遇和可能，而非必然的这个基本事实。在人类事务中，我们碰不到"必然"，因此，为了充分地利用我们现有的知识，我们必须遵从经验已证明是最有效的准则，尽管我们并不清楚就特殊情况而言，遵从这些准则将会导致何种后果。①

5. 人们常因希望落空而获得教训。毋庸赘言，我们不应用愚蠢的人类制度来增加事物的不可预见性，相反，我们要尽可能地通过改进人类制度来扩大正确预见的概率。我们尤其要尽可能地向芸芸众生提供机会，使得他们能够获悉我们尚不清楚的事情，并在其行动中充分加以利用。

正是通过许多人的协调努力，使得人们所能利用的知识要比单个人所能拥有的多得多，或者说要比人类智力所能概括的多得多；而且，正是通过对零散知识的综合利用所能取得的成就也要比任何单个人所能预见的都大。因为自由就意味着放弃对个人努力的所有直接控制，所以在一个自由社会里能够利用的知识远远超过了最聪明的统治者的理解力。

以此为基础来论证自由，接着便可得出如下结论：如果我们将自由局限于给人类带来好处的某些特殊情况，那么我们便无法

---

①　参见勒纳的"走近控制的反动趋向"（A. P. Lerner, "The Backward-leaning Approach to Controls", *J. E. P.* LXV ［1957］, 441）："自由贸易的学说如同通常有效之一般规律，是正确无误的。但即使是一般规律也会碰到一些特殊情况，譬如，如果有人知道了所有细节的伴随情况和结局，这时最好就不要用规律。但这并不意味着规律不好，也不意味着我们在正常情况下，即当一个人不知道使情况成为所期待的例外的所有细节时，有理由不应用规律。"

实现自由的最终目标。我们只在事先确定自由之效果将有益于人的前提下赞同的自由，不是自由。如果我们知道如何使用自由，那么在很大程度上自由将失去为自己辩护的理由。如果由于自由的结果并不那么尽如人意而不允许自由存在，我们将永远得不到自由的益处，也无法获得自由为之提供机会的、无法预见的新发展。因此，自由被滥用不能成为反对个人自由的理由。自由必然意味着我们将碰到许多不如人意的事情。我们相信自由，不是因为那些在特殊情况下可以预见的结果，而是因为我们相信总的说来自由会为好的事情而不是为坏的事情释放出更多的能量。

　　接着还能得出这样的结论：去做某件事情的自由非常重要，但它与我们或大多数人能否利用这个机会毫不相干。如果将自由限于大家都能利用的范围，那么便会完全误解自由的功能。那种只被芸芸众生中的一人利用的自由，比起大家都能利用的自由，可能会对社会更重要，也对大多数人更有益。①

　　我们甚至可以进一步说：利用去做某件事情的自由的机会愈少，对社会整体来说，这种机会也就愈珍贵。这种机会愈少，当它出现后又失去它便更加严重，因为它提供的经验几乎是独一无二，失不再来的。大多数人都可能对个人可以自由去做的多数事

---

① 参见拉什道尔的"关于财产的哲学理论"（H. Rashdall，"The Philosophical Theory of Property"，in *Property：Its Duties and Rights*［New York and London，1915]）第 6 页："狄金森在《公正与自由：一场政治对话》（*Justice and Liberty：a Political Dialogne*）第 129、131 页中曾雄辩而诙谐地假定，资本主义制度下的无产者享有社会主义制度下所没有的自由。这种观点有些荒谬，想以此为自由辩护，还是远远不够的。因为尽管能够以自己的方式支配自己的时间对多数人来说是既不可能，又无所谓，但少数人是否享有这种自由却非常重要。文化要求在社会条件上区别对待，这无疑也是一条重要原则。"另外参见同书第 69 页第 10 行马丁和克兰的话："要给希望利用自由的少数人自由，就必须将自由提供给许多人。如果说从历史中得出什么教训的话，这就是教训。"

情缺乏兴趣。正是因为我们不知道个人是如何运用他们的自由，所以自由是非常重要的。假如情况恰恰相反，那么通过多数人来决定个人应该做什么，自由的结果就能得以实现。然而，多数人的行动一般是限于尝试过并确知的事情，限于已达成了一致见解的事情，而一致见解的达成又必须通过不同个人的不同经验和行动。

我从自由之中得到的好处大部分还是出自别人对自由的利用，而且主要出自我自己不能利用、但他人可以利用的自由。因此，对我最重要的自由并不一定就是我自己能利用的自由。某些人能尝试做某种事情，肯定比大家能从事同样的事情重要得多。我们要求自由，并不是因为我们希望自己能做特殊的事情，也不是因为我们认为任何自由都与我们的幸福紧密相连。我们有一种厌恶身体束缚的本能，尽管这种本能有助于促进自由，但它并不总是更有效地引导我们去为自由辩护或界定自由。重要的不是我个人希望利用何种自由，而是别人为服务于社会需要何种自由。我们只有将这种自由给一切人，方能确保我们不认识的人也享有它。

因此，自由的好处并不限于自由的人，或者说，个人主要不是从他自己所能利用的自由之中获益。无疑，历史上不自由的多数人曾从少数人的自由那里获益不浅，而在今天，不自由的社会又可以向自由的社会学习并获益。随着能利用自由之人数的增加，我们从他人自由之中获得的好处便愈来愈大。因此，为某些人的自由辩护之论据也适用于所有人的自由。然而，对所有人来说，部分人自由比没有人自由要好，许多人享有完全自由也要比所有人享有有限自由要好。关键的一点是，做某件事的自由之重要性与想做这件事的人之数量，两者没有联系，而且还可能成反比。如此产生的一个后果是：尽管大多数成员可能没有意识到其自由已被大打折扣，但该社会已因控制而瘫痪。如果我们假定只有大多数人行使的自由才是重要的，那么必将造成一个停滞的社会，它具有一切不自由的特征。

6. 未设计而产生的创新是在适应过程中不断出现的。它首先包括协调个人努力的新排列或新模式，以及利用资源的新组合——这些新组合在性质上与其条件一样是暂时的；其次，还包括在适应新条件方面对工具和制度的修正。这中间，一些纯粹是适应新条件的暂时措施，另外一些则是增加现存工具和应用方法的用途并因此将被保存下来的改良措施。后者能更好适应我们环境中的永久性特点，而不是一时一地的特殊条件。对自然界的通则的感知，具体表现在这种自发"形成"之中了。[①] 随着关于工具和行为方式之经验的累积，人们的明确知识和可由语言传播的通则也将不断增多。

只有当结果是出现新观念时，新事情出现的过程才能在知识界被彻底领悟。在这种情况下，我们中的大多数人至少可以了解该过程中的一些具体步骤，在此我们必定知道正在发生什么，进而方能认清自由的必要性。绝大多数科学家都承认我们不能规划知识进步，在探索未知领域——亦即从事研究工作时，我们在很大程度上要依赖个别天才的怪异设想和身边环境的怪异变化，科学的进步，如同新观念突然闪现在个人的脑海之中，乃是社会带给个人的观念、习惯和环境等结合在一起的产物，它既源于有计划的努力，又同样源于纯偶然的机遇，两者所占的分量是相等的。

由于我们更多地注意到知识的增长是源于无法预见和无法设计的过程，所以我们趋向于强调知识范围内的自由的重要性，而

---

① 在这里用"形成"（formation）比常见的"制度"（institution）一词更合适，参见拙著《科学的反革命》（*The Counter-Revolution of Science* [Glencoe, Ill., 1952]）第83页。

忽视"做"事情的自由的重要性。诚然，研究和信仰的自由，以及言论和争论的自由，这些自由的意义已被人们所广泛理解，但它们只是在发现新真理这一过程的最后阶段才起作用。倘若为了颂扬思想的自由，便牺牲行事之自由，就有点像把一座大楼的屋顶当作整个大楼。我们有许多新的观念要讨论，有许多不同见解要相互调和，因为这些观念和见解都是来自新条件下个人之努力，而个人又是在完成具体工作时利用了所学之新的工具和行为方式。

此过程的非思想部分，亦即新事物在其中产生的、变化了的物质环境，为了正确了解和评判其价值，需要的是发挥想象力，而不是唯理智论者所强调的那些因素。我们有时还可以去追寻发现了新观念的智能过程，但对于那些未能导出明确知识，可又确有贡献的因素，我们却很难重现其顺序和结构；我们也同样无法重现那些曾被利用过的有利的习惯和技能、便利和机会以及主要参与者的特殊环境，这种特殊环境将有助目标的实现。我们要想了解此过程中的非思想部分，充其量只能用一些简单的模式来表明何种力量正在起作用，或指出它的一般原则，至于起作用的力量有何特质，就不是我们所能知道的了。[①] 人们往往只关心他们知道的事情，对于那些在进展过程之中无人知道的特点，人们常不注意，也从不在细节上深究。

事实上，这些意识不到的特点，不仅常被忽视，而且常被看作是一种障碍，而不是有益的帮助和必要的条件。由于它们不是"理性的"——即不能明确进入我们的推理，所以常被看作非理性的、与理智相对的行为。然而，尽管许多影响我们行为的非理性因素，在上述意义上是非理性的，但那些我们曾经用过并作为

---

① 参见拙著"解释的程度"（"Degrees of Explanation", *British Journal for the Philosophy of Science*, Vol, Ⅵ [1955]）。

行动前提的纯粹之习惯和无谓之制度成功地适应了不断改善的社会，并决定了我们成功的范围。当然，发现其缺点也很重要，但若没有它们，我们又会寸步难行。

　　我们已经学会了安排日程、穿衣打扮、布置住房、说话写字，以及使用无数其他的文明工具的方式和方法，其数量甚至不少于我们所知道的从事生产和贸易的技能。这些生活方式源源不断地为我们提供了得以为文明进程做出自己的贡献的基石。新的思想正是通过对文明工具所提供的一切进行新的应用和改善而产生的。这些新产生的思想最终在知识领域得到加工处理。抽象的思想一经人们有意识地运用便在一定程度上获得了独立的生命，但若没有人们不断地挑战，它也无法长久地存在与发展。而这些挑战产生于人们采取新的行为方式和工作方式以及通过适应变化而改变整个文明结构的能力。思想发展的过程实质上只是一个阐述、选择和消除即存思想的过程。在很大程度上，新思想之流发源于行动（通常是非理性的行动）与物质性的因素发生相互撞击的地方。如果将自由仅限于思想领域，新思想的源头便要干涸。

　　因此，自由之重要性并不取决于它导致的行动是否高贵。行动自由，即使是做卑微之事，也和思想自由一样重要。将行动自由称作经济自由，从而贬低其价值，这已成为一种风气。[1] 但是，前者要比后者广泛得多，行动自由包含着经济自由。而且，更重要的是，是否可能有一种可纯粹叫作经济的行动，以及对自由的制约是否可能仅限于所谓纯粹的经济方面，这些都是问题。所谓经济考虑（economic considerations），是指我们借以来调整和调解各种不同的目标的考虑，但这些最终无一可算作经济的，

---

　　[1]　见迪莱克特的"经济市场的平等"（A. Director, "The Parity of the Economic Market Place", in *Conference on Freedom and the law*, "University of Chicago Law School Conference Series", No, 13, [Chicago, 1953]）。

当然，那些为赚钱而赚钱的守财奴除外。[1]

7. 上述一切，不仅适用于人们为达到目的而使用的手段，而且也适用于目的本身。自由社会的特点之一，是目标完全公开，[2] 开始追求新目标的可能只是少数人，但新目标会逐渐成为大多数人的目标。我们必须承认：我们眼中好的或美的东西也是不断变化的——如果说这种可变性不是以致使人们采取相对主义立场的明显方式出现，那么就是指在许多方面我们不知道对下一代人来说何为好或美。另外我们不知道我们为什么把这或那看作是好的，或当对此众说不一时，谁对谁错。个人不仅在知识方面是文明的产物，其目标和价值也不例外，总而言之，正是这些个体愿望与群体或种类的延续具有的相关性，决定了这些个体愿望的保留或变更。因为我们承认价值是进化的结果，因而认为我们可以有把握地说，我们的价值应该是什么，便是一个极大的错误。但是我们没有理由怀疑，这些价值是由创造了我们智力的同一种进化力量创造出来并加以改变的。我们所知道的只是关于好坏的最终判断，这种最终判断不是根据个人的智慧，而是根据群体的衰落作出的；如果群体衰落了，便证明他们坚持了"错误的"信念。

正是人们在追求他们那时代的目标的过程中，文明的所有工具都不得不证明其自身的价值；无效的会被抛弃，有效得到保留。随着旧需求得到满足和新机会逐渐涌现，也将不断产生新的

---

[1] 参见拙著《通往奴役之路》（*The Road to Serfdom* [London and Chicago, 1944]）第 7 章。

[2] 见波普尔的《开放的社会及其敌人》（K. R. Popper, *The Open Society and Its Enemies* [American ed.; Priceton: Priceton Vniversity Press, 1950]）第 195 页："如果我们仍想成其为人，惟有一条路，即走开放社会之路。我们必须走进未知的不确定和不安全的世界，用我可能拥有的理性去规划安全与自由。"

目标，但这还不是问题的全部。个人或群体若想取得成功和生存下去，就不仅要靠他们追求的目标和遵循的价值，也同样要靠他们掌握的工具和拥有的能力。一个群体的兴亡，不仅有赖于它掌握满足物质需求的技能之程度，也同样有赖于它遵循的道德准则或主导其行为的、关于美与幸福的理想。在任何社会之中，一个群体的兴衰都要取决于它追求的目标和遵循的行为标准。成功的群体的目标最终将成为全社会成员的共同目标。

为什么我们的价值和道德准则有助于我们社会的生存？对于这个问题，我们充其量只能做到一知半解。而且，我们也不能确定曾被证明有助于实现特定目标的准则在不断变化的形势下是否仍然有效。尽管我们可以假定任何已经存在的社会准则对于保持文明或多或少都有其贡献，但证明此类的惟一方法还是看该准则在与另外的个人或群体所遵循的其他准则竞争时，是否仍然有效。

8. 社会的选择过程是通过竞争进行的。在广义上，我们把竞争理解为有组织的群体和无组织的群体之间的竞争，也包括个人与个人之间的竞争。如果把竞争看作是"合作"（co-opera-tion）与"组织"（organization）的对立物，就可能误解其本质。通过"合作"与"组织"取得结果之努力，与个人之努力一样，也是竞争的一部分。在以不同的方式组织起来的群体相互竞争中，获得成功的群体往往证明其内部关系也是有效的。个人行动与群体行动之间的区别并不重要，重要的是不同条件之间的区别。在某些条件下，人们可以尝试以不同观点和行为为基础的多种方式，而在另一种环境中，某个机构拥有独立的特权和力量不让他人进行那种尝试。如果把特权授予所谓具有高人一等的知识之个人或群体，发展过程就不再具有实验的性质，一时风行的信念也可能成为知识进步的障碍。

拥护自由并不意味着反对组织，其实组织也是人类理性能够掌握的最有效的手段之一；但它意味着反对一切具有特权的垄断的组织，尤其反对使用强制阻止他人为更美好之事物进行尝试的组织。每个组织都是以一定的知识为基础，并有自己特定的目的和方法。然而，即使是为增进知识而设计的组织，也只有在其设计是基于真实的知识和信念时，它才是有效的。如果有事实与该组织依据的信念相抵触，那么它也只有在该组织遭到失败并被取代过程中，才可以显现出来。因此，组织必须是自愿形成并置于自由的氛围之中的，这样的组织才是有利的和有效的；组织将必须不断地调整自己，以适应在开始时无法考虑到的情况，否则就会走向衰亡。若把社会全体变做单一的组织，而这个组织又是根据单一的计划构建和运转的，那么，结果就会扼杀那种造就了人类思想的力量，而组织恰恰是人类思维设计的产物。

如果在一切行动中，只使用已被认可的最有效的知识，其结果如何，值得深思。倘若取消一切根据广为接受的知识看来似乎纯属浪费的尝试，并且只从事那些根据占统治地位的观点看来似乎有点意义的问题和试验，那么人类就可能根据其知识来预见所有的习惯行为之后果，并避免一切失望和失败。此时，人们似乎已将身边环境完全置于其控制之下，因为他只尝试那些预知结果的事情。若果真如此，文明肯定会停滞不前，这倒不是因为进一步发展的可能性已经枯竭，而是因为人们已经如此彻底地将一切行动和身边环境置于其现有知识的控制之下，以至无法为新知识的诞生提供机会。

9. 如此，那些渴望将一切事物皆置于人类理性控制之下的唯理智论者，便会面临一个真正的两难选择。一方面，使用理性的目的在于控制和预知，而另一方面，理性的进步又是以自由的境界和人类行动的不可预知性为基础的。那些夸大人类理性力量的人，通常只看到人类思想和行动交相作用的一个方面。要知道，在这种交相作用之下，理性同时既被利用，又在形成。他们看不到，理性在其中生长的社会进程必定是不受理性控制的。

　　毋庸置疑，人类过去所取得的某些最伟大的成就应归功于他还未能控制社会生活。人类的继续进步仍取决于他是否有意识地放弃他目前所掌握的强制力。过去，尽管自发的生长力受到限制，但它仍能面对国家有组织的压迫保持自身的生存。然而今天，随着实施控制的技术手段已在政府的掌握之中，这种自我保持是否可能，已成了问题。总之，它完全可能在不久的将来成为不可能。社会的有组织之力量将摧毁促使社会进步的自发力量，我们离这一点已经不远了。

第三章 进步的一般意义

人所能高攀的极点超不过人所知道的高度。[*]

——克伦威尔

1. 今天，珍惜自己在知识界的名誉的作家在使用"进步"（Progress）一词时，往往要加上引号。进步是有益的，过去两个世纪以来，这一信念一直是进步思想家的理论；但如今却成了浅薄思想的象征。尽管这世界上大多数地方的大多数人仍把希望寄托在不断的进步之上，但在知识分子中间，怀疑是否有进步这

---

[*] 章首引言录自《莱兹主教回忆录》（*Memoires du Cardinal de Retz* [Paris, 1820]）第 2 卷第 497 页，其中写道这段话是克伦威尔对贝利弗尔讲的。它显然给 18 世纪的思想家留下了深刻印象，如休谟（David Hume, *Essays*, Ⅰ, 124）、弗格森（A. Ferguson, *An Essays on the History of Civil Society* [Edinburgh, 1767], p, 187）以及涂尔干都曾引用过，而在戴雪的《法律与见解》（Dicey, *Law and Opinion*）第 231 页中也曾多次出现。歌德死后出版的《格言与反省：文献与传记》（*Maximen und Reflexionen：Literatur und Leben* [Leipzig, 1913], Ⅱ, 626）对这句话稍有改动，他说："当人不再知道向何处走时，他不可能走到比这更远的地方去。"还可参见维柯（G. Vico）的著作，由于没有别的机会提到维柯，这里就要稍稍提及他和他的得意门生加利昂尼（F. Galiani），他们是大陆上惟一能与非理性主义的英国传统相抗衡的重要学派，而关于英国传统，后面还有详论。本章更早更长的德文翻译曾载于《奥道》（*Ordo* Vol, Ⅸ [1957]）。

码事，或者至少问问进步是否值得向往，已然蔚然成风。

那种对进步之必然性的过分而天真的信念到达一定程度后，对它产生怀疑是必然的。古往今来，为进步之必然性辩护的言论，可谓汗牛充栋，但都不能自圆其说。因此使用进步一词一定要三思而后行。认为"文明已经、正在和将要向人们想往的方向运动"① 的说法并未得到大量的证明。而视一切变化为必然或视进步为必然和永为善举，同样也没有根据。至于说进步法则能帮助我们预知我们未来必然面对的状况，或把人们做的每件蠢事都看作必然的，因而是正确的，那就更没有什么道理了。

然而，如果说人们对进步的幻想破灭是不难解释的，那么这种幻想破灭也不无危险性。在某种意义上，可以说文明即进步，进步即文明。② 保存我们所认识的某种文明取决于在有利的条件下可以创造进步的那些力量的活动。如果说进步并不一定带来好结果是真理的话，下面这种情况也是真实的，即如果没有创造进步的那些力量，文明以及我们珍视的一切，即几乎所有将人与兽区分开的因素都将不复存在。

诚然，一部文明史也就是一部进步史，在不到 8000 年的短暂时间里，它已经创造出构成人类生活特质的几乎所有东西。我们祖先中的绝大多数在新石器时代初期就由狩猎生活进入农耕生活，并且很快进入都市生活。这大概是 3000 年前的事。因此，毫不奇怪的是，在某些方面，人类生理机能的变化以及人类非理性部分的适应性都跟不上这种迅速发展变化的节奏。人的本能和情感也更适应于狩猎生活，而不是文明生活。假如说我们文明中

---

① 伯里著《进步的观念》(J. B. Bury, *The Idea of Progress* [London, 1920]) 第 2 页。

② 参见穆勒的"代议制政府"(J. S. Mill, "Representative Govenment", in *On Liberty*, ed, R. B. McCallum [Oxford, 1946]) 第 121 页。

有许多特点，在我们看来显得有些不自然或矫揉造作不健康，这必定是人类一进入都市生活，实际上也就是说文明出现后才有的经历，所有针对工业主义、资本主义或过分讲究精美的抱怨，在很大程度上都是对一种新的生活方式之反抗。要知道，人类是在经过了 50 万年的狩猎生活后，不久前才开始采行这种生活方式，它酿成了一些至今仍然困扰着我们的问题。①

　　2. 当我们在与个人之努力或有组织的尝试关联中来谈论进步时，它是指朝向一个已知目标前进。② 然而，在这个意义上并不能把社会发展叫做进步，因为社会发展并不是通过人类理智运用已知的方法去追求一个确定的目标而实现的。③ 若将进步看作人类理智形成和修正的过程，或者看作已知的可能性与我们的价

---

① 参见弗格森的《市民社会史》（A. Ferguson, *History of Civil Society* [Edinburgh, 1767]）第 12 页：“如果说皇宫是由人工建造而成，那么农舍不用说也是如此。就其本质而言，政治和道德观点高度完善化所包含的人工成分并不比对感情和理性的初次运用所包含得更多。”罗歇在《关于国民经济的见解》（W. Roscher, *Ansichten der Volkswirthschaft* [2d ed; Leipzig, 1861]）一书中说明曾遭到严肃的道德家猛烈抨击的“有害之精致”时，曾以叉子、手套和玻璃为例；柏拉图在《斐多篇》（*Phaedo*）中也曾塑造过一个演说者，害怕写作发明后因削弱记忆力而造成退化。

② 假如已经确立的用法还可以改变，那么最好将进步一词限于朝向一个既定目标前进，并且只用于“文明进化”。

③ 参见伯里的《进步的观念》（J. B. Bury, *The Idea of Progress* [London, 1920]）第 236—237 页：“因为属于两种针锋相对的政治理论，并且是诉诸两种对抗性的气质，进步理论也分成两种不同的类型。第一种是那些积极的理想主义者和社会主义者的思想，他们能叫出‘黄金之城’所有街道和高楼的名字，他们想象这座城市就在一个海角附近。在他们看来，人的发展是一个封闭的系统，它的极限人们已心中有数，并且可以抵达。属于另外一种类型的是这样一些人，他们观察个人逐渐成长的过程后相信，通过曾经引导他们的那些力量之相互作用，通过他们用战斗去赢得的自由之进一步发展，他们将慢慢地走向增进和谐与幸福之境界。在他们看来，发展是无限的，它的极限是未知的，它延续到遥远的将来。个人自由是一种动力，相应政治理论就是自由主义。”

值观和愿望皆在不断变化的学习与适应的过程，可能更恰当一些。既然进步含有对未知之物的发现，所以它的结果必定是不可预知的。进步总是引导我们迈向未知世界，所以我们最多只能对产生进步的那些力量有某种了解。诚然，如果我们想为进步创造一些有利的条件，就必须对这个累积发展之过程的特点有总的了解，但这也并不能给我们提供使人们能够进行明确预言的知识。① 凡宣称能从这种了解之中得出我们必须遵循的演化规律的见解都是荒唐可笑的。人类的理智既不能预知未来，也不能着意塑造未来。它的进步表现在不断地发现错误。

即使是在最需慎重思考的探索新知识之领域，譬如科学领域，也没有人能够预知他的工作结果。② 事实上，人们越来越多地认识到，即使是将科学之目标限于实用知识，即在事先已能预知其用途的知识的企图，也可能妨碍进步。③ 进步就其性质而

---

① 见波普尔的《历史主义贫困论》（K. R. Popper, *The Poverty of Historicism* [London, 1957]）以及拙著《科学的反革命》（*The Counter Revolution of Science* [Glencoe, Ⅲ, 1952]）。

② 兰米尔在"自由——从意外之事获利的机会"（I. Langmuir, "Freedom, the Opportunity To Profit from the Unexpected," [General Electric] *Research Laboratory Bulletin*, Fall, 1956）一文中说的很好："在研究工作中，你不能计划发现，但你可以计划工作，而工作却或许会导致发现。"

③ 参见波拉尼的《自由的逻辑》（M. Polanyi, *The Logic of Liberty* [London, 1951]）。关于这个问题，早期值得注意的论著还有贝利的《论意见的形成和公开》（S. Bailey, *Essays on the Formation and Publication of opinions* [London, 1921]），尤其是前言中的一段话："为了掌握那些对我们有用的东西，我们必得学会许多无用的东西，这似乎也是人类科学的一个必要条件；由于不可能先验地确知我们所获东西的价值，所以人们若想确保获得知识的所有好处，惟一的途径就是朝各种可能的方向去探寻。科学进步的最大障碍莫过于每一步行动都急功近利。既然确信总结果将是有益的，那么过分注重每个人努力的直接价值实在是不明智。此外，任何科学都要实现某种完整性，为此我们必须掌握许多细节，尽管这些细节在其他方面不具有任何价值。我们不应忘记：掌握那些鸡零狗碎看似无用的东西，常是重大发现的必要准备。"

言，是不能被计划的。如果我们只是想解决一个具体问题，并且已掌握了发现答案的线索，在这种情况下，我们或许还可以去计划进步。然而，如果我们只限于追求现时可见的目标，如果新问题又不总是出现，我们的努力便会很快化作强弩之末。正是因为我们知道还有很多东西不知道，才使我们变得更聪明。

　　然而，这也常使我们变得更悲哀。尽管进步部分地含有如愿以偿的意思，但它并不意味着我们会喜欢其全部结果或所有的人都有收获。既然在进步的过程之中，我们的愿望和目标也是很容易改变的，那么说进步创造的事态是一个更好的事态，就值得怀疑了。在知识积累和征服自然之能力的增长这一意义上讲的进步并非指新状态是否比旧状态更令人满意。成功的喜悦可能只在于目标的达到。而有保障的占有也许并不令人满意。至于我们在发展的现阶段停步，是否比 100 年或 1000 年前就停步更合适或更幸福，像这类问题恐怕是没有答案的。

　　而且，答案也不重要，重要的是成功地去追求那些在当时似乎是可以达到的目标。人类的智能不是靠过去的成功，而是靠现在和将来的生活才能证明其价值的。进步是一种以运动为目的的运动，因为正是在学习过程之中，而且是在学会新知识的努力之中，人们享受着人类智慧的馈赠。只有在一个总体上进步迅速的社会中，大多数人才能享受个人之成功。而在一个静止的社会里，上升者与下落者的数量差不多。为了使大多数人在个人生活中能分享进步，进步就必须有一个较高的发展速度。亚当·斯密的一段话无疑是对的，他说："正是在进步的状态下，即社会为进一步地获取而不断前进的状态下，而不是在社会已充分富有的条件下，劳动大众和大多数人的状况似乎是最幸福、最舒服的。但在静止的条件下，人们的状况是艰难的，在衰落的条件下则是悲惨的。进步的状态是令所有阶层的人士都欢欣鼓舞的状态，而静止让人感到乏味，衰落让人感到悲哀。"①

在一个进步的社会之中，个人所追求的大多数目标只能通过继续进步来实现，这是进步社会最主要的特征之一。进步社会的另一个必要特征：新知识和它的好作用的传播是渐进的；并且许多人的愿望和要求总是由首先只被少数接受的新东西决定的。若以为新的可能性一开始就能被社会中的所有成员掌握，那是不对的；只有通过将少数人的成就逐渐被多数人所掌握的缓慢过程，新的可能性才能成为全社会的共同财富。然而，这个事实常常因为人们过分注意发展过程中那些显而易见的主要步骤而变得模糊不清。在大多数情形下，所谓重大发现只是为我们开拓了新的前景，若要使其得到广泛运用，还需要进一步的长期努力。也就是说，在新知识得到充分利用之前，必须经过一个长期的适应、选择、组合和改进的过程。这意味着总有一些人会从他人尚未获悉的新成就之中受益。

3. 我们期待已久的经济快速增长，在很大程度上似乎就是这种不平等的结果；没有这种不平等，经济的快速增长似乎就不可能。如此快速的进步不可能平行推进，而必定是有先有后，一些人会遥遥领先于其他人。由于我们习惯于把经济进步等同于越来越多的物资和设备的积累，所以不容易看清造成这种结果的原因。其实，我们生活水准的提高至少在同等程度上还应归功于知识的增长，因为知识的增长不仅能使我们消费更多的东西，而且还能使我们消费不同的（常常是我们以前不知道的）东西。诚

---

① 亚当·斯密的《国富论》（*W. o. N.*），第 1 卷，第 83 页。另外对照穆勒在 1848 年的一段重要论述（J. S. Mill, *Principles*, Ⅳ, vi, 2，第 749 页）："只有在世界上落后的国家中，增加产量才是其重要目标；在那些最先进的国家，其经济所需的是更好的分配。"他显然没有认识到，在他那个时代，企图通过再分配的办法来医治贫穷，不仅达不到目的，反而会摧毁他心目中的文明生活。

然，增加收入部分地要依靠资本积累，但它更多地要依靠我们学会更有效地为新目标使用资源。

知识增长之所以如此重要，是因为物质资源总是稀少的，并且必须为有限的目标加以保留；而新知识的使用则是无限的，除非我们人为地通过垄断使其变得稀少。知识一旦获得，就免费施惠于一切人。正是通过少数人试验获得的免费之礼物，普遍的进步才成为可能，先行者的成就也才促进了后来者的发展。

在社会发展的任何阶段，总会有一些新东西，尽管我们知道如何生产，但要把它们提供给所有的人，就显得过于昂贵了。尤其是在早期，制造这些东西的开销数倍于那些可以从中受益的少数人在总收入中所占的份额，并且几乎是均匀地由他们分担。一种新产品"在成为公众的普遍需求和生活的必要部分之前，它只是少数人的奢侈品，但今天的奢侈品就是明天的必用品"。①进一步看，正因为这些新产品曾是少数人的奢侈品，多数人才有可能使用它。

如果处于比较富庶的国家之中的我们，今天之所以能为大多数人提供某些以前不能大批量生产的便利之物，其原因便在于它们起初是为少数人制造的。舒适的住宅、运输和交通工具以及享受娱乐等方面的一切便利之物，起初都只能以小批量来生产；等到我们学会以更低的资源消耗来制造它们或类似的产品之后，就能将其提供给大多数人，富人的大部分开销都是用来支付试验新产品的费用，以使穷人有朝一日也能享用，尽管这并不是富人的预定目的。

重要的并不仅仅在于我们逐渐学会大规模廉价制造我们曾经小批量高价生产的产品，重要的更在于从进步的立场看，出

---

① 塔德：《社会法则：一种社会学大纲》（G. Tarde, *Social Laws: An Outline of Sociology*, trans, H. C. Warren [New York, 1908]）第 194 页。

现了新的期望与可能性，以致新目标的选择过程和实现这些新
目标的尝试，早在它们成为大多数人的追求目标之前，就已经
开始了。如果要很快提供人们在实现眼下目标之后所愿望的产
品，那么在 20 或 50 年之后为大众批量生产的产品的发展过
程，就必须受到那些已能享用这些产品的少数人的引导。如果
说今天在美国或西欧，收入较低的人也能拥有一辆汽车、一台
冰箱、一部收音机，或享受一次飞机旅行，那是因为在过去有
收入较高的人已负担得起当时还是奢侈品的这些东西。进步之
路由于已被少数人走过，所以才变得容易多了；正是因为有少
数人作为侦察员已寻找到了目标，才能为那些运气不佳或精力
不够的人铺设出道路。今天有些东西被看作是奢侈，甚至浪
费，无非是因为只有少数人能够享用，而多数人做梦都不敢
想。但这是创造新的生活方式必须付出的代价，只有如此，这
种生活方式最终会让多数人接受。少数人创造新产品的机会与
多数人享用新产品的机会都是通过对现实利益的不平均分配而
大为扩展的；如果在多数人享用新产品之前就早早迈出创造新
产品的第一步，进步的速度就会大大加快。倘若这许多新发明
在早期不能被少数人享用，那么多数人在后来也不能享用。倘
若所有的人都等待有朝一日能把这些新产品一起提供给大家，
那么这一天永远都不会到来。正是由于过去的不平等，今天最
穷的人也能拥有他们自己的一些物质财富。

4. 众所周知，在一个进步社会里，富人在物质享受方面也
只是在时间上领先于他人而已。也就是说，他们生活在一个其
余的人尚未达到的发展阶段。因此，贫穷与其说是一个绝对概
念，还不如说是一个相对概念。当然，这样说并不减轻贫穷的
痛苦。尽管在一个发达社会里，不满足已不再是因为生理的需
要，而是文明发展的结果，但在任何时候，人们希望得到的某
些新东西起初都只能提供给少数人，而只有取得更大进步之

后，才能再提供给多数人，这是无法改变的。我们之所以想得到我们追求的东西，是因为别人有而我们没有。一个进步社会要依靠这种学习和模仿的过程，同时又把该过程激起的欲望看作是进一步努力的动因之一。一个进步社会不会保证每个人的结局，也顾惜由他人的例子所产生不满足的痛苦。因为它一增加给某些人的馈赠，其他人的愿望也就随之增加，所以它还显得有些残酷。然而，只要它还成其为一个进步社会，就必须让一些人领先，让其余人跟进。

在社会发展的任何阶段，富人都将通过试行那些穷人尚难达到的新的生活方式，而扮演一个必不可少的角色；若没有它，穷人的进步也将大为减缓。这在某些人看来可能有点像牵强附会和玩世不恭的诡辩，但只要稍加思索，也不难发现其理由。即便是社会主义社会，在这一点上也不得不仿效自由社会的做法。在计划经济之下，也必须指派一些人在其他人能获得最新进展之前，就早早地开始试验。除非有人先来试验，否则新兴而昂贵的生活方式就不能被一般人接受。当然，如果只允许人们来试验，那肯定也是不够的。这些新的东西是社会进步过程中人们下一步所渴望的东西，它们只有作为一般进步的必要部分才有其适当的用途和价值。在实行计划经济的社会里，为了弄清在每一阶段应实现哪种可能性，以及怎样与何时把个别进步提高融入一般进步，就必须让某个阶级，甚或是阶级中的某个阶层比其他人先行几步。这情形就与自由社会绝然不同了，因为计划经济下的不平等是人为设定的，哪些特殊个人或群体获准先行，是通过官方机构，而不是通过市场调节的非个人程序和出生、机遇等偶然性事件而完成的。此外在有计划的社会里，只有得到官方批准的较好的生活方式才能被认可，而它们也只会提供给那些被特别指定的人。然而，计划社会若要取得与自由社会一样的快速发展，其所造成的不平等在程度上却没有什么不同。

　　不平等究竟在多大程度上才是合理的？对此我们并没有一个切实可行的估量标准。当然，我们大家都不愿意看到个人地位的高低要取决于武断的决定，也不愿意看到只向特定的人授予特权。但我们确实很难弄清在何种意义上才可以说某人过分领先于他人，或某些人的进步大大超前于其他人，将对社会造成危害。如果进步程度相差极大，上述说法或许还有些理由；但是，只要等级差异或多或少继续存在下去，只要人们的收入是呈现出比较合理的金字塔形，那些低收入者也必定会因有人领先而获得物质利益。

　　有人认为那些领先者攫取了本应属于其他人的东西，许多反对意见便是出自这种错误观点。如果单谈对过去的进步成果之再分配，而不管不平等带来的社会进步，这样说还不算错。然而，从长远的观点看，一些人领先于其他人显然对落后者也有利，这就像假如我们突然能够利用其他人在前所未闻的一块新大陆或一个新星球在更有利的条件下获得的更先进的知识，那么我们大家都可以从中得到极大好处。

　　5. 当涉及我们自己社会的成员时，很难心平气和地讨论平等的问题；而当我们将眼界放宽一点，譬如从穷国与富国的关系来看待平等的问题时，这些问题就会清楚得多。这样，我们也就不大容易受错误观点的误导，以为社会中的每个成员都拥有享受特定份额的集体成果的天赋权利。事实上，尽管今天世界上的大多数人都从他人的努力中受益，但我们还没有理由认为世界上的产品是人类一致努力的结果。

　　今天西方国家的人民，在财富方面已远远超过其他地方的人民，这一方面是因为拥有更多的资本积累，但主要的还是因为他们更有效地利用了知识。毫无疑问，如果没有西方国家的领先，较贫穷的不发达国家就更难达到西方国家现在的水平。进一步来看，如果某种世界机构在现代文明兴起的过程中曾采取措施不让任何地区过分领先于其他地区，并在世界范围内平均分配物质利益，那么，情况会更糟。如果今天一些国家能在数十年内达到西方国家数百年甚至数千年才能达到的物质享受水平，这难道不恰恰证明由于西方国家没有被迫与其他国家分享物质成就，也就是说它没有被拖后腿，而是有能力遥遥领先于其他国家，因而其他国家的发展道路变得更平坦了。

西方国家比较富裕，是因为它们拥有先进的技术；而西方国家之所以拥有先进的技术，也正是因为它们比较富裕。那些先进国家耗费巨资得到的知识，作为馈赠能使落后国家以较小代价达到相同水平。实际上，尽管落后国家可能缺乏进步的内在机制，但只要有某些国家领先，其他国家定会跟上。一些非自由国家或集团也能从自由的成果中获益，这也是不能很好理解自由之重要性的一个原因。对许多国家来说，文明进化早已经是一项业已获得的事业，而且随着现代交通工具的出现，这些国家不会落后太远，尽管绝大多数革新可能源自先进国家。苏联或日本靠模仿美国技术为生已有多么长的时间啊！只要有人提供大多数新知识，并完成了绝大多数新试验，那么运用这些知识使某个群体的绝大多数成员同时并在同样程度上受益是完全可能的。然而，尽管一个这种意义上的平等社会也可能取得进步，但这种进步毕竟具有寄生性，是从已付代价的他人那里得来的。

在这方面值得记取的是，一个国家之所以能在世界范围内领先，是因为它有在经济上最先进的阶级，倘若要故意抹平这个阶级与其他阶级之间的差异，它必定会丧失其领先地位——就像大不列颠的悲剧所昭示的一样。过去，在英国有一个因袭传统的富裕阶级，他们要求产品在质量上和口味上都得超过其他国家，结果只有英国向世界上其他国家提供产品，英国的所有阶级也就从中受益。随着这个生活方式被人仿效之阶级的消失，英国的领先地位也一去不复返了。英国的工人不久就会发现，一个社会存在某些比他们富有的人，他们作为该社会的一员从中受益不浅；而他们之所以曾经领先于其他国家的工人，部分地就是因为自己国家的富人曾经同样地领先于其他国家的富人。

6. 如果说国与国之间的不平等会有益于所有国家的进步，那么人们是否能够怀疑在一个国家内部不平等具有同样的作用呢？在一国内也是一样，那些以最快速度前进的人将加快所有人的进步速度。即使开始有许多人落后，但是开拓前进道路所产生的累积效应，不久就会促使他们前进，以致使他们有能力跟上前进队伍。如果一个社会有许多富人，那么该社会的其他成员就会享有许多优惠；而对于那些生活在穷国的人来说，因其不能从富人所提供的资本和经验之中获益，所以也就不能享有这些优惠。因此，在这种情况之下，我们很难说清个人为何有理由要求分享更多的好处。事实上，在一段时间之后，那些跟进者所累积获得的好处已经能使他们比领先者走得更快。结果，人类在进步中的长蛇阵将愈来愈紧凑。美国的经验似乎已经告诉我们，一旦较低阶层迅速崛起，获取厚利主要不再是通过迎合富人的口味，而是通过满足大众的需求。这样，那些最初加大不平等的力量到后来却会有助于缩小不平等。

因此，对于通过财富的再分配来缩小不平等乃至消灭贫穷，就应从长期和短期两个方面来看。我们随时都可以把富人的财产分给穷人，从而改善赤贫者的处境。但是，尽管这种强迫大家齐头并进的做法暂时能使人们地位接近，但它很快就会延缓整个队伍的行进速度，而从长远的观点看，它还会使落后者继续落后。最近欧洲的经验清楚表明了此点。一些富国由于实行平等政策停步不前，而一些贫穷但具有高度竞争性的国家却变得生机勃勃、突飞猛进，这已是战后历史最显著的特征之一。英国以及斯堪的纳维亚诸国这样的发达的福利国家属于前一种国家，西德、比利时和意大利属于后一种。两者之间的差异甚至已开始被英国以及斯堪的纳维亚国家所承认。① 若要让社会裹足不前，最有效的办法莫过于给所有人都强加一个统一标准；若要让进步放慢速度，最有效的办法也莫过于只允许最成功者稍高于一般人的水平。上述国家的经验已充分证明此点。

在观察不发达国家的状况时，任何冷静的观察者都会承认：只要其全部人口仍处于同样低下的水平，其地位无改变的希望；进步的首要条件就是让某些人领先于其他人。但对于一个较先进国家，却很少有人愿意作如是观。这确实是一个令人费解的现象。当然，一个社会若只允许那些拥有政治特权的人飞黄腾达，或者让那些首先发迹的人利用其首先拥有的政治特权压制他人，那么它也不会比一个强调人人平等的社会好多少。但从长远的观点看，某些人腾达所将碰到的障碍也是一切人腾达所将碰到的；而且由于这些障碍能满足大众一时的热情，所以也有损于大众的真正利益。②

7. 有人时常批评西方国家进步过快并偏重物质。其实，这两个方面也许是紧密相连的。物质进步迅速的时代很少是艺术臻于鼎盛的时代，艺术和智力创造的精品以及人们对其怀有的极大的欣赏兴趣往往出现于物质进步缓慢之际。不论是 19 世纪的西

---

① 参见《时代文艺附刊》（*Times Literary Supplement*）上的两篇重要文章："能动的社会"（"The Dynamic Society"），1956 年 2 月 24 日，也曾有小册子；"世俗的三位一体"（"The Secular Trinity"），1956 年 12 月 28 日。

② 参见沃利克的"保守的经济政策"（H. C. Wallich, "Conservative Economic Policy", *Yale Review*, XLVI [1956], 67）："从纯经济收入的角度看，经过一段时期后，即使是那些认为自己深受不平等之害的人，从更快的增长之中所获得的东西，也肯定多于从任何收入再分配之中所获得的东西。在实际产量上，每年只要有百分之一的增长速度，便足以使经济上最弱的人上升到一个相当的收入层，其收入之高，是任何程度再分配所无法提供的。……在经济学家看来，经济不平等的功能之所以被证明是正当的，应归功于增长的概念。经济不平等最终也有利于那些起初似乎遭受损失的人。"

欧，还是 20 世纪的美国，都不是以其艺术成就著称于世的。而且，非物质价值创造的突飞猛进又似乎是以先行改善经济条件为前提的。一般在财富猛增之后，便会转向非物质的东西；而当经济活动不再能提供快速进步的魅力时，那些最富天分的人便会自然而然地去追求其他价值。

当然，这只是人们之所以怀疑快速的物质进步有无价值的原因之一，甚至还不能说是最主要的原因。我们也必须承认：大多数人是否真想接受进步的所有或者大部分成果，这还是一个未知数。对于大多数人来说，进步使其实现了自己的追求的同时，也强加给他们一些不希望发生的变化。应该说，这是违背他们的初衷的。个人根本无法选择是否参与社会进步；进步不仅给他带来新的机遇，而且也会剥夺他想要的东西，甚至是他备感亲切而且重要的东西。因此，对某些人来说，进步可能只是悲剧；而对于那些宁愿享受过去之进步成果、不愿加入将来之进步行列的人来说，进步与其说是福祉，不如说是祸源。

在一切国家和一切时代，都会有一些群体或多或少处于静止状态，他们的生活习俗和方式已经沿袭了好几代。这种生活方式可能会忽然受到他们从未经历过的外部发展的威胁。而该群体内的人都希望保留该群体的生活方式，这就像欧洲的许多农民，尤其是边远山区的农民，尽管其生活方式已经走向穷途末路，尽管其生活方式已经依附于为自身生存也在不断变化的都市文明，但他们仍然十分珍惜自己的生活方式。然而，保守的农民与其他人一样，也将其生活方式的形成归功于与己不同的人，归功于他们那个时代的革新者——正是他们通过改革，将一种新的生活方式强加给那些处于较早文明状态的人。其实，游牧部落的人抱怨封闭的庄园侵害了他的牧场，也就和农民抱怨工业的侵害一样。

人们必须容忍的变化也正是进步必须付出的部分代价。这表明这样一种事实，即大多数人，确切地说是每一个人，在被文明生长导入进步之路的时候，都不是自觉自愿的。倘若要问大多数人对进步带来的变化有何意见，他们很可能要求阻止进步的许多必要条件和结果产生，从而最终使进步停滞。我所了解的一个例子中，多数人投票否定了政府精英的意见，决定放弃因自由市场经济而将实现的美好未来。尽管一旦可能，人们就会通过阻止不合己意的结果而扼杀进步，但这也并不是说人们若要如愿以偿，便可以不去依赖进步的持续存在。

并不是我们今天能为少数人提供的一切享受，迟早都能为所有人拥有；像个人服务这类事情，显然就不是所有人都可以拥有的。富人获得的这些优惠将由于进步而被剥夺，但是，少数富人获得的绝大多数东西，随着时间的延续，可以为其他人享用。实际上，我们减少现时不幸和贫穷的一切希望都应建立在这种期待之上。如果我们放弃进步，我们也将不得不放弃我们现在梦寐以求的所有社会改革。我们在教育和健康方面所希望获得的进步，以至少大多数人达到他们所追求的目标和愿望的实现，都依赖于连续不断的进步。为了认清我们真正的最终的意图，我们必须牢记：进步若在顶端就受到阻遏，那么整个从上至下的进步之路都将很快被堵塞。

8. 迄今我们讨论的主要还是我们自己的国家，以及那些在我们看来属于西方文明的国家。然而，我们必须注意这样一个事实：由于过去进步产生的结果——换言之，也就是知识和追求目标在世界上迅速而轻易地传播开来，致使我们现在碰到是否需要持续不断地快速进步这个问题时，已经失去了自行选择的权利。我们文明的成就已经成为世界上其他地区人民向往和羡慕的对象，这个反映我们现实地位的新事实迫使我们不断前进。且不说站在某种更高的角度看，我们的文明是否真地就好一些，但我们必须承认只要人们一获悉我们文明的物质成就，便都会去孜孜以求。这些人可能不愿吸收我们的整个文明，但他们必定想从中挑

选某些适合于他们的东西。即使在不同的文明仍然存在并支配着
大多数人的生活的地方，领导地位却几乎总是落在那些吸取西方
之知识和技术最为深入的人手中，对于这个事实，我们可能感到
遗憾，但绝对不应忽视。①

　　从表面上看，今天似乎有两种文明正在为争取追随者而竞
争，但事实是它们向大众提供的许诺和展示的优越性却基本上是
一样的。尽管自由国家和极权国家都宣称自己的方法能更快地满
足人民的需求，但对二者来说，目标本身并无区别。主要的不同
仅在于：极权国家似乎更清楚如何达到其希望的结果，而自由国
家则因其性质所限，不能为进一步的发展提供任何详细的"计
划"，充其量只能显示其过去的成就。

　　然而，西方文明的物质成就不仅激起其他国家的志向，同时
当这些国家认为他们应得之物未给予他们时，这种物质成就还提
供给他们一种摧毁西方文明的新力量。由于人们对某种可能性的
了解要比物质利益的实现快得多，今天世界上的大多数人已经不
像从前那样容易满足，他们要夺取自认为是自己的东西。他们就
像任何国家的穷人一样，错误地相信其目标可以通过对现存财富
的再分配来实现，而西方的教训更坚定了他们的这种信念。随着
其力量的增大，他们便能够强行实施对财富的再分配，假如进步
所带来的财富增长不够快的话。可是，我们知道，对财富的再分

---

　　① 关于其在世界上最偏远的一个地方的影响，参见克拉克的《罕萨：喜马拉雅
　　　山消失的王国》（John Clark, *Hunza: Lost Kindom of The Himalayas*
　　　[New York, 1956]）第 266 页："与西方的接触，不管是直接的，还是间接
　　　的，已经波及居住边远的游牧人和最偏僻的山村。有超过 10 亿之多的人知
　　　道：我们比他们拥有更幸福的生活，从事更有趣的工作，并在身体上享受着
　　　更大的舒适。他们自己的文化没有给他们提供这些，但他们决心也拥有这
　　　些。绝大多数亚洲人都希望在尽可能不改变自己风俗习惯的前提下，获得我
　　　们所拥有的这些好处。"

配会延缓领先者的进步速度，而且还会造成这样一种情况：既然经济增长不能提供什么，那么以后更多的改良都得通过对财富的再分配来完成。

今天，世界上大多数人的愿望都只能通过迅速的物质进步来满足。毫无疑问，以他们现在的心态，一次较大的失望便可能导致严重的国际冲突——甚至是战争。世界和平以及文明自身都依赖于持续不断的高速进步。因此，我们在这种情形下不仅是进步的产物，而且也是进步的俘虏；即使我们想坐下来，在闲暇之时享受一下我们的成就也做不到。我们的任务就是继续领先，在进步之路中继续领先，要知道，已有愈来愈多的人追随我们踏上了这条进步之路。也许到将来的某一天，在世界上经过长期的物质进步之后，其传播的渠道非常之多，以至于即使先行者放慢速度，后进者在一定时间内仍然继续前进而不会减速，这时，我们或许可以重新考虑是否还要以这样的速度走在前面。但在今天，人类的大多数还只是刚刚觉察到有消除饥饿、肮脏和疾病的可能性，他们在经历了数百年乃至上千年的相对稳定之后刚刚被日益扩展的现代技术浪潮所触动。他们的最初反应是以一种惊人的速度在数量上迅速增加，只要我们把进步速度稍稍放慢，都可能对我们造成致命的打击。

第四章　自由、理性和传统

　　没有什么能像自由的艺术那样善于创造奇迹；但同样也没有什么比自由的训练期更为艰辛了。……一般来说，自由都是在暴风雨中伴随困难而确立、经过争论而完善的；而且其益处只有在它年老之后，才会被人意识到。*

——托克维尔

　　1. 尽管自由不是一种自然状态，而是一种文明的造物，但它也并非源于人为设计。自由制度，如同自由所创造的一切东西，不是因人们预见到其可能带来的益处才被确立的。然而，它的好处一旦被认识，人们便开始完善和扩展自由的统治，而且为此目的，去弄清自由社会是如何运作的。自由理论的发展主要是在 18 世纪。起初只是在两个国家，即英国和法国。前者已了解自由，而后者则没有。

---

　　* 章首引言录自托克维尔的《民主》（Tocqueville，*Democracy*）第 1 卷第 14 章第 246 页。另外参见第 2 卷第 2 章第 96 页："自由带来的好处只有随着时间的流逝，才逐渐显现出来，因此人们极容易误解其发生的原因。"本章在更早的时候刊载于《伦理学》杂志（*Ethics*，Vol，LXVIII [1958]），在那里发表的篇幅更多一些。

正因如此，我们到今天为止在自由理论方面有两种不同的传统：[①] 一种是经验的和缺乏系统的，另一种则是思辨的和理性主义的。[②] 前者的理论以这样一种认识为基础，即认为传统和制度是自发形成的，人们很难充分认识它；而后者则旨在于构建一个人们一再尝试却从未成功的乌托邦。虽然如此，法国传统中理性主义的，貌似有理而且显得合乎逻辑的论辩，加上认为人类理性法力无边的奉承，其影响逐渐扩大；而在同时，内容含混、表达模糊的英国的自由传统却日趋衰微。

我们所说的自由之"法国传统"，在很大程度上是由于解释英国制度而形成的，而其他国家根据英国制度形成的概念又主要是基于法国作家的阐述，因此，其差别便模糊了。当两种传统都被融入 19 世纪的自由运动时，当英国自由党领袖们像借鉴英国传统那样借鉴法国传统时，两种传统最后完全混同。[③] 结果，在英国，正是信奉边沁派哲学的激进主义者战胜了辉格党人，从而

---

① 托克维尔曾说过："18 世纪和法国大革命以来，产生了两条支流，一条导向制度的自由，一条导向极权的专制。"参见托马斯·梅的《欧洲的民主》(Thomas E. May, *Democracy in Europe* [London 1877]) 第 2 卷，第 334 页："在现代，一国（法国）的历史是民主的历史，而不是自由的历史；另一国（英国）的历史是自由的历史，而不是民主的历史。"另外参见鲁基罗的《欧洲自由主义史》(G. de Ruggiero, *The History of European Liberalism* [Oxford: Oxford University Press, 1927])，尤其是第 12、71 和 81 页。关于法国为什么缺乏真正的自由传统，参见费格特的《自由主义》(E. Faguet, *Le libéralisme* [Paris, 1902])，尤其是第 307 页。

② "理性主义"和"理性主义的"，在这里是完全在格罗秀森 (B. Groethuysen) 所确定的意义上被使用的，参见《社会科学百科全书》第 13 卷 (*E. S. S*, XIII) 第 113 页，"rationalism"条："将个人的和社会的生活调节到与理性原则一致，尽可能地消灭一切非理性因素，或将其贬低到无足轻重的地步"，是一种趋势。还可参见奥克肖特的"政治中的理性主义"(M. Oakeshott, "Rationalism in Politics", *Cambridge Journal*, Vol, I [1947])。

③ 见哈勒维的《哲学激进主义的成长》(E. Halevy, *The Growth of Philosophic Radicalism* [London, 1928]) 第 17 页。

掩盖了两者之间的基本差别。近年来，这种差别又重新出现，表现为自由的民主与"社会的"（或极权的）民主之间的冲突。[①]

　　人们对二者的差别，在百年以前比起今天，理解得更透彻。在欧洲革命的岁月里，即使两种传统已经融为一体，但仍有一位德国血统的美国的政治哲学家清楚描述了在"盎格鲁"自由与"高卢"自由之间存在的对立。弗朗西斯·利伯在 1848 年写道："所谓高卢自由，是在政府之中寻求自由，按照盎格鲁人的观点，这可是找错了地方，肯定行不通。高卢人的观点必然导致这样的结果：法国人是在组织之中寻求最高程度的政治文明，也就是说，是在公共权力实施的最高程度的干预之中寻求最高程度的政治文明。至于这种干预是专制的，还是自由的，这完全取决于由谁来干预，以及干预是为哪个阶级的利益服务。而按照盎格鲁人的观点，这种干预必然是专制主义或贵族政治，现存的独裁政权对他们来说都是一种无法与之妥协的贵族政治。"[②]

---

①　参见塔尔蒙的《极权主义民主的起源》（J. L. Talmon, *The Origins of Totalitarian Democracy* [London, 1952]），尽管他未将"社会的"民主等同于"极权主义的"民主，但我仍不得不同意凯尔森在"民主的基础"（H. Kelsen, "The Foundations of Democracy", *Ethics*, LXVI, Part 2 [1955], 95 n,）一文中的论述："塔尔蒙所说的自由的民主和极权的民主之间的对立，实际上是自由主义和社会主义之间的对立，而不是两种民主之间的对立。"

②　利伯著"盎格鲁的自由与高卢的自由"（Francis Lieber, "Anglican and Gallican Liberty"），最早载于 1849 年南卡罗来纳的一家报纸，后重印于《随笔》（*Miscellaneous Writings* [Philadelphia, 1881]）第 282 页。也可见第 385 页："高卢自由期待一切事情皆出于'组织'，而盎格鲁自由却倾向于'发展'，这个事实足以说明为什么我们在法国很少看到制度的改进和扩展；即使有改进的尝试，也是完全废除以前的状态，从头做起，亦即重新确定首要的基本原则。"

自从利伯写下这段话后，法国传统在各地逐渐取代了英国传统。为了分清两种传统，这里有必要考察二者在 18 世纪的原初形态。我们所说的"英国传统"，最早是由大卫·休谟、亚当·斯密和亚当·弗格森[①]领导的一些苏格兰道德哲学家阐明的，然后得到了同时代的英国人乔赛亚·塔克、埃德蒙·伯克和威廉·佩利的赞同，而且它在很大程度上是取自根植于普通法法理学之中的传统。[②] 与此相反的是，法国启蒙运动的传统，浸透着笛卡尔的理性主义，其中，百科全书派与卢梭、重农学派和孔多塞都是著名的代表人物。当然，二者的区别并不完全等同于国界的划分。像孟德斯鸠、稍晚的贡斯当尤其是托克维尔这样的法国人，可能更接近我们所说的"英国"传统，而不是"法国"传统。[③] 而以霍布斯为例，说明英国也为理性主义传统提供了一个奠基者，更不用说整整一代法国大革命的热中者，如戈德温、普里斯

① 这种为自由政策提供知识基础的发展哲学，必须加以论述，此处却无法这样做。若想深入研究苏格兰——英格兰学派及其与法国理性主义传统的差异，参见福布斯的"科学的辉格主义：亚当·斯密和约翰·米勒"（D. Forbes, "Scientific Whiggism：Adam Smith and John Millar", *Cambridge Journal*, Vol，Ⅶ [1954]）以及我的一篇讲演，"个人主义：真与伪"（*Individualism：True and False* [Dublin, 1945], reprinted in *Individualism and Economic Order* [London and Chicago, 1948]。此书特意提及我在这里所省略的曼德维尔在该传统中所起的作用）。本文最早载于《伦理学》杂志（*Ethics*, Vol. LⅩⅧ [1958]），若要进一步研究，可参见之。

② 特别参见黑尔（Mathew Hale）的著作。

③ 孟德斯鸠、贡斯当和托克维尔常被他们的同胞视为英国谜。贡斯当曾在苏格兰受过部分教育，托克维尔在谈到自己时则说："我的许多思想和情感都与英国人相同，以致对我来说，英国已经成为我思想的第二故乡。"见其《英格兰和爱尔兰之行》（*Journeys to England and Ireland*, ed, J. P. Mayer [New Haven：Yale University Press 1958], p. 13）。法国著名思想家的大家族中属于进化主义的"英国传统"，而非理性主义的"法国"传统的，还必须包括年轻的涂尔干和孔狄亚克（E. B. de Condillac）。

特利、普赖斯和潘恩，他们就像滞留法国之后的杰斐逊，① 完全
属理性主义传统。

2. 尽管这两组人物如今都被说成是现代主义的先驱，但两
者在社会秩序的进化和运作，以及自由在其中所起的作用方面
存在着观念上的巨大差异。这种冲突可以直接归因于这一事
实，即经验主义世界观在英国曾占支配地位，而理性主义世界
观在法国占支配地位。观念的分歧导致实际结论的对立，下面
是最近有人就此进行的一段极好论述："一派把自发性和没有
强制看作是自己的精髓，另一派则相信只有在追求并获取一个
绝对的集体目标时，才能实现自由。"② "一派赞成有机的、缓
慢的和半意识的（half-conscious）生长，另一派则赞成纯理论
的深思熟虑；一派赞成反复试验的步骤，另一派则只允许具有
强制性和惟一有效性的模式。"③ 如塔尔蒙在一本重要著作（上
面论述出自该著）中所指出的，极权民主正是源于第二种
观点。

源于法国传统的政治学说，之所以获得彻底的成功，可能是
由于它们诉诸了人类的自豪感和事业心。然而，我们必须记住：
两种不同的政治思想，是围绕对社会是如何运作这一问题的不同
认识而产生的。其中，英国哲学家为一种深刻而正确的理论奠定

---

① 关于杰斐逊由于在法国逗留而从"英国"传统转归"法国"传统，详见沃斯
勒的一本重要著作《美国的革命理想及其对欧洲的影响》（O. Vossler, *Die
amerikanischen Revolutionsideale in ihrem Verhältnis zu den europäischen*
[*Munich*，1929]）。

② 见塔尔蒙前引书，第 2 页。

③ 同上注，第 71 页。另可参见芒福德的《生活的信念》（L. Mumford, *Faith
for Living* [New York，1948]）第 64—66 页，他比较了"理想的自由主
义"与"实践的自由主义"。此外，麦戈文和科利尔《激进派与保守派》
（W. M. McGovern and D. S. Collier, *Radicals and Conservatives* [Chicago，
1958]）一书中也区分了"保守的自由主义者"和"激进的自由主义者"。

了基础，而理性主义者无疑是完全错了。

那些英国哲学家对文明生长的解释，在今天仍是我们为自由辩护的不可或缺的基石。他们发现制度的缘起，不在于人类的发明或设计，而在于成功者的幸存。他们的观点可以用下面的话来表达："各民族是怎样偶然地发现了那些并非由人类设计，而是人类行动的结果的制度呀。"① 这种观点还强调我们所说的政治秩序，与其说是我们善于安排的智慧的产物，不如说是人类一般想象的结果。正如这个学派的直接后继者们所看到的，亚当·斯密及其同时代之人的所作所为，就是"把归因于建设性制度的一切东西都分析成某些明确原则之自发而不可抗拒的发展——并揭示出：即使是人工痕迹明显的最为复杂的政策体系，其产生也很少是由于人工设计或政治智慧"。②

这种"由亚当·斯密、大卫·休谟、亚当·弗格森以及其他人共同主张的洞悉历史的反理性主义观点"，③ 促使他们最先领悟到制度、道德、语言以及法律是如何通过一个累积生长的过程而发展的，而且只有利用这个框架并在这个框架之内，人类理性才会得到发展并成功地发挥作用。他们的论辩完全针对笛卡尔的观点，笛卡尔认为制度的产生是通过独立而先验存在的人类理性；另外，他们还反对把文明社会看作是由某些聪明的，具有独

---

① 弗格森：《市民社会史论》（A. Ferguson, *An Essay on the History of Civil Society* [Edinburgh, 1767]）第 187 页。

② （杰佛里）"克雷格的米勒传"（[Francis Jeffery], "Craig's Life of Millar", *Edinburgh Review*, IX [1807] 84)。很久以后，梅特兰也同样说过："我们的经验习惯于跌跌撞撞地往前走，瞎子似地闯进智慧之门。"

③ 福布斯前引书，第 645 页。另外，埃文斯—普里查德曾大大方方地承认苏格兰道德哲学家作为文化人类学之鼻祖的重要性，详见《社会人类学》（E. E. Evans-Pritchard, *Social Anthropolgy* [London, 1951]）第 23—25 页。

到见解的立法者或某项具有独创性的"社会契约"① 所建构的。

后一种观点认为有识之士为了思考如何造就一个全新的世界而走到一起来，这或许是设计理论的一个显著的特点。法国大革命的主要理论家阿贝·西哀耶斯曾力劝参加革命集会的人，"要像刚脱离自然状态的、为签署一项社会契约而走到一起来的人一样去行动"。②

古代的人对自由之条件的理解也要比这种看法更透彻一些。西塞罗在谈到罗马的政治制度时，曾引用了卡托（Cato）的一段话，认为罗马的政治制度之所以高于其他国家，是因为它"不是属于一个人的才智，而是很多人的才智；其建立，不是在一个人手中完成的，而是经历了好几个世纪和好几代人。因为，世上从来就没有一个无所不知、无所不能的天才，若得不到经验的帮助和不经过时间的检验，即使生活在同时代的所有人把他们的力量拧成一股绳，也不可能为将来做好一切准备"。③ 共和的罗马和

---

①　米瑟斯在《社会主义》（L. Von Mises，*Socialism* [New Haven：Yale University Press，1951]）第 43 页谈到社会契约时写道："旧信仰认为应将社会制度归诸于神，或者至少应追溯到神灵启示下的启蒙，但理性主义在摒弃了这种旧信仰后，也没有找到其他解释。由于理性主义造成了现在的条件，人们也就把社会生活的发展视为完全有目的与理性的；然而，除了通过承认其是有目的的和理性的这一事实的前提下进行有意识的选择，还能如何实现社会生活的发展呢？"

②　曾被塔尔蒙引用，见其前引书，第 73 页。

③　参见西赛罗的《共和国》（M. Tullius Cicero，*De re publica* ii，1，2；也参见 ii，21，37）。后来的一位罗马法学家奈拉提乌斯在《民法大全》（*Corpus iuris civilis*）中引用这段话时，甚至劝告他的同行们："我们一定不可去探寻我们制度的理性原因，否则，许多确定无疑的事情就会被推翻。"尽管希腊人更倾向于理性主义，但他们也具备关于法律生长的相同概念。参见"雅典演说家安提芬"，载麦得门编的《较小的雅典演说家》（*Minor Attic Orators*，ed. K. J. Maidment ["Loed Classical Library"（Cambridge：Harvard Vniversity Press，1941）]，I，247），其中记载安提芬说过："法律的特性是它属于这个国家最古老的东西，……而且这是好法律最明显的标志，因为时间和经验向人们表明了什么是不完备的。"

雅典——古代世界两个自由的国家，都不能作为理性主义的范例。在作为理性主义传统之源头的笛卡尔看来，恰恰是斯巴达为此提供了典范；因为斯巴达的伟大，"尤其不在于每项法律的杰出，而在于这样一种状况，即所有的法律都是由单个人创立的，所有的法律都指向同一个目标。"① 正因为此，斯巴达既成了卢梭的自由理想，也成了罗伯斯庇尔和圣鞠斯特，以及此后大多数主张"社会"民主和极权民主的人之自由理想。②

　　和古代一样，现代英国的自由观念也是在试图去理解"制度如何发展"这个背景下形成的。而且，最初获悉它的是一些法学家。17世纪高等法院首席法官黑尔在批评霍布斯的一篇文章中写道："尤其在法律和政府方面，许多东西被间接地、模糊地从结果上看是理性地被通过了，尽管当事人还没有立即而清楚地看出其合理性所在……长期的经验比最聪明议员们最初的预见能更多地发现法律是否恰当。根据聪明而有识之人的不同经验而对法律进行的修改和补充，比最有创造力却无经验的智者的最佳发现，更有益于法律的恰当性。……这就给立刻了解现存法律的法理增添了难度，因为这些法律是长期反复之经验的产物，而尽管经验一般被人叫做蠢货的女教师，但它肯定是人类之中最聪明的济世良方，即使是最具才智的人，也不可能立刻预见或适时补救通过经验所发现的不足和需求。……没有必要让我们明白制度形成的各种理由，给我们一个制度化的法律就足够了。而且，尽管

---

① 笛卡尔著《方法论》（R. Descartes, *A Discourse on Method* ["Everyman" ed,], Part Ⅱ, 第11页）。

② 参见塔尔蒙前引书，第142页。关于斯巴达理想对古希腊哲学，尤其是对柏拉图和亚里士多德的影响，见奥利尔的《迁徙的斯巴达人》（F. Ollier, *Le Mirage Spartiate* [Paris, 1933]）和波普尔的《开放的社会及其敌人》（K. R. Popper, *The Open Society and Its Enemies* [London, 1945]）。

制度形成的理由没有显现，但我们仍可以去观察它们。"①

3. 正是从这些观念之中，逐渐产生出一套社会理论。这套社会理论表明：只在一定意义上合乎目的的各种制度是如何复杂而有秩序地不通过人们的有意设计，而在人们的相互交往中形成的，它们不是源自某些人的发明创造，而是源自很多人的分别行动，而这些人当时也并不知道自己在做些什么。在人们凌乱的探索中，可能会产生某种比个人心智更伟大的东西，从某些方面看，这对所有设计理论所构成的挑战，甚至比后来的生物进化理论还要大。人们第一次看到，一种明显的秩序既然不是人的设计的产物，那就不必将其归因于某种高层次和超自然的智能，但也存在第三种可能性——即秩序的出现是适应性进化的结果。②

---

① "马修·黑尔对霍布斯关于习惯法对话的批评"（"Sir Mathew Hale's Criticcism on Hobbes Dialogue on the Common Law"），这篇文章作为附录载于霍尔兹沃斯的《英国法制史》（W. S. Holdsworth, *A History of English Law*, V [London, 1924]）第504—505页，其文字拼法已经过现代化。霍尔兹沃斯正确指出，马修·黑尔与埃德蒙·伯克的观点相似。当然，这些论点实际上只是想阐明爱德华·科克爵士（霍布斯曾经批评过他）的思想，尤其是他的"人工理性"的著名概念。科克对该概念的解释如下："就已成过去的古代岁月和时间而言，我们今日在地球上的日子不过是一道影子。其中，法律经过最优秀者不断地运用其智慧来总结长期而连续的经验（光明与真理的考验），从而获得改良和再改良，任何人，即使（在一个短暂的时间内）他拥有一切人的智慧，但不管何时他都无法影响或实现这个过程。"见托马斯和弗拉塞编的《第七份报告》（I. H. Thomas and I. F. Fraser, *Seventh Report* [London, 1826], IX, 第6页）。另参见法律谚语："经验出于各种用途而立法。"

② 据我所知，关于社会发展过程的最好论述仍是门格尔的《探究》（C. Menger, Untersuchungen）第3册和附录8，尤其是第163—165, 203—204和208页。也可参见麦克贝思的《生活中的经验》（A. Macbeath, *Experiments in Living* [London 1952]），第120页："由弗雷泽奠定（见《心理学家的任务》[*Psyche's Task*] 第4页）且得到马林诺夫斯基和其他人类学家赞同的原则是：一种制度除非发挥有用的功能，否则便无法存在"，在脚注中的说明是："但制度在某个既定时间所发挥的功能，可能不是其创

这里，我们不得不强调选择在社会进化过程中所起的作用，因此给人的印象是，似乎我们借用了生物学的思想，应注意指出的是，事实正好相反：是达尔文及其同时代的人受到社会进化论的启发，才形成了生物进化论。②实际上，即使是在生物学领域，首先也是一个苏格兰哲学家早于达尔文提出这些思想的；③ 后来各种"历史学派"将这些观念运用于法学和语言学研究，从而得出一种结论，即在研究社会现象时，"结构的相似性"只能从共同起源上来解释④——这个社会现象研究中的常识提出后很久，

立时所能想象的"；在紧接着的一段里，阿克顿勋爵说明了他是如何继续写成关于古代和基督教中自由思想的简明大纲（《自由的历史》[*History of Freedom*] 第 58 页）："我本来是期望……说明自由国家形成的真实规律是通过哪些人士以及何种联系被人们所认识的：说明这种发现（这里所说的发现非常类似于使用发展、进化和连续性概念，赋予其他科学一种全新和更深之方法的发现。）是如何解决稳定和变革之间关系的古老问题，以及如何决定思想进程中传统的权威；詹姆斯·麦金托什曾有一个理论，认为宪法是生长而成的，而非制造而成的；另外，还有一种理论认为是被统治者的风俗习惯和民族性格，而不是政府的意愿，造就了法律；我也期望能说明这些理论是如何产生的。"

② 我在这里不拟涉及达尔文向马尔萨斯的人口理论借的"债"（实际上，通过马尔萨斯，他还借了坎狄龙 [R. Cantillon] 的"债"），而只是想讨论一下主宰 19 世纪社会思想的进化哲学的一般背景。尽管这种影响，也偶尔被承认，如奥斯本的《从希腊人到达尔文》 （H. F. Osborn, *From the Greeks to Darwin* [New York，1894]）第 87 页，但还从来未见过这方面的系统研究。我相信这种研究会表明达尔文使用的大部分概念都是信手拈来的。使达尔文了解苏格兰的进化论的一个中间人可能就是苏格兰地理学家赫顿（James Hutton）。

③ 见洛夫乔依的"蒙博多与卢梭"（A. O. Lovejoy, "Monboddo and Rousseau" [1933]），重印于《思想史论文集》（*Essays in the History of Ideas* [Baltimore：Johns Hopkins University Press，1948]）。

④ 意味深长的是第一个在语言学领域明确看到此点的人——威廉·琼斯爵士，他本人就是一个训练有素的法学家和一个因游说而著名的辉格党人。参见其在 1786 年 2 月 2 日"第三次年会演讲"中的那段名言："梵文，不管其多么古老，仍具有妙不可言的结构；它比希腊语更完美，比拉丁文更丰富，也比

才在生物学领域得到应用。不幸的是，社会科学在后来没有继续
在本领域内以这些思想为基石继续建树，而是从生物学中引进某
些类似的概念，从而出现诸如"自然选择"、"生存竞争"、"适者
生存"等说法，但这些并不适合于社学科学；因为在社会进化方
面，决定性的因素不是个人的生理特质或遗传特质的选择，而是
通过模仿成功的制度和习俗而进行的选择。尽管选择发挥作用也
要靠个人或群体的努力，但由此产生的不是个人的遗传性特质，
而是思想和技术——简言之，是通过学习和模仿而得以传承的整
个文化遗产。

4. 若要详细比较上述两种传统，就得另写一本书；这里只
能指出两者的主要不同。

理性主义传统假定每个人生来就具备使其得以有意识地设计
文明的智力和道德能力，但进化论者却明确指出：文明是经过反
复试验而累积产生的结果；它是经验的总和，其中一部分是作为
明确的知识而代代相传，更大一部分则体现在已被证明比较优越
的工具和制度之中——人们可能通过分析发现这些制度的意义，
但即使人们不理解它们，它们仍将为人们的目的服务。那些苏格

这二者更精致，对二者来说具有更强的结构相似性，在动词词根和语法形
式上皆是如此，这种相似性不可能是偶然造成的：因为太相似了，以致没
有一个语言学家在研究这三种语言时能够不相信它们具有共同的起源，而
这种共同起源也许是不存在的。"（载其《著作集》，Whilliam Jones, *Works*
[London, 1807]）第 3 编第 349 页。关于思索人类语言与思索政治制度之
间的联系，在杜加尔·斯图尔特关于辉格党的学派的一个最全面的声明书
中体现得最充分，尽管它出现得稍晚。见《斯图尔特选集》（*The Collected
Works of Dugald Stewart*，[Edinburgh, 1856]）第 9 编第 422—424 页。斯
图尔特之所以特别重要，是因为他曾影响最后的辉格党集团——以《爱丁
堡评论》（*Edinburgh，Rtview*）为中心的圈子。洪堡（Wilhelm Von Hum-
boldt）是德国最伟大的语言理论家，同时又是德国最伟大的自由思想家，
这难道是巧合吗？

兰的理论家充分认识到文明的人造结构是多么脆弱——它是基于人类比较原始和残忍的本性，而人的本性又须由并非设计、也无法控制的制度来加以制约的。他们当时远没有持有那些天真观念，譬如，"个人的天赋良心"、"利益的自然和谐"以及"天赋自由"的善果。然而后来这些都记在他们的自由主义的名下（尽管他们有时也的确使用过最后那个说法）。他们知道需要制度和传统的手段来调解利益冲突。他们所关心的问题是："人性中最普遍的原动力——自爱（self love），是如何通过本是以追求自己的利益为目的的个人努力而被导向促进公共利益上面去的。"① 他们知道：不是任何字面意义上的"天赋自由"，而是那些保障"生活、自由和财产"的各种制度，才使得个人努力能促进公共利益。② 洛克、休谟、斯密和伯克都不像边沁那样，认为"任何法律都是坏事，因

① 塔克著《商业要素》（Josiah Tucker，*The Elements of Commerce* [1755]），载《塔克选集》（*Josiah Tucker：A Selection*，ed，R，L．Schuyler [New York：Columbia University Press，1931]）第 92 页。

② 对于亚当·斯密来说，尤其如此，他认为使得经济制度有益地运行的不是任何文学意义上的"天赋自由"，而是法律下的自由。他说："不列颠的法律让每个人都有享受其劳动果实的安全，仅这种安全感就足以使任何国家繁荣兴旺，而无须这些和其他近 20 种荒谬的贸易规则：这种安全感因革命（指英国 17 世纪的革命——译者）而完善，几乎在同时，奖金制度也被建立起来。如果每个人都能在自由、安全的环境下努力改善自身条件，那么无须任何其他因素，单是这条强有力的原则就不仅能给社会带来财富和繁荣，而且还能克服数以百计的可耻障碍——人类法律的愚蠢连同这些障碍，常常使得社会无法运转。"（见《国富论》（*W. o. N.* Book Ⅳ，chp，Ⅴ，Ⅱ，42－43）。另参见库克的"亚当·斯密与法理学"（C. A. Cooke，"Adam Smith and Jurisprudence"，Law Quarterly Review，LI [1935]，328）："《国富论》中所阐明的政治经济学理论可被看作是法律与立法的一贯理论……关于看不见的手的著名段落就是作为亚当·斯密的法律观之精髓而出现的。"另外在克罗普塞的《政体与经济》（J. Cropsey，*Polity and Economy* [The Hague，1957]）中也有一些这方面的趣论。有趣的是，亚当·斯密认为"看不见的手"能使人推进一个并非其初衷的目标"，这一论断曾出现于孟德斯鸠的《论法的精神》（*Spirit of the Laws*，Ⅰ，25）："每个人只是考虑如何实现其自身利益，而他却也促进了公众利益。"

为任何法律都侵犯了自由"。① 这里，他们并不主张彻底的放任自流（laissez faire），实际上他们的论点也是属于法国的理性主义传统（正像这个词本身所表明的那样），任何英国古典经济学家都从来没有为之辩护过。② 他们比后来大多数批评他们的人更清楚地知道：不是某种神奇的魔法，而是"建构良好的制度"，使"利益竞争和利益折衷的原则和规则"③ 得到协调，从而成功地将个人努力导向社会公益目标。事实上，他们的观点从来都不是反国家或无政府的——相反，反国家或无政府正是理性主义无节制之自由思想的逻辑结果；而他们既说明了国家的正当功能，也说明了国家的行为限度。

　　两派人物在涉及人性这一问题时，差异尤为明显。理性主义设计论认为：个人容易倾向于理性的行动，并且具有天赋的智慧和德性。相反，进化理论则说明制度必定可以促使个人最有效地使用其智慧，以及应怎样建构制度以减轻坏人为害的程度。④ 后

---

① 边沁著《立法理论》（J. Bentham, *Theory of Legislation* [5th ed: London, 1887]）第48页。

② 见麦格雷戈的《经济思想与政策》 （D. H. MacGregor, *Economic Thought and Policy* [Oxford: Oxford University Press, 1949]）第54—89页，以及罗宾斯《经济政策的理论》（Lionel Ronbins, *The Theory of Economic Policy* [London, 1952]）第42—46页。

③ 伯克著《关于匮乏的思想与细节》 （E. Burke, *Thoughts and Details on Scarcity*, in *Works*, VII, 398)。

④ 同上。比较休谟的《论文集》 （D. Hume, *Essays*, Book I, vi, p.117)："政治理论家们已经把下列论述看作一条格言，即在设计任何政府体制与确定宪法的某些控制手段时，每个人都应被假想成恶棍——其所作所为除了追逐己之私利，别无目的。"（参见马基雅维利的《君主论》（*Discorsi*)："立法者为其目的应假定所有的人都是坏人。"和普赖斯的《关于公民自由的两篇短文》（R. Prics, *Two Tracts on Civil Liberty* [London 1778], p.II)："如果每个人的意愿完全不受约束的话，肯定会使人变得正直和善良。"另参见拙著《个人主义与经济秩序》（*Individualism and Economic Order* [London and Chicago, 1948]）第11—12页。

者更接近于认定"人容易出错并且有罪"的基督教传统，而前者
的完美主义思想则与基督教传统水火不相容。甚至像"经济人"
这一著名提法也不属于原来意义上的英国进化传统。如果稍微夸
张一点儿的话可以说，在那些英国哲学家看来，人在人性上是懒
惰、懈怠、短视和浪费的，只有通过环境的压力，才能使其行为
更节俭一些，并使其学会精心注意让手段适合于目的。"经济人"
的提法及其他类似构想，与其说属于进化传统，不如说是属于理
性主义，它们只是由年轻时期的穆勒引入古典国民经济学的。①

　　5. 两派观点最严重的分歧还在于他们对传统的作用以及对
蔓延几代的无意识生长过程的所有其他结果的价值看法迥异。②
如果说理性主义在这里几乎反对自由带来的一切成果和赋予自由

---

①　见穆勒的《论政治经济学中一些未解决的问题》(J. S. Mill，*Essays on Some
　　Unsettled Questions of Political Economy* [London，1844]，Essay Ⅴ)。

②　勒南 (Ernest Renan) 有一篇关于自由学派原则与倾向的重要文章，1858 年
　　初次发表后收入其《道德与批判论文集》(*Essais de morale et de critique* in
　　撰 *uvres complètes*，ed. H. Psichari，Ⅱ [Paris，1947])。他在此文中说：
　　"自由主义力图仅以理性原则为其基础，它通常认为无需传统。这正是其谬
　　误所在……自由派的谬误则在于太相信简便地通过思考创造自由，而不懂得
　　只有当建立起来的制度拥有历史根源时，这个制度才是坚实的。他们不懂
　　得，他们的一切努力只能创造出一种良好的行政管理，而绝不可能创造出自
　　由，因为自由来自一种先于和高于国家的权利，而不是来自一种即兴的声明
　　或或多或少地经过演绎的哲学推理。"还可以参见麦卡勒姆 (R. B. McCallum)
　　在其编辑的穆勒《论自由》(J. S. Mill，*On Liberty* [Oxford，1946]) 一书
　　前言第 15 页："当穆勒承认风俗习惯的巨大能量之同时，在其限定的范围
　　内，他实际上是准备抨击所有那些基于习惯而未受理性捍卫的准则。他说
　　过：'人们习惯于相信他们关于事物本质的感觉要优于理智，以致理智多少
　　显得无足轻重。这种信念并经某些立志做哲学家的人的煽惑而得到强化。'
　　这便是穆勒作为一个功利的理性主义者永远不能接受的立场。正是边沁所发
　　明的'同情—憎恶'原则成为了除了理性主义方法以外所有思想体系的基
　　础。穆勒作为一个政治思想家的基本论点是：所有这些非理性的假设都应经
　　过具有反思和比较判断力的思考者的估量与思考。"

以价值的一切前提，也并没有什么不公正。在他们中间，有些人相信一切有用的制度皆出于有意识的设计，他们无法想象未经有意识设计的东西也能为人的目的服务。应该说，这些人必定会成为自由的敌人，因为在他们看来，自由即混乱。

另一方面，对于经验主义进化传统来说，自由的价值主要在于它能为未经有意识设计的东西提供生长的机会，一个自由社会之所以能够起有益的作用，很大程度上是依靠那些自由生长出来的制度。倘若我们对于已经形成的社会制度、风俗习惯以及源自长期规定和古代传统①的那些对自由的保障，不是怀有一种真正的敬畏之情，那么便谈不上对自由的真正信仰，也不会成功地使一个自由社会运作起来。一个成功的自由社会，在很大程度上也是一个受传统约束的社会，② 这听起来似乎有点矛盾，但也许是真理。

如此尊重我们对其缘起和理由知之甚少的传统、习俗、已经形成的制度、以及各种各样的惯例，并不意味着（像托马斯·杰斐逊带着理性主义特有错觉所认为的），我们"认为我们的前人拥有超人的智慧……假定他们的所作所为已经无可修正"。③ 进化论根本不相信那些制度的创建者比我们更聪明，他们的见解基于这样一种认识，即几代人通过试验所产生的经验要多于一个人所拥有的经验。

---

① 《巴特勒著作集》（Joseph Butler, *Works*, ed, W. E. Gladstone ［Oxford, 1896］）第 2 卷，第 329 页。
② 即使是比大多数人更明白这一点的巴特菲尔德教授也发现，说"英国的名字已愈来愈紧密地既与自由又与传统联系在一起了"，是"一种历史的谬论"。参见《现代世界中的自由》（*Liberty in the Modern World* ［Toronto, 1952］）第 21 页。
③ 杰斐逊著《著作集》（T. Jefferson, *Works*, ed. P. L. Ford, XII ［New York, 1905］）第 111 页。

6. 我们已经考察了各种制度、习惯、工具和处事方式，它们皆产生于上述过程，并构成了我们所继承的文明。然而，我们还必须考察一下那些作为文明的一部分而成长起来的行为准则，它们既是自由导致的结果，也是自由产生的条件。在涉及人际交往的习惯与习俗中，道德准则是其中最重要的，但绝不是惟一重要的部分。我们之所以能够相互理解，彼此相处，并能成功地按照我们的计划行动，这是因为在多数时候，我们文明中的成员无意识地遵从了某些行为模式，从而在其行动中显示出某种规则性——这种规则性不是命令或强制的结果，甚至也不是有意坚持已知准则的结果，而是牢固确立起来的习惯和传统导致的结果。我们生活的世界之所以井然有序，我们之所以在这个世界上不致迷路，都是因为我们遵守了这些惯例——尽管我们并不了解这些惯例的意义，甚至可能根本就没有意识到它们的存在。有时，倘若对这些惯例和准则遵守得还不够，为保证社会的正常运转，就有必要通过强制手段确保一种相似的一致。强制只有在人们都能高度自觉地遵守这些准则的情况下才可以避免，也就是说，自觉遵守这些准则可能是使自由发挥其有益作用的一个前提。在理性主义阵营之外的所有自由的伟大倡导者们，从来都是不厌其烦地强调：如果没有根深蒂固的道德信念，自由便不可能起作用；只有当个人能够自觉遵守一定的原则，强制才能被减到最小程度。[①]

[①] 参见伯克的《给国民议会成员的一封信》(E. Burke, *A Letter to a Member of the National Assembly*, in *Works*, Ⅵ, 64)：“人有资格享有公民自由，他们享有的自由是同他们用道德锁链控制欲望的程度相称的；是同他们对正义之爱超越其贪心的程度相称的；是同他们健全和清醒的理解力超越虚夸和自以为是的程度相称的；是同他们不喜小人奉承更倾向于聆听智者和善者教诲的程度相称。”还可参见麦迪逊（James Madison）在关于弗吉尼亚州批准公约争论中的一段话：“假定人民中没有美德，任何形式的政府想要确保自由或幸福，都是一种幻想。”（见 *The Debates in the Several State Conventions, on the Adoption of the Federal Constitution*, etc., ed. J. Elliot [Philadelphia, 1863], Ⅲ, 537）

这的确是一个真理。

遵守非强制性的准则所以有好处，不仅是因为强制终究有害，还因为人们实际上希望这些准则只是在大多数情况下被遵守，当一个人认为违背这些准则而招致公愤有价值时，他应该能够去违背它们。还有一点也很重要，即确保这些准则被遵守的社会压力和习惯之力量，其强度是不断变化的。正是因为这些自愿的准则具有弹性，所以在道德领域里才使得逐渐进化和自发生长成为可能，从而利用进一步的经验修正和改进。只有在这些准则不是被强制或刻意推行的条件下，进化才是可能的。而且尽管遵守这些准则被人视为良好品行（merit），并是多数人之所为，但只要有人觉得自己有充分的理由敢于承受同胞们的非难，就可以打破这些准则。有意识地推行的强制性准则只能断断续续地进行变动——而且其变动是同时对所有人展开的，与此不同的是，这种准则却允许渐进性和试验性的变动。因此，个人和群体可以同时遵守部分不同的准则，这就为选择更加有效的准则提供了机会。

服从未经设计的准则或惯例（尽管我们在很大程度上还不了解其意义和重要性）以及尊重传统，正是这两点与理性主义的思维方式大异其趣，尽管这对于自由社会的运行是不可缺少的。我们可以用大卫·休谟的一个观点作为上述说法的基础，而且它对非理性主义进化传统的形成具有决定性意义——他说过："道德准则不是我们的理性导致的结果。"① 像所有其他价值一样，我

---

① 参见休谟的《论文集》（Treatise）第 3 卷，第 1 部分第 1 节。该段落的标题是："道德特性不是来自理性"，其中写道："因此，道德准则不是我们理性的结论。"同样的思想已经包含在下面这个学术箴言里："理性是工具，而不是法官。"关于休谟的道德进化观点，我很高兴能够引用一段我由于害怕要进一步熟悉他的著作而不愿意引用的话。但这段话出自一位未从我这个特定角度读过休谟的著作作者之手。见贝的《自由的结构》（C. Bay, The Structure

们的道德不是理性的产物，而是理性的前提，是我们发展智力工具准备为之服务的许多目标之一。我们生来就处在一种价值系统之中，在我们进化的任何阶段，这种价值系统都会提供我们的理性必须为之服务的各种目标。价值系统的预先给定意味着：尽管我们必须不断努力改进我们的制度，但我们根本不可能在整体上重新构建它们；而且在努力改进这些制度的过程中，我们必须把许多东西不为我们理解看作是理所当然的。我们必须在一个并非我们自己构建的价值和制度的框架内工作。尤其是，我们从来就不能人为地去构建一个道德准则的新体系，而且也从来不能根据我们对特定情况下对服从的理解来服从已知的准则。

　　7. 理性主义者在这些问题上的态度，充分地表现在他们对所谓"迷信"的看法上。[①]18 世纪和 19 世纪人们曾经持久和无情地抨击被证明是错误的信仰，我并不想低估这些战斗的品行表现。[②] 然而，我们必须记住：倘若认为那些未被证明是真实的信

---

of Freedom［*Standford，Calif：Standford University Press*，1958］)第33 页，他写道："道德和正义的标准是休谟所称的'人工制品'，它们既不是神规定的，也不是人类本性的一个组成部分，更不是纯粹理性所揭示的。它们是人类实际经验的结果。在漫长的时间检验中，惟一所考虑的东西是每一项道德准则能在促进人类幸福方面所显示的效用。休谟可以被看作是达尔文在伦理学领域中的先驱。实际上，他宣布一种人类习惯方面适者生存学说——最适应不是根据牙齿好坏，而是根据最大限度的社会效用。"

① 参见阿克顿的"偏见"（H. B. Acton，"Prejudice"，*Revue internationale de philosophie*，Vol. XXI ［1952]），在该文中他用有趣的例子说明了休谟和伯克观点的相似性。另见阿克顿的另一篇讲话，题为"传统和几种其他形式的秩序"，特别是开头那段话："当有某些'迷信'受到抨击时，自由主义者和集体主义者则联合起来反对传统。"还见罗宾斯的《经济政策的理论》（Lionel Robbins，*The Theory of Economic Policy*［London，1952]）第 196 页。

② 甚至也许这被表达得太强烈了。如果从一个假说中推导出的新结论被证明是正确的，而这个假说可能被证明是错误的，但还是比根本没有假说好。这种对重要问题的试验性答案虽然可能是部分错误的，但它实际目标可能有很大意义，尽管科学家因为这种试验性答案会阻碍进步而不喜欢它们。

仰都属于迷信，那也同样没有理由，并且经常是有害的。我们不应相信已被证明是错误的东西，但这并不意味着我们只应相信那些已被证明是真实的东西。我们有充分理由证明任何想在社会之中获得成功的人都必须接受许多被普遍接受的信念，尽管这些理由的价值同这些信念是否会被证明是真实的毫无关系。① 这些信念也将基于过去的某些经验，但不是任何人都能为其提供证据的经验。当科学家不得不在其领域里接受某个一般性命题时，他当然有权询问该命题所依据的理由。过去，有许多表达积累起来的民族经验的信念都是通过这种方式被证明为错误的。但这并不是说我们会有一天可以摒弃一切缺乏科学根据的信念。人们获取经验的方式多种多样，比明确知识的专业试验者和专业研究者通常所承认的方式要多得多。如果因为我们的前人并没有告诉我们采用那些经反复试验的过程而形成的做事方式的理由，而不去依赖它们，那么我们就会摧毁我们得以获取成功的基石。我们的行为是适当的，并不等于我们必须知道它之所以适当的原因。知道其适当性只是使我们的行为适当的途径之一，但不是惟一的途径。如果把那些不能绝对证明其价值的信念都清除掉，信仰世界就会变得寸草不生，其严重性就如同寸草不生的生物世界一样。

　　上述说法适用于我们所拥有的一切价值，但它对于行为的道

---

① 参见萨皮尔的《语言、文化和品格论文选》（Edward Sapir，*Selected Writings in Language*，*Culture*，*and Personality*，ed. D. G. Mandelbaum [Berkeley：University of California Press，1949]）第 558 页："为了更有效地适应变化了的条件，有时有必要了解社会行为的各种形式。但是我相信，对一个人周围的文化模式进行有意识的分析在正常生活中不仅无益，而且有害。这可以作为一个广泛适用的原则被确定下来。这件事可以让学者去做，理解这些模式是他们的本分。我们在正常情况下对我们的社会化行为是无意识的，这种无意识对于社会是必要的，正如同人们对内脏功能的无知或无意识对身体健康一样必要。"

德准则尤为重要，仅次于语言。它们或许是非设计性生长之最重要的事例，这表现为有一套准则支配着我们的生活，但我们既不知道它们为什么和是什么，也不知道它们对于我们究竟有何影响，换言之，我们并不知道作为个人或群体，遵守这些准则对我们会产生什么结果。理性主义精神则不断地同遵守这些准则的要求抗争。理性主义坚持用笛卡尔的原则来衡量这些准则，笛卡尔说过："所有我有一丝疑问的意见，均应被看作是绝对错误而加以抛弃。"① 理性主义者总是追求人为有意建构的道德体系，因为在这个体系中犹如埃德蒙·伯克所描述的："道德义务的实施，即社会的基础有赖于其理由对每个人都是清楚的并且是被证明的。"② 实际上，在 18 世纪理性主义者就已明确争辩说：既然他们了解人性，他们就能"轻而易举地找到适应人性的道德"。③他们不知道他们所说的"人性"在很大程度上就是那些道德的结果，而每个人又是通过语言和思考来掌握这些道德观念的。

8. 理性主义影响扩大的一个有趣征兆，就是在我所知道的语言之中已经愈来愈多地用"社会"一词取代"道德"和"善

---

① 参见笛卡尔的前引书，第四部分，第 26 页。
② 参见伯克的《自然社会的辩护》(E. Burke, *A Vindication of Natural Society*, Preface, in *Works*, I, 7)。
③ 参见巴隆·多尔巴赫的《社会体制》 (P. H. T. Baron d'Holbach, *Système social* [London, 1773], I, 55)，引自塔尔门的前引书第 273 页。同样幼稚的见解在同时代心理学家的著作中并不难发现。比如斯金纳在《沃尔登第二》(B. F. Skinner, *Walden Two* [New York, 1948]) 第 85 页，让他的乌托邦英雄争辩道："为什么不进行试验？问题是足够简单的了。就群体而言，什么是个人的最好行为？怎样才能诱使个人这样去行动？为什么不用科学的精神探讨这些问题？"

　"我们恰恰在'沃尔登二号'可以做这些事。我们已经制定出一套行为准则——当然要经过试验性的修改。准则会使事物进展顺利，如果每个人都遵守的话。而我们的任务就是负责让每个人都这样做。"

良"。简单考虑一下该现象的意义，也是不无教益的。^① 当人们
开始用"社会意识"，而不是单独用"意识"一词时，可能是说
我们知道我们的行动对于他人的特定影响，并且应该试图使我们
的行动不仅受传统准则的引导，还要通过对受到怀疑之行动的特
定结果的明确思考来引导行动。他们实际上是在说：我们的行动
应通过对社会过程之功能的全面理解来加以引导，而且我们的目
标应是通过对环境中之具体事实的评估，从而提供一个可资预见
的结果，他们把这个结果描述为"社会利益"。

令人奇怪的是，理性主义者诉诸"社会的"实际上包含着这
样一种要求，即引导个人行动的应该是个人之智能，而不是由社
会发展出来之准则，也就是说，人们应该放弃那些真正可以被称
为"社会"的东西（就其是非个人之社会程序的产物的意义而
言），而应该信赖他们个人对特定状况的判断。他们喜爱"社会
思考"胜过道德准则，这也是轻视真正的社会现象，迷信个人理
性之力量的最终结果。对理性主义者只能这样来答复：他们要求
的是超过个人智力的知识，如果顺从这种要求，大多数人将成为
社会中的无用之辈；但如果让这些人在法律和道德准则所限定的
范围内追求自己的目标，他们还多少能对社会起一点作用。

理性主义者在这里忽视了一点，即一般而言，由于我们的理
性不足以掌握复杂现实的全部细节，所以依靠抽象的准则也就成
了我们已学会使用的工具。^② 不论是当我们有意提出一个引导我

① 参见拙著文章"什么是和什么叫'社会的'"（"Was ist und was heisst
'Sozial'?" in *Masse und Deomokratie*，ed. A. Hunold［Zurich，1957］）以及
雅莱斯在其文章"自由与社会国家"中对这一概念进行的辩护。该文再刊登
于雅莱斯的著作《人与国家》（H. Jahrreiss, *Mensch und Staat*，［Cologne
and Berlin，1957］）。
② 托克维尔强调："一般概念并不能证明力量，而证明人类智力的不足。"参见
他的《论民主》（*Democracy*，Ⅱ，13）。

们个人行动的抽象准则时，还是我们服从由由社会过程发展出来的一般行为准则时，这一点都是确凿无疑的。

我们大家知道，在追求个人目标的过程之中，除非我们为自己制定某些一般准则——我们在每一个具体情况下都可以不必重新检验其理由而加以坚持的准则，否则我们便不可能成功。在安排我们的日程时，在做我们不想做但又必须立即做的某些事时，在戒掉某种兴奋剂时，或者在抑制冲动时，我们都会发现有必要使遵守准则成为一种无意识的习惯，否则，使我们觉得值得去做某事的理由便不足以抗衡我们的各种临时欲望，也不足以促使我们做从长远的观点看应该做的事。为使我们的行动理性化，我们有必要让习惯，而不是沉思引导我们的行动；为了避免做出错误的决定，我们有必要故意缩小选择的范围。尽管这听起来有点自相矛盾，但我们都知道，如果我们想实现长期目标，这在实践中就是经常必要的。

当我们的行动直接影响到他人，而不是自己时，当我们因此最关心的是使自己的行动适应他人的行动和期望，从而避免对他人造成不必要的损害时，上述考虑恐怕更适用。任何个人都不大可能凭自己的理性成功地构建出比逐渐发展形成的准则更加有效的准则；假如有人真这么做，他构建出的准则也不可能为他的目的服务，除非所有的人都能遵守它。因此，我们除了服从那些我们经常不解其故的准则，别无选择，而且不管我们是否能够看到做任何大事都须以遵守这些准则为基础，我们都得这样做。首先准则主要是用来帮助我们获取人类的其他价值，从这个意义上可以说道德准则具有工具性；但是，既然我们很少知道在特殊情况下什么取决于这些准则得到遵守，那么遵守道德准则本身被看作是一种价值，一种中期目标，而且是在特定情形下不必问其理由而必须追求的目标。

9. 当然，以上所述并不证明在社会之中自然生长的一切道德信念都是有益的。如同一个群体可能将其兴起归诸其成员所遵守的道德准则，结果这些道德准则最终被整个民族所模仿，而这个成功的群体也就逐渐成为整个民族的领袖，一个群体和民族同样也可能以这种方式被其坚持的道德信念所摧毁。只有最终的结果才能表明主导该群体的理想是有益的还是毁灭性的。如果一个社会视某些人的教导为美德的化身，那也不能证明听从这些人的准则就不会导致社会毁灭。一个民族极可能因遵循它所认为的最优秀者之教导而走向自我消亡，尽管这些最优秀者或许是确凿无疑地受大公无私之理想引导的圣人。如果把这种情况放在一个其成员仍能自由选择生活道路的社会之中，就不会发生任何危险，因为在该社会里，可以自行纠正这种趋势：只有那些由"不切实际"之理想引导的群体，才会走向衰落；而其他用现行通用标准看不太合乎道德的群体，便会取而代之。但这只有在自由社会里才行得通，因为在一个自由社会里，这样的理想不会强加到一切人头上。如果所有的人都被迫服务于相同的理想，如果不允许意见不同者遵循不同的理想，那么只有通过受这些理想引导之整个民族的衰落，来证明这些理想是不适宜的。

　　这里，应该提出的一个重要问题是：多数人如果同意某项道德准则，是否就有充分理由将该准则强加给持不同意见的少数人？或者说这种权力是否也应受到更普遍之原则的限制？——换言之，如同个人行动的道德准则限制某些行为一样，普通立法是否也要受到一般原则的限制，而不管其目的可能是多么善良？政治领域与个人行动一样，需要道德准则的引导，而且连续的集体决定与个人决定一样，都只有在它们符合一般原则时，其结果才是有益的。

　　这种引导集体行动之道德准则的发展只能是相当困难并且相当缓慢的。但这也正好说明它的可贵。在我们提出的这种不多的可贵原则中，最重要的应推个人自由，将其视作关于政治行动的一种道德原则，最为适宜。像所有的道德准则一样，"个人自由"要求人们把它作为一种自在的价值或一种原则来接受，而无须追问在特殊情况下其结果是否有益。我们必须把它视作一种信条，或假设，其力量之大以致不容任何实用思想对其加以限制，否则，便不可能获得我们想要的结果。

　　总而言之，主张自由实际上就是在集体行动中提倡遵守原则而反对实用思想，① 如同我们将要看到的，这也就是说只有法官，而非行政管理者，才能实施强制。19 世纪自由主义的精神领袖之一——本雅明·贡斯当曾将自由描述为"原则的体系"，② 真可谓一语中的。自由不仅是一个体系，在这个体系中，所有的政府行动必须受原则的引导，而且它还是一种理想，除非把这种理想视作支配一切立法行动的原则来接受，否则它很难保存。我们如果不坚持这样一种基本准则，把它看作是一个不会因物质利益的考虑而有所折衷的最终理想的话——即使它在某种紧急情况下会暂时受到侵害，但它仍是一切永久性安排的基础——自由几乎必定会被零零碎碎的侵害所毁灭。因为在任何特殊情形下似乎都可以通过缩减自由而获得某些具体而明确的好处，而因此被牺牲的利益在本质上总是未知的和不确定的。如上所述，自由社会所能提供的只是可能性，而非必然性；只是机会，而非给予个人

---

　　① 今天人们常常怀疑一致性在社会行动中是否是一个优点。向往一致性有时甚至被看作是一种理性主义者偏见，根据其各自的品行而对每个单独的情况作判断被当作真正经验上的或经验主义者的方式。事实正好相反，要求一致性是由于承认我们的理性无力掌握个别情况的全部内容，而假定的实用主义方式则以这样的要求为基础，即我们能够恰当地评价所有内容，而不依赖于能告诉我们哪些特别的事实应该加以考虑的那些原则。

　　② 参见贡斯当的"论专断"（B. Constant, "De l'arbitraire", in (*Euvres politiques de Benjamin Constant*, ed. C. Louandre, Paris, 1874) 第 91—92 页。

的明确的馈赠。倘若不将自由视作至高无上的原则，自由社会的上述特性将无可避免地成为其致命的弱点，自由也会因此慢慢地被侵蚀掉。

10. 现在，读者也许会问：既然自由如此强烈地要求摆脱故意的控制，又如此强烈地要求接受自发的生长，那么在安排社会事务时，理性究竟扮演何种角色呢？首先须说明的是：如果在此已有必要为理性的运用规定恰当的限制，那么寻找这些限制本身就是对理性的一种最重要、亦最困难的运用。然而，尽管我们在此不得不强调对于理性的限制，但这并不意味着理性就没有其重要而积极的用途。理性无疑是人类最宝贵的财富。而我们只是想说明：理性不是万能的，假如相信理性能够成为它自己的主人，并能够控制它自己的发展，便有可能摧毁理性。有些人不了解理性之有效运用和逐渐生长的条件，以至滥用理性，我们所干的就是防止理性的滥用。我们呼吁人们必须明智地使用其理性，为此，我们必须为非控制和非理性的东西保留一块独立的不可缺少的发源地——它是理性得以发展和有效运作的惟一环境。

这里所说的反理性之立场不能与非理性主义和其他神秘主义混为一谈。[①] 我们所提倡的并不是摒弃理性，而是对理性能被恰当控制的领域做一番理性的审视。这种对理性的明智使用，并不意味着在尽可能的多数场合下有意使用理性，这是我们的部分观

---

① 必须承认，在法国反动分子和德国浪漫主义者从伯克那里将这里所讨论的传统继承下来以后，这种传统发生了从反理性主义立场向非理性主义信念的转变，并且它的大部分几乎都只是以后一种形式继续存在。但是，不应该让这种部分地归咎于伯克的滥用使这种传统中有价值的东西失去信誉，也不应使我们忘记"一个辉格党人（伯克）最终是多么彻底"。梅特兰在《论文集》(F. W. Maitland, *Collected Papers*, Ⅰ〔Cambridge: Cambridge University Press, 1911〕) 第 67 页曾正确地强调了这一点。

点。天真的理性主义者常将理性视为一种绝对的东西，与此相反，我们应继承大卫·休谟的遗志，"用启蒙运动的武器反对启蒙运动"，并"通过理性的分析来减少理性的要求"。[①]

在处理社会事务时若要明智地使用理性，其首要条件就是我们应该知道：既然社会运作是以分散个人的综合努力为基础，那么理性在这个过程之中究竟扮演和能够扮演何种角色。也就是说，在我们理智地重造社会之前，我们必须知道理性的功能；我们必须认识到，即使确信自己已经知道理性的作用，我们也可能犯错误。我们必须通过学习而明了：人类文明有它自己的生命；我们改进事物的所有尝试，必定是在我们无法完全加以控制的运作体系内完成的；而且我们只能希望在自己对该体系内各种力量所理解的限度内，来帮助这些力量发挥其作用。我们对于理性的态度应像医生对于活生生之有机体的态度一样，因为两者面临的都是一个能够自我维持的整体——我们无法替换保证该整体继续运作所凭借的各种力量，因此，不管我们追求何种目标，都必须使用这些力量。若想改进整体，也就必须借助这些力量，而不是排斥它们。我们的所有改进，都必须在这个给定的整体内实行，目标只能是零碎的构建，而不是整体的构建，[②] 而且在每一个阶段都得利用手头的历史资料来逐步地修正细节，而不是重新设计整体。

我们的结论都并不反对使用理性，而只是反对像排他的强制

---

① 参见沃林的"休谟与保守主义"（S. S. Wolin, "Hume and Conservatism", *American Political Science Review*, XLVIII［1954］, 1001）；另见莫斯纳的《大卫·休谟生平》（E. C. Mossner, *Life of David Hume*［London, 1954]）第 125 页："在理性时代，休谟把自己当作一个系统的反理性主义者。"

② 参见波普尔的《开放社会及其敌人》（K. R. Popper, *The Open Society and Its Enemies*［London, 1945]）。

性政府权力所要求的那样使用理性；我们并不反对试验，但反对独占势力在特殊领域内进行试验——这些独占势力不能容忍任何变通办法，并且宣称自己具有高人一等的智慧。我们还反对由此产生这样一种状况，即比掌权者所提出的方案更好的方案被拒之门外。

第五章　责任与自由

倘若一个社会是根据治疗的原则而非审判的原则，根据错误的原则而非罪过的原则组织起来的，那么民主在这个社会里能否生存便大成问题。我们说人们是自由而平等的，那是指他们必须受法律的判定，而不是在医院被医治。[*]

——F. D. 沃马斯

1. 自由不仅意味着个人拥有选择的机会和承受选择的负担，它还意味着个人必须承担自由行动的后果，并接受对自己行动的赞扬或非难。自由与责任不可分。自由社会的成员都应该认为每个人要通过自己的行动来占据自己的位置，并把这位置看作是自己的行动的结果，否则，自由社会将无法运转或维持。尽管自由向个人提供的只是机会，尽管个人努力的结果将有赖于无数的偶然事件，但是个人的注意力还是不由自主地被引向他所能控制的那些情况，就好像只有这些情况才是要紧的。既然个人有机会充分利用可能只有他才知道的那些情况，既然通常没有别人能够知道他是否充分利用了那些情况，那么人们自然假定，个人行动的

---

[*]　该语录选自沃马斯的《现代宪政的起源》（F. D. Wormuth, *The Origins of Modern Constitutionalism* ［New York，1949］）第 212 页。

结果是由这些情况决定的，除非反证是一目了然的。

　　当人们对个人自由的信念坚定时，他们对个人责任的信念也总是很坚定的，对责任信念明显减弱的同时，伴随着对自由的尊重的衰退。责任已经成了一个不受欢迎的概念，由于不喜欢所有道德说教的一代人，在谈起责任一词时带有明显的厌恶或敌意，所以有经验的演说家和著作家都尽量不用这个词。有些人被教导说：不是别的，正是他们无法控制的情况决定了他们在生活中的地位、甚至行动。对于这些人，责任一词常常会引起他们极端的敌意。这种对责任的否认一般都是由于对责任的惧怕，而这种对责任的惧怕又必定成为对自由的惧怕。[①] 因为有建立自己的生活的机会，意味着一项永无休止的任务，意味着若想达到他的目标就必须强迫自己遵守纪律，所以许多人害怕自由，这是毫无疑问的。

　　2. 对个人自由与个人责任的尊重一起减弱，在很大程度上是错误地解释科学经验的结果。旧的观点是与相信"意志自由"紧密相连的，而"意志自由"的概念从来就没有一个精确的含义，后来似乎又因现代科学失去了其基础。人们愈来愈相信：

---

　　①　G. B. 肖曾极其简明地表述过这个古老的真理："自由意味着责任。这就是为什么大多数人畏惧它的原因。"参见他的《人与超人：革命者的格言》(G. B. Shaw, *Man and Superman: Maxims for Revolutionaries* [London, 1903]) 第 229 页。当然，这个主题在陀思妥耶夫斯基 (Dostoevski) 的几部小说（特别是在《卡拉玛佐夫兄弟》的宗教法庭大法官这一情节）中得到很充分的处理。现代心理分析学家和存在主义哲学家并不曾对他的心理学见解有过多少补充。但请参见弗罗姆的《逃避自由》(E. Fromm, *Escape from Freedom*, [New York, 1941])。另见格雷恩的《可怕的自由》(M. Grene, Dreadful Freedom [Chicago: University of Chicago Press, 1948]) 以及瓦伊特的《逃避自由》(O. Veit, *Die Flucht vor der Freiheit* [Frankfort on the Main, 1947])。在自由社会中占统治地位的是对个人责任的信念以及与此相关的对法律的尊重，与此相反，对法律破坏者的同情似乎往往出现在不自由的社会中，这种同情是 19 世纪俄国文学的一个特征。

一切自然现象都决定于在此之前的事件，或服从于可以辨认的法则，而且人自身应被视作自然的一部分。这样便可导致一个结论：即人的行动及其思维必定取决于外在环境。曾在 19 世纪统治科学①的宇宙决定论由此也被用于解释人类行为，而且这样做似乎可以消除人类行动的自发性。人类行动也服从自然法则，而且除了在最罕见的情形下，我们实际上并不知道人类行动是如何决定于特殊环境的，必须承认这只是最一般的假设。但是，若承认人的思维活动起码在原则上必须服从相同的法则，显然会排除人之个性的作用，而个性对于确立自由和责任的概念，是不可缺少的。

最近几代人的思想发展史不断地在向我们展示：这种以决定论来描绘世界的做法是怎样动摇了信仰自由的道德基础和政治基础。今天许多受过科学教育的人在写文章给一般大众看时，或许会同意那些科学家的观点，即承认自由"对科学家来说，是一个相当棘手、不好讨论的概念，究其实，这部分是因为他说到底不相信有自由这么一回事"。② 令人欣慰的是，最近物理学家已经摒弃了这套宇宙决定论的学说。然而，他们认为世界只具有某种统计出来的规律，这种新观念是否会影响关于意志自由的困惑，还值得怀疑。人们很难确定自愿行动与责任的意义，这似乎根本不是因为他们相信人类行动要受因果关系的制约，而是因为某种知识混乱，因为从无法得出结论的前提中得出了的结论。断言意

---

① 对一般决定论哲学问题的认真考察，参见波普尔的《科学发现的逻辑——附录：二十年之后》（K. R. Popper, *The Logic of Scientific Discovery——Postscript*: *After Twenty Years* [London, 1959]）；另见我的论文"解释的程度"（"Degree of Explanation", *British Journal for the Philosophy of Science*, Vol. Ⅵ [1955]）。

② 沃丁顿著《科学的态度》（C. H. Waddington, *The Scientific Attitude* ["Pelican Books" London, 1941]）第 110 页。

志是自由的，与否定这一点，似乎都没有什么意义，整个争论只是幻想出来的问题，① 是一场言辞之争，在争论中，肯定的回答和否定的回答究竟包含哪些内容，双方都没有弄清楚。一般来说，"自由"的一般意义是把"自由"解释成"根据某人自己的意志，而非他人的意志来行动"，但那些否定意志自由的人则从"自由"一词中抽掉了这个意义；为了不作无意义的说明，他们

---

① 洛克（John Locke）早已认清了这一点，见其一篇关于人类理智的论文（*An Essay concerning Human Understanding*，Book Ⅱ，chap. xxi，sec. 14）。在该文中他谈到"由于不明智的问题，即人的意志是自由的，还是不自由的，而产生不理智。因为如果我没有错，所以从我的话中得出的结论是，问题本身是完全不合适的"。霍布斯在其《利维坦》（*Leviathan*）中也看到这一点。更晚近的讨论见冈珀茨的《意志自由之问题》（H. Gomperz，*Das Problem der Willensfreiheit* [Jena，1907]）、施利克的《伦理学问题》（M. Schlick，*Problems of Ethics* [New York，1939]）、布罗德的《决定论、非决定论和自由意志论》（C. D. Broad，*Determinism*，*Indeterminism and Libertarianism* [Cambridge，England，1934]）、黑尔的《道德语言》 （R. M. Hare，*The Language of Morals* [Oxford，1952]）、哈特的"责任和权利的归属"（H. L. A. Hart，"The Ascription of Responsibility and Rights"，*Proc. Arist. Soc.* 1940—41）、诺埃尔-斯密的"自由意志和道德责任"（"Free Will and Moral Responsibility"，*Mind*，Vol. LⅦ [1948]）和《伦理学》（*Ethics*）（"Pelican Books" [London，1954]）、马博特的"自由意志和惩罚"（J. D. Mabbott，"Freewill and Punishment"，in *Contemporary British Philosophy*，ed. H. D. Lewis [London，1956]）、坎贝尔的"自由意志是个假问题吗？"（C. A. Campell，"Is Free Will a Pseudo-Problen?" *Mind*，Vol，LX [1951]）、麦凯的"关于大脑与机器的比较"（D. M. Mackay，"On Comparing the Brain with Machines"，*Advancement of Science*，Ⅺ [1954]），特别是第 406 页，胡克编《现代科学时代的决定论和自由》（*Determinism and Freedom in the Age of Modern Science*，ed. S. Hook [New York：New York Press，1958]）以及凯尔森的"因果性与归因"（H. Kelsen，"Causality and Imputation"，*Ethics*，Vol. LⅥ 1950—51）。

本应另外提供某种定义，但他们从来就没有这样做过。[1] 进一步来看，以为任何相关意义上的"自由"都不承认行动必定决定于某些因素，这种看法经考察被证明是完全没有根据的。

当我们考察两派从各自的立场通常所得出的结论时，混淆就显而易见了。决定论者（the determinists）通常争辩说：既然人们的行动完全决定于某些自然原因，那么就没有理由让人为其行动负责，也没有理由赞许或责难他们的行动。而唯意志论者（the voluntarists）则断言道：由于个人身上存有某种不受因果链条支配的因素，所以这种因素便成了责任的承担者，以及赞扬和非难的合法对象。就涉及的实际结论而言，毫无疑问，自愿论者更接近于正确的答案，而决定论者则是含混不清的。但在争论中有一个不容忽视的事实，即两者的结论都不是从所宣称的前提中得出的。正如经常所表明的那样，责任的概念实际上是基于一种决定论的观点，[2]而只有构建一种形而上学的"自我"，才能说

---

① 参见休谟的《人类理智研究》（David Hume, *An Enquiry concerning Human Understanding*, in *Essays*, Ⅱ, 79）："那么，我们用自由仅指根据意愿决定行动和不行动的权力。"另见我的《感觉的秩序》（*The Sensury Order* [London and Chicago：University of Chicago Press, 1952], secs. 8. 93—8. 94）。

② 虽然这种论调听起来有些荒谬，但它可以追溯到休谟，甚至亚里士多德。休谟在他的论文集（*Treatise*, Ⅱ, 192）中明确指出："一个人的良好或不端的品行（merit）都得自其行动，这种看法仅基于必然性的原则，但一般人却倾向于相反的见解。"关于亚里士多德，参见西蒙的《论意志自由》（Y. Simon, *Traité du libre arbitre* [Liége, 1951]）和黑曼的《亚里士多德关于人类意志自由的学说》（K. F. Heman, *Des Aristoteles Lehre von der Freiheit des menschlihen Willens* [Leipzig, 1887]）。关于这个问题的新近讨论，见霍巴特的"涉及决定的意志自由与无意志自由的不可思议"（R. E. Hobart, "Free Will as Involving Determination and Inconceivable without It", *Mind*, Vol Ⅷ [1934]）和福特的"涉及决定论的意志自由"（P. Foot, "Free Will as Involving Determinism", *Philosophical Review*, Vol. LXⅥ [1957]）。

明解除个人责任的理由，这种形而上学的"自我"不受因果链条的支配，因此也不受赞扬或非难的影响。

3. 诚然，为说明所谓决定论者的立场，也可以构建某种用可预知的相同方式对环境中的事件作出相同反应的机器人怪物。然而，这种做法又不符合"意志自由"的最极端反对者所秉持的立场。他们的论点是：某人在任何时刻的行为，以及他对任何外在环境的反应，都将取决于他承袭的制度及其积累的经验的联合影响，而由于个人的新经验要根据旧经验来解释，这便形成一个累积的过程——这种过程在每一情形下都会制造独特而鲜明的个性。这种个性就像一个过滤器，通过它，外部事件才制造出仅在例外情形下方可预知的行为。决定论者断言：那些遗传特质和过去经验的累积性影响构成了个人的完整个性，此外再也没有不受外在环境和物质条件影响的"自我"或"我"。这意味着那些否定意志自由的人有时也会很矛盾地否定某些因素的影响，譬如推理或论辩、说服或责备、对赞扬或非难的期待，这些因素实际上是决定个性的最重要因素，它们还通过个性决定了个人的特殊行动。正因为在因果链条之外不存在单独的"自我"，所以也就没有不能通过奖惩理性地来加以影响的"自我"。①

事实上，我们经常通过教育和示范、合理的说服、同意或不同意等方式来影响人们的行为——这个事实或许从未被否定过。这里我们能合情合理地提出的惟一问题是：既然人们知道其行动

----

① 最极端的决定论立场倾向于否认"意志"一词有任何意义（这个词事实上已被排除在各种超科学的心理学之外），否认有自愿行为这种东西。然而其至那些持有这种立场的人也无可避免地看到那种能够受理性思考影响的行为与不能受其影响的行为的区别。只有这一点是有意义的。的确，他们将不得不承认，一个人是否相信自己制定和执行计划的能力（这可能指的就是他的意志自由或不自由），会对他要做的事件产生极大影响，这实际上就是他们的立场的归谬法。

将提高或降低旁人对自己的尊敬，既然人们知道可能为自己的行动得到奖赏或惩罚，那么既定环境中的特定个人在何种程度上，可能在其向往的方向上受到影响。

人们经常说"某人之所以是他现在这个样子，并不是他的过错"，严格地讲，这句话其实毫无意义，因为分派责任的目的就是要使他不同于他现在或可能成为的样子。如果我们说某人要对某个行动的后果负责，这并不是在陈述事实或因果判断。如果说某人无论"可能"做什么和没做什么都没有可能改变结果，那么这个陈述就当然没有理由了。但当我们在这里使用"可能"一词时，我们并不是说在某人决定的一刹那，他身上还有不同于既定环境中因果律的必然影响的某种东西在起作用。确切地说，声称某人要为他的所作所为负责，其目的在于，使其具有责任观念时的行动不同于缺乏责任观念时的行动。我们让某人承担责任，并不是想说明他可能已经做出不同的行动，而是想使他做出不同的行动。如果由于我的粗心或疏忽给某人招致损害，尽管这样的粗心或疏忽"我在当时的情形下很难避免"，仍不能免除我的责任，但它会强迫我比以前更加注意此类行动可能招致的后果。[①]

因此，这里所能合理提出的问题只是，我们让某人为某个特定行动及其后果负责，但此人是否具有正常的动机（也就是说，他是否就是我们所说的责任人），而且在既定环境下是否能指望此人会受到我们强加于他的思考和信念的影响。就像对待大多数类似问题一样，由于我们对特殊环境一无所知，所以我们只知道

---

① 虽然我们创造出来的条件会引导一个人去做我们想要他做的事情，但我们还是可以把他的决定称为是"自由的"，因为这些条件不是独自决定他的行为，而只是使每人就其条件来做我们希望的事成为更加可能。我们试图"影响"，但不能决定他要做什么。在这种和其他关系中，当我们称一个人的行动是"自由的"时，我们常常只是指，我们不知道什么决定了他的行动，并不知道他的行动不是由某物决定的。

使人们要承担责任的期待大体上可能会影响处于一定状态的人们，促使他们朝我们所期望的方向发展。一般来讲，我们的问题不是一定的心理因素在某个特定行动中是否能起作用，而是如何利用一定的思索考虑尽可能有效地引导行动。这就要求个人必须受到赞扬或责难，而不管对赞扬或责难的考虑事实上是否对该行动已造成了任何不同。尽管我们可能从不清楚在特殊情形下我们的期待有无效果，但我们相信：一般来说，如果某人知道他要为其行为负责，这便会促使他朝某个我们所向往的方向行动。在这个意义上，指定责任并不涉及对某个事实的断言。就其性质而言，更应该说是一种习惯，其目的是促使人们遵守一定的准则。至于这样的习惯是否有效，可能永远都是一个可以争论的问题。只有经验告诉我们它就整体而言是否有效，除此之外，我们就一无所知了。

责任最初就是一个法律概念，因为法律要求明确检验标准，以判定某人的行动何时引起义务，又何时使其蒙受惩罚。当然，它也是一个道德概念，我们以它为基础才形成关于个人道德义务的观念。实际上，责任的范围远远超过我们一般所认为的道德的范围。我们对于我们的社会秩序运行方式的整体态度，以及我们对决定不同个人相关地位的方式同意与否，这些都与我们关于责任的观点紧密相连。因此，"责任"这个概念的意义远远大于"强制"，其中最重要的或许就在于它在指导个人自由地做出决定中所发挥的作用。一个自由社会，可能比任何其他社会更需要通过某种责任感来指导人们的行动，这种责任感其范围超越法律所规定的义务；自由社会也可能更需要社会舆论来赞同个人应为其努力的成功和失败承担责任。既然人们已获得允许按照自己认为合适的方式来行动，那么他也就必须为其努力的结果负责。

4. 之所以让人承担责任，是因为我们推测这种实践会影响其将来的行动；其目的在于让人们知道在将来可比较的情势中他们应该考虑一些什么问题。由于人们一般都对自己行动的环境知道得最清楚。所以我们让他们自己做出决定，但尽管如此，我们仍须想到上述环境还允许他们利用自己的知识，达到最佳效果。我们因为假定人们具有理性而给予他们自由，我们必须通过让他们承担其行动的结果，从而使他们值得作为有理性的动物去行动。这并不意味着假定一个人总是可以对其利益做出最佳判断，只是意味着我们永远无法确知谁比他更清楚其利益，意味着我们希望充分利用这些人的能力，因为这些人能够对我们使环境服务于人类目的的努力作出一些贡献。

因此，让人承担责任，必须先假定人们具有做出理性行动的能力；其目的在于促使人们的行动比处于其他状态时更具有理性。它预先假定人们具有最低限度的能力来学习和预见，因为他们必须据此才能受到关于自己行动后果的知识的指导。我们并不反对说理性在决定人类行动方面实际上只起很小一部分作用，我们的目的只是想尽可能地发挥理性的这很小一部分作用。理性在这里只是意味着某人的行动具有一定程度的连贯性和一致性，意味着某人一旦获得某种具有持久影响的知识和洞见，就会在今后和不同的条件下影响他的行动。

自由和责任的这种互补关系，意味着要求自由的论据只适用于那些能够承担责任的人，而不适用于婴儿、白痴或疯子。自由的前提是，一个人有能力通过经验进行学习，并且用获取的知识指导行动，而对于那些学习不够或无力学习的人，自由是无效的。如果某人的行动完全决定于相同不变的不受其关于后果的知识控制的冲动，或真正分裂的人格如一个精神分裂症患者，我们便无法使其承担责任，因为即使他知道要承担责任，也无法改变自己的行动。这种情况同样也适用于那些真正无法控制自己强烈愿望的人，譬如偷盗癖患者和嗜酒癖患者，他们的经历已经证明他们对正常的动机缺乏反应。然而，只要我们有理由相信，某人关于他将承担责任的意识可能影响他的行动，那就有必要把他看作是应该承担责任的人，而不管这在特殊情形下是否会产生所希望的效果。之所以让人承担责任，不是因为我们知道在特殊情况下真正发生什么，而是因为我们相信鼓励人们理性地和周密地去行动可能产生的效果。由于我们无法洞悉他人的心灵，社会便创造出"让人承担责任"这种办法，以便在无须凭借强制手段的情况下，使我们的生活秩序化。

至于由那些不能承担责任的人所引起的特殊问题，这里不做讨论，争取自由的论据不适用或者不可能完全适用于这些人。重要的一点在于：作为社会中一个享有自由并且承担责任的成员，实际上具有某种特殊身份，随之而来的，既有特权，也有负担；如果自由要实现其目的，这种身份就一定不能只要任何人想要就得给他，而必须让所有那些满足了一定客观上可确定的条件（譬如年龄）的人自动地拥有它，只要人们对他们拥有所需最低限度的能力这个假定没有明确地被证伪的话。在人身关系方面，从受到监护过渡到承担完全责任，可能是一个渐进而模糊的过程，而且在人与人之间，还存在某些比较轻微的强制形式，正因为其轻微，政府也不能对其实施干预，但我们却可以对其进行调整，以同当时达到的责任的程度相适应。如果要使自由行之有效，政治上责任和法律上责任之间的区别必须泾渭分明，而且必须根据一般化和非个人的准则来进行区分。在我们确定某人应是自己命运的主人，还是应服从他人的意愿时，必须看他能否承担责任，也就是看他有无权利按照一种别人可能无法了解、无法预知或者不会欢迎的方式来行动。前面说过，并不是对所有的人都要给予充分自由，但这不一定意味着所有人的自由都要根据个人条件加以限制和规定。少年法庭或精神病院中的个别化处理，就是不自由的标志，就是受监护的标志。尽管在私人生活的亲密关系中，我们可能会调整自己的行动以适应同伴的个性，但在公共生活之中，自由要求按类型，而不是作为独一无二的个人区分看待我们，它还要求根据下面的假定来对待我们，即假定正常的动机和威慑都会对我们产生影响，而不管它们在特殊情况下是否真会起作用。

5. 应该允许个人追求他自己的目标这种理想，常常被人误解为如果让他自由，他只会或只应追求有利于他自己的目标。① 然而，追求自己目标的自由，对最无私的人与对任何利己主义者一样重要，尽管在前者的价值标准中，他人的需求占据了一个相当高的位置。使他人的福利成为自己的主要目的，这是男人（或许更是女人）正常性格的一部分，也是他们幸福的主要前提之一。这样做，只是一种提供给我们正常选择，并且经常是我们所期待的一种抉择。根据一般看法，我们当然应该主要关心自己家庭的福利，但我们仍然使他人成为自己的朋友，把他人的目标当作自己的目标，从而表示出对他人的尊敬和承认。选择我们的朋友以及一切我们关心其需求的人，这是自由的一个必要组成部分，也是自由社会里道德观念的一个必要组成部分。

然而，一般的利他主义却是一个毫无意义的概念。实际上没有人能够这样真正地关心他人，因为我们所能承担的责任，一定是特指的，它们只能涉及到那些我们知道其确切事实的人，以及那些通过选择或特殊条件而同我们联系在一起的人。决定什么东西和谁的需求对自己最重要，这也是一个自由人的基本权利和义务之一。

承认每人都有他自己的价值尺度，对此即使我们不能赞同，

---

① 参见卡弗的《社会正义论》（T. N. Carver, *Essays in Social Justice* [Cambridge: Harvard Unirersity Press, 1922]）以及拙作《个人主义和经济秩序》（*Individualism and Economic Order* [London and Chicago, 1948]）一书中的第一篇论文。

但也应表示尊重——这也是关于个人人格的价值观念的一部分。我们如何尊重他人必定取决于他的价值是什么。但是信仰自由意味着我们不得把自己看作他人价值的终极裁判员，只要他不侵犯他人同样受保护的领域，我们就无权阻止他追求其目标，尽管对这些目标，我们可能并不同意。

如果一个自由社会不承认每人都有他自己有权遵从的价值，那么便不可能尊重个人的尊严，也不可能真正了解自由的真谛。但是，在一个自由社会里，个人所享受的尊重也将取决于他利用自由的方式。在缺乏自由的情况下，道德尊重毫无意义："如果某个成年人的行动不论好坏都出于威逼利诱，那么还有什么美德不是空名，什么善行值得称道，还有什么东西可以叫作冷静、公正或自制？"① 自由能为做好事提供机会，但它只有在也为做坏事提供机会的情况下，才能为做好事提供机会。只有当个人在一定程度上受到社会公认价值的引导，一个自由社会才能成功运转，这也许就是为什么哲学家有时将自由界定为遵守道德准则的行动的原因。然而，这个定义实际上否定了我们所讨论的那种自由。作为品行表现前提的行动自由，实际上也包括错误的行动自由：只有当某人有机会作出选择，只有当他是被嘱咐、而非被强迫来服从某项准则时，我们才能赞扬或责备他。

个人自由的范围同时也是个人责任的范围，但这并不意味着我们要为自己的行动向任何特定的人负责。确实，我们可能会使自己受到他人的非难，因为我们做了令其不悦的事情。但是之所以要使我们为我们的决定承担全部责任，其主要原因还是在于这

---

① 见米尔顿的《雅典的最高法官制》（John Milton, *Areopagitica* ["Everyman" ed., London, 1927]）第 18 页。以自由为基础的品行概念在一些经院哲学家那里，特别是在德国"古典的"文学中得到过强调。比如席勒在《审美教育》（F. Schiller, *On the Aesthetic Eduction of Man* [New Haven: Yale University Press, 1954]）第 74 页指出："人必须拥有自由，以便为道德作好准备。"

样做能促使我们关注那些以我们的行动为基础的事情的起因。相信个人责任的主要作用，是使我们在实现目的的过程中充分利用我们自己的知识和能力。

6. 自由强加给人们的进行选择的负担以及自由社会要每个人对自己的命运承担责任，这在现代社会里已经成为某些人不满的一个主要源泉。个人的成功比以前更依赖于正确利用自己的能力，而不在于抽象地拥有特殊的能力。在分工不甚明确和组织不甚复杂的时代，当几乎每个人都知道大多数现存的机会时，某人要找到一个机会以使自己的特殊技能获得最佳利用，恐怕就要容易多了。但随着社会日趋复杂，个人所希望获得的报偿就愈来愈不依赖他所拥有的技能，而依赖于这些技能得到正确运用；因此，使自己的能力获得最佳利用的困难性，以及拥有同样技术或特殊能力的人们所获报偿的不一致，也将与日俱增。

最令人悲哀的，莫过于某人感到自己对同伴毫无用处，莫过于感到自己的才能正在被浪费。在一个自由社会里，没有人有义务去负责某人的才能要得到正确运用，也没人拥有特权来要求某个施展其特殊才能的机会。除非他自己找到这样一个机会，否则其才能就会被浪费——这或许就是针对自由制度的最为严重的责难和最深之怨恨的根源。如果人们意识到自己拥有一定的潜在能力，便常常会要求他人有义务发挥这些潜在能力。

自己去发现一个用武之地和一份适当的职业，这乃是自由社会强加给我们的最为严格的戒律。然而，这个戒律又是与自由不可分的，因为没有人能向每个人保证他的才能将得到适当的利用，除非他有权力强制别人利用其才能。只有剥夺他人的某些选择权——譬如谁将为他服务以及他将利用谁的能力或哪种产品，我们才能对所有人保证他的才能将按照他感到值得的方式得到应用。自由社会的本质就在于：一个人的价值和酬劳不是取决于抽象的能力，而是取决于具体应用这些能力时的成功，因为这种成功能有益于他人，而他人也会因此做出回报。自由的主要目的就是提供机会和诱因，以保证个人所获得的知识获得最大程度的利用。在这方面使一个人不同于其他人的，不是他的一般知识，而是他的具体知识，是他关于特殊环境和条件的知识。

7. 我们必须承认：自由社会造成的结果常常与以往社会形态遗留下来的伦理观念相抵牾。毫无疑问，从社会角度来看，促使某人能力得到充分发挥的艺术，以及发现和使某人能力得到最佳利用的技巧，或许都是最有用的；但这类艺术和技巧经常得不到赞许，而且，若具有相等能力的人通过更加成功地利用具体条件而获得的好处，会被看作不公正。在许多社会里，因为都存在一种从指定任务与义务的等级组织的条件下生产出的"贵族式"传统。这种传统通常是由那些由于拥有特权而不必考虑他人的需求的人发展起来的，它把等待他人发现自己的才能看作是更崇高的行为，只有占少数的宗教派别和少数种族才在为提高地位而进行的艰苦斗争中，有意地培养了这种机智（机智一词最好是用德语中 Findigkeit 一词来表示），正是由于上述原因，这些少数人一般是不受欢迎的。然而，毫无疑问，发现某些事物或自己能力更好的运用方式，也是个人为我们社会中的同伴的福利所能做出的最大贡献之一，而且正是通过最大程度地为此提供机会，自由社会才能比其他社会繁荣得多。在自由社会里成功地运用这种企业家能力（可以说在发现自己能力的最佳使用方式时，我们大家都是企业家），是一种回报率最高的行为。而让别人去发现利用自己能力的有益方式的人，只能满足于较少的回报。

如果我们训练出来的技术人员，只是期望被"使用"，不能自己为自己找到一个适当的位置，而且认为他人有责任来保证自己的能力或技艺获得适当的运用，我们便不是在为自由社会教育人们。认清此点十分重要。不管某人在特殊领域里多么能干，只要他不是同时也能让那些从他的服务中获得最大好处的人也了解自己的能力，他提供的服务之价值在自由社会中是不会很高的。看到两个通过同样努力获得同样的特别技术和知识的人，一个成功了，另一个却失败了，尽管这可能会伤害我们的正义感，但我们必须承认在自由社会里正是某些特殊机会才能决定什么有用，因此我们必须据此来调整我们的教育和文化精神。在自由社会里，我们之所以获得酬劳，不是因为我们拥有技术，而是因为正确使用技术；只要我们自由地选择我们的特殊职业，而不是受人指使，就必然如此。诚然，一个人发迹，几乎很难断定其中哪部分是由于高出一般水平的知识、能力或努力，哪部分是由于幸运的偶然事件；但这绝不会使下面这一点变得不再重要，即让每个人都感到做出正确的选择是很值得的。

　　然而，理解这个基本事实的人太少了，下面这段话（不仅仅出自社会主义者之口）就表明这一点，有人说："每个儿童同公民一样都有一种天赋权利，他不仅有权享受生活、自由和追求幸福，而且有权在社会等级中占据一个他的能力使其有资格拥有的位置。"① 其实，在一个自由社会里，个人的才能并不能"赋予"他任何特殊的地位。因为如果声称个人的才能会"赋予"他某个特殊的地位，那就是说某个机构有权力根据它的判断将人们置于特定的地位。一个自由社会所能提供的只是寻求一个适当位置的机会，在这个为个人才能寻求市场的过程中，必定包含所有随之而来的风险和尚不确定的因素。应该承认：就这方面而言，自由社会把大多数个人都置于某种常遭到人们怨恨的压力之下。但是，如果设想在其他形态的社会里个人可以免除这种压力，那也只是幻想；因为如果想不去承担为自己的命运负责所招致的压力，就面临着更加令人厌恶的必须服从他人命令的压力。

---

　　① 克罗斯兰著《社会主义的未来》（C. A. R. Crosland, *The Future of Social-ism* [London，1956]）第208页。

经常有人断言：惟有成功者才相信个人应独自对他自己的命运负责。这句话本身，不像作为其根据的另外一句话——即因为人们成功了，所以才相信要对自己的命运负责——那样令人难以接受。但我自己更倾向于认为二者的联系恰恰相反，人们是由于持有这种信念，所以才经常获得成功。某人可能相信他所取得的一切成就都只应归功于他的努力、技艺和智能，尽管这种看法在很大程度上是错误的，但却可能对增加其活力和促使其周密行事产生最有益的影响。而且即使成功者的这种自鸣得意经常让人难以忍受和令人不满，但关于成功完全依赖自己的信念在实践中却可以最有效地诱发成功的行动。个人如果愈是喜欢因其失败而指责他人或环境，他便可能愈不满和愈无效率。

8. 在现代社会，过分地扩大个人责任的范围，与解除人们对自己行为结果的责任一样，都曾是造成责任感减弱的原因。既然我们赋予个人以责任是为了影响他的行动，所以责任只能限于他凭人力所能预见的行为结果以及我们靠理性所能希望他在一般条件下考虑的行为结果。为有效起见，责任的范围必须既明确，又有限，在感性和知性上都要与人的能力相适应。教导某人要为一切事物负责，与教导他不对任何事物负责一样，都会摧毁责任感。自由要求个人的责任只限于假定他能够判断的东西，要求个人在行动时必须就他所能预见的范围考虑结果，尤其要求个人只对他自己的行动（或者在他照顾之下的那些人的行动）负责——而不对其他人的行动负责，因为其他人同样也是自由的。

为有效起见，责任必须是个人的责任。在一个自由社会里，不可能有某种一个组织成员的集体责任，除非他们通过协调行动已经使每人都各自负责。共同或分别承担责任都要求个人同他人相一致，因此也就会限制每个人的权力。如果让人们共同承担责任，而不在同时规定一个共同的义务和协调的行动，结果便经常是无人真正负责。每人都拥有的财产实际上是无主财产，那么每人都承担的责任就是无人负责。[1]

无可否认，现代发展，尤其是大都市的发展，已经摧毁了许多关心地方事业的责任感，而这种责任感在过去曾经促成过许多有益和自发的共同行动。责任的必要条件是：它涉及的只是个人自己所能判断的情况和无需过多的想象力就能自己解决的问题，而且在解决问题的过程中，个人完全有理由考虑的是自己关心的事，而不是他人的。这个条件几乎不能适用于那种一个工业化城市中由许多互不相识的人所构成的生活。一般来说，个人已不再是他所真正关心和十分熟悉的某个小社会的成员。这给他带来了更多的独立性，但同时也剥夺了他邻里之间的人身联系和友好关心所提供的安全感。现在，人们越来越多地要求从国家的非个人权力那里获得保护和安全，这无疑在很大程度上是那些利害相关的小社会消失的结果，也是那些不能再指望地方群体中的其他成员给予人身关心和援助的人感到孤立的结果。[2]

那些休戚相关、利害与共的小社会终于消失了，终于被一张由有限的、非人身的和暂时性的联系所组成的大社会网络所取代了，我们对此感到十分遗憾，然而我们不能期望我们对了解和熟悉的事物的责任感也被一种对离我们遥远的和只在理论上知道的事物的相似情感所取代。我们能够对我们熟悉的邻居的命运怀有真诚的关切，并且通常在他们需要的时候愿意知道怎样去帮助他们，但我们不可能对成千上万的不幸者怀有同样的情感，我们知道他们存在于这个世界，但我们并不清楚他们的个人处境。无论

---

[1]　还参见休伊津加在《不肯定》（J. Huizinga, *Incertitudes* [Paris, 1939]）一书第 216 页的话："个人的部分判断连同他的部分责任，一并被'集体'一词吞噬了。由于觉得所有人共同负责，这在当今世界上加剧了群众行动绝对不负责的危险。"

[2]　见里斯曼的《孤独的人群》（D. Riesman, *The Lonely Crowd* [New Haven: Yale University Press, 1950]）。

我们怎样被关于他们悲惨命运的报道所触动，我们还是无法依靠关于受苦人数的抽象认识来指导我们的日常行动。如果要使我们的所作所为有效并有用，我们的目标就必须是有限的，而且必须适合于我们的思维力和同情心。在我们的社区里、国家中或世界上，还有许多贫穷者或不幸者，若不断唤起我们对所有这些人的"社会"责任感，其结果只能减少我们的同情心，直到那些需要我们行动的"责任"和不需要我们行动的"责任"之间已无区别为止。为有效起见，责任必须有限制，以使得个人能够依据他自己的具体知识来决定不同任务的重要性，能够将其道德准则应用于他所了解的环境，以及能够自愿地有助于减少祸害。

第六章　平等、价值和品行

> 我一点也不敬重追求平等的热情，在我看来，它似乎只是将忌妒理想化而已。*
>
> ——O. W. 霍尔姆斯

1. 为自由而战的一个重要目标就是实现法律面前人人平等。这种平等是由国家强制推行一些准则所规定的，这种平等可以通过人们在人际交往中自愿遵守的某些类似准则的平等而得到补充。将平等扩展到道德与社会行为的准则，也就是我们一般所说的民主精神最主要的表现——或许正是这种民主精神的作用，使得因自由必然造成的不平等不那么令人讨厌。

然而，只有法律和行为的一般准则的平等才能导向自由；我们只有在确保这种平等时，才不致伤害自由。自由不仅与任何其他种类的平等毫无关系，而且还必定会在许多方面造成不平等。这是个人自由的必然结果和证明其正当的部分理由：如果个人自由的结果显示不出某些生活方式要比其他生活方式更为成功，那

---

* 章首语录引自《霍尔姆斯—拉斯基通信集》（*The Holmes-Laski Letters: The Correspondence of Mr. Justice Holmes and Harold J. Laski*，1916 — 1935 [Cambridge: Harvard University Press，1953]）第 2 部第 942 页。这一章更早版本的德文译文曾发表于《奥道》杂志（*Ordo*）第 10 卷（1958 年）。

么许多支持个人自由的证据都将烟消云散。

　　主张自由要求政府对所有人一视同仁，这既不是因为它觉得人们事实上是平等的，也不是因为它企图使人们平等。这种论据不仅认为每个人都是非常不同的，而且它在很大程度上还有赖于这种不同。它坚持认为这些个人之间的差异并不能为政府区别对待他们提供任何理由。它反对国家对待人方面有所差异，然而，要保证事实上非常不同的人们在生活中拥有同等的位置，这种差异就是必要的。

　　在现代，倡导一种更为广泛的物质平等的人常常拒绝承认，他们的要求是基于一种假设，即假定所有的人事实上都是平等的。[①] 尽管如此，许多人仍然相信它是要求物质平等的主要理由。用"所有人事实上都是平等的"这个明显不真实的假定来论证平等待人的要求是最有害于这一要求的。若在为少数民族或种族要求平等待遇时，用他们和其他人没有什么不同这个断言来作理由，那么这无异于含蓄地承认事实上的不平等将证明不平等的待遇是公正的；而且关于某些差异确实存在的证明，不用多久就会出现。人们必须被一视同仁。尽管他们事实上不同，这就是要求法律面前人人平等的实质。

　　2. 无穷多样化的人性即个人能力和潜能的差别幅度之大，乃是人类最显著的特征之一。而其进化可能已使人类成为所有动物中相互最具有差异性的一种动物。对此，已有人作了很好论述，他们认为："生物学既然以变异性为其基石，就必须赋予每个个人以一套独一无二的属性，而正是这些属性给予他在别的地方所无法获得的一种尊严。就其潜力而言，每个新生儿都是一个未知数，因为有成千上万不为人知而相互关联的基因和基因型会

---

　　① 比如见托尼的《论平等》(R. H. Tawney, *Equality* [London, 1931]) 第47页。

影响他的成长。由于先天的秉赋和后天的培育，这个新生儿可能成为历史上最伟大的人物之一。他或她，在每一场合都是一个独一无二的个性结构。……结果说个人之间的差异不很重要，那么就可以说自由和个人价值的思想也不很重要。"① 该作者正确地补充说：关于人性同一的理论流传甚广，"它在表面上似乎与民主一致，……但实际上早晚会摧毁自由与个人价值的基本理想，并且致使我们所理解的那种生活变得毫无意义"。②

低估个人之间先天差异的重要性，将一切重要差异皆归诸环境的影响，这在如今已经成为一种时髦。③ 其实，不论环境的影响多么重要，我们一定不能忽略这样一个事实，即各个人从一开始就是很不相同的。即使让所有的人都在非常相似的环境中长大，个人差异的重要性也绝不会因此减小。把"人皆生而平等"说成一种事实是不真实的。如要表达对所有的人在法律上和道德上都应被一视同仁的理想，我们还可以继续使用这种神圣的表述。但是如果我们想理解平等理想能够或应该包括的内容，第一个要求就是我们必须摆脱对事实上平等的信念。

从人是不相同的这一事实出发，得出的结论是：如果平等地对待他们，结果必定造成他们实际地位的不平等。④ 而使他们地

---

① 见威廉斯的《自由和不平等：个人自由的生物基础》（Roger J. Williams, *Free and Unequal：The Biological Basis of Individual Liberty*［Austin：University of Texas Press，1953］）第 23 页和 70 页；另见霍尔丹的《人的不平等》（J. B. S. Haldane, *The Inequality of Man*［London，1932］）以及梅达沃的《个人的独一无二性》（P. B. Medawar, *The Uniqueness of the Individual*［London，1957］）。

② 见威廉斯的前引书，第 152 页。

③ 见卡伦的"行为主义"（H. M. Kallen, "Behaviorism", *E. S. S.*，Ⅱ，498）一文中对这种时髦观点的描述："如果不考虑遗传因素，婴儿出生就像福特汽车一样平等。"

④ 参见柏拉图的《法律篇》（*Laws* vi. 757A）："平等对不同等的人会不平等。"

位平等的惟一途径是将他们区别对待。因此，法律面前的平等和物质利益的平等不仅不同，而且相互冲突；在同一时刻我们只能获得其中之一，无法两全其美。法律面前的平等，是自由所需要的，但它会导向物质利益的不平等。我们的论点是：尽管国家因其他原因在某些地方必须使用强制手段，但它必须对所有的人一视同仁，如果以为为使人们在境况上更加相同，便有理由进一步使用有差别的强制手段，这在一个自由社会里是无论如何不能被接受的。

我们并不反对上述的平等，而事实恰恰是：某些人希望强加给社会一个事先设计的物质分配计划，对其中大多数人来说，这样做的公开的动机就是平等的要求。我们反对关于强加给社会一个有意选择的分配方案的所有企图，而不管它所要求的是一种平等，还是不平等的制度。事实上我们将看到的是：许多要求扩大平等的人实际上并不是要求平等，而是要求分配，这种分配更符合于人们关于个人品行的观念；他们的要求与更严格的平均主义的主张一样，与自由是不可调和的。

反对为了实现平等和公正的分配而使用强制手段，并不意味着这种分配制度不值得向往。但是我们如果想维护自由社会，就必须承认对某个特定目标的向往并不能为使用强制手段提供充分的理由。人们可能会觉得一个贫富不太悬殊的社会有吸引力，可能会欢迎财富的一般增长能逐渐减小人们之间的差异。我自己也完全拥有这种感觉，并且当然认为美国所取得的社会平等的程度是完全值得称道的。

这样，似乎就没有理由反对在某些方面用这种广为流传的偏好指导政策。无论在什么地方，政府如果有采取行动的正当需要，而我们又不得不就满足这种需要的不同方法作出选择，那么那些恰好能够减小不平等的方法可能就会受到青睐。例如，在无遗嘱的财产继承权的法律方面，如果某种规定比其他规定更适应平等，那么它就有充足的论据获得支持。然而，如果说为了实现真正的平等，我们就必须放弃自由社会的基本公理，亦即放弃用平等的法律限制所有强制手段的话，那么这其实是完全不同的另外一回事。与此相反，我们认为：经济上的不平等尽管是一种弊端，但是我们没有理由凭借有区别的强制和特权对其进行纠正。

3. 我们的论点是基于两个基本命题，这两个基本命题，一经说明，便能获得相当广泛的赞同。第一个命题表达了一种认为所有人都具有某种相似性的信念，它认为任何个人或群体都不可能确凿无误地决定他人的潜能，我们无论如何不能相信任何人能够这样做。不管人们之间的差异会有多大，我们也没有理由相信这种差异能够大到使某人的思想在某个特殊场合完全领悟另一个可靠的人所能做到的一切。

第二个基本命题是：如果社会中的任何成员获得做某些有价值的事情的附加能力，这应被看作是整个社会的收益。某些人的境况确实可能由于某些新的竞争者在其领域内具有较高的能力而恶化，但社会中任何这种附加的能力都可能对大多数人有利。这也就是说：是否应增加某个个人的能力和机会，并不取决于他人能否获得相同的能力和机会，当然，前提是他人也绝不会因此被剥夺获得相同或其他的，他们可能获得的能力的机会，尽管他们还尚未获得。

一般来说，那些主张平均主义的人喜欢把个人能力之间的差异区分为天生带来的和环境影响的，或区分为"自然"的结果与"培育"的结果。二者都与道德价值无关。① 尽管二者可能在很

---

① 参见奈特的《自由与改革》（F. H. Knight, *Freedom and Reform*［New York, 1947］）第 151 页："没有明显原因说明为什么一个人多少有资格获得因继承而来的个人能力的收益，而较少有资格获得任何其他形式的被继承财产的收益。"另见勒普克在《适度与中心》（W. Roepke, *Mass und Mitle*［Erlenbach and Zurich, 1950］）一书的第 65—75 页对此的讨论。

大程度上影响某个个人对他的同伴所具有的价值，但一个人不会因为天生就有称心合意的特性比在有利的环境中长大得到更多的声望。两者的区别之所以重要，只是因为前者的优点是由于人类显然无法控制的情况，而后者的优点则是由于我们可以改变的因素造成的。重要的问题是我们有无理由以改变制度的方式来尽可能减少那些因环境而带来的好处？我们是否要赞同，"所有那些因出生和遗产造成的不平等都应被消除殆尽，除了因卓越的才华和勤奋而带来的不平等，其他任何不平等都不应存在。"①

确实，某些好处有赖于人为的安排，但这并不一定就意味着我们能够向所有的人提供相同的好处，也不意味着向某些人提供好处，其他人也就会因此而被剥夺这些好处。在这方面，须考虑的最重要的因素乃是：家庭、遗产和教育，批评矛头所指的主要就是这些东西造成的不平等。然而，它们并非惟一重要的环境因素，不用说地方和局部在文化和道德传统上的差异，像气候和风景这类地理条件也并非不重要。然而，这里我们只能讨论上述三个因素，因为它们通常受到的指责最多。

提到家庭，似乎存在着一种奇怪的矛盾心理，人们一方面对这个机构表现出敬意，另一方面又不喜欢某人因出生于特殊家庭就享有特殊利益的事实。很多人似乎都相信：某人所获得的有用品质如果是源于自己的天赋，而其出现的条件又与大家一样，那么这些品质便对社会有益；相反，如果这些品质是源于环境的优越，而其环境又非他人能够企及，那么这些同样的品质就不是那么值得向往了。同样令人难以理解的是：相同的有用品质，若是

---

① 这就是普拉梅纳兹（J. P. Plamenatz）所总结的托尼（R. H. Tawney）的立场，见普拉梅纳兹的"机会均等"（"Equality of Opportunity", in *Aspects of Human Equality*, ed. L. Bryson and others［New York, 1956］）第100页。

出于自身的天赋，便大受欢迎；若是出于明智的父母或良好家庭所创造的环境，便价值顿减。

大多数人所以把家庭看作是有价值的制度，基于这样一种信念，即认为通常在帮助孩子获得一种满意的生活方面，父母能够比其他人做出更多的贡献。这意味着不仅人们从其家庭环境中所获得的好处将有差异，而且这些好处还可能累积影响好几代人。有什么理由让人们相信源于家庭背景的有用品质就一定比非源于家庭背景的有用品质价值更少呢？其实，我们有更充分的理由认为某些具有社会价值的品质很少是通过一代人获得的，它们往往是经过两代、甚至三代人连续不断地努力，才最终形成。这恰恰意味着：一个社会的部分文化遗产，通过家庭能够获得更有效的传播。同意此点，也就无理由否认：如果不把上升限于一代人，如果不故意地使每个人从相同的水平起步，如果不剥夺孩子们从其父母可能提供的较好的教育和物质条件中获益的机会，社会就可能获得更出色的精英人物。不否认这一点只意味着承认：隶属于某个家庭也是个人性格的一个组成部分；社会既是由家庭又是由个人构成的，在人们努力追求更美好之事物的过程中，家庭内部文化遗产的传播同有益的生理属性的遗传是同等重要的工具。

4. 许多人同意家庭作为传递道德、爱好和知识的一个工具是必要的，但仍怀疑它传递物质财富的必要性。然而，毫无疑问，为使前者成为可能，某些标准和外在生活方式的连续性便是必不可少的，而且只有在非物质的好处与物质的好处同时被传递的情况下，这种连续性才是可能的。当然，有些人出生于富贵之家，有些人出生于书香门第，但这都不涉及谁的品行高低谁更公平正义的问题。事实是，某些孩子在任何时候也只在富裕家庭才能提供的优越环境中开始成长，某些孩子继承了更多的智慧或在家庭中受到较好的道德教育，这两者对社会的益处是相等的。

主张私人遗产继承的主要论据是，为了确保资本不致分散以及促使资本继续累积，个人遗产继承似乎是不可缺少的。但在这里我们不想触及这个问题，我们所欲讨论的是：遗产继承制度会给某些人带来不应得的好处，那么这是否就为反对这种制度提供了有力的论据呢？毫无疑问，这种制度是导致不平等的制度方面的原因之一。眼下我们不必追问自由是否要求无限制地继承遗产的自由。我们的问题仅仅是：遗产继承将造成极大的不平等，人们是否应该有自由将这种物质财产转移给孩子或他人呢？

自然本能是尽一切努力为下一代做好准备，一旦我们同意利用这种本能是有益的，那么似乎就没有理由将这种本能限于非物质的好处。事实上，家庭传递标准和传统的功能是与继承物质财富的可能性紧密相连的。如果将物质财富方面的得益限于一代，我们实在很难看出这对社会有什么真正的好处。

对此也有另外一种考虑，尽管它多少显得有些玩世不恭，但却强烈主张：如果我们想充分利用父母偏爱孩子的本能，我们就不应阻止物质财富的继承。对于那些已获得权力和影响的人来说，他们照顾其子女可有许多途径，从社会的观点看，似乎可以肯定地说财富遗赠的为害最小，并远远小于其他途径。如果不用这种方式，这些人就会寻找其他的途径照顾其子女，譬如为子女安排一个财富本可以为其提供的能够获得高收入和高声誉的位置，而这种途径所造成的资源浪费与不公正比起财产继承所造成的要大得多。在不存在财产继承的所有社会，包括共产主义社会中，就是这种情况。因此，那些不喜欢因遗产继承而造成的不平等的人应该认识到：既然人毕竟是人，那么甚至从他们的观点来看遗产继承仍然为害最小。

5. 遗产继承制度过去常受到最广泛的批评，被当作不平等的渊薮，但在今天情况可能不再是这样了。平等主义鼓吹者现在倾向于集中讨论因教育的差异而造成的利益不平等。有人要求向某些人提供的最好教育应该向所有的人免费开放，如果这办不到，那么就不应允许那些有钱人家的子弟获得比其余人更好的教育，而只能让那些通过某种相同的能力测试的人享受较高教育的有限资源，现在越来越多的人倾向于通过上述要求来表达确保条件上的平等的愿望。

由于教育政策的问题涉及的问题太多，因此不能在泛泛地讨论"平等"问题的地方只附带地讨论它。在本书末尾我们将另辟一章对此专门加以讨论。这里，我们只想指出：在这个领域强制实行的平等几乎必定会阻止某些人获得其否则完全可能获得的教育。有些好处只能由某些人享有，某些人享有这些好处是会受到欢迎的。但如果强制实行平等，无论我们怎样做，都很难避免那些既不应享有这些好处，又不会像其他人那样充分利用这些好处的人享用这些好处。像这类问题是不可能通过国家独有的强制权力获得满意的解决。

简单回顾一下近代平等理想在这一领域所发生的变化，还是很有意义的。一百多年前，正值古典自由运动达到高潮时，人们的要求一般是用"为才能敞开道路"这句话来表达的，它实际上是说：所有阻挡人们上升的人为障碍，应被撤除；所有个人特权，必须废止；国家为改善某人的条件所提供的机会应对所有人都是一样的。只要人们生来就有差异，而又成长于不同的家庭，便不能保证所有人有一个相同的起点。这一点已为人所广泛地接受。根据人们的理解：政府的职责不是确保每个人实现其到达某个既定位置的前景是相同的，而只是帮助大家在平等的条件下获得某些设施，这些设施就其性质而言取决于政府行为。不仅是因为个人之间存在差异，而且还因为相关条件中只有一小部分取决于政府行为，所以结果肯定会出现不同，这已被看作是不言而喻的。

应该允许每人去做尝试的观念在很大程度上已被另一种完全不同的观念所取代，即认为必须确保大家都拥有一个平等的起点和相同的前景。这不啻于是说政府的目标不再是只为大家提供相同的环境，而是要进而控制与特定人的前途有关的一切条件，并使这些条件适应其能力，以确保他获得与他人一样的前途。这种有意使机会适应个人能力和目标的做法当然会成为自由的对立面。即使作为最佳地使用现存知识的手段，也不能证明这种做法的合理性，除非我们假定政府最了解如何利用个人的能力。

如果我们深入探究一下这种要求的根据，不难发现它们都是基于成功者在某些不成功者之中造成的不满，或者不客气地说，是忌妒。现在有越来越多的人要求满足这种热情，并为其披上"社会主义"的外衣，这种趋势将严重威胁自由。最近有人试图为这些要求寻找一个新的论据，即认为根除产生不满的所有根源应该成为政治的目标。[①] 当然，这无异于是说政府职责就是阻止人们拥有比他人更好的健康、更佳的气质、更合适的配偶或更苗壮成长的孩子。如果所有未被满足的愿望真的有权向社会提出要求，个人责任就到了末日。不管忌妒多么符合人性，它到底不属于自由社会可以消灭的那些不满的根源。我们不鼓励忌妒，不让它伪装成社会主义而支持其要求，用约翰·密尔的话来说，就是要把忌妒看作"是人类所有热情中最为反社会和有害的"。[②] ——这或许是自由社会得以维持的必要条件之一。

6. 尽管绝大多数平等主义者的要求都是基于忌妒，但我们仍须承认许多表面上追求更大平等的要求，实际上只是要求更公平地分配这个世界的利益，因此其动机要可信得多。绝大多数人将反对的不是公开的不平等，而是报酬不与获取者在功绩方面可

---

① 见克罗斯兰的《社会主义的未来》（C. A. R. Crosland, *The Future of Socialism* [London, 1956]）第 205 页。
② 见穆勒的《论自由》（J. S. Mill, *On Liberty*, ed. R. B. McCallun [Oxford, 1946]）第 70 页。

识别的差异相适应。我们以为从整体上看只有在自由社会才能获得这种公正。① 然而，如果将公正解释为报酬与品行表现成正比，肯定徒劳无益。而且任何将自由基于这种论据的企图恰好损害了自由，因为它承认物质报酬应与可识别的品行表现一致，并因此用一种并不真实的断言来反对大多数人从中得出的结论。正确的答案应该是：在一个自由社会里，使物质报酬与人们所承认的品行表现一致起来既不被所希望也无法操作。个人位置的高低，不必依赖其同伴对其品行表现的认识，这也是自由社会的一个基本特质。

乍一看，这种论点可能显得有点奇怪，甚至令人震惊，因此我想请读者暂时不要下结论，等我说清价值和品行表现（value

---

① 参见加利的"自由的道德和社会主义的道德"（W. B. Gallie, "Liberal Morality and Socialist Morality", in *Philosophy*, *Politics*, *and Society*, ed. P. Laslett [Oxford, 1956]）第 123—125 页。在一个自由社会中，报酬要与品行表现相适应，加利把这说成是"自由道德"的本质。正是某些 19 世纪的自由主义者的这种立场常常削弱他们提倡自由的论据。萨姆纳（W. G. Sumner）就是一个典型的例子。他在《各社会阶级相互之间欠什么债？》（*What Social Classes Owe to Each Other*, reprinted in *Freeman*, Ⅵ [Los Angeles, n. d.], 141）一文中指出：如果所有人"在社会提供或限定机会的限度内拥有均等的机会"，这会"造成不平等的结果——这就是同个人的功绩相称的结果"。这是真实的。如果"品行表现"一词是在我们曾使用过"价值"的意义上被使用，不包含任何道德涵义的话；相反则当然不是真实的，如果是指要同做好事或正确之事的努力或同遵守某种理想标准的主观努力成比例的话。

但是，正像我们马上要看到的，加利先生是正确的，根据他所使用的亚里士多德的概念，自由主义的目标在于交换的正义，而社会主义的目标在于分配的正义。然而，同大多数社会主义者一样，他没有认识到，分配的正义是同选择行动的自由势不两立的：前者是等级制组织的正义，而不是自由社会的正义。

and merit）之间的区别后再说。① 澄清此点的困难即在于"品行表现"一词的意义广泛而含糊，但我又只能用它来表达我的意思。这里我用这个词专指使行为值得称道的属性，亦即行动的道德特质，而不是指成就的价值。②

正如我们在以上讨论中已经看到的，某人的行为或能力对其同伴所具有的价值，与在这个意义上所说的可以辨认的品行表现并没有必然联系。某人与生俱来的才能同后天获取的才能一样，显然都对其同伴具有某种价值，但这种价值却并不依赖于拥有这些才能对他来说是否一种荣誉。任何人几乎无法改变这样一个事实，即一个人的特殊才能或是极其普通或是极端罕见的。机敏的头脑、美妙的嗓音、秀丽的容貌或灵巧的双手，以及反应敏捷的机智或颇富魅力的个性等等，诸如此类的东西在很大程度上与个人拥有的机会或经验一样，都不是通过自己的努力所能获得的。在所有这些事例中，某人的能量或服务对我们具有价值，而且他

---

① 虽然我相信品行与价值的区别是同亚里士多德和阿奎那在区分"分配的正义"和"交换的正义"时所注意到的区别一样，但我宁愿不用那些在历史进程中由这些传统概念引起的困难和混乱来限制我们的讨论。我们这里所说的"根据品行提供报酬"相当于亚里士多德的"分配的正义"似乎是很清楚的。棘手的概念是"交换的正义"这一概念，在这个意义上谈论正义似乎总是会引起混乱。参见所罗门的《亚里士多德的正义概念》（M. Solomon, *Der Begriff der Gerechtigkeit bei Aristoteles* ［Leiden，1937］）。若想更广泛地了解这方面的文献，见德尔维奇奥的《论正义》 （G. del Vecchio, *Die Gerechtigkeit* ［2d ed.，Basel，1950］）。

② 术语方面的困难是由此而产生的，即我们也在客观意义上使用"merit"一词，并且我们谈论一个思想、一本书或一张画的"长处"，而不考虑创造它们的那些人的品行。有些时候这个词也被用来说明某些成就的不同于市场价值的"纯粹"价值。然而，甚至一项具有极大价值或这一意义上的优效的人类成就，也并不一定证明这项成就的创造者拥有品行。似乎我们的用法是有哲学传统支持的。比如，参见休谟的《论文集》（D. Hume, *Treatise*）第2部分，第252页："外部行为无品行可言，我们必须深入内部去发现道德品质……我们赞扬和认可的最终目标是造成这些行为的动机。"

也因此价值得到补偿，但这种价值与我们所说的品行或报酬毫无关系。我们的问题是：人们是否应该根据其同伴从其行动中所获利益的比例来享有好处，或者说这些好处的分配是否应该基于他人对其功绩的看法。

根据品行确定报酬在实践中意味着据以确定报酬的品行必须是可以估价的，也就是说，他人必须能够辨认，并能对其形成一致见解，它不能仅仅在某个较高的权力层看来是功绩。在这一意义上讲"可以估价的品行"暗含有一个假设，即我们要能确定某人已经做了某种已被接受的行为准则要求他做的事情，而且他为此付出了努力并蒙受了痛苦。某件事情是否属于品行表现，这是无法通过结果来判断的，因为品行与客观结果无关，而与主观努力有关。实现某个有价值的结果之尝试可能在道义上值得称赞，却遭到彻底失败，而某个完满的成功却可能完全是偶然事件的结果，因而无关乎品行。如果我们知道某人已经尽力而为，我们就常常希望他获得奖赏，而不考虑结果到底如何；如果我们知道某项很有价值的成就几乎完全是由于幸运或有利的条件，那么我们就不想为此赞许实行者。

我们可能希望自己能够在每个事例中都进行这种区分。然而，事实上我们难得能有把握地进行这种区分。因为除非我们掌握了行动者所运用的所有知识，包括其技能、信心、心态、感觉、注意力、坚韧性等等，否则便不可能。总之，能否对一个人的品行做出真实的判断，取决于某些条件的存在；而这些条件的普遍缺乏恰恰是要求自由的一个主要理由。正是因为我们想让人们运用那些我们所不具备的知识，所以我们得让他们自己做出决定。既然我们想让他们自由运用我们所不具备的能力和知识，我们当然也就无从判断其成就是否关乎品行。决定品行表现应有一个先决条件，即我们能够判断人们是否像他们应做的那样已经充分利用了他们的机会，以及这耗费了他们多少意志努力或自我克制；此外，它的另一个先决条件是我们能够区分，其成就的哪部分，是由于在其控制之下的环境因素，哪一部分不是。

7. 按照品行实行奖赏，与选择个人目标的自由水火不容。这种矛盾在某些领域表现得最为明显，如成就的不确实性尤其大的领域，以及我们个人对各种努力机会的评价又莫衷一是的领域。① 在那些我们称之为"研究"或"探索"的冥思苦想似的活动中，或者在我们一般描述为"投机"的经济活动中，除非我们不管许多其他的人也许已经作出了值得称道的努力而将所有的荣誉或奖赏都给予成功者，否则就别指望吸引那些最合适的人从事这些活动。没有人能事先知道谁将是成功者，由于同样的原因，也没有人能够说明谁表现了更大的品行。如果我们让所有真正为之奋斗过的人都来分享奖赏，显然无助于达到我们的目的。更为严重的是，这样做必然造成某些人有权决定谁将被允许为之努力。如果人们在其追求不确定目标的过程中将运用他们自己的知识和能力，那么引导其行动的不应是他人认为他们应做之事，而应是他人赋予他们追求之结果的价值。

合乎我们通常认为具有风险之活动的情况，很少适用于我们决心追求的选择目标。任何这种决定都是同不确定性联系在一起的。如果想让选择尽可能地明智，就必须按照其价值对各种不同被期待的结果进行编排。如果报偿与一个人的努力之结果对别人

① 参见阿尔奇安的重要论文"不确定性、进化和经济理论"（A. A. Alchian, "Uncertainty, Evolution, and Economic Theory", *J. P. E.*, LV Ⅲ〔1950〕），特别是第 213—214 页，第 2 节的标题为"成功决定于结果，不决定于动机"。美国经济学家奈特（F. H. Knight）曾为我们加深对自由社会的理解做了许多工作，他是以研究"风险、不确定性和利润"开始自己的职业生涯的。另参见儒弗内的《论权力》（B. de Jouvenel, *Power*〔London, 1948〕）第 298 页。

应有的价值不相称，那么他便失去借以判断为追求一个既定目标花努力和冒风险是否值得的基础。这样，他必然让别人告诉他去做什么，而他人对怎样是其能力的最佳运用之判断将会决定他的责任和报酬。[①]

当然，我们事实上并不希望人们赢得最大限度的品行表现，而是希望他们用最小限度的痛苦和牺牲以及最小限度的品行表现去实现最大限度地有益于社会。对我们来说，公正地奖赏所有品行表现不仅是不可能的，并且主要致力于获得最大限度的品行表现也不是我们所希望的。任何诱使人们这样做的企图都必然造成同工不同酬的结果。只有结果的价值我们还有把握对其进行评价，而为实现这种结果不同的人所付出的不同程度的身心努力是我们无法评价的。

一个自由社会为这种结果提供奖赏，目的在于让那些为此而奋斗的人明了，花费多大的努力是值得的。然而，这个奖赏会全部落在造成了同样结果的这些人的头上，而不管他们花费了多少努力。对不同的人提供的同样服务给予同等报酬，适用于此的条件更加适用于对要求不同能力的不同服务给予相应的报酬：因为这些能力几乎同品行表现毫无联系。一般来说，市场会对需要某种服务的人提出这种服务的价值，然而为获得这种服务出价那么多是否必需便经常是不明了的。无疑，社会本来可以为此少花费

---

① 人们常常说，正义要求报酬同工作的乏味程度相适应，因此街道清扫工或管道工就应得到比医生或办公室工作人员更高的报酬。事实上，这似乎就是根据品行表现提供报酬原则（或"分配正义"）的结果。这种结果只有在一种情况下会在市场上发生，即所有人对所有工作都同样熟练，以致让那些在更令人愉快的工作中同其他人报酬相同的人去从事令人厌恶的工作时必须多付报酬。其实，那些不太令人愉快的工作给那些不太适应做那些更有吸引力的工作的人提供了一个使他比在别的地方多挣钱的机会。那些不能向他人提供什么的人应该只能够通过更大的牺牲而得到同其余人一样的收入，这种情况在任何一个个人可以自己选择如何有益于社会的体制中都是不可避免的。

许多。前不久，据说一位钢琴家说过，即使要他倒找钱，他也要上台演奏。这可能反映了许多其职业收入甚丰同时其职业又是他的主要乐趣之人的情况。

8. 谁也不该得到比根据其所受痛苦所付努力应得的报酬更高的报酬。虽然许多人把这种要求看作是天经地义的，然而这个要求得以实现的基础却是一个不同凡响的假设：我们在任何情况下都有能力评价人们运用给予他们的不同机会和才能的好坏程度，也能够根据使他们的成就得以实现的所有情况来评价其成就可奖励的程度。这个要求还假定，某些人能够令人信服地确定，什么样的人是有价值的，并有资格确定，他可以去完成什么。最后，它假定我们能够并确实了解指导人们行为的全部因素，这恰恰是倡导自由的论点特别加以反对的。

如果在一个社会中每个人的位置都要被迫去同有关品行的人类思想相适应，那么这个社会就会成为一个自由社会的对立物。在这样的社会中，人们不能因为成功而是因为他们履行了职责而得到报酬；每个人位置的变动都是根据他人关于这个人应做何事的意见而进行的；因此每个人都摆脱了作出决定的责任和风险。如果说没有人能单靠自己的知识去指导全部的人类行动，那么也就没有人有资格根据品行去奖励所有人的努力。

我们的个人行为常常是以这样的推测为依据的，即个人行动的价值，而非他的品行决定着我们对他的义务。无论在更为密切的人际关系中情况到底如何，在一般的商业活动中我们总不会因为一个人以巨大的牺牲为我们提供了某种服务而感到我们欠他的更多，当然前提是我们本可以从其他人那里毫无困难地得到这种服务。在我们与他人的关系中，当我们用同等价值酬报提供给我们的价值时，我们便感到我们是在主持正义，而根本不去问为我们提供这些服务这个特定的人付出了何种代价。决定我们责任的是我们从他人提供的服务中得到好处，而不是包含于其中的品行。在与他人的交往中，我们也希望不是根据我们主观性的品行，而是根据我们的服务对他人拥有的价值来得到酬报。事实上，只要我们在与他人的关系方面进行思考，我们一般就会清楚地认识到，自由人的特征是其生计不依赖于他人对其品行的看法，而仅仅取决于他为其他人提供了什么。只有当我们认为我们的位置或我们的收入是由作为整体的"社会"决定时，我们才会要求根据品行提供报酬。

虽然道德价值或品行是一种价值，但不是所有价值都是道德价值。我们的大多数价值判断都不是道德判断。在一个自由的社会必须如此，这是极端重要的。不能区分价值和品行曾经是造成严重混淆的根源。我们并不一定会赞美其结果被我们重视的所有行为。在我们估价我们所获得的东西时，大多数情况下我们都不能确定给我们这些东西的那些人的品行。如果说在工作 30 年后一个人在某个领域中的能力比以前更有价值，那么这种价值完全不依赖于这 30 年是很有益很愉快的，或是这 30 年是不断作出牺牲和烦恼的 30 年。如果因从事某项爱好而获得一种特殊技艺，或一项偶然的发明被证明对其他人很有益，那么其中包含很少品行的事实并不会使这种技艺或这项发明的价值比通过痛苦努力而得到这种结果时更低。

价值和品行的这种区别不是某种社会所特有的——它无处不在。当然，我们可能会试图使报酬不是与价值，而是与品行相称，但在此成功的机会很小。并且，这样的企图会毁掉鼓励人们为他们自己决定应做什么的动因。即使这样的尝试相当成功，它是否能创造出一个更具吸引力的社会制度或只是一个可以忍受的社会制度，也是大可怀疑的。一个普遍认为高收入证明有品行，低收入证明无品行；地位和报酬要同品行相称的社会，一个大多数周围的人赞同某人行为是其获得成功必由之路的社会，比起那种公开承认品行和成功没有必然联系的社会，对于不成功者来说，更加令人难以忍受。①

如果不是力图使报酬与品行相称，而是使人们更清楚地懂得，价值与品行之间的联系有多么不确定，这样或许会对人类的幸福作出更多的贡献。也许我们大家都非常倾向于把个人品行同较高的价值联系在一起。一个人或一个群体拥有较高的文明或教育，这当然代表着一种意义重大的价值，对他们所归属的社会是一笔财富，然而，它往往只有很少的品行。事实上，这主要是因为我们已经习惯于一发现价值就假定有经常并不存在的品行，因此，当在某些特殊情况下两者之间的差别太大以至无法忽视时，我们便会畏缩不前。

我们有充足的理由说明为什么应该试图去尊重那些未得到相应报酬的特殊品行表现。承认我们作为典范要将其传播的杰出品行是一个问题，而社会的正常运作得以保持的刺激则是另外一个问题。在一个自由社会所创造出来的制度下，对那些偏爱自由社会的人来说，一个人的发展取决于某些上司或大多数同伴对其的评价。诚然，随着社会组织越来越壮大越来越复杂，估价一个人贡献的工作也变得更为艰难。因此，在许多情况下越来越有必要让领导者眼中的品行而不是贡献的具体价值来决定报酬。只要这样做尚未造成这样的结果，即整个社会都不得不接受惟一一种评

---

① 参见克罗斯兰的前引书，第 235 页："即使使所有失败者确信他们曾有过平等的机会，他们的不满也不会减轻，事实上这种不满可能会被加强。如果大家都知道机会是不平等的，机会明显地偏向选择财富或门第，那么人们就会说他们从未有过合适的机会，并以此来安慰自己——这个制度不公平，天平明显地不向他们倾斜。但如果显然是根据品行进行选择，这种安慰就会消失，而没有辩解或安慰，失败会引发完全的自卑感。这在事实上会凭借人性中一种怪癖，而增加对其他人成功的妒忌和忿恨。另参见本书第 24 章第 8 节。我还没有见过扬的《知识精英的崛起》（Michael Young, *The Rise of the Meritocracy* [London, 1958]）。根据书评判断，这本书似乎很清楚地论证了这些问题。

价品行的结合尺度，只要有许多组织相互竞争，从而提供出各种不同的发展可能性，那么这种发展不仅同自由是协调一致的，并且它会扩大每个人选择的范围。

9. 为清楚起见，同自由和强制一样，公平这个概念的含义也应被限定为一个人怎样被他人有意对待的方式。人们生活的某些条件是可以被控制的，公平正是有意地确定这些条件的一个方面。如果我们希望个人的努力都由他们自己关于前景和可能性的见解去指导，那么他们努力之结果必然是不可预见的，而关于由此产生的收入分配是否公正这个问题也就没有意义。[①] 公平的确要求，人们生活中由政府决定的那些条件同样地向所有人提供。但是这些条件的平等性必然导致结果的不平等。无论是特定公共机构提供平等的供应品，还是在我们彼此的自愿的交易中平等地对待不同伙伴，都将不能确保报酬与品行相适应。对品行的报偿是对我们服从他人要我们做什么事之愿望的报偿，而不是对我们通过执行最佳选择而向人们提供的好处的补偿。

事实上，反对政府企图规定收入尺度的理由之一，正是国家必须力图在其方方面面的工作中都必须公正。一旦根据品行确定报酬的原则作为收入分配的公正基础被接受，公正便会要求所有希望公正的人按照这一原则得到报酬。接着人们又会要求，这个原则要适用于所有人，并且不可以容忍那些不按照可辨认的品行获得的收入。甚至试图去区分"挣得的"和不是"挣得的"收入或收益，也将形成一种国家不得不应用而实际上无法普遍应用的

---

① 参见科林伍德在"作为哲学的经济学"（R. G. Collingwood, "Economics as a Philosophical Science", *Ethics*, Vol. XXXVI〔1926〕）一文中的有趣讨论，他在第174页得出结论说："一个公正的价格、一份公正的工资以及一个公正的利率在词语上是一个矛盾。一个人因他的货物和劳务应得到什么回报的问题是一个绝对没有意义的问题。惟一有效的问题是他能够因他的货物或劳务获得什么回报，以及他是否应该将它们全部出售。"

原则。① 每一次这种力图有意识地控制某些报酬的尝试都必定导致人们进一步要求进行更新的控制。这种分配公正的原则即使被采用，但是在整个社会按照这个原则组织起来之前，它是不会被付诸实施的。这将创造一个在所有主要方面都与一个自由社会大相径庭的社会——在其中公共权力决定着一个人要做什么以及如何去做。

10. 最后，我们必须简短地考察一下要求更平等的分配的人们经常用以支持其观点的另一个论点，虽然它很少被明确地表述过。这个论点认为，作为某个社会或某个民族之中的一个成员，每个个人都有权利要求由他所属的这个群体的一般福利所决定的那种物质生活水平。这一要求同根据个人品行进行分配的愿望处于荒谬的矛盾冲突中。显然，没有任何品行是与生俱来的，支持公正的任何论据都不能以某个特定的人出生在某地而不是其他地方这个偶然事件为依托。一个比较富裕的社会事实上通常会给其最贫穷的成员带来那些贫穷社会的成员不曾了解的利益。在一个富有的社会中，其成员要求更多利益的惟一理由是，那里有许多政府可以没收和再分配的私有财产，而总是看着这些财富被别人享受的人们比那些只是在理论上了解这一点的人们有更强烈的愿

---

① 赋予"挣得的"和"不劳而获"收入、收益或增殖之间的区别以相当精确的法律意义当然是可能的。但是这样的话，这种区别很快就不再同为其提供正当理由的道德区别相一致。在实践中应用这种道德区别的任何认真的尝试都会碰到与估价主观功绩的尝试所碰到的一样不可逾越的困难。普遍而言，哲学家对这种困难的认识很差（也有极少数例外，比如我们在上一个注释中所摘引的那段话），这一点在斯特宾的《关于某些目的的思考》(L. S. Stebbing, *Thinking to Some Purpose*, "Pelican Books" [London, 1939]) 一书的讨论中得到了详尽的阐明。在该书的第 184 页，她选择了"合法的"利润与"额外的"利润之间的区别，以说明某些区别是清晰的，但却不是很显眼的。她声称："虽然'额外的利润'（或'牟取暴利'）与'合法的利润'之间区别是不显眼的，但两者之间界限却是清晰的。"

望去占有它。一个社会的成员共同努力去维持法律和秩序，共同努力去组织一定的社会服务工作，没有显而易见的理由说明，为什么这种共同努力就应该使社会的成员都有资格去占有该社会的一份财富。特别是当提出这些要求的人并不愿意承认那些不属于该民族或该社会成员的人也有同样的权利时，这种要求就更难自圆其说了。在一个国家的范围内承认这种要求事实上只会创造出一种新的、对国家资源的集体的（但同样专有的）财产权，用涉及个人财产时的同样理由是无法说明这种财产权是正当的。很少有人愿意承认在世界范围内实现这种要求的公正性。在某个特定的国家内大多数人拥有强制实现这种要求的实际权力，而在世界范围内大多数则还没有这种权力，这个显而易见的事实几乎并没有使这种要求具有更高的公正性。

有充足的理由说明，我们应该努力用我们可利用的一切政治组织，去供养弱者或不可预见的灾难的受害者。对那些涉及所有一国公民的特定风险加以预防，其最有效的方法就是向每个公民提供预防这些风险的保护。这可能是完全正确的。针对这些一般风险的预防措施所能达到的水平，则必然取决于该社会的总的财富状况。

然而，某些人的下述要求则是旨趣迥异的另外一码事。有人认为，那些穷人（只是指在同一个社会中还有更富的人）有权分享那些较富之人的财富；在一个已达到一定文明和享受水平的群体中出生便赋予一个人分享该群体所有好处的资格。所有的公民需要社会提供某些共同服务，但这却不是任何人都有权要求在所有好处中占据一份的理由。一个社会的财富状况可能会为某些人应该自愿地给予其同胞什么好处确定一个标准，但却不是任何人都可以要求什么好处的标准。

随着我们一直反对的这个观点被越来越多的人所接受，民族性群体将变得越来越具有排他性。不是让别国人享有富有国家中的好处，而是宁愿将他们排斥在外，因为一旦允许他们享有这些好处，用不了多久他们就会作为其权利要求对该国的财富占有一定份额。一个国家的公民资格，甚至在一个国家的居留将赋予人们要求一定的生活水平的权利，这种观念正在成为国际摩擦的一个重要的根源。既然在一个国家内应用这项原则的惟一理由是政府有力量去强制推行它，那么如果我们发现在国际范围内也有人用强力来推行这项原则的话，我们便不必惊奇了。如果说多数人对少数人享受的好处拥有权利这一点已在一个国家的范围内得到承认，那么就没有理由说明这项原则为什么就不应跨越现存国家的边界呢。

第七章　多数人的统治

> 虽然人大体上是由利益支配的，然而甚至利益本身
> 以及所有人类事务又都完全受见解的左右。*
>
> ——大卫·休谟

1. 法律面前的平等导致的要求是一切人在法律的制度中均有同样的一份权利。这正是传统的自由主义与民主运动的共同之点。但两者的主要关切仍有差异。自由主义（采用该词在欧洲19世纪的意义，本章自始至终坚持该词的这种意义）主要关心的是限制一切政府的强制权力，而不论政府是民主的，还是非民主的。而教条的民主主义者只知道限制政府的一种方式——当下大多数人的舆论。如果我们指出这两种理想的对立面，那么两者之间的差异便清晰可见了：民主制的对立物是独裁政府；自由主义的对立物是极权主义。这两种体制都不必然排斥另一种体制的对立物：民主制可能运用极权主义的权力；而一个独裁政府按照

---

* 章首语录引自休谟的《论文集》（D. Hume, *Eassy*, I, 125）。这个思想显然起源于上个世纪的那场大辩论。哈勒在重印其《1638—1647年清教革命中论自由的小册子》（William Haller, *Tracts on Liberty in the Puritan Revolution*, 1638—1647 [New York: Columbia University Press, 1934]）时，将一份带有霍拉（Wenceslas Hollar）所作的版画的传单加印在该书第1卷的扉页上，标明的日期为1641年，题词为"世界是由见解统治和支配的"。

自由原则行事也不是不可思议的。①

　　同我们讨论的领域中的大多数术语一样，"民主"被使用时的含义也比较广泛和模糊。但是，如果严格地用它来描述一种统治方式，即多数人的统治，那么显然它涉及的是同自由主义完全不同的问题。自由主义是一种关于法律应具备哪些内容的学说，而民主则是一种关于法律制定方式的学说。自由主义认为，只有多数人接受的事情应该在事实上成为法律是人们所期待的，但它不相信，这样形成的法律必定是好的法律。自由主义的目的是说服多数人在法律的制定中遵循某些原则。自由主义承认，多数人的统治是一种决策的方式，但不承认它是一种能确定决策应有内容的权力。对教条主义的民主主义者来说，多数人想要某种东西，便有充足理由认定它是好的；对于自由主义来说，多数人的意志不仅要决定什么是法律，而且决定什么是好的法律。

　　对于自由理想和民主理想的差别存在着广泛的认同。②

---

　　① 关于"极权"国家概念的起源以及极权主义与自由主义的对立，而不是与民主的对立，见齐格勒的《独裁的或极权的国家》（H. O. Ziegler, *Autoritärer oder totaler Staat*［Tübingen，1932］）一书中的讨论，特别是第6—14页；另参见诺伊曼的《民主国家和独裁国家》（F. Neumann, *The Democratic and the Authoritarian State*［Glencoe, Ill., 1957］）。我们在此章中称之为"教条的民主主义者"的观点可以在下面的著作中清楚地看到：米姆斯的《多数人》（E. Mims, Jr., *The Majority of the People*［New York，1943］）和康马杰的《多数人的统治和少数人的权利》（H. S. Commager, *Majority Rule and Minority Rights*［New York，1943］）。

　　② 比如参见奥特加・伽塞特的《软弱无能的西班牙》（J. Ortega Gasset, *Invertebrate Spain*［New Yoak，1937］）第125页："自由主义和民主恰好是开始时毫无关联的两件事，而到头来形成了具有相互对抗性意义的倾向。民主和自由主义是对两个完全不同问题的两种答案。

　　"民主回答的问题是：'谁应该去行使公共权力？'它所得出的答案是：公共权力的行使属于作为一个团体的公民。

　　"但是这个问题并没有涉及公共权力的管辖范围是什么这个问题。它关心的只是要确定这种权力属于谁。民主建议我们都去统治，也就是说我们是然而，确有人在政治自由的意义上使用"自由"一词，并在这一观念的引导下把自由主义和民主等同起来。在他们看来，民主行为的目的应该是什么，对此自由的理想无法作任何说明：据

所有社会行为的统治者。

"而自由主义回答的是另外一个问题，即'公共权力的界限应该是什么，而不管谁去行使它'。自由主义给出的答案是：'公共权力不可以是绝对的——个人享有某些权利，这些权利不受任何国家的干涉。'"

另见伽塞特的《群众的反抗》（*The Revolt of the Masses* [London, 1932]）第83页。勒纳在"少数人的统治和宪政传统"（Max Lerner, "Minority Rule and the Constitutional Tradition", in *The Constitutuin Reconsidered*, ed. Conyers Read [New York：Columbia University Press，1938]）一文从教条的民主主义者立场出发同样强调说："当我在这里谈论'民主'时，我想严格地把它和自由主义区分开。今天非专业的一般人思想中对二者的混淆并不比将两者等同起来的倾向更严重。"还见凯尔森的《民主的基础》（H. Kelsen, "Foundations of Democracy", *Ethics*, LXVI [1955]，3）："意识到民主原则和自由主义原则不是同一的，甚至二者之间存在着一定对立，是有着重要意义的。"

在施纳贝尔的《从19世纪的德意志史（第2卷）》（F. Schnabel, *Deutsche Geschichte im neunzehnten Jahrhundert*, II [Freiburg, 1933]）第98页，可以找到从历史角度说明这种关系的一段论述，它是这方面最好的论述之一："自由主义和民主不是互相排斥的对立物，而它们论涉的是两种不同的问题：自由主义说的是国家有效性的范围，民主说的是国家主权之掌握者的问题。"另参见以下著作：洛厄尔的"民主和自由"（A. L. Lowell, "Democracy and Liberty", in *Essays on Government* [Boston, 1889]）；施密特的《当今议会主义的思想史基础》（C. Schmitt, *Die geistesgeschichtlichen Grundlagen des heutigen Parlamentarismus* [Munich, 1923]）；拉德布鲁赫的《法哲学》（G. Radbrach, *Rechts-philosophie* [4th ed., Stuttgard, 1950]）第137页以后，特别是第160页；克罗齐的"作为一种生活观念的自由主义"（B. Croce, "Liberalism as a Concept of Life", *Politics and Morals* [New York, 1945]）；维泽的"自由主义和民主主义的联系和对立"（L. Von Wiese, "Liberalismus und Demokratismus in ihren Zusammenhängen und Gegensätzen", *Zeitschrift für Politik*, Vol. IX [1916]）。蒂尔在其《民主和自由主义的相互关系》（J. Thür, *Demokratie und Liberalismus in ihrem gegenseitigen Verhältnis* [Dissertation, Zurich, 1944]）一文中对其中某些文献作了有益的评述。

定义而言，民主创造的每一种条件都是自由的条件。这似乎至少是一种用词上的混淆。

自由主义是关于民主要加以选择的政府权力之目的和范围的若干学说中的一种学说，而民主作为一个方法对政府的目的未作任何说明。虽然今天"民主的"一词经常被用于说明那些恰好受大众欢迎的，特别是平等主义的特定政策目标，但是民主同任何一种关于如何运用多数人之权力的见解都没有必然的联系。为了确知我们到底想让他人接受什么，我们需要与现行的多数人意见不同的其他标准，而这是一种与意见的形成过程不相干的因素。一个人应如何投票，或什么是值得期望的，对这些问题民主不会提供任何答案，除非我们像许多教条的民主主义者表面上做的那样，假定一个人的阶级地位始终会教导他去认识自己的真正利益，因此多数的表决总是会表达他们的最大利益。

2. 毫无差别地把"民主的"一词作为一般性的赞美术语使用很流行，却不无危险。这样使用它的人指出，因为民主是个好东西，所以它的扩展总会有益于人类。这听起来似乎是不言而喻的，其实却不然。

至少从以下两个方面扩大民主制几乎总是可能的：有资格的选民之范围以及通过民主程序所确定的问题之范围。但就这两方面而言，我们均不能郑重其事地断言，民主的每一步扩大都是一种收益，或者民主的原则要求民主应无限地扩大。然而，在讨论每个具体问题时，赞成民主通常被说成是好像尽可能地扩大民主毫无疑问是值得向往的。

就投票权而言，情况并非如此，这实际上已被所有人所默认。任何一种民主理论都很难将选举权的每一步扩大均视为一种进步。我们谈论成人的普选权，但选举权的限制实际上基本是由一些实用性的考虑确定的。选举权通常限于达到二十一岁的成年人；刑事犯、居留的外国人、非居留的本国公民以及特殊区域或领土上的居民被排除在选举权之外。这一般被认为是合理的。比例代表制由于似乎包含较多的民主性，因而更为优越，这一点也根本不是显而易见的。① 人们几乎不能说，法律面前的平等必然要求所有的成年人应该均拥有投票权；并且也不能说，这个同样的、非人格化的规则适用所有人时，法律面前平等的原则才发挥作用。

如果只是年岁超过 40 岁者、或有收入者、或一家之主、或识字的人被赋予选举权，我们不能说，同那些已被普遍接受的限制相比，这些限制则更多地侵犯了法律面前平等的原则。某些有识之士完全可以认为，如果所有政府部门雇员，或所有公共慈善事业之救济的领取者被排除在选举权之外，会更有利于民主的理想。② 如果说成人普选制在西方国家似乎是一种最好的安排的话，那么这并不证明某些基本原则非要求这么做不可。

我们还应该记住的是，多数的人权利通常只是在某个国家内部才被承认，并且恰好构成一国的也并非总是一个自然的或明显的单位整体。大国公民因其人数众多就应该去统治小的毗邻国家，我们当然不认为这是正确的。多数人为一定目标走到一起，或组成民族或组成超民族的组织，他们没有理由认为自己有资格随心所欲地去扩大自己的权力范围。现代民主理论通常是根据某些品类同一的社会发展出来的，但它们却被应用于那些现存国家构成的，很不完整又任意组成的单位。因此，现代民主论深受其害。

---

① 参见赫门斯的《民主还是无政府?》（F. A. Hermens, *Democracy or Anarchy*? [Notre Dame, Ind., 1941]）。

② 在瑞士这个欧洲最古老、最成功的民主国家中，妇女显然是在多数人的赞同下仍被排除在选举权之外。记住这一点是很有意义的。另外似乎完全可能在原始条件下只限于土地所有者的选举权会缔造出一个独立于政府、能够对政府进行有效控制的立法机构。

　　以上论述意在让人们看到，甚至最教条的民主主义者也很难说，民主的每一步扩大都是好事。无论赞成民主的理由多么有力，民主本身不是一种终极的或绝对的价值，必须根据它所获得的成就来对其进行评价。民主可能是实现某些目的的最好方法，但却不是目的本身。[①] 虽然我们有充足的理由在明显需要采取某种集体行动时，赞成使用民主方法进行决策，但要确定扩大集体控制是好是坏这个问题，就必须依据民主原则以外的其他理由。

　　3. 民主的传统和自由的传统都同意，凡是需要国家行为，特别是需要制定强制性的规则时，都应该由多数人做出决策。然而，两者对由民主决策控制的国家行为的范围却有着不同的理解。教条的民主主义者认为，尽可能多的问题由多数人投票决定是值得向往的；而自由主义者却相信，应该由多数人投票决定的问题之范围要有一定的界限。教条的民主主义者尤其认为，当下的多数人应有权利决定他们拥有什么权力以及怎样运用这些权力，相反自由主义者则认为下面这一点很重要，即一时的多数人之权力应受到长期性原则的限制。对于自由主义者来说，多数人的决定之所以获得权威，不是因为一时的多数表达其意志这个简单的行为，而是因为对某些共同原则存在更为广泛的赞同。

---

　　① 参见梅特兰的《论文集》（F. W. Maitland, *Collected Papers* ［Cambridge：Cambridge University Press，1911］）第 2 卷，第 84 页："那些把通向民主之路当作通向自由之路的人，错把临时性的手段当成了最终的目的。"另见熊彼得的《资本主义、社会主义和民主》（J. Schumpeter, *Capitalism, Socialism, and Democracy* ［New York，1942］）第 242 页："民主是一种政治手段，也就是说，民主是某种以实现政治的、立法的和行政的决策为目标的制度安排。因此，无论在一定历史条件下民主将产生什么决策，它绝不是目的本身。"

教条的民主主义者的中心概念是人民主权的概念。这个概念对他们来说意味着，多数人的统治是无限的，并且是不可限制的。其初衷在于防止任何武断权力的民主理想，却因此成了一种新的武断权力的理由。民主决定获得权威的依据为，此决定是由一个社会中的多数人作出的，而这个社会又是由其大多数成员所抱有的某些共同信念凝聚而成的；因此多数人必须服从这些共同的原则，不可以为自己的直接利益去侵犯它们。过去通常用"自然法"和"社会契约"这些术语来表达我们上面这个观点，但这些概念已失去了感召力，并且是否使用它们来表达也与问题的实质无关。问题的实质是：正是接受这样的共同原则才使一个群体变成为一个社会。这一共同的接受构成了一个自由社会之必要条件。一个人群变成一个社会，一般不是通过给自己制定法律，而是通过遵守同样的行为规则而实现的。[1] 这就是说，多数人的权力受到这些共同持有的原则的限制；不存在任何超越这些原则的合法权力。显然，人们有必要就如何完成必要任务达成一致见解，这由多数人决定也是合情合理的。但是，并无明显理由说明，这个同样的多数人也必定有资格去决定什么为应做之事。人们也无法说明，为什么会有任何人都无权做的事情。对使用某些强制性权力的必要性缺乏足够的一致见解就应意味着无人能够合法地行使这样的权力。如果我们承认少数人的权利，那就是说，多数人的权利最终是由少数人也接受的原则中推导出来的，并且

---

① 参见霍贝尔的《原始人的法律》（E. A. Hoebel，*The Law of Primitive Man* [Cambridge：Harvard University Press，1954]）第 100 页和弗莱纳的《瑞士民主制的建设性力量：传统、信条和发展》（F. Fleiner，*Tradition，Dogma，Entwicklung als aufbauende Kräfte der schweizerischen Demokratie* [Zurich，1933]），此书后收入作者的文集（*Ausgewählte Schriften und Reden* [Zurich，1941]）。还可参见门格尔的《研究论文集》（Menger，*Untersuchung*）第 277 页。

受到这些原则的限制。

　　政府的所作所为应得到多数人的同意，这项原则并不一定意味着，多数人从道德角度看有权利为所欲为。如果多数人通过制定歧视他人、有利于自己的规则而使自己的成员拥有特权，则没有任何理由说明这样做的正当性。民主政府并不一定是无限制的政府。一个民主的政府同其他类型的政府一样，需要将保护个人自由看作自己固有的任务。在现代民主发展史的一个较晚的阶段，确有某些善于蛊惑的大政客论证说，既然权力已掌握在人民手中，那么便不再有限制权力的必要。① 有人认为，"在民主制下，权利即是多数人使之成为权利的一切"，② 当人们如此主张之时，便是民主制蜕变为暴民政治之日。

　　4. 如果说民主只是一种手段，而非目的，那么我们则必须根据民主所服务的目标来确定对它的限制。有三个可以为民主辩护的主要论点，而其中每一个都可能是很确凿的。第一个论点认为，如果在几个相互冲突的意见之中必定要有一种意见占上风，并且在必要的条件下不得不用强力使一种意见占上风的话，那么通过计算人数比通过战斗来确定那种意见有更强大的支持者会更

----

　　① 参见约瑟夫·张伯伦 1885 年 4 月 28 日在"八十"俱乐部的讲演，载 1885
　　　　年 4 月 29 日《泰晤士报》（*Times* [London]）。他在讲演中指出："当政府
　　　　中体现的只是王室的权威和某个特定阶级的见解时，我能够理解，珍视自由
　　　　的人们的首要任务是限制政府的权威和政府权力的使用。但这一切都已改
　　　　变。现在，政府已成为人民意志和愿望之有组织的表达机构。在这样的条件
　　　　下让我们不要再带着怀疑看待政府。怀疑是旧时代的产物。是那些久已消失
　　　　的条件的产物。现在我们的任务是扩大政府的功能，并注意用何种方法能够
　　　　使政府的作用得到有益的扩大。"但是穆勒早在 1848 年就已经反对这一观
　　　　点，见其《论原则》（*Principles*）第 5 卷第 11 章第 3 节，第 944 页，还见
　　　　其《论自由》（*On Liberty*，ed R. B. McCallum [Oxford, 1946]）第 3 页。
　　② 芬纳：《通向反动之路》（H. Finer, *Road to Reaction* [Boston, 1945]）第
　　　　60 页。

加减少浪费。民主是迄今发现的和平变革之惟一方法。[①]

　　第二个论点在历史上最为重要，虽然我们已不再能确信这个论点是否总会有效，但它目前还有着重要意义。这个论点认为，民主是个人自由的重要保障。一位 17 世纪的作家说过，"民主的好处是自由，自由又产生勇气和勤奋"。[②] 当然，这种观点承认，民主还不是自由；它只是断言，民主政府比其他形式的政府更有可能创造自由。就防止被他人强制而言，这种观点很有根据：某些人依法有权任意地强制他人不可能符合多数人的利益。但是，面对多数人本身的集体行为去保护个人的自由则是另外一回事。人们甚至还可以论证说，强制权力事实上总是由几个人行使，如果赋予这几个人的权力可以随时被服从这个权力的人撤销，那么这种权力被滥用的可能性便很小。但是，假定个人自由的前途在民主制下比在其他政府形式下更好，然而这并不意味着这种前途是可靠的。在这种情况下，自由取决于多数人是否使自由成为有

---

　　①　见斯蒂芬的《自由、平等和友爱》(J. F. Stephen, *Liberty*, *Equality*, *Fraternity* [London, 1873]) 第 27 页："我们同意用数人头的方法而不是打破人头的方法，来检验力量。……获胜的并不是最有智慧的一方，而是获取最大数量积极同情者的支持而暂时表现出较大力量的一方（在此过程中智慧当然也是一个因素）。少数人退让，并不是因为人们使他们确信，他们错了，而是因为使他们确信，他们是少数。"另见米瑟斯的《人类行为》(L. von Mises, *Human Action* [New Haven: Yale University Press, 1949]) 第 150 页："为了国内和平，自由主义赞成把民主政府作为目标。因此，民主不是一个革命的制度。相反，它恰恰是防止革命和内战的手段。它提供了一种使政府和平地去适应多数人意志的手段。"波普尔在"预测、预言和它们对社会理论的意义"(K. R. Popper, "Prediction and Prophecy and Their Significance for Social Theory", *Proceedings of the* 10th *International Congress of Philosophy*, Ⅰ [Amsterdam, 1948]) 一文中，特别是第 90 页同样指出："我个人将那种不用暴力便可推翻的政府叫做'民主制'，否则便是'暴君制'。"

　　②　卡尔佩珀著《抗议书及其他精录》(Sir John Culpepper, *An Exact Collection of All the Remonstrances*, etc. [London, 1643]) 第 266 页。

意识的目标。如果我们仅依赖于民主制的存在去确保自由，那么自由幸存的可能性极小。

第三个论点认为，民主制度的存在对提高理解公共事务的一般水平有作用。在我看来，这似乎是最强有力的论点。在任何条件下，一个由受过良好教育的精英人物执掌的政府比多数人投票选择的人执掌的政府往往效率更高，甚至更公平。这么说完全可能是正确的，至少有人曾经常这样断言。① 然而，关键是在把民主政府同其他形式的政府比较时，我们任何时候都不能把人民对问题的理解当作一个论据。托克维尔的伟大著作《论美国的民主》中的基本论点是，民主是教育多数人的惟一有效方法。② 这适用于他那个时代，也同样适用于今天。民主首先是一个形成意见的过程。民主的主要好处不在于它是选择谁进行统治的方法，

---

① 穆勒在其早期著作"民主与政府"（J. S. Mill, "Democracy and Gevernment", *London Review*, 1835, reprinted in *Early Essays*［London, 1897］，第384页）一文中很好地说明了理性主义的自由主义者多么向往某种政府观念。在这种政府观念下，决定政治问题不是"或直接或间接地依据未受过教育的群众（无论是绅士还是乡下佬）的意志或判断，而是根据受过专门教育的较少数人的深思熟虑形成的意见"。穆勒继续指出："在所有古代或现代的政府中，具有这一优点达到显著程度的政府是普鲁士政府，在这个王国中受过最良好教育的人组成了最强大最熟练的贵族统治。"还可见其《论自由》（*On Liberty*, ed. R. B. McCallum［Oxford, 1946］）第9页的那个段落，就能否将自由和民主应用于文化程度较低之人这个问题而言，某些老辉格党人显然比后来的激进的自由主义者更具有自由的倾向。比如，麦考利（T. B. Macaulay）曾说过："在人们适合于行使他们的自由之前，不应该让他们自由，我们时代的许多政客都习惯于把这确定为不言而喻的准则。这个准则适合于古老传说中的那个蠢人，他决心在学会游泳之前不去下水。如果人们在奴隶制下变得聪明和善良之前一直要等待自由的话，那他们确实可能永远地等下去。"

② 这似乎说明了托克维尔身上存在的令人迷惑的矛盾：他一方面不断地在一切特殊之点上挑民主制的毛病，另一方面又极力强调要接受民主原则。这是他这部著作的一个重要特征。

而表现在由于人口的绝大多数积极地参与了意见的形成，因而也相应地有许多人供人们去挑选。我们承认，民主并未将权力交给那些最精明强干的人，并且在任何时候由精英人物作出的政府决策都可能更有益于全体人民。但这并不一定妨碍我们仍然会优先选择民主。民主正是通过其动的一面，而非静的一面来证明自己的价值。同自由一样，民主的好处只有经历过一定时间才会显现出来，而它的直接成果可能不如其他形式的政府。

5. 政府应受多数人意见支配这一观念只有当多数人的意见不依赖于政府时，才有意义。民主的理想基于这样一种信念，即支配政府的意见应产生于一个独立和自发的过程。因此，它要求有一个不受多数人控制的广大领域，每个人的意见在这个领域内得以形成。正是由于这个原因，民主和言论自由是密不可分的。对这一点存在着普遍的认同。

民主提供的不仅是一个解决就采取哪条行动路线而产生的意见分歧的方法，而且也为人们的意见应为何内容提供了一个标准。这种看法已经产生了广泛的影响。它尤其是严重地混淆了以下两个问题：一个是什么在实际中是正确的法律，另一个是什么应该为法律。如果民主要发挥作用，那么人们总是能搞清第一个问题，同总是能向第二个问题提出疑问具有同等的重要性。多数人的决定告诉我们眼下人们想要什么，但并没有说明如果他们获得更多的信息，他们会有什么愿望。除非存在多数人的决定经说服而改变的可能性，否则它们便没有任何价值。提倡民主的论证假定，任何少数人的意见都有可能变为多数人的意见。

之所以有必要强调这一点，是因为接受多数人的意见和价值有时被看作是民主主义者，尤其是民主主义知识分子的责任。从集体行动的角度看，多数人的意见应该取胜，这已经是一种习惯。但这绝不意味着人们不应该尽力去改变多数人的意见。一个人可能会对这种习惯怀有深深的敬意，但同时却又会对多数人的智慧不以为然。正是因为多数人的意见总是遭到少数人的反对，所以我们的知识和理解力才会进步。在意见形成的过程中，完全可能在某种意见成为多数人的意见的时刻，这种意见已不再是最佳的意见，因为某些人的认识已超过了多数人，走在了前头。①正是因为我们还不知道许多新见解中哪一个将会证明自己是最好的，因此我们在某个新见解获得足够支持以前只能等待。

有些人认为，所有人的努力都应该受多数人意见的引导，或者说一个社会越同多数人的标准保持一致，就越好。这种观念实际上是对文明生长所依赖之原则的一种倒退。如果这种观念被普遍地接受，这可能就意味着文明的停滞（如果还说不上是文明衰亡的话）。少数人能说服多数人，这蕴含着进步。新观点在成为多数人的观点之前，必定会首先在某处出现。一个社会的经验首先总是若干个人的经验。形成多数人观点的过程也完全不是，或主要不是讨论的过程，而那些过度理智化的人士却希望是这样。民主是依靠讨论的政府，这个论断中包含着某些真理成分。但这涉及的只是检验各种不同观点和愿望之优点这一过程的最后一个阶段。虽然讨论是必不可少的，但它并不是人们进行学习的主要过程。人们的观点和愿望是通过那些按照自己的计划去行动的个人而形成的。人们总是从他人在自己个人的经历中所学到的东西中获益。除非有某些人比其他人拥有更多的知识，除非他们更有能力去使其他人信服，否则便不会有观点方面的进步。正是因为我们一般并不知道谁最英明，所以才让一个我们无法控制的过程来进行抉择。然而，多数人最终总是从不按其规定行事的少数人那里学会怎样把事情做得更好。

6. 我们没有理由认为，多数人的抉择具有较高的、超个人的智慧，在一定意义上讲，这种智慧可能包含在自发的社会成长

---

① 参见本章后面注释中所引的戴雪的话。

的结果之中。在多数人的决议中我们找不到高超的智慧。多数人的决策必定比该群体中最精明的那些人在听取了各方面的意见之后所做的决策要低劣，因为多数人的决策只经过不太认真的思索，并且它们一般是未使任何人完全满意的一种妥协。成员和组合都在变化的多数人作出的一系列决策，其结果尤为如此：这种结果表达的不是一种连贯一致的观念，而是各种不同的并且经常是相互冲突的动机和目的。

这种多数人的决策过程不应该与那种自发性的决策过程相提并论，自由社会已经懂得，后者可以使人类获得个人智慧无法企及的、更佳的结果。逐渐的进化过程可以产生比有意设计更好的方案，如果我们用"社会过程"意指这种逐渐的进化，那么将多数人的意志强加于人则不属于这种进化。它与习惯和制度的自由生长完全不同，因为它的强制性、垄断性和排他性会摧毁那种进行自我修正的力量，这种力量在自由社会中将起到这样的作用：错误的尝试被人们放弃，成功的尝试取得胜利。它还根本不同于根据先例形成法律的积累性过程，因为多数人不可能像法官那样通过有意识地遵循一般原则而使自己的决策成为一种连贯的整体。

此外，如果没有公认的普遍原则的指导，多数人的决定特别容易导致一种无人希望的总结果。多数人经常在自己的决定的强迫下，进一步去做那些既不打算也不希望做的事情。认为集体行动可以省却原则，是一种幻想。因多数人的抉择而放弃原则的结果常常是，以前的决定所造成的未料之后果迫使多数人不得不按一定路线走下去。个别的决定当初可能是为处理一个特定情况而作。然而，它却造成了这样一种希望，即只要相似的情况出现时，政府将采取相似的行动。因此，从未打算普遍应用的原则，或者如果普遍应用可能会产生有害或愚蠢结果的原则，会引起最初几乎没有人希望的下一步行动。一个声称不遵循任何原则，仅根据其具体品行表现判断每件事的政府，常常会发现自己不得不去遵守并非是自己选择的原则，并被迫采取自己从未打算采取的行动。我们很熟悉的一种现象是：某些政府起初自豪地宣称，他们有意识有计划地安排一切事务，但他们很快就会发现，他们每一步都不得不按照前一步骤的结果所要求的去做。自从政府感到自己权力无限以来，我们恰恰听到许多关于政府明知某事并不明智又不得不去做的说法。

　　7. 如果某个政治家除了采取某条行动路线而别无选择的话（或者如果他的行动被历史学家看作是必然的话），那并不是因为他的或者他人的观点（并非客观的事实）不允许他有其他选择，只因为对那些持有某种观点的人来说，某人对特定事件的反应似乎专门是由环境决定的。就关心实际问题的政治家而言，这些观点对所有意图和目的确实都是无可改变的事实。政治家几乎必定是没有独创精神的，他根据许多人所持的观点来制定计划。成功的政治家之所以拥有权力，是因为他在已被认可的思想范围内进行选择，是因为他是按照惯例进行思维和讲话的。说政治家是一个思想领域中的领袖，在用词上几乎是完全矛盾的。在民主制下，一个政治家的任务是发现大多数人所持的观点是什么，而不是使在较远的将来可能成为多数人观点的新思想传播开来。

　　支配政治决策的观点总是缓慢进化的结果，这种进化历时很久，并且是在多种不同的水平进行的。新思想最初产生于少数人中，而后逐步传播，直至被对其起源所知甚少的多数人所接受。在现代社会中，这一过程的一个内容是在两种不同的人之间进行功能划分：一种人主要关心具体问题，另一种人主要从事一般思想的研究，主要负责阐述和协调从过去的经验中产生的各种不同的行动原则。我们行动的结果将是什么？我们的目标应该是什么？我们对这两个问题的观点主要是我们作为社会遗产的一部分所获得的那些生活准则。同科学思想一样，我们的政治和道德观点也是从那些把抽象思维的研究当作职业的人那里得来的。正是从这些人那里普通人和政治领袖获得了构成其思想轮廓并指导其行为的基本观念。

从长远观点看，正是思想以及使新思想传播开来的人决定着进化过程；进化过程的每个具体步骤均应受一整套具有连贯性之观念的指导，这两点认识长期以来已构成了自由主义纲领的重要组成部分。人们不可能研究历史而不了解"每个时代所给予人类的，并经常被人忽视的教训：表面上似乎同人们的实际生活和表面利益相去甚远的思辨哲学，实际上是世界上最能影响人们的东西。从长远看，除了它自己也必须接受的影响以外，它可以克服一切影响"。[①] 虽然也许今天了解这一事实的人比穆勒那个时代

① 见穆勒的"边沁"（J. S. Mill，"Bentham"，*London and Westminister Review*，1838）。该文收入该作者的《论文集和讨论集》（*Dissertations and Discussions*，I［3d ed,；London，1875]），正文中的引文见第 330 页。穆勒接下去指出："我们所谈论的两位作者（即边沁和柯尔律治）从未拥有大批读者；除了他们著作中的较小部分，他们的著作几乎没有读者，然而他曾是老师的老师；在英国几乎所有思想界的重要人物，最初都从这两位作者中的一位那里学到过某些思想（不论他们后来可能会接受什么观点）。虽然他们的影响已开始通过中介渠道波及整个社会，但几乎还没一个给有文化阶层看的出版物。然而，如果没有这两个人的存在，这些有文化阶层的思想会是另一个样子。"凯恩斯（J. M. Keynes）就是这种影响在我们这代人中最突出的例子，他在其《就业、利息和货币通论》（*The General Theory of Employment，Interest，and Money*［London，1936]）的结尾有一段经常被人引用的话，他在该书第 383 页指出："经济学家和政治哲学家的思想，不论是对是错，其影响力要比人们通常所认为的大得多。事实上，除这些思想外，世界几乎不受别的什么东西支配。从事实际工作的人都相信自己不受任何思想的影响，但他们通常是某些已过世的经济学家的奴隶。大权在握的狂人，捕风捉影，用学者们数年前写的书来充实自己荒诞不经的思想。我确信，与逐渐渗透的思想相比，既得利益的力量被大大夸张了。思想当然不是立即，而是经过一段时间后才发挥作用的。在经济和政治哲学领域，很少有人在 25 岁或 30 岁以后还受到新理论的影响，因此，公务员、政治家，甚至政治煽动者用于说明当今事件的思想，不大可能是最新的思想。但是，思想而非既得利益迟早是会有危险性的，受到威胁的不是祸就是福。"

更少，但是毋庸置疑的是，不论人们是否承认它，它适用于所有时代。它之所以很少被人理解，是因为抽象思想家对民众的影响只是间接地发挥作用的。人们很少知道或很少注意到，他们生活的那个时代的一般思想来自亚里士多德或洛克、卢梭或马克思，或者来自 20 年前其观点在知识界很流行的某些教授。大多数人从未读过他们的著作，甚至连这人的名字都不曾耳闻，而这些人的观念和理想已经成为其思想的一部分。

就对当今事务的直接影响而言，一个政治哲学家的影响可能是微乎其微的。然而，当他的思想通过历史学家、政论家、教师、作家以及一般知识分子的著作成为社会的共同财富时，这些思想就会有效地影响社会发展。这不仅是说，在新思想被提出之后，一般要经过一代或几代人才开始对政治行为产生影响，[①] 这还意味着抽象思想家的新观念在产生这种影响之前，要经历一个长时间的选择与修正的过程。

政治信仰和社会信仰的变化任何时候都必定是在许多不同水平上进行的。我们一定不能认为这种变化过程是在同一层面展开的，而是从金字塔顶端逐渐向下蔓延的。这个变化过程的

---

① 戴雪在其《法律与意见》（A. V. Dicey, *Law and Opinion*）一书中也对思想在一段时间后会影响政策的方式作过经典的论述。他在该书第 28 页以后，特别是第 33 页指出："一方面，使法律发生改变的观点是法律被实际上加以改变之时的观点；另一方面，这种观点在英国常常是在法律变更之前 20 或 30 年时就已流行的观点。它实际上往往不是今天的观点，而是昨天的观点。

"立法观点必定是今天的观点，因为变更法律必然要由相信变更是一种改进的立法者来实施，但是这种缔造法律的观点也是过去的观点，因为立法机关最终持有要变更法律的信念，通常也是由在法律变更之前已久有影响的思想家或作家造成的。因此，一项革新完全可能在为支持它提供论据的人长眠之后，甚至（这也许并不值得一提）当思想界已开始反对那些对人们行动和立法的影响正如日中天的思想时，才得到贯彻。"

金字塔的较高层次代表着较高的普遍性和抽象性，但并不必然代表着较高的智慧。在思想从上至下传播的过程中，它们也在改变着自己的性质。那些在任何时候仍保持着高度普遍性的思想将只同那些具有相似性质的思想形成竞争，目标只在于争取那些对普遍性观念感兴趣的人士之支持。只有这些一般性观念被应用于解决具体和特殊问题时，它们才能被绝大多数人所了解。这些思想中的哪些思想为人们所了解，并得到他们的支持，并不是由某几个人决定的，而是由在另一个水平上所展开的讨论决定的，这种讨论总是在那些更注重一般思想而不是特殊问题，并因此主要是根据一般原则看待特殊问题的人士之间进行的。

除了像宪法惯例这样的少数例外，讨论和多数人决策这种民主程序必定只限于整个政府和法律体系的一部分。只有在关于社会制度和世界秩序的一般观念和整体构想的指导下，由此带来的局部变革才能导致令人满意的、切实可行的结果。形成这样一种整体构想并不简单，即使那些专家学者也只能做到力争比其先驱者略有明见。搞实际工作的人注重当下的直接问题，既无兴趣也无时间去考察复杂的社会体系各个不同部分之间的相互关系。他们只能在提供给他们的几个可能的方案之间作选择，并最终接受由他人提出并阐述的一种政治学说或一套原则。

如果人们并非经常受到某种一般性思想体系指导，那么无论连贯一致的政策，还是关于特殊问题的实际讨论都是不可能的。如果绝大多数人对何为我们向往的社会都未共同拥有一般的观念，那么从长远看民主制能否继续运行就很值得怀疑了。然而，这样的观念即使存在，也不一定在每一次多数人决策中都能体现出来。同个人一样，人类群体也不总是根据其最佳知识的指导去行动，或者也不总是遵守那些他们在理论上承认的道德规则。然而，只有依靠这样的一般原则，我们才有希望通过讨论形成共识，通过思考和论证而不是蛮横的强力来协调利益冲突。

8. 如果观点要进步，对其提供指导的理论家就一定不能认为自己应受多数人意见的约束。政治哲学家的任务与专家型的政府官员的任务不同，后者是贯彻多数人的意志。虽然一个政治哲学家绝不能以"领袖人物"自居，但揭示共同行动的各种可能性和结果，提供多数人未曾想到的整体政策的所有目标，却是他的责任。正是在这种展示不同政策的所有可能结果的整体画面呈现出来以后，民主制方能决定需要哪种选择。如果说政治是可能性的艺术，那么政治哲学就是使似乎不可能之事在政治上成为可能的艺术。①

如果一个政治哲学家使自己局限于研究事实性问题，并不敢在各种相互冲突的价值之间作出抉择的话，那么他便无法履行自己的职责。他不能让自己受科学家的实证主义局限，因为实证主义认为，自己的功能只在于揭示是什么，禁止讨论应该是什么这个问题。如果一个政治哲学家按照实证主义的要求去做，那么他在完成自己最重要的工作之前，就不得不远远止步了。他在努力构筑那个完整连贯的图案的过程中将会发现，有许多价值是彼此冲突的（这是一个大多数人没有意识到的事实），并且他必须就接受哪种价值，拒绝哪种价值做出抉择。除非一个政治哲学家准备捍卫在他看来似乎具有正确性的价值，否则将无法获得只能对

---

① 参见肖克的"'政治上的不可能'指的是什么？"（H. Schoeck, "What Is Meant by 'Politically Impossible'?" *Pall Mall Quarterly*, Vol. I [1958]）；另见菲尔布鲁克的"政策拥护中的'现实主义'"（C. Philbrook, "'Realism' in Policy Espousal", *A. E. R.*, Vol. XLIII [1953]）。

其进行整体评价的综合纲领。

在这项工作中，一个政治哲学家反对大多数人的意见，常常会最有益于民主制。有人认为一个政治哲学家在观点的领域内应服从多数人的见解，只是对观点进步过程的彻底误解便会导致这种认识。把现存的多数人意见当作评判多数人意见应该是什么的标准，便会使整个过程原地循环，处于停滞状态。事实上，当一个政治哲学家发现自己的观点极为流行时，他有足够的理由怀疑，他是否尽职尽责了。① 恰恰是通过坚持多数人不想考虑的观点，倡导他们认为不实用并令人厌烦的原则，他才能证明自己的价值。只是因为多数人持有某种信念而屈从于这种信念，对于知识分子来说，这不仅意味着对其特殊使命的背叛，而且也意味着对民主自身价值的背叛。

那些主张多数人之权力要自我约束的原则没有因为民主忽视它们而被证明是错误的，同样，民主制也不会因为自由主义者认为它经常做出错误的决策而被证明是不受人欢迎的。一个自由主义者只相信，他拥有一个理由，如果他的理由得到正确的理解的话，那么这种理由将促使多数人有限制地运用自己的权力，并且他希望能够说服多数人接受他的理由，并把它当作决定具体问题时的指南。

9. 从长远看，忽视对多数人权力的限制不仅会破坏社会的

---

① 参见马歇尔（Alfred Marshall）的一段评论，载《艾尔弗雷德·马歇尔年表》（*Memorials of Alfred Marshall*，ed. A. C. Pigou［London，1925]）一书第89页："社会科学研究者必然惧怕民众的赞同：当所有人都说他们好话时，祸便降临他们头上了。如果有一套观点，通过倡导它们可以增加一家报纸的发行量，那么一个希望因自己的存在使这个世界，特别是使自己的国家变得更好的社会科学研究者，就一定要注重研究这套观点的局限性、缺点和错误（如果有的话），甚至在一次特别的讨论中，他也绝不能无条件地倡导这套观点。一个学者几乎不可能在他生活的年代做一个真正的爱国者，并享有一个爱国者的声誉。"

繁荣与和平，还会摧毁民主制本身，这种看法是自由主义观点中的一个重要部分。自由主义者还认为，要求民主制对自身施加的限制也是民主制自身有效运行的限度，正是在此限度内，多数人方可以真正地控制政府行为。民主制只通过自己所制定的一般规则来约束单个人的同时，也控制着强制性的权力。如果民主制试图对政府行为进行更具体的指导，它很快就会发现自己只说明了要达到的目标，而将如何达到这些目标的问题留给了政府官员中的专家去做决定。多数人决定仅指出目标，实现目标则由行政当局负责，一旦这种说法被普遍接受，人们将很快会认为，为了实现这些目标，几乎任何手段都是合法的。

单个人几乎没有理由害怕任何多数人通过的一般法律，但他完全有理由害怕那些多数人为使自己的指示得到执行而授权去领导单个人的统治者。今天，对个人自由形成威胁的不是民主议会可以有效运用的权力，而是民主议会移交给负责实现具体目标的行政当局的权力。由于我们已经同意，应该由多数人规定我们在追求我们的个人目标时要服从的规则，所以我们越来越受到其代理人的指令和武断意志的支配。极为重要的是，我们不仅发现，大多数无制约民主制的拥护者会很快沦为任意专断的辩护士，他们主张我们应该让专家去决定什么对于社会是有益的，而且我们还发现，多数人有无限权力的狂热鼓吹者们往往大都是那些行政官员，因为他们知道的最清楚，这种无限的权力一旦被人们接受，实际上运用它们的不是多数人，而将是他们自己。在这方面，现代的经验已经表明，一旦为特定目标赋予政府机构以广泛的强制权力，这种权力就不可能受民主议会有效控制。如果民主议会不自己决定使用何种手段去实现目标，那么其代理人的抉择将或多或少带有专断性。

一般性的思考和近期的经验都表明，只有当政府将其强制性行动只限于那些能够用民主方式加以执行的任务时，民主制才会继续有效。① 如果说民主是保持自由的一种手段，那么个人自由同样是民主制运行的必要条件。虽然民主制可能是有限政府的最好形式，但如果它滑向无限政府，民主制便会变得荒诞不经。那些认为民主制的权能无限，民主制要在任何时候都支持多数人的一切要求的人，正在为民主制掘筑坟墓。事实上，同一个教条的民主主义者相比，一个老的自由主义者是民主的更好的朋友，因为他致力于保存那些使民主切实可行的条件。多数人对他们自己的行为要有所限制，超越这些限制便会产生有害的结果，另外多数人应该遵守那些并非由自己有意制定的原则，力图说服多数人相信这两点并不是"反民主的"。民主并不是正义的源泉，民主有必要承认一种并不一定要在多数人关于每个具体问题的观点中体现出来的正义概念，若民主制要继续存在下去，就必须认清这一点。错把确保正义的手段当作正义本身是很危险的。因此，那些努力说服多数人要对他们的合法权利适当加以限制的人，同那些不断地为民主行动指出新目标的人对民主过程一样重要。

在本书的第二部分，我们将进一步考察对政府的那些限制。

---

① 关于这些问题的详尽讨论，见拙著《通往奴役之路》(*The Road to Serfdom* [London and Chicago, 1944]) 一书的第 5 章以及李普曼的《对健康社会原则的探索》(Walter Lippmann, *An Inquiry into the Principles of the Good Society* [Boston, 1937])。他在该书第 267 页指出："只有当人们懂得民主制怎样才能统治自己时，他们方能够掌握统治权。他们必须懂得，民主制进行统治的惟一方式是指定制定、实施和修改法律的代表，以通过这些法律规定自然人、团体、集体以及政府官员自身相互之间的权利、义务、特权和豁免权。"

"一个民主国家的宪法就是如此。由于没有清楚地认识到，代议制政府必然要求某种特定统治形式，因此 19 世纪具有民主思想的哲学家们为法律与自由、社会控制与个人自由之间的冲突所困惑而茫然不知所措。其实，在通过法律秩序实现了社会控制的国家中，这种冲突并不存在，因为在这种法律秩序下人们之间相互权利得到实施和调整。因此，在一个自由社会中，国家并不管理人们自己的事务，它只负责在各行其事的人们之间维护正义。"

这些限制是民主制得以正常运行的必要条件，西方国家创造出它们，并将其称为法治。我们只想在这里补充一点，除非人们首先已经熟悉了法治政府的传统，否则他们不大可能成功地保持民主的政府机器，或使其运行。

第八章 受雇与独立经营

不是为了藏在篱笆里，

也不是为了一个列车员，

而是为了一个光荣的特惠，

那就是保持独立性。*

——罗伯特·伯恩斯

1. 前面几章中反复陈述的那些理想与原则，是一个在若干重要方面同我们社会不一样的社会里发展起来的。在当时那样的社会里，相当大的一部分人，在其赖以为生的活动中，是自我独立的。而且他们当中的大多数对舆论的形成是起作用的。[①] 那么，当今天我们这些人，大多数都是充当着大规模组织中的受雇

---

* 章首所引的罗伯特·伯恩斯的诗句，转引自斯迈尔斯的《自助》（Samuel Smiles, *Self Help* [London, 1859]）一书，第 9 章的章首也曾同样引用过这段诗句。

① 参见米尔斯的《白领》（C. W. Mills, *White Collar* [New York, 1951]）一书第 63 页："在 19 世纪初叶，虽然没有确切数字，但大概就业人口中有五分之四是独立经营者；但到了 1870 年，只有约三分之一，到了 1940 年，只有约五分之一的人仍属这个古老的中等阶层"，又见同书第 65 页，谈及这一演变在多大程度上是由于农业人口比例下降造成的结果，但这种下降仍不能改变这一演变在政治上的重要性。

人员，使用着不属于我们所有的资源，而且大都依别人发出的指令而行事的时候，那些当时在那样的社会里起过作用的原理，又在多大的程度上还保持着它们的有效性呢？尤其是，既然独立经营者现在已经成了社会上比从前人数少得多、影响大不如前的一批人，他们的贡献是否因为这个原因而变得不那么重要呢？或者是他们对于任何自由社会的福祉仍然是至关紧要的呢？

我们未转入正题之前，首先必须摆脱一个有关受雇阶级为何增长的神话，这个神话，虽然只为马克思主义者以最生吞活剥的形式所信仰，但已经得到人们广为接受，使舆论产生了混乱。这个神话认为，没有财产的无产阶级之出现，是由于一个剥夺过程而产生的结果，在这个过程当中，群众原先赖以独立谋生的财产被剥夺了。而事实却大不一样。直到现代资本主义兴起之前，大多数人成立家庭与养育子女的可能性，所靠的是对家庭和土地以及必要的生产工具的继承。后来，有些没有从父母那里继承到土地和工具的人们，他们之所以还能够生存与繁殖后代，是由于富有者已经可以使用自己的资本去雇用大批的人就业，这样做既可行而且有利可图。如果说"资本主义创造了无产阶级"的话，那么它之创造无产阶级所用的办法是使大批人能够生存与繁殖后代。在今天的西方世界，这个过程产生的结果，当然已经不再是旧的意义上的无产阶级的增长，而是占多数的受雇者的增加，这些人在许多方面，对于构成自由社会的推动力当中很多的因素，是格格不入甚至持敌对态度的。

近200年来人口的增加，大部分是城市的与工业的受雇工作者的增加。技术的变革，对大规模的企业起了有利作用，而且也促成了一个人数众多的新的办公室工作者阶级的形成，这种技术变革，无疑对人口当中这个受雇者部分的增加起了推动作用，但是，向他人提供劳务的无财产者人数的不断增加，也许反过来曾促成了大规模组织的增长。

这一演变的政治意义由于下面一个事实而更为加强，这个事实就是：依赖他人雇用的无财产者的人数在最迅速地增长的同时，他们都得到了过去许多人只能可欲不可求的选举权。结果是几乎在所有西方国家中，绝大多数选民的观点都是由他们处于受雇地位的事实所决定的。既然现在在很大程度上左右着政策的是他们的见解，这就导致了一些措施的产生，这些措施使得他们的受雇地位变得更加富有吸引力，而独立经营者的地位的吸引力却每况愈下。受雇者应该运用自己的政治权利，这是十分自然的事。问题在于：如果这样一来社会会逐步变成为一个庞大的雇用等级制，那么他们这样运用自己的政治权利，究竟符合不符合他们自己的长远利益？除非受雇的那个大多数逐步认识到，能维持相当大量的独立经营者，将符合他们自己的利益，否则，这样的国家似乎就要形成这种结果。因为如果他们认识不到这一点，我们大家就会发现我们的自由受到了影响，正如他们也会发现，一旦没有很多雇主可以选择，他们所处的地位就会大不如前了。

2. 问题在于，对自由的具体运用，往往同受雇者没有多少直接利害关系，他们往往难以看到，他们的自由，有赖于别人能够作出同他们的整个生活方式并不直接相关的决定。由于他们没有这样的决定也能过日子，而且必须这样过日子，他们就看不出这些决定的必要性，他们对自己一生中难得出现的行动机会，并不加以重视。对自由的具体运用，其中许多对一个独立经营者而言是至关重要的，如果他要发挥自己的作用的话，但是受雇者却将这些自由的运用看作是多此一举，他们对于奖赏与报酬的看法，同独立经营者是完全不同的。因此，时至今日，由于受雇者这个大多数倾向于将自己的生活标准与人生观强加于其他人，自由正受到严重的威胁。最困难的任务，很可能就是如何去说服受雇的大批群众，让他们认识到，为了他们社会的全局利益，从而也为了他们自己的长远利益，他们应该保持这样的一些条件，即让少数人能够取得在多数受雇群众看来不可取得或者不值得作努力和冒风险去取得的地位。

受雇者的生活中，对自由的某些运用是无关宏旨的，但这并不是说他们就是不自由的了。一个人就自己的生活方式和谋生之道作出的每一个选择，都意味着他将因此对做某些事没有多大兴趣。许多人选择受雇，是因为这样做给他们提供的机会比任何独立经营所提供的更好，更能让他们去过他们所想的那种生活。即使就那些本来对于受雇地位所提供的相对安全、不冒风险和不承担责任的好处并不特别热衷追求的人而言，决定性的因素也往往不是因为独立经营可望而不可及，而是因为受雇地位向他们提供一种更加令人称心如意的活动和更加高的收入，比独立经营者所可能赚到的收入更高。

自由并不是说我们想要什么就会有什么。每当我们要选择生活道路时，我们总是必须权衡错综复杂的有利与不利条件，一旦我们作出了决定，我们就必须有思想准备，为了根本利益而接受某些不利之处。任何一个人，如果希望出卖自己的劳动而得到固定的收入，他就必须把自己的工作时间用来去完成别人为他规定的具体任务。遵照别人的吩咐办事，对于受雇者来说，是他达到自己目的的一个条件。尽管有时候他会觉得这样做十分令人厌烦，但是，在正常条件下，他并不是不自由的，也就是说，他并没有受到强制。的确，如果放弃了他这个工作，就会有风险或牺牲，这风险或牺牲往往大到使他即使对这个工作极为讨厌也宁可继续受雇干下去。但是，一个人从事任何别的职业，情况都有可能是如此——而且许多独立经营的人也都如此。

基本的事实是：在一个竞争性的社会中，受雇者并不是任某一个特殊的雇主所任意摆布的，除非在大规模失业的时期。对于某人永久出卖其劳动的契约，法律十分明智地并不予以承认，而且甚至对于特定工作的契约，法律也一般不强制推行。任何人都不可以被强迫去在某一特殊的老板指挥下一直工作下去，哪怕他已有了这样工作的契约；而且，在一个正常运转的竞争性社会中，可选择的就业机会是可以得到的，虽然报酬往往要低一些。[①]

受雇者的自由有赖于一大批各样的雇主的存在，如果我们考虑到一个情况，这一点就会显得十分清楚。这个情况就是假如雇主只有一个——亦即国家，而且受雇是惟一得到允许的谋生之道时会出现的情况。如果坚持实行社会主义的原则，无论怎样变相打扮，把权力授予一些名义上独立的公有公司之类，那么，导致的结果也必然是只有一个雇主存在。这个雇主直接行事也好，间接行事也好，他显然都会掌握无限的权力，可以对个人实行强制。

3. 所以，受雇者的自由，有赖于有一批与他们处于不同地位的人的存在。然而，在一个由受雇者占大多数的民主社会中，这样一批人能否存在并发挥其作用，是由受雇者的生活观念来决定的。占统治地位的观念，就是这个绝大多数人的观念，这些人是一些等级组织的成员，而且他们对于那些决定着他们在其中工作的各个单位的彼此关系的问题和见解，大体上是茫然无知的。这一批占多数的人所发展出来的标准，可以使他们成为社会的有效成员，但是，社会如果要保持其为自由社会，则这些标准是不能被应用于社会整体的。

受雇者的利害和价值观，同那些负责资源的利用从而为此而承担风险与责任的人们的利害和价值观，不可避免是有些差别的。一个为了领取固定工资或薪金而在他人指挥下工作的人，同一个必须经常不断地在各种抉择当中作出决断的人相比，可以在认真、

---

①　有一点很重要，必须记住，那就是：固然有些人由于年龄关系或由于其能力的专门性质，因而就个人而言不可能真正考虑换个岗位，但即使是这些人也是受到保护的，因为雇主有必要创造一些工作条件来保障自己得到他所需要的源源不绝的新增雇员。

勤劳、精明方面毫无逊色；但是他很难同后者一样有创造发明和
开拓试验方面的本领，原因很简单，就是他在工作中所能作出的
选择，其范围是更为有限的。[①] 人们通常并不期待他们作出未经
事先嘱咐的或是超出常规之外的行动。即使他有能力多干些，他
也不能越出指派给他的任务的范围。指派的任务，必然是有限度
的任务，只局限于一定的范围，而且以事先规定的分工为依据。

　　受雇于人的这一情况，其影响之所及，不只是一个人的积极
性与创造性而已。一个受雇的人对于那些控制着资源并必须经常
不断地琢磨新的安排与组合的人们究竟担负着怎么样的责任，是
知之甚少的；这些人由于必须对如何使用其财产与收入作出决定，
因而采取一些特定的生活态度与方式，而受雇者对于这些生活态
度与方式，是很不熟悉的。对独立经营者来说，他的私人生活和
他的业务，二者之间可能没有泾渭分明的分野，而对出卖了自己
的一部分时间来换取固定收入的受雇者来说，这个分野却是一清
二楚的。对于受雇者来说，所谓工作，基本上无非是将自己楔入
到某个一定的框架之中，为时若干小时，而对独立经营者来说，
这就是如何塑造与改变自己的生活计划，为每个新出现的问题找
到解决办法的问题了。受雇者与独立经营者特别大的区别表现在，
他们对于到底什么东西可以看作是收入，什么机会应该抓住，什
么生活方式最能使人成功因而应该采取，都持有不同的看法。

---

　　① 参见比埃里在《瑞士月刊》第 35 期（1956 年）"有关福利国家的某些批判
　　　性思考"（E. Bieri, "Kritische Gedanken zum Wohlfahrtsstaat", *Schweizer
　　　Monatshefte*, XXXV〔1956〕）一文中有关这些问题的很精彩的论述，尤其
　　　是第 575 页："非独立经营者人数已经剧增，无论在绝对数字上或是占就业
　　　人数的百分比都是如此。由于显而易见的原因，独立经营者对自己和对未来
　　　的责任感大为提高；他们必须作长期打算，必须有可能靠自己的技能和积极
　　　性为他日光景不妙时未雨绸缪。而非独立经营者则是按一定时间领取自己的
　　　工资，他们有另一种稳定的生活感；他们很少作长期打算，一有风吹草动就
　　　如惊弓之鸟。他们的全部心思都放在安定与稳妥上面。"

然而，受雇者与独立经营者之间最大的差别，就在于他们对于各种不同的劳务的恰当报酬应如何加以确定这一问题各有各的看法。每当一个人在别人指挥下并作为一个庞大组织的一成员而工作之时，他个人劳务的价值是很难单独确定的。他究竟多么忠实而且聪明地遵从规章与指示，他究竟多么出色地使自己适应于那一整套机器，这都只能由别人发表意见来判定。他往往只能按照评估过的品行表现而不是按照工作效果来得到报酬。如果要让组织内人人满意，那么最重要的就是各人的报酬要大体上被大家认为公平，要各个人的报酬符合已知的、一清二楚的规则，而且要有某些人负责让每个人都领到他的同事们认为他理应领到的报酬。[①] 但是，这个按照他人认为某人应得多少报酬而予以报酬的原则，对于自主经营的人，却是无法适用的。

4. 当由受雇人组成的大多数对立法和政策制定起着决定作用时，各种条件就会倾向于适应这一批人的标准，而对独立经营者则变得不那么有利。因此，受雇人的地位，就会逐渐变得更有吸引力，他们的相对力量也会变得更为强大。今天那些比小组织享有更大优越的大组织，其所以享有优势，甚至也可能部分是由于有些政策已使受雇者的地位更富于吸引力，使那些在昔日本来会致力于独立经营的人们为之神往。

无论如何，毫无疑问的一点是：受雇于人，已经不光是成了人口大多数的实际位置，而且还成了他们乐于选择的位置，他们觉得，这种地位给了他们主要想得到的好处：有保障的固定收入可供日常开支、收入多多少少会自动提升、年老时又有保障。这样一来，他们就被免除经济生活的某些责任；他们十分自然地想到，如果由于雇用他们的那个组织衰落或失败而造成经济上的不

---

① 参见巴纳德的《经理的职能》(C. I. Barnard, *The Function of the Executive* [Cambridge: Harvard University Press, 1938]) 一书中的论述。

幸时，这显然不是他们自己的过错，而是别人的过错。所以，就无怪乎他们希望有某个更高的督察权力机构，来对那些他们所不能理解但又是他们生计之所需的经营管理活动进行监督。

凡在这一个阶级占主导地位之处，社会正义的概念也就大都被调整得符合他们的需要。不单单立法是如此，而且种种制度和经营活动也是如此。税收变得以所得收入这一概念为基础，而所得收入，从根本上来说指的是雇员的收入。关于各种社会福利项目的家长式的规定，几乎全是按照雇员的要求依样画葫芦。甚至消费者信用的种种标准与技术，也主要是根据雇员的情况。而至于占有与使用资本来作为一个部分谋生手段，一切有关这方面的事项，都被当作是区区少数特权者的特殊利益，对之加以歧视，是天经地义的。

这样来描绘现状，对美国人来说可能仍然显得有点夸大其词，但是对于欧洲人来说，这个现状的种种特征，大部分已是人们十分熟悉的了。一旦公务人员成了雇员当中人数最多，影响最大的一批人，而他们所享有的特权又被所有雇员视为当然而纷纷攀比之时，事态朝上述方向的发展，通常就会大大加速。公务人员享有的一些特权，如职位的保障和依年资而自动升级等，本来不是为了公务人员本人的利益，而是为了公众的利益而规定的，但是，这一来就形成了扩大到公务人员这个范围之外的趋势。而且，有一个情况对政府官员而言，比对其他大规模的组织更甚，就是说，一个人服务具体价值之大小，是不可能确定的，因此，对他的报酬，就无法按其效果，而只能按其可以评估的功绩来给予。① 这些原先在政府官员当中遵循的标准，有扩大其适用范围的趋势，这

---

① 关于官员组织和其办事方式同不可能进行盈亏计算之间的关系，特别请参见米瑟斯的《人类行为》（L. Von Mises, *Human Action* ［New Haven：Yale University Press, 1949]）一书第300—307页。

尤其是因为公务人员对立法有影响，也对那些迎合受雇者需要的新制度有影响。在许多欧洲国家，一些新设立的社会福利机构的官员尤其成了一个十分重要的政治因素，他们既充当了一个新的需要观与品行观的工具，又是这种需要观与品行观的创造者，他们的标准对人们的控制力越来越大。

5. 能否有许许多多的受雇机会，归根结底要看有没有一些独立的个人能在对各个组织进行重新组合与重新定向的不间断的过程中发挥主动精神。乍一看，有许许多多的公司，由领薪金的经理们管理，而所有者则是人数众多的股东，这些公司，也就足以提供上述所说的许许多多的就业机会了，因而拥有巨额财产的人也就成为多余的了。其实，虽然这一类的公司可能适合一些根基牢固的产业部门，但是，要它们能保持有竞争能力的条件是不容易的，要整个公司结构避免僵化也是不容易的，除非搞出一些新的组织来举办新事业，而要进行这样的事业，有能力承担风险的有产者，仍然是不可取代的。而且，个人单独的决断优于集体的决断，这样的优势还不局限于新办的事业方面。无论某个董事会的集体智慧在大多数场合是多么充分，但即使是大规模的、根基牢固的公司，如果获得突出的成功，往往靠的也是某些个人通过对巨额资财的控制而取得了自己独立行事的地位。无论公司制度如何模糊了有指挥权的所有主同受雇的人员之间的一目了然的分界线，但是，一家家企业各自分头经营的这整套制度，使得雇员与消费者都有充分的选择自由，可以剥夺每一个组织对他们实行强制的权力，这样一个制度的前提就是私有制和个人对如何使用资源作出决断的可能。①

------

① 关于这一切，参见熊彼得的《资本主义、社会主义与民主》(J. Schumpeter, *Capitalism*, *Socialism*, *and Democracy* [New York and London, 1942]) 以及下面第 17 章第 8 节中有关大规模组织的性质的进一步论述。

6. 然而，巨额财产的私有主的重要作用，还不止仅简单地因为他的存在是保持竞争企业体制的根本条件。拥有独立资源的人，如果他并不是拿他的资本来追求物质所得，而是用来追求一些不会带来物质回报的目的，此时，他在自由社会中，就是一个更加重要的人物。在任何文明社会中，拥有独立资源的人所起的不可或缺之作用，与其说是保持市场，还不如说是对一些为市场机制所照顾不到的目的提供支持。①

尽管市场机制，对于保障那些可以用价格表示的劳务，是最有效的方法，然而另外还有一些十分重要的劳务，由于不可能向个人受惠者单独出售，因而是市场所无法提供的。经济学家们往往让人有一种印象，仿佛惟有能使公众付款购买的，才是有用的。至于有什么例外，经济学家们提到时只是拿它们作为论据，来说明何以在市场无法提供人们任何希望得到的东西时，国家在这方面就应插进一手。然而，尽管市场的局限性的确为某些种类的政府行动提供了合情合理的论据，但这些局限性肯定不能为那个主张惟有国家才有可能提供这些服务的论据辩解。既然承认有

---

① 我真羡慕已故的凯恩斯爵士的口才，这种口才是有一次我在听他详述拥有独立资源的人在任何文明社会中如何起着不可或缺的作用时所领略到的。当时我听得很愕然，因为这样的话竟出自一个昔日曾欢迎"食利者的安乐死"的人之口。不过，如果我当时知道一个情况，我就不会这样惊讶了，原来凯恩斯本人已经深深感到，他当时渴望得到的那个地位，就必须有一笔独立财产作为基础，我当时也不知道他是多么成功地取得了这笔财产。正如他的传记告诉我们的，凯恩斯在 36 岁时"就下了决心不再去尝吃工薪者饭的苦头。他在经济上必须独立。他感到他身上有条件可以独立单干。他有许多话要向全国讲。他需要有充足的保障"。这样，他埋头从事投机活动，白手起家，12 年间挣了 50 万镑。见哈罗德的《约翰·梅纳德·凯恩斯传》(R. F. Harrod, *The Life of John Maynard Keynes* [London, 1951]) 第297 页。所以，我当时本不应该感到惊讶，我试图引他谈及这个话题时，他的回答是热情称颂受到过教育的有产者对文明发展所起的作用。他这一席话，旁征博引，有声有色，我但愿假如能看到这些话见诸文字就好了。

些需要是市场所满足不了的，那么显而易见就是，政府不应是惟一能够从事无回报的事业的机构，在这里，为了满足这些需要，不应该有什么垄断包办，而应该有尽可能多的独立中心。

在文化交际、文艺活动、教育与学术研究、保护自然景色与文物古迹等领域，尤其是在传播政治上、道德上与宗教上的新思想方面，特别必须有一些能在钱财上支撑自己的信仰的个人和集团来起领导作用。如果居于少数的人们的观点要得到机会成为多数人的观点，就不单单需要那些已被多数人所十分器重的人能够起倡导作用，而且还需要那些代表着所有各式各样观点与爱好的代表人物都有可能以自己的资财和自己的精力来支持他们那些仍未为大多数人所赞同的理想。

假定我们没有更好的办法来产生这样一批人，那么，就可以有强有力的理由，在一般居民当中随便从 100 人当中挑选一个人，或是从 1000 人当中挑选一个人，使他拥有充足的财产，足以兴办他所选择要办的事。只要各式各样的爱好和主张大部分也有人来代表，只要任何一种利益都得到了应有的机会，那么，这样做就是值得的，哪怕这一小部分居民当中又是每 100 人只有一人或每 1000 人只有一人会以日后回顾起来显得有利的方式来利用这个机会。其实，通过父母遗产继承来进行挑选，在我们的社会中恰恰就会造成这样的情况，这样的挑选，起码有一个好处（即使我们将能力遗传的可能撇开不算），那就是：那些获得这种特殊机会的人，通常早已为此而受过了教育，而且是在对财富的物质好处早已熟悉的环境中长大的，这些物质好处由于已是不言而喻的事，所以对他们来说已经不是取得满足的主要来源了。暴发户那种溺于吃喝玩乐的做法，对于那些继承了财富的人来说，通常是没有吸引力的。有一种说法，认为社会层次的提升，有时要延续几代人之久，如果这种说法有点道理的话，而且如果我们承认有些人应该不将自己的大部分精力用于谋生糊口，而应该有时间和有资源去从事自己所选择的任何事业的话，那么，我们就不能否认，遗产继承也许是我们所已知的最好的选择方式。

在这方面常常被人所忽视的一点，就是经集体同意而采取的行动只能限于下面这样一些场合，即先前已作的努力早已造成了一种共识，有关什么是可向往的东西之问题早已解决，问题在于如何在若干个已普遍得到公认的可能性之间作出选择，而不是如何发现新的可能性。然而，公众舆论并不能决定应朝哪个方向进行努力来唤起公众舆论，而且无论是政府或是任何已有的有组织集团，都不应独揽这样做的权力。反之，有组织的努力，应该由少数要么本人拥有必要的资源，要么能够赢得拥有资源者支持的人们来发动进行；如果没有这样的人，今天只为少数人所持有的见解，就可能永远没有机会为大多数人所接受。在这方面，不可能期待多数人能起多大的领导作用，这一点可以从凡是多数人取代了一个富有的赞助者的地方对艺术的支持都很差劲这一事实中得到证明。对那些改变大多数人的道德价值观的慈善运动或理想主义运动，更是如此。

我们在这里无法将长长的故事加以复述，逐一说明许多良好的事业是如何不得不经过一些单枪匹马的先锋们将自己的一生与自己的财富奉献出来唤醒公众舆论，然后才能得到承认，以及他们是如何不得不经过长期大声疾呼，奔走呼号，才终于赢得人们支持废除奴隶制，支持刑法与狱政改革，支持对虐待儿童与动物的行为加以禁止，或是支持对精神失常者给予更为人道的待遇。所有这一切，在昔日很长的期间当中，曾一直只是区区少数理想主义者的希望，他们不遗余力去力争改变绝大多数人对某些约定俗成的惯例的看法。

7. 然而，只让富有者能成功地实现这一项任务，就必须让整个社会不要认为拥有财富的人惟一的任务就是使用他们的财富来谋利并增殖其财富，就必须让富有的阶级不单单由一些将使用其资源从事物质生产作为头等大事的人所组成。换言之，必须容忍有一批闲着的富人存在，而所谓闲着，并不是说他们不干什么有用的事，而是说他们所追求的目标并不完全受物质利益的考虑所支配。多数人必须赚取自己的收入这一事实，并不意味着让某些人不必非这样做以及少数人能够追求其他人并不欣赏的目标就不那么合乎需要。当然，如果以此为理由，硬要从一些人手中夺去财富而交给另一些人，那就不成体统了。同样，由多数人负责授予这个特权，也是没多大意义的，因为大多数人所挑选的人，其追求的目的会是大多数人所已经赞同了的。这样做只不过是创造出另一种形式的雇用，或者是另一种形式的根据得到承认的品行的付酬办法，而不会创造出一个机会去追求那些仍未被普遍接受为可值得向往的目标。

有个道德传统，对于空闲无事看不惯，如果空闲无事指的是没有从事什么有目的的事业，那么我对这样的传统只会赞赏。但是，不为挣得收入而工作，并不一定就是空闲无事；不产生物质回报的事业，也没有任何理由不被认为是体面的。我们大部分的需要是由市场来供给的，这种情况同时也就给了大多数人以谋生的机会，但这并不意味着不应该允许任何一个人去将他的全部精力用于不带来经济回报的目的上，也不意味着惟有大多数人，或是惟有有组织的集团，才能够追求这样的目标。这个机会只有很少数人才有，但有些人应该有这个机会，这一点并不因前一个事实而变得不那么合乎需要。

一个富有的阶级，如果它的精神气质要求至少是每个男性成员都必须通过多挣钱来证明他是个有用的人，那么，这个阶级能否为自己的存在进行有力的辩护，那是大有疑问的。独立的财产所有人无论对于一个自由社会的经济秩序是多么重要，但他的重要性也许是在思想与见解、品味与信仰的领域里更大。如果一个社会所有思想上、道德上与艺术上的领导人物全都属于受雇阶级，尤其是如果他们大多数受雇于政府的话，那么，这个社会就是大有缺陷的。然而，无论在何处我们都正在走向这样一种局面。虽然自由撰稿人和独立艺术家以及从事自由职业的法律工作者和医生中仍然有若干独立的精神领袖，但大多数应该起这种领导作用的人——自然科学与人文科学的学者——今天都处于受雇的地位，而且在大多数国家中，他们是受雇于国家的。① 自从 19 世纪以来，这方面已经发生了很大的变化，在那时候，一些绅士式的学者，如达尔文②与麦考利、格罗特与鲁波克、摩特莱与亨利·亚当斯、托克维尔与谢里曼，都是一些名震遐迩的头面人

---

① 我当然不会反对，我本人所属的知识阶层，亦即受雇用的教授、记者或公务人员发挥适当的影响，但是我承认，他们作为一个受雇的集团，他们有他们的职业偏见，这种偏见在某些根本的方面，是同一个自由社会的要求背道而驰的，对于这种偏见，应该从另一种不同的立场出发，用另外一批人的观点去与之抗衡，或至少对其进行修正。这批人不是一个已组织化的等级体制的成员，他们在生活中的地位不取决于他们所表达的见解是否流行吃香，而且他们能平起平坐地同有财有势的人交往。在历史上，这个角色偶尔是由土地贵族（或是 18 世纪初叶的弗吉尼亚乡绅）来充当的。要形成这样一个阶级，并不一定非要有世袭特权不可，许多共和制下的商业城市的平民家族在这方面获得的信誉，也许比所有有爵位的贵族都来得大。然而，如果没有少数人能够毕生致力于他们所选择的任何有价值的事业而又不必在上级或顾客面前为自己的活动辩护，而且他们又不依赖按得到承认的品行而付给的酬报，如果没有这样一批人，某些曾经十分有利的进化渠道，就会被堵死。这种“人间最大的福气亦即独立自主”（这是爱德华·吉本在其《自传》（*Autobiography*）［“世界经典文库”版］第 176 页中的称谓），就其只有少数人才能拥有而言，的确是一种“特权”，但是，有一些人应该享有它，这一点并不因它是特权而不那么可取。我们只能希望，这种罕有的有利条件，并不是由人的意志来赋予的，而是偶然落在少数幸运儿头上的。

② 达尔文本人也很快意识到这一点。参见《人类的由来》（*The Descent of Man* ［“Modern Liberty” ed.］）第 522 页：“有一批不必为每日的面包而劳碌的饱学之士的存在，其重要性是无论如何估计也不会过高的；因为一切高度智力的工作都是由他们进行的，而一切方面的物质进步也主要取决于这种工作，更不必说这种情况在其他方面的更高层次的好处了。”

物，而像卡尔·马克思这样一位异端的社会批评家，也能够找到一位富有的老板，使他能毕生致力于制定与宣扬一些他大多数同时代人所从心底里感到憎恶的学说。[1]

由于这个阶级几乎荡然无存——并且它在美国大部分地区压根儿就不存在——因而造成的一种局面就是：有产阶级现在几乎清一色成了一批生意人，缺乏思想学术方面的领袖人物，甚至缺乏一种完整的，言之成理的人生哲学。如果一个富有阶级中的一部分是个有闲阶级，就会有高于平均比例的学者和政治家、文学家和艺术家包含于其中。过去，那些富有的阶级，正是通过在自己的圈子里同这些与他们生活方式相同的人们交往，从而得以参与到一些塑造舆论的思想运动和讨论之中去。欧洲的观察家看到美国那些往往仍然被当作是统治阶级的人们处于显然不知所措的地步，就不免感到吃惊，在欧洲的观察家看来，这主要是由于这个阶级的传统使得它内部无法成长出一批有闲之士，一批由于拥有财富而享有独立自主地位从而利用此地位去从事一些与俗称经济事业不同的另一些事业。然而，这种在有产阶级中缺少一批文化精英的现象，现在在欧洲也变得明显了，在那里，由于通货膨胀和税收的合力作用，已经几乎摧毁了旧的有闲集团，并且使得新的有闲集团无法兴起。

8. 不容否认，这样一个有闲集团，它会产生出许多花天酒地的闲人，人数会多于学者和公务人员，这些人一掷千金地挥

---

[1] 关于现时美国的富人对传播激进思想所起的重要作用，参见弗里德曼的"资本主义与自由"（M. Friedman, "Capitalism and Freedom", in *Essays on Individuality*, ed. F. Morley [Pittsburgh: University of Pennsylvania Press, 1958]）一文；又参见米瑟斯的《反资本主义心态》（L. von Mises, *The Anti-capitalistic Mentality* [New York, 1958]）一书以及我在《芝加哥大学法学评论》第 16 期（1949 年）上发表的"知识分子与社会主义"（"The Intellectuals and Socialism" in *University of Chicago Law Review*, Vol . XVI [1949]）一文。

霍，会使公众为之侧目。但这种一掷千金的挥霍，无论在何处，都是自由所必须付出的代价；而且，将有闲者当中的最有闲者的消费判定为挥霍并令人讨厌，很难说这个判定所持的标准，同一个埃及农夫或一个中国苦力将美国大众的消费判定为挥霍时所持的标准，有多大的不同。从数量上看，富人们寻欢作乐的挥霍，同大众的那些类似的同样"不必要"的娱乐所造成的花费相比，的确是微不足道的，[①] 群众的这些娱乐，甚至更为偏离那些从某种道德标准看来可能显得至关重要的目标。有闲富人在生活中的挥霍，只不过是因为来得太显眼，太奇特，所以才在他人心目中觉得如此特别该受责备。

另外还有一点也是确实的，那就是即使有些人花起钱来大手大脚，在其余的人看来很不顺眼，但是，生活中的试新鲜的做法，哪怕是最荒唐的，我们也很难一口断定这种做法无论如何都不会产生普遍有利的结果。一个人进入一个新的生活层次，面临许多新的可能性，这种情况一开始时会使他去做一些无目的的炫耀。这是不奇怪的。然而，我毫不怀疑——哪怕这样说一定会使人讥笑——对于闲暇要能加以成功的利用，也必须有人带头开路，今天我们许多已经普遍化了的生活方式，要归功于一些毕生致力于生活艺术的人们，[②] 许多玩具和体育运动工具，后来成了大众的消遣工具，但原先却是由一些花花公子们发明的。

由于用钱财标准衡量一切，我们对于各种各样的活动是否有用的评价，因此就受到了奇特的歪曲。常常可以看到一件怪事，那就是，有些人大嚷大叫，抱怨我们的文明太物欲化了，但恰恰

---

① 美国人单单烟酒的花费，就达每成年人每年平均 120 美元。

② 一位杰出的丹麦建筑师，对英国的居室建筑和生活习惯的演变进行了研究之后，甚至声称"在英国文化中，有闲曾是一切美好事物的根源"，见拉斯姆森的《伦敦，独一无二的城市》(S. E. Rasmussen, *London, the Unique City* [London and New York, 1937]) 第 294 页。

是叫嚷得最凶的人，他们对于任何事业之有用与否，除了承认一个标准即人们是否愿为之而付钱之外，不再承认有任何别的标准。但是，职业网球选手或高尔夫球选手，同那些将时间用于改进这些运动的富有的业余爱好者相比，难道就真的那么显然是社会的更为有用的成员吗？领薪受聘的博物馆馆长就一定比私人收藏家更为有用吗？读者先别急忙回答这些问题，让我先请读者去想一想，要不是先有了富有的业余爱好者，那么，后来难道会有职业网球选手或高尔夫球选手或是博物馆馆长吗？对于那些能在短促的人生当中迷溺于寻找玩乐新花样的人们，我们难道不能希望他们的所作所为可以导致另一些新的兴趣的产生吗？生活艺术与非物质主义价值的发展，从那些不必为物质生活操心的人们的活动中，得益最大，这是顺理成章的事。[①]

我们这个时代的最大悲剧之一，就是大众以为他们之所以达到了很高的生活水准，是因为他们把富有者拉了下来，而且生怕如果这样的一个阶级能保存下来或是兴起，就会使大众得不到他们本来可以得到而且他们认为理应得到的东西。我们已经看到，为什么在一个进步的社会中没有多大理由可以相信，如果少数人不被允许享有财富，这财富竟能存在。这财富不是从其他人那里拿来的，没人阻碍其他人去获取它。这是由一批打先锋的人所开创的一种新的生活方式的第一个标志。的确，一些人有这个特权，能摆弄种种在别人那里只有下一代子女或下下一代孙子女才有可能享有的机会，而享有这个特权的人，并不通常都是最有品行的人，而只不过是由于机遇而被放在这个受人羡慕的位置上而已。但这个事实是同成长过程分不开的，这个过程发展下去，总是超出任何一个人或一批人所能预料的范围。如果防止某些人先享有

---

① 参见儒弗内的《再分配的伦理学》(B. de Jouvenel，*The Ethics of Redistribution* [Cambridge：Cambridge University Press，1951])，特别是第 80 页。

某些特权，那就会使我们其余的人永远享受不到这些特权。如果我们出于妒忌心而使某些出了格的生活方式成为不可能，那么，到头来我们全体都会遭受到物质上与精神上的贫困化。我们也无法做到消除个人成功的某些令人不愉快的影响，而同时又不毁掉那些使进步成为可能的那些力量。对于暴发户中许多人的那种摆阔气、低级趣味和挥霍，我们完全可以感到厌恶，但是我们必须承认，如果我们要避免我们所不喜欢的一切东西，那么，我们这一来就会连许多预先想不到的，也许比坏东西更多的好东西也都避免掉。凡是大多数人不喜欢什么，他们就能够避免其出现，这样的一个世界，就会是一个死水一潭的，也许甚至是衰落的世界。

第二篇　自由与法律

　　某种政体一经认可，其统治方式大概暂时就不会有人去考虑了，而是一切都听任掌权的那些人凭聪明才智和推敲判断去处理；最终他们通过经验认识到，对各方面来说，这是很不适当的，因为他们用来作为补救措施的东西，本应治愈伤口，但却只是使其愈加恶化。他们发现，按照一个人的意志生活，倒成了所有人痛苦的原因。这便迫使他们操起法律武器，从中大家能预见到他们的责任，并了解到对他们违背法律所应给予的惩罚。[*]

——理查德·胡克

---

　[*]　引自胡克的《教会主义政策的法律》（R. Hooker, *The Laws of Ecclesiastical Polity* [1593] ["Everyman" ed.]，I，第192页。这段话尽管隐含着对历史发展的理性主义解释，但还是有启发作用的。

第九章　强制与国家

> 如果一个人应该完成不知详情的、无休无止的工作，如果他晚上不明白早晨应该履行什么职责，这就是说，当一个人受到总是吩咐给他去做的事情约束时，那么，这就是绝对的奴役。*

——亨利·布雷克顿

1. 我们在以前的讨论中曾经暂且把自由解释为没有强制。然而，强制和自由本身一样，同是一种麻烦的概念，而且造成这种情况的原因也一样：我们无法在他人行为与外部环境这两者对我们的影响之间作出明确区分。事实上，英语提供了两个不同的词来表达这两种不同的关系。在英语里来自于环境的强制称为"*compulsion*"，而来自于人的强制叫做"*cocercion*"。德语不作这种区分。

我们谈到强制，是当一个人的行为并非为了他自己的目的，而是为了别人的目的，服从于另一个人的意志时。这并不是说，被强制者就全然不再作选择；如果是这样，我们就无法再说什么"行动"了。假如有人粗暴地扼着我的手，让我"亲笔签名"，或

---

　*　亨利·布雷克顿语录，载于波拉尼的《自由的逻辑》（Henry Bracton in: M. Polanyi, *The Logic of Liberty* [London，1951]）第 158 页。

者把我的手指压在步枪扳机上，在这种情形下，我并没有行动。这种企图把我的身体变成他人有形的工具的暴力同强制本身一样，毫无疑问是卑鄙无耻的，出于相同的原因必须予以制止。可是强制的前提是，我一直还在作选择。不过，我的理智却成了另外某个人的工具，此人把我所能作出的几种选择进行了这样的处置以致他所希望的行动对我来说成了痛苦最小的行为。[①]　纵然是在强制之下，我却始终还是要作出判断：在现存的情况之下，什么才是最小的不幸。[②]

　　强制显然包括不了人们能对他人的行为施加的所有影响。强制甚至包括不了下面这样的所有情况，即在某种情况下一个人知道，他要采取的行动或威胁要采取的行动，会伤害他人，也将导致其意图的改变。如果有人在街上挡住了我的去路，并以此迫使我靠边走；抑或有人从图书馆借走了我所需要的书；或是甚至要是有人用令人厌烦的喧闹嘈杂声将我赶跑，我们还不能说，这些做法强制了我。强制不仅要以造成损害的威胁为前提，而且要以实现别人的某种行为的意图为前提。

　　因此，虽然被强制者也还不断地在作选择，可强制者将被强制者选择的余地作了如此安排，以便被强制者会选择强制者所希

---

①　参见奈特的"价值观的冲突：自由与司法"（F. H. Knight, "Conflict of Values: Freedom and Justice", in: *Goals of Economic Life*, edit, by A. Dudley Ward ［New York 1953]）第 208 页："强制是一个人恣意地操纵另一个人的选择的某个条件或某个可能性——通常我们会说这是'不正当'的干涉。"另见麦克尔维尔著《社会——社会学教科书》 (R. M. Maclver, *Society: A Textbook of Sociology* ［New York, 1937]）第 342 页。

②　参见法律格言："虽系被迫但亦自愿"，摘自《罗马民法大全》主要部分（ "etsi coatus tamen Voluit" ans dem: *Corpus juris civilis*, Digesta L Ⅳ, Ⅱ），对其意义的探讨请见吕布托的《诏书的标题"基于恐惧而为之"》(U. von Lübtow, *Der Edikstitel*, "Qnod metus causa getum erit", ［Greifswald 1932]）第 61—71 页。

望的行为。被强制者没有完全被剥夺发挥自己才能的机会，但是，他却被剥夺了为他本身的目标使用他的知识的可能性。一个人在追求其目标的过程中，为了能有效地运用他的理智和学识，他必须能大略地预见到其周围的条件，能够坚持他的行动计划。人的大多数目标只有通过一系列相互关联的行动才能达到，这些行动作为整体被确定下来，并基于这样的假设：事态发展是会符合人们的期望的。正是因为或只要我们能够预见重大的事态发展，或至少了解其发生的概率，我们就能实现某些目标；虽然外界的事态常常不可预料，但它们却不会故意破坏我们的努力。但是，如果其他某个人是我们的行动计划所依据的一切事态的主宰者，那他也变成了我们的行动的操纵者。

所以说强制是不好的，因为它阻碍着一个人充分利用其智慧才能，因而也阻碍着他为集体作出与其最优秀的才干相一致的贡献。虽然被强制者时时刻刻一直还在为他自己作最大的努力，然而他的行动正在适应的惟一周密的计划，却是他人的计划。

2. 政治理论家以往研究政治权力问题通常超过研究强制问题，因为政治权力往往就意味着强制的权力。① 伟大的思想家

---

① 参见维泽尔的《权力的准则》(F. Wieser，*Das Gesetz der Macht*，〔Vienna，1926〕)；罗素著《权力——新的社会分析》(B. Russel，Power：*A New Social Analysis*〔London 1930〕)；费雷罗著《权力的原则》(G. Ferrero，*The Principles of Power*〔London，1942〕)；儒弗内著《权力——发展的自然史》 (B. de Jouvenel，*Du Pouvoir. Histoire naturelle de sa Croissance*，〔Genf，1945〕，英文版：*Power：The Natural History of Its Growth*〔London，1938〕)；里特尔著《关于权力的道德问题》(G. Ritter，*Vom sittlichen Problem der Macht*〔Bern，1948〕)，同一作者著《强权国家与乌托邦》(*Machtstaat und Utopie*〔Müncher 1940〕)；洛德·拉德克利夫著《权力问题》(Lord Radcliffe，*The Problem of Power*〔London，1952〕)，还有麦克德莫特著《英国法律中对权力的防范》(Lord MacDermott，*Protection from Power under English Law*〔London，1957〕)。

们，从约翰·米尔顿和埃德蒙·伯克直到洛德·阿克顿和雅各布·布尔克哈特，都把政治权力描绘成罪魁祸首。[①] 然而虽然他们的意思是正确的，但是在这种联系中简单化地谈论权力，会使人误入歧途。那种作为达到所求目标之能力的权力并不坏，不好的权力是指实施强制的权力，是通过给他人造成损害的威胁迫使其屈从别人的意志的权力。在一个很多人自愿地合作，并为其自

---

① 谴责权力为罪魁祸首正如政治思想本身一样地古老久远。希罗多德就曾让奥塔尼斯（Otanes）在他的论民主的著名演讲中说："因为即使将所有男子中最优秀者安排在这个职位上，它大概都会使他改变他习惯的思维方式。"约翰·米尔顿注意到了这样的可能性："长期持续的权力可能会使最诚实最正直的人腐败堕落"，见《现成而轻易的途径》（The Ready and Easy Way, etc, in Milton' s Prose, edited by M. W. Wallace, World's Classics, London, 1925）第 459 页；孟德斯鸠断言，这是"永恒的经验，每一个当权者都容易滥用权力：他会一直这样做，直到他碰到障碍为止"，见《论法的精神》（Vom Geist der Gesetze, 2Bd., deutsch von E. Forsthoff, [Tübingen, 1951]）第一卷第 213 页。康德认为："拥有权力不可避免地会破坏理智的自由判断"，见康德的《论永久和平》（I. Kant, Zum ewigen Frieden, Neue Vermehrte Auflage [Königsberg, 1796]）第 69—70 页；埃德蒙·伯克认为："在历史记载中，许多最大的专制暴君都是以最合理的方式开始其统治的。然而，事实真相是，这种邪恶的权力既腐蚀了人心，又毁灭了良知。"见其《关于目前不满情绪的根源》（Edmund Burke, Thoughts on the Causes of Our Present Discontents, in Works, II）第 307 页；约翰·亚当斯认为："权力如果不受限制，并失衡，它就总是会被滥用。"见其《著作集》（John Adams, Works, edited by C. F. Adams, [Boston, VI 1851]）第 73 页。他还认为："绝对的权力将毫无区别地使暴君们、君主们、贵族们以及民主主义者们、雅各宾党人、无套裤汉陶醉着迷"（同上书，第 477 页）。詹姆斯·麦迪逊认为："世人手中的一切权力均容易被滥用"，"权力无论存在于何处，均或多或少地容易被滥用。"见《麦迪逊全集》（The Complete Madison, edited by S. K. Padover, [New york, 1953]）第 46 页；雅各布·布尔克哈特从来不失时机地反复强调：权力自身就是祸害。见其《世界史观》（Weltgeschichtliche Betrachtungen, [Stuttgart, 1935]），比如第 97 页；最后也请见阿克顿的格言："权力导致腐败；而绝对的权力绝对地产生腐败。"见其《历史随笔》（Hist. Essays）第 504 页。卡尔·冯·罗特克在其《绝对主义》（Carl von Rotteck, Absolutismus, in Rotteck und Welcker, Staatslexikon I, 第 155 页）一文中所述："在无限制的独裁权力中，存在着一种恶意诱惑的可怕力量，以致惟有最高尚无私的人们才能抑制它的诱惑。"

身的目的共同工作的大企业里，其领导人的权力不是邪恶的权力。人们依靠在统一领导下的这种自愿合作，可以不同寻常地壮大他们集体的力量，这是一个文明社会强大的一个方面。

并不是在扩大我们的能力意义上使用的权力，而是那种使他人意志屈从我们的意志，在违背他人意志的情况下利用他人为我们的目的服务的权力，才使人们堕落。的确，在人们的相互关系中，权力和强制是紧密地相伴而存在的；少数几个人所握有的大权便会使他们能对别人进行强制，假如不受到一种更大的权力制约的话。不过，强制并不像人们普遍认为的那样是权力的必然结果和很常见的结果。汽车大王亨利·福特的权力、美国原子能委员会的权力、基督教救世军最高司令的权力，以及（至少直到前不久为止）美国总统的权力，都不是那样为他们所选定的目标而去强制某些人的权力。

假如有时候用"强力"和"暴力"这些用语代替"强制"的话，这会使人产生较少的误解，因为用暴力行为相威胁是强制的重要表现形式。但是，这些用语并非强制的同意语，因为有形的暴力威胁不是强制可能实施的惟一方式。"压迫"（Oppression）像强制一样，大概也是自由的一个真正的对立面，它应该专指持续的强制行为。

3. 应该认真地将强制同我们周围的人愿意向我们提供某些服务和利益时提出的条件区别开来。惟有在十分特殊的情况下，对某些在我们看来非常重要的服务和资源拥有垄断支配的某个人，才能够实施真正的强制。在社会中生活便不可避免地意味着，我们依赖于他人的服务来满足我们大多数需要；在一个自由的社会中，这种相互服务是自愿的，每个人都可以决定，他想为谁提供服务，他的条件是什么。我们周围的人向我们提供的利益和机会，仅仅归我们支配，倘若我们能满足他们的条件的话。

这一点无论对于社会关系还是经济关系都一样地适用。如若一位女主人仅仅在一个人在着装和举止方面遵循一定的规范时，才邀请他参加聚会；抑或是一个人只有当他的邻居表现出符合习惯的行为方式时，他才愿意与他交谈，那么，这当然不是强制。假定一位生产者或是一位商人不愿意出售他的商品，除非按照他自己确定的价格，人们也没有理由可以说这是强制。这一点确实符合自由竞争的经济体制下的情况，在这种体制下，每个人均可以转向另外一个人去接洽，如果第一次报价的条件不令他满意的话；对于一个垄断商来说，上述情况大体上也是适用的。例如假设我很乐意让一位著名的艺术家给我画像，他拒绝这样做，除非付给他一笔很高的酬金。那么若是说我是被强制了，这大概就太荒谬了。同一情况也适用于并非必需的其他任何财富或任何服务。只要为了维持生计或是为了维护另外一些最有价值的东西，某一个人提供的服务不是必不可少的，为此他所要求的条件绝不是什么强制。

举例说，如果事情关系到一片沙漠绿洲上的一处水源的占有者，那么这位垄断者无疑地可以实施不折不扣的强制。我们设想一下，人们在那儿住下了，并假定他们将会始终以一种可以接受的价格得到水。后来他们发现也许因为其他的水源都干涸了，他们为了得到水不得不去做剩下的水源的占有者一直要求他们做的任何事情，否则他们必然会渴死。这也许就是强制的明显事例。我们还可以想象垄断者手中控制着不可或缺的东西的其他事例。不过，假使一个垄断者不能掌握住那种真正不可缺少的东西，那么无论他的要求对于那些指望其服务的人会是多么地令人不快，他也无法实施强制。

由于考虑到后边我们要阐述什么是限制国家强制权力的适当方法的问题，因此，这里有必要指出，如果始终存在着垄断者会实行强制的危险，那么最适宜、最有效的对策好像应该是，要求他对所有顾客一视同仁，亦即坚持价格对任何人都一样，绝不搞任何歧视。

这便是我们已学会据此去限制国家的强制权力那个原则。

个别顾主往往同个别提供某种商品或服务的人一样无法实行多少强制。只要他仅能在众多挣钱机会中拿走一个机会，只要他仅仅能对那些在别的地方不可能像在他那儿挣钱一样多的人停发工资的话，那么他就无法实行强制，尽管他也可能会带来痛苦。毫无疑问，存在着雇用关系为实行真正强制提供了机会的这种情况。在失业高峰期时期，可能会用开除相威胁，以便迫使雇员去干原来的劳动合同没有规定的事情。另外，在某些情况下，例如在一个矿山的居民区，把持着地方上一切就业机会的领导人，对他出于任何一个理由而不喜欢的人，大概都可以实施完全为所欲为的专横跋扈的强权。然而，这种情况在繁荣兴旺的、自由竞争性经济体制中，即便不是不可能的，那么肯定也是极端情况下的罕见例外。

但是，在一个完全社会化的国家里，存在着对就业的全面垄断，国家作为惟一的雇主以及一切生产资料的所有者，拥有不受约束的强制权力。列·托洛茨基最终揭示了这一事实，他写道："在一个国家是惟一雇主的国度中，反抗便意味着会慢慢被饿死。'不劳动者不得食'这一古老的法则已为一条新的法则所代替：'不顺从者不得食。'"①

除了在不可或缺的服务被垄断的情况下，只阻碍获益的权力并非就是强制。行使这样的权力，可能会改变某个人的计划赖以确立的环境，他大概会被迫修改他的决定，也许甚至会改变他的整个生活方式，不得不为许多迄今为止对他来说一向是不言而喻之事而担忧。然而，尽管对他来说只能令人担心剩下为数不多的、没有把握的机会，而且尽管他的新计划仅仅是些应急措施，

---

① 托洛茨基著《被叛卖的革命》（L. Trotzky, *Verratene Revolution*, deutsch von W. Steen［Frankfurt，1968］）第 274 页及下页。

然而，这可不是别人的意志在指挥他的行动。他也许将不得不在巨大的压力下行事，但是不能因此便说，他是在被强制下行事的。即使饥饿的危险在威胁着他本人，恐怕还有他家人，"迫使"他为了一点微不足道的工资去接受使他厌恶的职业，即便他听凭惟——一个同意雇用他的人的"恩惠"的摆布，可是，按照我们的理解，他可能没有受到这个人，也没有受到其他任何一个人的强制。只要给他带来困难的行为并未企图强制他去采取或不采取某些行动，只要这种损害着他的行动之目的不是让他为另一个人的目标效劳，那么这种行动对他的自由的影响，无异于一场自然灾害（破坏其家园的一把大火或一场洪水）的影响。

4. 真正的强制则出现于下列情况：当军事占领者迫使被征服民族为他们工作的时候，当有组织的歹徒以所谓"保护"的名义逼取钱财的时候，当一个违法行为的知情人敲诈勒索他的牺牲者的时候，自然还有当国家以刑罚和体罚相威胁，以便迫使我们服从它的命令的时候。强制有多种层次，从主人对奴仆或者暴君对臣民统治的极端情况（在这种情况下，无制约的刑罚权迫使人们完全服从主人的意志）一直到以施加人们最难以忍受的不幸相威胁的个别情况。

强制某一个人的企图能否获得成功，这在很大程度上取决于将要受强制者的精神力量：一个谋杀威胁对于一个人所能具有的迫使其放弃目标的力量，可能比以制造某些小麻烦相威胁对于另一个人所产生的力量要小。我们兴许会为一个懦弱的人或者那种多愁善感的人惋惜，因为别人稍不满便会"迫使"他去干他原本不打算干的事；而我们在这里关心的却是可能对正常的普通人具有影响力的强制。虽然这种强制通常是对自己本人或亲近成员身体伤害的威胁，或者是对极其宝贵的或受到保护的财产造成损失的威胁，可它并不一定非要使用强力或暴力不可。有人会通过给他人设置无数小小的绊脚石，从而阻挠他每一次采取本能行动的企图，阴谋诡计偶尔也有可能使身体上更强壮的人受到强制。完全可能出现过这样的事：一个狡猾的孩子将一个不受欢迎的大人赶出了县城。

在一定程度上，人与人之间的所有密切关系，无论这种关系是以爱慕还是以经济上的必要性，或者是以外部环境（比如同在一艘船上或是在一次科学考察旅行中）为纽带，它都会为强制提供机会。像人与人之间的每一种较为紧密的关系一样，对女仆的雇佣关系也肯定无疑为一种特别令人压抑的强制提供了机会，因此这种关系被认为是对人身自由的约束。一个情绪不佳的丈夫、一个爱发牢骚的妻子或是一位歇斯底里的母亲会把生活搞得无法忍受，要是不顺从他们每个人的脾气的话。但是，在这种情况下，社会除了使人们完全自觉自愿地对待这种关系外，做不了什么事情。调整这种紧密关系的任何尝试，显而易见地将意味着对选择自由和行动自由的广泛限制，结果它会造成更加严重的强制：假如说人们应该无拘无束地自己选择其个人的交往及其朋友，那么，产生于这种自愿交往的强制，就不可能是国家干涉的对象。

读者恐怕会有这样的感觉，我们已过多地注意区分什么行为可以被合理地称为"强制"，什么行为不行；什么是我们应该防止的更为严重的强制，什么是国家不应关心的较轻微的强制。可是正如在自由的情况下那样，这一概念逐步地扩展几乎使这个词失去了价值。可以这样地来定义自由，以致使它成为不可能实现的东西。同样强制也可以这样来解释，使它成为一种无处不在、不可避免的现象。① 我们无法防止一个人可能施予另一个人的一

---

① 我是在写作当中偶然地认识到这一点，说明它的典型事例，出现于威尔科克斯的一篇评论中（B. F. Willcox in *Industrial and Labor Relations Review*, XL，1957—1958，第273页）：为了替工会的"和平的经济强制"辩解，作者阐述道："基于自由选择的和平竞争，完全充满着强制的意味。一位自由

切伤害，甚至也无法防止与他人密切的共同生活使我们所面临的所有较温和的强制；然而，这并不意味着我们不应该去防止所有那些严重形式的强制，也不意味着我们不应该把自由解释为没有这种强制。

5. 因为只有在强制者掌握着他人行动的根本条件的情况下，强制才能实行；所以只有通过确保个人有一个私人领域，在其中他保证不会受到这种干涉，强制才能被防止。一个人周围的特定环境不可能由另外某个人任意加以改变的这种保障，只能由拥有必要权力的权力机关给予他。一个人对另一个人的强制，只能依靠强制的威胁来阻止。

这样一个获得保障的自由的领域，在我们看来似乎是一个正常的生活条件，因此，我们喜欢使用诸如"妨碍正当的期望"、"侵犯权利"或则"肆无忌惮的干涉"这样的措词来解释强制。[①]不过，当我们在阐释强制时，我们不可以假定用于防止强制的机构已是既定的了。一个人期望的"合法性"或一个人的"权利"是这样的私人权益领域获得承认的结果。假定没有这样的得到保护的私人领域存留的话，强制不仅还会存在，而且它甚至会出现得更加频繁。惟有在一个已经试图通过划定受保护的私人领域以防止强制的社会里，一个像"任意干涉"这样的概念，才会有一

的商品出售者或服务提供者通过定价强制了欲买者，迫使他付款，不买或到他处去买。一位自由的商品出售者或服务提供者，通过确定谁也不许再从 X 那里进货的人那里买东西这一条件，便强制了想买者，强迫他不买，到他买或者不要从 X 处买——在后一种情况下，他也强制了 X。"这种滥用"coercion"这一措词的做法，大部分源于康芒斯，参见他的《制度经济学》(J. R. Commons, *Institutional Economic* [New York, 1934])，特别是第 336 页；同时请见黑尔的"一个假想无强制的国家里的强制及其分布"(R. L. Hale, "Coercion and Distribution in a Supposedly Noncoercion State", *Political Science Quarterly*, Volume XXXVIII, 1923)。

① 参见奈特的言论。

个确定的含义。

　　但如果要让这样的个人权益领域本身也不成为强制的工具，那么，这个领域的范围及内容就不可以通过有意识地指定某些人去做某事的方式来规定。假设一个人或一个团体的意愿将决定，什么东西应该属于个人权益的领域，那么，进行强制的权力就会被转移给这个人或这个组织。如若把这种个人权益领域一劳永逸地规定下来，也是不符合人们愿望的。在个人能最佳地使用他们的知识、才干及其先见之明的条件下，他们参与划定他们得到保护的个人权益领域，便是值得向往的。

　　人们已找到的解决这个问题的方法，是以承认某些一般性准则为基础的，而这些一般性准则规定着某些对象或情况被纳入受保护的个人领域内的条件。承认这样的一般性准则使每一个社会成员都有可能划定他的个人权益领域的界限，使大家都能认识到什么是和什么不是他的个人权益领域。

　　对于这个范围，我们绝不可把它想象成似乎只包含或甚至主要包含物质的东西。虽然将我们周围的物质的东西分割成我的和你的，是划分个人权益领域界限的那些一般性准则的主要目的，但是，这些一般性准则却也保障了我们的很多其他"权利"，比如利用某些东西的权利，或者还有只是防止他人干涉我们的行动的权利。

　　6. 承认私有财产或是个别的所有权，① 因而是防止强制的根本条件，即令不是惟一的条件。假使我们没有把握单独拥有某些物质的东西，那么我们几乎总是不能在我们的行动中贯彻一项连贯一致的计划；当我们不能自己支配这些东西时，我们就有必要

---

①　亨利·梅因爵士（Sir Henry Maine）所使用的措辞"several property"（个别所有权），在很多方面比常用的措辞"Private property"（私有财产权）更为贴切。

知道谁拥有它们，如果我们想同他人合作的话。承认所有权是确定个人权益领域以保护我们对付强制的第一步；人们早已认识到，"一个不承认私有权制度的民族，缺乏自由的首要前提"，[①]"任何人均无权在侵犯个人所有权的同时却又声称，他尊重文明教化。这两者的历史是不可分割的"。[②] 现代人类学也证实，"早在原始阶段，私有财产就已非常明显地存在了"，"作为处理人同其自然环境抑或其人为环境的物质关系的法律原则，所有权的根源在于它是每一个在文明意义上讲的正常有序活动的最主要前提之一"。[③]

然而，在现代社会里，个人拥有财产并不是保护其不受强制的必要前提，这个前提是使他得以执行自己的计划所需要的物质手段，不应全部处于其他惟一一个人垄断的控制权之下。现代社会的成就之一是：即使是一个实际上没有财产的人（除了诸如衣物这样的个人所属物以外——甚至就是衣物这样的东西也能租借），亦可享有自由；[④] 我们可以将为我们的需求服务的财产托付给别人管理。重要的只不过是，财产应该足够地分散，以致一个人不会由于没有某些人的需要得不到满足或没有受雇的机会，因而就依赖于这些人。

别人的财产能用来为实现我们的目标服务，主要应归功于契

---

① 阿克顿著《自由的历史》（Acton, *History of Freedom*, ［London, 1907]）第 297 页。

② 亨利·梅因爵士著《古代村社》（Sir Henry Maine, *Village Communities*, ［New York 1880]）第 230 页。

③ 马林诺夫斯基著《文化与自由》 （B. Malinowski, *Kultur und Freiheit*, deutsch von E. Heinzel, ［Wien, 1951]）第 124 及下页。

④ 因此，我不是想说，这就是符合人们愿望的存在形式。然而，以下事实却具有一定的重要性：今天，能广泛影响公众舆论的人中的不小的一部分人，如记者和作家，往往长期依靠微薄的个人财产生活，毋庸置疑，这会影响他们的观点立场。有些人似乎甚至把物质财产更看作是一种负担，而不是一种帮助，前提是只要他们有收入去为自己购买他们所需要的东西。

约的强制性。产生于一系列契约的整个权利体系同我们自己的财产一样,是我们的受保护领域的重要部分,也同样是我们计划的基础。基于自愿协议,而非强制的互利合作的关键前提是,要有很多人能满足个人的需要,这样就基本的生活需要或是向一定方向发展的机会而言,任何人均无需依赖其他某些人。正是通过分散财产才有可能实现的竞争,使特定物品的个人所有者无法获得任何强制的权力。

由于对康德的一则著名格言的广为流传的误解,[①] 所以应该提一下,我们不依赖于那些我们需要其为我们提供服务的人的意志,因为他们在追求自己的目的的同时也在为我们效劳,他们对我们如何利用他们的成就一般很少表现出兴趣。我们很倚重我们周围人的见解,假如他们仅仅在赞同我们的意图并且不是为了他们自己的利益的条件下准备向我们出售其产品的话。因为对于我们周围那些按照他们自身的利益在为我们服务的人来说,我们在他们的日常生活事务中只是没有个人感情色彩的客观手段或工具,故而我们可以指望得到完全陌生人的这样的服务,可以利用这些成就达到每一个为我们所期待的目的。[②]

---

① 康德著《道德的形而上学的基础》(I. Kant, *Grundlegung zur Metaphysik der Sitten*, in *Werke*, Bd, Ⅳ, hrsy. V. W. Weischedel, [Wiesbaden 1956])第61页:"你要这样行事,以便你无论是以你个人的名义,还是以其他每个人的名义,都每时每刻同样作为目的,而绝不仅仅作为手段而需要人群。"倘若这就意味着,谁也不该被迫去干为他人的目的服务的任何事情,那么,换句话说就是,强制是应该避免的。但是如果这个格言被解释为去指当我们在同他人合作时不仅要按照我们自己的目的行事,而且也要根据他人的意图行事,那么,我们很快便会同他们的自由发生冲突,若是我们的目标同他们不一致的话。作为这样一种解释的例子,请见克拉克的《经济自由的道德基础》(John M. Clark, *The Ethical Basis of Economic Freedom* [Kazanijan Foundation Lecture, Westport/Conn, 1955])第26页,以及在下一个注释所援引的著作中探讨的德文参考书。

② 参见冯·米瑟斯的《社会主义》(L. Von Mises, *Socialism* [new ed.; New Haven: Yale University Press])第193页以及430—431页。

在那些追求其目标而必不可少的资金或服务紧缺，并因此必定受到这个或那个人控制的地方，需要财产和契约规则来划定个人权益领域。这一点适用于通过人类的努力所获取的大部分利益，可是却并不符合所有情况。有些服务设施，比如卫生设备或是交通道路，若是一旦兴建起来，在正常情况下，便足够所有想要使用它们的人来利用。提供这种设施历来属于被公认的公共事业领域，而分享使用它们的权利，是受保护的个人权益领域的一个重要部分。我们只要思考一下使用公共交通道路的一般权利在历史上所起过的作用，就会弄清楚，这种权利对于个人自由是何等举足轻重。

某些权利或受到保护的利益，可用来保障法人拥有一个其行动不受阻碍的、众所周知的领域，这里，我们无法列举出所有这些权利。不过，因为现代人在下面这点上丧失了某些敏感，故此应该提一下：承认得到保护的个人领域在自由时代通常包括了隐私和保密的权利，此外还包括这种观念，即一个人的住房是他的城堡，① 任何人均无权了解这个人在其中的活动。

7. 那些被提出来用以限制不仅来自个人而且也来自国家的强制的抽象和一般的规则，它们的性质将是下一章探讨的课题。强制威胁是国家可以用来阻止一个人对另一个人实施强制的惟一手段，在此，我们将非常一般地考虑，如何才能使这种强制威胁摆脱很多有害的和令人忧虑的特性。

强制的威胁较之事实上的、不可避免的强制，有着迥异的效果，假如它仅仅涉及到强制的潜在对象可以避开的已知情况的

---

① 鉴于过去经常有人说：在古希腊没有个人自由，因而应该提到，在公元前 5 世纪的雅典，自己住房的神圣不可侵犯性得到了这样充分的承认，以致甚至在 30 位专制暴君的统治下，一个人仍然"可以靠躲在家里而保住其性命"（请见琼斯的《希腊人的法律和法律学说》（J. W. Jones, *The Law and Legal Theory of the Greeks* [Oxford, 1956]）第 91 页，根据德摩斯梯尼的作品 (Demosthenes, XXIV, 52)。

话。一个自由的社会也不可能没有的大多数强制威胁都具有这种不可避免的性质。大多数强制所强迫推行的规则，特别是私法的规则，并不限制私人（同国家官员不同）采取某些行动。制定法律制裁的惟一目的是：阻止人们去干某些事情，或是让他们履行自愿承担的义务。

　　假如一个人事先知道，如若他处于一种情况下，他就会受到强制，假如他可以避免使自己处于这种情况下，那么，他是决然不会受到强制的。至少，假使实施强制的规则，不是用以针对一个专门的人，而是在同样的情况下以同样的方式被用来对待所有的人，那么这些规则的作用同影响人们计划的任何一种天然障碍的作用没有任何差别。通过告诉人们如果有人这样或那样做，会发生什么，国家法和自然法对人们的行为有着同样的作用；行动者可以使用他的有关国家法的知识，去追求他的目的，正如他使用关于自然法的知识去达到目的一样。

　　8. 在某些方面，国家当然也运用强制的方法，以便使我们去采取某些行动。其中最重要的有纳税和各种义务性的服务，尤其是服兵役。虽然这些事情被认为是不可避免的，然而它们至少是可以预见的，它们被强行实施而不考虑否则个人会如何使用他的力量，这就使这些强制措施摆脱了许多恶劣的性质。若是对缴纳一定税款的必要性的认识，成为一切计划的基础的话，或者若是服兵役期成为生活经历的可以预料的一部分的话，则每个人都还是能够遵循他自己的生活计划，并且像人们在社会上已经学会的那样，独立于别人的意志之外。即便履行义务性的兵役无疑包含着严重的强制，即便一个被终生雇用的士兵绝不可被称为是自由的人，可是有限的、可以预见的兵役期对一个人塑造自己的人生的可能性的限制，要少于一个专断的权力为确保它所认为的良好行为而采取的长期性的逮捕威胁。

　　如果政府用强制权对我们的生活的干涉既无法避免又不能预

料的话，那么这种干涉便是最有妨害的。甚至在一个自由的社会里，这样的强制也是难以避免的，比方说，叫某人去充当陪审官或叫某人暂时作为警察值勤时，在这种情况下我们便通过不允许任何人有专横跋扈的强制权力以减少影响。与此不同的是，关于谁必须从事这种服务的决定则取决于偶然性，例如靠抽签来解决。由于重大事件的不可预示性而产生的那些无法预言的强制措施却符合已知的规则，并且像其他偶然事件一样影响着我们的生活，但是它们并不让我们屈服于他人的意志。

9. 防止强制行为难道就是国家使用强制威胁的惟一理由吗？我们似乎可以把各种暴力都算作强制，或者至少可以说成功地阻止强制行为也将意味着阻止任何形式的暴力。可是，现今还存在着另一类有害行为，这种行为起初会以其他形式出现，防止它的出现被普遍认为是符合愿望的。这是指欺骗和迷惑。尽管把它们也称为"强制"是对这两个词的曲解，可是仔细考察就会发现我们要阻止它们的原因看来同要阻止强制时的原因是一样的。同强制一样，迷惑是用不正当的手法操纵一个人所依靠的事实，以达到促使这个人去采取迷惑或者希望他采取的那些行动的目的。如果迷惑得逞了，受迷惑者同样也会成为为他人目的服务而不是实现自己目的的不自愿的工具。虽然我们找不到一个能包容这两个概念的词，可我们所说过的有关强制的一切言词，均同样地适用于欺骗和迷惑。

经过这一番补充之后，看来自由要求的不外乎强制和暴力，欺骗和迷惑应得到防止，由国家实施的，其惟一目的是促使人们遵守众所周知的规则的强制措施除外，这些规则旨在保障那些使个人得以用连贯一致的理性指导其行为的最佳条件。

强制的限度问题与国家的真正职能问题本不是一回事。实施强制权力绝非国家的惟一使命。当然，非强制的或纯粹服务性政府行为所需资金通常也是通过强制措施来筹集的。主要是以来自领地的收入为其活动提供经费的中世纪王侯，可能不靠强制而提供服务。但是，在现代条件下，国家若想为无劳动能力者或老弱病残者提供照料，为道路交通或情报资料服务准备设施，而不依靠强制权力为其筹措经费，这看来几乎是不可能实现的。这种服务的规模应该有多大才符合需要，关于这个问题，我们任何时候都不要指望人们会有完全一致的见解。强制人们去为实现他们对之并不感兴趣的目标作贡献，这样做的正当性在道义上是无法证明的，这一点至少是不言而喻的。可是在一定程度上，我们大多数人将认为作出这样的贡献是有利的，因为他们懂得反过来我们也将得益于他人为实现我们的目标而作的类似的贡献。

把税收领域除外，我们应该只承认为阻止更严重的强制是国家实施强制的正当理由，认识到这一点也许是很值得的。这一标准或许不能适用于每个个别的法律规则，而只能适用于作为整体的法律体系。例如，保护私有财产作为一种防止强制的措施可以要求采取专门的规定，这些规定不直接为减少强制服务，而只是防止私有财产会不必要地给那些并不损害所有者的活动增加困难。但是，关于国家干涉或不干涉的整体观念依赖于关于个人权益领域的设想，而该领域的范围又是由国家强制推行的一般规则确定的；而真正的问题是，国家在使用强制权力时是否应该只局限于贯彻这些一般规则，还是应该超越于此。

时常有人，特别是约翰·斯图尔特·穆勒，[①] 试图通过区分仅仅对行动者产生影响的行为与那种也对其他人产生影响的行为，来限定应该不受强制侵犯的个人领域。不过，因为几乎不存在什么可能不影响他人的行为，因此这种区分并没有证明是有用的。只有通过确定每个人的受保护的领域界限，这种区分会有意

---

① 穆勒著《论自由》 (J. S. Mill, *On Liberty*, ed. R. B. McCallum [Oxford, 1946]) 第 4 章。

义。设置这种领域的意图可能不在于，保护人们对付他人可能会损害他们的一切行为，[①] 而只在于防止关于其活动的某些情况受别人控制。在确定受保护领域的界限应该划在何处的过程中，重要的问题是，我们希望应防止的其他人的活动事实上是否在干扰被保护人的合情合理的期望。

尤其是，了解他人的所作所为而可能引起的高兴和痛苦，绝不该被当成实施强制的正当理由。例如，当人们相信社会全体成员对神负有共同责任时，当人们认为为了他们中一名成员的罪过所有的人都会遭到任何报复时，强求宗教信仰统一曾经是国家的一项合法使命。然而，如果除了志愿参与行动的成年人以外，私人性的活动并不能影响任何别人的话，那么仅仅厌恶别人所做的事情，甚至明知道别人做的事会搬起石头砸自己的脚，都不会为实行强制提供合法的理由。[②]

我们已注意到，文明的发展不断提供的获悉新的可能性的机会，构成了赞成自由的一个主要论据；假定由于别人的嫉妒，[③]

---

① 参见同上出处第 130 页："在许多情况下，当个别人在追求正当的目的时，他不可避免地因而也就合情合理地造成了其他人的痛苦或损失，或者他会阻碍他们去获得他们本来有希望合理地获得的财产。"再参见将 1789 年法国人权宣言中一段引起误解的阐述："自由在于能够做一切不损害他人的事"，在 1793 年，宣言意义深远地改变成这个正确论述："自由是一种人们能够做一切不损害他人利益之事的权利。"

② 在我们当今的社会里，这方面的最引人注目的事例是对待同性恋的问题。正如贝特兰·罗素所表明的那样（"约翰·斯图尔特·穆勒""Johan Stuart Mill"，*Proceedings of the British Academy* XLI，1955/55）："如果人们像往昔一样仍然相信，对这种行为的容忍将使整个社会遭到像古城所多玛和俄摩拉相同的被毁灭的厄运，那么公众就有充分的权利去阻止这种行为。"可是，在这种信念事实上并不普遍存在的地方，不管成年人的个人习惯对多数人而言可能是多么令人厌恶，它也并不是国家的强制行为的合适对象，因为国家的目标是减少强制。

③ 克罗斯兰著《社会主义的未来》（C. A. R. Crosland，*The Future of Social-ism*，[London 1956]）第 206 页。

或是由于别人对破坏他们根深蒂固的思维习惯的一切事情的反感，我们就应该受到妨碍而无法从事某些活动，那么，这将会使争取自由的全部斗争变得毫无意义。在公共场所贯彻行为准则显然是必要的。然而，某个行动不受了解这一行动的人中的一些人的欢迎，这一明显的事实不能成为禁止这一行动的充分理由。

　　一般而言，这意味着个人权益领域内的行为道德不应该是国家的强制措施的对象。在不直接影响别人的受保护领域的行为事务中，为大多数人所遵守的准则，带有自愿的性质，并非是靠强制来推行，这也许是一个自由社会与一个不自由社会相区别的最重要的特征之一。极权统治的新近的经验再次强调下面这一原则的重要性："绝不能将道德问题与政治问题等量齐观的。"① 极有

① 西洛内著 "论理智的地位与知识分子的权利"（Ignazio Silone, "On the place of the Intellect and the Pretensious of the Intellectual ", *Horizon*, Dec. 1947），作为再版，这句话见于雨萨尔著《论知识阶层》 （G. B. de Huszar, *The Intellectuals*, 1960）第 264 页。再请参见伯克哈特的《世界历史观》 （Jakob Burckhardt, *Weltgeschichtliche Betrachtungen* ［Stattgart 1935］）。例如第 38 页："假如国家想要直接实现只有社会才能够获准去实现的道德目标的话，这便是蜕变，是哲学上的和官僚主义的傲慢自负。"此外请见斯特恩斯的《美国的自由主义》 （H. Stearns, *Liberalism in America* ［New York, 1919］）第 69 页："为了行善之故而进行的强制如同为了作恶之故而实施的强制一样令人厌弃。如果美国的自由主义者不愿在禁酒修正案的问题上反对强制，仅仅是因为他们个人不太关注乡下是否禁酒，那么当他们在他们感兴趣的那些情况下来反对强制时，他们会名誉扫地"。对于这些问题的典型的社会主义立场，在霍尔的《一个社会主义国家的经济体制》 （Robert L. Hall, *The Economic System in a Socialist State* ［London, 1937］）第 202 页上得到了十分清晰的阐述，在书中他（就使国有资产增加的责任）说道："必须使用诸如 '道德义务' 和 '责任' 这样的字眼这一事实表明，准确预测是不可能的，我们正在讨论的决定，不仅可能、而且应该由作为一个整体的公众作出，换句话说，我们正在讨论的是政治决定。"保守主义者为使用政治权力贯彻道德准则作的辩护，请见伯恩斯的《自由、美德与第一修正案》 （W. Berns, *Freedom*, *Virtue*, *and the First Amendment* ［Boton Rouge：Lousiana State University Press, 1957］）。

可能的情况是，那些决心运用强制手段以清除道德弊端的人比那些处心积虑做坏事的人所造成的损害和痛苦更多。

　　10. 确实，个人权益领域内的行为不是国家强制措施的适当对象，这并不一定意味着，在一个自由社会里，这样的行为会不受公众舆论或非难反对的压力。100 年前，在维多利亚时代较为严肃的道德氛围中，当国家对极少数人的强制受到节制的同时，约翰·斯图尔特·穆勒对这种"道德方面的强制"发起了最激烈的抨击。① 大概他这样做是过分地夸大了对自由的要求，但如果有人不将公众为保证道德准则和习惯得到遵守而通过赞同或反对所施加的压力称为强制，那么无论如何米尔这样做就有利于这一点得到澄清。

　　我们已经看到，强制最终是个程度或范围大小的问题；国家为了自由必须阻止而且也必须对其加以威胁的强制，只是以更为严厉的形式表现出来的强制，这种强制能够使一个具有正常意志力的人（如其受到威胁的话）放弃追求一个对他来说很重要的目标。无论我们是否想把社会对持不同意见者所施加的较为温和形式的压力称为强制，几乎都不会成问题的是，这些比法律拥有较小的约束力的道德准则和习惯具有重要的，甚至必不可少的作用，它们可能对促进社会生活发展作的贡献同严格的法律规则一样大。我们知道，道德准则和习惯仅仅是经常地、而并不是始终如一地得到遵守，不过，我们对此的认识也会指导我们的行动，并减少无把握性。如果遵守这样的准则防止不了人们有时也会以一种不许可的方式行动，那么，遵守准则肯定会使这样的行为只发生于这样的情况下，即蔑视准则对那个人来说是相当重要的。有时这些非强制性的准则可能体现着对那些后来经过修订而成为法律的东西进行的试验。然而更常见的是，它们将为指导着大多

---

　　① 　约翰·斯图尔特·穆勒前引书第 3 章。

数人之行为的或多或少自觉的习惯提供一个灵活基础。从总体看，社会交往及个人行为的这些习惯和准则不是对个人自由的严重妨碍，而是保障某种最低程度的行为一致性，毫无疑问，这种一致行为与其说会妨碍，不如说会支持个人的努力。

第十章 法律、命令和秩序

秩序不是人们从外部向社会施加的压力，秩序是在社会内部建立的平衡。*

——伽塞特

1. "法律是一种准则，这种准则确定了每个人安全和自由在其中生存和活动的不可分割的边界线。"[①] 上个世纪的一位伟大的

* 篇首语录引自奥特加·伽塞特的《是米拉波，还是政治家》，载其《选集》（*J. Ortega Gasset*，Mirabeau Oder der Politiker, in Gesammelte Werke, *Bd. 2.*，[*Stuttgart*，1950]）第 378 页。请参见卡特的《法律中的理想与现实》（*J. C. Carter*，*The Ideal and the Actual in the Law*，*in*：*Report of the Thirteenth Annual Meeting of the American Bar Association*，1890）第 235 页："法律不是由个别君主或长官上司，或则由社会本身的代表组成的一个具有最高权力的实体，从外部强加于社会之上的一系列命令。法律无论什么时候都是作为直接产生于习俗惯例的社会要素之一而存在的。因此，法律是社会的无意识的创造物，或者换句话说，是社会的成长的产物。"国家体现着创造和贯彻法律的有组织的努力，强调法律先于国家这种观点可以追溯到 D. 休谟，请参见他的《论文集》（Treatise, *Book III*，*Part II*）。

① 法学家萨维尼著《论当代罗马法制度》（*F. C. V. Savigny*，System des huntigen römischen Rechts，[*Berlin*，1840] *Bd. I*）第 331—332 页。在翻译中引用的那个片断是被压缩成两句话，它理应得到更为完整的引用："人处于外部世界的中心，对他来说，在他周围的这个环境中，最重要的因素便是，同禀性和使命运与他相似的人们接触来往。如果在这样的接触当中，自由的人们毗邻共存，互相促进，而不是互相阻碍自身的发展，那么，这样的事只有

法学家用这些话描写了关于自由的法律秩序的基本概念。这种使法律成为自由的基础的法制观念从那时以来基本上被人所抛弃了。在法律指导下的自由理想是建立在某种法律观念基础上的，这种法律观念使法律成为"自由的科学"，[①]本章的主要任务将是重新获得并更准确地阐明这种法律观念。

人的社会生活，甚至就连群居动物的生活，惟有个体的行为举止遵循一定的准则，方能实现。随着人的聪明才智的发展，这些准则会越来越从不自觉的习惯发展成为明确而强调表达的陈述，并同时日益抽象化和一般化。我们对法律机关如此熟悉，以致我们看不出，用抽象的规则来划定个人领域是何等难以琢磨的并错综复杂的方式呀！假如它是用理智设计出来的，那它就是人类最伟大的发明创造之一。不过，与语言、货币或者大多数社会生活赖以存在的和机构常规惯例一样，法律机关当然也不是由一位智者发明创造出来的。[②]

用一些规则对个人范围作某种划分，在动物群体中也是可以被观察到的。为防止在寻找食物或是类似的活动中发生过于频繁

通过承认一个看不见的界限——在此界限之内，任何个人的存在及活动均能获得一个可靠的自由活动空间——方有可能实现。确定那种界限并确定这种自由活动空间的规则就是法律。与此同时，法律与道德之间的近似性及差别也是由此出现的。法律是为道德服务的，但是，它不是通过执行道德的戒律，而是通过保障自由地发挥每一位个人的意志中所固有的道德力量，来进行这种服务。然而，法律的存在是一种独立的存在，因此如果在具体情况下，有人声称存在着不道德地实施一项实际存在的法律之可能的话，这是不矛盾的。"（原文的拼写法改成了现代拼法）

① 夏尔·伯当在《个人权利与国家》(Charles Beudant, *Le Droit individuel et l'état*, [Paris, 1891]) 一书第 5 页指出："就其本义而言，权利就是自由的科学。"

② 请参见门格尔的《社会科学方法，特别是政治经济学方法研究》(C. Menger, *Vntersuchungen*; *Untersuchung über die Methode der Sozialwissenschaften der politischen Oekonomie insbesondere* [Leipzig, 1883] Appendix VIII)。

的争斗或侵犯的某种秩序，往往产生于这样的情况：个别动物越是远离其兽穴，其斗志越是减弱。因而两个在其中立地常相遇的个体中的一方，亦即通常是远离其巢穴的一方，不经激烈的较量便会自动退却。一个属于每个个体的领域不是通过确定某种界限，而是通过遵守一种规则而被确定的——当然，个人并不了解这种规则本身为何物，而仅仅是在其行动中遵循它。这个事例表明，甚至连无意识的习惯都包含着某种抽象概念；像离开宿地之距离这样的普遍性的条件，影响着个体在与另一个体相遇时的反应。假定我们想要尝试着解释使动物的群居生活成为可能的任何真正社会习惯的话，则我们将不得不常常用抽象的规则来叙述它。

这种抽象的规则在行动中经常得到遵循，这并不意味着，个人对它们这样的熟悉，以致能够传播它们。当个人对仅仅共同具有某些特性的情况以同样的方式作出反应时，抽象便产生了。[①] 人们在能够阐明抽象规则之前很久，就按照它们的这种含义在行动了。[②]

---

① "抽象过程"不仅出现在语言表达的形式中，也表现在我们对一类在大多数方面都相互千差万别的一类事件中的任何一个作出类似反映的方式上，而且还表现在由这些事件唤醒的，在支配着我们行动的情感中，而无论它是一种正义感还是一种道德的或美学的赞同或不赞同。似乎也有越来越多的控制着我们思想的一般原则，我们无法表述它们，可它们却在指导着我们的思维，这就是思想结构的规律，它们太具有一般性，以致无法在此结构范围内被表述出来。即使当我们谈到左右着决定的抽象规则时，我们也不一定指一个用语言表达出来的规则，而仅仅是一种可能如此来表达的规则。关于所有这些问题，请参见拙作《感觉的秩序》(*The Sensory Order* [London and Chicago, 1952])。

② 参见《萨皮尔选集》 (E. Sapir, *Selected Writings*, ed. D. G. Mandelbanm [Berkeley, University of California Press, 1949]) 第 548 页："比如，对于一个澳大利亚的土著人来说，很容易用他叫做亲属关系的那种东西来这样说，或说出他是否同某个人有这样的关系。对他来说，除了用实例来说明，给出一个概括这些行动的具体例子的一般规则是极端困难的，虽然看他那样好像对这个规则很熟悉。在某种意义上说，他对这个规则是很了解的。但这种了解还不能以语言符号的形式来有意识地使用。更应该说，这是一种对微妙关系的有着微妙差别的感情，它既是体验到的，又是潜在的。"

甚至当他们已经获得了自觉抽象的能力之时，他们有意识的思维和行动恐怕还是受到他们遵循却无力表述的很多这样的抽象规则的左右。一种规则在行动中普遍得到遵守这事实因而并不表明，这个规则还不能被人揭示和用言词来表述。

2. 被我们按严格意义称为"法律"（*Laws*）的这些抽象规则的性质，会很好地显示出来，若是我们将它们与特别的并确定的命令相对照的话。假若我们将"命令"这个词按最广泛的意义来理解它的话，制约人类行动的那些普遍规则，事实上也可以被称为命令。法律和命令同样地区别于对事实的陈述，故此应归于同一逻辑范畴。不过人人都在遵从的一条普遍规则，与真正的命令不同，不一定非有一个人提出它。同时，它的普遍性和抽象性也有别于命令。① 这种普遍性或抽象性的程度在一定范围内不断发生变化，从要求某人此时此地做十分确定的事情的命令，到在这样或那样的情况下，其行动必须符合某些要求的指示。法律可以被称为"一劳永逸"的命令，针对的不是具体的哪个人，略而不计所有地点和时间的这些特殊情况，而且仅仅涉及随地和随时都可能出现的这些情况。然而，将法律与指令区别开来是可取的，即使我们不得不承认，法律会随着内容的更加具体化逐渐地转变为命令。

这两个概念之间的重要差别在于，在从指令向法律转变当

---

① 把法律作为一种命令来对待的做法（起源自托马斯·霍布斯和约翰·奥斯汀），原本是要强调这两种命题在逻辑上的类似性，以区别于事实的陈述。然而，它本不该像经常发生的那样掩饰本质上的差别。参见奥利弗克罗纳的《作为事实的法律》（K. Olivecrona, *Law as Fact* ［Copenhagen and London, 1939］）第 43 页及以下各页，在那里，法律被描述成"随意的命令"，"无人的命令"，"虽然它们有表明命令特征的形式"；正如沃尔海姆的"法律的本质"（R. Wollheim, "The Nature of Law", in *Political Stadies*, Bd，Ⅱ，1954）一样。

中，作出采取什么行动的决策者，越来越从发布命令或制定法律的人那儿转移到正在行动的的人身上。就其理想的形式而言，命令明白无误地确定将要采取的行动，并使受命者没有机会去利用他的学识或满足他的爱好。依照这样的命令所采取的行动，只有利于指令发布者的目的。与此相反，理想的法律仅仅为正待采取行动的人提供在作抉择时应予考虑的额外信息。

一般法律与特别命令之间的最重要区别因此就在于，决定着一项行动的目的和知识在制定者与执行者之间的分配方式，这一点可以用一个原始部落的酋长抑或一个家长可能用以规范其下属活动的种种方式来说明。这位酋长或家长只发布特别命令，而他的下属都不可以做任何他命令以外的事情，这种情况是个极端。如果首领在每一个场合都给他的下属规定所有行动的每一个细枝末节，那他们便将是不折不扣的工具，毫无机会运用他们的学识或他们自己的判断，他们所追求的一切目标及所使用的一切知识统统将是上司的。可是，在多数情况下，倘若上司仅仅提出有关将要采取何种行动或一定的时间将要达到什么目标的一般指示，而让每个不同的个人根据情况，也就是根据他们的知识去添补细节的话，那么，这会更好地为其目的服务。这样的一般指令已经体现出一种规则，根据这些规则而采取的行动部分地受指示发布者的知识的指导，部分地受行动者的知识指导。上司将决定，要获得什么样的结果，以及这些成果应该在何时、由何人、或许还有以何种手段获取；不过达到这些结果的特殊方式方法将由负责这一任务的个人来决定。因此一个大家庭中的仆役或是一个工厂的职工主要将从事例行工作，执行固定命令，不断地使这些固定命令适应特殊情况，他们偶尔才接受特殊命令。

在这些情况下，整个活动所针对的目标，始终还只是上司的目标。不过上司也可能允许它的集体的成员在一定的界限之内追求他们自己的目标。这要以确定每一个人为达到其目的均可使用的方法为前提。这种对方法的安排，可能是以明确一个人为实现他的意图能够利用的某些东或某一个时间的形式来体现的。每一个人这种权利的一览表惟有首领的专门命令才能改变。但是就连一个人自己行动的领域也可以根据事先早就确定的一般规则来决定或改变，这些规则能使下面这件事成为可能：一个人通过他自己的行动（比如通过与他人进行交换抑或通过获得领导机构为表彰其品行而提供的奖赏），划出或改变他能在其中使他的行为指向他自己的目标的领域。因此像财产权这类权利，也是通过用一些规则来划定个人范围而产生的。

3. 在从习惯性规则向现代意义上的法律发展中，我们也发现了从特殊和具体向一般和抽象过渡的类似过程。同培育个人自由的现代社会的法律相比，一个蒙昧未开化社会的行为规则便更为具体：它们不仅划定了个人可以自己决定其行为的领域，而且往往也具体规定了，为了达到一定的结果，应该如何去行动，或者在一定的地点、一定的时间应该做什么。在这些行为规则中还没有对事实性的知识以及那样的一种要求作出区分：前者的内容是一定的行动会有一定的结果；后者的内容是在一定条件下必须采取这种行动。下面只为了举个例子：当班图黑人在他的村子中的 14 座茅屋之间，依照年龄、性别和地位详加规定的方式行动时，他所遵循的规则便大大地限制着他的选择。① 虽然他不服从另外一个人的意愿，而只顺从不具人格的风俗习惯，但服从严格的礼仪，以获得一定地位的必要性，限制着他对做事方法的选择，这种限制远远地超出了保障他人取得同样自由的必要性对其的限制。

---

① 这个例证我引自奥特加—伽塞特的《罗马帝国》（*Del imperio romano*，1940，in：*Obras completas*，Bd，VI［Madrid，1947］，第 76 页），而他想必是从某些人类学家那里得来的。

只有当习惯的行为方式不再是个人所了解的惟一方式，只有当他想出了达到他希望的目标的其他方法时，"风俗习惯的强制"才成为障碍。随着个人思维的发展以及随着与习惯性行为方式的决裂趋势的出现，有必要明确地或重新地阐述行为规则，有必要减少积极性的行为规定而让对行动范围的本质上是消极的限制取而代之，以致这种行动不干涉同样得到承认的他人的行动范围。

从特殊的风俗习惯向法律的过渡比从命令向法律的过渡更好地说明，我们由于缺少更好的词语而称为法律的"抽象性质"的东西是什么。① 具有一般性和抽象性的法律规则规定，在某些情况下，行为必须满足某些条件，可符合这些条件的所有多种多样的行为都是合法的。这些规则只不过勾画出个人不得不在其中活动的范围，可是在这个范围内他有权作出自己的决断。就同他人的关系而言，禁止性规定几乎总是具有消极性质，除非规定所针对的人，靠他自身的行为创造了使积极性责任出现的条件。这些规则作为工具，是供人使用的手段，它提供了行动者可以使用的部分信息，将这信息同他所知道的有关地点和时间这些特别情况相结合，便为他作出决定提供了根据。

因为法律只是决定个人的行为必须符合的条件的一部分，并在某种条件出现时适用于一切不知名的人，而无视在特殊场合下

---

① 假如不存在同这些用语的其他意义相混淆的危险，那么按"形式上的"这个用语在逻辑讨论中所使用的同样意义，宁愿说"形式上的"的法律，而不说"抽象的"法律，参见波普尔的《逻辑研究》（K. R. Popper, *Logik der Forschung* ［Wien, 1935］）第 85 页及第 29—32 页。可惜"形式上的"这个词也被用于由立法机关所规定的一切，而只有当这样的一种规定采取一种抽象规则的形式时，形式意义上的这样一种法律也才是真正意义上的或实体意义上的一种法律。比如，当马克斯·韦伯在他的《经济与社会》（Max Weber, *Wirtschaft und Gesellschaft*, *Studien aus gabe*, ［Köln-Berlin, 1956］）第 600 页及以下几页上，论说到"形式上的公正"时，他指的是一种法律不仅在形式意义上，而且在实体意义上规定的权利。

的大多数事实，所以立法者便将无法预见到，这些事实对特定人物会有什么样的影响，以及这些人会利用这些事实达到何种目的。我们说法律是"工具性的"，是指个人在服从法律时追求还是他自身的目标，而非立法者的目标。由于行动的特殊目标总是独特的，它们不应该被纳入一般规则之列。法律将禁止杀死他人或除在某些条件下禁止杀害，这些条件被限定为在任何时候和任何地点都是可能出现的。但是，法律将不会禁止杀死某些个人。

在遵守这些规则的情况下，我们不是在为其他人的目的服务，也不能说我们屈从于他人的意志。如果我将他人的准则拿来为我的意图所用（正如我使用我自己关于自然法则的知识一样），如果那个人对我的存在，或者对使这些准则被运用到我身上的特别情况，或者对这些准则对我的计划的影响一无所知的话，那么，便几乎不能认为，我的行动是服从了另外一个人的意志。至少是在所有对人构成威胁的强制可以避免的情况下，法律只是改变供我使用的方法手段，并不决定我要追求的目标，假若没有许诺必须得到遵守这样一个公认的准则，我本来就不能与人签订合同。在这种情况下，如果因为我履行了合同，就说我屈从于他人的意志，这未免有点太可笑了。同样，在充分了解法律的情况下，我采取某种行动，如果因为我接受了这种行动造成的法律后果，就认为我屈从于他人的意志，也是很荒唐的。对个人来说，知道某些准则将被普遍应用这一点的意义在于，这会使得各种各样的事物及行为方式在他看来都会获得新的特征。他了解由人创造出来的因果关系，他能够使用它来实现每一个希望实现的意图。这些人为的法则对他行为的影响，与自然规律的影响如出一辙：无论对哪种法则的认识都使他能够预见其行为后果并以某种信心去判定计划。如果他在其居室内的地板上点燃起一个柴堆，他的房子将被烧毁；如果他点燃起他邻居的房子，他就会蹲监狱，了解这两种因果关系的意义几乎是没有差别的。就像自然规则一样，国家法律也提供个人不得不在其中活动的外界环境的固定特征；固然这些法律会把某些他可能得到的选择机会排除在外，可通过它们不会把选择局限在其他某个人希望他采取的某些行动上。

4. 法律之下的自由之概念是本书的主题，这种自由概念是以这一观点为依据：当我们遵守那些不管实际上是否会应用到我们身上而被判定出来的一般的抽象准则时，我们并不会屈从于他人的意志，因而我们是自由的。正是因为立法者不了解他的准则要对其加以运用的特殊情况，正是因为运用这些准则的法官，在根据现存的准则体系和该案件的特殊事实得出结论的过程中，没有选择余地，所以我们可以说，进行统治的不是人，而是法律。因为准则是在不了解具体情况的条件下制订出来的，因为谁的意志也不会决定用于贯彻其意志的强制，故而法律不是随心所欲的东西。① 可是，惟有当我们用"法律"来指那些对每一个人都同样有效的一般规则时，上面这一论点才适用。这种一般性好像是法律特性中的最重要的东西，我们称之为法律的"抽象性"。如果说真正的法律不该指定个别情况的话，那么它就特别不该选取特定的人或团体。

---

① 参见刘易斯的《论从属国的政府》（G. C. Lewis, *An Essay on the Government of Dependencies* ［London, 1841］）第 16 页注释："当一个人自愿地按照一个他以前已经宣布愿意遵守的规则或准则来控制自己的行为时，他被认为在个人行动中剥夺了自己的志愿、自由意志、处理权或任意权。因此，当一个政府处于一个人的位置，而不遵守由它自己制定的、事先就存在的行为规则时，应该说这个政府的行为是任意专断的。"还见同上书，第 24 页："无论是君主制、贵族制还是民主制政府，它们中的每一个都有可能受到任意的操纵。在政府形式内，没有，也不可能有任何东西，会为其臣民提供反对不适当地、任意地行使统治权的法律保障。只有在舆论的影响力以及造成各种最高政府在善行方面具有基本差别的其他道德约束中，才能找到这种保障。"

在法律制度内，国家运用的一切强制措施仅局限于贯彻一般的抽象准则，这种制度的意义常常被按照一位伟大的法律史学家的话来说明："进步社会的发展迄今一直是从身份到契约的运动。"[1] 身份——每一个个人在社会上所占有的某种地位——的概念，实际上是与那种准则并不充分具有一般性状态相适应的，在这种状态下某些个人或群体被挑选出来并被赋予特别的权利和义务。然而，强调契约是身份的对立物有点儿令人迷惑不解，因为这样一来法律赋予个人以谋取自身的地位的各种手段中只有一种（尽管是最重要的）手段被突出强调。身份统治的真正对立物是一般性的和平等的法律之统治，是对所有人都一视同仁的准则的统治，或者还可以说，是 *Leges* 的统治（法律一词在拉丁语中的本义是 "*Leges*)"，它与 "*Privi-Leges*" 是对立的。

要求真正的法律准则必须是一般性的并不意味着，当法律准则涉及的只是某些人才具有的特性时，这些特殊的准则也不可以适用于不同的阶层。可能有些法律仅仅适用于妇女，或盲人、或某一定年龄以上的人（在大多数情况下，甚至没有必要提到准则所适用的那一类人，因为比如可能只有一位妇女被强奸或是受了孕）。当这些区分不单是被群体之内的人也被群体之外的人同样认为是合理时，这样的区分就不是随心所欲的，也不会使一个群体屈从于他人的意志，这不是说，关于这种区分是否合乎需要必定存在着一致认识，而仅仅是说，各种人的意见并不取决于他们是否属于这个群体。只要无论群体内还是群体外的多数人都赞成这种区分，人们就会认为，它就会有益于两个群体的目的实现。

---

① 亨利·梅因爵士著《古代法律》(Sir Henry Maine, *Ancient Law* [London, 1861]) 第 151 页；参见格雷夫森的 "从身份到契约的转变" (R. H. Graveson, "The Movement from Status to Cortract", in *Modern Law Review*, Bd, Ⅳ, 1940—1941)。

但是，如若惟有群体内的人赞成这种区分，那么这便是特权，而如果只有群体外的人想要作此区分，那就是歧视。对一些人来说是一种特权的东西，而对其余的人来说则永远是一种歧视。

5. 不可否认，即使是一般的、抽象的、对所有的人都适用的准则，也可能构成对自由的严重约束。可是假若我们对此思考一番，我们便会看到，这是多么不大可能发生的。防止其发生的主要保障是准则无论是对那些颁布它们的人还是对那些遵守它们的人都一样适用，这就是说，对政府和对被统治者一视同仁，无论谁也无权允许例外情况的存在。假如一切被禁止或被指定去做的东西，对所有的人都毫无例外地是被禁止或被规定去做（除了产生于另一抽象准则的特例以外），如果甚至连当局除了贯彻实施法律也没有特别权力的话，那么几乎没有什么人们想做的事情会被禁止。这样的事情是可能发生的，狂热的宗教团体强使其他人接受它的成员乐意遵守的约束，而这种约束对他人在追求自身的重要目标时将成为障碍。确实，宗教曾经常地提供制定让人感到极端压抑的准则的借口。因而宗教自由对自由来说非常重要，可是，宗教似乎是严重阻碍自由的一般准则曾经被普遍强行实施的惟一理由，这一点也是意味深长的。同那些也许仅仅被强加于有些人的限制相比，大多数确实被强加于每一个人的约束，比如像苏格兰的安息日，虽然有时令人厌烦，但却较为无害。很重要的一点是，我们认为是个人私事方面的大多数限制，比如节制挥霍浪费，通常仅仅是有选择强使几个群体接受，正如在禁酒令的情况下那样，它们之所以能实施，只是因为政府为自己保留了允许例外的权利。

我们还不应忘记的是，就人们对他人的行动而言，自由仅仅意味着人们的行动只受一般规则的制约。因为没有任何一种行为兴许不会影响他人的受保护的领域，所以无论是言论，还是新闻或是宗教活动均不可能是完全自由的。在所有这些方面（以及也还有正如我们稍后将要看到的，在契约方面）自由意味着并只能意味着，我们可以做什么并不取决于任何一个人或任何一个当局的认可，而惟独受到对所有的人皆一视同仁的普通规则的制约。

然而，如果说法律赋予我们自由，那么它只适用于抽象一般规则这个意义上的法律或被称为"实体意义上的法律"的那种东西，后者同纯粹形式意义上的法律的区别在于这些规则的本质，而不在于其来源。① 作为一则特别命令的"法律"，或仅仅因为它出自一个立法机关，而被称为"法律"的命令是压制的主要工具。混淆这两个法律概念，并不再相信法律能够进行统治以及人们在拟定和强制实施前一种意义上的法律时并没有强行贯彻立法者和执法者们的意志，这是自由衰落的主要原因之一，对此法哲学和政治学说负有同等程度的责任。

我们此后将不得不再回到这个问题上来，以搞清现代法哲学是如何将这些差别搞得越来越模糊不清的。这里，我们只能通过援引两种极端立场的例证，来指出这两个法律概念之间的矛盾对立。美国联邦最高法院院长约翰·马歇尔的下列著名论断表达了正统观点："作为法律权力对立物的法官职权是不存在的。法庭只是没有意志的纯粹的法律工具。"② 霍姆斯是一位现代法律学家，他在所谓进步人士当中获得了最大的赞许。现在让我们来用上面的论断同霍姆斯的被广泛引用的格言相比较："一般主张决定不了具体情况。"③ 同样的见解由一位同时代的政治理论家以如下方式表达出来："法律不能统治国家，惟独人才能对其他人

---

① 参见本书后面的讨论。

② 最高法院院长约翰·马歇尔在《奥斯本对合众银行》上的讲话（Chief Justice John Marshall in *Osborn v. Bank of United States*, 22 U. S. ［9 Wheaton］736, 866, ［1824］）。

③ 小霍姆斯在《洛赫纳对纽约》中的讲话（O. W. Holmes, Jr, *Lochner v. New York*, 198 U. S. 45, 76 ［1905］）。

行使权力，断言是法律而非人在治理国家，意味着人统治人这一
事实要被隐瞒起来了。"①

　　实际上，如果"统治"意即一些人不得不服从另一些人的意
志，则一个自由社会里国家当然没有这种统治权力。公民之所以
作为公民不能被如此统治，也不能被呼来喝去，而无论这个公民
在为实现自己的目标所选择的职业中处于什么地位。或者根据法
律，他暂时为国家履行某项职能时，也是如此。如果"统治"就
意味着，强制贯彻不考虑特殊情况之条件下而被制定出来，对一
切同样的情况都适用的普通规则，在这种意义上公民可以被统
治。因为这里在准则适用的大多数情况下，不需要人的裁决；即
使法庭必须决定如何才能把一般准则运用于特殊情况时，作出决
定的是从被公认的规则体系中得到的结论，而不是法庭的意志。

　　6. 论证为什么要保障每一个个人有一个众所周知的在其中
他可以决定自己的行动的权益领域的理由是，这使他能够最充分
地运用他的知识、尤其是他关于时间和地点特殊条件的具体和独
一无二的知识。② 法律会告诉他，他能够指望什么样的环境，凭
借这种环境他可以扩展他能预见自己行动后果的范围。法律也会
告诉他，他必须考虑到他的行为可能出现什么样的后果或他要对
什么承担责任。这就是说，他可以做什么或他必须做什么，只能
取决于假定他能获悉或者弄清的情况。任何一项使一个人的选择
范围依赖于他无法预见的间接的行为后果的准则都不可能有效，
或不可能让一个人自由地去决定。甚或在他能够预见的那些行动

---

①　诺曼著"论政治自由的概念"（F. Neumann，"The Concept of Political Free-
dom"，in *Columbia Law Review*，LIII，1953，910）。

②　参见亚当·斯密的《国民财富的性质和原因研究》（Adam Smith，*W. o. N.*，
I.，421）第 421 页："什么是可以投资的家庭产业，哪种家庭产业的产品可
能最有价值，显然，对于这些问题，每个人从其自身处境出发作出的判断会
比任何政治家或立法者能为他作的判断的更好。"

后果中，规则将突出强调一些他必须注意的后果，而另外一些后果他却可以忽视。尤其是，这些规则不仅要求任何个人不得干损害别人的事情，而且它们将或应该被这样来表述以至在适用于一个特殊情况时，它们将清楚地确定什么样的结果必须予以注意，什么样的结果则不然。

　　法律以这种方式有助于个人能够有效地使用他自己的知识，并有利于他为此目的而获取知识，不过，法律也体现着知识或以往经验的结晶，它们可以为人所利用，只要人们按这些规则行事。事实上，在遵守共同准则的情况下，个人之间的合作基于一种知识的划分，[①] 在这种划分中个人必须考虑特殊情况，可是法律要保证个人的行动要适合于社会的某些一般的或持续存在的特性。这种体现在法律中的、个人通过遵守规则而加以利用的经验，是很难讨论清楚的，因为它一般来说对于这些个人或任何其他人都是陌生的。这些准则的大多数从来就不是有意识地发明出来的，而是借助于一个反复试验的渐进过程产生的，在这个过程中世世代代一脉相承的经验使这些规则成为现在的样子。所以，在大多数情况下，从来就没有一个人了解使一个规则获得某种特定形式的全部原因和考虑。故此我们常常不得不试图揭示一项规则的实际功能。我们通常知道某项规则的理由，如果是这样的话，我们就应该力图去弄明白，这项规则的一般功能或目的应该是什么，倘使我们想要通过自觉的立法来完善它的话。

　　人们的行动规则，体现着整个社会对社会环境和对社会成员的一般本质特征的适应。这些规则用来或者说应该用来辅助个人

---

　　① 参见罗宾斯的《经济政策的理论》（Lionel Robbins, *The Theory of Economic Policy*［London, 1952］）第 193 页：古典的自由主义者"像过去一样主张一种分工：如果个人不想互相妨碍，政府就应该规定他们不应该干什么，而应该让公民自由地去做不被禁止的事情。制定形式规则的任务要交给一种人，而对特定行为之实质的责任要另一种人承担。"

制定那种实现的可能很大的计划。这些规则之所以会产生，也许只是因为在某些情况下，个人之间在有关什么是每一个个人均有权去做的事情这一问题上很容易发生冲突，而惟独在有一种准则能明明白白地告诉每一个人什么是他的权利的情况下，冲突才能避免。

　　经常会有好些规则可能会满足这种要求，但是不是所有都同样令人满意。我们称为"所有权"的权利体系应该包括哪些具体内容，特别当涉及到地产时，受保护的个人领域应该包括什么样的其他权利，国家应该强行实施什么样的契约。对于所有这些问题，只有经验才会表明，什么是最适当的安排。在对这类权利的任何一种特定解释中，都不包含任何"自然的"因素，譬如罗马人把所有权解释为任意使用或滥用一个物品的权利，尽管这种看法频繁地被重复，但严格地讲它几乎是行不通的。不过，一切稍微进步一些的法律制度的主要特征是如此地相似，以致它们看起来好像仅仅是大卫·休谟提出的"天赋人权的三大基本准则"的作品，这"天赋人权的三大基本准则"是，"稳定财产的权利、通过协定转移财产的权利以及履行诺言的权利"。①

　　但在此我们不能探讨一个自由的社会中这些准则应该具有的特定内容，而只能探讨它们具有的一般特征。既然法律制订者无法预见到，有关的人员将如何使用这些规则，因此他只能尽力去做到使这些规则大体上或在多数情况下将成为有益的东西。可是

---

① 休谟著《论文集》（D. Hume, *Treatise*, Part II, Sec. 6［Works, II, 293］）。还见琼斯的《法学理论的历史学导论》（John Walter Jones, *Historical Introduction to the Theory of Law*［Oxford, 1940］）第114页："除了法国民法典的家庭法部分外，通观整个法典，狄骥（Duguit）只发现三个基本的规则，没有再多的了——即契约自由、财产的不可侵犯性以及由一人的过错造成他人的损失时进行赔偿的责任。所有其余内容都可归结为对某些国家代理人或其他什么人的辅助说明。"

因为这些准则是通过由它们引起的预期来发挥作用的，所以，要毫无例外地运用这些准则，而根本不顾及在某种特殊情况下是否会出现符合人们希望的后果，这是至关重要的。① 立法者将自己的活动只限于制定一般规则，而不发布特别命令，这是由于他对规则在其中得到运用的特殊环境不可避免的无知所造成的结果；

---

① 参见休谟的《论文集》（D. Hume, *Treatise*, Book III, Sec, 2—6），这里也许还包含有对所涉及问题的最令人满意的讨论，特别是第二部分第 269 页："一个孤立的公正行为常常是和公共利益背道而驰的。并且如果这一行为只是单枪匹马，没有其他行为跟上，那么它本身很可能是非常有害于社会的⋯⋯如果分别考虑的话，每一个孤立的公正行为对私人利益不会比对公共利益更有益处。⋯⋯但是，不论孤立的公正行为同公共利益或者私人利益是多么背道而驰，然而，可以肯定的是，它作为整体规划对社会援助以及每个人的福利都是非常有益的，或者说的确是绝对必需的。把利与弊截然分开是不可能的。财产必须是稳定的，并且必须由一般规则来加以确定。虽然在某种情况下公共利益可能是弊端的受害者，但是，这种暂时的弊端会由于规则的稳步贯彻以及由此造成的社会和平和社会秩序而得到充分的补偿。"还见休谟的《研究》（*Enquiry*, in *Essays*, II, 273）："公正和忠诚这种社会美德"产生的益处并不是每一种个人孤立的行为的结果，相反，它产生于社会整体或大多数所赞同的整个体系⋯⋯在某些情况下，这些个别行为的结果是直接同整个行为体系的结果相反的，前者可能是极其有害的，而后者却是可能在最大限度内是有益的。从父母那里继承而来的财富，在坏人手里是作恶的工具。在某种场合下，继承权完全可能是有害的。它的益处只能通过遵守一般规则而产生，而如果所有产生于特定性格和特定情况的弊端和不利状况都因此而得到补偿，那么也就足够了。"还见同一书的第 274 页："所有规定的财产的自然法以及所有民法都是一般性的，它们只关注特定案例的主要情况，而不考虑当事人的个性、处境和关系，也不考虑在特定案件中由于这些法律的判决而引起的任何特定结果。这些法律会毫无顾忌地并没有理由地剥夺一个慈善之人的所有财产，如果这些财产是由于错误而获得的话，以便把这些财产赠与那些已聚敛大量剩余财富的自私的守财奴。公共利益要求，财产应该受一般性的、固定不变的规则的调节。虽然，这样的规则是由于能最好地为同一个公共利益之目标服务而被采纳，但它们不可能防止每一个特定的苦难发生，或者使每一个特定情况都产生有益的结果。如果说为扶植公民社会整体性的公正行为之计划是必要的，如果说因此善行在总体上确实大大超过罪恶的话，那么，这就足够了。"在这方面，我很想表达我对阿诺德·普兰特先生的感谢，是他在许多年以前第一个使我注意到休谟对这个问题论述的重要性。

他所能做的只是为那些必须制订某些行动计划的人们使用提供可靠的情报。然而，因为他只确定他们的一些行动条件，所以他只能提供机会和前景，而从不为他们的努力取得何种结果提供担保。

抽象法律规则的本质是，它们大概只在运用它们的大多数情况中发挥有益的作用，并且它们事实上只是人们借以学会结束存在于自己身上的愚昧无知的手段之一。有些人对功利主义进行某些理性主义的解释使我们有必要强调指出法律规则的本质。的确，要证明任何一项个别法律规则的正确性，其理由必定是它的有用性——即使这种有用性无法借助于理性的论据得到证明，但它为众所周知，只是因为这项法律规则在实践中被证明比其他的更优越。但是一般说来，只有作为整体的法律规则才必须这样来证明其正确性，法律规则的具体运用则不然。① 在法律或道德问题上的任何冲突都应该这样来裁决，即按照能了解这种裁决之一切后果的人认为似乎最相宜的方式来裁决，这种观念意味着全盘否定法律规则的必要性。"只有一个由无所不知的个人组成的社会，才能给予每一个人，根据一般的功利的理由去权衡每一项个别行动的充分自由。"② 这样一种"极端的"功利主义会导致荒

---

① 请见穆勒的《论自由》(J. S. Mill, *On Liberty*, ed. by R. B. McCallum [Oxford, 1946]) 第 68 页。

② 请见罗尔斯的 "规则的两种概念" (J. Rawls, "Two Concepts of Rules", in *Philosophical Review*, Bd. LXIV, 1955); 斯马特的 "极端的与有限的功利主义" (J. J. C. Smart, "Extreme and Restricted lltilitarianism", in *Philosophical Quarterly*, Bd. VI, 1956); 麦克洛斯基的《对有限功利主义的考察》(H. J. McCloskey, "*An Examination of Restricted* Utilitarianism", in *Philosophical Review*, Bd. LXVI, 1957); 厄姆森的 "对米尔的道德哲学的解说" (J. O. Urmson, "The Interpretation of the Moral Philosophy of J. S. Mill, in *Philosophical Qnarterly*, Bd. Ⅲ, 1956); 以及图尔明的《对伦理学中理性地位之考察》(S. E. Toulmin, *An Examination of the Place of Reason in Ethics*, [Cambridge, Cambridge University Press, 1950]), 尤其是第 168 页。

谬的结果；因而只有被叫做"有节制的"功利主义才对我们的问题有意义。可是，有人认为，只有当在特殊情况下遵守法律产生的有益结果明显可辨时，法律规则方能具有约束力。这种观点会对人们对法律和道德的尊重产生毁灭性的影响，在这方面，几乎没有什么观点比它的危害性更大。

以最陈旧的方式表达出来的这个错误观点曾同下面这个著名的、但却经常被错误引用的格言（"人民的幸福应该是，并非实际上'是'，至高无上的法律"①）联系在一起。如果正确理解的话，它的意思是指法律的目标应该是人民的福利；一般的法律规则应该这样来设计，以使它为人民的福利服务。然而，这并不是说，有关某种社会目标的任何一种想法，都是违犯那些一般的法律规则的理由。一个特定的目标，一个具体的应该达到的结果绝不可能是法律。

7. 自由的敌人总是把他们的论点建立在这一论断基础上：人类事务中的秩序要求，一些人发布命令，另一些人服从。② 反对一般法律统治下的自由制度的许多理由，都是由于人类没有能力想象出一种卓有成效的协调人类活动的方式，而不依赖于承担

---

① 约翰·塞尔登在他的《餐桌上的谈话》（John Selden, *Table Talk* [Oxford, 1892]）第 131 页上表示："在这个世界上没有任何东西像下面这一则格言那样被如此频繁地滥用：'人民权利即最高法律'。"参见麦基尔维恩的《立宪主义：古代与现代》（C. H. McIlwain, *Constitutionalism: Ancient and Modern* [Ithaca, N. Y., Cornell University Press, 1947]）第 149 页。关于一般性问题请参见迈内克的《国家理性的思想》（F. Meinecke, *Die Idee der Staatsräson* [München 1924]），英文版译文名称为《马基雅维里主义》（*Machiavellism* [London, 1957]）。还参见米瑟斯的《社会主义》《L. von Mises, *Socialism*, [New Haven: Yale University Press, 1951]）第 400 页。

② 请参见詹姆士一世的观点，沃姆斯在其《现代立宪主义之起源》（F. D. Wormuth, *The Origins of Modern Constitutionalism* [New York, 1949]）一书第 51 页，引用了这一观点："秩序取决于命令与服从关系。任何组织皆源于优势与服从。"

指挥功能的智者进行有意的组织。国民经济学理论的一项成就说明了，个人自发活动的这种互相适应是如何通过市场来实现的，其前提是，每一个个人的影响范围是众所周知的。对相互适应的这个必然过程的领会，构成了为约束个人行动而制定一般规则的过程中必须运用的知识的一个重要部分。

社会行为的规则性体现在下列事实中：个人能够贯彻一项连贯一致的计划，这个计划几乎在每个阶段上都是以预期其他人也会作出某些奉献为基础的。"在社会生活中，存在着某种秩序、连贯性和稳定性，这是显而易见的。假如没有它们，我们当中就不可能有人去从事其职业或是去满足其最基本的需要。"① 如果我们希望，个人要使他们的行为适应大部分只有他们自己才熟悉，而就其总体而言一个人的智能绝不可能认识的特殊情况的话，那么这种规则性就不可能是统一指挥的结果，因此，就社会而言，规则性从根本上讲意味着：个人行为是受正确的预见指导的，人们不仅能卓有成效地使用他们的知识，而且也能极其自信地预见，他们能指望他人提供什么样的合作。②

对适应环境认识已传播到很多人中间去了，以这种对环境的适应为前提的这样一种秩序，是不能靠集中控制而制造出来的。它只能产生于各种社会成分的相互适应及其它们对那些直接影响着它们的事件所作出的反应。这便是 M. 波拉尼（M. Polanyi）所说的"多中心的秩序"的自发形成："如若人类生活中的秩序是通过允许他们根据积极主动地相互影响而实现的，与此同时，

---

① 我向作者道歉，我引用了这些话，但却忘记了他的名字。我以前对这段话加的注释，提到的是埃文斯-普里查德的《社会人类学》（E. E. Evans-Pritchard, *Social Anthropology* [London, 1951]）第 19 页。然而，虽然那里表达了同样的思想，但却不是用所引用的话来表达的。

② 请参见雅赖斯的《人与国家》（H. Jahrreiss, *Mensch und Staat* [Köln-Berlin, 1957]）第 22 页："社会秩序就是社会的可预见性。"

他们只服从对他们所有的人一律适用的法律，那么，我们就有了一种自发秩序的机制。然后我们就可以说，这些个人的努力通过每个人都发挥了自己的首创精神而得以协调一致；这种自我协调从社会原因的角度证明了这种自由是合理的。我们说这些个人的行动是自由的，因为他们的行动不是由一个具体的命令决定的，无论命令是来自一位上司，还是来自官方当局；他们遭受的强制是一般的、不带个人色彩的。"[①]

尽管人们更为熟悉将物质的东西规则条理化的方式，而经常认为这种自发秩序的形成十分费解，但是这其中也存在着很多我们同样不得不依赖于自发地协调单个因素，以便获得一种自然的秩序的情况。假设我们不得不把每一个个别的分子或原子置于相对于其他的分子或原子而言的适当的位置上，那我们就绝不可能制造出一个结晶体或一种复杂的有机化合物。我们不得不依赖这样的事实：每一个个别的分子或原子在一定的条件下会排列成一种具有某些特征的结构。充分利用这种自发的力量，在这些情况下是我们得到所希望的结果的惟一办法。它包含有这样的意思，即产生规则的过程的许多特性是我们无法控制的，换言之，我们不能依赖这种力量，同时也不能确保，某些原子会在形成的结构中占据特定的位置。

同样，我们能为一种社会秩序的形成创造条件，可是，我们无法规定这些社会因素在一定条件下使自己规则化的方式方法。在这种意义上讲，立法者的使命不是建立某种秩序，而仅仅是为这样一种秩序的形成和不断地自我更新创造条件。正如在自然界的情况一样，促使这种秩序的形成并没有要求我们能预言任何个别原子的发生作用的情况——个别原子的情况取决于我们不了解

---

①　波拉尼著《自由的逻辑》（M. Polanyi, *The Logic of Liberty* [London, 1951]）第 159 页。

的原子所处的特殊环境。只有原子反应过程中的有限规律性才是
必要的；我们强行实施的人类社会的法律的目的是，确保使一种
秩序的形成成为可能的这样一种有限的规律性。

　　倘若这样一种秩序的构成因素就是进行思考的人们，倘若我
们希望，他们在追求自身的目标时尽可能成功地施展他们个人的
才干，那么，秩序产生的最重要的前提则是每个人都知道，他可
以依靠他周围环境的哪些情况。防止无法预料的外界干涉的必要
性有时候被描绘成"资产阶级社会"独具的特征。[①] 如果"资产
阶级社会"不是指任何一种自由的个人在劳动分工基础上进行合
作的社会的话，那么这种观点就把具有这种必要性的社会制度的
范围限制得太小了。防止不可预料的外来干涉是个人自由的不可
或缺的条件，确保这个条件是法律的主要职能。[②]

[①]　马克斯·韦伯著《经济组织学说》（Max Weber, *Theorie der Wirtschaftli-*
　　　chen Gesellschaft, G. d. S. ö Ⅲ/22，第 831 页，第 386 页），他倾向于把法律
　　　秩序正常运转时可估计性及可预见性的需要作为资本主义或资产阶级社会阶
　　　段的一个特征来对待。然而，惟有当这些措施被视为是对建立在劳动分工基
　　　础上的任何一个自由社会描绘时，这时才是正确的。

[②]　参见布伦纳的《正义与社会秩序》（E. Brunner, *Justice and the Social Or-*
　　　der [New York, 1945]）第 26 页："法律是维护秩序的预防措施。对人类
　　　而言，法律就是法律所提供的服务，同时也是它的责任和危险。法律防止专
　　　断，有安全感、可信赖感，它为未来消除了令人不安的黑暗。"

第十一章　法治的起源

　　法律的目的不是取消或者限制自由，而是维护和扩展自由。那么，对所有的有立法能力的人都适用的一条原则是：何处无法律，则也亦无自由。自由意味着不受他人限制和暴力行为的制约。而这在没有法律的地方是不可能的。然而，自由并不是像我们所说的那样，意味着给每一个人做他想做的一切事情的自由（因为如果每一个其他人都可以将其情绪强加给一个人，那么谁还能有自由呢？）。相反，自由意味着，一个人在他应该服从的那些法律所允许的限度之内，对他的人身、行为、财产及他的全部所有物拥有任意支配的自由，而无需屈从于别人的专断意志，而是自由地遵从他自己的意志。*

——约翰·洛克

1. 近现代的个人自由之起源几乎不可能追溯到比 17 世纪英

---

* 约翰·洛克的《第二篇论文》（John Locke, *Second Treatise*）第 57 节第 27 页。本章以及第 13、14 章的重要内容，在我的学术报告《法治的政治理想》（The Political Ideal of the Rule of Law）中已使用过，报告是我为埃及国民银行所作的，并由该行发表（Cairo, 1955）。

国更久远。①可能就像一贯的那样，它最初是作为夺权斗争的副产品，而不是作为有意识设定的目标所产生的结果而出现的。但是，它曾这样长久地存在过以致它的好处被人们所认识。200 多年来，维护和完善个人自由，成了英国占主导地位的理想，它的制度和传统成了整个文明世界的典范。②

---

① 我越是深入地了解这些思想的发展，便越是确信荷兰共和国的榜样所发挥的重要作用。诚然，即便这种影响在 17 世纪晚期和 18 世纪早期是相当清楚的，但这些思想过去的作用还必须调查研究清楚。与此同时，请见乔治·克拉克的《荷兰共和国》(Sir George Clark, *The Dutch Republic*, in *Proceedings of the British Academy*, Bd. XXXII, [1946])；盖尔著《荷兰历史上的自由权》(P. Geyl. *Liberty in Dutch History*, Delta, Bd. l, 1958)。

　　对于意大利，尤其是佛罗伦萨文艺复兴时的类似思想的重要讨论和发展，我不得不略过，因为我对此不熟悉（一些简要提示，也请见第 20 章注释的开始部分）。我感到要谈论下面这个有趣的事实，自己力不胜任：即一种欧洲以外的伟大文化，即中国文化，看来差不多与希腊人在同一时期提出了法治观念，这种观念同西方文化中的那些观念有着惊人的相似之处。根据冯友兰的《中国哲学史》(Fung Yu-Lan, *A History of Chinese Philosophy* [Peiping, 1937]) 第 312 页："这一时期（公元前 7 到 3 世纪）的政治大趋势是，从封建统治向着由掌握绝对权力的统治者的统治发展；从由习惯性的道德（礼）和个人的统治走向由法律来治理。"这位作者引用了《管子》里的一段言论作为例证，这段话被认为是管仲的，不过大概是在公元前 3 世纪写成的："当一个国家受法律统治时，事情将会简单地按它们的有规则的程序被完成……如果法律不始终如一，那么，对国家的当权者来说，将是不幸的事。……当统治者和大臣们、上司和下级、高贵者和卑贱者，大家都服从法律时，这就被称之为拥有非常好的政体。"然而，作者又补充道："这是一个实际上在中国还从未达到过的理想。"

② 请参见孟德斯鸠在《论法的精神》(Montesquieu, *The Spirit of the Laws*) 第 1 卷第 151 页的评论："世界上也有这样一个民族，它把政治自由作为它的宪法的直接目的。"另请见亨纳的博士论文《英国的自由观念》(R. Henne, *Der enghlische Freiheit sbegriff*, Dissertation [Zürich; Aarau, 1927])。欧洲大陆人如何发现英国的自由观念以及英国的榜样对欧洲大陆的影响，对此还必须进行认真周密的研究。早期重要的著作是：居伊·米耶格的《大不列颠社会当前的等级》(Guy Miege, *L'État présent de la*

　　这并不意味着中世纪遗产同现代自由毫不相干。只是中世纪遗产的重要性不完全像人们经常认为的那样。中世纪的人虽然在有些方面曾享受的自由比今天普遍认为的更多。但是，很少有理由认为，当时英国人的自由大大多于大陆上的很多民族的自由。[①]在中世纪某些阶层或某些人享有特权，如果说当时的人了解许多在特权这种意义上的自由的话，那么他们对作为全体人民的一般条件的自由则是几乎一无所知的。在有些方面，当时流行的有关法律和秩序的性质及由来的一般概念，使自由的问题不会以现代的形式出现。然而，人们也可以说，英国之所以能够开创自由的现代发展进程，恰恰是因为那里仍然保存着更多的中世纪人关于法律具有最高权威的一般理想，但这种理想却在其他国家

Grande-Bretagne［*Amsterdam* 1708］），另在一个德文的增订版本中译成：《大不列颠及爱尔兰的僧侣和世俗等级》（Geistlicher und weltlicher Stand von Grossbbritannien und Irland［*Leizig*，1743］）；德·拉潘-图瓦拉的《关于辉格党人与托利党人的论文》，或《关于辉格党和托利党的历史论文》（*P. de Rapin-Thoyras*，Dissertation Sur les Whigs et les Torys，or an Historical Dissertation upon Whig and Tory，*trans. M. Ozell*，［*London* 1717］），以及亨宁斯著《英国自由的起源与进步之哲学史和统计学史》（*A. Hennings*，Philosophische und Statistische Geschichte des Ursprungs und Fortgangs der Freyheit in England，［*Copenhagen*，1783］）。

① 着重请参见波洛克和梅特兰的《英国法律史》（F. Pollock und F. W. Maitland，*History of Englisch Law*［Cambridge：Cambridge University Press，1911］）；凯勒的《中世纪人生及财产自由的保障》（R. V. Keller，*Freiheitsgarantien für Person und Eigentum im Mittelalter*［Heidelberg，1933］）；普兰尼茨的"关于基本权利的思想史"（H. Planitz，"*Zur Ideengeschichte der Grundrechte*"，*in* Die Grundrechte und Grundpflichten der Reichsverfassung，*ed.* H. C. Nipperdey［Berlin，1930］）；冯·吉尔克著《约翰尼斯·阿尔特胡修斯及天赋人权的政治学说的发展》（O. Von Gierke，*Johannes Althusius und die Entwicklung der naturrechtlichen Staatstheorien*［2，Auflage.，Breslau 1902］）。

为专制主义的出现所毁灭了。①

　　这种作为现代的发展进程基础的、具有异常重要性的中世纪观点（尽管它也许只是在中世纪早期才真正被完全接受）是："国家不能自己创立或制定法律，自然同样很少能取消或侵犯法律，因为这样做就是取消正义本身；这是荒唐可笑的，是有罪过的，

① 请见麦基尔维思的"防止绝对主义的英国普通法屏障"，载"美国历史学评论"（C. H. McIlwain，"The Englisch Common Law Barrier against Absolutism"，in American Historical Review）第 49 期（1934 年）第 27 页：1037年 5 月 28 日的皇帝康拉德二世的一道敕令表明，大宪章中最著名、后来成为最有影响的条款仅仅把这些在当时很流行的思想表达到了什么程度。这个条款指出："没有人会被剥夺封地……除非通过帝国的法律和上议员的贵族们的裁决。"

　　在此我们不能详细地研究考察自中世纪流传下来的哲学传统。但是，在有些方面，阿克顿爵士的意见并不是完全荒谬的，当他把托马斯·阿奎那描绘成第一个辉格党人的时候。见其《自由的历史》（History of Freedom）第 37 页。另请参见菲吉斯著《从热尔松到格劳修斯的政治思想研究》（J. N. Figgis，Studies of Political Thought from Gerson to Groius［Cambridge：Cambrige University Press，1907］）第 7 页。关于托马斯·阿奎那其人，请见吉尔比的《君权与政体》（T. Gilby，Principality and Polity［London，1958］）；而关于他对英国早期政治理论（特别是对理查德·胡克）的影响，请见沃林的"理查德·胡克与英国的保守主义"，载《西方政治季刊》（S. S. Wolin，"Richard Hooker and English Conservatism"，in Western Political Quarterly）第 4 卷（1953 年）。如果要列举的更充分，就必须把特别的注意力集中到 13 世纪的库萨尼古拉和 14 世纪巴尔托鲁身上，他们继承了这种传统。冯·沙尔普夫著《库萨的红衣主教和主教尼古拉》（F. A. Von Scharpff，Der Cardinal und Bischof Nicolaus von Cusa［Tübingen 1871］）特别是第 22 页；菲吉斯著"巴尔托鲁与欧洲政治思想的发展"（J. N. Figgis，"Bartolus and the Development of Eurepean Political Ideas"，in Transations of the Royal Historical Society，N. S.，Vol. XIX［London 1905］）；以及伍尔夫著《萨索费拉托的巴尔托鲁》（C. N. S. Woolf，Bartolus von Sassoferato［Cambridge，1913］）。此外，关于那时的政治学说一般地见：两位卡莱尔著的《中世纪政治学说史》（R. W. and A. J. Carlyle，A History of Mediaeval Theory［Edinburgh and London，1903 and later］）。

是对独自创立了法律的上帝的反叛。"① 国王或是任何其他的人类当权者只能公布或发现现有的法律，或则更改潜移默化地发生的滥用，可是他们不能创立法律，这是数百年来被公认的理论。②

---

① 请参见沃斯勒的"人权宣言研究"，载《历史杂志》(O. Vossler, "*Studien zur Erklärung der Menschenrechte*", *in* Historische Zeitschrift) 第 142 卷（1930 年），第 518 页。另有克恩著《中世纪的权利与宪法》(F. Kern, *Recht und Verfassung im Mittelalter* [Sonderausgabe, 1958, 2. Aufl, Darmstadt, Wissenschaftliche Buchgesellschaft, 1958])；麦基尔维恩著《英格兰议会及其至高无上的权力》(C. H. McIlwain, *The High Court of Parliament and Its Supremacy* [New Haven, Yale University Press, 1910])；菲吉斯著《国王的神圣权力》(J. N. Figgis, *The Divine Right of Kings* [2. Anflage, Cambridge, 1914])；朗格卢瓦著《菲力蒲三世（勇敢者）统治时期》(C. V. Langlois, *Le Règne de philippe* Ⅲ, *Le Hardi* [Paris, 1887]) 第 285 页。为了对中世纪晚期的状况进行修正，普拉克内特写了《14 世纪上半叶的成文法及其诠释》(T. F. T. Plucknett, *Statutes and Their Interpretation in the First Half of the Fourteenth Century* [Cambridge, 1922])，此外另著《爱德华一世的立法》(*Legislation of Edward I* [Oxford, 1949])。关于整个问题，请见高夫的《英国宪法史上的基本法律》(J. W. Gough, *Fundamental Law in English Constitntional History* [Oxford 1955])。

② 请参见雷费尔特的《法律的根源》(B. Rehfeldt, *Die Wurzeln des Rechtes* [Berlin, 1951]) 第 67 页："立法现象的出现……在人类历史上意味着发明了制定法律的艺术。到那时为止，人们曾以为，人们不能确定权利，而只能把它作为一件一向存在的东西去使用它。按这种意见来衡量，立法程序的发明创造也许曾经是人们所做过的后果最为重大的事，比发明生火或火药的后果更重大，因为在所有的发明创造中，这种发明创造最强有力地将人类的命运置于它自己的掌握中。"

与此相类似，马克斯·莱茵施泰因在他未发表的论文"政府与法律"(Max Rheinstein, "*Government and Law*") 中指出："相信有效的行为规则可以通过立法的方式来建立这种观念，是古希腊和罗马史的晚期特有的，直到罗马法被重新发现以及绝对君主制的兴起，这种观念在西欧一直处于休眠状态。所有法律都是统治者的命令这一命题也就是法国大革命的民主意识形态提出的那个要求，即所有的法律必须均来自正式选举产生的人民的代表。然而，这并没有真实地描述现实，至少在所有采用盎格鲁-撒克逊普通法的国家没有。"

有意识地创制法律（即我们所理解的立法）的观念在中世纪晚期才逐步地被人们接受。在英国，议会从主要为发现法律而存在的机构发展为创制法律的机构。在英国关于立法权问题的争论中，由于争论的各党派互相指责对方任意行动，也就是不按公认的普遍规则行事，这最终无意中推动了个人自由事业的发展。产生于 15—16 世纪的、高度组织化的民族国家的新权力，第一次利用立法程序作为有意识的政策工具。有一段时间，仿佛英国的这种新权力像在欧洲大陆上的情况一样，会导致摧毁中世纪自由的①绝对君主专制政体。诞生于 17 世纪英国政治斗争的有限政府的观念，因而也就成了探索新问题的一个新的出发点。更加古老的英国政治理论和从大宪章（Magna Carta）及伟大的"自

　　埃德蒙·伯克在其《著作集》（*Works*）第 9 卷第 350 页的一段论述说明了，法律被发现而不是被制定这种传统观念在 18 世纪末期还是多么深刻地影响着英格兰人的观点。伯克指出："有一种观点认为，任何一群人都有权利制定他们所喜好的法律；并且，法律仅从对它们的制定中获得权威，而不依赖于所属事物的性质，很难指出有哪种错误比这种观点在实际上对人类社会所有秩序和美好的东西，对所有和平和幸福，都具有更大的破坏性。任何政策论据，无论是国务原因，还是维护宪法，都不能成为赞成这样做的理由。……严格地讲，所有的人类法律都是陈述性的，它们可以改变方式和应用，但却无力改变原始性公正的实质。"其他说明问题的例证，见科温的《美国宪法的"更高级法律"之背景》（E. S. Corwin, *The "Higher Law" Background of American Constitutional Law* ［Ithaca, N. Y. Cornell, University Press, 1955]）第 6 页。

① 参见戴雪著《宪法研究导论》（A. V. Dicey, *Introduction to the Study of the Law of the Constitution* ［London, 1937］）第 370 页："一个专门从合法的角度来看待事务的法学家，很乐意断言，以培根和温特沃斯为一方，以科克或艾略特为另一方，这两种政治家争论的真正主题是，应不应该在英国永久性地建立那种欧洲大陆式的、强大的行政机构。"

由宪法"（"*Constitutio Libertatis*"）① 开始的伟大的中世纪文献，对现代发展进程来说，都是意义深远的，因为它们都在这种斗争中被用作武器。

然而，为了实现我们的目标，我们无需更长地讨论中世纪学说，而是应该更加深入地考察古代希腊罗马文化鼎盛时期的遗产，这一遗产在近代开始时期重新变得活跃起来。它之所以很重要，不仅是因为它对 17 世纪的政治思想产生过巨大的影响，而且还因为古代的经验为解决现代问题有着直接的重要性。②

2. 古典文化传统对现代自由理想的影响固然是毫无争议的，而这种影响的性质则往往被人误解。甚至有人常常宣称，古代人并不了解个人自由意义上的自由。甚至在古希腊的某些地方和某些时期，这一点也是适用的，但却肯定不适用于强盛时期的雅典

---

① 亨利·布雷克顿（Henry Bracton）在其《论法律》（*De Legibus*，fol. 186*b*）就是这样来形容大宪章的。关于 17 世纪错误地解释大宪章所造成的实际状况的后果，见麦基尼的《大宪章》（W. S. Mckechnie，*Magna Carta*［2d ed；Glasgow，1914］）第 133 页："如果说科克那些含混、不精确的话曾经使得（大宪章）许多章节的意义难于被人理解，并传播了关于英国法律发展的错误观念的话，那么，这些错误对宪法进步事业的影响便是无法衡量的。"人们曾多次提出这种观念，特别见巴特菲尔德的《英国人及其历史》（H. Butterfield，*The Englishman and His History*［Cambridge：Cambridge University Press，1944］）第 7 页。

② 参见托马斯·霍布斯的描述，他指出"（他那个时代的反叛精神）的最常见的原因之一是，阅读政治书籍和古代希腊、罗马人的历史"，并且由于这个原因，"从来没有任何东西像西方国家努力地获取希腊和罗马人的学说那样热切地想被人们得到"。见《利维坦》（*Leviathan*，ed. M. Oakeshott［Oxford，1946］）第 214 页和 141 页。此外，奥布里（Aubrey）指出，米尔顿"热望人类自由"的根源在于他"如此熟悉李维和所有罗马作家以及他认识到的、罗马共和国所创造的伟大。见迪克编《奥布里的简要生平》（*Aubrey's Brief Lives*，ed. O. L. Dick［Ann Arbor：University of Michgan Press，1957］）第 203 页。关于米尔顿、哈林顿以及悉尼思想的古典来源，见芬克的《古典的共和主义者》（Z. S. Fink，*The Classical Republicans*［Evanston，Ill.，1945］）。

（还有共和政体的罗马晚期）；这对于柏拉图时代蜕化变质的民主来说，可能是正确的，但是对于那些雅典人来说，无疑是不正确的，伯里克利对他们说："我们在政治领域享有的自由也扩展到日常生活领域，在这里由于互相之间不进行戒备性的监视，所以当一个邻居做他想做的事情时，我们不会觉得要对他生气。"①在西西里远征期间极端危险时刻，雅典的统帅曾提醒他的兵士不要忘记：他们首先是为一个他们在其中："有权不受限制地按自己的意愿生活的"② 国家而战斗。在希腊人的眼睛里，而且甚至

---

① 修昔底德著《伯罗奔尼撒战争史》（Thucydides, *Peloponnesian War*, Crawley trans）第 2 卷第 37 页。最有说服力的证言可能是雅典的自由民主制的敌人的证言，当他们抱怨说（正像亚里士多德所做的那样），"在这样的民主制中，每一个人都乐意怎么生活就怎么生活"时，他们揭示出很多东西，希腊人可能是最先把个人自由和政治自由混淆的人；但这并不意味着他们不了解或不尊重前一种自由。无论如何，斯多葛派哲学家保留了自由的原始意义，并将它传给了后世。齐诺（Zeno）的确把自由定义为"独立行动的能力，而奴役却是剥夺这种东西"。既然最近的研究已经清楚地表明，古代雅典的奴隶制相对来说不很重要，因此，人们不再能够通过声称古代雅典的经济制度是"基于"奴隶制之上来否认古代雅典自由的存在；另见韦斯特曼的"雅典娜与雅典人的奴隶"（W. L. Westermann, "*Athenaeus and the Slaves of Athens*", Athenian Studies Presented to William Scott Ferguson [London, 1940]）以及琼斯的"雅典民主制的经济基础"（A. H. M. Jones, "*The Economic Basis of Athenian Democracy*", Past and Present，1952 年，Vol. I）。该文还重印于同一作者的《雅典民主制》（*Athenian Democracy* [Oxford, 1957]）。

② 修昔底德前引书第 7 卷第 69 页。对希腊自由的错误解释可追溯到托马斯·霍布斯，并通过贡斯当被人们广泛地了解，见贡斯当的《古代自由与现代自由的比较》（B. Constant, *De la liberté des anciens comparée à celle des modernes*, reprinted in his *Cours de politique constitutionelle*, Vol, II [Paris, 1861]）以及德·库朗热的《古代城市》（N. Fustel de Coulanges, *La Cité antique* [Paris, 1864]）。关于整个讨论，见杰利内克的《一般国家学说》（G. Jellinek, *Allgemeine Staatslehre* [2d ed.; Berlin, 1905]）第 288 页以下。很难理解，迟至 1933 年，拉斯基怎么还能明确针对伯里克利时代争论说，"在这一个有组织的社会中，个人自由的概念实际上是不为人知的"。

在都铎王朝和斯图亚特王朝时代的英国人眼睛里，"自由国家中
最自由之国家"（正像尼基亚斯在类似场合称古希腊人的那样）
中的自由之主要特征是什么呢？

有一个伊丽莎白一世时代的英国从希腊人那里接受的词为我
们提供了答案，但这个词后来不再被人们使用了。[①]　"Isonomia"
这个词于 18 世纪末从意大利被介绍到英国，它的意思是"法律
对各种各样的人的平等性"。[②]　此后不久，李维著作的译者随意
地按英语的形式"isonmy"来使用它，以描述对所有的人都平
等的法律状况以及行政官员的责任状况。[③] 17 世纪期间，它仍然
继续被使用，[④] 直到"在法律面前一律平等"， "法治国家"
（government of Law）和"法治"（rule of Law）等措词术语逐
渐地将它取代。

在古希腊的这个概念的历史是极其富有教益的，因为这种历

---

① 参见休伊津加的《当武器沉默的时候》 (J. Huizinga, *Wenn die Waffen
Schweigen* ［Basel，1945］) 第 95 页："那些建立在希腊古典文化基础之上
的文化，并没接受那个代替民主一词的另一个概念，对此人们一定感到惋
惜，根据历史的发展，这个概念在雅典引起过人们特别的重视，此外它完完
全全地表达了那种在这里极端重要的、关于一个好的政府形式的思想：这就
是 'Isonomia' 一词，意即法律的平等性。这个词甚至曾有过不朽的声誉
…… 'Isonomia' 一词更清楚、更直接地表达了自由的理想，'Qemokratia'
是远远比不上的，在 'Isonornia' 这一概念中包含的论点不是不可实现的东
西，而 'Demokratia' 这一概念的情况却是如此。'Isonomia' 一词简洁明
了地描述了法治国家的基本原则。"
② 见佛罗里奥的意大利语词典《词汇世界》 (John Florio, *World of Wordes*
［London，1598］)。
③ 见李维的《罗马史》 (Titus Livius, *Romane Historie*，trans. Philemon Hol-
land ［London，1600］) 第 114、134 和 1016 页。
④ 《牛津英语词典》 (*Oxford English Dictionary*) 里在 "Isonomy"（法律面前
人人平等）条目下给出了 1659 年和 1684 年使用的例子，这都说明那时这个
词已经用得相当普遍了。

史体现了文明似乎周期循环的第一个例证。当这个词最初出现时，① 它描绘的是梭伦在此之前在雅典造成的一种事态，他赋予民众"无论对高贵者还是卑贱者都一视同仁的法律"，② 给他们的"对公共政策的控制权仅限于根据已知规则合法进行统治的确定性"。③ isonomy 成了专制暴君独裁统治的对立物，并成了民众为庆祝暗杀某个暴君而进行纵酒欢歌时的常用措词。④ isonomy

① "Isonomia" 一词可能最早在约公元前 500 年时由阿卡马依恩（Alcmaeon）使用。见狄尔斯的《前苏格拉底残篇》（H. Diels, *Die Fragmente der Vorsokratiker* [4th ed.; Berlin, 1922]）第 1 卷第 36 页。当时用法是隐喻的，指身体健康的一种状况，说明这个词语在这之前已得到广泛认可。

② 见狄尔的《希腊抒情诗集》（E. Diehl, *Anthologia Lyrica Graeca* [3d ed; Leipzig, 1949]）第 24 章。参阅沃尔夫的"梭伦时期的度量衡与正义"（E. Wolf, "Mass und Gerechtigkeit bei Solon", *Gegenwartsprobleme des internationalen Rechtes und dler Rechtsphilosophie: Festschrift für Rodolf Laun* [Hambury, 1953]）；弗里曼的《梭伦的工作与生平》（K. Freeman, *The Work and Life of Solon* [London, 1926]）；伍德豪斯的《解放者梭伦》（W. J. Woodhouse, *Solon, the Liberator* [Oxford, 1938]）和胡恩的《梭伦：政治家和智者》（K. Hönn, *Solon, Staatsmann und weiser* [Vienna, 1948]）。

③ 见巴克的《希腊政治理论》（Ernest Barker, *Greek Political Theory* [Oxford, 1925]）第 44 页。参阅阿克顿爵士的《自由的历史》（Lord Acton, *The History of Freedom and Other Essays* [London, 1907]）第 7 页和维诺格拉多夫的《文集》（P. Vinogradoff, *Collected Papers* [Oxford, 1928]）第 2 章第 41 节。

④ 参阅布佐尔特的《希腊治国术》（G. Busott, *Griechische Staatskunde* [Munich, 1920]）第 1 章第 417 节；拉森（J. A. O. Larsen）的"克里斯提尼和民主理论在雅典的发展"，载《献给乔治·萨拜因的政治理论文集》（"Cleisthenes and the Development of the Theory of Democracy at Athens", *Essays in Political Theory Presented to George H. Sabine* [Ithaca, N. Y. Cornell University Press, 1948]）；埃伦贝格的"法律面前人人平等"，载《波利的经典古代科学专业百科》（V. Ehrenberg, "Isonomia", *Pauly's Real-Encyclopaedie der classichen Altertumswissenschaft* 补遗第 8 [1940 年]）；及同一作者《民主的起源》，载《历史》（"Origins of Democracy", *Historia*）1950 年第 1 期，尤其是 535 页；《哈莫狄奥斯之歌》，载《阿尔宾·列斯基纪念文集》（"Das Harmodioslied", *Festschrift Albin Lesky* ["Wiener Studien", Vol. LXIX]），尤其是第 67—69 页；瓦拉斯托斯的"法律面前人人平

这个概念似乎比"demokratia"（民主）这个概念更为古老，所

等"，载《美国哲学杂志》（G. Vlastos，"Isonomia"，*American Journal of Philosophy*）第 74 期（1953 年）；琼斯的《希腊人的法律和法律理论》（J. W. Jones，*The Law and legal Theory of the Greeks* [Oxford：Oxford Vniversity Press，1956]）第 6 章。

正文中所提到的希腊"七弦琴伴唱之歌"在狄尔的上引著作中两处能找到，它们是第 2 卷"邪恶"（"Skolia" 10 [9] and 13 [12]）。这些饮酒庆祝的歌声引起后来 18 世纪英国辉格党人的兴趣。一个有趣的例证是由琼斯爵士（Sir William Jones，在先前我曾把它当作辉格党人的政治观点和语言学中的进化传统之间的过渡提到过他。）写的"模仿加里斯拉特图斯的颂歌"。这些颂歌以七弦琴伴唱之歌的希腊文句开始，二十行是礼赞哈莫荻奥斯（Harmcdios）和阿里斯托古顿（Aristogiton）的，然后是：

> 那时的雅典太平盛世，
> 法律公平，自由洋溢：
> 艺术之神垂青希腊！
> 这里有勇敢的人民，坚
>   强不屈，自在不拘！
> 你的事业，光辉灿烂，
> 文特沃斯（Wentworth）专注于
>   美德的事业；
> 您的功绩同样光彩夺目！
> 勒诺克斯（Lenox），公平法律之友啊！
> 在自由的庙宇里位置崇高，
> 看哪，费兹·毛里斯（Fitz Maurice）
>   微笑着站立一旁，
> 因为美德赞颂，
> 智慧的声音，勇敢之手！
> 它们的眼睛将永不合拢；
> 哈莫荻奥斯（Harmodius）将安憩，
> 阿里斯托古顿（Aristogiton）将休息。
> 在这片鲜花盛开、充满幸福之所。

另外，参阅上书第 389 页的"模仿阿卡依幼斯（Alcaeus）的颂歌"，琼斯根据"女皇法"，写道：

> 被她严肃的皱眉所击，
> 邪恶的酌处权像烟雾一样消沉了。

有的人平等参与对国家的治理的要求好像曾经是它的后果之一。对希罗多德来说，还是政治权利平等而非民主才是"表现一种政治秩序的所有概念名称中最美好的一个".① 在民主被实现之后，这个词又继续使用了一些时间，首先是在为民主辩护，正如有人提到过的那样,② 后来的目的越来越是试图掩盖民主所具有的性质；因为民主的政府不久恰恰就开始了无视那种在法律面前一律平等的原则，而民主政府的正当理由当初正是从这种原则中得出的。希腊人十分清楚地懂得，这两种理想固然相关，但却并非是同一种东西：修昔底德毫不犹豫地论说一种"权利平等的寡头政治",③ 故意把"isonomy"作为民主的对立物，而不是当作为民主辩护的理由来使用.④ 到公元 4 世纪末，就逐步有必要强调，"在民主政体之下，法律应该是统治者".⑤

　　虽然亚里士多德不再使用"isonomia"这个术语，但正是在这种背景下，他的某些著名论断是作为维护那种传统理想的思想而出现的。"让法律治理国家比让任何公民更合适"；"应该只任命那些法律的捍卫者和信徒"去掌管最高权力，并且"那些关注

① 见希罗多德的《历史》(Herodotus, *Histories*) 第 3 章第 80 节，也可参阅第 3 章第 142 节和第 5 章第 37 节。

② 布佐尔特，前引书第 417 页以及埃伦伯格在前引的那部《百科》中的第 299 页。

③ 见修昔底德的上引著作第 3 章第 62 节第 3—4 段，比较法律意义上这个词的用法和他所指的特殊用法，见上书第 3 章第 82 节第 8 段。另外也可参阅苏格拉底的《雅典战神山议事会诸事》(*Areopagiticus*) 第 7 章第 20 节和《在泛雅典娜节发表的颂辞》(*Panathenaicus*) 第 12 章第 178 节。

④ 见柏拉图的《共和国》(Plato, *Republic*) 第 8 章 557 bc、559d、561e。

⑤ 希佩里德斯的《欧色尼浦斯辩护词》(Hyperides, *In Defence of Euxenippus* xxi. 5 [Minor Attic Orators, ed. J. O. Burtt [Loeb Classical Library], Ⅱ, 468) 里有这样的话："在民主制中，法律将是主人" (hópōs én dēmokratía Kyrioi hoi nómoi ésontai)，关于法律是国王 (nomòs basileùs) 的说法早在以前就出现了。

最高权力的人应当相信最高权力掌握在上帝和法律手中"。① 他
严厉批判这样的政府，在那里"是人民而不是法律进行统治"，
"所有事情都由多数人投票，而不是由法律决定"。一个这样的政
府对他来说不是一个自由国家的政府，"因为，如果统治不依据
法律，那么就不会有什么自由的国家，因为法律是高于所有东西
的。一个把一切权力均寄托于人民来表决的政府，根本上不可能
是一个民主政体：因为它的政令在其限度内不可能是一般性
的。"② 如果我们用亚里士多德在《修辞学》一书中的一段话来
补充这一点的话，那么我们的确会得到一个关于法治理想的相当
完整的说明③："尤其重要的是，拟定得出色的法律应尽其可能
自己界定所有要点，留给法官决定的余地应尽可能地少，（因为）

---

① 见亚里士多德的《论政治》（Aristotle, *Politics*, 1287a）。这里的译文未采
用更为人熟悉的约维特（B. Jowett）的翻译方法，而是埃利斯（W. Ellis）
在"人人"（*Every man*）版中的翻译方法。

② 同上书，1292a。

③ 这些概念对雅典人来说非常重要，这一点由德谟斯梯尼（Demosthenes）在
他的一篇演说（即《反抗贵族》中称之为"可以和任何一部法律媲美"的法
律中反映出来。提出这个法案的雅典人的观点是，因为每个公民在公民权利
方面平等，所以每个人应在法律方面平等；因而他提议，"提出一个针对任
何个人的法律应是不合法的，除非同样的情况应用于所有雅典人"。这成为
雅典的法律。我们不知道这发生在什么时候，只是由德谟斯梯尼（Demos-
thenes）在公元前 352 年提到它。但是，看到那时以前民主怎样取代早先法
律面前的平等概念而成为占主导地位的概念将会很有意思。虽然德谟斯梯尼
不再使用"法律面前人人平等"（Isonomia）这个术语，他提到法律也只不
过是对那个旧理想的释义。有关对法律的疑问，参阅李普修斯的《古希腊人
的法律和法律程序》（J. H. Lipsius, *Attisches Recht und Rechtverfarhen*
[Leipzig, 1905]）第 1 卷第 388 页。韦思的《古希腊的私法》（E. Weiss,
Griechisches Privatrecht [Leipzig, 1923] I, 96, n.186 a）。另可参阅琼斯
的"雅典民主及其批评"，载《剑桥历史杂志》（A. H. M. Jones, "The A-
thenian Democracy and Its Critics", *Cambridge Historical Journal*）1953 年
第 4 期，又载入他的《雅典民主》（*Athenian Democracy*）一书，他在第 52
页指出："在雅典，任何时候只凭公民大会的一纸简单命令就去改变法律都
是非法的，这种命令的提议人可能会受到著名的'程序非法指控'，如果得
到法庭支持，提议人将会受到很重的处罚。"

立法者的决定不是特殊的，而是预期性和一般性的；而国民大会中的公民和法官则认为对被放在其面前的、有限定案件作出决定是自己的责任"。①

有明显的证据表明，现代人使用的"法治而不是人治"这一惯用语，是直接从亚里士多德的阐述中推导出来的。托马斯·霍布斯认为，"亚里士多德的政治学的另外一个错误是，在一个井井有条的国家里，不应由人而是由法律进行统治"；② 詹姆斯·哈林顿对此反驳道："一个公民社会得以在共同权利和利益基础上得以建立和维持的方式（……以便遵循亚里士多德和李维的教导）（是）法治而非人治。"③

3. 在 17 世纪期间，罗马作家的影响代替了希腊人的直接影响。因此我们应该简略地考察一下源于罗马共和国的传统。据称有意仿效梭伦法律而制定出来的古罗马著名的"十二铜表法"，构成了罗马共和国自由的基础。其中，公共法律中的第一部规

---

① 见亚里士多德的《修辞学》（Aristotle，*Rhetoric*）1351ab，由罗伯特斯翻译收入罗斯编辑的《亚里士多德作品集》（trans. W. Rhys，Roberts，*The Works of Aristotle*，ed. W. D. Ross，I [Oxford，1924]）第 11 卷中。在正文中我没有引《政治学》1317b 中有关的文句，这里亚里士多德把下面这一点当作自由的一种条件，即"除了少数情况以外，任何地方法官不应被允许有自由决定的权力，不应被允许有对公众事务不产生后果的权力"，因为这段话出现时，他不是在表述自己的观点，而是引用别人的看法。在《尼科马霍斯伦理学》（*Nicomachean Ethics* V. 11 37b）中可以找到他关于司法自由决定权观点的重要表述。在这里他认为法官应该通过以下方式填补法律的空子，"像立法人亲自在场那样进行统治；如果立法者预见到案件可能会发生，便由法律提供统治。"——这出现在瑞士民法典的著名条款之前。

② 见霍布斯的《利维坦》（T. Hobbes，*Leviathan*，ed. M. Oakeshott [Oxford，1946]）第 448 页。

③ 见哈林顿的《大洋国》（J. Harrington，*Oceana* [1656]）的开头。这个词组不久就在 1659 年出版的《倡导平等者》（*The Leveller*）中的一段出现，由高夫（Gough）所引述，见他的前引著作，第 137 页。

定："不得制定任何特权或法令，去偏袒一些人，并违背对所有公民都适用的法律，去损害其他人。这种一般的法律是所有个人都有权力用的，而无论来自哪个社会阶层。"① 这便是当时的基本观念，在此观念之下，第一个充分发展的私法体系，在一个与英国的不成文法的发展十分相似的过程中渐渐形成了，② 其立法精神与后来的查士丁尼民法大典完全不一样，后者决定了大陆的法学思想。

自由罗马的法律思想主要是通过那个时代的史学家和演说家的著作流传给我们的，这些著作在 17 世纪拉丁语文化复兴时期再一次获得巨大影响。李维的英语译本向人们介绍了"iso-nomia"这个用语（李维自己不用这个措词），他本人为哈林顿提供了区分法治与人治的思想。③ ——他、塔西佗，首先是西塞罗是当时最重要的作家，依靠他们古典的传统才得以传播开来。

---

① 见斯科特编《民法》（*The Civil Law*, ed. S. P. Scott [Cincinnatti, 1932]）第 73 页。除了蒙森（T. Mommsen）的著作外，有关这节的内容可参阅维尔斯祖布斯基的《作为罗马政治观念的自由》（C. Wirszubski, *Libertas as a Political Idea at Rome* [Cambridge: Cambridge Vniversity Press, 1950]）和卢波托的《古罗马自由的兴盛与衰落》（U. Von Lübtow, *Blüte und Verfall der römischen Freiheit* [Berlin, 1953]），这本书直到上文写完之后才被我知道。

② 见巴科兰德和麦克内尔的《罗马法和普通法》 （W. W. Buckland and A. D. McNair, *Roman Law and Common Law* [Cambridge: Cambridge University Press, 1936]）。

③ 见李维的《建城以来》（Titus Livius, *Ab urbe Condita*）第 2 章第 1 节第 1 段："法律的吩咐比人的吩咐更有力量。"这个拉丁短语由悉尼在其《作品集》（Algernon Sidney, *Works* [London, 1772]）第 10 页和亚当斯在其《作品集》（John Adams, *Works* [Boston, 1851]）第四部分第 403 节中引用。在上文所引的科兰德 1600 年对李维的翻译中，这些话是这样组织的："法律的权威和统治，比人的权威和统治更强大并且更有力量。"在这里，"rule"是从"政府"和"统治"的角度来说的。这是我所见到的最早从这个角度来讲的"法律的统治"的例证。

西塞罗成了当代自由主义最重要的权威，[1] 对法律之下的自由概念的许多最卓有成效的表述我们都归功于他。指导着立法的一般准则（或者"Leges Legum"）的概念来源于他，[2] 这种观念就是我们为了自由而服从法律的观念，[3] 就是法官只应该是法律借以说话的嘴巴。[4] 其他作家没有一位如此清楚地说明，在罗马法制

---

[1] 参见吕尔哥的《西塞罗和人道主义》（W. Rüegg, *Cicero und der Humanismus* [Zurich, 1946]）和由萨拜因（G. H. Sabine）和施密斯（S. B. Smith）给西塞罗的《论国家》（Marcus Tullius Cicero, *On the Commonuealth* [Columbus, Ohio, 1929]）所写的导言。有关西塞罗对大卫·休谟（David Hume）的影响，尤其可参阅后者的《文集》（*Essays*）第 1 章第 2 节中"我自己的人生"。

[2] 见西塞罗的《论法》（*De legibus* ii. 7. 18）。"更高的法律"被罗马人认识到了。罗马人在他们的法规铭刻中规定，确定他们不故意废弃神圣和正义的东西。（见科尔温的前引书第 12—18 页以及那里所引的文献。）

[3] 西塞罗的《为克鲁恩提乌辩护》（M. Tullius Cicero, *Pro Cluentio*）第 53 节有这样的话："我们为了能够自由，全都是法律的奴隶。"参阅孟德斯鸠的《论法的精神》（Montesquieu, *Spirit of the Laws* [II, 76]）中的论述："自由主要在于在法律未强制要求的地方不被别人强迫着干一件事；只有在人们由民法所管辖的时候，他们才进入这个状态；并且因为他们在那些民法的统治之下生活，所以他们是自由的。"伏尔泰的《政府论》（见其《全集》第 23 章第 526 页 [*Euvres Complètes*, ed. Garnier]）认为："自由只来源于法律。"卢梭的《山中书简》（J. J. Rousseau, *Lettres écrites de la Montagne*）第 8 封信（收入《让·雅克·卢梭的政治作品集》（*The Political Writings of Jean Jacques Rousseau*, ed. C. E. Vaughan; [Cambridge, 1915] 第 2 章第 235 页）有这样的话："如果没有法律就没有自由，有人凌驾于法律之上，就没有自由：即使是在自然状态中，人是自由的，只是因为有规范着每一个人的自然法。"

[4] 西塞罗的《论法律》（M. Tullius Cicero, *De Legibus*）第 3 章第 122 节："官员只是说话的法律。"参阅科克爵士（Sir Edwand Coke）在卡尔文（Calvin）案件中的话："法官是说话的法律。"和 18 世纪法律格言："国王只不过是执行中的法律。"另外，孟德斯鸠在《论法的精神》（Montesquieu, *Spirit of the Laws*, XI, 6 [I, 159]）中认为："国家法官只不过是讲法律的嘴，仅是被动物，没有能力削弱法的强制性和严格。"这句话在美国仍有大法官马歇尔（John Marshall）重述（见奥斯鲍恩诉美国银行一案）。他把法官说成"只是法律的代言人"，不能随意行事。

的经典时期，人们已充分懂得，在法律与自由之间不存在矛盾对立，自由取决于法律的某些特点，即法律的普遍性、确定性以及它对行政机关的处分权所施加的限制。

这一经典时期也就是经济上完全自由时期，罗马的经济繁荣及强大都归功于这种自由。[1] 然而，从公元 2 世纪起，国家社会主义得到迅速发展。[2] 在这一事态发展过程中，当人们提出另一种平等要求的时候，在法律面前一律平等原则所造就的自由，逐步地被摧毁了。在罗马帝国后期，随着国家为了一种新的社会政策扩大了它对经济生活的控制，严格的法律被削弱了。这个过程在康斯坦丁统治下达到了高的顶点，其后果用一位杰出的罗马法学家的话来说就是，"在与引入衡平法原则的同时，绝对的皇权宣布不受法律限制的皇帝意志的权威，查士

① 见罗斯托夫采夫的《罗马帝国的社会与经济》（M. Rostovtzeff, *Gesellschaft und Wirtschaft im römischen Kaiserreich* [Leipzig, 1931]）第 1 卷第 49 页和第 50 页。

② 参阅奥特尔的"罗马帝国的经济生活"，载《剑桥古代史》（F. Oertel, "The Economical Life of the Empire", *Cambridge Ancient History* [Cambridge, 1939]）第 12 卷，尤其是第 270 页以下。另外可参阅同一作者对波尔曼的《社会问题的历史和古代世界的社会主义》（R. Pöhlmann, *Geschichte der Sozialen Frage und des Sozialismus in der antiken Welt* [3d ed.; Munich, 1925]）所作的附录；卢波托（Von Lübtow）的上引著作第 87—109 页；罗斯托夫泽夫的"古代世界的衰落及其经济解释"，载《经济史评论》（M. Rostovtzeff, "The Decay of the Ancient World and Its Economic Explanation", *Economical History Review*）1930 年第 2 期；弗兰克的《古罗马经济述论》（Tenney Frank, *Economic Survey of Ancient Rome* [Baltimore: Johns Hopkins Press, 1940]）一书结尾；哈斯克尔的《古代罗马的新政》（H. J. Haskell, *The New Deal in Old Rome* [New York, 1939]）和埃诺迪的"希腊时代计划经济的繁荣及衰落"，载《圈子》（L. Einaudi, "Greatness and Decline of Planned Economy in the Hellenistic World", *Kyklos*）1948 年第 2 期。

丁尼一世同他那些博学多闻的教授们一起结束了这一发展过程"。① 在此之后，立法应该为保护个人自由服务这种观念丧失了千年之久。在这种立法艺术被重新发现的时候，正是包含君主凌驾于法律之上的观念②的查士丁尼法典，正充当着欧洲大陆的立法典范。

4. 可是在英国，女王伊丽莎白一世统治时期古典作家们所拥有的广泛影响，为另一种发展铺平了路。女王死后不久，国王与议会之间的大搏斗开始了，个人自由是作为这场斗争的副产品而产生的。关于经济政策问题的辩论展开了，这些问题同我们今天再次面临的问题非常相似。在 19 世纪的历史学家们看来，詹姆士一世和查理一世引起冲突的措施好像是没有实质性利害关系的陈旧问题。对于我们来说，由于国王争取创建工业垄断组织的努力而产生的问题，有人们熟悉的相似之处：查理一世甚至试图使煤炭工业国有化，但终于被迫放弃这一做法，因为有人告诉他，这将会引起一场反叛。③

① 见普林夏姆的 "公平的法律和严格的法律"，载《法律史萨维尼基金会杂志》（F. Pringsheim， "Jus aequum und jus strictum"， *Zeitschrift der Savignystiftung für Rechtsgeschichte，Romanistische Abteilung*）1921 年第 42 期第 668 页；也可参见同一作者的《法理学的兴衰》（*Höhe und Ende der Jurisprudenz* [Freiburg，1933]）。

② 见埃斯曼的 "遵照法律解决的格言来自法兰西古民法"，载《法律史论文集》（A. Esmein， "La Maxime Princeps Legibus Solutus est dans l'ancien droit publik francais"，Essays in legal History，ed. P. Vinogradoff [Oxford，1913]）。

③ 参阅内夫的《1540—1640 年间法英两国的工业和政府》（J. V. Nef，*Industry and Government in France and England*：1540—1640 [Philadelphia，1940]）第 114 页。另外，克兰斯顿在《约翰·洛克》（M. Cranston，*John Locke* [London，1957]）一书第 387 页很有意思地叙述了后来 "新闻自由来到英格兰，决非偶然地消灭了商业的垄断地位" 是怎样发生的。

从那时以来，在著名的垄断权案件中，[①] 法院确定，授予特权以制造任何一种商品是"违反普通法和臣民自由的"，法律对一切公民一律平等的要求，成了议会反对国王的目标的主要武器。当时的英国人比今天更好地懂得，控制生产总是意味着取得一种特权：给予一个人许可做某种不允许他人做的事。

然而，存在过另一种方式的经济调节，它们导致了对基本原则的第一次重要阐述。国王关于在伦敦从事建筑和禁止用小麦生产淀粉类食物的新规章，禁止大量生产小麦，这激起了 1610 年表示不满的请愿。英国下议院的这个著名请愿阐述道，在英国臣民的所有传统的权利中，"没有一项权利比这项权利赋予他们更宝贵及更有价值的东西，［即］以确定无疑的法律统治为指南，并由被其支配，而不是受那种不确定的、专断的统治形式支配。因为，前者给予下议院领袖及议员们以本该属于他们的权利。……正是从这一根据中产生了这个王国的人民无可置疑的权利，除了由这个国家的普通法或是由议员们共同投票赞成的规章规定的惩罚之外，他们不受任何扩大到他们的生活、他们的土地、他们的身体或他们的财产上的其他任何惩罚。"[②]

---

① 见 1603 年判决的《达希诉阿莱恩案》（*Darcy v. Allein*）。这个原则似乎在四年前的《达维南特诉胡尔迪斯案》（*Davenant v. Hurdis*）中就被表述出来了，那时是这么说的："这种性质的规定，引导某公司或个人从事独家贸易和买卖，并且排斥他人是违法的。"见李特文的"关于垄断的英国普通法"，载《芝加哥大学法律评论》（W. L. Letwin，"The English Common Law Concerning Monoplies"，*University of Chicago Law Review*）第 21 期（1953—1954 年）；另见瓦格纳（D. O. Wagner）的两篇论文："柯克和经济自由主义的兴起"（"Coke and the Rise of Economic Liberalism"），载《经济史评论》（*Economic History Review*）第 4 期（1935—1936 年）及"普通法和自由企业"（The Common Law and Free Enterprise：An Early Case of Monopoly），同上，第 3 期（1936—1937 年）。

② 见大不列颠公共记录处编的《国家文件日历：国内系列》（*Great Britain，Public Record office，Calender of State Papers，Domestical Series*）1610年 7 月 7 日。

　　最终正是在 1624 年垄断权法的讨论中，辉格党人原则的重要创始人爱德华·柯克爵士，阐明了他对大宪章的解释，这一解释成了新的政治学说的支柱之一。此后不久，在根据下议院的命令付印的他的《英国法律制度》的第二部分，他不仅（就专制案件）论证说："如果向某个人提供生产纸牌或者做任何一项其他生意的特许，这和做过这种生意或是可能依法做过这种生意的臣民的自由是背道而驰的，因而便是违反了大宪章。"[1] 但是爱德华·柯克不仅反对国王的特权，并提醒议会，它"应该用法律的纯真及正直的尺度，而不是遵循不可靠的及不正当的自由处置权的标准，来衡量一切事务"。[2]

　　从英国内战期间对这些问题广泛及持续不断的讨论中，形成了据说从那时起决定了英国政治发展进程的各种政治理想。在这里，我们无法着手去追溯在这一时期讨论和宣传的文献中所反映出的这些政治理想的发展情况，其杰出的思想财富是随着最近时期这些文献的重新出版逐渐被们人看到。[3] 我们只能列举出其主要的思想，这些思想出现的频率越来越高，直到复辟时期成为牢固传统的一部分，在 1688 年光荣革命之后又成为得胜党派的理论学说组成部分为止。对以后的人来说成为英国内战永久性成果之象征的重大事件是，1641 年取消了特别法院，尤其是以独断和不公著称的星式法院，用梅特兰经常被人引用的话说，这种星

---

①　见科克的《英国法律制度的第二部分》（Edward Coke, *The Second Part of the Institutes of the Laws of England* [1642], [London 1809]）第 47 页。

②　同上注第 51 页。也可参阅《第四部分》第 41 页。

③　见克拉克爵士的《克拉克文集》（Sir William Clarke, *The Clarke Papers*, ed. C. H. Firth [London: Camden Society, 1891—1901]）；古奇的《17 世纪英国民主思想》（G. P. Gooch, *English Democratic Ideas in the Seventeenth Century* [Cambridge: Cambridge University Press, 1893]）；皮斯的《平均派运动》（T. C. Pease, *The Leveller Movement* [Washington, D. C., 1916]）；哈勒编《1638—1647 年清教革命中自由的轨迹》（W. Haller, *Tracts*

式法院变成了"政治家强制实施政策的法院，不是掌管法律的法官的法院"。[①]几乎与此同时，第一次有人致力于确保法官的独立性。[②] 在随后 20 年的辩论当中，制止专横跋扈地行使国家权力，越来越成为中心问题。"专断的"（"arbitrary"）一词的两个意义长期含混不清，但是，当议会开始完全像国王一样地专断行动时，[③] 人们开始逐渐认识到，一个行为是不是专断的不取决于权力的来源，而取决于它同现存的一般法律规则是否一致。辩论中强调得最多的要点是，若无先已存在的法律规定，不可进行任何惩罚；[④] 一切法律只应该对未来有效，而不应该有追溯既往的效力；[⑤] 应通过法律对一切行政机关的量裁权予以严格限制。[⑥] 当时占统治地位的思想毫无例外地皆是，法律应该属于国王，或者

---

on Liberty in the Puritan Revolution，1638—1647，ed. W. Haller［New York：Columbia University press，1934］）；伍德豪斯编《清教革命和自由》（A. S. P. Woodhouse［ed］，Puritanism and Liberty［London，1938］）；《平均派的道路》（The Leveller Tracts，ed. W. Haller and G. Davies［New York，1944］）；沃尔夫的《平均派的宣言》（D. M. Wolfe，Leveller Manifestoes［New York and London，1944］）；哈勒的《清教革命中的自由和改革》（W. Haller，Liberty and Reformation in the Puritan Revolution［New York：Columbia University Press，1955］）；扎哥林的《英国革命中的政治思想史》（P. Zagorin，A History of Political Thought in the English Revolution［London，1954］）。

① 见梅特兰的《英格兰制宪史》（F. W. Maitland，The Constitutional History of England［Cambridge：Cambridge Vniversity Press，1909］）第 263 页。

② 见麦基尔维恩的《论英国法官职位》，载《宪制主义和变幻的世界》（C. H. Mcllwain，Constitutionalism and the Changing World［Cambridge：Cambridge Vniversity Press，1939］）第 300 页。

③ 见高夫（Gough）的前引书第 76 页以后及第 159 页。

④ 这是军队争论中被记录部分最主要的论题之一（见伍德豪斯的前引书第 336 页、第 345 页、第 352 页和第 472 页）。

⑤ 这个不断重复的片语显然来自科克的前引书第 292 页："新的制度应该建立于将来，而不是过去的政体之上。"

⑥ 见伍德豪斯的前引书第 154 页以下和 352 页以下。

正如众多论战文章之一所表述的那样：法律，君王。①

　　这样，逐渐形成了关于如何保卫这些基本理性的两个关键性观念：成文宪法②和分权原则③。1660 年 1 月，就在复辟前不

① 见卢特弗尔德的《法律和王子》（Samuel Rutherford, *Lex, Rex: The Law and the Prince*, etc.［London, 1644］）；在伍德豪斯的前引书第 199—212 页中有许多摘录。书中用语可追溯到古希腊"法律就是国王"（nômòs basileùs）的说法。法律和专断的对立问题不只有圆颅党人提起；它也经常出现在保皇主义者的言论中。查理一世在他的《断头台讲话》（*Speech Made upon the Scaffold*［London, 1649］）中也曾声称，"他们的自由在于拥有那些政府的法律，通过这些法律他们的生命和财产可以主要由自己掌握：而不是为了参与政府。"

② 见加尔丁纳的《清教革命的宪制文件》（S. R. Gardiner, *The Constitutional Documents of the Puritan Revolution*, 1625—1660［3d ed.; Oxford, 1906］）。在沃尔姆斯的《近代宪制主义的起源》（F. D. Wormuth, *The Origins of Modern Constitutionalism*［New York, 1949］）中现在可找到最精练的叙述。也可参阅罗特希尔德的《英国革命中成文宪法的思想》（W. Rothschild, *Der Gedanke der geschriebenen Verfassung in der englischen Revolution*［Tübingen, 1903］）；朱得森的《宪法的危机》（M. A. Judson, *The Crisis of the Constitution*［New Bruns Wick, N. J.; Rutgers University Press, 1949］），和高夫（J. W. Gough）的著作；另可参阅克伦威尔的《书信演讲集》（Oliver Cromwell, *Letters and Speeches*, ed. T. Carlyle［2d ed.; London, 1846］）第 3 卷第 67 页："在每一个政府中都必须有某种基本的东西，有点像大宪章，人人知晓，不可更改。"

③ 分权的想法似乎最早出现在 1645 年里尔布尼（John Lilburne）的一个小册子里（参见皮斯［Pease］的前引书第 114 页），不久就经常出现，比如在米尔顿的《散文集》（John Milton, *Eikonoklastes*［1649］;［*Prose Works*, ed. Bohn; London, 1884, I 363］）中有："在所有理智的国家里，立法权和它的法律执行，都在一些方面通常是加以区分的；但是前者的位置是最高的，后者处于从属地位。"萨得拉在其《王国的权利》（John Sadler, *Rights of the Kingdom*［1649］）中也有类似的话，被沃尔姆斯在前引著作第 61 页引述："根据自然法、立法、司法和行政权应受不同的主体来支配，这可能会引起许多争论。"劳森在他的《霍布斯及其利维坦中的政治部分研究》（G. Lawson, *An Examination of the Political Part of Mr. Hobbes, His Leviathan*［London, 1657］）中对这个思想进行了充分的阐述。关于这一点，见麦克莱恩的"劳森和洛克"，载《剑桥历史学评论》（A. H. Maclean, "George Lawson and John Locke", *Cambridge Historical Journal*）1949 年第 9 期。另外沃尔姆斯的上引著作第 59—72 页进一步涉及这个问题，第 191—206 页讲述过它后来的发展情况。

久，在"议会威斯敏斯特会议声明"中议会最后一次试图把一部宪法的基本原则写进一份正式文件中，下面这段引人注目的话也包括在其中："因为对于一个国家的自由来说，最重要的事情莫过于："人民应受法律的统治；判决只有凭借对滥用权力负有责任的这样一些法律来实施，在此，这些被进一步被解释成，一切涉及到这个国家所有自由人们的生活、自由和财产的诉讼，均应以该国家的法律为依据；议会不应该干涉正常的行政管理或是法律的执行，因为法律只是权力的原则部分，正如以往的议会一样，议会的职能是规定人民的自由以反对政府的专断。"[①] 如果说权限分立原则或许不完全是"得到承认的宪法原则"，[②] 那么，至少这种分权原则肯定仍然是占统治地位的政治学说的一部分。

5. 所有这些观点在以后的 500 年中，以它在 1688 年彻底驱逐斯图亚特王朝之后所获得的概括形式，不仅在英国，而且在美国以及欧洲大陆发挥了决定性的影响。诚然，当时其他著作可能有同样的、抑或甚至更大的影响，[③] 但是，约翰·洛克的《再论

---

① 见沃尔姆斯前引书，第 71 页。

② 同上，第 72 页。

③ 要更充分地说明这个问题，有两位作者必须着重加以探讨，他们是悉尼 (Algernon Sidney) 和伯内特 (Gilbert Burnet)。悉尼的《政府论谈》(A. Sidney, *Discourses Concerning Government*) 中和我们有关的主要观点是："自由主要在于独立于他人的意志"，这和"法律的吩咐比人的吩咐更有力量"的格言相连（《悉尼作品集》[*Works of Algernon Sydney*. London 1772] 第 1 章第 5 节，第 10 页）；另外，"目标在于公共利益的法律，对人一视同仁"（同上，第 150 页），制定法律"是因为国家将由规则统治，不是独断意志"（同上，第 338 页）；法律"应该意在长期性"（同上，第 492 页）。在伯内特的众多著作中，尤其可参见他匿名出版的《对服从于最高权威方法的质疑》(Gilbert Burnet, *Enquiry into the Measures of Submission to the Supreme Authority etc.* [1668])，其一段话引自《哈莱安杂集》(*Harleian*

公民政体》以其经久不息的影响而出类拔萃，以致我们不得不把我们的注意力集中于这部著作上。

　　洛克的著作主要是作为对光荣革命的全面哲学论证而出名的；[①]他的独特贡献首先在于他对国家权力的哲学基础作了更加广泛的考察。有关这些著作价值的意见可能不尽相同。然而他的著作在某一方面在当时也具有同样的重要性，并在这里特别使我们感兴趣，这就是他整理了那些获得胜利的政治学说，即那些公

Miscellany〔*London*，1808〕）重印本第 1 章，特别是在第 442 页："对自由的要求总是会说明自己的，除非情况是它被放弃了，或者被任何特殊的协议所限制……在管理这个公民社会的过程中，为谐调其行为而制订法律的权力和执行法律的权力之间需要明显分开来，最高权威仍然应该委托于那些被赋予立法权的人，而不是那些只有执行权力的人；当执行权力从立法权分离开来的时候，很明显，这是一个信任。"在 447 页中的话是："权力的限度，和随之而来的臣服的限度，应该从任何国家或人组成的团体的公开宣布的法律中产生，从人们的誓约中产生；或根据业已久远的规定，和一个长的过程，它们既给人以权利，在长的时间内还能使坏的变成好的；因为当规定经过人们的记忆，不为任何其他妄想者提出质疑的时候，通过全体人的一致同意能提供正义的和良好的权利。所以从总的方面来说，所有公民社会的权威的程度要么来自公开的法律，久远的习俗，要么来自特殊的誓约，即臣民对国王的誓约；这仍然有待为一个原则规定下来，即在所有的权力和自由之间的论争中，权力总应该是被它物证明其合理性的，但是自由则证明自身；一个建立在成文法基础上，另一个建立在自然法基础上。"第 446 页中指出："我们所有法律和我们宪法的所有这几条规则的主要意图，是为了取得和保持我们的自由。"英国自由在欧洲大陆上的同时代发现者，比如米耶格（*G. Miege.*）经常在他们的作品中提及这个小册子。米耶格认为"世界上没有其他人像英国人一样享受了如此多基本的和代代相传的自由"，"因而他们的国家对所有欧洲人来说是最愉快的，最被推崇的"（前引书，第 512—513 页）。

① 即使在现在看来《政治论》在 1688 年革命前就被草拟完稿，这么说仍然是可以的。

认为应该指导政府权力的实际原则。①

一方面，洛克在其哲学探讨中研究使政治权力获得合法性的源泉，以及政府的一般目标是什么；另一方面，他关注的实际问题是，如何才能防止权力变得专断，而无论谁去行使它："在政府统治下人们的自由意味着有一种能够赖以生存的、稳定的规则，这种规则对这个社会的每一个人普遍有效，而且是由其建立也包括在这种规则之中的立法权力创造出来的。在那种准则未作任何规定的地方，就有在一切事务中按照我自己的意志行事的自由，而不屈从于他们的无规则的、无确定性的、独断专行的意志。"② 下面的论点主要针对"不规则地、无常地行使权力"：③重要之点是"所有拥有国家立法权或者最高权力的人都有义务，依照确定并长期有效的、向人民公布并让人民了解的法律而不是遵照一时的决议来治理国家；要依靠中立而正直的、必须根据那些法律来裁决争端的法官来治理国家。此外，这些掌权者还有义

① 参阅高夫的《洛克的政治哲学》（J. W. Gough, *John Locke's Political Philosophy* [Oxford, 1950]）。洛克在论述这里讨论的几点时在多大程度上只是总结了这个时期的法学家们早先公开表述的观点，仍然是值得研究的。在这方面，尤其重要的是哈勒爵士（Sir Matthew Hale），在一个约写于1673年的，洛克可能已经知道的回复霍布斯的手稿中（见克兰斯顿前引书中第152页所引奥布里给洛克的信）认为："避免特定的人在运用理性去处理专门事件时的不确定性；使人们理解通过什么规则和方法来生活和谋利以及不能生活在任何人的难以捉摸的专断理性之下，已经成为最重的原因，说明为什么更理智的世界一直都一致赞同某些确定的法律规则和管理共同正义的方法，这些规则和方法要尽可能被考虑得具体和确定。"还见《哈勒爵士对霍布斯普通法对话的批评》（"Sir Mathew Hale's Criticism on Hobbes's Dialogue of the Common Laws"），作为附录载于霍尔兹沃斯的《英国法律史》（W. S. Holdsworth, *A History of English Law* [London, 1924]）第5章第503页。

② 见洛克的《再论公民政体》（J. Locke, *The Second Treatise of Civil Government*, ed. J. W. Gough [Oxford, 1946]），第22节，第13页。

③ 同上书，第127节，第63页。

务，在国内将政府这一组织的权力仅仅运用于执行这些法律"。①
甚至立法部门也没有"绝对的专断权力"；②"也不能使自己拥有
按临时性的、专断的法令进行统治的权力，然而却有义务，遵循
公开颁布的、稳定的法律并依靠公开授权的法官来处理司法事
务，并决定臣民们的权利"，③ 而与此同时，"法律的最高执行者
……没有意志，没有权力，惟有法律的意志和权力"。④ 洛克不
愿意承认任何至高无上的权力，他的那部著作被称为是对那种绝
对权力思想的攻击。⑤ 他所建议的对付滥用权威的重要具体的措
施是权限分立，对此他的有些前辈比他更清楚地并以为人更熟悉
的形式进行过解说。⑥ 他主要关心的是，如何对"掌握行政权的
人"⑦ 的酌情量裁权加以限制，然而，他却没有特别的防范措施
值得建议。诚然，他的最终目标完全是我们今天常常称为"抑制
权力"的那种措施：人们"选举一个立法机关并委以权力"所为
的目的"是颁布法律和确定规则，作为保护社会全体成员财产的
壁垒，以便节制权力与缓和对这个社会的每一个阶层和每一位成
员的统治"。⑧

　6. 从一种理想为公众舆论所承认直到它在政策中完全实现，

---

①　《再论公民政体》，第 131 节，第 64 页。

②　同上书，第 137 节，第 69 页。

③　同上书，第 136 节，第 68 页。

④　同上书，第 151 节，第 75 页。

⑤　见菲吉斯的《国王的神圣权利》(J. N. Figgis, *The Divine Rights of Kings*)
　　第 242 页；霍尔兹沃斯的《我们法制史的一些教训》(W. S. Holdsworth,
　　Some Lessons from our Legal History [New York 1928]) 第 134 页；沃恩
　　的《卢梭前后的政治哲学史研究》(C. E. Uaughan, *Studies in the History
　　of Political Philosophy before and after Rousseall* [Manchester: Manches-
　　ter Vniversity Press, 1939]) 第 1 章第 134 节。

⑥　见洛克的《再论公民政体》第 13 章。

⑦　同上书，第 59 节，第 80 页。

⑧　同上书，第 22 节，第 107 页。

这是一条漫长的路；也许在 200 年后，当这一发展进程发生逆转之时，法治的理想还根本没有全部被付诸实践。无论如何，这种理想得到巩固的主要时期，即它逐步地渗入人们日常生活的主要时期是 18 世纪上半叶。① 从《1701 年王位继承法》最后确认法官的独立性②开始，经过 1706 年议会通过剥夺公民权利的最后法案，这不仅导致了彻底重新阐述反对立法机关那种独断行为的所有理由，③ 而且也导致了对权限分立原则的重新确认，④ 这个时期就是 17 世纪英国人民为之奋斗过的大多数原则缓慢而稳定地传播的时期。

　　这一时期的几个重要事件可以在这里简要地提一下。比如一位下议院议员（在约翰逊博士报告有关辩论情况的时候）重新阐

---

① 参阅屈维廉的《英国社会史》（G. M. Trevelyan, *English Social History* [London, 1942]）第 245 页和第 350 页以下，尤其是第 351 页：“早期汉诺威年代的特殊贡献是法治的确立；那时的法律虽然有严重缺陷，至少是自由的法律。所有我们以后的改革都建立在那个牢固的基础之上。”

② 有关这个事件的影响，尤其可看霍尔兹沃斯的《英国法制史》第 5 卷（W. S. Holdsworth, *A History of English Law X* [London, 1938]），尤其是第 647 页：“由于法院独立的所有这些结果，法治或法律至上的学说以近代的形式得以确立，且成为可能是英国宪法所有特征中最鲜明、并且当然最有益的特征。”

③ 在 19 世纪，它的影响由于麦考利的《英格兰史》（T. B. Macaulay, *History of England* [“Every man” ed., IV, 272—92]）第 22 章对事件的戏剧性描写而复活。

④ 也可参阅丹尼尔·迪福的《肯特陈情表史》（Daniel Defoe, *The History of the Kentish Petition* [London, 1701]）和他的同一年著名的“军团抗议书”（Legion's Memorial）。他在后者的结尾声称：“英国人民不做国王的奴隶，更不做议会的奴隶。”（见《丹尼尔·迪福作品集》[The Works of Daniel Defoe; London, 1843 III, 5]）关于这参见麦基尔维恩的《古代和近代的宪制主义》（C. H. McIlwain, *Constitutionalism: Ancient and Modern* [Ithaca, N. Y.: Cornell Vniversity Press, 1947]）第 150 页。

述甚至今天有时也不被认为是英国法律一部分的①"无律便无惩罚"这个基本学说："没有法律，也就不存在对法律的触犯，这是一条原则，它的提出不仅获得普遍赞同，而且，就其本身而言，它是显而易见和无可争辩的；先生，当然同样肯定的是，在没有违法行为的地方，也不能有惩罚"。② 另外一个事件是，洛德·卡姆登在威尔克斯案件中明确指出，法院仅仅关心一般规则，而不关心一个政府的特殊目标，或者，他的立场有时被解释为在法院里公共政策不是一个论据。③ 在其他方面，进步更慢。用最贫穷者的观点看，法律面前一律平等的理想作为事实，长期以来仍然是有些成问题的，这兴许是正确的。确实，如果依据这种理想的精神的法律改革进程是很慢的话，那么，这些原则本身就不再有争论：它们不再是一个党派的见解，而是已逐步获得了

---

① 比如，参阅丹宁爵士的《法律之下的自由》（Sir Alfred Denning, *Freedom under the Law* [London, 1949]）。带着对大陆学说"法无明文规定者不为罪、不处刑"的尊敬，他说："但是，在这个国家，普通法没有以那种方式限制自身。它没有被列入法典，而只是在法官的心中，而法官可表述和推导出处理任何新出现的情势所需的原则。"也可参阅格拉泽的"没有法律也就没有犯罪"，载《比较立法和国际法杂志》（S. Glaser, "Nullum crimen sine lege", *Journal of Comparative Legislation and Intenational Law*）第 3 系列第 24 卷（1942 年）。我们所引述的这种形式的这句拉丁格言只回溯至 18 世纪末，但是与此同时，18 世纪的英格兰有类似的说法："没有法律的地方不会有犯罪。"（ubi non est lex ibi non est transgressio）

② 《塞缪尔·约翰逊作品集》（*The Works of Samuel Johnson* [London, 1787]）第 92 部分第 22 节中有 1740 年 11 月 26 日坎普贝尔（Campbell）先生在下院中就《谷物法案》辩论进行的发言。可参阅麦克亚当的《约翰逊博士和英国法》（E. L. McAdam, *Dr. Johnson and the English law* [Syracuse, N. Y.：Syracuse University Press, 1951]）第 17 页。

③ 因此，卡姆登勋爵（Lord Camden）的观点有时被人引用。我能找到的基本上表述相同观点的言论发生在恩提克诉卡林顿（*Entick v. Carrington*）一案中（见豪威尔的《国家级审判》[T. B. Howell, *State Trials*] XIX, 1073）："就国家需要的论点或就目的在于分清国家过失和其他过失的区分而言，普通法不理解那种推理，我们的书本也不去注意任何这种区分。"

托利党人的完全承认。^① 不过在某些方面，事情的发展与其说是朝着理想目标，还不如说是背离了它。尤其是权限分立原则虽然在整整一个世纪内被视为英国宪法的最本质特征，^② 但是，随着现代内阁制的发展，这一原则付诸实践的程度越来越低。并且要求拥有无限权力的议会不久就背离了那些原则中的另一个原则。

7. 18世纪下半叶，人们对那些决定着以后500年的观点倾向的理想作了明确完整的阐述。正如经常发生的那样，它较少是政治哲学家和法学家的系统阐述，更多的是那些把这些思想带给公众的历史学家对事件的解释。在史学家当中最有影响的是大卫·休谟，他在著作中再三强调关键之点，^③ 有理由说，对于他而言，

---

① 最终导致这种向辉格学说的融入的可能是博林布罗克的《政党研究》(Henry Saint-John Bolingbroke, *A Dissertation upon Parties* [1734])，因为它接受"宪法统治的政府"和"意志统治的政府"之间的区别（第10封信 [*Letter* X, 5th ed.；London, 1739] 第111页）。

② 参阅霍尔兹沃斯的《英国法制史》(W. S. Holdsworth, *A History of English Law*) 第10部分第713页："如果一个18世纪的法学家，一个政治家或一个政治哲学家被问道，根据他的观点，英国宪法最明显的特征是什么？他可能回答说，它最明显的特征是不同政府机构之间的分权。"然而，甚至在孟德斯鸠把这个概念传播于欧洲大陆的时候，在英格兰这种情况只在有限的程度上是真实的。

③ 除了正文中后来引用的段落以外，尤其可参见休谟的《论文集》(D. Hume, *Essays*) 第一部分，"关于政府的起源"，第117页；"关于公民自由"，第161页；尤其是"论艺术和科学的兴起和发展"，第178页，这里他认为："所有一般法律当被运用于具体案件都伴随着不便的情况；既要求敏锐透彻，又要求经验来去领悟这些不便和每个官员都有充分的自由处置权所导致的情况比较起来还是少些；去弄清总体上来说一般法律所伴随的不便最少。这件事的困难如此之大，以致于人们甚至在诗歌和雄辩的崇高艺术领域（这里天才的快捷和想象帮助他们进步）都已取得了一些进展，而他们对其市政法律却还没有进行任何重大的改进（在这里只有经常的审判和勤勉的观察能实现法律的提高）。"也可参阅"道德原则询问"，见其《论文集》第2部分，第179—196页，第256页和第272—278页。因为休谟经常被当作托利派的代表，所以有一点值得注意，他自己声称"我对事物的观点与辉格原则更相符；对人的看法更符合托利成见"，转引自摩斯纳的《休谟传》(E. C. Mossner, *Life of David Hume* [London, 1954]) 第311页；也可见同上第179页，这里休谟被描写为一个"革命'辉格党'，虽然不是那种教条主义类型的"。

英国历史的真谛便是，从"意志统治向法律统治"、从"意志政府向法律政府"① 的进化。至少有一段从他的《英国史》中摘录出来的、有特色的话很值得引用。关于取缔星式法院一事他写道："在世界上，在这个时代，没有一个政府不带有某些交托给一些行政官员的专断权力的因素，这种政府恐怕在历史上也找不到任何记录。人类社会在某个时候是否能达到完美状况，以便不依靠他人的控制，而依靠一般性和刚性的法律和公正准则来自我维持。这从一开始似乎就有理由怀疑是否能实现。但是，议会持有这个公正的看法：国王是过于突出的当权者；不能把酌情量裁权委托给他，因为，他很容易转而用它去摧毁自由。在这一事件中，人们已经发现，虽然由于严格恪守法律这一行动准则，会产生一些不便，然而，其优点远远超过其弊端，所以它应该使英国人永远感谢人们纪念英国人的祖先，他们经过反复不懈的斗争，才确立起这个崇高的原则。②

　　在这个世纪的晚些时候，这些理想更多地是被当作不言而喻之事被接受，而较少被明确地阐述。如果一个现代读者想弄清楚，像亚当·斯密③及其同时代人这样的人用"自由"指的是什么，他只能去推测。只是偶尔地，如在布莱克斯通的《评论》中，我们才发现详尽阐述特别重要之点的尝试，比如说明法官的独立地

① 见梅尼克的《历史主义的兴起》(F. Meinecke, *Die Entstehung des Historismus* [Berlin, 1936]) 第 1 章第 234 页。

② 见休谟的《英格兰史》(D. Hume, *History of England*, Ⅴ [London, 1762]) 第 280 页。

③ 有关亚当·斯密怎样接受分权并把它的正当性看作理所当然的，参见《国富论》(*An Inquiry into the Nature and Causes of the Wealth of Nation*) 第 5 卷第 1 章第 2 部分 (Ⅱ, 213—14)。早先他已偶尔涉及过这些问题 (同上书, 201 页), 在那里斯密简要解释说在英格兰，"公共安全不要求君主被赋予任意处置权"；甚至为了镇压"最粗鲁、最无理、最淫佚的反抗"也是如此，因为"有很遵纪守法的军队保卫他"。这就为一位敏锐的研究英国宪法的学者提供了

位以及权限分立的意义，①或者通过下面这样的定义来澄清"法

一个讨论这种独特情势的重要机会：洛尔麦在他的《英格兰宪法》（J. S. de Lolme, *Constitution of England* ［1784］；new ed., ［London，1800]）第436—441页中把它当作"英国政府的最具特征的情势，所能给出的关于作为其体制结果的真正自由的最直截了当的证明"，他还认为在英格兰，"所有个人的行为都应该是合法的，除非有法律指明他的行为不合法"。他继续说道："那个限制政府在那些情况下运用权力的法律原则或学说的基础，只是由当时有效的法律所阐述出来；虽然它可以追溯到大宪章，但只是通过废除星式法庭才产生实际效力的。"结果是，"似乎由于这一事件，对我们正在提及的政府权威和它的执行施加的特殊限制，不过是事情的固有情况和宪法力量所能拥有的东西"（注意这段文字是如何受到正文中所引休谟的论点的影响）。

我们可以引用这个阶段许多类似的言论，但在这只举出两个尤其特点鲜明的就够了。第一个是来自维尔克斯的《北不列颠》，引自阿伦的《法律与秩序》（John Wilkes *The North Briton*；quoted by C. K. Allen, *Law and Orders* ［London，1945]）第5页："在一个自由政府内，这三个权力一直曾是，至少应该一直是，保持分离的；原因是，如果所有三个或任何两个权力集中在一个人身上，从这一刻起，人民的自由就会被毁灭。比如，如果立法权和行政权集中在同一个官员或在由官员组成的同一机构手中，这里就没有自由这个东西了。因为这样便有了充分理由担心同样的君主、或议员可能为了能以专制的方式施行法律而制订专制法律。很显然，如果司法权和立法权或行政权结合起来，也就不可能有自由这种东西了。在前一种情况下，人民的生命和自由必定面对着近在咫尺的危险，因为此时同一个人既是法官又是立法者。在后一种情况下，人民的处境同样悲惨，因为同一个人可能会判处残酷的刑罚，目的可能是为了以更大的残酷性来执行它。"

第二段文字出现在《朱尼厄斯书简》（*Letters of Junius* ［1772］ ed. C. W. Everett ［London，1927]）第208页上："英格兰的政府是法律的政府。当我们将支配人民的生命、自由和命运的自由处理权授予任何人或任何一些人的时候而不管这建立在任何关于这权力将不会被滥用的假设之上，我们都在背叛自己，我们在和法律的精神相矛盾，我们在动摇整个英国法理学的体系。"

① 见布莱克斯通的《英格兰法评论》（Sir William Blackstone, *Commentaries on the Lawa of England* ［London，1765]）第1章第269页："公共自由的一个主要防腐剂在于，由人组成的特殊机构中法权的区别和分离；这些人确实是被任命的，但是却不能被国王凭喜好免职；除非公共司法的管理权在某种程度上既从立法权也从行政权中分离出来，否则自由不能在任何国家长期存在。如果它和立法权连接在一起，人民的生命、自由、财产将会掌握在专断的法官手中，这些法官将只根据他们自己的意见确定裁决，而不是根据任何法律基本原则。虽然立法机构可能背离这些原则，法官却一定要遵守。"

律"的意义:"规则不是来自上司或针对某一特定个人的暂时的、
突如其来的命令;而是经久不变的、始终如一的、普遍的东西。"①

对这一理想的许多最著名的表述,当然可以在埃德蒙·伯克
著作的为人熟悉的段落中找到。② 不过,对法治学说最完满的
阐述恐怕不存在于威廉·佩利,这位"法典编纂时代伟大的思想
整理者"的著作中。③ 他的论述值得大段地引用。他写道:"一
个自由国家的首要准则是,法律应由一组人制订,由另一组人管
理;换言之,立法者与司法者应该分开。如果这些职能统一在
同一个人或是同一组人身上。当这些职能保持分离时,一组人就
会制订出一般性的法律,而没有预见到它们可能影响谁;而且如
果制订了,就必须由另一组人来执行,无论它们将涉及到什么
人……如果法律所涉及到的各个党派和利益团体是已知的,立法
者的倾向将会不可避免地不是偏向这一边就是那一边;假若既没
有固定的规则,以规范立法者的决定,又没有更高的权力,以监
督他们的活动,那么,这些倾向将会损害公共司法的公正性。由
此而产生的结果必然是,这样一部宪法之下的公民们或者将生活
在一种没有稳定不变的法律的状态下,这就是根本没有众所周知
的、预先确定的裁定规则的状态;或者生活在专为某些人制订
的、其动机本身存在着矛盾对立和不一致的法律之下,而这些矛
盾对立的根源被人们归咎于这样的法律。"

"在这个国家里,借助于划分立法和司法职能,有效地防止

---

① 见布莱克斯通的《英格兰法评论》,第44页。
② 尤其可见伯克的《在下院的提议》(Edmund Burke, *Speech on the Motion
　Made in the House of Commons*, *the 7th of February*, 1771, *Relative to the
　Middle sex Elections*),载其《作品集》(*Works*)。
③ 见巴克的《礼仪的传统》(E. Barker, *Tradition of Civility* [Cambridge:
　Cambridge University Press, 1948])第216页。另外,注意上书第245、
　248页对戴雪崇拜佩利(Paley)的精彩描述。

这样的危险。议会不认识其行为会对之产生影响的那些个人，它在制定法律时面前没有案件或当事人，也不为任何私人的计划服务：因此，它的决议是根据关于普遍影响和意向的考虑提出的，这些考虑总是带来不偏不倚的而且通常是有益的规定。"①

8. 随着 18 世纪的终结，英国的自由的各项原则的发展所作的巨大贡献也走到了尽头。虽然麦考利再一次地为 19 世纪所做的事，正是休谟为 18 世纪所做过的事，②虽然《爱丁堡评论》的辉格党知识分子以及具有亚当·斯密传统的国民经济学家，如麦卡洛克（J. R. MacCulloch）和西尼尔（N. W. Senior）继续根据古典的含义来理解自由，可是，这方面几乎没有进一步的发展。逐步地取代了辉格主义的新自由主义，日复一日地陷入了哲学极端主义分子和法国传统的理性主义倾向的影响之下，边沁及其功利主义者轻蔑地对待到那时为止大多受到赞赏的英国宪法的特点，他们做的许多事情都有助于摧毁英国部分地从中世纪保留下来的那些见解。③他们将一些到那时为止在英国完全陌生的东西引进了英国，亦即按照理性原则重新塑造整个法律体系及其制

---

① 见佩利的《道德和政治哲学的原则》（W. Paley, *The Principles of Moral and Political Philosophy* [1785] [London, 1824]）第 348 页以下。

② 麦考利成功地使得过去年代为争取宪制的斗争中所取得的成果再次为有教养的英国人所熟知，这个事实很少有人记起。但是可参见《时代文学增刊》（*Times Literary Supplement*）1953 年 1 月 16 日第 40 页："李维对罗马史所做的也就是他（指麦考利）对我们历史所做的，但他做得更好。"阿克顿在《历史散论》（John E. E. Dalberg-Acton, *Historical Essays and Studies*, ed. J. N. Figgis and R. V. Laurence, [London, 1907]）第 482 页中认为，麦考利"在世界文学领域比任何作家都更多地宣传了自由信仰，他不仅是当时（1856 年）活着的最伟大的，而且是最有代表性的英国人"。

③ 在一些方面，甚至边沁的追随者也只能继续和改进他们予以破坏如此多的旧传统。这也适用于奥斯汀（John Austin），他曾致力于严格区分真正的一般"法"和"偶然的或特殊的命令"。见其《法理学演讲》（*Lectures on Jurisprudence* [5th ed.; London, 1885]）第 1 章第 92 页。

度设施的愿望。

　　从受到法国革命理想指引的那些人对英国式的自由的传统原则缺乏理解，这清楚地表现在法国革命在英国的早期倡导者之一理查德·普赖斯身上。1778 年他就论证道："当自由被说成是'法治而不是人治'时，这是对自由的极不完善的界定。如果在一个国家里，法律是由一个人或一个小集团制订的，而不是通过普遍的赞同制订的，法律的统治无非是一种奴役。"① 八年以后，他得以展示一封杜尔哥（Turgot）的赞扬信，信中说："您差不多是提出合理的自由思想的贵国第一位作家，并且您第一个揭示了被几乎所有的共和主义作家无休止地重复的、'自由在于只服从法律'这一观念的虚伪性这是如何发生的?"② 从那时起，基本上是法国式的政治自由的观念实际上渐渐地取代了英国的个人自由理想，直到人们能够说："在近一个多世纪以前谴责过成为法国革命基础的那些思想观念的、并领导了反对拿破仑的运动的英国，那些思想观念获得了胜利。"③ 在那儿，尽管 17 世纪的大多数成就在进入 19 世纪之后被保留了下来，然而，我们必须在其他什么地方寻求作为这些成就之基础的理想的进一步发展。

---

① 见普赖斯的《关于公民自由的两个小册子》（Richard Price，*Two Tracts on Civil Liberty* [London，1778]）第 7 页。
② 见普赖斯的《论美国革命的重要性》（Richard Price，*Observations on the Importance of the American Revolution，…to Which Is Added a Letter from M. Turgot* [dated March 22，1778] [London，1785]）第 111 页。
③ 见霍尔兹沃斯的《英国法制史》（W. S. Holdswirth，*A History of English Law*）第 10 章第 23 页。

第十二章　美国的贡献：宪法制度

欧洲似乎无法成为自由国家的家园。人们应当自己管自己的事，全国应为国家的行为向上天负责，这样一些简单明了的思想，这些长期以来一直锁在孤独的思想家的心中并藏在拉丁文的卷宗中的思想，正是从美洲迸发出来，像一个征服者一样，遍及于这些思想以人权的名义注定要征服的世界。*

　　　　　　　　　　　　　　　　——阿克顿爵士

1. "当 1767 年这个当时遵从议会主权无限也不可限的原则的现代化了的英国议会发表声明，说议会的多数可以通过任何它认为合适的法律时，北美各殖民地的反应是愕然大哗。马萨诸塞的詹姆斯·奥蒂斯和萨姆·亚当斯、弗吉尼亚的帕特里克·亨利以及沿岸其他殖民地的一些领袖人物高呼：'背信'和'大宪章'！他们坚持说，这样的一个主张，摧毁了他们的英国祖先们曾为之而奋斗的一切理想的本质，挖空了英格兰众贤人和爱国者们为之而捐躯的盎格鲁-撒克逊式自由的精髓。"① 美国现代的一

---

* 本章章首引语，引自阿克顿爵士的《自由的历史》（Lord Acton, *History of Freedom*）第 55 页。

① 米姆斯：《多数人》（E. Mims, Jr., *The Majority of the People* [New York, 1941]）第 71 页。

位热烈主张多数人有无限权力的人，对那个后来导致重新试图对个人自由加以保障的运动的发端，就是这样描写的。

开始时这个运动完全是以英格兰人传统的自由观念为基础的。埃德蒙德·伯克和其他一些英国同情者并不是仅有的几个这样来谈论北美殖民地的人，说他们"不仅仅信奉自由，而且是信奉符合英国思想、依据英国原则的自由"；① 而且他们自己早就持有这样的观点。② 他们感觉到他们是在捍卫 1688 年辉格革命的原则③；而正如"辉格党的政治家们向华盛顿将军欢呼，很高兴看见美国

---

① 伯克著 "关于同美国和解的演说"，载其《著作集》(E. Burke, "Speech on Conciliation with America" [1775], in *Works*) 第 3 卷第 49 页。英国理想对美国革命的主导性影响，在欧洲大陆的学者看来，似乎比在当代的美国史学家看来更为显著；特别参见沃斯勒著《美国革命理想同欧洲革命理想的关系》(O. Vossler, *Die ameri-kanischen Revolutionsideale in ihrem Verhältnis zu den europäischen*, [Munich, 1929])；但亦请参见麦基尔维恩著《美国革命》(A. C. McIlwain, *The American Revolution* [New York, 1923])，特别是第 156—160 页及第 183—191 页。

② 例如可参见马萨诸塞立法会议 1769 年对贝尔纳总督的答复。见麦克劳林的《美国宪法史》(A. C. McLaughlin, *A Constitutional History of the United States* [New York, 1935]) 第 67 页，引自《马萨诸塞州文献》(*Massachu-setts State Papers*) 第 172—173 页。在这个答复中，立法会议申辩说："如果有时间，最好莫如用之于保存那些从英国宪法中引申出来的权利，并坚持一些虽然阁下可能认为不关重要但我们都认为是这宪法的支柱的要点。如果有财富，就最好莫如用之于保障那种真正的英国式自由，这种自由增加其他一切乐趣的吸引力。"

③ 参见 [阿瑟·李] 的《政治检测……署名美洲 6 月的信件》([Arthur Lee], *The Political Detection* …, *Letters signed Junius Americanus* [London, 1770]) 第 73 页："原则上，这个争执，同上一世纪这个国家的人民同查理一世之间发生过的争执是一样的……国王同下议院可能名称不同，但是，无限的权力使他们成为一样的，所差者只是，许多人有无限的权力，比一个人有无限的权力，更是可怕得多"；又参见伯克著《新辉格党人向老辉格党人的呼吁》，载其《著作集》(E. Burke, *An Appeal from the New to the Old Whigs* [1791], in *Works*) 第 6 卷第 123 页。他在这里谈到，革命时期的美国人 "同英国的关系，犹如 1688 年时英国同国王詹姆士二世的关系一样"。关于整个问题，参见格特里奇著《英国辉格主义及美国革命》(G. H. Guttridge, *English Whiggism and the American Revolution* [Berkeley: University of California Press, 1942])。

进行了抵抗并且坚持要承认它的独立"① 那样，殖民地的人也向威廉·皮特和支持他们的辉格党政治家们欢呼。②

在英格兰，自从议会获得彻底的胜利之后，原先那种认为任何权力都不应是专断的而且一切权力都必须受到更高的法律所限制的观念，就趋于被忘诸脑后了。但是，殖民地的人们都接过了这些思想，又拿这些思想反过来同英国议会作对。他们不但对他们在议会中没有代表这一事实持异议，而且对议会不承认自己的权力有任何限制这一点更加持异议。由于这个对议会本身的权力也应该以更高的原则来加以限制的原则，在美国得到贯彻，因此对自由政府这一理想进一步加以发展的主动权，也就转到了美国人手中了。

美国人好运独得，他们的领袖人物当中，有一批对政治哲学深有研究的人。或许没有一个其他国家碰到过类似的情况。一个十分突出的事实就是：当时这个新的国家，在别的许多方面还仍然十分落后，但却可以说，"仅仅在政治科学方面美国才独占鳌头。有六个美国人能同最了不起的欧洲人，能同亚当·斯密及杜尔哥（A. R. J. Turgot）、米尔及洪堡并驾齐驱。"③ 而且他们这些人，同上一个世纪任何一位英国思想家一样深受古典传统的熏陶，并对于这些英国思想家的主张，了如指掌。

2. 直到最后决裂之前，殖民地的人同母国的冲突中所提出的要求和论点，完全是以他们作为英国臣民认为自己应该享有的权利和特许为根据的。他们原先对英国宪法的原则是相信的，但

---

① 阿克顿爵士著《现代史讲座》（Lord Acton, *Lectures on Modern History* [London, 1906]）第218页。

② 参见罗西特的《共和国的酝酿期》（C. Rossiter, *Seedtime of the Republic* [New York, 1953]）第360页，他在这里从1766年5月19日的《新港信使报》（*Newport Mercury*）中引用了"马萨诸塞州布里斯托尔的一位自由之子"的祝酒辞："我们的祝酒，总的来说，就是欢呼《大宪章》（*Magna Charta*），欢呼《不列颠宪法》（*British Constitution*），欢呼皮特和永远的自由！"

③ 阿克顿爵士著《自由的历史》（Acton, *History of Freedom*）第578页。

后来他们发现了这宪法并没有什么实质内容，不可能成功地援引这宪法来反驳英国议会的要求，惟有到了这个时候，他们才得出结论，认为缺了的基础必须加以弥补。① 他们认为，有一部"固定的宪法"，② 是任何自由政府所必须的，宪法就意味着受限制

----

① 关于这些思想所起的影响，有一个十分精彩的概要简介，见汉弗莱的"法治与美国革命"，载《法律评论季刊》（R. A. Humphreys, "The Rule of Law and the American Revolution", *Law Quarterly Review*, 第 53 卷 [1937]）。又见琼斯著 "取得的与给予的权利"（J. Walter Jones, "Acquired and Guaranteed Rights", *Cambridge Legal Essays* [Cambridge: Cambridge University Press, 1926]）；穆列特著《基本法与 1760—1776 年美国革命》（C. F. Mullett, *Fundamental Law and the American Revolution*, 1760—1776 [Columbia University thesis; New York, 1933]）；以及鲍德温著《新英格兰教士与美国革命》（A. M. Baldwin, *The New England Clergy and the American Revolution* [Durham, N. C.: Duke University Press, 1928]）；以及参见阿克顿爵士在《自由的历史》（*History of Freedam*）第 56 页中的见解。他认为美国人"更进了一步；因为他们在使所有世俗权力当局服从人民意志之后，又在人民意志周围设下了一些限制，而这是英国立法机关所不能忍受的。"

② 詹姆斯·奥蒂斯和萨姆埃尔·亚当斯经常使用的用语"固定的宪法"，显然来自瓦特尔的《各国法律》（E. de Vattel, *Law of Nations* [London, 1797]）第 1 册第 3 章第 34 节。书中讨论的那些观念，其最广为人知的阐述，见诸"1768 年 2 月 11 日马萨诸塞通知函"（引自麦克唐纳著《美国历史文献备考集》（W. MacDonald, *Documentary Source Book of American History* [New York, 1929]）第 146—150 页，其中最有意义的一段是这样的："议院曾谦恭地向内阁提出自己的见解，即认为国王陛下的议院是管辖整个帝国的最高立法权力机构；在所有各个自由州中，宪法是固定的，而由于最高立法机构的权力与权威来自宪法，因此它就不可能在不摧毁自身基础的情况下而超越宪法；宪法对主权和效忠二者都加以确定和限制，因此，陛下的美洲臣民，一方面承认自己受到这一效忠关系的约束，同时又有同等的权利要求充分享有英国宪法的基本规则；已经载入作为基本法的英国宪法中的、一个根本的、不可改变的自然权利，这个权利也是帝国范围内的臣民认为是神圣不可取消的权利，即凡是一个人以正当方法取得的东西，就绝对是他的，这东西他可以自由地送给别人，但他人未经其同意不能将它拿走；因此，美洲臣民们可以不考虑任何特许权，而以自由人与臣民的理直气壮的姿态，来坚持这一自然的与宪法的权利。"

的政府。① 在他们自己的历史中，他们已经熟悉了这个办法，即以书面文件来界定和限制政府的权力，例如"五月花合约"和殖民地宪章。②

他们自己的经验，也使他们懂得了，任何对各个不同的权力加以配置与分配的宪法，也因此必然对任何一个权力机关的权力施加了限制。一部宪法，只限于程序性的事务，仅仅界定一切权威的来源，这是可以想象的。但是，如果有那么一个文件，它只

---

① 最常用的用语是"有限的宪法"，这样的一个提法，概括了以宪法来限制政府权力的思想，特别请参见贝洛夫所编《联邦党人》第 78 期（*Federalist NO. LXXVIII*, ed. M. Beloff［Oxford, 1948］）第 397 页，亚历山大·汉密尔顿在这里作了如下的定义："所谓有限的宪法，我认为就是这样的一部宪法，它对立法机构的权威作出某些特定的例外限制；例如它不得通过剥夺死囚的公民权利或财产的法案，不得通过'事后追补'的（expost facto）法律，诸如此类等等。要能使这些限制在实践中得到坚持，除了通过司法法院为中介之外别无他途；这些法院的义务，就是凡有违反宪法的显然意向的行为，均将之一律宣布为无效。不如此，对私人权利与特许的一切保障，都会等于子虚乌有。"

② 参见琼斯前引著作，第 229 页："在同母国发生争执的时候，殖民地的人也就因此而熟悉了两个同英国法律思想的走向多多少少有点不一致的思想，一是人权学说，一是通过一部成文的宪法来限制立法权的可能性甚至是必要性（因为他们此时是对英国国会进行斗争）。"

关于下面的讨论，我主要得益于两位美国作者，即麦基尔维恩和科温。他们的主要著作可以开列在此，就不再提供许多更详细的出处了。

麦基尔维恩著《英国议会及其最高权力》（*The High Court of Parliament and Its Supremacy*［New Haven：Yale University Press，1910］）；《美国革命》（*The American Revolution*［New York，1923］）；"英国普通法对绝对主义的阻遏作用"（"The English Common Law Barrier against Absolutism"，*American Historical Review*，Vol XLIX［1943—44］）；《宪法制度与转变中的世界》（*Constitutionalism and the Changing World*［Cambridge：Cambridge University Press，1939］）；《古代与现代的宪法制度》（*Constitionalism，Ancient and Modern*［rev. ed.；Ithaca，N. Y.；Cornell University Press，1947］）。

是宣称，某某机构或某某人凡是说什么都是法律，那么美国人就大概不会称之为"宪法"了。他们认识到，只要这个文件向不同的当局授予具体的权力，它也会不单单在要追求的目标或目的上，而且也在要采用的方法上限制它们的权力。在殖民地的人们看来，自由意味着政府只有权力去采取法律所明文要求的行动，因而任何人都不应拥有任何专擅的权力。[①]

这样，宪法的观念，就同代议制政府的观念紧密地联系在一起了，在一个代议制政府中，代议机关的权力被严格地受到那个授予它以具体权力的文件所限制。一切权力来自人民的这一公式，与其说是指定期选举代表，不如说是人民组成一个制宪机构，拥有独有的权利去决定代议制立法机关的权力。[②] 这样，宪

科温著《司法复审学说》（*The Doctrine of Judicial Review* [Princeton：Princeton Univesity Press，1914]）；《宪法及其今日的意义》（*The Constitution and What It Means Today* [Princetom：Princeton University Press，1920；11th ed.，1954]）；"宪法理论自独立宣言到费城制宪大会的进展"（"The Progress of Constitutional Theory between the Declaration of in dependcnce and the Meeting of the Philadelphia Convention"，*American Historical Review*，Vol XXX [1924—25]）；"实行中的司法复审"（"Judicial Review in Action"，*Vniversity of Pennsylvania Law Review*，Vol LXXIV [1925—26]）；《美国宪法的'更高法律'之背景》（"The 'Higher Law' Background of American Constutional Law"，*Harvard Law Review*，Vol XLII [1929]）；《防范政府的自由》（*Liberty against Government* [Baton Rouge：Louisiana State University Press，1948]）；以及他编的《美利坚合众国宪法：分析与解释》（*The Constitution of the United States of America：Analysis and Interpretation* [Washington：Government Printing Office，1953]）。已经引用过的文章中的几篇，以及后面还要引用的若干篇，已经很合适地编入了由美国各法学院联合会的一个委员会编的《宪法学文选》（*Selected Essays on Constitutional Law.* Vol. I，[Chicago，1938]）。

① 参见汉弗莱前引书，第90页："自由的本来定义，就是不受专擅统治的自由。"
② 关于一切代议性会议在制宪过程中的权力的派生性，特别请参见麦克劳林前引书第109页。

法就被设想为使人民免受一切专断行动之侵害的保障，而不管这种专断是来自立法机关或是政府其他部门。

一部以这样的方式去对政府加以限制的宪法，除了有一些对权力如何派生加以规范的规定之外，还必须包含一些确实是实质性的规则。它必须订下普遍性的原则，去指导被指定的立法机关的行为。因此，宪法的思想所涉及的，不单单是权威或权力的等级制的思想，而且还有规则或法律的等级制的思想，按照后面这个思想，那些普遍性程度更高并且来自更高的权威的规则或法律，就支配着那些由一个代理性的权力机关所通过的更具体的规则或法律。

3. 有更高的法律来指导日常的立法，这个思想，是古已有之的。在十八世纪，它往往被设想为上帝之法，自然之法，或是理性之法。但是，将这样一个更高的法律写成文字从而使之明确并可以强制执行，这样一个思想，虽然并非崭新的，但第一次见诸实施，那还是那些美洲英属殖民地的革命人民完成的。事实上，各个殖民地都各自做了一些最初的试验，以比普通立法更为广泛的民众基础，将这个更高的法律写成法典。但是，日后对世界其他地区起了深刻影响的基本是联邦宪法。

宪法同一般法律之间的根本区别，犹如一般的法律同法院把这些法律应用于具体个案之间的根本区别：正如法官对具体个案作出裁判时要受到普遍性规则的约束一样，立法机关在制订具体的法律时要受到宪法的更为普遍性的原则所约束。两种场合，都有这种区别，其理由也是相似的：司法裁判，惟有它符合普遍性的法律之时，才能被认为是公正的，与此相仿，具体个别的法律，也惟有符合更带普遍性的原则之时，才能被认为是公正的。正如我们希望法官不要因为某一特定的理由而违反法律一样，我们也希望能防止立法机关为了暂时的与眼前的目的而违反某些普遍性的原则。

我们前面已经在一个其他方面讨论过为什么有这个需要。①
问题就在于，所有的人在追求眼前的目的时，都有可能会，或则甚
至由于智力上有局限而一定会违反一些他们本来会希望看到被普遍
遵守的行为准则。由于我们的心智能力是受到局限的，我们的眼前
目标总是会显得似乎很大，我们就会倾向于为了这些目标而牺牲掉
长远的利益。无论在个人还是社会行为中，我们在作出具体的决断
时，就惟有不顾眼前的需要，服从普遍性的原则，才有可能接近一
定程度的合理性和可靠性。立法工作，如果真的要考虑到整体的效
果，那么，它也同任何人类活动一样，不能不受原则的支配。

一个立法机关也正如一个个人一样，如果为了某一重要的眼
前目标而要采取措施就必须明目张胆地违反业经正式宣布过的原
则的话，它就会较为踌躇一些。破坏一个具体的义务或承诺，大
不同于明文宣布契约或承诺只要某些普遍性的条件发生就可以废
除。使一部法律有追溯既往的效力或是以法律对一些个人给予特
权或予以惩罚，大不同于废除那条永远不许这样做的原则。立法
机关为了达到某个伟大的目的而侵犯财产权或言论自由，大不同
于它宣布在哪些普遍性的条件下可以侵犯这些权利。

阐明立法机关在哪些条件下采取的行动是正当的，这样说出
来也许是有好处的，哪怕只需要由立法机关自己来阐明这些条
件，正如需要由法官来阐明他办事所依的原则一样。但显然更为
有效的是，只有另外一个机构才有权来修改这些基本原则，尤其
是如果这个机构的程序较长，从而让人们有时间能恰如其分地看
到，导致修改原则的要求之产生的那个具体目的，其重要性究竟
有多大。在这里值得注意的是：大体上说来，制宪会议或是为了
制订最普遍性的统治原则而设立的类似机构，人们认为它仅仅有

---

① 见本书第四章及第七章，关于整个题目，可参见休谟的《论文集》（*Trea-
tise*）第 2 卷，第 300 页以及第 303 页。

权去做这一件事，而不是去通过任何具体的单个法律。[①]

在这个问题上常常使用的"醉者诉诸醒者"这句话，只是强调了更广泛的问题的一个方面，而且由于用词过于轻率，对有关的十分重要的问题，与其说是有助于其澄清，倒不如说是起了掩盖的作用。问题不单单在于空出时间来让人们的激动情绪冷静下来，尽管这一点有时是十分重要的，问题毋宁说在于要考虑到人类普遍都不善于明确酌量某一具体措施所有可能产生的后果，而一个人如果要使自己个人的决断能融合到和谐的整体之中，他就有赖于普遍化的准绳亦即原则。"人要有效地斟酌自己的利益，最有效的办法莫如普遍而坚定不移地遵守正义的规则。"[②]

几乎不用指出，一个宪法制度决不会绝对地限制人民的意志，而只是使眼前的目的服从于长远的目的。它确实意味着，一

————————

① 参见利尔伯恩的《合法的基本自由》（John Lilburne, *Legal Fundamental Liberties*）（部分重印于伍德豪斯编的《清教与自由》[*Puritanism and Liberty*] [Chicago: University of Chicago Press, 1951] 第 344 页），在这里，他主张设立我们可以称为制宪会议的机构，同时又明确地要求"这批人不应行使任何立法权，而只应制订一个正义的政府的基本准则并对全国有利害关系的人民提出，请他们予以同意。这样一个经同意达成的协议，应高于法律，因此，协议中包含的有关人民立法议员们组成的议会的界限、局限及范围，[应该] 写成正式的契约，互相签字。"在这方面很有意义的，还有1776 年马萨诸塞州孔科德镇会议的决议，该决议重印于莫里森所著《说明美国革命的原始资料与文献》（S. E. Morison, *Sources and Documents Illustrating the American Revolution* [Oxford: Oxford University Press, 1932]）第 177 页。这个决议宣布立法机关并不是制订宪法的合适的机构，"首先是因为我们觉得宪法就其本来的思想而言是要订下一整套原则以保障臣民能拥有与享用自己的权利，不受执政当局的侵犯。其次是因为制定宪法的那个机构，当然也就因此有权修改宪法。第三是因为一部宪法如果可以被最高立法机关所修改，那就根本无法保障臣民的任何一项或是所有各项权利和特许不被执政当局侵犯。"当然，美国宪法的创始人们之所以一致拒绝那种曾在古希腊实行过的直接民主制，主要是想防止最高当局去插手过问细节，而远不是由于这种民主在技术上行不通。

② 休谟著《论文集》第 2 卷，第 300 页。

个暂时的多数本来可以用一些手段来达到一些具体目的，但是却被事先由另一个多数为一个长时期定下的一些普遍性原则所限制住了。或者换一个说法，它意味着，大家之同意服从暂时的多数在具体问题上的意志，是以一个理解为基础的，即这个多数将会遵守事先由一个更具普遍性的机体所定下的更为普遍性的原则。

　　这种分权的做法，其含义比乍看起来更为深远。它意味着承认人们深思熟虑的能力有其限度，最好还是依靠经过考验的原则，而不是临时就事论事的决策；再者，它还意味着，各种规则的高低等级，并不是到了宪法上明文规定的规则就终结了。正如支配个人思想的力量一样，对社会秩序施加作用的力量也是多层次的；即使是宪法，也有其根据或前提，即作为其根据的对更加根本的原则的共识——这些原则可能是从未明文表达过的，但正是有了这些原则在先，才有可能达成共识并制定那些成文的基本法律。我们不应该认为，既然我们已经学会了有意地制定法律，那么，一切法律都必须由某个人为的机构来制定。[1] 倒不如说，一群人之所以能组成一个能够制定法律的社会，是因为他们已经有了共同的信仰，这些信仰使得他们彼此能讨论与说服，而且写成条文的规则也必须符合这些信仰，才能被认为合法而予以接受。[2]

　　由此可见，没有任何人或任何由人组成的机体能拥有完全的自由，可以任意将自己喜欢的法律强加于其他人。霍布斯的主权观[3]（及由此而派生出的法律实证主义）所依据的观点则与此相反，它源于一种错误的理性主义，设想有一个独立的、自决的理性，忽视了一切理性思维都是在种种信仰与习俗的非理性框架内

---

[1]　参见本书第十一章。

[2]　关于合法性的概念，参见费雷罗的《权力的原则》（G. Ferrero, *The Principles of Power* [London，1942]）。

[3]　这一点，对于让·波当（Jean Bodin）倡导的、最初的主权观念并不适用。参见麦基尔维恩的《宪法制度与转变中的世界》第 2 章。

进行的这一事实。宪法制度意味着一切权力都有赖于一种理解，即权力行使要符合那些共同接受的原则，被授予权力的人们之所以被选中，是因为大家认为他们最有可能做得对，而不是要他们凡是做什么都做得对。归根到底，一切权力，都有赖于这样一种理解，即权力说到底并不是一个物质性的事实，而是一个使人们肯服从的舆论状态。[①]

人民所持的长远决策与普遍原则，对暂时的多数的权力，是有所限制的，只是蛊惑人心的煽动家，才会把这样的限制说成是"反民主"的。其所以要设计这些限制，是为了保护人民免受那些他们必须赋予其权力的人们的侵害，这些限制是人民惟一的手段，借以能够决定自己在其中生活的秩序应带有怎么样的总体性质。无可避免的是，人民接受了普遍原则，也就在牵涉到具体个别问题之时束缚了自己的手脚。因为某一个多数集团的成员，如果不愿意某些措施一旦施用于他们自己身上，那么，他们就惟有现在避免采取这些措施，方可以事先防止一旦自己处于少数地位时这些措施被采用。对长远原则的遵奉，实际上是使得人民更能掌握住政治秩序的总体性质，而假如这个总体性质仅仅由轮番先后就具体事项作出的决断来决定，则人民所能掌握的程度，就会逊色得多。一个自由社会肯定需要经常性的手段来限制政府的权力，无论眼前的具体目的是什么。新的美利坚国家要给自己制订的宪法，肯定不仅仅是对权力如何派生的一种规范，而是一部自由的宪章，一部将要保护个人不受任何专擅强制的宪章。

4. 自独立宣言起，到联邦宪法形成架构为止，这当中的 11 年，是新的十三州对宪法制度的原则进行实验的时期。在某些方

---

① 这一点，休谟和后来直到维泽尔（F. Wieser）为止的一大批理论家都加以强调，维泽尔在《权力的法律》（*Das Gesetz der Macht* [Vienna, 1926]）中，对这一种思想进行了最充分透彻的阐述。

面，它们各自的宪法，甚至比最后的联邦宪法更能明白地显示出，在多大程度上，对政府一切权力加以限制，是宪法制度的目的。这一点，尤其可以从这些宪法无论在何处都把不可侵犯的个人权利放在突出地位这一事实中看出来，这些权利，都被一一列出，或则作为这些宪法性文件的一部分，或则单独形成一些权利法案。[1] 虽然这些权利有许多只不过是将殖民地人民早已在事实上享有的权利再重申一下而已，[2] 或只不过是一些他们以为自己一向应该享有的权利，而且其他一些权利的大多数，则只是针对一些正在争议中的问题匆匆草率表述的，然而，这些列出的权利，都清楚地显示出宪法制度对于美国人来说，究竟意味着什么。这些列出的权利，时而在这里，时而在那里，为缔造日后的联邦宪法的大部分原则作了预先准备。[3] 所有人的主要关心之点，都正如那先于 1780 年马萨诸塞州宪法的人权法案所表示的，

---

① 参见庞德的《宪法自由保障的发展》(Roscoe Pound, *The Development of Constitutional Guarantees of Liberty* [New Haven Yale University Press, 1957])。关于各个权利法案的起源，德国曾出过许多重要的著作，其中可以在这里提到的有：耶林内克著《人权与公民权宣言》 (G. Jellinek, *Die Erklärung der Menschenund Bürgerrechte* [3d ed. ; Munich; 1919])，由 W. 耶林内克编（其中还收进去了该著作自 1895 年发表以来讨论情况的一个综述）；哈斯哈根："关于北美人权宣言产生的历史"，载《一般政治学学刊》 (J. Hashagen, "Zur Entstehungsgeschichte der nordamerikanischen Erklärung der Menschenrechte", *Zeitschrift für die gesamte Staatswissenschaft*) 第 78 卷 [1924 年]；萨兰德著《论人权的演变》 (G. A. Salander, *Vom Werden der Menschenrechte* [Leipzig, 1926])，以及沃斯勒著 "人权宣言的研究"，载《史学学刊》 (O. Vossler, "Studien zur Erklärung der Menschenvechte", *Historische Zeitschrift*) 第 142 卷 [1930 年]。

② 韦伯斯特著 "美国革命中各州宪法的比较研究"，载《美国政治与社会科学院编年史》 (W. C. Webster, "A Comparative Study of the State Constitutions of the American Revolution", *Annals of the American Academy of Political and Social Science*) 第 9 卷 [1897 年]，第 415 页。

③ 同上书，第 418 页。

就是政府应该是"法律的政府而不是人的政府"。①

　　这些权利法案之中，最著名的一个，即弗吉尼亚权利法案，它是早在独立宣言之前就起草并通过的，而且是以英国和殖民地的一些先例为模式的，它不但成了其他各州权利法案的蓝本，而且也成了 1789 年法国的"人权与公民权利宣言"的蓝本，而且通过这一点，成了欧洲所有类似的文件的蓝本。② 实质上，美国各州的各个权利法案及其主要规定，现在已是人共知晓的了。③ 但是，这些规定中的一些仅仅偶尔出现的规定，却值得一提，例如禁止制订有追溯既往效力的法律，这一条出现在四个州的权利法案中，又例如禁止"永久权与垄断权"，这一点出现在两个权利法案中。④ 还有很重要的一点，就是某些州的宪法中，特别强调分权原则⑤——

----

①　马萨诸塞宪法（1780）第一部分第 30 条。虽然这一条文并没有在约翰·亚当斯起草的原稿中出现，但它同亚当斯的思想是完全合拍的。

②　关于这个关系的讨论，前页注释中已有说明。

③　参见韦伯斯特，前引书，第 386 页："这些文件，每一个都宣告除非依据法律或依据同等身份的公民的判定，否则不能剥夺任何人的自由；任何人被起诉后都有权得到对他的起诉书的一份文本，并且有权寻求辩护人与证据；对任何人都不得强迫他提供不利于自己的证据。所有这些文件全都小心翼翼地维护由陪审团审判的权利，都保证出版自由和自由选举，都禁止和平时期发出一般扣押令和保护常备军，都禁止授予贵族头衔、世袭荣誉及排他性的特权。所有这些文件，除了弗吉尼亚和马里兰的之外，全都保证集会、请愿和指派代表的权利。除了宾夕法尼亚及佛蒙特的之外，所有这些文件全都禁止索取过分巨额的保释金，禁止课以过分巨额的罚款，禁止施行不寻常的刑罚，禁止除立法机关外任何其他当局宣布法律停止生效，禁止向无代议员为其代表者征税。"

④　北卡罗来纳宪法，第 23 条。参见马里兰宪法，"人权宣言"，第 41 条："垄断是可憎的，是违反自由政府的精神及贸易的原则的，不能予以容忍。"

⑤　尤其请参见马萨诸塞宪法，第一部分，"权利宣言"，第 30 条："在本共同体的政府中，立法部门绝不能行使行政权与司法权，亦不能行使其中之任何一权；行政部门绝不能行使立法权与司法权，亦不能行使其中之任何一权……目的是为了使政府是法律的政府而非人的政府。"

同样是因为在实践中，这一点被违反的现象，多于被遵守的现象。另外一个反复展现的特点，在现在的读者看来，似乎只是词藻上的堆砌，但对当时的人来说，都是至关重要的，那就是诉诸"自由政府的基本原则"，这是好几部州宪法都载入的，[①] 而且，这些文件还一再提醒："常常诉诸各基本原则，对于维护自由这一天赐之福，是绝对必要的。"[②]

　　不错，这些可钦可佩的原则，有许多基本上只停留在理论上，各州的立法机关很快就几乎同英国议会从前那样要求无限的权力。的确，"在大多数州的革命宪法下，立法机关事实上是无所不能的，而行政机关相对来说都是孱弱无力的。这些文件几乎全都授予前者以实际上无限的权力。在六部宪法中，根本没有什么规定去防止立法机关以普遍的立法程序对宪法进行修改。"[③] 即使在情况并非如此的地方，立法机关也往往专横地不理会宪法的文字，至于宪法原先本来企图要保护但又没有写成文字的那些公民权利，立法机关就更不放在眼里了。不过，要发展出一些对这些滥用权力的行为加以制止的明文保障，是需时间的。13 州邦联时期的主要教训就是，仅仅在纸上写下一部宪法，只造成了

---

① 马萨诸塞宪法，第 24 条。

② 这一句话第一次出现，是在由乔治·梅森起草的 1776 年 5 月弗吉尼亚权利宣言草稿中，见罗兰的《乔治·梅森传》(K. M. Rowland, *The Life of George Mason* [New York, 1892]) 第 435 页及其后，后来又在通过的宣言中成为第 15 节。又请见新罕布什尔宪法第 38 条，以及弗蒙特宪法第 18 条。由于 1787 年时有效的各州宪法似乎尚未有收集成册，所以我在这里用的是《美国所有各州宪法》(*The Constitutions of All the United States* [Lexington, Ky., 1817])，这本册子并没有处处都标明所印的文本的日期。因此，本注及前面几个注中的引文，也有可能是晚于联邦宪法之后的修订本。关于这句话的来历，请见斯图尔日 (G. Stourih) 的即将问世的书《追求伟大》(*The Pursuit of Greatness*)。

③ 韦伯斯特，前引书，第 398 页。

微不足道的改变，除非设定明确的机构来强制执行这部宪法。①

5. 往往大家都从下面这个事实中形成不少看法，即美国宪法是设计出来的产物，而一个国家的人民有意识地建立一个他们希望在其下面生活的政府类型，这在近代史上尚属第一次。美国人自己也十分意识到他们这一手笔的独特性质，而且，在某种意义上，他们也的确是受到一种理性主义的精神所指引，被一种追求有意识的建构和务实程序的愿望所指引，这种愿望，与其说是接近于"英国式"的，不如说是更为接近于我们曾称为的"法国式的传统"。②而由于他们普遍对传统持怀疑态度，而且对新体制完全是自己一手创造出来的这一点深感自豪，因而上述的态度就更显得理直气壮。这个见解，在这里比在许多别的类似场合，都更为有理由些，然而，从本质上说，它们是错误的。令人瞩目的是，最后产生出来的政府架构，与任何事先明确预料的结构相比，是多么的不同，而最后产生的结果，又是在多么大的程度上取决于历史的偶然

---

①　参见麦迪逊在《联邦党人》第 48 期最末处说的一段话："单单在羊皮纸上划清各个部门之间的宪法界限，并不足以对种种侵犯行为加以防范，使之无法导致一切政府权力都专横地集中在相同的人手中。"

②　有人曾引约翰·杰伊（奥克肖特［M. Oakeshott］）关于"政治理性主义"一文中引用（"Rationalism in Politics", *Cambridge Journal*, I［1947］, 151）在 1777 年说过的话："美国人是第一个蒙上天保佑，得到机会，可以对自己应在什么形式的政府下面生活这一点进行思考与作出选择的民族。其他各国的宪法，都产生于暴力或是偶然的情况，因此，也许离开尽善尽美的程度更为远些。"但请比较一下约翰·麦迪逊在费城制宪会议上的大声疾呼，载法兰德编的《1787 年联邦制宪会议记录》（M. Farrand（ed.）, *The Records of the Federal Convention of* 1787［rev. ed. ; New Haven, Yale University Press, 1937］, under the date of August 13, II）第 278 页："经验应该是我们的惟一指南。理性会将我们引入歧途。英国宪法的独特而美妙的机制，并不是理性所发现的。也不是理性发现了……那个奇特的，而且在那些受理性所支配的人看来是荒唐的陪审制度。也许是偶然事件造成了这些发现，辅由经验加以肯定。所以这就是我们的指南。"

或是取决于传统原则在新形势下的运用。联邦宪法所包含的那些新发现，或则产生于传统原则在具体问题上的运用，或则在生产时是一些普遍性的思想所引出的只能朦胧认识到的后果。

当那负有"使联邦政府的宪法更为符合联邦的要求"这一使命的联邦制宪会议 1787 年 5 月在费城开会的时候，联邦主义运动的领袖们发现自己面临着两大问题。一方面，大家都一致认为，邦联的权力不足，必须加强，而同时，主要关心的问题仍然是如何去限制这样的政府权力，而在寻求改革当中，一个决非等闲的动机，就是要对各州立法机关的揽权加以约束。① 独立最初

---

① 詹姆斯·麦迪逊在费城制宪会议上提到全国政府的主要目标是"有必要更为有效地为私人权利的安全以及司法的稳定推行作出规定。这些事情所遇到的横加干涉，是一种祸害，它也许比任何别的事情都更加是促使本会议召开的原因"。见《联邦宪法记录》（*Records of the Federal Constitution*）第 1 卷，第 133 页。又参见麦迪逊在《联邦党人》第 48 期第 254 页上引用的托马斯·杰斐逊在《关于弗极尼亚州的记事》（*Notes on the State of Virginia*）中的一段名言："所有的政府权力，包括立法权、行政权和司法权，都归结到立法机构那里。而将这些权都集中到相同的人手中，这正是专制政府的定义。即使这些权力是由多只手而不是由单独一只手来行使的，问题也不会因此而缓解。173 个专制统治者，肯定同单单一个专制统治者一样，是同样压迫人的。怀疑这一点的人，就请他们转过眼睛去看看威尼斯共和国吧。虽然这些人是我们自己选出的，但这一点也没多大作用。选举产生的专制政体，并不是我们原先所奋斗争取的政府；我们所争取的这样一个政府，它不单单应该以自由的原则为基础，而且政府权力应该在几个主管机构之间划分开而且受到制衡，从而使得哪一个主管机构都不可能超越自己的法定界限，一超越了就会被其他主管机构所有效地制止与阻挡。……〔立法系统以外的其他系统〕依此各自在许多场合有一些明确的权利，而这些权利，本应留待司法争论，而行政当局的指挥，在他们开会的整段期间，正在变得习以为常和人所共知"——因此，汉弗莱（R. A. Humphrey）所作出的结论（同书第 98 页），即使对于后期教条式的民主派奉为偶像的杰斐逊而言，也是适用的："这就是联邦宪法的创始者们企图建立的那样一个共和国。他们所关心的，不是要使美国对民主安全无害，而是要使民主对美国安全无害。从柯克大法官到美国最高法院，要走一条漫长的道路，但道路是畅通无阻。起支配作用的法治，在十七世纪曾凌驾于国王或议会之上，清教徒们无论在世俗或教会的事务上都对这种法治推崇备至，哲学家们也把它看作是宇宙的支配原则，殖民地人民也援引它来反对英国议会的专制主义，现在它已给被拿来当作联邦的根本原则了。"

十年的经验，只是使得着重点略微从防范专擅政府转为建立一个
有效率的共同政府。但这经验也提供了新的理由，使人们对各州
立法机构的权力运用产生疑虑。当时人们很少能预见到，解决了
第一个问题，也就会给第三个问题提供答案，而且将某些至关重
要的权力转交给中央政府，同时将其余权力留给各州，也就会对
所有政府都施加了限制。显然，是麦迪逊"提出了这样的见解，
即对私人权利设立充分的保障，同对全国政府赋予充分的权力，
这两个问题归根到底是一个问题，因为全国政府加强了，也就对
各州立法机构权力的膨胀起了制衡的作用"。[1]　这样，也就实现了
一个伟大的发现，关于这个发现，阿克顿爵士后来曾说过："对民主
的一切制衡手段当中，联邦主义曾经是最有效、最天生的。……联
邦制通过将主权权力以分割，只将某些经过界定的权力赋予政
府，从而对主权权力加以限制与制约。这是不但对大多数而且对
全民的权力加以制约的惟一方法，而且这又为设立一个议会第二
院提供了最强有力的根据，人们已经发现，这个第二院在任何真
正的民主制度中是对自由的根本保证。"[2]

　　在不同的主管当局之间实行分权，为什么就能缩小任何人所
能行使的权力，这个理由，并不总是为人们所理解的。问题不仅
仅在于彼此分开的主管当局会出于相互的妒忌心而相互防止越权。
更重要的一个事实是：某些种类的强制，是需要动用不同的权力，
共同配合，或是需要动用几种手段才可以实行的，而如果这些手
段掌握在相互分开的人手中，那么，就不会有任何人能单独实行

---

①　见科温的文章，载《美国历史评论》（E. S. Corwin, *American Historical
　　Review*）第 30 卷［1925 年］，第 536 页；这段话后面接着说："然而，制宪
　　会议既然接受了麦迪逊的主要思想，它惟一剩下来要办的事，就是通过司法
　　审核机构来将这个思想付诸实施。同样毫无疑问，这个决断，也由于制宪会
　　议上大家对司法审核这一学理越来越理解因而得到了支持。"
②　阿克顿爵士著《自由的历史》第 98 页。

这些种类的强制。最熟悉的例证，就是许多种类的经济统制，惟有当实行统制的主管当局同时亦能对超出其疆界的人员与货物的流动实行统制之时，方能发生效力。如果它缺了这个权力，那么，尽管它对境内事务有权统制，但它是无法推行一些需要同时行使两方面权力的政策的。因此，在一定意义上，联邦制政府就是受限制的政府。[①]

美国宪法另一个在这里同我们的话题有关的主要特点，就是它保障个人权利的规定。一开头就已经决定不将权利法案列入宪法之中，这究竟是什么原因，而且那些原先对这一决定持反对态度的人们，后来连他们也被说服，这究竟是由于什么考虑，这两个问题，都是同样重要的。反对列入宪法的主张，其论据已由亚历山大·汉密尔顿在《联邦党人》中阐明得一清二楚："［权利法案］在现在提出的宪法中不单单是不必要的，而且甚至可能是危险的。这些法案包含着对一些本来就没有授予的权力种种例外规定，单单这样一来，就会提供一个漂亮的借口，可以要求超出已授予的权力之外的更大的权力。因为本来就根本没有权力去做的事，为什么还要宣布不可以做呢？举个例说，既然本来就没有授权可以对出版自由施加限制，那么，为什么要说对出版自由不得限制呢？我不是说，这样的一个规定，就会授予一种管理权；但是，很明显，对于那些有意要篡夺这一权力的人来说，这样一个规定，会给他们提供一个正中下怀的把柄，去声称自己有这样的权力。他们可以似乎很言之成理地强调说，既然某项权力并没有授予，宪法就不应该荒谬地就防止滥用这项权力作出规定，防止对出版自由施加限制，那就无异于明确承认

---

① 见拙著"州际联邦制的经济条件"，载《新共同体季刊》（"The Economic Conditions of Inter-State Federalism"，*New Commonwealth Quarterly*）第 5 卷［1939 年］，该文在拙著《个人主义与经济秩序》（*Individualism and Economic Order*［London and Chicago，1948]）中又重印。

有意图要将制定适当的有关规章之权授予全国政府。这就可能成为一个例子，说明了如果放任对权利法案的盲目热情，就会给推定权力主义提供多少把柄。"[1]

因此，基本的反对意见就是：当时企图用宪法来保护的种种个人权利，其范围比任何文件所能详尽无遗地列举的要大得多，而凡是明文列举一些权利，都容易被解释为这意味着对其他权利就不保护了。[2] 经验已经表明，担心没有哪一个权利法案能将那些隐含在"我们的制度所公认的普遍原则"[3] 中的所有各种权利

---

① 《联邦党人》(*Federalist*)，第 84 期，贝洛夫 (Beloff) 编，第 439 页及其后。

② 比正文中引用的汉密尔顿那段话更清楚地陈述了这一观点的另一段话，就是詹姆斯·威尔逊在宾夕法尼亚制宪会议就宪法进行辩论时的发言，见《几个州制宪会议上关于通过联邦宪法的辩论》(*The Debates in the Several State Conventions, on the Adoption of the Federal Constitution*, ed. J. Elliot [Philadelphia and Washington, 1863]) 第二部分第 436 页：他将权利法案描绘成"十分鲁莽的"，因为"在一切社会里，总是有许许多多的权力和权利是不能具体列举的。如果宪法附上权利法案，就等于将保留的权力——列举。我们如果试图实行列举，那么，任何没有列在内的东西，都会被推定为已被授予。"但是，詹姆斯·麦迪逊似乎一开始就持有最后终于占上风的那个见解。他在一封日期为 1788 年 10 月 17 日的致杰斐逊的重要信件（这里是从帕多弗 [S. K. Padover] 编的《麦迪逊全集》(*The Complete Madison* [New York, 1953] 第 253 页) 中转引的，信太长，在这里无法全文转引，只引用他当中写的一段："我自己的意见，一向是赞成搞一个权利法案的，只要它的架构不至于隐含凡未列入的权力均属有效之意。……要担心的对私人权利的侵犯，主要地不是来自政府所采取的同其建立者的意思相违背的行为，而是来自这样的一些行为，即政府只是其建立者的大多数的区区一个工具时的行为。这是一个十分重要的真理，但人们对它注意还不够。……那么，就可以问一句，在民众的政府里，权利法案能够有什么用处呢？……第一，以如此庄严的方式公告的政治真理，会逐渐取得自由政府基本公理的性质，而这些真理一经融入民族情感，就可以对谋私利或感情用事的冲动加以制衡……"

③ 约翰·马歇尔 (John Marshall) 在《弗列彻诉佩克案》(*Fletcher v. Peck*, 10 U. S., [6, Cranch], 48 [1810]) 中所言。

全都一一指出无遗，而且担心将其中的一些权利分出来就似乎等于承认对其余的权利就不予以保护了，这样的担心是大有理由的。另一方面，人们不久之后就认识到，宪法必然会授予政府以权力，而如果个人权利没有得到专门的保护的话，这些权力就可能被用来侵犯个人权利，而且既然这些权利当中有一些已经在宪法的文本中举出了，那么，就可以再补充一个更为完整的目录，这样做更有好处。后来有人说，"权利法案，作为对人民真正交托给政府的那些权力的一个限制，无论在何时起作用，都是重要的，而且常常可能是不可或缺的。这就是母国中的、各殖民地的宪法与法律中的以及各州的宪法中的所有各个权利法案的真正根据"，而且"权利法案是一种重要的保护，以防止来自人民自身的不公正的与压迫他人的行为"。①

当时这个已经看得很清楚的危险，有了一个小心翼翼的保留条款（即第九修正案）来加以防范："本宪法中对某些权利的列举，不应被推论为否认或贬低人民所享有的其他权利"——但这个规定的意义，后来被完全忘记掉了。②

美国宪法另外还有一个特点，我们起码也必须简单扼要地提一提，要不然，主张自由的人们素来对这部宪法感到的钦佩，③

---

① 斯托里著《对宪法的评论》(Joseph Story, *Commentaries on the Constitution* [Boston, 1833]) 第三部分第 718—720 页。

② 参见顿巴尔的"《詹姆斯·麦迪逊及第九修正案"，载《弗吉尼亚法律评论》(L. W. Dunbar, "James Madison and the Ninth Amendment", *Virginia Law Review*) 第 42 卷 [1956 年]。很有意义的一点是：连那位研究美国宪法的头等权威，也在一篇著名的文章（即科温著《美国宪法中的"更高法"背景》[1955 年重印]，第 5 页）中误引了第九修正案的原文，而且 25 年后又将这一误引重印了一遍，显然这是因为没有谁注意到原文中一个十一个词的词组被一个六个词的词组所取代了！

③ 这种钦佩之情，是 19 世纪的自由主义者当中十分普遍的，其中如格莱德斯通，他有一次曾将美国宪法描写为"人类脑子与意志有史以来一下子作出的最美妙的作品"。

就会显得似乎也必然扩大到这一方面，特别是因为这一个特点是
一个传统的产物。分权学说导致了一个总统制共和国的形成，在
这个共和国里，首席行政官的权力，直接来自人民，因此他所属
的政党可以不同于那个控制着立法机构的党。我们往后就可以看
到，这个安排，是以对分权学说的一个解释为根据的，但这个解
释，决不是这个学说所主张的目标所必需的。给行政权的效率设
立这样一个特别的障碍，很难看出这样做有什么便利之处；人们
很可能会感觉到，美国宪法的其他美妙之处，假如不同这样一个
特点联系在一起，本来可以表现出更多的好处。

　　6. 如果我们认为美国宪法的目的在很大程度上是要对立法
机构加以限制，那么，很显然就必须作出安排，像实施其他法律
一样，以同样的方式来实施这些限制，也就是说，通过司法法
院。因此，就无怪乎有一位认真的历史学家发现，"司法审核并
非美国的发明，而是同宪法本身一样古老，缺了它，宪法制度就
绝不会实现。"① 鉴于那个造成制定出成文宪法这一结果的运动
的性质，十分令人奇怪的是，竟然有人对需要有能宣布法律的违
宪的法庭这一点表示质疑。② 无论如何，重要的事实是：在宪法

---

①　麦基尔维恩著《宪法制度与转变中的世界》第278页；参见科温的"美国宪
　　法的基本法理"，重印于《宪法学文选》（E. S. Corwin, "The Basic Doctrine
　　of American Constitutional Law" [1914], reprinted in *Selected Essays on
　　Constitutional Law* 第2卷，第105页）："换一种说法来说，司法审核的历
　　史，就是宪法限制的历史。"又参见狄泽的《美国与欧洲——司法审核的衰
　　落与兴起》，载《弗吉尼亚法学评论》（G. Dietze, "America and Europe——
　　Decline and Emergence of Judicial Review", Virginia Law Review）第44卷
　　[1958年]。

②　主张否定这一需要的人们，他们的所有论据，最近都整理进了克罗斯基的
　　《美国历史中的政治与宪法》（W. W. Crosskey, *Politics and Constitution in
　　the History of the United States* [Chicago: University of Chicago Press,
　　1953]）之中。

的某些起草人看来，司法审核是宪法的一个必要的、当然的部分，当宪法被通过之后的早期争论中他们需要为这一主张辩护时，他们的简述是相当明确的。[①] 而通过最高法院的一项裁定，它不久就成了这个国家的法律。各州的法院早已将它运用于州宪法（在几个州，这甚至发生在联邦宪法通过之前）。[②] 虽然各州宪法全都没有明文规定这一点；而且似乎显而易见的是，既然各州法院有此权力，联邦法院就联邦宪法而言，当然也应有此权力。首席大法官马歇尔在《马尔伯里诉麦迪逊》一案中表达的意见，定下了这个原则，他的这个意见，成为名言是当之无愧的，

---

① 主要参见亚历山大·汉密尔顿在《联邦党人》第78期第399页所言："每当某一具体法例违反了宪法，司法法院就有义务坚持宪法而不理会这一法例。"又见詹姆斯·麦迪逊的《国会中的辩论与记录》（*Debates and Proceedings in the Congress*，I［Washington，1834］第439页，他在这里宣布，法院"应该认为自己是这些权利的独特的守护者；法院将是一个通不过的防波堤，防止立法机关或行政机关的任何揽权行为对于任何在宪法中由权利宣言规定了的权利的侵犯，它们会自然而然地加以抵抗；他后来又在一封日期为1825年6月30日致乔治·汤姆逊的信（转引自 S.K. 帕多维编的《麦迪逊全集》第344页）中说："如果一种学说是使立法机关不受宪法监督的话，那么这个学说就不可能是健全的。宪法对于立法机关来说是必须遵守的法律，正犹如立法机关通过的法案对于个人来说是必须遵守的法律一样，这部法律虽然随时都可以由形成这法律的人民来修改，但却不能由任何别的主管当局来修改；当然不能由被人民选出来将这法律付诸实施的人们来修改。这条原则是如此至关重要，又是我们民众政府向来引以自豪的东西，所以对它加以否定的做法，大概是长不了，传不远的。"此外，还有梅森参议员和莫里斯州长在国会讨论1801年司法法案时的发言，收录于麦克劳林，前引书，第291页，见詹姆斯·威尔逊1792年致宾夕法尼亚大学学生的信，见其《文集》（*Works*，ed. A. D. Andrews［Chicago，1896］）第2卷第416—417页。他在信中表示，司法审核是"宪法在立法部门和司法部门之间实行权力分配的必然结果"。

② 甚至克罗斯基在前引书（第二部分第943页）中最近作出的最持批评态度的调查，对情况作出归纳时也说："已经有证据表明，早在殖民地时期，司法审核的基本概念，已经在美洲得到一些人的接受。"

而这也部分是因为他用以概括成文宪法之精神的巧妙方式。①

曾经常常有人指出，自最高法院作出这个裁定以后，它有50年之久再也没有重申过自己这一权力。但必须注意到，在这个时期，一些州法院是常常行使与此相应的权力的，而且，惟有能证明有一些案子中最高法院本来应该行使这一权力而没有行使，它这种不行使该权力的事实才会是有意义的。② 况且，毫无疑问的一个事实是，恰恰是在这个时期当中，司法审核所依据的宪法学说得到了最充分的发展。在这些岁月中，出现了有关个人自由的法律保障的大批名著，这些著作在自由的历史当中所应占

---

① 《马尔伯里诉麦迪逊案》（*Marbury v. Madison*，5 U. S. ［1 Cranch］，137 ［1803］）。在这里只能摘引这个著名的裁决中的几段："美国政府已经被强调为一个法律的政府，而不是人的政府。如果法律不能对破坏某一已定的合法权利的现象提供补救办法，这个政府就不再无愧于这个崇高的名称。……一个为宪法所憎恶的法案能否成为这块土地上的法律，这个问题对于美国来说，是有深刻的利害关系的，不过，幸而这个问题的复杂难办的程度并不像它的利害关系程度这么高。看来只消对某些经推定早已确立的原则加以承认，上述问题就能决定。……立法机关的权力是经界定、有限度的；宪法上明文规定，这些限度是不能混淆或忘记的。如果本来要受到限制的人，随时可以超越这些界限，那么，权力又何必受到限制，这种限制又何必见诸文字呢？如果这些限制管不了不应受限制的人，如果被禁止的法案同得到允许的法案，都具有相等的约束力，那么，一个拥有有限权力的政府，同一个拥有无限权力的政府，二者之间的区别，就会荡然无存。……应该强调指出，司法部门的职务范围和义务，就在于指明法律是什么。凡是将规则应用于具体个案的人，就必须陈述与解释这个规则。如果两个法律彼此相抵触，必须由法院来决定每个法律是否适用。"

② 参见杰克逊的《争取司法至上的斗争》（R. H. Jackson，*The Struggle for Judicial Supremacy* ［New York，1941］）第 36—37 页。他在这里提出，"这可能不是由于司法机构袖手旁观，而是由于当时国会起码没有通过多少使保守思想者不快的法律。当时，'放任主义'（*Laissez faire*）在某种程度上是立法机构的哲学，最高法院亦是如此。部分地正是因为这个事实，所以《马尔伯里诉麦迪逊案》尤其是《德雷特·斯各特》案本来会发挥的潜在影响被模糊了"。

有的地位，仅次于 17、18 世纪英国的大辩论。假如要更为完整
地介绍一下的话，那么，詹姆士·威尔逊、约翰·马歇尔、约瑟
夫·斯托里、詹姆士·肯特和丹尼埃尔·韦伯斯特作出的建树，
是值得仔细考虑的。由于后来有人反对他们的学说，所以他们那
一代的法学家们对美国政治传统的演进的影响就有点被掩
盖了。①

　　我们在这里只能谈一下那个时期宪法学说的发展中的一个发
展，那就是人们越来越承认，以分权为基础的宪法制度有一个前
提，即要对二者加以明确的区分，一是真正意义上的法律，一是

---

　　① 关于那个时期当中法学思想对美国政治的巨大影响，请特别参看托克维尔的
　　　《论美国民主》第 1 卷第 16 章，第 272—280 页。没有多少别的事实能比如
　　　丹尼埃尔·韦伯斯特这样的人的声誉的衰落更能说明当时气氛的变化，他的
　　　铿锵有力的宪法理论论述曾一度被誉为经典之作，但现在已大都被遗忘。特
　　　别请参看他在达特茅斯案（Dartmouth case）以及在《路德诉波登案》（Lu-
　　　ther V. Borden）中的论点，这些均收录在《丹尼埃尔·韦伯斯特著文及演
　　　说集》（Writings and Speeches of Daniel Webster［National ed.，Vols. X
　　　and XI（Boston，1903）］），特别是第 10 卷第 219 页："所谓这块土地上的法
　　　律，最明显的是指普遍性的法律；这样的法律，是先聆听然后才判罪，它靠
　　　调查情况，而且惟有先经过审讯才作出判决。意思就是说，任何一个公民，
　　　他的生命、自由、财产和豁免权，都受到支配社会的普遍性法律所保护。因
　　　此，并非任何可能以颁布的形式而发生的东西，都可以算是这块土地上的
　　　法律。"又在同书第 10 卷，第 232 页中，他强调说，人民"极为明智地宁可
　　　承担因没有谁拥有权力而暂时有所不便的风险，也要对权力的行使施加一个
　　　固定的限制，并要有经常的保证来防止权力被滥用"。又参见同书第 11 卷第
　　　224 页："我曾经说过，美国制度的一个原则，就是人民对他们的政府，包
　　　括全国政府和州政府，施加限制。人民是这样做的，但是还有另一个同样真
　　　实和明确、而且按照我对事物的判断来看同样重要的原则，那就是人们也常
　　　常对自己施加限制。他们给自己的权力设置界线。他们选择了要保证自己设
　　　立的体制，以免受到区区多数的一时突发的冲动所损害。我们的一切体制
　　　中，这样的事例比比皆是。他们在制定政府形式时遵奉的一条伟大的保守原
　　　则，就是他们必须保证自己确立的东西不受区区多数造成的匆匆变化所影
　　　响。"

立法机关颁布的、并非普遍性规则的东西。我们可以在那个时期的讨论中，发现讨论者经常提及"经过深思熟虑的、不受任何好恶情绪所左右的、不知道会施加于何人身上的普遍性法律"① 这个概念。对于不同于"普遍性"法案的"特别"法案之不可取，也进行了很多讨论。② 司法裁判也一再强调，真正意义上的法律应该是"在相似情况下对群体的每一成员都有相同约束力的普遍性的公开的法律"。③ 曾多次有人试图将这个区别体现在一些州宪法之中，④ 直到后来，这个区别终于被视为对立法的主要限制之一。这一点，加上联邦宪法禁止通过具有追溯力的法律的明文规定（但最高法院早期有一个裁定，将这个禁止单单限于刑法，这是有点说不通的），⑤ 都表明了宪法规则是如何旨在对实体立法加以监控的。

7. 到了那个世纪的中叶，最高法院又重新遇到了机会来重申自己对国会通过的法律是否符合宪法加以审定的权力，当时，对这个权力是否存在，已经没有多大疑问了。问题不如说已经变成为宪法或宪法原则对立法系统施加的实体性限制究竟属何性质的问题。有一段时间，司法裁判文书随便诉诸"一切自由政府的根

---

① 《波尔曼单方陈词》（*Ex parte Bollman*，8 U. S.［4 Cvanch］75，p. 46［1807]）。

② 参见科温的《美国宪法的基本学说》第 111 页。

③ 参见同上书，第 112 页。

④ 参见阿肯色州宪法第 5 章第 25 条、乔治亚州宪法第 1 章第 4 节第 1 条、堪萨斯州宪法第 2 章第 17 条、密支安州宪法第 6 章第 30 条及俄亥俄州宪法第 2 章第 25 条；关于这个特点的讨论，参见曼戈尔特著《法治思想及美利坚合众国的政府形式》（H. von Mangoldt, *Rechtsstaatsgedanke und Regierungs formen in der Veveinigten Staaten von Amerika*［Essen，1938]）第 315—318 页。

⑤ 《卡尔德诉布尔案》（*Calder v. Bull*，3 U. S.（3 Dall）386，388［1798]）；参见科温的《美国宪法的基本法理》第 102—111 页。

本性质"以及"文明的基本原则"。但是，渐渐地，随着主权在民
的理想日益扩大其影响，原先反对将各项受保护的权利加以明文
列举的人们所担心的事，真的被不幸而言中了：那种认为"法院
如果认为某行为违反某一据推定已贯穿宪法之中但并未表现为文
字的精神，它没有宣布这一行为无效的自由"。① 这一来，第九修
正案的意义就被忘却了，而且看来似乎从此一直被遗忘。②

最高法院的法官们这样拘泥于宪法的明文规定，于是到了这
个世纪下半叶，就发现自己处于有点尴尬的境地，当时他们遇见
了一些行使立法权的行为，这些行为他们觉得本是宪法原先要防
止的，但宪法又没有明文加以禁止。实际上，他们一开始时先剥
夺了自己的一件本来已由第十四修正案给他们提供了的武器。这
个修正案作出了一项禁令，"任何州均不得制定或执行任何会对美
国公民的特权或豁免加以剥夺的法律"，但不到五年，这项禁令就
被最高法院的一项裁决化为"实际上的乌有"。③ 然而修正案同一
条接下去说，"任何州亦不得未经正当法律手续而剥夺任何人的
生命、自由或财产，亦不能拒绝给予在其管辖范围内的任何人以
平等的法律保护"，这段话后来却获得了始料不及的重要性。

这个修正案中的"正当法律手续"条款，是第五修正案所早
已作出而且几个州的宪法中都有提及的规定的重复，但这次是明
文针对各州的立法系统。总的来说，最高法院原早先对早期规定
的解释，是按照"正当的执行法律的手续"的原始含义无疑具有

---

①　库利著《关于宪法限制的论文》（T. M. Cooley, *A Treatise on the Constitu-tional Limitations*, etc.［lst ed.；Bostom, 1868]）第 173 页。

②　参见杰克逊的《美国政府制度中的最高法院》（R. H. Jackson, *The Supreme Court in the American System of Government*［Cambridge：Harvard Univer-sity Press, 1955]）第 74 页。

③　"屠场案"（"Slaughter House Case", 83 U. S.［16 Wallace］36［1873]）。又参见科温的《防范政府的自由》第 122 页。

的意义，但是在那个世纪的最末二三十年间，一方面，那种认为最高法院惟有凭宪法的文字方得宣布某法律的违宪的主张，成了不受质疑的学说，而另一方面，最高法院又遇到了越来越多的似乎违反宪法精神的法律，这时候，它就通过把程序法解释为实体法而抓住了救命稻草。第五与第十四修正案"正当法律手续"条款是宪法中仅有的提及财产的条款。在后来的五十年当中，这两条条款被最高法院用来作为根据，制订了一个法律体系，涉及范围不仅限于个人自由，而且还涉及政府对经济生活的管理，包括警察权和收税权的使用。①

　　这种特别的而且部分是偶然的历史发展，其结果尚不足以提供一个普遍性的教训，能让我们在这里更进一步研究这些结果在现时美国宪法领域中所引起的种种复杂问题。对于由此产生的局面，没有多少人会认为是令人满意的。在这样一部宪法的含糊权威之下，避免使最高法院这样来裁判，不是去裁判某一部具体法律究竟是否超出了已授予立法机关的具体权力范围，也不是去裁判订出的法律是否违反了宪法原先有意要捍卫的成文或不成文的原则，而是去裁判立法机关行使其权力去争取的目标是否可取。问题变成了行使权力的宗旨是否"合理"② 的问题，换言之，即在某一具体场合下的需要是否大到足以使得有理由行使某些权力（虽然在别的场合可能是有理由的）问题。最高法院这就显然跨越了自己应有的司法职能，包揽了相当于立法权的职能。这就最终导致了同公众舆论及行政系统的冲突，使得最高法院的权威受

①　在科温的美国宪法标准注释本中，1237 页中有 215 页谈的是依据第 14 修正案的裁判权，而谈及"商业条款"的则是 136 页。

②　参见弗罗因德的《美国立法标准》（E. Freund, *Standard of American Legislation*［Chicgo：University of Chicago Press，1917]）第 208 页："惟一提出的标准就是合理性标准。从法律科学的角度来看，很难想象再会有什么能比这个标准更为不能令人满意的了。"

到了一些损害。

8. 虽然对于大多数美国人来说这仍然是一段熟悉的、过去不久的历史，但是我们在这里不能毫不理会行政系统同最高法院之争的高潮，这个相争，从第一届罗斯福政府以及从老拉福烈特手下的进步派的最高法院运动的时期起，曾经是美国政坛上的一个长期存在的特色。1937 年的冲突一方面使得最高法院从自己的较为极端的立场后退了，另一方面也使得具有长久意义的美国传统基本原则得到了重申。

当现代最严酷的经济萧条正在发展到顶峰之时，美国总统的宝座被一个非凡的人物占据了，沃尔特·白哲特写下面的一段话时，心里指的就是这样的一种人："某个有天才的、有动人的嗓音和有限的有头脑的人，他大声疾呼并且坚持主张，特殊改善不但本身就是一件好事，而且是一切好事中的好事，是其他一切好事的根源。"[1] 弗兰克林·D·罗斯福完全确信他最了解需要做的是什么，他设想，在危机时期，民主的作用，就在于将无限的权力交托给它所信任的那个人，即使这样做意味着会"锻造出新的权力工具，而这些工具一旦落入某些人之手，会是危险的"。[2]

只要目的可取，几乎任何手段都被视为正当的这种态度不可避免导致同最高法院的一场迎头相撞的冲突，因为最高法院一个世纪以来已习惯于依立法的"合理"与否进行裁判。最高法院一致推翻了政府全国复兴法案，这一个最为令人瞩目的裁决，不但从一个设计不周的措施中拯救了全国，而且它这样做又是在其宪法权力范围之内的，这也许的确是如此。然而，在其后，最高法

---

[1]　白哲特著 "宽容的形而上基础"，载《著作集》（Walter Bagehot, "The Metaphysical Basis of Toleration" ［1875］, *Works*）第 6 卷，第 232 页。

[2]　摘引刊登于多罗茜·汤姆逊的《民主精义》（Dorothy Thompson, *Essentials of Democracy* ［以此为题的三本 "市政厅小册子"］的第一本 ［New York, 1938]）第 21 页。

院的一个微弱的保守多数派就以成问题得多的理由否决了总统的一个又一个的措施，直到总统确信，他如果要推行这些措施，惟一的机会，就是限制最高法院的权力或是更换其成员。就是在那有名的"最高法院改组法案"（Court Packing Bill）问题上，斗争到了狭路相逢的程度。但是，总统于1936年以空前的大多数得票率当选连任，充分加强了他去这样做的地位，这件事同时也似乎说服了最高法院，总统的方案是得到广泛支持的。结果，最高法院从自己比较极端的立场退却，不但在某些核心问题上转了个大弯，而且实际上放弃了运用"正当法律程序"条款来作为对立法的实体性限制，但这一来，总统也就被剥夺了他的那些最为有力的论据。最终，总统的措施在他本党占压倒大多数的参议院中被彻底击败，他的声望，本来刚刚达到高峰，但这下子却遭到了一次严重的打击。

参议院司法委员会的报告，精彩备至地重申了最高法院的传统作用，主要正是由于有了这个报告，发生的这个事件使我们现在这个关于美国对法律下实行自由的理想所作贡献的回顾有了一个适宜的结论。我们在这里只能摘引这份文件的几段最有特色的文字。它关于原则的阐述，是以这样的假定为出发点的。维护美国的宪法制度"比之于眼前采取任何无论多么有益的立法行为……更为重要得不可比拟"。它宣布"为了继续和永远保持依法施政和法治，以区别于依人施政和人治，我们这样做只不过是重申对美国宪法来说有根本意义的原则而已"。它往下又说："如果最高法院被迫对一时的经政治上的欺骗而占上风的情绪作出回应，那么，这个法院就会最终屈从于一时的公众舆论的压力，而这种公众舆论，可能在眼前包含有一种不愿进行冷静长远考虑的一哄而起的情绪。……最高法院在处理自由政府涉及人权的重大问题时曾作出过一些裁决，在所有伟大政治家的作品与实践中，都找不到比在这些裁决中所能找到的自由政府哲学更为精巧而又持久的自由政府哲学了。"①

　　一个立法机构，对于那个限制它的权力的最高法院，竟能做到如此赞颂备至，这是绝无仅有的。美国任何记得这件事的人，都不可能怀疑，这一赞颂表达了绝大多数人民的感情。②

　　9. 美国在宪法制度方面的试验固然是成功得使人难以置信——我不知道另外还有哪一部成文的宪法有它一半的持久性——但它仍然是一个试验，试验一种安排政府的新办法，我们应该认为它已经包含了这方面的全部智慧。美国宪法的主要特点在这么早的

---

① 《联邦司法机构改组：[参议院]司法委员会随同 S 字 1392 号提交的否定性报告》(*Reorganization of the Federal Judiciary：Adverse Report from the [Senate] Committee on the Judiciary Submitted to Accompany S.* 1392 [第75 届国会第一次会议，参议院报告第 711 号，1937 年 6 月 7 日])第 8、15 及 20 页。又参见第 19 页："法院并非十全十美的，法官也不是。国会不是十全十美的，参议员和众议员也不是。行政部门不是十全十美的。政府的这几个分支以及其各下属机构都充满了一个一个的人，他们大多数都力图能无愧于这样一个原先是为了为全体人民谋求尽可能最大程度的正义和自由而设计出来的制度的尊严与理想主义。如果我们把这个制度贬低到那些使制度运作的人们的并非十全十美的标准，我们就是将这个制度毁于一旦。而如果我们以耐心和自我约束的态度把这个制度保持在原先设想它时那样高的层次上，我们就会加强这个制度并加强我们自己，我们就会使一切人的正义与自由更加确实可靠。

　　"实施法律当中的不便利甚至延误，对于我们的制度来说，并不是一个沉重的代价。宪政民主的向前推进，与其说是靠速度，不如说是靠确定性。我们文明的安全以及前进进程的保持，对于我们和我们的后人来说，比之眼下颁布任何一部具体法律，重要得多。美国宪法提供了广泛的机会，让民意得以表达，以实行人民认为对他们现时与将来的福祉至关重要的那些改革和变化。它是关于授予那些治理人民的权力的人民宪章。"

② 我不会轻易忘记费城一位出租汽车司机曾经如何表达这种感情，当时我同他一起在他的车上听到广播，宣布罗斯福总统突然去世。我相信，他当时说的话代表了大多数人民，他对总统深切表示哀悼，但最后说："不过他本来不应该同最高法院顶牛，他本来决不应那样做！"那一次顶牛的震动显然是影响很深的。

阶段就已经结晶为对宪法意义的理解，而将学得的经验教训体现到成文文件之中的修改权又是用得这么少，因而在某些方面，宪法里面那些没有成文的部分，比宪法的文字更为富有教育意义。无论如何，就本书的目的而言，宪法背后的那些普遍性原则，比它的任何一个具体特点都更为重要。

主要的一点就是：立法机构是受到普遍性规则所约束的，这在美国已成定例；它处理具体问题时，其处理方式必须使得所依据的原则亦能适用于其他事例；如果它违反了迄今为止一直被遵守的原则，哪怕是一条从未明文说出的原则，那么，它就必须承认这一事实而且必须通过复杂的程序去探明人民的基本信念是否已确实发生了变化。司法审核并非阻挡变革的绝对障碍，它大不了只能将过程加以拖延，并使得制宪机构必须对有关的原则加以否定或加以重申。

以普遍性原则来对政府追求眼前目标的做法加以制衡，这种做法，局部地说，是一种防止放任自流的预防办法；为此司法审核需要一个补充，即正常地运用类似公民投票这样的办法，即诉诸全体人民，请他们对普遍性原则问题作出决定。再者，一个政府，如果惟有在符合事先订下的长期普遍规则的情况下，方可以对公民个人实行强制，而不能为了具体的、一时的目的而实行强制，那么这个政府，是同任何类别的经济秩序都不相容的。如果强制惟有按照普遍规则中规定的方式方可施行，那么，政府有某些任务就会无法进行。因此，的确，"去掉一切外壳，自由主义也就是宪法制度，即'依法施政而非依人施政'"①——不过这

---

① 麦基尔维恩著《宪法制度与转变中的世界》（C. H. McIlwain, *Constitutionalism and the Changing World* [New York, 1939]）第286页；又参见诺曼著《民主国家与专制国家》（The Democratic and the Authoritarian State [*Clencoe, Ill.*, 1957]）第31页。

样说有一个条件，那就是我们所说的"自由主义"是 1937 年在
美国发生同最高法院的冲突之时那个意义上的自由主义，在当
时，站在最高法院一边那些人的"自由主义"，被攻击为少数人
的想法。[①] 在这个意义上，美国人曾通过保卫住宪法，从而保卫
住了自由。我们马上就要看看，在 19 世纪初叶的欧洲大陆，受
到美国榜样所启发的自由主义运动，如何发展到将建立宪法制度
和法治当作自己的主要目标。

---

① 参见勒纳的"少数规则与宪法传统"，载《宪法再思考》（M. Lerner "Mino-
rith Rule and the Constitutional Tradition"，*The Constitution Reconsidered*，
ed. Conyers Read［New York Columbia University Dress，1938］）第 199 页
及其后。

第十三章　自由主义与行政："法治国家"

> 如果一种不明确的普遍幸福是交给一个最高权力去自行裁断的，而这个普遍幸福又是这个最高权力的目标，那么，这个最高权力还会有什么明确的限度呢？无论王公诸侯成为人民的暴君的危险多么大，他们是否应成为人民的父母呢？[*]

——G. H. 冯·贝尔格

1. 在欧洲大陆的大多数国家，200年的专制统治，到了18世纪中叶，就已经将自由的传统摧毁净尽。尽管有一些早期的思想传了下来，并且由自然法的理论家们加以发展，但是，重新振

---

[*] 本章开头处的引言摘自贝尔格的《条顿警察法手册》（G. H. von Berg, *Hand buch des teutschen Policeyrechtes* [Hannover, 1799—1804]）第2卷，第3页。一个半世纪以来，问题的变化是多么的微乎其微，我们只要将这段话同马丁的《秩序与自由》（A. von Martin, *Ordnung und Freiheit* [Frankfort, 1956]）第177页作一比较，就一目了然："因为——即使在一切革命民主派的意识形态那里——对于权力，都是不可能有广泛的特许，如果它专门同（屈从于一时的"总方针"的）有关公共福祉的弹性概念联系在一起的话，这样一个弹性的概念，在道德的外衣掩护下，为每一种政治上的专横随意性大开方便之门。"

如要参考同本章及后面三章所谈实质内容有关的早期出版物，请参见第十一章开头处的注。

兴的主要推动力，却是从英吉利海峡的对岸过来的。然而，这个新的运动成长的时候，它所遇到的情况，同当时美国的情况或是一百年前英国的情况，却大不相同。

这个新的因素就是：专制制度建立起了一套强大的、中央集权的行政机器，有一批成了人民的主要统治者的专职行政人员。这个官僚集团，对于人民的福利及需要，其关心注意的程度，是盎格鲁-撒克逊世界那种有限政府的体制所不可能达到的，而且人们也没有指望它这样做。这样，就在这个运动的早期，欧洲大陆的自由主义者所不得不面对的问题，是英国和美国直到很久之后才出现的问题，而且这些问题后来又是逐步出现的，所以很少有机会为人们有系统地进行讨论。

那个反对专擅权力的运动，它的大目标，从一开头起，就是要建立法治。把依法执政当作自由之真谛的人们，不单单包括了那些为英国式的体制作诠释的人——其中主要的就是孟德斯鸠；甚至连那成了另一个相反的传统的鼻祖的卢梭，也觉得"政治领域中的一大问题，我比之为在几何学中计算一个圆的面积的问题，就是要如何去找一个将法律置于人之上的政府形式"。[①] 他那种模棱两可的"一般意志"概念，也曾导致对法治思想的一些重要的探讨。这个意志之所以应该是一般性的，并不单单是说它是所有人的意志，而且也指这是一个意图："当我说法律的对象总是一般之时，我的意思是说，法律对臣民是从总体上考虑的，对行为是从抽象方面考虑的，从来不针对某一个别的人或某一具

---

① 卢梭著《致米拉波书》，载《文集》（J. J. Rousseau, *Lettres à Mirabeau, in œuvres* [Paris, 1826]）第 1620 页。又参见他的《山上来鸿》（*Lettres écrites de la montagne*）第 8 号，见内夫著作中的讨论："让·雅克·卢梭及法治国家思想"，载《瑞士通史论文集》（Hans Nef, "Jean Jacques Rousseau und die Idee des Rechtsstaates", *Schweizer Beiträge zur allgemeinen Geschichte*）第 5 卷 [1947 年]。

体的行为。举个例说，一部法律可以规定，应该有一些特权，但这部法律不应该指名点出是哪些人应该享受这些特权：法律可以造成不同的公民阶级，甚至可以规定应具备怎么样的资格才可以跻身于每一个阶级之中，但它不能指名规定张三李四应被接纳；法律可以建立一个世袭制的王室政府，但它不能挑选由谁当国王，也不能指名道姓地指定一个王室家族；总而言之，任何事情，只要牵涉到有名有姓的个人，就不属立法权威的范围之内。"①

2. 因此，1789 年的法国大革命，用历史学家米什莱的话来说，也就作为"法律的降临"（L'avenement de la loi）② 而受到了普遍的欢迎。正如戴雪后来所写的："巴士底狱是无法无天的权力的外部有形的象征。人们觉得，而且是正确地觉得，它的陷落为欧洲的其余各地宣告了早已存在于英国的那种法治的来临。"③ 有名的"人权与公民权利宣言"，对各种个人权利作出了保障并肯定了分权原则，将此作为任何宪法的精华部分，其目的是在于要建立严格的法律统治。④ 初期进行的制宪的尝试，充满了辛苦的而往往是学究式的努力，要将依法施政的各个基本思想表述出来。⑤

---

① 卢梭著《论社会契约》（J. J. Rousseau, *Du Contrat Social*）第 2 册第 6 章。

② 米什莱著《法国革命史》（J. Michelet, *Histoire de la Révolution francaise* [Paris, 1847]）第 1 卷，第 23 页。又见米涅著《法国革命史》（F. Mignet, *Histoire de la Révolution francaise* [Paris, 1824]）的开头处。

③ 戴雪著《宪法》（A. V. Dicey, *Constitution* [1st ed.; London, 1884]）第 177 页。

④ 见 1789 年 8 月 26 日该"宣言"的第 16 点："任何政府，如果没有对权利的保证，也没有权力的明确划分，就谈不上有什么宪法。"

⑤ 尤其是孔多塞（A.-N. de Condorcet）的一些著作和几部宪法草稿，都十分注意一些根本的区别，一针见血地指出真正的法律是一些普遍性的规则，同区区的命令是根本不同的。特别请参看"吉伦丁方案"（*Projet Girondin*），载于《议会档案》（*Archives Parlementaires*），第 1 单元，第 58 卷，第 7 篇，第 2 节，第 1—7 条（第 617 页），以及奥康纳（A. C. O'Connor）及阿拉戈

　　无论法国大革命就其根源来说是多么受法治理想所启发，① 然而，这场革命是否真正推动了法治的发展，那是大有疑问的。主权在民的理想，同法治的理想，同时取得了胜利，但这一来却使法治的思想退居幕后了。另一些难以同法治思想调和的追求纷纷兴起。②也许任何一场暴力革命都不会增加对法律的尊重。拉法耶

　　　　（M. F. Arago）合编的《孔多塞文集》（C' Euvres de Condorcet ［2d ed；Paris，1847—49]）第 12 卷，第 356—358 页及第 367 页，以及巴尔特勒米著《行政权系统在各现代共和国中的作用》（J. Barthélemy，Le Rôle du Pouvoir executif dans Les républiques modernes ［Paris，1906]）第 489 页。又见斯特恩著《孔多塞及 1793 年的吉伦特派宪法草案》，载《历史杂志》（A. Stern，"Condorcet und der girondistische Verfassungsentwurf Von 1793"，Historische zeitschrift）第 141 卷 ［1930 年]。

① 参见雷伊的《法国大革命及法律思想：法治主张》，载《哲学杂志》（J. Ray，"La Révolution francaise et La Pensée juridique；l'idée du règne de la loi"，Revue philosophique）第 128 卷 ［1939 年]，以及贝朗著《一种思想力量的逻辑——法国大革命的社会效用思想》（La Logique de une idée-force-l'idée d'utilité Sociale et la Révolution fran, caise ［Paris，1939]）。

② 参见雷伊前引书，第 372 页。很有意思的是，英国的自由观念的最明确的表述之一，出现在由让·约瑟夫·穆尼埃（Jean-Joseph Mounier）1792 年于日内瓦出版的一篇著作之中，他对法国大革命中对"自由"一词的滥用提出抗议。它冠以很有意义的书名《对法国人之所以未能自由的原因之探讨》（Recherches sur les Causes qui ont empêché le Francois de devenir libres），它的第 1 章，标题是"自由有哪些本性？"，该书一开始就说："公民们的行动与他们对其财产的享用与生计的进行，除非是按照先前为了公共利益而制定的法律，否则不应受到限制或阻止，绝不能因任何人的专擅权威而加以限制或阻止，无论这个人的地位多高，权力多大，而惟有在这样的情况下，公民们才是自由的。"

　　"要使一个国家的人民享有自由，那么，法律作为主权权力的至关重要的行为，必须是依照普遍性的观点而不是按照特殊利益的动机来制订的；法律绝不可以有追溯既往的效力，也不应专门针对某一些人。"穆尼埃知道得一清二楚，他所卫护的正是英国式的自由观，在后面一页他就明白地说："安全、妥善，英国人想对公民自由或个人自由加以界定时就是这样说的。这个定义的确是十分恰到好处的：自由所提供的一切好处，都尽在这两个词之中了。"关于穆尼埃以及一般地关于英国榜样在法国大革命进程中最初产生影响但后来影响衰退的情况，请参见邦诺著《法国舆论面前的英国宪法》（G. Bonno，La Constitution britannique devant l'opinion fran çais ［Paris，1932]），尤其是第 6 章。

特可以呼吁"由法律来统治"，反对"由俱乐部来统治"，但他这样呼吁，也属枉然。对于"革命精神"的总的作用，也许描写的最为淋漓尽致的，就是法国民法典的主要起草人在向立法机关提交该法典时说的一段话："这种炽热的决心，要横暴地为一个革命目标而牺牲一切权利，除了国家利益的要求这个模糊不清的、可变的概念之外，不承认任何别的考虑"。①

　　法国大革命原先是朝着加强个人自由的方向努力的，但努力却失败了，造成如此失败的决定性因素，就是这场革命造成了一个信念，以为既然一切权力都已经到了人民手中，那么一切防止这一权力被滥用的保障，就都成为不必要了。当时以为，民主的来临，会自动地对权力的专擅使用加以防止。然而，人民选出的代表们很快就表现出，他们更为热衷追求的是行政机关应当充分地为他们的目的效劳，而不是个人应当受到保护，不受行政机关权力的侵害。尽管法国大革命在许多方面是受到美国革命所启发的，但是它从未取得美国革命的主要结果，即一部对立法机关的权力施加限制的宪法。② 更有甚者，法国大革命开始以来，法律面前人人平等的各项基本原则，就受到了那些要求"事实上的平等"（*égalité de fait*）而不要"法律上的平等"（*égalité de droit*）的现代社会主义先驱们提出的新要求的威胁。

　　3. 法国大革命自始至终从未触及惟一一件事物，那就是行

---

① 波尔达利（*J. Portalis*）1796 年向五百人院提交法国民法典第三个草案稿时所说的话，转引自费内著《民法典起草工作资料大全》（*P. A. Fenet，Recueil Complet des travaux Préparatoires du droit civil*［Paris 1827）］）第464—467 页。

② 关于法国如何没有搞出一部美国式的宪法，以及这种情况如何逐步导致法治的衰微，参见鲁吉埃著《寻求宪法的法兰西》（*L. Rougier, la France à la recherche d'une Constitution*［Paris，1952］）。

政当局的权力。正如托克维尔一针见血地指出的,① 它历经后来
数十年的风云变幻而原封不动。实际上, 在法国已为人们所接受
的分权原则, 由于被走极端地加以解释, 反而对加强行政系统的
权力起了推波助澜的作用。它被广泛地利用来保护行政当局免受
法院的任何干预, 这就对国家的权力起了加强而不是加以限制的
作用。

继大革命之后建立的拿破仑政权, 对于如何加强行政机关的
效率与权力, 比之对于如何保障个人的自由, 当然更为关心。曾
在七月王朝那短促的时期当中成为口号的 "法律下自由" 的主
张, 要同当时的大趋势对抗, 只能是举步维艰了。② 共和国没有

---

① 见托克维尔的《旧制度》(A. de Tocqueville, *L'ancien réqime* [1856]), 有
同名的英译本, 译者为帕特森 (M. W. Patterson) (牛津 1952 年), 尤其是
第 2 及第 4 章, 除此之外, 还特别要参见托克维尔的《追忆集》(*Recollec-
tions*, [伦敦 1896]) 第 238 页: "所以, 当人们一口咬定说, 没有什么是不
受革命所触及时, 我就告诉他们, 他们错了, 不受革命触及的事物当中之
一, 就是中央集权制。在法国, 我们只有一件东西是无法建立起来的, 那就
是自由政府; 也只有一种制度是我们无法摧毁的, 那就是集权制。它怎么会
消亡呢? 政府的敌人喜欢它, 执政的人也珍视它。的确, 执政的人们时不时
就感觉到, 这一个集权制, 会使他们冒突然祸从天降、无可收拾的风险; 但
这并不能使他们讨厌这个集权制。这个制度向他们提供了能够对一切人实行
干涉并将一切东西掌握在手心之中的快感, 这对他们来说, 也就足以抵偿这
个制度所包含的危险。"

② 据说路易·菲力普国王曾在一篇对国民警卫队的演说中说过一段话 (这段话
在拉孟内 [H. de Lamennais] 的一篇原先刊登于 1831 年 5 月 23 日的《未来
报》 [*L'Avenir*] 上的文章中曾摘引, 后来又重印于《第三文集》
[*Troisièmes mélanges* (Paris, 1835) 第 266 页]): "自由就在于由法律来统
治。每个人都不能被迫去做法律并不要求他做的事, 每个人都可以做法律所
不禁止的事, 这就是自由。要是不这样, 就等于要把自由摧毁掉。"

如果要对法国在这段期间情况的发展作更为全面的介绍, 那就要用相当
多的篇幅来谈及这一时期的那些主要的政治思想家与政治家, 如贡斯当、基
佐以及那一批发展了一个 "保障主义" (*garantism*) 理论的 "学理派", 这
个保障主义是一整套制衡机制, 用以保护个人不受国家的侵犯。关于这些人,

遇到有多少机会去采取任何有系统的行动来保护个人不受行政当局专擅权力的侵害。实际上，在很大程度上正是 19 世纪很大部分时间当中法国的状况，使得"行政法"一直在盎格鲁-撒克逊世界中声名狼藉。

　　不错，在行政机器内部，逐渐演化出一个新的权力，它越来越担负起了对行政机关的酌情裁量权加以限制的作用。行政法院（*Conseil d'Etat*）原来创立时，仅仅是为了保证立法机关的意图能得到忠实的执行，但是到了现代，正像盎格鲁-撒克逊学者们不久以前有点惊讶地发现的那样，[2]它现在给予公民以保护，使他不受行政当局酌情裁量行为的侵犯，其保护之周到，比当代英国所能做到的更有过之而无不及。法国的这些事态发展，比德国在同一时间内发生的类似的演变，更为引人注目得多。在德国，君主制种种体制的继续维持，使得人们从来都不会天真地相信民主监督会自动产生效果，因此，问题就被模糊起来了。这样，对问题的有系统的讨论，产生了一种对行政系统加以监督的精心阐述的理论，这个理论，虽然其实际上的政治影响为时很短，但是

请参见卢杰罗著《欧洲自由主义史》（G. de Ruggiero, *The History of European Liberalism* [Oxford: Oxford University Press, 1927]）以及第埃斯·德尔·科拉尔著《学理派自由主义》（L. Diez del Corral, *El Liberalismo doctrinario* [Madrid, 1945]）。关于这个时期法国行政法与行政司法在学理上的发展，可特别比较（阿希勒）布罗列公爵著《论行政司法》，载《文章与演说》（[Achille] Duc de Broglie, "De la jurisdiction administratif" [1829] [*Écrits et discours*], *Vol. I* [Paris, 1863]），以及科尔麦南著《行政法问题》（L. M. de La Haye de Cormenin, *Questions de droit administratif* [Paris, 1822]）。

② 参见施瓦茨著《法国行政法与普通法世界》（B. Schwartz, *French Administrative Law and the Common Law World* [New York: New York University Press, 1954]）；哈姆森著《行政酌情裁量权与司法监察》（C. J. Hamson, *Executive Discretion and Judicial Control* [London, 1954]）；以及西格哈特著《靠命令施政》（M. A. Sieghart, *Government by Decree* [London 1950]）。

对欧洲大陆的法学思想却起了深远的影响。① 也正是主要同这种德国方式的法治相对立，才发展出了一些新的法学理论，这些理论从此就征服了世界，并在德国之外挖了法治的墙角，有鉴于此，对这件事多了解一些，是十分要紧的。

4. 由于普鲁士在 19 世纪名声不好，所以当读者发现德国的以法施政运动是发端于普鲁士之时，可能会大吃一惊。② 然而，在某些方面，18 世纪的开明专制在普鲁士那里也是惊人地时髦的——如果就法律与行政原则而言，这种开明专制简直可以说是自由主义的。腓特烈二世将自己说成是国家的第一名仆役，这句话决不是毫无意义的。③ 这一主要地来自那些杰出的自然法理论者而又部分地来自西方渊源的传统，到了 18 世纪末叶，又由于

① 关于德国理论发展的重要性，参见阿列克谢也夫的《国家——法——与公共当局的酌情裁量权》，载《法学理论国际杂志》（F. Alexéef，"L'Etat-le droit-et le pouvoir discrétionnaire des autorités publiques"，*Revue internationale du La théorie du droit*）第 3 期（1928—1929 年）第 216 页；麦基尔维恩著《宪法制度与转变中的世界》（C. H. Mc I lwain，*Constitutionalism and the Changing World*〔Cambridge：Cambridge University Press，1939〕）第 270 页；以及狄骥著《宪法学教科书》（Leon Duguit，*Manuel de droit constitutionnel*〔3d ed.；Paris，1918〕），这是一个很好的例子，说明了益格鲁撒克逊世界中最广为人知的欧洲大陆论述宪法学的专著之一，其论据来自德国先辈的，起码不少于来自法国先辈的。

② 参见洛厄尔著《欧洲大陆的政府与政党》（A. L. Lowell，*Government and Parties in Continental Europe*〔New York，1896〕，Ⅱ，86）中的一段有洞察力的论述："在普鲁士，官僚体制已经安排得能够对个人权利提供更周到的保护并使法律受到更坚定的维护。但是，1848 年之后随着法国思想传播，这种发展便中止了，国家机构内的种种相互对抗的利益集团就利用了议会制度，滥用了行政权力，并实行了一种地地道道的政党暴政。"

③ 18 世纪普鲁士的法律权力观，有一个每一个德国儿童都知道的故事，可为例证。据说腓特烈二世的"莫愁宫"（Sans—Souci）旁边有一座磨坊，挡住了视线，他对此感到不快，多次试图从磨坊主手中把它买下来，但都未能成功，于是据说就扬言要对他实行没收；对此，磨坊主人据说是这样回答的："咱们普鲁士还是有法院的嘛"（通常引用的说法则是"柏林仍然有个法院

哲学家康德的道德与法律理论的影响，而大大得到了加强。

德国的作者们通常在阐述那导向"法治国家"（Rechtsstaat）的运动如何肇始时，把康德理论作为其启端。尽管这种说法也许对康德法律哲学的独创性有所夸大，[①] 但是，这些无疑是因为康德赋与了这些思想以一种形式，使这些思想在德国产生了最大的影响。他们的主要建树，就是指出了一个道德的总理论，这一理论使得法治原则成为另一个更具普遍性的原则的特殊运用。他那有名的"绝对命令"，即这样的一条规则，一个人应该总是"仅仅按照那样的公理而行事，依靠它你可以同时希望它会成为普遍的法则"[②] 这条规则其实就是将法治所据的基本思想扩大到伦理

嘛!"〔"Es gibt noch eine Kammergericht in Berlin!"〕）。事实的经过如何，或者不如说这一传说是如何缺乏事实根据，请参见科泽著《腓特烈大帝传》（R. Koser, *Geschichte Friedrich des Grossen*, Ⅲ 〔4th ed; Stuttgart, 1913〕）第 413 页及其后。这个故事表示了了，连国王的权力也是受到限制的，这种情况，大概当时欧洲大陆任何一个别的国家都不会有的，即使时至今日，我也不敢担保这一点能适用于民主国家的首脑；他们只消向他们的市镇规划人员暗示一下，就很快会使这样一个碍眼的建筑挪开——虽然，不用说，这纯粹是为了公共利益，而决非为了满足任何人的怪想!

① 关于康德的法律哲学，特别要参见他的《道德的形而上学》（*Die Metaphysik der Sitten*）第 1 卷，《法学理论》（*Der Rechtslehre*），第二部分 "国家法"（"Das Staatsrecht"）第 45—49 节；还有他的两篇文章，一篇是 "论'这在理论上可能是正确的但在实践中走不通'这一句常言"（"über den Gemeinspruch: Das mag in der Theorie richtig sein, taugt aber nicht für die Praxis"）及 "论永久和平"（"Zum ewigen Frieden"）。参见亨塞尔著《康德的反抗权学说》，载《康德研究》（*Kants Lehre Vom Widerstandsrecht* "Kant-studien", No. 60 〔Berlin, 1926〕），以及达姆施泰特的《法治国家有效性的范围》（F. Darmstädter, *Die Grenzen der Wirksamkeit des Rechtsstaates* 〔Heidelberg, 1930〕）。

② 康德著《道德的基本原则》（I. Kunt, *Fundamental Principles of Morals*, Trans. A. D. Lindsay）第 421 页。在康德心目中，自由仅依赖于法律的这一观念，成了 "除了单单依赖于道德法律之外不依赖于任何东西"，这是同法治概念向道德领域的转移是一致的（《实践理性批判》〔*Kritik dir Praktischen Vernunft*〕，Akademieausgabe, 第 93 页）。

的一般领域。这条规则，同法治一样，仅仅提供一个单一的标准，各条具体的规则都必须符合这个标准，才能是正当的。① 但是，由于它强调，一切规则，如果要对一个自由的个人起指导作用，就非有普遍性与抽象性不可，因此，这个观念，就在为法律的发展准备土壤中起了极为重要的作用。

　　这里不是对康德哲学对宪法的发展所起的影响加以充分阐述探讨的场合。② 我们在这里只提一下年青的威廉·冯·洪堡论《政府的领域与责任》的那篇不寻常的论文，③ 这篇论文阐述康德的观点时，不但传播了"法律自由的确实性"这一经常被人使用的用语，而且这篇论文在某些方面还成了某种极端的主张的雏形；也就是说，他不仅仅将国家的全部强制性行动都局限于执行先前已公布过的普遍性规则，而且还将执行法律视为国家的惟一正当职能。这一点却不一定包含在个人自由的概念之内，因为个人自由的概念，对于国家究竟可以履行什么别的非强制性的职能这个问题，是不提出答案的。主要是由于洪堡的影响，使得日后那些鼓吹"法治国家"的人们往往将这两个不同的概念混为一谈。

　　5. 18 世纪普鲁士的种种法律发展当中，有两个发展日后变

---

① 　参见门格尔著《道德、意志与世界模式》（Karl Menger, *Moral, Wille und Weltgestaltung* [Vienna, 1934]）第 14—16 页。

② 　如果要更充分地阐述，就要特别考虑到哲学家费希特（J. G. Fichte）的早期著作，尤其是他的《按照科学学原则的自然法基础》，载其《作品集》（Grundlage des Natuvrechts nach Principien Wissenschaftslehre [1796], *Werke* [Berlin, 1845]）第 3 卷，以及诗人席勒（Friedrich Schiller）的著作，他在德国传播自由主义思想方面的作用，大概也小于任何人。关于这些以及其他的德国经典作者，参见法尔特著《我国经典作者们的国家理想》（G. Falter, *Staatsideale Unserer Klassiker* [Leipzig, 1911]）以及梅茨格著《德国理想主义伦理学中的社会、法与国家》（W. Metzger, *Gesellschaft, Recht und Staat in der Ethik des deutschen Idealismus* [Heidelbery, 1917]）。

③ 　洪堡著《论国家的作用》（W. Von Humboldt, *Ideen zu einem Versuch die Gränzen der Wirksamkeit des staats zu bestimmen* [Breslau, 1851]）。这篇作

得十分重要，所以我们必须更为仔细一些加以审视。一个发展，就是腓特烈二世通过他的 1751 年民法典，[①]有效地创始了一个将所有法律编纂成法典的运动，这个运动扩展得很快，在 1800—1810 年间的几部拿破仑法典中取得了最为赫赫有名的结果。对这整个运动，必须视之为欧洲大陆上人们力图建立法治的努力的最重要的表现之一，因为它在很大程度上决定了这一法治的总性质以及当时向前发展的方向，这些发展，起码在理论上已经超过了各个实行普通法的国家所已达到的阶段。

当然拥有一部哪怕是编纂得十全十美的法典，也不能就保证法治所要求的确实性。因此，这样一部法典，并不能给根深蒂固的传统提供代替物。然而，这并不能掩盖一个事实，即法治理想同判例法制度之间，起码有一种表面上似乎不言自明的冲突。在判例法的既定制度下，由法官实际上创造法律的程度，可能并不大于在成文法制度下由法官创造法律的程度。然而，明文承认，司法权同立法权都是法的渊源，虽然这符合英国传统所依据的渐进理论，但这一承认，就产生了一种趋势，会模糊创立法律同执行法律之间的分野。普通法是以其灵活性而备受推崇的，在法治一直是公认的政治理想之时，这种灵活性的确对法治的演进起了有益的作用，然而，一旦保持自由不灭的警惕性消失了，普通法的灵活性会不会使得那些挖法治墙角的趋势所遇到的阻力减弱呢，这就是个问题了。

起码有一点是不容置疑的，那就是编纂法典的努力，导致了法治依据的某些普通性原则得到了明文的表述。这方面最重要的一件事，就是"法无明文规定者不为罪、不处刑"（nullum

---

品，只有一部分在它于 1792 年写成后不久发表，全文直到作者去世后才在上面所引的那一版中出现，接着很快就有了英译本，它不但对约翰·米尔，而且也对法国的爱德华·拉布莱（Edward Laboulaye）产生了深远的影响。参见拉布莱的《国家及其界限》（L'Etat et ses Limites［Paris，1863]）。

① 在它之前，有 1734 年的一部瑞典民法典，甚至还有一部更早的丹麦民法典。

crimen，nulla poena sine lege) 这一原则得到了正式承认，^① 它首先载入了 1787 年的奥地利刑法，^② 接着又列入了法国人权宣言，此后就体现在大陆各国大多数的法典之中。

然而，18 世纪的普鲁士对实现法治的最大贡献莫过于在对公共行政改进监督的领域。在法国，由于就字面上应用分权理想，结果，行政机关的行动，就不受司法监督了，而同时呢，普鲁士的发展，却采取了恰恰与之相反的方向。对 19 世纪自由主义运动产生了深远影响的指导理想，就是行政机关一切对公民的人身或财产行使权力的行为，都必须受到司法审核。按照这个方向作出的最为影响深远的试验，即 1797 年的一部只适用于普鲁士的新的东部各省但又设计要成为一个供普遍效法的典范的法律，它甚至规定，行政当局同私人公民之间的一切纷争，都要交由普通的法院来审理。^③ 这就为后来 80 年期间有关"法治国家"的讨论提供了其中的一个主要典范。

6. 正是在这个基础上，在 19 世纪初叶，法治国家（即 Rechtsstaat）的理论构思，得到了有系统的发挥，^④ 并且同宪法制

---

① 第一次以这个形式表述这一原则的，似乎是费尔巴哈的《德国通行的一般刑法教程》(P. J. A. Feuerbach, *Lehrbuch des gemeinen in Deutschland gültigin Peinlichen Rechts* [Giessen, 1801])。

② "八、法律只应规定严格必要与显然必要的刑罚，任何人都只能依照犯罪之前已制订并颁布并且一体执行的法律而受罚。"

③ 参见勒宁的《勃兰登堡—普鲁士的法院与行政机关》(E. Löning, *Gerichte und Verwaltungsbehörden in Brandenburg-Preussen* [Halle, 1914])，尤其是欣策（O. Hintze）对这一作品的一篇议论纵横的书译"普鲁士向法治国家的发展"（"Preussens Entwicklung Zum Rechtsstaat"），该文重印于作者的《普鲁士历史的精神与分期》(*Geist und Epochen der Preussischen Geschichte* [Leipzig, 1943])。

④ 我们在这里不可能进一步深入探讨这一德国式概念的早期历史，特别是那个很有意思的问题，即它究竟在多大程度上来自让·波当（Jean Bodin）的"法律政府"（droit gouvernement）概念。如果需要更为具体的德国资料，可

以参见基尔克的《约翰内斯·阿尔特胡修斯》（O. Gierke, *Johannes Althusius* [*Breslau*, 1880]）。"法治国家"（Rechtsstaat）这个词似乎第一次出现，但同它后来的含义大不相同，见维尔克著《法、国家与刑罚的最后依据》（K. T. Welcker, *Die Letzten Gründe Von Recht, staat, und strafe* [*Giessen*, 1813]），在该书中，政府分成三种类型：专制、神权制与法治国家（Rechtsstaat）。关于这一概念的历史，见阿桑格的《论十九世纪的律治之国》（R. Asanger, *Beiträge zur Lehre Vom Rechtsstaat in 19. Jahrhundert* [慕尼黑大学毕业论文 1938]）。关于德国自由主义运动的理想，阐述最为透彻的，是什纳贝尔的《十九世纪德国史》（F. Schnabel, *Deutsche Geschichte in neunzehnten Jahrhundert*, Ⅱ [*Freiburg*, 1933]），尤其是第 99—109 页。又参见埃尔瓦因的《德国政治危机中的君主制遗产：论德国的宪政国家史》（Thomas Ellwein, *Das Erbe der Monarchie in der deutschen staatskrise: Zur Geschichte des Verfassungsstaates in Deutschland* [*Munich*, 1954]）。

那个导致"法治国家"理想之发展的理论运动，其发源地是汉诺威，这也许不是偶然的，因为汉诺威通过它的历代国王，同英国的接触比之德国其他地区更多。在 18 世纪末叶，这里出现了一批杰出的政治理论家，他们继承了英国辉格党人的传统；他们当中的勃兰德斯（E. Brandes）、雷堡（A. W. Rehberg）以及达尔曼（F. C. Dahlmann）是在德国传播英国宪法思想的最重要的人物。关于这些人的情况，可参见克里斯特恩著《十八世纪末叶的德国等级制国家及英国议会制》（H. Christern, *Deutscher Ständestaat und englischer Parlamentarismus am Ende des 18. Jahrhunderts* [*Munich*, 1937]）。但是就我们眼下论述的需要而言，这一批人当中最重要的人物就是冯·贝尔格，本章一开头处就已经摘引了他的作品中的一段（特别要参见《手册》[*Hand buch*, I, 158—60 及Ⅱ, 1—4 及 12—17]）。对他的作品的影响加以描述的，有马尔歇特的《关于行政学在德国的发展情况的研究》（G. Marchet, *studien über die Entwicklung der Verwaltungslehre in Deutschland* [*Munich*, 1885]）第 421—434 页。

后来对宣扬"法治国家"理论做了最多工作的学者是罗伯特·冯·莫尔（Robert Von Mohl），他曾经深入研究过美国宪法。请见他所著的《北美合众国联邦国家法》（*Das Bundesstaatsrecht der Vereinigtin staaten Von Nordamerika* [*Stuttgart*, 1824]），这本书似乎使他在美国获得了相当高的声誉，因此，他被邀请去在《美国法学家》（*Amerian Jurist*）第 14 卷（1835 年）上评议斯多利（Story）法官的《评论》（*Commentaries*）。他对"法治国家"理论进行详尽阐述的几部主要著作是：《符登堡王国国家法》（*Staatsrecht des Königreiches Württemberg* [*Tübingen*, 1829—31]）；《按照法治国家原则的警察学》（*Die Polizei-Wissenschaft nach den Grundsätzen des Rechtsstaates* [*Tübingen*, 1832]），以及《政治科学历史及文献》（*Geschichte und Literatur der Staatswissenschaften* [*Erlangen*, 1855—58]）。"法治国家"概念最终出现时，最著

度的理想一道，成了新的自由主义运动的主要宗旨。[①]也许这是由于在德国的运动刚开始时，美国的先例已经比先前在法国大革命时期更为人所熟悉与理解，但也可能这是由于德国的发展是在一个君主立宪制的框架之内进行的，而不是在一个共和国的框架之内进行的，从而不那么能使人产生幻想，以为问题可以随民主的降临而自动解决，但无论主要原因是什么，正是在德国这里，以宪法来对一切政府施加限制，尤其是以由法院来对一切政府施加限制和由法院来执行的法律对行政机关的一切活动加以限制，这一点已经成了自由主义运动的中心目标。

那个时期的德国理论家们，他们的论据有很大一部分是明确反对那个仍然在法国得到接受这一意义上的"行政司法权"的，也就是说，他们反对那些设在行政机器之内、原先旨在监督法律之执行而不是保护个人自由的准司法机构。有一个学说，用德国

名的表述是由那个时期的保守派理论家之一史塔尔（F. J. Stahl）作出的。在《法哲学》（*Die Philosophie des Rechts*）第 2 卷《法学与政治学》（*Rechts-und Staatslehre*）第二部分（1837）（5*th ed*；*Tübingen and Leipzig*，1878）中，他对"法治国家"下了如下的定义："国家应该是法治国家，这就是当代的格言，而且实际上也是当代的趋势。国家应该准确地、斩钉截铁地确定与保障自己活动的方向与限度以及公民的自由空间，不应以自己的名义或是直接地越出法律的范围而强行实施任何道德思想。这就是'法治国家'的概念，并不是说国家应该仅限于执行法律而不追求任何行政目的，也不是说它仅仅应该保护个人的权利。这个概念毫不涉及国家的内容或是目的，而只是对达到这些目的的方式方法加以界定。"（后面几句是针对那种例如以威廉·冯·洪堡为代表的极端主张的。）

① 参见例如普菲泽的"自由主义者、自由主义"（P. A. Pfizer, "Liberal, Liberalismus"）条，载冯·罗特克（C. Von Rotteck）与维尔克（C. T. Welcker）合编的《政治词汇集》，即所有各门政治科学百科全书》（*Staatslexicon oder Enzyklopaedie der Sämmtlichen Staatswissenschaften* [new de；Altona，1847]）第 8 卷，第 543 页："但是如果人们确信，自由主义不是什么别的，而是人类发展到一定阶段时由自然国家向法治国家的必然过渡，那么，自由主义就一定会显得更为强大，更为不可战胜。"

南部一个州的一位首席法官的话来说，它主张"凡是出了疑问，不知某些私人权利是否有充分根据，或是不知道这些权利是否受到了官方行动的侵犯，案子就应该由普通的法院来裁决"，[①] 这个学说很快就不胫而走。当1848年的法兰克福议会试图为全德草拟一部宪法的时候，它在宪法中加进了一条，规定了一切"行政司法"（当时是这样理解的）必须停止，凡是侵犯私人权利的案件，都必须交由司法法院来审理。[②]

　　然而，原先希望德国各个州在君主立宪制方面取得的成绩会有效地使法治的理想得到实现，这个希望很快就化为泡影了。那些新制定的宪法，在这个方向上进展很少，很快就发现，虽然"宪法颁布是颁布了，法治国家宣布是宣布了，但实际上警察国家却仍旧依然故我。要保障公共法律及其个人主义的基本权利原

---

①　明尼格罗德著《对何谓司法案件何谓行政案件之我见》（L. Minnigerode, *Beitrag zu der Frage：Was ist Justiz-und was ist Administrativ-Sache?* [Darmstaat, 1835]）。

②　值得注意的是：当时主要受法国影响的南德和那似乎以古日耳曼传统自然法理论家及英国榜样的影响相结合占优势的北德，二者之间有相当大的意见分歧。尤其是那批南德法学家们，他们在本书提及的政治百科全书中，提供了自由主义运动的最有影响力的一本手册，它们受到像贡斯当和基佐这样的法国人的影响，明显地多于受到任何别人的影响。关于《政治词汇集》的重要性，参见策纳著《罗特克与维尔克的政治学词典》（H. Zehner, *Das Staatslexikon Von Rotteck und Welcker* ["List Studien", NO. 3 (Jena, 1924)]），而关于法国对南德自由主义的影响如何占优势，参见菲克尔特著《孟德斯鸠与卢梭对三月革命前巴登自由主义的影响》，载《莱比锡历史论文集》（A. Fickert, *Montesquieus und Rousseaus Einfluss auf den vormärzlichen Liberalismus Badens, Leipziger historische Abhandlungen,* [Leipzig, 1914]）第37卷。又参见威廉著《英国宪法与三月革命前的德国自由主义》（Theodor Wilhelm, *Die englische Verfassung und der Vormärzliche deutsche Liberalismus* [Stuttgart, 1928]）。传统上的差异，日后就表现为这样一个事实：在普鲁士，司法审核起码在原则上扩大到了行政机关本来有酌情裁量权来处理的问题，而在南德，这类问题则被明文排除在司法审核之外。

则，由谁来充卫士呢？不是别人，正是基本法律本来要对其扩张
活动范围的势头加以防止的那些行政机关。"① 事实上，正是在
其后的 20 年间，普鲁士获得了警察国家的美名，在普鲁士议会
里，围绕"法治国家"原则，不得不进行多场的战斗，② 问题最
后如何解决，终于已见端倪。

　　至少在北德，那个要将审查行政机关行为是否合法的审查权
交托给普通法院的理想，还保持了一段时间。这种后来通常提及
时称为"司法主义"（justicialism）的③ "法治国家"观念，不久
之后就被另一种不同的观念所取而代之，提出这一不同观念的，
主要是一位研究英国行政实践的学者鲁多尔夫·冯·格耐斯特
（Rudolf Von Gneist）。④

　　7. 主张一般的司法和对行政活动的司法监督二者应该分开，
有两个彼此迥然不同的理由。尽管两个理由都对德国最终建立行

----

① 安许茨著"行政法"，载《系统法学——当代的文化》（G. Anschütz, "Ver-
　waltungsrecht", *Systematische Rechtswissenschaft*, *Die Kultur der Gegen-
　wart*, Vol. II No. Vii［Leipzig, 1906]）第 352 页。

② 参见拉斯克的"普鲁士的警察强力及法律保护"，载《德国政治与文学年鉴》
　（E. Lasker, "Polizeige walt und Rechtsschutz in Preussen", *Deutsche
　Jahrbücher für Politik und Literatur*, Vol. I［1861]），重印于他的《普鲁
　士宪法史论》（*Zur Verfassungsgeschichte Preussens*［Leipzig, 1847]）。这
　篇文章还有一点很有意义，那就是表明了英国的榜样对于北德的发展起了多
　么大的指引作用。

③ 表达这一观点的代表性著作，是贝尔的《法治国家：一篇政论随笔》
　（O. Bähr, *Der Rechtsstaat：Eine publicistische skizze*［Cassel, 1864]）。

④ 格耐斯特著《法治国家》（Rudolf［von］Gneist, *Der Rechtsstaat*［Berlin,
　1872]），尤其是同一著作的增补第 2 版《法治国家与德国的行政法院》
　（*Der Rechtsstaat und die Verwaltungsgerichte in Deutschland*［Berlin,
　1879]）．当时格耐斯特的作品是如何的受重视，可以从那个时期一本未署
　作者姓名的小册子的标题中看出：《格耐斯特教授先生，亦即以法治国家拯
　救社会的救星》（*Herr Professor Gneist oder der Retter der Gesellschaft
　durch den Rechtsstaat*［Berlin, 1873]）。

政法院体系起了促成的作用，虽然这两个理由往往被混为一谈，但是，两个理由所追求的目的，是大相径庭，甚至是互不相容的，因此，应该明确区分二者。

其中一个论据，是认为有关行政行为的争议而引起的那一类问题，在法律上与事实上所要求的知识，是不能指望那些主要在私法与刑法上受过训练的普通法官会拥有的。这是一个强有力的、也许是能一锤定音的论据，然而，那些分别审理私法案件、商法案件、刑法案件等等的法院通常也是分开的，那么，审理私法争端的同审理行政争端的法院之间，何以要比那些法院分开得更厉害些，对此上述论据并不能自圆其说。只在这一点意义上，同普通法院分开的行政法院，可以同普通法院一样对政府保持独立，只一心一意实行执行，亦即执行一整套事先制订好了的规则。

但是，也可以从一个根本不同的出发点来认为有必要设立单独的行政法院，这个出发点，就是认为有关某一行政行为是否合法的争议，不能仅仅当作一个法律问题来裁判，因为这些争议总是涉及政府政策问题即办事方便与否的问题。由于这个理由而单独成立的法院，就会一贯关心政府当前的目标，因而不会是完全独立的：这些法院必须是行政机构的一部分，起码要受行政首脑的指导。它们的宗旨，与其说是为了保护个人，使他的私人领域不受政府机构的侵犯，毋宁说是为了保证这种事情的发生，不要违反了政府的意图与指示。这些法院将会是一个用以保证下级机关贯彻政府的意志（包括立法机关的意志）的机制，而不是一个对个人施加保护的手段。

而惟有已经存在一套对行政机关的行为加以指导与限制的详细法律规则，上述不同任务之间的区别才可以是泾渭分明的。而如果行政法院设立之时，表述这些规则的任务还尚待立法机关与司法机关去试图完成，那么，上述不同任务之间的分野，就必不可免会模糊起来。在这样的情况下，这些法院的必要任务之一，就会是将一些迄今为止只是行政机关内部规则的东西表述成为法律规范；但这样做起来，这些法院就会发现，要区分那些带有普遍性的内部规则和那些仅仅表达现行政策具体目标的内部规定，是十分难以做到的。

在 19 世纪 60 与 70 年代的德国，当时终于进行了一次尝试，要将"法治国家"这个多年被人向往的理想付诸实施，但此时，德国的情况正是上述的那样。那个曾长期得到维护的"司法主义"论据，终于被另一个论据所击败，这后一个论据主张，普通的法官，没有受过有关的专门训练，现在要将一个任务交付给他们，要他们去审理那些由于就行政行为发生争执而产生的错综复杂的问题，这是行不通的。因此，就创立了新的单独的行政法院，这些法院的本意，是要作为完全独立的法院，一心一意关心法律问题；当时还希望，天长日久，这些法院就会担负起对一切行政行为都施加严格司法监督的任务。在那些设计这一制度的人们，尤其是这个制度的"建筑师"鲁多尔夫·冯·格耐斯特看来，而且在日后大多数德国行政法学者看来，创立一个单独的行政法院体系，就似乎是为"法治国家"画龙点睛，法治这一来也就最终大功告成。① 但其实还留下了一大堆漏洞，使得行政机关实际上可以采取专擅的决定，但这一点，大家觉得似乎只是由于当时的情况而必然造成的一点小小的、暂时的缺点而已。他们相信，要行政机关能够继续起作用，那么，就必须在一段时间内给

---

① 例如参见拉德布鲁赫的《法律科学入门》（G. Radbruch, *Einführung in die Rechtswissenschaft* [zd de .; Leipzig, 1913]）第 108 页；弗莱纳著《德国行政法的制度》（F. Fleiner, *Institutionen des deutschen Verwaltungsrechts* [8th ed Tübingen, 1928]）以及福尔斯特霍夫著《行政法读本》（E. Forsthoff, *Lehrbuch des Verwaltungsrechts*, I [Munich, 1950] 第 394 页。

予它以广泛的酌情裁量权，直到一批有关它的行动的明确规则制订为止。

这样，尽管在组织上，独立的行政法院的设立，似乎使得为保障法治而设计的体制安排最后告一段落，但其实最困难的任务还在后头。根深蒂固的官僚机器上面加上了一个司法监督机构，这样一种做法，惟有在制度规则的任务继续遵循整个制度原先设计时所遵循的精神进行下去的情况下，才可能是有效的。然而，事实却是，为了那法治的理想而设计的构架的完成，却同这一理想的被抛弃差不多同时发生。正当新的机制设立之时，思想潮流就发生了大逆转；以"法治国家"为其主要目标的自由主义思想，被抛弃了。正当 19 世纪 70 与 80 年代当中那个行政法院体系在德国各州（而且也在法国）最后成型的时候，以国家社会主义及福利国家为方向的新兴运动开始得势了。因此，很少有人们愿意实行那个有限政府的思想，而本来那些新体制之设立，就是为了通过立法手段逐渐将仍然由行政机关掌握的酌情裁量权消除掉去实现有限政府的思想。新的趋向，却反而要明文使政府这些新任务所要求的酌情裁量权免受司法审核，从而扩大这些新制度的漏洞。

这样，德国的成就，结果就是理论多，实践少。但是，它的意义是不应低估的。在自由主义思潮衰退之前，最后触及到它的，是德国人。然而是德国人最系统地探索与消化了西方的全部经验并最有意识地将其教益运用于现代行政国家的问题上。他们发展出的"法治国家"思想，是古老的法治理想的直接产物，根据那个古老的理想，主要应受限制的是一个复杂的行政机构，而不是君主或是立法机构。[①] 甚至尽管他们所发展的新思想从未牢

---

① 对于德国早期的发展，有一个看法肯定是不正确的，例如，诺曼曾有这个见解。见其"政治自由的概念"，载《哥伦比亚法律评论》（"The Concept of Political Freedom", *Columbia Law Review*）第 53 期［1953 年］第 910 页，

牢生根，但这些思想在某些方面也代表了一个不断的发展过程的最终阶段，而且比许多昔日的体制更为适合于我们当代的各种问题。由于职业行政官员的权力现在是对个人自由的主要威胁，在德国为了对其加以制衡而发展出来的体制，就值得受到比迄今为止更加仔细的考虑。

8. 德国的发展没有得到人们多大注意，原因之一，是19世纪末叶时德国和欧洲大陆的情况显示出理论和实践之间有强烈的反差。在原则上，法治的理想早已得到公认，而且，体制上的一个重大进展，即行政法院的设立，尽管其效力略为有限，但这个做法却是对解决新问题的一个重大贡献。然而，在新试验得以发展其新的可能性的短短期间，先前的条件的某些特点并没有消失得无影无踪；而以福利国家为方向的推进，在欧洲大陆比在英国和美国开始得早得多，这种推进很快就引入了一些同依法施政的理想是很难调和的特点。

结果就是：一直到第一次世界大战前夕，欧洲大陆各国同盎格鲁-撒克逊各国的政治体制本已极为相似了，但是一个英国人或是美国人如果留心观察法国或德国的日常动态，都仍然会感到情况远远不能反映出法治。伦敦的警察同柏林的警察（这里且举

重印于他的《民主国家与专制国家》(*The Democratic and the Authoritarian State* [Glencoe, Ill, 1957]) 第169页；又见后一本书中第22页的与之自相矛盾的阐述，他认为"英国的法治同德国的'法治国家'学说毫无共同之处"。这种说法，如果指的是19世纪末叶占了主导地位的那种仅是"形式上的"法治国家的打了折扣的概念，那也许是对的，但是如果指的是激发起19世纪上半叶那个自由主义运动的那些理想，或是指普鲁士行政司法改革所遵循的理想思想，那就不对了。尤其是格耐斯特，他有意识地将英国模式当作自己的榜样（顺便说，他又是一部有关英国"行政法"的重要论著的作者，狄赛如果知道此事，他本来就不会如此完全误解了该用语在大陆的用法了）。"法治" (rule of law) 的德文译名 Herrschaft des Gesetzes 事实上是常用的，而不是用 Rechtsstaat。

一个人们常用的例子)，他们的权力和行为，彼此之间的差异，几乎同从前一样的大。同早已在大陆发生的发展迹象相类似的发展迹象，虽然在西方也开始出现，但是，一个目光敏锐的美国观察者仍然可以用下面的话来描写 19 世纪末叶的根本差异："的确，在某些场合，[即使在英国] 一个 [地方] 机关的官员，也被照章授权可以制定规定。(英国的) 地方政府机关和我国的卫生机构，都可提供这样的事例；但这些事例是属例外的，大多数盎格鲁-撒克逊人都觉得，这种权力，就基本性而言，是专擅的，除非绝对必要，不应扩大其范围。"①

正是在这种气氛中，在英国，戴雪在一部成了经典之作的作品②中，重新阐述了法治的传统概念，他阐述的方式，支配了日后的全部讨论，并且将这个概念同欧洲大陆的状况作了对比。但是，他所描绘的画面，是有点误导作用的。他从一个人人都接受的、无可否认的命题出发，即认为法治在欧洲大陆并未完全占统治地位，同时他又感觉到这种情况同行政强制在很大程度上不受司法审核这一事实有关，于是他就将能否由普通法院来对行政机关的行为进行审核这一点当作自己的主要检验标准。看来他当时只知道法国的行政司法制度 (而且所知也相当不全面)，③ 对德国的发展基本上是不了解的。对于法国的制度，他的严厉责难在当时可能有点道理，尽管在那时候法国的行政法院 (Conseil d'Etat) 已经开始了一个发展过程，正如一位当代的观察家所说

---

① 洛厄尔前引书，第 1 卷第 44 页。

② 戴雪著《宪法：宪法研究入门》(A. V. Dicey, *Constitution*: *Introduction to the Study of the Law of Constitution* [9th ed, London, 1939])，原先是在 1884 年讲课的稿子。

③ 戴雪后来起码部分地认识到了自己的错误。参见他的文章"现代法国法律中的行政法"，载《法学评论季刊》("Droit Administratif in Modern French Law", *Law Quarterly Review*) 第 17 卷 [1901 年]。

的，这个过程，"时间久了，可能会成功地将行政当局的一切酌情裁量权……都收进司法监察的范围之内。"① 但是他的责难，肯定不能适用于德国行政法院的那条原则；这些法院一开始就是作为独立的司法机构而设立的，宗旨正是要保障戴雪所如此热心维护的那个法治。

的确，在1885年，当戴雪发表他那有名的《宪法学研究入门讲义》（*Lectures Introductory to the study of the Law of the Constitution*）的时候，德国的那些行政法院才刚刚见眉目，法国的那个体系也刚采取了最终确定的形式没多久。然而，戴雪的"根本错误"，"根本到使人难以理解和原谅一个像他这样鼎鼎大名的作者竟会如此"，② 这个错误引起了极为不幸的后果。单独设立行政法院的这个主张本身——甚至"行政法"这个用语——在英国（在较小的程度上也在美国）竟被看作是对法治的否定。这样，戴雪的本意原来是要为他所理解的那种法治争个公道，但实际上他却堵死了一种本来可以为维护法治提供最好的机会的事态发展。他并没有能够制止盎格鲁-撒克逊世界发展出一套同大陆已有的行政机器相类似的机器。但是他的确极大地妨碍了或是拖延了那些能够使新的官僚机器受到有效监督的体制的成员。

---

① 西格哈特前引书，第221页。
② 艾伦著《法律与命令》（*Law and Orders* ［London，1945]）第28页。

第十四章 个人自由的各种保障

有了这一个小小的空子，任何人的自由总有一天会由此溜掉。*

——约翰·塞尔顿

1. 现在，试图将各种历史线索凑到一起，将法律保障下的自由的各个根本条件作一番有系统的阐述的时机到来了。人类已经从自己长期痛苦的经验中得知，自由的法律必须具有某些一定的属性。① 这些属性是什么呢？

---

* 引自约翰·塞尔顿"1627—1628年有关臣民自由的国会发言记录"，原载霍威尔编《国事审判案大全》(T. B. Howell, *A Complete Collection of state Trials* [London, 1816])，第3章，第170页。

① 有关法治的含义何在，近年来的讨论文献甚多，我们在此只能列举其中最有意义的一些：艾伦：《法律与秩序》(C. K. Allen, *Law and Orders* [London, 1945])；巴克："法治" (Emest Barker, "The Rule of Law", *Political Quarterly*, Vol. I [1914])，重印于他的《教会、国家与研究》(*Church, State and Study* [London, 1930])；贝洛特著 "法治" (H. H. L. Bellot, "The Rule of Law", *Quarterly Review*, Vol. CCXLVI [1926])；科林伍德著《新利维坦》(R. G. Collingwood, *The new Leviathan* [Oxford: Oxford University Press, 1942])，第39章；狄金森：《美国的行政司法及法律的最高地位》(John Dickinson, *Administration qustice and the Supremacy of Law in the United States* [Cambridge: Harvard University Press, 1927])；弗里德利希：《宪政政治与民主》(C. J. Friedrich, *Constitutional Government and Democracy* [Boston 1941])；

―――――――

古德诺著《政治与行政》 （Frank J. Goodnow, *Politics and Administration* ［New York，1900］）；霍尔孔伯著《现代共同体的基础》（A. N. Holcombe, *The Foundations of the Modern Commonwealth* ［New York，1923］），第 11 章；琼斯著 "法治与福利国家"（Harry W. Jones, "The Rule of Law and the Welfare State"，*Columbia Law Review*，Vol. LVIII ［1958］）；李普曼著《对良好社会原则探索》 （Walter Lippmann, *An Inquiry into the Principles of the Good Society* ［Boston，1937］）；勒顿的 "法治或人治"（H. H. Lurton, "A Government of Law or a Government of Men"，*North American Review*，Vol. CXCIII ［1911］）；麦基尔维恩著 "法治"（C. H. McIlwain, "Government by Law"，*Foreign Affairs*，Vol. XIV ［1936］，重印于他的《宪政与变动中的世界》（*Constitutionalism and the Changing World* ［Cambridge：Cambridge University Press，1939］）；诺曼著《民主国家与集权国家》 （F. L. Neumann, *The Democratic and the Authoritarian State* ［Glencoe，Ill.，1957］）；潘诺克著《行政与法治》（J. R. Pennock, *Administration and the Rule of Law* ［New York，1941］）；庞德："法治"（Roscoe Pound, "Rule of Law"，*E. S. S.*，Vol，XIII ［1934］ 及他的 "法治与现代社会福利国家"（"The Rule of Law and the Modern Social Welfare State"，*Vanderbilt Law Review*，Vol，XII ［1953］）；威尔逊著《现代政治诸要素》（F. G. Wilson, *The Elements of Modern Politics* ［New York，1936］）；又参见《法治：保守的伦敦律师公会与工会协会进行的研究》（*Rule of Law：A Study by the Inns of Court Conservative and Unionist Society* ［London：Conservative Political Centre，1955］）。

勒鲁阿著《法律：有关民主之中的权威的理论的论文》 （M. Leroy, *La Loi：Essai Sur La théorie de l'autorité dans la démocratie* ［Paris，1908］）；皮科著 "建筑在法律之上的国家及刑法"（A. Picot, "L'Etat fondé Sur le droit et le droit pénal"，*Actes de la Société Suisse de Furistes* ［Basel，1944］）；瓦林著《个人主义与法律》（L'*Individualisme et le droit* ［Paris，1949］）。

卡尔·施密特在希特勒统治时期的言行虽然不好，但是这仍然改变不了一个事实，就是在有关这个问题的现代德国著作当中，他的著作仍是属于最有见识最有眼光的著作之列的；尤其是请参见他的《宪法学》（*Verfassungslehre* ［Munich，1929］）及《宪法之保卫者》 （*Der Hüter der Verfassung* ［Tübingen，1931］）。很能说明纳粹执政前人们的思想状况的同样重要的作品有赫勒的《法治国家，还是独裁?》 （H. Heller, *Rechtsstaat Oder Diktatur?* ［Tübingen，1930］）与《政治学》（*Staatslehre* ［Leiden，1934］）；还有达尔姆什铁特的《法治国家有效性的界限》（F. Darmstüdter, *Die Grenzen der Wirksamkeit des Rechtsstaates* ［Heidelberg，1930］）与《法治国家还是威权国家?》

(*Rechtsstaat Oder Machtstaat?* [Berlin, 1932])。参见哈洛韦尔的《自由主义作为一种意识形态的没落》(John H. Hallowell, *The Decline of Liberalism as an Ideology* [Berkeley, University of California Press, 1943])。至于战后德国的有关文献，特别请参见伯姆的"自由秩序与社会问题"(F. Böhm, "Freiheitsordnung und Soziale Frage", in *Grundsatzfragen der Wirtschaftsordnung* ["Writschaftswissenschaftliche Abhandlungen", Vol, II (Berlin, 1954])；门格尔著《波恩基本法中的社会法治国家概念》(C. F. Menger, *Der Begriff des Sozialen Rechtsstaates im Bonner Grundgesetz* [Tübingen, 1953])；朗格著《作为刑法最新发展的中心概念的法治国家》(R. Lange, *Der Rechtsstaat als Zentral Begriff der neuesten Strafrechtsentwicklung* [Tübingen, 1952])；万德斯列普编的《法、国家、经济》(*Recht, Staat, Wirtschaft*, ed. H. Wandersleb [4 Vols; Stuttgart and Cologne, 1949—53])；以及马尔齐奇的《从法律国家到法官国家》(R. Marcic, *Vom Gesetzesstaat zum Richterstaat* [Vienna, 1957])。

主要就民主与"法治国家"彼此相互关系而言，瑞士在这个领域的大量著作具有特别的重要性，这些著作大都受到弗莱纳（F. Fleiner）及其弟子及衣钵传人贾科梅蒂（Z. Giacometti）的影响。肇端的著作，是弗莱纳的《瑞士联邦国家法》（*Schweizerisches Bundesstaatsrecht* [Tübingen, 1923; new ed. by Z. Giacometti, 1949]）和他的《德国行政法的体制》（*Institntionen des deutschen Verwaltungsrechts* [8th ed.；Tübingen, 1928]）；还参见他的《瑞士联邦法院的宪法管辖权》（*Die Verfassungsgerichtsbarkeit des Schweizerischen Bundesgerichtes* [Zurich, 1953]）特别是克基（W. Kägi）的贡献；波依姆林的《法制国家民主制》（R. Bäumlin, *Die rechtsstaatliche Demokratie* [Zurich, 1954]）；格罗斯曼著《美国与瑞士宪法管辖权的政治意识形态上与法律意识形态上的根据》(R. H. Grossmann, *Die staats und rechtsidelogischen Grundlagen der Verfassungsgerichtsbarkeit in den U.S.A und der Schweiz* [Zurich, 1948]）；克基著《作为国家根本法律秩序的宪法》（W. Kägi, *Die Verfassung als rechtliche Grundordnung des Staates* [Zurich, 1945]）；以及若干作者所著的《瑞士法律中的公民自由》（*Die Freiheit des Bürgers im Schweizerischen Recht* [Zurich, 1948]）。

又参见波拉克的《法治国家的秩序》（C. H. F. Polak, *Ordning en Rechtsstaat* [Zwolle, 1951]）；列加斯·伊·拉坎布拉："法治国家"（"L. Lagaz y Lacambra, El Estado de Derecho", *Revista de administraciόll pública*, Vol. VI [1951]）；巴塔利亚著"伦理国家与法治国家"（F. Battaglia, "Statoetico e stato di diritto", *Rivista internazionale d；filosofia di diritto*, Vol. XII [1937]）；以及国际法学家委员会《1955 年雅典国际法学家大会报告》（*International Congress of qurists*, Athens 1955 [The ltague, 1956]）。

首先必须着重指出的一点是：由于法治意味着政府除非是为了执行某一已知的规则，否则就绝不能对一个个人实行强制，[①]法治就是对任何政府的权力，包括对立法机构的权力的一种限制。它是有关法律应该是怎样的、有关具体个别的一部部法律该具有什么一般属性的一种学说。这一点很重要，因为法治这个概念，在今天往往被人们误解，以为这只不过是要求政府的任何行为都必须有合法性而已。的确，法治要求有完全的合法性为前提，但这是不够的：如果法律赋与政府以无限的权力，可以为所欲为，那么，政府的一切行为都会是合法的，但这肯定不是在法治之下的状况。所以，法治也不仅仅是宪政制度而已：法治要求，一切法律都符合某些原则。

既然法治是对一切立法行为的限制，那么，由此而来的推论

---

① 对一个真正的自由主义制度之基本原则、最近的一个明确表述，是由诺依曼在上面提到的著作中第 31 页中作出的："自由主义最重要的而且也许是最有决定意义的要求就是：对于保留给个人的权利，是不能允许根据个别性的法律来干预，而只能根据一般性的法律方得干预"；同书第 166 页："因此，自由主义的法律传统，是基于一个十分简单的提法：国家对个人权利的干预，惟有当国家能援引某一部对无限多的未来个案具有约束力的一般性法律来证明其主张之时，方得行之；这就排除了立法上的追溯既往，而且要求立法职能同司法职能分离。"随着法律实证主义的兴起，现在在强调重点上出现这样一个骤然看来微不足道的转移，从而使这一学说变得不起作用，如果我们将 19 世纪后期的两个各具特色的说法加以对比，这一个转移就可以看得很清楚。埃斯曼（A. Esmain）在《法国及比较宪法要认》（Eléments de droit Constitutionnel francais et Comparé ［1896］［Tth ed. rev. by H. Nézard Paris，1921，I，22]）第 1 卷第 22 页中，认为自由的本质在于以"一些固定的、事先已知的而在当前这个个案中规定统治者应如何作出决定的规则"，来对权威实行限制（重点是我加的）。但是，耶利涅克（G. Jellinek）则在《主观的公共权利体系》（System der Subjektiven öffentlichen Rechte ［Freiburg，1892］中却说："任何自由都是不受非法强制的自由。"按照前一种说法，惟有法律所要求的强制，才是可以容许的，而按照后种说法，则凡是法律所不禁止的强制，都是可以容许的！

是，法治本身不可能是像立法者所通过的那些法律那种意义上的一种法律。宪法上的一些规定，可以增加破坏法治的难度。这样的规定，可以对日常立法工作中一些无意中的破坏法治的做法予以防止。① 但是最终的立法者是决不会用法律来限制自己的权力的，因为他总是可以废除他制定的任何法律。② 因此，法治并不是法律的统治，而是有关法律应该如何的规则，是一个"元法律"（metalegal）的学说，或是一个政治理想。③ 惟有立法者感到自己受到它的约束，它才能是有效的。在一个民主制度中，这就意味着，法治除非成了群体道义传统的一部分，成了大多数人所共识与毫无异议地接受的一个共同理想，否则，它是不会占上风的。④

　　正是由于这个事实，因而法治原则所遭到的不断侵犯就带有

① 施托尔著《法治国家的思想与私法学说》（H. Stoll, "Rechtsstaatsidee und Privatrechtslehre", *Iherings Jahrbücher für die Dogmatik des bürgerlichen Rechts*, LXXXVI [1926]），特别是第 193—204 页。

② 参见弗兰西斯·培根的一段话："由于一个至高无上的绝对权力是不会自行结束的，因此，一个就其本性而言可以撤换的权力，也不可能被固定下来。"（转引自麦基尔维恩的《英国上议院法庭》［C. H. McIlwain, *The High Court of Parliament* (New Haven, Yale University Press, 1910)]）

③ 参见耶利涅克著《国与国条约的法律性质》（G. Jellinek, *Die rechtliche Natur der Staatenverträge* [Vienna, 1880]）第 3 页，及凯尔森的《国家法学的主要问题》（Hans Kelsen, *Hauptprobleme der Staatsrechtslehre* [Tübingen, 1911]）第 50 页及其后；参见温克勒的《法学原理》第 5 册（B. Kinkler, *Principiorum juris libri* V [Leipzig, 1650]）："在一切判例中，没有什么能比原则本身更不能用法律明文规定的了。"

④ 参见弗莱纳的《作为瑞士民主制的建设性力量的传统、教理、发展》（F. Fleiner, *Tradition, Dogma, Entwicklung als aufbauende Kräfte der Schweizerischen Demokratie* [Zurich, 1933]），重印于其《文章及讲演选集》（*Ausgewählte Schriften und Reden* [Zurich, 1941]）；以及狄骥著《宪法学论》（L. Duguit, *Traité de droit Constitutionnel* [2d ed.; Paris, 1921]）第 408 页。

十分不祥的性质。这个危险，由于一个原因而变得更大，那就是法治的许多方面的具体运用，也都是一些我们希望能十分靠近但却永远不可能完全实现的理想。如果法治这一理想已经是公众舆论的一个稳定的成分，那么，立法与司法就会倾向于日益向这个理想靠近。但是，如果它被说成是一个办不到的，甚至是不可取的理想，而且人们再也不为这个理想而奋斗，那么，它就会迅速地烟消云散。这样的一个社会就会很快地旧病复发，变成一个暴虐专制的国家。这也正是近两三代人期间在整个西方世界中发生着的威胁。

　　同样重要的有一点，就是要记住，法治对政府的限制，只限于它的强制性活动。① 而强制性活动决不是政府仅有的职能。即使是为了执行法律，政府也需要一个人员机构和一些物质资源，对这个机构和这些资源，政府是必须加以管理的。政府还有若干完整的活动领域，例如对外政策，在这些领域中，对公民实行强制的问题，通常是不存在的。关于政府的强制性活动与非强制性活动之间的分野问题，我们往后还要提到。但就现在而言，惟一重要的一点就是：法治惟一针对的是政府的强制性活动。

　　政府手中掌握的主要的强制手段，就是惩罚。在法治之下，政府惟有因一个人破坏了某个已宣布的一般性规则而对之实行惩罚时，才可以侵入他的受保护的个人领域。"法无明文规定者不为罪、不处刑"（nullum crimen, nulla poena sine lege）② 这

---

① 罗宾斯似乎正是在这一点上有了误解，所以他在《自由与秩序》（载于《经济与公共政策》［*Economics and Public Policy*，*Brookings Lectures*，1954 Washington，D. C，1955 p. 153]）一文中担心，主张"政府过于局限在执行已知的法律范围之内这样一种观念，排除了必然导致政府职能受到歪曲的政府在主动权与量裁权方面的职能"，就会使我们的论点过分简单化，并使之变得可笑。

② 参见格雷塞的"法无明文规定者不为罪"（S. Glaser，"Nullum crimen sine

一原则也就因此而成为这一理想的最重要的成果。然而，尽管这一阐述初看来显得多么明确清晰，可是，如果我们问一下，所谓"法"指的是什么，这一阐述就会惹起一大串的困难。假如法仅仅是说任何人不服从某些官员的命令就会受到某种具体方式的惩罚，那么，上述原则仍然是得不到满足的。即使在最自由的国家里，法律似乎也常常为这样的强制行为作出规定。大概没有哪一个国家可以让一个人在某些场合，例如当他对警察不服从之时，能够因为"某种造成公共损害的行为"或"扰乱公共秩序"或"妨碍警察执行公务"，而不遭受惩罚。因此，我们如果不对那些合在一起使得法治成为可能的一整套原则加以考察，那么，即使是对这个学说的关键部分，我们也是无法充分理解的。

2. 我们在前面已经看到，法治这个理想有一个前提，就是要将何谓法律这个问题一清二楚地明确下来，而且并非任何将立法机关制定的东西都可以在这样的一个意义上称为法。① 在日常实

---

lege", *Journal of Comparative Legislation and International Law*, 3d Ser., Vol. XXIV [1942]）；格兰特："法无明文规定者不处刑"（"Nulla poena sine lege", *Die Grundrechte und Grundpflichten der Reichsverfassung*, Vol. I. [Berlin, 1929]）；霍尔著"法无明文规定者不处刑"（"Nulla poena sine lege", *Yale Law Journal*, Vol. XLVII [1937—38]）；德·拉·莫朗迪埃尔：《论法无明文规定不罚规则》（De la Morandière, *De la règle nulla poena sine lege* [Paris, 1910]）；绍特连德著《"法无明文规定者不处刑"一语的历史发展》（A. Schottländer, *Die geschichtliche Entwicklung des Satzes: Nulla poena sine lege* [Strafrechtliche Abhandlungen, Vol. CXXXII (Breslau, 1911]）；以及贾基著"刑法无事先明文规定者不为罪？原则在寺院法中的先例"（O. Giacchi, "*Precedenti canonistici del principlo 'Nullum crimen sine proevia lege penali'*", *Studi in onore di F. Scaduto*, Vol. I [Milan, 1936]）。关于作为法治的首要条件这一原则的地位，参见戴雪的《宪法》（A. Dicey, *Constitution*）第 187 页。

① 特别请参见施密特的《威玛宪法所规定的法官独立、法律面前人人平等及对

践中，凡是某个立法当局以适当方式作出的决定，都被称为"法律"。但是，在这些形式意义上讲的种种法律当中，①只有一部

私有财产的保障》（Carl Schmitt, *Unabhängigkeit der Richter, Gleichheit vor dem Gestz und Gewährleistung des nach der Weimarer Werfassung* [Berlin, 1926]），及《宪法教程》（Verfassungslehre）。

① 关于这一区别，参见拉班德的《德意志帝国国家法》（*Staatsrecht des deutschen Reiches* [5th ed., Tübingen, 1911—14]）第 2 卷，第 54—56 页；谢利希曼：《法律概念的实体与形式意义》（*Der Begriff des Gesetz im materiellen und formellen Sinn* [Berlin, 1886]）；亨内尔著《德国国家法之研究》（A. Haenel, *Studien zum deutschen Staatsrechte*）第 2 卷：《形式与实体意义上的法律》（*Gesetz im formellen und materiellen Sinne* [Leipzig, 1888]）；狄骥（Duguit）前述著作；以及马尔贝尔格的《法律：普遍意志的表示》（R. Carré de Malberg, *La Loi: Expression de la volonté générale* [Paris, 1931]）。

　　在这方面，十分重要的，还有美国宪法方面的若干案例，其中只能在此举出两个。最著名的一段话也许就是法官马修（Mathew）在《乌尔塔多诉加利福尼亚州案》（*Hurtado V. California* 110 us）第 535 页中说的："并非任何采取了立法形式的行动都是法律。法律并不仅仅是作为权力行为而推行的意志。法律不应该是对某一特定的人或某一特定场合的某一特殊规则，用韦伯斯特先生在其为人所熟知的定义中所用的语言来说，而是一般性的法律，这法律先聆听然后才判罪，它依靠调查来办案，必须经过审讯后才作出判决，因此，'任何一个公民都必然得到对社会起支配作用的普遍性规则对自己的生命、自由、财产与豁免的保护'，这就排除了种种对罪犯的权利剥夺行为、刑罚法案、没收财产行为、推翻判决的行为及直接将某人财产转与他人的行为、立法判决与命令以及其他类似的特指的、局部的、专断的以立法形式行使权力的行为，因为这些行为都未经应有的法律程序。专断的权力，实施损害个人及其公民的财产的法令，这样的权力并不是法律，无论它是表现的一个君主个人的法令或是表现为一个非个人的群体的法令。我国宪法对各州政府与联邦政府的行为的限制，对于维护公权与私权都是至关重要的，不管我们的这些政治体制有多大或多小的代表性。通过司法程序来实行这些限制，这是自治的群体用以保护个人与少数人的权利的一个办法，既可以防止多数的权势，又可防止公务人员超越合法权力的界限而施暴，即使他们是以政府的名义行事并且动用政府的力量。"参见更近期的一段话，在"州诉波洛夫案"，《奥勒冈报告》第 138 集（State V. Boloff, *Oregon Reports* 138 [1932]）

分——而且今天通常只有很小的一部分——是对私人彼此的关系或是对私人同国家关系加以规范的实体法（或"实质法"）。所谓的法律，绝大多数，毋宁说是国家向自己的公务员发布的有关他们应如何指导政府机构以及他们掌握何种手段的指示。今天，无论何处，都是由同一个立法机关来指导如何使用这些手段并且制订普通公民所必须遵守的规则。虽然这种做法已成为确立的惯例，但是这种情况并不是非如此不可的。我不禁想知道，是否值得将制订普遍性规则的任务和对行政机构下命令的任务二者分别交托给不同的代议机构并将它们各自的决定提交独立的司法机构来审定，使各自井水不犯河水，从而防止两类不同的决定混在一起。①

第611页："一个立法法案会为一切人创造出一个规则：它不是对某个个人的命令或指挥；它是持久性的，不是临时性的。法律是普遍应用的；它不是针对某一特定个人并涉及这一特定个人的突如其来的一个命令。"

① 参见白哲特的《英国宪法》，载其《著作集》（W. Bagehot, *The English Constitution* [1867], *Works*）第5章，第255—256页："真的，很大部分立法，如果用法学的语言来说，根本就不是立法。一部法律，是适用于许多个案的一般性指令。而那些充斥着法令全集并使各个国会委员会为之疲于奔命的'特别法案'，却只适用于一个案例。这些法案并不规定凡是铁路就应如何铺设的规则，而是规定某某铁路应从这一地点铺设到那一地点，对任何其他事务却丝毫不起作用。"时至今日，这一趋势已经发展到这样的地步，使得一位著名的英国法官不得不提出问题："我们是否已经到了这样的时候以致要给成文法另定一名称，而不称之为'法律'？也许可以称之为准法律；甚至可以称之为次法律"。见拉德克利夫爵士的《法律与民主国家》（Lord Radcliffe, *Law and the Democratic state Holdsworty Lecture* [Birmingharn: University of Birwingham, 1955]）第4页。又参见雅莱斯著《人与国家》（H. Jahrreiss, *Mensch und staat* [Cologne, 1957]）第15页："我们本应好好想一想，今后'法律'这个备受尊崇的名称，是否只应该适用于这样的一些准则，是否只能以刑罚的威胁来支持这样的一些准则，也就是，那些对任何人都能成为'法律'的准则。这样的准则，惟有这样的准则，才是'法律'！其他一切别的规章——例如对这些真正的法律的技术细节补充，或是只具有昙花一现性质的单独规定——应该另外分出来，冠以另外一个名称，例如称为'规定'之类，而且只能规定一些非刑法性质的制裁，哪怕这些规定是同立法机关决定的。"

虽然我们可能希望两种不同的决定都同样以民主的方式受到监督，但这并不一定要意味着二者都要放在同一个议会的手中掌握。①

目前这样的安排，对于一个事实却起了使之模糊不清的掩盖作用，那就是：尽管政府必须对已交给它掌握的资源进行管理（包括对它所雇用来执行它的指示的所有那些人们的服务进行管理），但这并不意味着它可以对公民私人的努力同样进行管理。自由社会同不自由社会之间的分野，就在于在自由社会中每个个人都有一个受到承认的私人领域，是同公共领域划分得一清二楚的，单个私人不能被命令来命令去，只能要求他服从对所有人都一视同仁地适用的规则。过去，自由人往往夸口，说只要他们保持在已知法律的界限之内，他们就无须请求任何人的允许，无须服从任何人的命令。但到了今天，我们当中是否还有谁能这样自夸，已经是很成问题的了。

一般性的，抽象的法律，亦即实质意义上的法律，正如我们所已经看到的，是一些从根本上来说长期性的措施，针对的是一些尚未知的案例，并不包含涉及特殊的个人、地点或事物的内容。这样的法律的效力必须是前瞻的，而绝不能是往后追溯的。必须如此，是一个原则，一个普遍公认但并不一定总是写成法律的原则；如果想要使法治保持有效，就要有这样一些"元法律"，而这一条，就是这些"元法律"的一个好榜样。

3. 真正的法律，必须具有的第二个主要属性，这就是这些

---

① 假如一方面英国下议院成功地争取到了对支出的独有监督权，因而也就实际上控制了行政机关，而同时，上议院则成功地取得制定一般性法律，包括关于在什么条件下可以对个人征税的原则的独有权力，假定发生这样的情况，情况的发展将会如何，对这个问题进行推测，是十分有趣的。这两个立法机关依此原则进行权限划分的做法，是从未试行过的，不过很值得考虑。

法律必须是已知而且确实肯定的。① 要使一个自由社会能顺利有效地运作，法律的确定性，其重要意义是如何强调也不大可能会过分的。对于西方的繁荣起了作用的种种因素之中，恐怕没有哪一个因素能比在我们这里一直占主导地位的法律相对的确定性所起的作用更大的了。② 这一点，并不因为下面的一个事实而发生什么改变，这个事实就是法律的完全的确定性，是我们应该努力去接近但又永远无法完全达到的理想。有一种做法现在已经很时髦，那就是对这种确定性所本已达到的程度加以贬低，而那些主要着眼于诉讼的律师们，很精于此道，这是有其可以理解的原因的。他们通常办理的案子，都是些最后结局并不事先确定的案子。然而，法律确定性的程度必须由那些由于一旦法律地位经过审查则结局实际上已见分晓因而不必对簿公堂的争议来判定。对法律的确定性加以衡量，其尺度是那些从不对簿公堂的案件。现代那种对法律的不确定性加以夸大的动向，是反对法治的宣传运动的一部分，往后我们还要回头来考察。③

---

① 参见韦德的"法律确定性之概念"（H. W. Wade，"The Concept of Legal Certainty"，*Modern Law Reiew*，Vol. IV［1941］）；雅莱斯著《可算性与法》（H. Jahrreis，*Berechenbarkeit und Recht*［Leipzig，1927］）；恩姆格著《安全与公正》（C. A. Emge，*Sicherheit und Gerechtigkeit*［Abhandlungen der Preussischen Akademie der Wissenschaften Phil-hist. klasse，No. 9（1940）］）；以及鲁比埃著《法学概论》（P. Roubier，*Théorie générale du droit*［Paris，1946］），特别是第 269 页及其后。

② 参见菲利浦斯的"法治"（G. Phillips，"The Rule of Law"，*Journal of Comparative Legislation*，Vol. XVI［1934］），以及其中引用的文献。但又参见孟德斯鸠著《论法的精神》（Montesquieu，*Spirit of the Laws*）第 6 章第 2 节，以及韦伯著《经济与社会中的法律》（Max Weber，*Law in Economy and Society*，ed. M. Rheinstein［Cambridge Harvard University Press，1954］）；还有诺伊曼前引书，第 40 页。

③ 很奇怪的是，那些强调法律的不确定性的人们，却同时最经常主张法律科学的惟一目的在于能对司法裁判的结果作出预言。假如法律果真像这些作者所称的那样不确定，那么，照他们自己的说法，任何法律科学都不会存在了。

　　至关重要的一点就是：法院的裁判结果是可以预言的，而不是所有决定裁判结果的规则都是可以用文字来表述的。坚持要求法院的行动必须符合先前已有的规则，并不等于坚持要求所有这些规则都统统是明确的，都必须是事先长篇大论地写成文字的。如果坚持后面这个要求，那当然就是力图去达到一个不可达到的理想。有一些"规则"是绝不可能以明文方式表达的。这些规则当中，有许多之所以都被承认，只不过是因为在它们指导下能作出合情合理而又可以预言的裁判，而且对于一些人，这些规则充其量只是作为"正义感"的一些表现而对他们起了指导作用，从而为这些人所知晓。[1] 从心理学上讲，法律推理当然不是一些明明白白的三段论法，大前提往往不是明明白白的。[2] 结论所依据的普遍原则当中，有许多只能隐含在成文法的整体当中，要由法院来发现它们。但这并不是法律推理的一个特点。大概我们所能作出的一切概括，都要依据另一些更高的概括，而对这些更高的概括，我们是并不知道得十分明确的，然而这些更高的概括，却支配着我们头脑的运作。虽然我们总是要设法去发现我们作出决定时所依据的那些一般性原则，但这个过程，从其本性而言，就是一个无穷无尽的过程，是永远不可能完成的。

　　4. 真正的法律，其第三个要求就是平等。这个要求，同其他要求一样重要，但要加以界说，却困难得多。任何法律都必须对所有手段都一样适用，这一点的意义并不只限于法律应该具有

---

① 参见庞德的"为什么是法律日？"（Roscoe Pound，"Why Law Day"，*Harvard Law School Bulletin*，No. 3［1958 年 12 月］）第 4 页："法律的命根子和最颠扑不破的要素，就是依据原则，即推理的出发点，而不是依据规则。原则是相对保持不变或是沿着不变的方向发展的。规则却是比较短命的。规则并不发展，而是被别的规则所废除或取代。"

② 参见李维的《法律推理入门》（E. H. Levi，*An Introduction to Legal Reasoning*［Chicago，University of Chicago Press，1949］）。

在我们前面刚界定过的意义上讲的一般性。一部法律完全可以是一般性的，只提及有关的人们的形式上的特点，[①] 但却对不同类别的人作出不同的规定。这样的分类，其中有一些即使是在有充分责任感的公民集团当中，也显然是不可避免的。但是，以抽象的词句来进行分类，总是有可能弄到这样的地步，以至于事实上单独分出来的那一类人只不过是一些特定的已知的人，或甚至只是单独一个个人。[②] 必须承认，尽管曾有许多人试图使用巧妙的办法解决这个问题，但一直未能找到完全令人满意的标准，以在一切场合都告诉我们哪一种分类方法是同法律面前人人平等能相容的。人们常说，法律不应作出无关的区别，或是说，绝不能因

---

① 参见布吕内的《法国法律中的平等原则》（R. Brunet, *Le Principe d'égalité on droit francais* [Paris, 1910]）；吕默林：《法律面前人人平等》（M. Rümelim, *Die Gleichheit vor dem Gesetz* [Tübingen, 1928]）；迈因策著《法律面前人人平等、公平与法》（O. Mainzer, *Gleichhei Vor dem Gesetz, Gerechtigkeit und Recht* [Berlin, 1929]）；考夫曼与纳维亚斯基著《德国宪法第 109 条所指的法律面前人人平等》（E. Kaufmann and H. Nawiasky, *Die Gleichheit Vor dem Gesetz im Sinne des Art. 109 der Reichsverfassung* [Veröffentlichungen der Vereinigung deutscher Staatsrechtslehre, No. 33 (Berlin, 1927)]）；莱布霍尔茨：《法律面前人人平等》（G. Leibholz, *Die Gleichheit vor dem Gesetz* [Berlin, 1925]）；内夫：《平等与公平》（Hans Nef, *Gleichheit und Gerechtigkit* [Zurich, 1941]）；伊普森："平等"（H. P. Ipsen, "Gleichheit", *Die Grundrechte*, ed. F. L. Neumann、H. C. Nipperdey, and U. Scheuner Vol. Ⅱ [Berlin, 1954]），以及约伦纳著《法律面前人人平等》（E. L. Llorens, *La Igualdad ante la Ley* [Murcia, 1934]）。

② 对一个一视同仁的规则，是可以通过一些以一般性的措词来表述的规定来钻空子的，人们可以从另一个领域得到一个说明这一点的好例证（这是由哈伯勒在其《国际贸易理论》[G. Haberler, *The Theory of International Trade* (London, 1936)] 第 339 页中举出的），那就是德国 1902 年（到 1936 年时仍有效）的关税税率，它为了避开最惠国待遇的义务，规定了一种特殊的税率，专门针对"在海拔至少 300 米之处养育并每年夏季至少有一个月在高度至少为八百米之处度过的棕色或有斑点的母牛。"

为一些同法律目的无关的理由而在人们当中加以区分,[1] 但这样说,也差不多等于回避这个问题。但话又说回来,尽管一来法律面前人人平等这一条就可能成了那些指示出方向但却并没有将目标完全确定下来的理想中的一种理想,但这一条仍不是没有意义的。我们已经提到过一个必须加以满足的要求,那就是,被单独分出的那一组之中的人们,同那一组之外的人们,都对这一区分的合法性加以承认。在实践中,同样重要的一点就是:我们要问,我们能不能够对某一法律对一些特定的人有何影响作出预见。法律平等性的理想,其目的正是要平等地改善未知的人们的机会,但这一理想,同那种以可预言的方式使一些已知的人得利或受害的做法,是互不相容的。

有人时常会说,法治的法律不但要具有一般性与平等性,而且也要具有公正性。但是,尽管法律要能有效,无疑就必须为大多数人认为是公正的,但是,除了一般性和平等性之外,我们是否还有其他什么正式的标准来衡量公平性,这是很成问题的——除非我们将这法律加以测试,看它是否符合一些虽则也许未成文但却一提出来就被普遍接受的更具有一般性的规则。然而,就法律与自由之统治相容性而言,若我们要对于一部只限于对不同之人彼此的关系加以规范而不干涉个人的纯粹私人问题的法律加以测试,那么,除了测试它是否有一般性与平等性之外,再也无法测试别的。不错,这样的“一部法律可以是坏法律,不公平的法律;但是它的一般性的、抽象的表述,使得这个危险缩小到最小程度。法律的保护性,它本身存在的理由(raison d'être),正是

---

[1]　参见瑞士联邦宪法第 4 条:“立法者作出的区分,必须有事实根据地加以说明,亦即要以根据事实的本性作出的有理而决定性的考虑为基础,以便于惟有通过这些区分方可使立法者能恪守有关的生活关系的内在目的与内在秩序。”

在于它的一般性"。①

人们往往不承认，普遍与平等的法律为防止对个人自由的侵犯提供了最有效的法律保障，其所以不承认，是由于默许国家及其代理人可免受这些法律的支配，并以为政府有权将这些豁免给予个人。法治的理想，要求政府既强制他人遵守法律——而且这应是政府惟一有权垄断的事情——又要自己也依同样的法律行事，从而同任何私人一样受到限制。② 正是这个事实，即所有规则都平等地适用于所有人，包括执掌权力的人，使得任何压迫性的规则不大可能得到通过。

5. 对人而言，要将制订新的一般性规则的工作同将这些规则应用于具体个案的工作有效地分开，那就除非让这些职能分由不同的人或机构去行使，否则是不可能的。这至少是分权学说的一部分，③ 而这一点，因此应该被看作是法治的一个必要组成部

---

① 狄骥著《宪法课本》（L. Duguit, *Mannel de droit Constitutionnel* [3d ed; Paris, 1918]）第 96 页。

② 在这里，如果提出一个问题，即大陆法系赋予"公法"和"私法"的独特属性，是否符合盎格鲁-撒克逊人心目中的自由法律之下的，那就离题太远了。尽管这样的分类，对于某些用途来说是有用的，但这样的分类，还是起了推波助澜的作用，使那些对个人与国家的关系加以规范的法律，具有了同那些对个人与个人之间的关系加以规范的法律不一样的性质，但是法治的本质似乎是：在两个领域中，这一性质本应是相同的。

③ 参见霍尔兹沃斯在《法学季评》（*Law Quarterly Review*）第 4 卷 [1939 年] 中对戴雪著《宪法》一书第 9 版的评论，这个评论包含了英格兰最新的有关法治的传统概念的权威性阐述。它值得长篇抄引，但我们在这里只转录其中的一段："法治今天同以往一样仍是一个宝贵的原则。因为它意味着法院可以监督，使得官员们、由受政府委托的人组成的官方机构，其权力不会被超越，不会被滥用，使得公民的权力由已颁布和尚未颁布的法律来确定。一旦法院的管辖权被排除，一旦官员们和由人组成的官方机构得到纯粹的行政裁量权，法治就会被废除。如果这些官员或官方机构所得到的是司法的或准司法的裁量权，那么，虽然使法治得以实行的机器不是法院的机器，但法治并不会被废除。"又参见范德比尔特著《分权主义及其目前的意义》（A. T. Vanderbilt, *The Doctrine of the Separation of Powers and Its Present-Day Significance* [Omaha: University of Nebraska Press, 1953]）。

分。规则制定时不应心目中针对特定的事例，特定事例在处理作出决定时，除了依据一般性规则之外，也不应依据任何别的东西——哪怕这个一般性规则可能尚未明文成为书面的东西，因而尚有待被发现。这就要求有独立的法官，他们对于任何暂时的政府目标是置之不顾的。主要问题在于，两类职能，应该分别由两个彼此相互配合的机构来行使，然后才有可能决定在某一具体事例中是否要采取强制手段。

一个更加困难得多的问题是：在严格实行法治情况下，行政权（亦即管理权）应不应该在这个意义上被视为一个单独的权，同其他两个权平起平坐而又互相配合。当然，有一些领域，行政当局应该有酌情行事的自由。但是，在法治之下，这一点却不适用于对公民实行强制的权力。分权原则不应被解释成为行政当局在对待公民私人时可以不一定遵守由立法当局所制订并由独立的法院所应用的规则。坚持这样的权力，是同法治背道而驰的。虽然在任何可操作的制度下，行政部门无疑必须拥有一些不受独立法院所监督的权力，但是"支配人及财产的行政权力"却不在这个范围之内。法治要求行政当局在采取强制行动时受到一些规则的约束，这些规则不单单规定行政当局何时何地可以采用强制手段，而且规定它可以以什么方式来使用强制手段。惟一能保证这一点的办法，就是使行政当局的一切这类行动都要受到司法机构的审核。

至于那些对行政当局起约束作用的规则，是否应由一般性的立法机构来制订呢，还是这一职能可以委托给另一个机构，这个问题却只是政治上的权宜之计的问题。① 这对法治的原则并无直

---

① 参见卡尔的《授权立法》（C. T. Carr, *Delegated Legislation* [Cambridge: Cambridge University Press, 1921]）；艾伦（Allen）前引书；以及收在《德国国家中立法权力的授权》（*Die übertragung rechtssetzender Gewalt im Reichsstaat* [Frankfort, 1952]）一书中各种人物对比的研究。

接影响，而是对于政府实行民主监督的问题有影响。在法治的原则范围内，对于授权立法本身并没有什么异议。显然，将制订规则的权力授予一些地方性的立法机构例如省议会或市议会，这从哪一种观点来看都是无可厚非的。甚至将这个权力授给某些不经选举产生的权力机构，也不见得就一定违反了法治，只要这些机构有在执行这些规则之前先公布它们的义务，从而人们能迫使这些机构也遵守这些规则。在当代，广泛采用授权做法产生的问题，并不在于制订一般性规则的权力被授予了他人，而是在于行政机构实际上获得了不照规则就实行强制的权力，因为不可能制订任何明白无误地指导如何行使这一权力的一般性规则。常常称为"立法权之授权"的做法，往往不是授予制订规则的权力（这样做是不民主，而且在政治上也是不明智的），而是授予一种权威使其可以赋予任何决定以法律效力，以至同司法当局的行为一样，法院必须无异议地接受它。

6. 这就带给我们一个问题，这个问题，在现代已经成了一个关键性的问题，亦即行政酌情量裁权的法律限度问题。这是"一个小小的空子，任何人的自由总有一天会由此溜掉"。

有关这个问题的讨论，由于对"酌情量裁权"这一用语的含义认识混乱，而被弄得含糊不清。我们使用这个词，首先指的是法官对法律加以解释的权力。但是，对某一规则加以解释的权力，并不是我们所讲的酌情量裁权。法官的任务，是要将那些包含在那一整套有效的法律规则体系的精神中隐含的言外之意发现出来，或是在必要时将先前并未由某一法院或并未由立法者所明文阐述过的东西作为一条一般性的规则而表达出来。这种进行解释的任务，并不是说法官的酌情量裁权是指他有权根据自己的意志去追求特定的目标，这一点，可以从下面这个事实中看出，即他对于法律的解释，可以而且通常也的确往往要交由一个更高级的法院来审核。某个裁决，其内容是否要受到另一个这样的只需要对已有的规则及本案的事实有知晓的机构来审核，这一点也许就是最好的测试，可能由此看出某个裁决究竟是受到规则所约束，或是任凭法官来酌情量裁。对法律的某一特定解释，是可能引起争议的，而且有时也的确无法得出有充分说服力的结论；但这仍然改变不了争议必须诉诸规则而不是凭区区的随意行为来解决的这一事实。

从另外一个不同的意义上讲，酌情量裁权还涉及的就是有关整个政府从上到下各级首长与下属之间的关系问题，但从这个意义上讲酌情量裁权也同样是同我们的目的不相关的。在任何一个层次上，从最高的立法机关同各行政部门的首长之间的关系，往下走到科层组织中的第一级，都会出现一个问题，即作为一个整体的政府权力的哪一部分应该授权给某一特定的机关或官员。由于这种将特定的任务分派给特定的权力机关的做法是由法律决定的，于是，某个个别的机构有资格做些什么以及它可以得到允许去行使政府权力的哪些部分，这个问题往往被人们当作是酌情量裁权问题而提出来。很显然，并非一切政府行为都要受到既定的规则的约束，在政府权力等级的第一级，都必须授予下级机关以相当的酌情量裁权。只要政府是在管理它自己的资源，那就总是有强有力的理由要给予它以同企业管理在类似情况下一样多的酌情量裁权，正如狄西所指出的："政府在管理其名副其实的业务时，人们就会看到它需要那种任何个人在管理他的私人事务时所必须拥有的行动自由。"[①] 往往立法机构过分热中于对行政机关的酌情量裁权加以限制，不必要地妨碍它们的效率。这种情况，在一定程度上是不可避免的；而且，也许有必要使科层组织受规则约束的程度大于企业组织，因为科层组织缺少在商务活动中的

---

① 戴雪著 "英格兰行政法的发展"（A. V. Dicey, "The Development of Administrative Law in England", *Law Quarterly Review* XXXI [1915], 150.）。

利润这种检验效率的办法。①

对法治有直接影响的酌情量裁权问题，并不是一个对特定的政府人员的权力加以限制的问题，而是对政府整体的权力加以限制的问题。这也就是行政权的范围的总问题。政府为了能对它所掌握的手段加以有效的使用，就必须行使很大的酌情量裁权，对这一点，谁都不会提出异议。但是，再说一遍，在法治制度下，公民私人及其财产并不是政府管理的对象，并不是政府可以为其目的而使用的手段。惟有当行政当局干涉到公民的私人领域的时候，酌情量裁权的问题才变得对我们有意义；而法治的原则，也确实意味着行政当局在这个方面是没有酌情量裁权的。

行政机关在法治制度下运作时，往往不得不行使酌情量裁权，正如法官在解释法律时要行使酌情量裁权一样。但是，这样的一种酌情量裁权是能够而且应该受到控制的，这种控制是通过一个独立的法院能够对一决定的内容加以审核而实现的。这就意味着，该决定必须是从法律规则中以及法律所提到的那些情况中推演出来的，而且这些情况是有关当事人所能够知晓的。该决定必须不受政府所拥有的任何特殊知识的影响，不受政府一时的目的，不受政府对种种具体目标赋予的特定价值，包括不受政府在对不同的人们的影响上可能特有的偏爱所影响。②

说到这里，希望对自由在现代世界中如何能保存下来有个了

---

① 参见米瑟斯的《官僚政治》（L. von Mises, *Bureaucracy* [New Haven: Yale University Press, 1944]）。

② 参见弗罗因德的《对人与财产行使的行政权力》（E. Freund, *Administrative Powers over Persons and Property* [Chicago: University of Chicago Press, 1928]）第 71 页及其后；福克斯著 "英美行政法理论中的概念与政策"（R. F. Fuchs, "Concepts and Policies in Anglo-American Administrative Law Theory", *Yale Law Journal*, Vol. XLVII [1938]）；库珀著 "行政司法及酌情量裁权的作用"（R. M. Cooper, "Administrative Justice and the Role of Discretion", *Yale Law Journal*, Vol. XLII [1938]；科恩著 "规则同酌情量裁权之对照"（M. R. Cohen, "Rule versus Discretion", *Journal of Philosophy*, Vol. XII

解的读者，必须准备好去考虑法律的一个表面上看来的细微之点，这一点的重要性，常常是不受到重视的。在所有的文明国家中，都有某种在不服行政决定时而诉诸法院的规定，但这所涉及的通常只是某一权力机构是否有权做它已做之事的问题。但是我们已经看到，如果法律说某一权力机构所做的一切事情都是合法的，那么，法院便无法阻止这一权力机构做任何事情。但是，在法治的条件下，要求的是一个法院应该有权决定某一权力机构所采取的某一特定行动是否有法可依。换句话说，凡是行政机关的行动干预到个人的私人领域时，在所有这样的场合，法院应该不单单有权决定某一特定行动究竟是"属职权范围之内"（*infra vires*）还是"越出职权范围之外"（*ultra vires*），而且还应该有权决定这一行政行为的内容符合不符合法律的要求。惟有在这样的情况下，行政的酌情量裁权才会被排除。

这一要求，显然不适用于力图以自己掌握的手段来达到特定结果的行政当局。①但是，法治的本质，就规定了公民私人及其

〔1914〕），重印于《法律与社会秩序》（*Law and Social Order* 〔New York，1933〕）；马克斯著"比较行政法：有关对酌情量裁权的审核的刍论"（F. Morstein Marx， "Comparative Administrative Law: A Note on Review of Discretion"，*University of Pennsylvania Law Review*，Vol. LXXVII 〔1938—1939〕）；特里夫斯著"行政酌情量裁权及司法监督"（G. E. Treves， "Administrative Discretion and Judicial Control"，*Modern law Review*，Vol. X〔1947〕）；劳恩著《酌情量裁权及其界限》（R. Von Laun，*Das freie Ermessen und seine Grenzen* 〔Leipzig and Vienna，1910〕）；厄特曼《公民自由与酌情量裁权》（P. Oertmann，*Die staatsbürgerliche Freiheit und das freie Ermessen* 〔Gehe Stiftung，Vol，IV〕〔Leipzig，1912〕）；特茨纳：《行政机关的酌情量裁权》（F. Tezner，*Das freie Ermessen der Verwaltungsbehörden* 〔Vienna，1924〕）；门格尔著《行政法的法律保障制度》（C. F. Menger，*System des Verwaltungs rechtlichen Rechtsschutzes* 〔Tübingen，1954〕）。

① 参见博登海默（E. Bodenheimer）在《法理学》（*Jurisprudence* 〔New York and london，1940〕）第 95 页中讨论法律与行政的关系时所表达的十分有启发意义的见解："法律所关心的主要是权利，而行政所关心的主要是结果。法律所导致的是自由与安全，而行政则促进效率与迅速的决定。"

财产不应该在这个意义上成为政府所掌握的资源。凡是在强制行为只能依照一般性规则方可采用的地方，任何特定的强制行为，都必须从这样的规则中取得理由来证明自己是正当的。为了保证这一点，必须有某一个权力机构仅仅关心规则而不关心政府一时的目标，而且这个权力机构不单单有权说出另一权力机构是否有权做它所已做的事，而且还有权说出这个权力机构之所为是否为法律所需要。

7. 我们现在讲到的区别，有时候被当作立法与政策的对立来加以讨论。如果政策这一用语有了适当的定义，我们自然就能够将我们的主要意思表达出来，指出强制行为惟有在符合一般性法律之时才是可以容许的，而如果强制行为只是为了达到现行政策的特定目标的手段，那么它就是不容许的了。但是，这样的表达方式是有点误导作用的，因为"政策"这一用语也可以用于广义，连立法也被包括在内。在这一意义上，立法是长期性政策的主要工具，为运用法律所做的一切，都是为了推行先前已经定下来的政策。

造成认识混乱的，还有一个进一步的原因，那就是在法律内部，"公共政策"这一用语，也通常用来描述某些概括一切的一般性原则，这些原则往往没有写成成文的规则，但是被人们理解为是去限定一些更加具体化的规则。① 当人们说，是法律政策对善意加以保护，对公共秩序进行维护，或是对一些契约因其宗旨不道德而不予承认，当人们这样说的时候，他能指的是一些规则，但这些规则是作为政府的若干永久性的目标，而不是作为行为规则而得到阐述的。这就意味着，政府必须在其得到的权力的

---

① 关于这一点，参见劳埃德的《公共政策》（D. Lloyd, *Public Policy* [London, 1953]）；以及托特森的《英国法律中的公共政策观点》（H. H. Todsen, *Der Gesichtspunkt der public policy im englischen Recht* [Hamburg, 1937]）。

范围之内，设法实现自己的目标。"政策"这个用语何以用于这样的场合，原因好像在于人们有这样的感觉：把要达到的目标具体说明，会同那种认为法律是一种抽象规则的认识发生冲突。这种推理方法，尽管可以对实际做法加以解释，但显然是不无危险的。

政策如果指的是政府追求眼前具体的、瞬息万变的目标，那么，它同立法就是恰恰对立的。行政机构本身所关心的，恰恰就是执行这个意义上的政策。它的任务就是指导与配置已交由政府支配的资源，以服务于社会的瞬息万变的需要。政府向公民们提供的一切服务，从国防到道路维修，从医疗保障到街道治安，都必然属于这一类。为了这些任务，政府得到了一定的手段及其向政府领薪金的公务人员，而且政府要不断地决定下一个迫切任务是什么，要使用哪些手段。主管这些任务的职业行政人员，就免不了有一个倾向，就是尽他们所能把一切东西都拉进来为他们所追求的公共目标服务。主要正是为了对公民私人加以保护，防止一个日益庞大的行政机器吞没私人领域，所以今天法治才如此的重要。法治归根结底意味着，那些受委托执行这些特殊任务的机构不能为了自己的目的而行使任何至高无上的权力（正如德国人所说的"主权"［*Hoheitsrechte*］），而是只能局限于使用专门交给它们使用的手段。

8. 在自由统治天下的条件下，个人的自由领域，包括了一切并不受到一般性法律所限制的行动。我们已经看到，人们已经觉察到特别有必要对某些更为重要的私人权利加以保护，使之不受当局的侵犯，我们也看到了人们多么担心，生怕如此明文列举某些权利会被解释为只有这些权利才得到宪法的特别保护。这些担心，已经被证明是很有根据的。不过总的来说，实际经验似乎证实了这样的一个论点，即尽管任何权利法案都不可避免有挂一漏万之处，这样的一个法案还是对某些为人们所知很容易受到危害的权利提供了重要的保护。今天我们尤其应该认识到，由于技术变革不断地造成对个人自由的新的威胁，因此，要想列出一张要保护的各种权利的包揽无遗的清单，是不可能的。[①] 在无线电广播与电视的时代，自由地获取信息的问题，已经不再是出版自由的问题了。在一个可以使用药物或心理技术来控制人的行动的时代，自由控制自己的人身的问题已经不再是防止身体约束的问题了。当本国当局不愿给某些人发给护照从而使他们无法到国外旅行时，行动自由的问题，就有了新的意义。

当我们考虑到下面一点时，这个问题就显得极为重要了，那就是：我们说不定只是刚踏入一个时代的门槛，在这个时代当中，对他人心灵施加控制的技术可能性很可能会迅速增加，一些对个人的个性起作用的权力刚开头时可能看起来是无害的，或是有益的，这些权力将受到政府支配。对人类自由的最大的一些威胁，大概还在将来。很可能在不久将来的一天，当局会能够通过对我们的自来水增添上适当的药物或是通过别的某种类似的办法，来为了自己的目的，使全体居民的心情或则喜气洋洋或则垂头丧气，或则兴奋激昂或则麻痹瘫痪。[②] 如果权利法案真的要保持某种意义的话，那么就必须及早承认，这些法案的用意当然是

---

① 参见贾科梅蒂的《编纂自由法典所需的自由权利目录》（Z. Giacommetti, *Die Freitheitrechtskatalog als kodifikation der Freiheit* [Zurich, 1955]）；又参见奥利乌的《宪法学概要》（M. Hauriou, *Précis de droit Constitutionel* [2d ed；Paris，1929]）第 625 页，及巴塔利亚著《各个权利宪章》（F. Battaglia, *Le Carte dei diritti* [2d ed，；Florence，1946]）。

② 如果要看一个有关正在等待着我们的种种可怖现象的绝不是太悲观的描述，请参见赫胥黎的《美丽的新世界》（Aldous Huxley, *Brave New World* [London，1932]）及《重访美丽的新世界》（*Brave New World Revisited* [London，1958]）；另外还有一部著作更令人胆寒，因为它的本意并非提出警告，而只是陈述一个"科学的"理想，这本著作就是斯金纳的《沃尔登第二》（B. F. Skinner, *Walden Two* [New York，1948]）。

要保护个人不受任何对其自由的重大侵犯，因此，必须事先假定这些法案都包含有一个总的条款，对个人以往实际上已经享有的那些豁免加以保护，使之不受政府的干预。

归根结底，这些对于若干基本权利的法律保障，只不过是宪政制度对个人自由所提供的种种保障之一部分，它们对于防止立法机关对自由的侵犯所提供的安全保障，不可能大于宪法本身提供的安全保障。正如我们所已经见到的，这些法律保障只能在对眼前立法过程中的一些仓促的、短视的行为加以防止方面提供保护，但是对于最高立法者蓄意压制人们权利的行动，却是防止不了的。防止这一点的惟一方法是让公众清醒地意识到危险的存在。这样的一些规定，其所以重要，主要是因为它们能向公众灌输对这些权利的价值的认识，使这些权利成为人民即使对其意义并不一定充分理解，但也会予以捍卫的政治理想的一部分。

9. 到此为止，我们一直将那些对个人自由的保障理解为仿佛是永远不能受到侵犯的绝对权利。但实际上，这些权利的意义只不过在于：社会的正常运作是以这些权利为基础的，任何背离这些权利的做法，都必须有特殊的理由来为之辩解。然而，一旦当（并只有当）问题在于为了长远地维护自由之时，例如发生战争的情况下，甚至一个自由社会的最基本的原则，也是可以不得不暂时牺牲的。关于在这类场合下政府拥有紧急处分权力（以及防止这些权力被滥用）的必要性，大家的意见是广泛一致的。

我们所要进一步考察的并不是偶尔通过终止人身保护法或通过宣布戒严来排除某些公民自由之必要性的问题，而是在什么条件下可以为了公共利益而偶尔侵犯个人或集团的特殊权利，在"明显危险临头"的局势下，甚至像言论自由这样的基本权利也可以被打折扣，政府可以行使国家征用权强行收购土地，对于这些，都很难提出异议。但是，如果要维护法治，那么，这样的行动必须局限于经规则界定清楚的例外的场合，以使这样做的理由并不是靠任何当局的专横决定，而是可以由一个独立的法院来审核；其次，受到影响的个人必须不会因其合法的期待落空而受损害，而且应该因这样的行动所蒙受的损害而得到赔偿。

"未经公正赔偿不能剥夺"的这一原则，在凡是实行法治的地方，一直是得到承认的。但是，这一原则是法律至高无上原则的一个不可或缺的组成部分这一点却经常得不到人们的承认。正义要求这样做；但更重要的是，这是我们得到的一个主要保障，它能保证那些对个人领域的必要的侵犯只有在公共的得益明显大于个人因正常期待落空所造成的损害的场合下才被允许。充分赔偿的这一要求，其主要目的当然是作为对这些侵犯个人领域行为的一种制约，而且这也提供了一个办法来判明该特殊目的是否重要到足以证明破例违反那条社会正常运作所依赖的原则是有道理的。由于公共行动的好处有多大往往摸不着看不见，难以评估，而且作为专家的行政人员总有一个显而易见的倾向，就是对眼前那个特殊的目标的重要性加以夸大，所以，似乎很可取的是，应总是假定个人所有主是无辜的，并且赔偿额要定得尽可能地高，不给无法无天地滥用权力打开门户。总而言之，这意味着公共得益应该明显地大大超过允许背离正常规则时所造成的损害。

10. 到现在，我们已经把那些合在一起共同构成法治的各个根本要素列举完了，但还没有考虑到如人身保护法、陪审团制度等等程序性的保障，而这些保障对盎格鲁-撒克逊各国的许多人来说，似乎是他们的自由的主要基础。① 英美的读者们也许会觉

---

① 参见范德比尔特的"程序对保护自由的作用"（A. T. Vanderbilt, "The Role of Procedure in the Protection of Freedom", *Conference on Freedom and Law* [University of Chicago Law School Conference Series, Vol. XIII 1953]）；又见法官弗兰克福特先生常常引用的一句话："自由的历史主要是对程序性的保障加以遵守的历史。"（McNabb V. , *United States*, 318 U. S. 332, 347 [1943]）

得我是本末倒置了，抓了芝麻，丢了西瓜。但我这样做是经过深思熟虑的。

我无论如何绝不愿意贬低这些程序性的保障的重要意义。这些保障对于维护自由的价值是几乎无论如何估价都不为过的。但是，一方面人们对这些保障的重要性都一致公认，而另一方面却不懂得，这些保障如果要有效，其前提就是要接受这里所界定的那种法治，而没有这一点，一切程序上的保障都是一文不值的。不错，也许正是由于对这些程序性的保障的崇拜，使得英语世界保持了中世纪的对人实行法治的观念。然而这并不能证明，自由还能被保存下来，如果人们的基本信念都发生动摇，怀疑那些约束一切权力机构之行动的抽象规则是否应存在的话。司法上的形式是为了保证作出决定的依据是规则，而不是特定的目的或价值的相对可取性。所有司法程序的规则，所有旨在保护个人并保证司法公正不阿而订下的原则，都有一个前提要求，那就是个人与个人之间以及个人同国家之间的争端，可以通过运用一般性法律的办法来解决。制定这些规则和原则，是为了使法律能得到贯彻，但是，在法律故意把决定权留给某机构去酌情量裁的情况下，这些规则和原则就没有什么力量来主持公正了。惟有当法律起决定作用，这就是说，惟有当独立的法院最后说了算之时，程序性的保障才是对自由的保障。

我在这里之所以集中讨论传统体制所依据的基本的法律观，是因为我认为，相信只要恪守司法程序的外部形式就可以维护法治，这种信念是对维护法治的最大威胁。我并不怀疑，毋宁说我甚至是愿意强调指出的一点是：对法治的信仰和对司法形式的恪守，二者是相辅相成的。缺其中之一，另一个就不可能是有效的。但是今天受到威胁的主要是前者；而且，那种以为只要小心翼翼地恪守司法形式就能维护住法治的幻想，正是造成这一威胁的主要原因之一。"在司法程序的形式与规则无法自然而然地立

足的地方，靠输入这些形式与规则是拯救不了社会的。"① 在没
有进行司法裁判的根本条件的地方使用一些司法形式上的点缀，
或是给法官们权力去决定一些不可能靠执行规则来决定的问题，
这样的做法，其惟一的结果，只能是毁掉对这些点缀的尊重，哪
怕是在这些点缀值得受到尊重的地方。

---

① 拉德克利夫爵士著《法律与民主国家》，本章前面注 11 也引用过。关于美国
的情况，参见麦克洛斯基的重要文章"美国政治思想与政治学研究"，载
《美国政治学评论》（R. G. McCloskey，"American Political Thought and the
Study of Politics"，*American Political Science Review*，Vol. LI［1957］），
尤其是其中第 126 页中的一段话，认为美国的法院表现出"一种对程序上的
细微末节无孔不入的关心，而同时对实质上压制自由的做法则大大方方地予
以容忍……美国人对程序方面的权利的关心，比对实质上的自由的关心更
为深入，更为持久执著。的确，从到目前的进展情况看，不受阻挠地去思
想、言论与行动，在这种显而易见的意义上的自由，在美国政治价值观的轻
重缓急排队中，并不占有十分受优遇的地位。"不过，对于这种危险，人们
似乎越来越有所觉察，这明显地表现在凯斯·卢卡斯《关于有困难者的决
策：对行政机关在公共救济中的反应能力的研究》（Allan Keith-Lucas，*De-
cisions about People in Need：A Study of Administrative Responsiveness in
Public Assistance*［Chapel Hill：University of North Carolina Press，1957］）
一书第 156 页："单单依靠程序来产生正义，是现代自由主义的谬论。正是
它使得像希特勒政权之类的极权主义政体有可能得到合法性。"

第十五章 经济政策与法治

众议院……不能制订出对他们自己和他们的朋友以及对社会大众不起充分作用的法律。这［情况］一直被认为是人类政策能藉以将统治者和人民连在一起的最强有力的纽带之一。它在他们之间造成一种利益上的共同性和情感上的相通性，很少有政府能提供出如此的范例，但是，少了这一点，任何政府都会堕落成为暴政。*

——詹姆斯·麦迪逊

1. 主张在经济事务中实行自由的经典论据，所依靠的是一个心照不宣的假定，即认为法治应当支配这个领域以及所有其他领域的政策。我们除非以这一点为背景来理解何以亚当·斯密和约翰·斯图尔特·穆勒这样的人如此反对政府"干预"，否则，我们对他们的反对态度的实质就会无法理解。也因为如此，他们的主张常常被一些对这一基本观念不熟悉的人们所误解；而法治观念一旦在英美两国不再为每一个读者所视为理所当然，认识混乱就会立即随之而生。经济活动的自由原先曾意味着的，是法律

---

* 本章篇首的引语引自贝洛夫编的《联邦党人》（*Federalist*，No. LVII, e-d. M. Beloff [Oxford, 1948]）第 294 页。

下的自由，而不是不要任何政府行动。因此，这些作者们从原则上反对的政府"干预"或"干涉"，所指的只是对一般性的规则或法律所着意要保护的那个私人领域的侵犯。他们并不是说政府绝不应该关心任何经济事务。但他们主张，某些政府措施，从原则上就应该被排除，并且不能以任何实用性的理由来说明这些措施的正当性。

在亚当·斯密和他的直接后继者们眼中，执行共同法律的一般规则，肯定不是作为政府干预而出现的；他们通常也不会使用政府干预这个词儿来指立法机构对这些规则的修改或是对某一新规定的通过，只要这个新规则的用意是要在无限期的时间之内一视同仁地适用于所有的人。尽管他们也许从未这样明说，但是在他们看来，干预是政府行使强制权力，而不是例行地执行一般性的法律，而且旨在于达到某种具体的目的。① 但是，重要的标准，不在于追求什么目标，而是在于采取怎样的方法。如果这明明是人民的需要，那么，大概没有什么目标不可以被视为合情合理的；但是，这些作者们认为在一个自由社会中那些具体专门的

---

① 参见米瑟斯的《干涉主义批判》（L. Von Mises, *Kritik des Interventionis-mus*［Jena, 1929］第 6 页"侵犯是来自一个公共权力当局的单个的命令，它强迫生产资料的所有者和企业主将生产资料以同他本来的用法不同的方式来使用"（着重点是我加的）。又参见同一著作中后来进一步阐明的生产政策上的侵犯与价格政策上的侵犯二者之间的区别。还见穆勒在其《论自由》第 83 页甚至声称"所谓自由贸易主义……其根据同本文所主张的个人自由原则迥然不同，虽则同样言之成理。为了贸易目的而对贸易或对生产加以限制，当然是约束，而一切约束，无论是多大多小的约束，都是一种恶；但是这里谈的约束只触及社会有权去约束的那一部分行为，如果有错，也只是因为它没有产生出人们希望通过它而获得的结果。既然个人自由原则并未牵涉到自由贸易主义之中，因此这个原则也未牵涉到大多数有关这一主义的界限而产生的问题之中，例如，为了防止假冒伪劣可以允许多大程度的公共监督、对雇主应该在多大程度上责成他们采取保健预防措施，以对受雇从事危险职业的工作人员加以保护。"

命令和禁令从总的方面来说是不可接受的，因而要加以排除。惟有间接地通过剥夺政府某些它可以单单借此就能达到某些目的的手段，才能够通过这个原则做到剥夺政府去追求这些目标的权力。

后来的经济学家们，对于在这些问题上产生的认识混乱，所应负的责任也不轻。① 的确，有许多有力的理由可以说明为什么政府关心经济事务的做法是值得怀疑的，以及为什么特别有一种强烈的主张，反对政府积极参与经济活动。但是这些论据，同那个主张经济自由的论据，是不大相同的。这些论据所依据的是这样一个事实，即在这个领域中被提倡的政府措施，绝大多数实际上并非是实用有利，原因或则是这些措施会落空，或是因为其花费高出其得益。这就是说，只要这些措施同法治是相容的，就不能贸然将之当作政府干涉而加以拒绝，而是应该逐一从实用有利的角度加以审查。以往，人们反对一切不明智的或是真正有害的措施时，总是习惯于抬出不干预原则，但这种习惯做法，其结果却是模糊了两种不同的措施的根本分野，一种是可以同自由制度相容的，而另一种则是不相容的。这种认识上的混乱，正中了那

---

① 由于按照权宜方便与否这一标准来审查政策措施是经济学家的主要任务之一，因此，就无怪乎他们看不见那个更加具有一般性的判断标准。穆勒（在麦卡勒姆编的《论自由》一书第 8 页中）承认"事实上，并没有什么通常凭此来检验政府干预的是否妥当的公认原则"，他这样说，也就给了人们一个印象，好像全部问题都是实用有利与否的问题。他的同时代人西尼尔（N. W. Senior）通常被视为更加正统得多，他大约在同一时间直言不讳地这样说："政府的惟一合理性依据，即统治权力以及相应的应对此统治予以服从的义务的惟一依据，就是实用有利——亦即社会群体的普遍得益。"引自罗宾斯的《经济政策理论》（L. Robbins, *The Theory of Economic Policy* [London, 1952]）第 45 页。但他们二位都毫无疑问地认为下面这一点是理所当然的，即对私人受到保护的领域的干预，惟有在一般性的法律规定这样做而不是仅以区区的实用有利为理由之时，才是可以允许的。

些反对自由企业的人们的下怀，他们更乐于加强这种认识上的混乱，鼓吹一个特定措施之可取与否绝不是一个原则的问题，而总是一个是否实用有利的问题。

换句话说，重要的是政府活动的性质如何，而不是它的活动量大小如何。一个运作中的市场经济，要求国家方面有某些参与活动；另外还有些活动，会对市场经济运作起协助作用；只要政府的活动属于能与运行中的市场相容的活动，那么，市场还可以容许政府进行更多得多的活动。但是，有一些政府活动是同自由制度所依的根本原则背道而驰的，因此，如果要让这个制度运作下去，这些活动就必须统统被排除掉。所以，如果一个政府比较而言不那么积极活动但却做一些错事，那么，它对市场经济力量起的损害作用，甚至还会大于一个更为关心经济事务但却安分守己只进行一些对经济之自发力量有所裨益的活动的政府。

本章的目的，就是要指明，法治给我们提供了一个鉴别的标准，可以将那些同自由制度能相容的措施和那些不能相容的措施加以区分。对那些能相容的措施，可以再进一步按实用有利的标准去加以考察。当然，这样的措施中有许多仍然是不可取甚至有害的。但是，对于那些同自由制度不能相容的措施，哪怕是提供了能达到一个可取目标的有效甚至惟一有效的手段，也必须予以拒绝。我们将要看到，遵守法治，是使自由经济得以令人满意地运行的一个必要条件，但并不是充足条件。但是，重要的一点是：政府的一切强制行动，都必须明确无误地由一个持久性的法律框架来决定，这个框架使个人能带着一定程度的信心来进行规划，使前景的不确定性缩小到最低限度。

2. 我们首先来考察一下两种政府行为之间的分野，一方面是政府的强制性措施，另一方面是单纯的服务活动，这当中不存在强制的问题，即使存在，也是因为有必要通过征税来为这些服务活动提供资金。① 如果政府仅仅从事于提供它如果不提供就没有谁能提供的服务（通常这是因为这些服务产生的好处，无法只让愿意为之付费的人专门享用），那么，在这个范围之内，惟一产生的问题，就只是所得是否抵得上所付的代价。当然，如果政府要求提供某些特定服务的专有权，那么，这些服务就不再是真正非强制性的了。一般而言，一个自由社会不单只要求政府对强制行为有垄断权，而且还要求政府的垄断权只限于强制行为，而在所有其他方面，政府应该在与任何其他人一样的条件下行事。

政府在这个领域中普遍从事的并且属于上述范围之内的活动，其中有许多能方便人们取得关于那些具有一般性意义的事实的可靠知识。② 这类职能当中最重要的，是提供一个可靠而又有效的货币制度。另外一些几乎具有同等重要性的职能，是规定度量衡标准，提供经过调查、土地登记、统计等等收集到的信息，资助甚至亲自举办某种教育。

政府的所有这些活动，是它为了个人能作出决断而提供良好框架之努力的一部分，这些活动向个人提供手段，供他们使用来达到自己的目的。其他许多物质性更浓厚的服务事业也都属于这一类。虽然政府不得使用其强制权力来将一些同执行法律一般规则无关的活动专门保留给自己，但是，政府在与公民相同条件下从事所有这些活动，并无违反原则之处。尽管在大多数领域中，

---

① 这个分野，同穆勒（J. S. Mill, Principles, Book Ⅴ, Chap Ⅺ, sec. 7）在"威权性"与"非威权性"的政府干涉之间划出的分界线，是一样的。这是一个十分重要的分野，而政府的一切活动都被认定为越来越必然具有"威权性"的这一事实，是造成当代那些令人忧虑的事态发展的主要原因之一。我在这里没有采用米尔的用语，是因为我觉得，把他所称的政府的"非威权性"活动称为"干预"是有所不妥的。"干预"这个用语更好地将自己的含义只限于指那种对受保护的私人领域的侵犯，而这种侵犯，只能是以"威权性"的方式来实行的。

② 再参见穆勒在同书中对这个问题的详尽的论述。

政府并没有多大的理由要这样去做，但是，在某些领域中，政府活动的可取性是很难置疑的。

　　前面最后提到的那一些领域，包括一切显然有好处但又不会由竞争性的企业来提供的服务事业，这是因为无法或难以让受益者个人为这些服务事业付费。像这样的事业，有卫生与保健事业，往往也有道路的修筑与维修，有市政当局向市民提供的许多舒适设施。包括在其中的还有亚当·斯密所描述的那些"虽然在最高的程度上有利于一个大社会，但其性质使得对任何个人或少数个人而言其得益都抵偿不了花费的公共工程"。① 还有许多其他种类的活动，政府希望由它去举办是合情合理的，这或则是为了保守军备机密，或则是为了促进某些领域的知识的发展。② 然则，尽管政府在任何时候都可能是最有资格在这些领域中起带头作用的，但这决不能成为一个理由，去推定情况会永远如此，从而赋予政府以独家包揽的责任。而且，在大多数场合，根本就不

---

① 亚当·斯密著《国富论》（A. Smith, *W. O. N.*, Book V. chap. i, Part II [II, 214]）；又参见他主张由地方政府而反对由中央政府兴办公用事业的论述，同上书，第222页。

② 最后，还有一个虽在实践上意义不大但在理论上很有意思的情况，这就是尽管某些服务事业可以由私人通过竞争来提供，但要么并非全部有关费用，要么是并非全部产生的好处，都能进入市场的计算之中，因此，可取的方法似乎是，对一切从事这些活动的人，或课征特别的收费，或给予特别的补贴。这样的事例，也许可以列入政府用以指导私人生产方向的措施之中，但这种指导，不是靠具体的干涉，而是依靠一般性的规则。

　　这样的事例在实践上意义不大，原因并不是由于这种局面并不常常出现，而是由于只有在罕见的场合下才有可能判明"边际社会净产值同私人社会净产值的彼此出入"大到何等程度，这一点下面这位作者所承认，他比别的任何人都曾更多地让人注意到这种出入：参见皮古的"福利国家的若干情况"（A. C. Pigou, "Some Aspects of the Welfare State", *Diogenes*, No. F [Summer, 1954]）："但是必须承认，我们几乎不会有足够的知识，以确定在哪些领域和在多大程度上，国家由于［私人成本与公共成本之间的差距］而能以有益的方式干预个人的选择自由。"

需要政府亲自去经营这些；通常提供这些服务事业可以由政府承担一部分或全部财务责任，但业务的经营则交给一些独立的，在一定程度上彼此竞争的团体办理，而这样提供服务，效果可以更好。

工商界对一切国营企业都持一种不信任的态度，这是有充分理由的。要保证这些企业能同私营企业一样在同等条件下经营，是十分难以做到的；而唯有这个要求得到了满足，才在原则上没有反对国营企业的理由。只要政府使用自己的一部分强制权力，尤其是它的征税权，来帮助自己的企业，那么，这就总是会使这些企业获得一种事实上垄断的地位。要避免这种情况，就必须做到，凡是政府在任何领域给予自己的企业任何特殊的优惠，包括补贴，与之竞争的私营企业也应能够得到。要政府去满足这些条件可能是极其困难的，正因为如此，反对国营企业普遍存在的偏见就得到加强。但这并不是说，凡是国营企业都应该排除在自由制度之外。的确，国营企业应该限制在狭窄的范围之内；如果太多经济活动受到国家的直接控制，这就可能成为对自由的一个真正的危险。但是，这里反对的，并不是国营企业本身，而是国家垄断。

3. 再者，自由制度在原则上并不排斥所有那些调整经济活动的一般性法规，但制订这些规定要采取一般规则的形式，具体说明每个从事某一活动的人所必须满足的条件。这些法规特别是包括所有那些对生产技术加以规范的规定。我们在这里所关心的，并不是这些法规是否订得明智，这一点只有在例外的场合才会做到。这些法规总是会限制实验的范围，从而对可能有益的发展起阻碍作用。这些法规通常总是会提高生产成本，或者降低总的生产率（反正都是一回事）。但是，如果这种对费用的影响已经被充分估计到，并仍然认为值得付出这样的成本去达到某一特定目的，那么，对此也没有什么可以多说的。① 经济学家仍然会疑虑重重，认为有强有力的理由来反对这样的措施，因为这样的措施的总成本几乎总是被人低估，而且尤其是阻碍新发展的出现。这个不利因素总是没有得到人们充分的考虑。不过，如果比如说由于健康的考虑，磷火柴的生产和销售通常是受到禁止的，或者只有在采取一定预防措施的条件下才被允许，或者比如说夜班工作通常受到禁止，那么，这些措施之是否妥当，应该通过对全面得失的比较来判定；这是不能靠诉诸一般性原则来最后确定的。这一点对于通常被称为"工厂立法"的那一大批法规来说，都是适用的。

今天常常有人断言，如果没有给予行政当局广泛的酌情量裁权，而且一切强制行为又都要受到法治的限制，那么，这些任务，以及其他通常被承认是政府固有职能的任务，就不可能充分实现。但这种担心是没有多大理由的。虽然法律不可能总是一一列举出当局在某一特定情况下可以采取什么措施，但是可以这样来制定法律以使得任何公正的法院都能够裁决，所采取的措施是否为实现法律所追求的一般目的所必需。尽管当局采取行动时所可能遇到的千差万别的情况是无法预料的，但是，一旦某一特定情况出现时当局处理的方式如何，却是在很大程度上可以预言的。毁灭一个农场主的牲畜以制止某一传染病的蔓延，拆毁房屋以防止火势的扩大，禁用某一受到污染的水井，要求在高压电力的输送中采取保护措施，以及在建筑物中执行安全规章，这些无疑都要求赋予当局以一些在运用一般规则方面的酌情量裁权。但这并不必一定是不受一般规则限制的酌情量裁权或是那种不受司法审核的酌情量裁权。

这样的措施通常都被说成是证明有必要给予酌情量裁权的一

____
① 再参见冯·米瑟斯的《国际主义批判》。

个证据，这种说法，我们这样习以为常，以致当我们发现，早在30年前，一位著名的研究行政法的学者竟能指出下面一个道理时，我们会感到惊讶，他说："大体上说来，保健与安全规章，在行使酌情量裁权方面丝毫也不引人注目；恰恰相反，在很大部分的这类法规中，引人注目的是缺少这种权力。……所以英国工厂立法就认为实际有可能完全依靠一般性规则（虽然在很大程度上是由行政法规所规范）……许多建筑法规是这样来判定，以便只需最小限度行政酌情量裁权，几乎所有规章都只限于一些可以标准化的要求……在所有这些场合，灵活性的考虑，都让位于私人权利应有确定性的这一更高的考虑，而又不使公共利益蒙受任何明显的牺牲。"①

在所有这些事例中，作出决定的依据，都是一般性规则，而不是支配着政府之行动的特殊偏好，或是有关特定的人应被摆在什么位置上的意见。政府的强制权力仍然是为一般性并且不受时间限制的目的服务，而不是为特定的目的服务。政府不应区别对待不同的人们。授予政府的酌情量裁权，是有限的酌情量裁权，这就是说，政府官员必须贯彻一般性规则的精神。如果说这条规则在被运用时无法以完全明确无误的形式表达出来，那么这是人类的缺陷造成的。然则，问题就出在规则的运用上，这一点可以从下面一个事实中看出，即一个绝不代表当下政府或大多数人的特定愿望或价值观的独立法官，将能够不但确定当局到底是否有权那样做，而且还能够确定政府所为是否恰恰正是法律所要求的。

我们这里所谈的，同那些为政府的行动提供理由的规章究竟

---

① 弗罗因德著《对人与财产行使的行政权力》（F. Freund, *Administrative Powers over Persons and Property* [Chicago: University of Chicago Press, 1928]）第98页。

是否对整个国家都一视同仁的问题无关，也同这些规章是否是由一个民主选出的议会制订的问题无关。显然，有必要由地方当局通过一些规章，其中一些规章，如建筑规程，必然只能在形式上而非在内容上是多数人决定的结果。实质问题涉及的还是被授权力的界限而非该权力的来源。由行政当局自行制订但经事先以适当方式公布并且得到严格遵守的规章，比起那些经由立法行动授予行政机关的含糊不清的酌情量裁权来，是更为符合法治的。

尽管一直有人以行政上的实用有利为理由提出抱怨，说这些严格的限制应该放松，然而这肯定不是要达到我们迄今为止所考察的目标的一个必要要求。只有在法治已经由于谋求其他目的而遭到破坏之后，维护法治的必要性似乎才会变得不如行政效率方面的考虑更重要。

4. 我们现在应该转过来看看法治在原则上所排斥的另外一种政府措施，这些措施不可能单单靠执行一般性规则而实现，而是必然包含着专断地、区别地对待人们，这些措施当中最重要的就是一些有关应该准许谁去提供种种服务或商品、价格如何、数量有多少的决定——换言之，就是一些旨在对经营种种业务与职业的机会、对销售条件、对可以生产或销售多大数量加以控制的措施。

就进入种种职业队伍这件事而言，我们的原则并不一定排除，在某些情况下只允许具备可核实的资格的人从事这些职业可能是可取的。但是，将强制只限于贯彻一般性规则就要求做到，任何人只要具备这些资格，就有权要求并得到进入一个职业的许可，而给予或不给予这一许可，只取决于他是否满足那些作为一般规则定下来的条件，而不取决于任何由发放许可的当局自行酌情量裁而指定的情况（例如"地方上的需要"）。甚至连实行这些控制措施，在大多数场合也可以是不必要的，只要防止那些本不具备这些资格的人冒充有此资格，也就是说，通过运用一般规则

来防止弄虚作假，也就行了。要达到这个目的，对某些表示这些
资格的职称和学位加以保护，也就绰绰有余了（即使以医生为
例，也看不出为什么偏要把获取行医执照，作为开办医疗诊所的
必要条件）。但有一点大概是不容否认的，那就是某些业务，例
如毒药与枪支的销售，惟有具备某些智力上与道德上的品质的
人，方可获准经营，这一点既是可取的又是无可非议的。只要任
何一个具备必要资格的人都有权从事有关的职业，必要时这个人
又可以要求一个独立的法院审查并强制实现自己的要求，那么，
基本的原则也就得到了满足。①

　　凡是由政府直接管制物价，无论是政府实际地规定价格或只
是制订一些如何确定合法价格的规则，都是同运行着的自由制度
不能共容的，其所以不能共容，有好几个理由。首先，按照一些
有效地指导生产的长期性规则来规定价格，是不可能的。适当的
价格，取决于一些不断变化的情况，因而价格必须不断调整以适
应这些情况。另一方面，价格如果不是被明确固定下来定死，而
是按照某一规则来确定（例如规定价格必须同成本有一定的比
例），那么，不同的出售人就会有不同的价格，而由于这个原因，
就会使市场无法发挥作用。另外还有一个更为重要的原因要考
虑，这就是价格如果不同于本来会在自由市场上形成的价格，供
求就不会相等，而物价管制如果要有效，就必须找到某种办法来
决定允许谁可以进行买卖。这样做法，必然要采取酌情量裁的办

---

① 关于执照问题，参见盖尔霍恩的《个人自由与政府限制》（W. Gellhorn, *Individual Freedom and Governmental Restrictions* [Baton Rouge, Louisian-a State University Press, 1956]），尤其是第 3 章。本章的最后定稿是在我看到这本书之前，要不然，我对这个问题的论述就不会这样轻轻地一带而过了。我相信，只有很少外国人，也大概只有不多的美国人了解这种做法近年来在美国发展到了什么程度——到了今天简直已经成为对美国今后经济发展的一个现实威胁的程度了。

法，必定包含着有特别针对性的决定，必然是根据极端专断的理由对不同的人厚此薄彼。经验已经充分证实，物价管制要能够有效，就只有采取数量上的管制，由当局来决定允许特定的个人或商号购买多少或是售出多少。而要实施所有各种定量管制，就必然要采取酌情量裁的办法，这种管制不是由规则来决定，而只能根据当局对各个特定目标的相对重要性之判断而决定。

因此，物价管制与数量管制之所以必须统统被排除出自由制度之外，并不是因为这些措施所干预的经济利益比其他经济利益更为重要，而是因为这类的统制是无法依照规则来实施的，它按其本性必然是酌情量裁而且专断的。将这样的权力交给当局，实际上不啻于给它权力可以任意专断地决定要生产什么，由谁来生产，和为谁生产。

5. 因此，严格地说，一切对物价与数量的管制之所以同自由制度不能相容，原因有两个：一个是因为所有这些统制都必然是任意专断的，另一个是因为既要实行统制而又让市场充分运行是办不到的。只要调整机制本身保持着运行，一个自由制度就能够对自己加以调整，以适应几乎任何现实情况和任何总的禁令或规定。主要价格的变化会引起必要的调整。这就是说，要让市场正常地运行，市场运行所依据的法律规则是一般性的规则这一点还是不够的，这些规则的内容，还必须能让市场极其良好运行。赞成一个自由制度的理由并不是任何制度，只要使强制受到一般规则的限制，就一定会令人满意地运行，而是说，在这个制度下，这些规则可以采取让这制度能运作的形式。如果要能对市场上各种各样的活动加以有效的调整，那就必须满足某些起码的要求；正如我们前面已经看到的这些要求当中，比较重要的，是防止暴力与欺诈，保护财产及契约的履行，以及承认一切个人生产任何数量的产品及以自己选择的任何价格出售其产品的平等权利。即使这些基本条件都得到了满足，这个制度的效率高低，仍

然要取决于规则的具体内容。但是，如果连这些基本条件都得不
到满足，那么，本来由个人受价格变动的指引而作出决断去争取
的目标，就要由政府通过直接命令去实现。

　　法律秩序的性质同市场制度的运行之间的关系如何，这个问
题并未得到充分的研究，这方面已进行过的工作，大部分是由一
些对竞争秩序持批评态度的人，[①] 而不是由支持竞争秩序的人做
的。支持竞争秩序的人通常只满足于将我们前面刚刚提及的那些
使市场能运作的起码条件述说一下。但是，笼统述说一下这些条
件，引出的问题，却几乎同提供的答案一样多。市场运作得好不
好，取决于特定的规则的性质如何。即使决定了要依靠自愿的契
约来作为将个人与个人之间的关系组织起来的主要工具，这仍然
不能决定契约法的内容应当是怎么样的；即使是承认了私有财产
权，这仍然不能决定这个权利的内容到底应该是怎么样，才能让
市场机制尽可能有效而又有利地运作。虽然私有财产原则在动产
方面引起的问题比较少，但是在土地产权方面引起了极端困难的
问题。对一块土地加以使用，往往对邻近的土地产生影响，这就
使得不宜给予土地所有主以无限制的权力去随心所欲地使用或滥
用他的财产。

　　不过，尽管经济学家们总的来说对这些问题的解决贡献甚
少，使人遗憾，但是，这种情况也是事出有因的。有关社会秩序
的性质的笼统的推论，所能产生出的结果，也只能是一些有关法

<hr/>

① 特别请参见康芒斯的《资本主义的法律基础》（J. R. Commons, *The Legal
Foundations of Capitalism* [New York, 1924]）；汉密尔顿著《统治之权和
宪法的当时与今日》（W. H. Hamilton, *The Power To Govern*: *The Consti-
tution-Then and Now* [New York, 1937]）；以及克拉克著《对工商业的社
会统制》（J. M. Clark, Social, *Control of Business* [Chicago, 1926]）；关
于这一学派，又见哈里斯著《经济学及社会改革》（A. L. Harris, *Economics
and Social Reform* [New York, 1958]）。

律秩序应遵循哪些原则的一般性陈述。具体运用这些一般性原则，在很大程度上应该通过实践经验和渐进的演化。它要求对具体个案予以考虑，而这与其说是经济学家的本分，不如说是律师的本分。无论如何，很可能正是由于逐步修改我们的法律制度使之更能导致竞争的顺利进行这一任务是如此缓慢的一个过程，所以这个任务，对于那些为自己的创造性想象力寻求出路并且急于为未来发展绘制出蓝图来的人们，就没有多大吸引力了。

　　6. 还有一点是我们应当进一步仔细一些加以考虑的。从赫伯特·斯宾塞时代以来，[①] 以"契约自由"为主题来对我们的问题的许多方面加以讨论，已成了风气。有一段时期以来，这个观点在美国司法界中曾起过重要作用。[②] 在一定意义上，契约自由是个人自由的一个重要部分，但这个用语也会引起种种误解。首先，问题不在于允许个人订立什么样的契约，而是国家会强制执行什么样的契约。没有哪一个现代国家曾经试图强制执行所有的契约，而且这样做也是不可取的。为了犯罪的或不道德的目的而订立的契约、赌博契约、限制营业的契约，将一个人永远拘束于职业上的契约，甚至某些个人的成绩而订的契约，都是国家所不强制执行的。

　　契约自由，同一切领域的自由一样，它的真正含义是：某一特定行为之是否可以被允许，只取决于一般性规则，而不取决于当局对此的具体认可。它意味着，一个契约之是否有效，是否可以被强制执行，必须只取决于其他一切法律权利所依据的那些一

---

① 特别参见斯宾塞的《公平》（*Justice*），这是其《伦理学原理》（Herbert Spencer, *Principles of Ethics* [London，1891]）一书的第 4 部分；又参见格林的"自由主义立法与契约自由"（T. H. Green，"Liberal Legislation and Freedom of Contracts"，*Works*，Vol. III [London，1880]）。

② 参见庞德的"契约自由"（Roscoe Pound，"Liberty of Contract"，*Yale Law Journal*，Vol. XVIII [1908—1909]）。

般性的、平等的、已知的规则，而不取决于政府机构对其特定内容是否予以批准。这并不排除法律有可能仅仅承认那些符合某些一般性条件的契约，也不排除国家可能制订一些对契约加以解释的规则，来对已经明文商定的条件加以补充。一些得到承认的标准契约格式，只要没有相反的条文，就视为协议的一部分，这些格式的存在，往往大为促进私人之间的交易。

一个困难得多的问题是，对于由契约产生但又可能同双方当事人意愿相反的义务，例如与过失无关的工业事故责任，法律是否应予以规定。但是，这或许也仍主要是一个权宜的问题，而不是一个原则的问题。契约的可强制执行性，是法律向我们提供的一件工具，订立一个契约时会引起什么后果，则是由法律来决定的。只要这些后果可以根据一般性规则被预言，而且个人又在自由地使用已有的各种类型的契约来达到自己的目的，那么，法治的各个根本条件就具备了。

7. 因此，同自由制度可以相容或至少在原则上可以相容的政府行为，其幅度和种类都是够大够多的。放任主义或是不干涉主义的旧公式，并不能向我们提供一个可靠的标准，来区分在自由制度下什么可以接受和什么不可以接受的。就在那个使自由社会能最有效地运作的持久性的法律架构的限度之内，进行实验和改进是大有余地的。我们也许在任何阶段都无法肯定我们已经找到了能使市场经济尽可能有益地运作的最妥善的安排与体制。的确，在一个自由制度的必要条件都已完备之后，所有在制度方面的改进都必将是缓慢和渐进的。但是这样一个制度所造成的财富与技术知识的不断增长，将会不断地使人们找到让政府可以向自己的公民提供各种服务并在可行的幅度之内创造这些可能性的新方法。

那么，为什么有人如此执着地施加压力，要将那些为了保护个人自由而建立的对政府的限制都取消呢？而且，既然在法治范

围之内也大有进行改进的余地，那么，为什么那些改革派们这样
不断地拼命要削弱和损害法治呢？答案就是：在最近几十年间，
冒出了一些新的政策目标，这些目标是不可能在法治范围之内达
到的。如果除非是执行一般性的规则政府就不能使用强制手段，
那就没有权力去实现一些必需采取同明文赋予给它的手段不同的
另一些手段方可实现的目的，尤其是无法去决定特定人的物质地
位或是强制实行分配的公平或"社会的"公平。为了达到这些目
的，政府（因为"计划"这个词是含混不清的）本来应采取一种
用法文 dirigisme（指令主义）这个词最能恰当表明其含义的政
策，也就是一种决定应该使用什么特定的手段来达到特定的目标
的政策。

但是，这恰恰是一个受到法治所约束的政府所做不到的。如
果政府要决定特定的人应该被置于什么地位，那么，它也就必须
能够决定个人努力的方向。如果政府对不同的人采取平等的对
待，结果将是不平等的，如果政府允许人们去随自己的意愿使用
自己掌握的能力与手段，后果对于各个个人而言就是不可预料
的，这其中的理由，我们在这里已经不必再复述了。因此，法治
对政府施加的限制，也就排除了一切为了保证个人将按照他人的
品行观而不是按照他的服务对他人产生的价值获得报酬而必须采
取的措施——或者说（其实是一回事），法治施加的限制防止政
府去追求那种同交换的公平相对立的分配的公平。分配的公平要
求由一个中央权威来配置一切资源；它要求，人们要干什么，为
什么目的服务都要听命于人。凡是以分配的公平为目标的地方，
有关应该让各个不同的个人干什么的决断，不可能来自一般性的
规则，而只能由实行计划的权力机构按照自己特定的目的与信息
来作出。正如我们前面已经看到的，当不同的人们应该得到什么
是由集体的意见来决定时，同一个权力机构也必然决定这些人该
干些什么。

一方面是自由的理想，另一方面又是要对收入的分配加以"矫正"使之更为"公平"的愿望，二者之间的冲突，通常并未被人清楚地认识。但是，那些追求分配的公平的人们，在实践上会发现自己每走一步都受到法治的阻拦。其目标的性质决定了，他们必然会偏爱厚此薄彼与酌情量裁的做法。然而，由于他们通常并不认识到他们的目的同法治在原则上是互不相容的，于是他们开始着手在一个个具体事例中围困或漠视一个他们本来往往会在总体上希望保存下来的原则。但是他们努力的最终结果，必然不会是对现存秩序的修正，而是对现存秩序的彻底废弃，代之以一个完全不同的制度，即指令经济。

这样一个由中央计划的制度，要说它会比以自由市场为基础的制度更为有效，这当然是不符合事实的，然而，有一点却是符合事实的，那就是惟有一个由中央指导的制度才可能试图去保证各种各样的人的所得是根据道德上的理由被认为是他们应得的。在由法治确定的界限内，要使市场运行得更加有效更加顺利，是大有可为的；但是，在这样的范围内，人们现在心目中的分配的公平是永远无法实行的。对于因追求分配的公平而在当代政策的某些最重要的领域中出现的问题，我们将必须加以考察。但是，在这样做之前，我们必须观察一下那些在近两三代人期间不遗余力地破坏法治的声誉并且通过诋毁这一理想而使得对于专断政府卷土重来的抵抗力受到严重削弱的思想运动。

第十六章　法律的衰落

> 绝对权力可以依靠起源于民众的假说而像立宪自由一
> 样合理合法，这一教条开始……使苍天笼罩在黑暗之中。*
>
> ——阿克顿爵士

1. 在以前的讨论中，我们对德国的事态发展给予的关注比平时要多。其部分原因是，在这个国家，法治理论（如果不包括实践的话）的发展走在了最前面。还有一部分原因是，有必要了解从那里开始的、与法治理论的发展背道而驰的反动情形。情况确实如此，许许多多社会主义学说、破坏法治根基的法律理论均发源于德国，并从那里传播到世界其他地方。

在德国，自由主义获胜和转向社会主义或某种福利国家之间的时间间隔比其他地方要短。保障法治的制度的建设几乎还没有完毕，公众的见解便发生了变化，阻碍了这些制度去服务于其被创立出来以实现之目的。政治环境与纯思想方面的发展相结合，加速了一种事态的发展，而在其他国家，这种发展进程比较缓慢。德国最终实现统一不是逐渐演变的结果，而是通过政治家的

---

* 本章开头的引文取自阿克顿爵士的《自由的历史》（John E. E. Dalberg-Acton, *The History of Freedom and Other Essays*，ed. J. N. Figgis and. R. V. Laurence，[London，1907]）第 78 页。本章标题取自里佩尔的《法律的衰落》（G. Ripert, *Le Déclin du droit* [Paris，1949]）。

手腕。这一事实强化了这样一种信念，即人类有意的设计会按照预先构想的模式来改造社会。这种状况所激发的社会野心和政治野心，受到当时德国流行的哲学倾向的有力支持。

自法国大革命以来，不断有人提出政府不仅应当实行"形式上的正义"，而且应当实行"实质性的正义"（即"分配的正义"或"社会性的正义"）。19 世纪即将结束之时，这些思想已经对法律学说产生了深刻影响。因此，到了 1890 年，一位主要的社会主义法律理论家得以提出发表此后日益占据支配地位的学说。他说："由于以完全平等的态度对待所有公民，不论其个人品质和经济状况如何，并且允许他们之间展开无限制的竞争，所以商品生产无限制地增长；但是贫穷的弱者只能得到产品的一小部分。因此，新的经济和社会立法试图保护弱者以对抗强者，保障他们适当地享受生活中的美好的东西。这是因为今天人们已经懂得，同等地对待事实上的不平等是莫大的不公正（！）"① 另外，

① 见门格尔的《民法和无财产阶级》（A. Menger, *Das bürgerliche Recht Und die besitzlosen Volksklassen* [1896] [3d ed.; Tübingen, 1904]）第 31 页。在后来出版的著作《新政治学》（*Neue Staatslehre* [Jena, 1902]）里，作者详尽阐述了这个概念的影响。大约在同一时候，德国的大刑法学家李斯特（F. Von Liszt）已能评论道（参见其《刑法论文集》 [*Strafrechtciche Aufsätze*; Leipzig, 1897]，第 2 章第 60 页）："正在成长中的社会主义一代人，比他们的先辈更加强调共同的利益，他们所听到的是，'自由'一词曾获得过的、远古的声响。"另外，里奇在《自然权力》（D. G. Ritchie, *Natural Rights* [1894] [3d ed.; London, 1916]）第 258 页生动地描述了相同思想渗入英国的情况："在最广泛的意义上讲，要求平等就意味着要求平等的机会——能力即意味着前途。这种机会平等的最终结果显然恰好将会是社会条件平等的反面，如果法律允许财产从父母转让给孩子，或者甚至允许私人积蓄财产的话。因而，正如经常有许多人指出的那样，1789 年原则——取消对自由竞争的法律限制——接近完全的胜利所带来的后果已加大了贫富之间的差距。政治权力方面的平等，连同社会条件的巨大不平等一起，已把'社会问题'显露出来了；这些社会问题不再和以前一样被隐藏在为争取法律面前的平等和政治权力方面的平等权的斗争之中。"

有一个叫作阿那托理·弗朗西斯的，他对"同样的禁止穷人和富人在桥底下睡觉，在大街上乞讨和扒窃面包的法律的高贵的平等性"① 予以嘲笑。这个有名的说法被那些动机良好却欠思量的人们重复过无数次，他们没有懂得他们正在削弱所有公平正义的基础。

2. 这些政治观点取得优势地位，大大得力于各种不同的理论概念日益增长的影响。这些概念发轫于本世纪早期，虽然在一些方面严重冲突，但其共同的特点是它们都不喜欢用法律规则规定对权威加以限制，都希望给予政府的组织力量以更大权力，有意识地按照某种社会正义的理想去塑造社会关系。根据其重要性大小排列，具有这种倾向的四个主要运动是：法律实证主义、历史主义、"自由法"学派和"利益法学"学派。让我们首先简要地探讨一下最后三个，然后才转向第一个需要我们花费更多一些时间的第一个运动。

这个只是在后来才以"利益法学"而闻名的传统是社会学方法的一种，有点类似于现今美国的"法律现实主义"。至少在其较激进的形式中，它要求通过应用严格法律规则抛弃在解决争端时逐渐形成的那种逻辑构造，用对在具体案件中会处危险之中的特殊"利益"的直接的估价来取代这种逻辑结构。② 在某个方面，"自由法"学派是一个主要关涉刑法的类似的运动，它的目标是把法官尽可能地从僵硬的规则束缚之中解放出来，允许他主要地依据他的"正义感"来裁决个别案件。有人已经指出过后者

---

① 见弗朗西斯的《红百合花》(Anatole France, *Le Lys Vorge* [Paris, 1894]) 第 117 页。

② 这个传统可上溯到伊哈林的后期著作。近代以来的发展情况参见《利益法理学》，收入"20世纪法哲学丛书"第 2 卷 (*The Jurisprudence of Interests*, "Twentieth Century Legal philosophy Series", Vol. Ⅱ; [Cambridge: Harvard University Press, 1948]) 中的文章。

怎样特别地为专制国家的武断专权铺平道路。①

　　说起历史主义，有必要先给它下个精确的定义，以便使它和以前的其他大的历史学派（法理学领域和其他领域）明显区别开来。② 历史主义是宣称能够认识历史发展的必然规律，并能从这个角度认识到什么样的制度最适于现实情形的学派。这种观点导致极端的相对主义，它不认为我们是自己时代的产物和在很大程度上被继承下来的观点和观念所左右，而宣称我们可以超越那些界限，明确认识到我们现在的观点是怎样受制于情势，并能运用这个知识以最适于我们时代的方式去重建我们的制度。③ 这种观点很自然地会导致对所有不能得到合理解释和未精心设计去取得某种特殊目的的所有规则的摒弃。在这个方面，历史主义支持在我们现在看来是法律实证主义的主要论点。④

　　3. 有一个传统，虽然两千年以来它为我们主要讨论的问题提供了一个大的框架，但我们却未专门讨论过它。法律实证主义学说的发展是直接同这个传统背道而驰的。这就是自然法的概念；对一些人来说，它仍然为我们最重要的问题提供了答案。到现在为止，我们一直有意识地避免参照这个概念来讨论我们的问题；因为，以此标榜的许多学派实际上理论各不相同，并且如要

---

　　① 比如，见弗莱纳的《文章和讲演选集》（F. Fleiner, *Ausgewählte Schriften und Reden*［Zurich, 1941］）第 438 页："德国法学内部的某些流派（比如，所谓的自由法学派）为这种（向极权国家）的转变准备了条件，他们曾经认为，他们能通过培养对法律的忠诚，而为权利服务"。

　　② 有关这种历史主义的特点，参阅门格尔的《探索》和波普尔的《历史主义贫困论》。

　　③ 参阅拙著《科学的反革命》第 1 部分，第 7 章。

　　④ 关于历史主义和法律实证主义的关系，参阅黑勒的"当代政治学和法学理论问题评论"，载《公法档案》（H. Heller, "Bemerkangen zur staats-und rechtstheoretischen Problematik der Gegenaart", *Archiv für öffentliches Rechts*［1929］）第 16 卷，第 336 页。

把它们弄清楚，需要单独的一门著作。① 虽然如此，我们至少必须认识到自然法的这些不同学派有一点是共同的，这就是它们研究的问题相同。自然法的拥护者和法律实证主义者之间冲突的要点是：前者认识到问题的存在，后者根本否认它的存在，或者至少否定在法理学领域内它的位置。

所有自然法学派达成的共同认识，存在着不是由任何立法者精心制订的规则。它们同意所有实在法律的有效性来自一些规则，这些规则不是由人在这一意义上所制订的，但是能被"发现"，并且这些规则为实在法的正义性提供了判断的标准，为人们遵守它提供了依据。不管它们是从神启中寻求答案，还是从人类理性的内在力量中，或是从其自身并不是人类理性的一部分，但却构成了控制人类智慧运作的非理性因素的原则中寻求答案；也不管他们把自然法设想为稳定的和不可改变的，还是其内容不断变化的，他们都努力回答一个实证主义不承认的问题。对后者来说，就其定义而言，法律只是由人类意志的有意命令组成的。

因为这个原因，法律实证主义一开始就不赞同并且不使用那些超法律的原则，而这些原则却构成了这个概念的最初意义上的法治观念，或者法治国家的基础，因为它们隐含着对立法权限制。在上个世纪的下半叶，这种实证主义在任何国家也没像在德国那样，得到几乎没有争议的影响。因此正是在这里，法治的观

---

① 据我所知对不同的"自然法"传统最精练的概述是恩特维的《自然法》（A. P. d'Entrèves, *Natural Law* ["Hutchinson's University Library", London, 1916]）。在这里也可简要提一下，主要源于霍布斯和笛卡尔的现代法律实证主义，正是针对他们理性主义的社会解释，进化的、经验主义的，或者说"辉格"的理论才得以发展起来；另外，那种实证主义在今天取得主导地位，主要是由于黑格尔和马克思的影响。关于马克思的立场可参阅马克思的《黑格尔法哲学批判》导言中对于个人权利的讨论，收入马克思和恩格斯的《历史批判全集》（Karl Marx, Friedrich Engels, *Historische-Kritische Gesamtausgabe*, ed. D. Rjazanov [Berlin, 1929]）第 1 卷第 1 部分。

念首次被掏空了实在的内容。要求法律规则具有明确特征的法治国家（Rechtsstaat）的实质性概念，被仅要求一个国家的所有行动均由立法机构授权的纯形式概念所取代。简而言之，"法律"仅是得以声明某个权力机构所做的一切必须是合法的东西。这样，问题变成仅是合法性的问题了。① 到世纪之交时，一个说法被广泛接受，那就是真正法治国家的个人主义的理想已是过去之物，它"被国家和社会观念的创造性力量所战胜了"。② 或者，正如一个行政法方面的权威描述第一次世界大战爆发不久之前的形势一样："我们已经回到警察国家的原则［!］程度如此之深，以至于我们又承认了文化国家（Kulturstaat）的想法。惟一的不同是在方法上。在法律基础上，现代国家允许自己干任何事情，比警察国家还多得多。因而，在19世纪的过程中，'法治国家'这个术语被赋予某种新的意义。根据这一术语，我们把它理解为一个整体行动都建立在法律基础上，并以法律的方式行为的国家。关于国家的目的和对其权力的限制，法治国家这个术语在今天的意义对此未作任何交代。"③

　　然而，只是在第一次世界大战以后，这些学说才被赋予最有

---

① 参阅黑勒的《法治或专制》　（H. Heller，*Rechtsstaat oder Diktatur*［Tübingen，1930］）；哈洛韦尔的《作为意识形态的自由主义的衰落》（H. Hallowell，*The Decline of Liberalism as an Ideology*［Berkeley：University of California press，1943］）和《民主的道德基础》（*The Moral Foundations of Democracy*［Chicago：University of Chicago Dress，1954］）第4章，尤其是第73页。

② 见托玛的"法治国家观念和行政法学"，载于《公法年鉴》（R. Thoma，"Rechtsstaatsidee und Verwaltangsrechtswissenschatt"，*Jahrbuch Cles öffentliches Rechts*）第4卷［1910年］，第208页。

③ 见贝尔纳兹克的《法治国家和文化国家》（E. Bernatzik，*Rechtsstaat und kulturstaat*［Hannover. 1912］）第56页。参阅同一作者的"警察和文化照料"，载《系统的法律科学》（"Polizei und Kulturpflege"，in *Systematische Rechtswissenschaht*［Leipzig，1906］）。

效的形式，并且开始施加远超出德国范围的巨大影响。这个得名
"纯法律理论"的新表述最初由凯尔森①教授提出，它预示着所
有限制政府权力的传统必定会被放弃。他的学说被那些改革者热
切地采用；他们觉得，传统的限制对实现他们的理想是一个讨厌
的障碍，他们想要扫除对多数人权力的一切限制。凯尔森自己早
就观察到"基本上不可挽回的个人自由"怎样地"慢慢退回到背
景之中，社会集体的自由占据了前台"，②并且这种有关自由概
念的变化意味着"将民主主义从自由主义中解放出来"。③显然，
他欢迎这个变化。他的理论体系的基本概念是国家和法律秩序的
同一性，因而"法治国家"成为一个极其正式的概念，也是所有
国家④甚至专制国家⑤的一个特征。这里没有对立法者的权力进

---

①　法律实证主义的胜利更早的时候就得到保障，这主要得力于伯格博姆
　　（K. Bergbohm）的不懈努力，见其《法理学和法哲学》（*Zurispruclenz und
　　Rechtsphilosphie*，［Leipzig，1892］）。但是主要是由凯尔森所赋予它的形式
　　使它取得了公认和连贯的哲学基础。我们将在这主要引用凯尔森所著的《普
　　通政治学》（H. Kelsen，*Allgemeine Staatsiehre*［Berlin，1925］），但是读者
　　将会发现多数基本思想都在他的《法律和国家的基本理论》（*General Theo-
　　ry of Law and state*［Cambridge：Harvard University Press，1945］）中得
　　到过重新阐述，这本书另外也含有一篇重要演说——《自然法学说和法律实
　　证主义的哲学基础（1928）》的译文。

②　凯尔森的《民主的实质与价值》（H. Kelsen，*Vom Wesen und Wert der De-
　　mokvatie*［Tübingen，1920］）第 10 页。"根本上是无救的个人自由"这个
　　说法在 1929 年第 2 版中变成了"根本上是不可能的个人自由"。

③　同上书第 10 页："将民主主义同自由主义分离开"。

④　见凯尔森的《普通政治学》第 91 页。另外可参考他的《宪法的主要问题》
　　（*Hauptprobleme der Staatsrechtslehre*［Vienna，1923］）第 249 页。在这
　　里，他的方法引导他坚定地声称："一个国家的错误在任何情况下都必定在
　　语辞上是互相矛盾的。"

⑤　见凯尔森的《普通政治学》第 335 页。有关章节可以这么翻译："那种认为在
　　专制之下没有法律秩序，暴力统治者的专断意志行使着统治权的说法是毫无
　　意义的。专制统治的国家里同样可见出人类行为的某种秩序。这种秩序就是

行可能的限制,①没有"所谓的基本自由;"③ 任何对专制暴政否定其法律秩序性质的尝试代表的"只是自然学说的幼稚和傲慢"。③ 他竭尽全力,不仅是为了去混淆在抽象的、一般的规则这种实质意义上的真正法律与仅仅是形式上的法律(包括所有立法机构的条令)之间的差别,而且还是为了通过将任何权威的命令和法律都包括在"准则"这个模糊的术语④中而使它们不可区别,而不管这些命令是什么样的命令。甚至司法和行政条令之间的区别也在实际上被毁掉。简单地说,法治的传统观念每一个信条都被认为是形而上学的迷信。

法律实证主义这个在逻辑上很严谨的说法,生动地说明了在 20 世纪 20 年代以前统治着德国人的思想领域并且很快传遍世界的观念。在那个年代末,它们彻底征服了德国,以至于"被发现有罪于坚持自然法理论(便是)某种理性的耻辱"。⑤ 这种观点

法律秩序。否定它的法律秩序之名只是来自自然法思想的幼稚和傲慢……独断意志指的是专制统治者在法律上有可能自己做出每一个决定,能无条件地决定从属机构的行为并且随时一般性地或针对某个个案撤销或改变曾经公布过的准则。这种情形是一种有法律的情形,即使人们感到它是有害的。它也有它好的方面。现代法治国家中这种对专制的要求并不少见的事实,充分显示了这一点。"凯尔森在其《民主的基础》一文明确承认,上面这段话代表他的观点,此文载《伦理学》总第 64 期第 1 号第 2 部分(1955 年 10 月)。另外也可参阅作者对同一观点早期的说法,见其"民主和社会主义",载《法理学和政治学讨论》("Democracy and Socialism", *Conference on Jurisprudence and Politics* ["University of Chicago Law School Conference Series", NO. 15; Chicago, 1955])。

① 见凯尔森的《普通政治学》第 14 页。
② 同上书,第 154 页以下。这个提法是"所谓自由的权利"。
③ 同上书,第 335 页。
④ 同上书,第 231 页以下。参阅同一作者的《法律和国家的基本理论》第 38 页。
⑤ 见弗格林的"凯尔森的纯粹法学理论",载《政治学季刊》(E. Voegelin, "kelsen's Pure Theory of Law", *Political Science Quarterly*)第 42 期(1927 年),第 268 页。

所带来的无限独裁的可能性在希特勒正努力攫取权力之际已被人敏锐地看出来了。1930年，一位德国的法学者在对"为实现作为法治国家的对立面的社会主义国家的努力"① 之后果进行详尽研究时，就曾指出，这些"理论的发展已经扫清了所有能阻止法治国家消失的路障，为法西斯主义者的胜利打开了大门，布尔什维主义者将会统治这个国家"。② 这些发展最后由希特勒所完成，曾不止一人在德国宪法学者大会上发表过对它日益增加的忧虑，③ 但是已经为时太晚了。反自由的力量对实证主义者的国家不应受法律限制的学说了解得太多。在希特勒德国、法西斯意大利，另外还有俄国，人们相信，在法律统治下，国家是"不自由的"，④ 是

---

① 见达姆施泰特的《法治国家有效性的界限》（F. Darmstädter, *Die Grenzen der Wirksamkeit des Rechtsstaates* ［Heidelberg，1930］）和哈洛韦尔的《作为意识形态的自由主义的衰落》和《民主的道德基础》（*The Moral Foundations of Democracy*）。有关在纳粹统治下的进一步发展情况，见诺伊曼著的《比希莫特：民族社会主义的结构和行为》（F. Neumann, *Behemoth：The Structure and Practice of National Socialism* ［zd ed.；New York，1944］）和科奈的《反对西方的战争》（A. Kolnai, *The War against the West* ［New York，1938］）第299—310页。

② 见达姆施泰特的前引书，第96页。

③ 见《国家法教师协会出版物》（*Veröffentlichungen der Vereinigung deutscher Staatsrechtslehrer*）第7卷（柏林，1932），尤其是特里普尔（H. Triepel）和莱布赫兹（G. Leibholz）的文章。

④ 为马利茨基（A. L. Malitzki）在1929年的一本俄文出版物中所言：这里引自密尔金-格泽维施的《苏维埃国家法学理论基础》（B. Mirkin-Getzewitsch, *Die rechtstheoretischen Grunollagen des Sowietstaates* ［Leipzig and Vienna，1929］）第117页。但是，在伊哈林的《作为一种达到目的之手段的法律》（R. Von Ihering, *Law as a means to an end*, trans. I. Husik ［Boston，1913］）第315页中，作者进行了类似的讨论："法律的排它性统治近似于意味着社会放弃自由地使其双手。用这种被束缚的手，社会将听命于生硬的必要性，而对法津所没有明文规定或规定得不完全的生活情况和要求会束手无策。我们从这里得到这个格言，即国家不应用法律限制住自发性自我反应活动，除非绝对必要——在这方面，情愿做的太少，也不要太多。为了正义和政治自由的利益与安全，要求政府受到法

"法律的囚徒"；②为了能够"公正地"行动，它必须从抽象规则的桎梏③下得到解放。一个自由的国家应能够随心所欲地对待它的臣民。

4. 个人自由和法律统治的不可分离性最清楚地通过后者甚至在理论上遭到完全否定而在现代专制主义被发展到极端的国家里得到显示出来。在共产主义运动早期阶段的俄国，社会主义的理想被认真地看待，法律在这种体制里的作用问题被广泛地探讨，此时的法律理论的发展史是非常有教育意义的。根据他们武断的逻辑在讨论中提出的论点比通常总是努力取两个世界之长的西方社会主义者的立场更清楚地显示出问题的本质。

俄国的法理理论家有意识地沿着一个他们已经意识到在西欧早已确定的方向发展下去。正如他们中的一人所说的那样，法律概念自身正在全面消亡，并且"重心正越来越从颁布一般准则转向发布调节，辅助和协调管理行为的个别决定和指令"。④ 或者，正如同时有人所说的那样，"既然在法律和行政规章之间进行区分

律尽可能多的限制，这是一种错误的信念。这是基于一个令人感到奇怪的概念（！）即武力是邪恶的，必须最大限度地与之斗争。但是在现实中它是一个好的东西。尽管如此，正如每个好的事物一样，为了最大限度地利用它，有必要另外考虑到它被滥用的可能性。"

② 见培尔梯贡的"意大利公众权力危机的几个方面"，载《国际法学理论杂志》（G. Perticone, "Quelques aspects de la crise du droit publique en Italie", Re-uue internationale de la thèorie du droit, 1931—32）第 2 页。

③ 见施密特（C. Schmitt）的《关于法治国家的争论意味着什么》，载《政治经济学杂志》（Zeitschrift für die gesamte Staatswissenschoft）第 95 期（1935年），第 190 页。

④ 见阿尔奇波夫的《苏维埃国家的法律》（Archipov, Law in the Soviet State [Moscow, 1926]）（俄文版），转引自密尔金-格泽维施（B. Mirkin-Getze-witsch）的前引书，第 108 页。

是不可能的，这种对比就只是资产阶级理论和实践的一个虚构"。①
一位不是共产主义者的俄国学者对这些发展作了最好的描述，他
认为"把苏维埃制度同其他专制政府区别开来的是……它代表了
一种把政治国家建立在那些同法治原则相对立的原则之上的尝
试……（并且它）已经逐渐形成了一种使统治者免除任何义务和
约束的理论"。② 或者，正如一位共产主义的理论家所表述的：
"作为我们立法和私法的基本原则，而资产阶级理论家将永远不
会认识到的是：任何没有被明确允许的事情都是被禁止的。"③

　　最后，共产主义者的攻击对准法律概念本身。1927 年，苏维埃
最高法院院长在一本有关私法的官方手册中解释道："共产主义不是
意味着社会主义法律的胜利；而是社会主义对任何法律的胜利，因
为随着具有敌对利益的阶级的消灭，法律也将会一起消失。"④

　　法律理论家帕苏卡尼斯的著作曾在一段时间里吸引了俄国国
内外的许多人，但他后来蒙受羞辱，销声匿迹了。⑤ 帕苏卡尼斯

---

① 见斯图卡的《工农国家的理论和它的宪法》（P. J. Stuchka, *The Theory of the State of the Proletarians and Peasants and Its Constitution*〔5th ed.；Moscow, 1926〕）（俄文版），转引自密尔金-格泽维施的前引书，第 70 页以下。

② 见密尔金-格泽维施的前引书，第 107 页。

③ 见马里茨基（Malitzki）的前引书。但是必须承认，这个原则在亚里士多德的伦理学（Aristotle, *Ethics*, 1138a）中同样能找到："所有法律不许可的，都要禁止。"

④ 转引自哥索夫斯基的《苏维埃民法》（V. Gsovski, *Soviet Civil Law*〔Ann Arbor, Mich., 1948〕）第 1 章第 170 页，原见斯图卡的《国家和法律全书》（P. J. Stuchka, *Encyclopedia of State and Law*〔Moscow, 1925—27〕）（俄文版），第 1593 页。

⑤ 关于帕苏卡尼斯（Pashukanis）的命运，庞德在他的《行政法》（Roscoe Pound, *Administrative Law*〔Pittsburgh：University of Pittsburgh Press, 1942〕）第 127 页中这样写道："现在这位教授和我们不在一起了。因为俄国现政府确定了一个计划，要求理论发生变化，他没有充分改变自己的观点来适应新秩序理论的需要。如果那儿有法律而不是仅有行政命令，那么他失去的工作而不失去他的生命是有可能发生的。"

最清楚地解释过这个发展阶段的理由。他写道："在制定生产和
分配规划中采用直接的，由技术决定的指导方法是同通过服从一
个总体的经济计划而进行行政技术指导是一致的。这个趋势逐渐
取得胜利，意味着法律本身的逐渐消亡。"①　简单地说："在一个
社会主义的社会里，因为除了社会利益的必要调整外，没有自由
的私人法律关系存在的余地，所以所有的法律都被变成行政管
理，所有固定的规则都变成了自由处置权以及实用性的考虑。"②

　　5. 在英格兰，朝向偏离法律统治的发展早就开始了，但是
在很长时间里一直局限在实际应用部门，理论上少有人注意过。
虽然早在 1915 年以前，戴雪就看到了"在过去的 30 年里，对法
治的自古有之的尊重明显下降"，③ 但对法治原则的不断频繁的
侵犯却很少引起人们关注。甚至于在 1929 年时，一本名为《新
专制主义》④ 的书出版，休厄特勋爵在其中指出了实际情况的发
展和法治原则是多么不相符，它取得了令人惊骇的结果，但是却

　　① 见帕苏卡尼斯的《普通法学和马克思主义》(E. B. Paschukanis, *Allgemeine
　　　　Rechts lehre und Marxismus*, translated form the 2d Russian ed. [Moscow,
　　　　1927] [Berlin, 1929]) 第 117 页。这本书的英译本和帕苏卡尼斯后来的一
　　　　本著作也收入《苏维埃法哲学》(*Soviet Legal philosophy*, [Cambridge:
　　　　Harvard University Press, 1951]) 中出版, 此书由巴布 (H. W. Babb) 译,
　　　　哈扎德 (J. N. Hazard) 作导言。有关的讨论, 可参阅凯尔森的《共产主义
　　　　的法学理论》(H. Kelsen, *The Communist Theory of Law* [New York and
　　　　Laondon, 1955])、施莱辛格的《苏维埃法理论》(R. Schlesinger, *Soviet
　　　　Legal Theory* [2d ed.; London, 1951]) 和多布林 (S. Dobrin) 的"苏维
　　　　埃法理学和社会主义", 载《法评论季刊》(S. Dobrin, "Soviet Jurisprudence
　　　　and Socialism", *Law Quarterly Review*), 第 52 期 (1936 年)
　　② 对帕苏卡尼斯观点的这种总结取自弗里德曼的《当代不列颠法律和社会变
　　　　化》(W. Friedmann, *Law and Social Change in Contemporary Britain*
　　　　[London, 1951]) 第 154 页。
　　③ 见戴雪《宪法》第 38 页。
　　④ 见休厄特的《新专制主义》(Lord Hewart, *The New Despotism* [London,
　　　　1929])。

不能改变英国人的那种认为自由很安全地受到那个传统保护的愚
妄的信念。这本书被当作只不过是一本反动的小册子，它所遭受
到的恶毒攻击①在二三十年后仍然令人难以理解。二三十年后的
今天，不仅自由报刊像"经济学家"②，而且社会主义者的作者③
也以同样的术语来谈论这个危险。毫不夸张地说，这本书导致了
一个官方的"部长权力委员会"的成立。这个委员会的报告④虽
然温和地重申狄赛的学说，但在整体上却企图低估这种危险。它
的主要后果是明确地说出了对于法治的反抗，并造成了描绘出反
法治学说基本轮廓的大量文献的出现。这些反法治学说从那以后
就被社会主义者以外的一些人所接受。

　　这个运动由一群社会主义法学家和政治学家所领导，⑤ 他们

---

①　那个很合理的警告即使在美国也受到攻击。法兰克福特（Felix Frankfurter）
　　教授（他现在是大法官）的下列发表于 1938 年的评论很能说明这种遭遇的
　　特点："近在 1929 年之时，休厄特就曾试图对戴雪垂死的空想装上警报器，
　　使其有点生气。不幸的是，这本夸夸其谈的通俗作品竟得到了首席大法官的
　　认可。他放肆地叫骂要求有权威的支持，并且也得到了。"（一个有关"行政
　　法的当代发展"的前言，载于《耶鲁法律杂志》["Current Developments in
　　Administrative Law", *Yale Law Journal*] 第 47 期，第 517 页）。
②　见《经济学家》（*Economist*）1954 年 6 月 19 日，第 952 页："总之，这种
　　'新专制主义'不是夸大其辞，而是事实，它是人们曾见到的最有良心、最
　　廉正、最兢兢业业的暴君行使的一种专制主义。"
③　见克罗斯曼的《社会主义和新专制主义》（R. H. S. Crossman, *Socialism
　　and New Despotism*，["Fabian Tracts", No. 298；London，1956]）。
④　见部长权力委员会的《报告》（Committee on Ministers' powers, *Report*
　　[London：H. M. Stationery office，1932；Cmd. 4060]）（一般称作"多那摩
　　尔报告" [Donoughmore Report]）。另外也可参见《政府部门备忘录》
　　（*Memoranda Submitted by Government Departments in Reply to Questionaire
　　of November* 1929 *and Minutes of Evidence Taken before the committee，on
　　Ministers' Powers* [London：H. M. Stationery office，1932]）。
⑤　拉斯基、詹宁斯（W. I. Jennings）、罗布森（W. A. Robson）和芬纳都是同
　　一团体的成员。有关描述见詹宁斯的"行政法和行政司法"，载《比较立法
　　和国际法杂志》（ "Administrative Law and Administrative Jurisdiction"，
　　Journal of Comparative Legislation and International Law）第 3 系列第 20
　　期（1938 年），第 103 页。

聚集在已故教授拉斯基周围。詹宁斯博士（即现在的埃弗尔勋爵[Sir Ivor]）对后者的理论建立于其上的"报告"和"文件"评论了一番，从此揭开了攻击的序幕。[①] 他完全接受正风行一时的实证主义学说，认为"如果法治的概念是在报告中所使用的那个意义上讲的，也就是说，指法律面前即这个国家的、由普通的法院来执行的普通法律面前人人平等……"那么，它"严格地讲……只是一派胡言"。[②] 他说，这种法治"要么适用于所有的国家，要么不存在"。[③] 虽然他不得不承认，"法律的稳定性和确定性……几个世纪以来一直是英国传统的一部分"，但是他对以下事实显然很恼火，即这个传统"只是不情愿地正在崩溃"。[④] 对"大多数委员和证人"都相信的"法官的作用明显区别于行政人员"[⑤] 的想法，他所怀有的只是嘲笑。

后来，他在一本流传很广的书中详细说明了这些看法，对"法律统治和自由处置权互相矛盾"[⑥] 或"普通法和行政权力之间有冲突"[⑦] 的说法明确表示否定。戴雪意义上的原则，即公共权威不应拥有广泛自由处置权的原则，是"辉格党人的行为规则，可能会被其他人所忽略"。[⑧] 虽然詹宁斯博士认识到"对于一个1870年甚或1880年的宪法学者来说，情况似乎是英国宪法

---

① 见詹宁斯的"关于部长权力的报告"，载《公务管理》（W. I. Jennings, "The Report on Ministers' Powers", *Public Administration*）第10卷（1932年）和第11卷（1933年）。
② 同上书，第10卷，第342页。
③ 同上书，第343页。
④ 同上书，第345页。
⑤ 同上。
⑥ 见詹宁斯的《法律和宪法》（W. Ivor Jennings, *The Law and the Constitution* [1933] 4th ed.；[London, 1952]）第54页。
⑦ 同上书，第291页。
⑧ 同上书，第292页。

基本建立于符合个人主义观点的法律统治之下，并且英国是符合个人主义者的政治和法律理论的法治国家"，[①] "但这对他来说只是意味着，宪法不赞成'自由处置权'，除非它由法官执行。当狄赛说英国人'由法律统治，且只由法律统治'时，他的意思是'英国人由法官统治，且只由法官统治'。这种说法是有一些夸张，但它是极好的个人主义。"[②] 只有法律方面的专家而非其他专家有权实施强制行为，尤其是不让关心特殊目的的行政人员有这种权力，这是法律之下的自由之理想的必然后果，但这位作者却似乎没有意识到这一点。

需要补充的是，以后的经验似乎使艾弗尔勋爵（*Sir Ivor*）大量修改他的观点。在新近畅销的一本书[③]的开头和结尾，他都用篇幅赞扬法治观念，甚至对英国目前的法治情况进行了一番理想化的描绘。但是这种新变化发生在他的攻击已经取得广泛影响之后。比如，一本很受人欢迎的和刚才提到的那本同属一套丛书但先一年出版的《政治学词汇》[④]里，我们发现作者指出："因此令人惊奇的是某种流行的观点认为法治正如摩托车和电话一样是一种一些人拥有，而另外一些人却并不拥有的东西。进一步说，没有这种法治意味着什么呢？是说根本就没有法律吗？"我担心，这个问题完全代表了大多数在实证主义学说的排它性影响中成长起来的年轻一代的立场。

同一群人中的另外一位，即罗布森教授在一篇关于行政法的

---

① 见詹宁斯的《法律和宪法》（W. Ivor Jennings, *The Law and the Constitution* ［1933］4th ed.；［London，1952］）第 294 页。

② 同上。

③ 见詹宁斯的《女王的政府》（*The Queen's Government* ［ "Pelican Books"；London，1954］）。

④ 见韦尔登的《政治学词汇》（T. D. Weldon, *The Vocabulary of Politics* ［ "Pelican Books"；London，1953］）。

广为人知的论文里对法治的看法同样重要和影响深远。他的讨论将要调整行政行为控制方面的混乱状况的良好热情同解释行政法庭的任务结合起来。如果这种行政法庭得以施行,将使他们在保护个人自由的方面无能为力。他目标明确,旨在加速"从已故狄赛教授认为是英国宪法制度基本特征的法治中脱离开来。"① 这个论点以对"那辆古老、破旧的马车","虚构的权力分离"② 的攻击开始。法律和政策之间的区别对他来说整个的是"完全错误的"。③ 法官不关心政府目标而只是维持公正,这个概念对他来说只是一个讽刺。他甚至把这看作是行政法庭的主要优势之一,即它"能不受法律规则和司法先例阻碍地推行政策……只要是正确地为了公众利益,法院有权按照在某些领域推进社会进步的政策的这个公开承认的目标,对面前的案例予以裁决;有权为了适应政策需要改变他们对待争端的看法,这是在所有行政法的特征中最有利的。"④

　　关于这些问题,很少有其他观点如此清楚地显示出我们时代许多"进步的"想法实际上是多么反动! 保守主义者很快就发现,像罗伯逊教授的这种观点很合口味。最近有一个保守党关于法治的小册子响应他,因下面的事实而称赞行政法庭,即"因为有弹性,未受到法律统治和先例的束缚,它们能够在官员们执行政策时真正起到帮助的作用"。⑤ 这是不足为怪的。也许,保守主义者接受社会主义者的学说是这种发展的最令人警觉的特征。事情发

---

① 见罗布森的《司法和行政法》(W. A. Robson, *Justice and Administrative Law* [3d ed.; London, 1951] 第 9 页。

② 同上书,第 16 页。

③ 同上书,第 433 页。

④ 同上书,第 572—573 页。

⑤ 见《法治》(*Rule of Law*: A Study by the Inns of Courts Conservative and Unionist Society [London: Conservative Political Centre, 1995]) 第 30 页。

展到这种地步，一本保守主义者关于《近代国家中的自由》的论文集①可以这么写道："我们根本不相信受其法院保护不受政府和官员压迫的英国人的观念，没有一个作者认为回到 19 世纪的理想是可能的。"②

这些观点将导向哪儿呢？这从那群社会主义的法学家中有些名声稍小的成员的不太谨慎的言辞中能看出来。有人写了一篇《论计划国家和法治》的短文，开头就对法治予以"重新定义"，③ 法治在被歪曲之后最终是作为"最高立法者议会所制定的一切"④ 而重新出现的。这使作者能够"满怀信心地宣称，（最早由社会主义者提出的）计划和法治的不相容性是只由偏见和无知所支持的神话"。⑤ 同一群人中的另一位甚至认为关于以下

---

① 见《近代国家的自由》(*Liberty in the Modern State* [London：Conservative Political Centre，1957])。

② 见《时代文学副刊》(*Times Literary Supplement*) 1951 年 3 月 1 日。在这个方面一些社会主义者比在官方保守主义立场中所能见到的表现出更多的关切。克罗斯曼 (R. H. S. Crossman) 先生在上面所引的小册子（注解 40 第 12 页）上希望进一步"改革司法，以使它能重新取得保护个人权利不受侵犯的作用。"

③ 见弗里德曼的《计划国家和法治》(W. Friedmann，*The Planned State and the Rule of Law* [Melbourne，Australia，1948])；在他的《当代不列颠的法律和社会变革》(*Law and Social Change in Contemporary Britain* [London，1951]) 中重印。

④ 同上书，重印本第 284 页。

⑤ 见弗里德曼《计划国家和法治》，第 310 页。奇怪的是，当社会主义作家历来所坚持的法治和社会主义不相容的观点指向社会主义的时候，它本应该在他们之间引起如此多的义愤。在我于《通往奴役之路》中对这一点予以总结之前，曼海姆在《重建时代的人和社会》(K. Mannheim，*Man and Society in an Age of Reconstruction* [London，1940]) 第 180 页中对一场历时长久的讨论的结果进行了总结："近来在法律社会学方面的研究再一次证实了如下事实：形式法律的基本原则，即要求每一个案件都必须根据普遍的理性规则来判决，这些规则尽可能地少有例外，并且其自身是建立在逻辑的前提假设之上的规则，这个基本原则仅在资本主义的自由竞争阶段通行。"另外可

的问题都可作出回答，即如果希特勒以合乎宪法的形式取得权力，法治是否已在纳粹德国获胜："答案是肯定的，大多数人将会作出正确的决定：如果大多数人投票支持他掌握权力，法治将会运行。这个大多数可能会不明智，可能会不道德，但是法治将会获胜。因为在民主的体制中，正确就是大多数所使然的。"① 这里我们看到了我们时代里以最不宽容的言辞所表述的最危险的混乱。

这么说来，在这些概念的影响下，没有得到很好监督的、行政机构管理私人生活和公民财产的权力机构在英国过去的二三十年时间里得以很快成长是不足以使人感到惊奇的。② 新的社会和经济立法已赋予这些机构不断增加的自由处置权，仅以法院和上诉委员会的混合形式进行一些偶尔的和漏洞百出的修正。更为极端的是，法律甚至赋予行政机构决定某种"一般原则"的权力，依据它可以去剥夺公民私产；③ 这样，行政机构

参阅诺曼的《民主国家和独裁主义国家》（F. L. Neumann, *The Democratic and the Authoritarian State*［Glencoe, Ill. , 1957］）第 50 页和霍克海默的"哲学人类学评论"，载《社会学研究杂志》（M. Horkheimer, "Bemerkungen zur philosophischen Anthropologie", ［*eitschrift für Sozialforschung*］）第 4 期［1935 年］，尤其是第 14 页："凭承诺就发生影响的经济基础一天比一天变得更不重要了。因为在越来越大的程度上，经济生活不是以合同而是以命令或服从为特征的。"

① 见芬纳的《通向反动之路》第 60 页。
② 参阅丘吉尔的"保守派主张一个新议会的陈述"，载《听众》（W. S. Churchill, "The Conservative Case for a New Parliament", *Listener*）1948 年 2 月 19 日，第 302 页："我被告知，除了议会之外，还有 300 名官员有权力制订条例，凭此他们可以对法律无明文规定的犯罪行监禁之刑。"
③ "城市与乡村规划法案"（1947 年）规定，根据这次法案并在财政部的同意下制定的规章可以决定中央土地委员会在决定是否支付以及支付什么样的发展费用时必须遵循的一般原则。正是根据这项规定，没想到城乡规划部长竟能规定发展费用一般"不应少于"一块由于某种特定发展而需经核准的土地的全部附加价值。

就拒绝使自己受制于任何固定的规则。[①]　只是近来，尤其是一些
说明专横的官僚行为的公然事例被一个生活优裕，而且热心于共
众利益的人通过不懈的努力公诸于众以来，[②]　这种早就被一些有
识之士感觉到的有关这些发展的不安情绪流传到更广大的人群
中，并且首次产生了反抗的信号。这些我们在以后的篇幅中将进
行讨论。

6. 有点奇怪的是，在许多方面，这种发展在美国也几乎到
了同样的程度。事实上，法律理论的现代趋势和不经法律训练的
"专家管理者"概念在这里比在英国有更大的影响。甚至可以认
为，我们刚才所谈的英国社会主义法学家在美国法哲学家处比在
英国法哲学家处更能得到鼓舞。甚至在美国造成这种状况的条件
都很少被人理解，值得去更好地加以认识。

在美国，早先来自欧洲改革运动的刺激形成为后来被很有意
义地称为"公共行政运动"。事实上，这是美国的独特之处。它

---

①　见中央土地委员会的《操作说明》（Central land Board，*Practice Notes*
　　[First Series]：Being Notes on Development Changes under the Town and
　　Country Planning Act，1947 [London：H. M. Stationery Office，1949]）前
　　言。这里解释说，《操作说明》是用来规定任何应用者都能充满信心地假定
　　他将得以处理他的案件的一些原则和操作规则，除非他能说明不同处理的特
　　别理由或委员会通知他由于特殊原因一般规则不再适用。"它进一步解释说，
　　"如果一个特别规则不适合于一个特定案例，那么它必定总是可以改变的"；
　　并且委员会"毫不怀疑我们有时会改变我们的政策"。关于对这一措施的进
　　一步讨论，见下面第 22 章第 6 节。
②　见官方报告：《农业部长安排的对处理土地问题的公开调查》（*Public In-*
　　quiry Ordered by the Minister of Agriculture into the Disposal of Land at
　　Crichel Down [London：H. M. Stationery Office，1954] [Cmd. 9176]）；还
　　见不太出名的、但却几乎是启发性的案例——阿特金森大法官在英国高等法
　　院处理的奥德伦诉斯特拉顿案，这是一个对诉讼过程逐字逐句的报告，由盖
　　泽特（Wiltshire Gazette）出版。

扮演了某种类似于英国的费边运动①或德国的"讲坛社会主义
者"运动的角色。以效率政府为口号，它很有策略地试图取得商
界的支持，去争取本质为社会主义的目的。这个运动的成员一般
都得到"进步主义者"的同情和支持，他们猛烈攻击传统中对个
人自由的种种保障，比如法治、宪法约束、司法审核和"基本
法"的概念。这些"专家管理者"的特征是他们对法学和经济学
都同样充满敌意（并且一般都很无知）。② 他们开创一个管理
"科学"的努力是由非常幼稚的"科学"程序观念所引导的，他
们对传统和原则表现出彻底的蔑视，并常有极端理性主义者的特
征。是他们最卖力地宣扬了以下观念："为自由而自由很明显是
一个无意义的概念：自由，是做某事和享有某物的自由。如果有
更多的人在买汽车和度假，这儿就有更多的自由。"③

　　主要由于他们的努力，欧洲大陆的行政权力概念引入美国比
英国更早些。因而，早在 1921 年的时候，美国一位最著名的法
理学家能够谈到"以复兴行政权力，甚至立法司法权和依靠专断
政府权力的形式出现的，脱离法庭和法律的趋势和对没有法律的
正义的复归"。④ 几年以后，一部标准行政法著作已能把这看作

---

①　见沃尔多的《行政国家：对美国公共行政的政治理论研究》(Dwight Waldo,
　　The Administrative State：*A Study of the Political Theory of American
　　Public Administratien* [New York, 1948]) 第 70 页，注 13；还参见同一著
　　作的第 5 页和第 40 页。

②　同上书，第 79 页："如果说有什么人比这种新秩序中的一个人更无足轻重的
　　话，那么，这就是法学家！"

③　同上书，第 73 页。

④　庞德的《普通法的精神》(Roscoe Pound, *The Spirit of the Common Law*
　　[Boston, 1921]) 第 72 页；参见麦基尔维恩的《宪政主义和变动中的世界》
　　(C. H. McIlwain, *Constitutionalism and the Changing World* [Cambridge：
　　Cambridgo University Press, 1939]) 第 261 页："我们在缓慢但却无疑地趋
　　向于极权国家，奇怪的是许多（如果不是大多数）理想主义者或者热心于
　　它，或者对它漠不关心。"

是已公认的学说："法律明确规定，每位官员都有一个'司法'的特定领域。在这个领域内，他可以根据自己的处置权去自由行动，法庭尊重其最终决定权，而不进一步调查它的正确性。但是如果它跨出了那些界限，那么法庭将会干预。在这种形式中，法庭审核官员的法律变得只是越权的法律的一个分支。法庭所面对的惟一问题是司法问题；并且，法庭对官员在那个司法权领域的自由处置行为没有控制。"①

这种对法庭严格控制行政和立法行为的传统的反动事实上早在第一次世界大战以前的一段时间就已开始了。作为一个实际的政治问题，它在 1924 年议员拉·福莱特竞选总统时首次显示其重要性。当时，这位议员把限制法庭权力作为他施政纲领的一个重要部分。② 主要是因为这位议员创立的这个传统，进步主义者成为扩大行政机构自由处置权的主要拥护人。这在美国比其他任何地方表现得更明显。到了 20 世纪 30 年代末，美国进步主义者的这个特点变得如此显著，以至于甚至欧洲的社会主义者，"当首次遇到美国自由主义者和保守主义者之间关于行政法律和行政自由处置权问题的争论时"，都倾向于"警告他们要防止行政自由处置权的发展所存在的内在危险，告诉他们我们（即欧洲社会主义者）可以保证美国保守主义者立场的真理性"。③ 但是当他们发现进步主义者的这个观点在促进美国制度逐渐地、不引人注

---

① 迪金森的《美国的行政司法与法律至上》（J. Dickinson, *Administrative Justice and the Supremacy of Law in the United States* [Cambridge: Harvard University Press, 1927]）第 21 页。

② 托雷勒编《福莱特的政治哲学》（*The Political Philosopny of Robert M. La Follete*, ed. E. Torelle [Madisen, Wis., 1920]）。

③ 佩克利斯的《法律与社会行为》（A. H. Pekelis, *Law and Social Action* [Itheaca and New York, 1950]）第 88 页；还参见凯尔森的"民主的基础"，载《伦理学》（H. Kelsen, "Foundations of Democracy", *Ethics*）第 64 期（1955 年），特别是第 77 页以下。

目地朝向社会主义方向运动中起多么重大的作用时，他们很快平静下来。

　　以上所言及的冲突毫无疑问是在罗斯福年代达到高潮的，但是在这之前的 10 年内思想潮流为这种发展铺平了道路。在 20 世纪 20 年代和 30 年代早期，反对法治的著作大量出现，它们对以后的发展有着相当大的影响。这里，我们只能提到两个有代表性的事例。对美国"法治政府而非人治政府"抨击得最积极的领导人是查理士·海恩斯教授，他不仅把传统观念当作梦幻，[①] 而且极力主张"美国人民应该把政府建立在信任掌管公共事务之人的理论的基础上"。[②] 为了弄清这是怎样完全和作为美国宪法之基础的概念相冲突，人们只要记住杰斐逊的话，即"自由政府是在猜忌中建立起来的，而不是在信任中；是猜忌而不是信任规定着有限的宪法，以约束那些必须赋予其权力的那些人……与此相应地，我们的宪法已对我们的信任设立了限制，使其不至走得更远。在关于权力的问题上，不要再说对人的信任，而要由宪法来约束他的不端行为"。[③]

　　也许更具有这个时代思想潮流特征的是前任法官弗兰克的作品，书名是《法律和现代意识》。当这本书第一次于 1930 年出现于世人面前时，它取得了今天的读者很难理解的成功，它对法律确定性的理想进行猛烈抨击，作者把它嘲笑为"一个孩子需要有

---

① 海恩斯的《法治还是人治》(C. G. Haines，*A Government of Laws or a Government of Men* [Berkeley：University of California Perss，1929]) 第 37 页。

② 同上书，第 18 页。

③ 杰斐逊的《1789 年肯塔基决议草稿》，载《1799 年的肯塔基决议》(Thomas Jefferson，Draft of Kentucky Resolution of 1789, in E. D. Warfield，*The Kentucky Resolutions of* 1799 [2d ed. ; New York，1894]) 第 157—158 页。

权威的父亲"的产物。① 这本书的基本理论依据是精神分析理论；它为不愿接受任何对集体行为的约束的一代人提供了某种鄙视传统观念的正当理由。后来，正是在这种观念熏陶下长大的年轻人成为了"新政"大家长式政策的积极工具。

　　大约到20世纪30年代末，产生了对这些发展情况越来越多的不安，这导致了一个调查委员会，即美国关于行政程序司法部长委员会的成立。它的主要任务和10年之后的英国国会委员会相似。但是这个委员会在它的"多数人报告"② 中倾向于把正在发生的事情说成是既不可避免又有益无害的；在这一点它超过了英国国会委员会。这个报告总的格调由庞德最完美地描写为："即便不是有意所为，大多数人正在朝行政专制主义方向发展，这是全世界范围内正在上升的专制主义的一个发展阶段。有一些观念设想法律消亡和没有法律的社会，或者只有一种法律即除了行政命令之外没有其他法律的社会；有一种学说，主张并不存在权力这种东西，法律只是行使国家武力的威胁，规则和原则只是迷信和虔诚的愿望；有一种说教，宣称权力分离只是过时的18世纪的陈规陋习，关于法律至上的普同法理论也已过时；有一种解释，说公共法律将是一个'从属法'，即把个人利益从属于官吏的利益，允许后者在争端中将一方的利益同公共利益等同起来，从而来增加它的重要性，把其他利益搁置一边；最后，有一

---

① 见弗兰克的《法律和现代思想》（Jerome Frank，Law and the Modern Mind ［New York，1930]）。在这部书出版后25年多的时候，阿诺德（Thurman Arnold）在《芝加哥大学法律评论》（the *University of Chicago Law Review*）第24卷（1957年）中谈到它时说："这本书比其他任何书都更为形成一套新的、关于公民与政府关系的概念和理想开辟了道路。"

② 见《美国关于行政程序的司法部长委员会报告》（*U. S. Atlorney Genèral's Committee on Administrative Procedure，Report* ［Washington，D. C.：Government Printing Office，1941]）。

种理论，把法律看成是官员所做的一切，并且官员所做的一切都
是法律，法学家不能予以批评——所有这些都是我们必须在其中
看待多数人的建议的背景。"①

7. 值得庆幸的是，在许多国家，已出现反抗过去两代人的
这些发展的清楚的迹象。在那些经历过极权政府统治并且认识到
放松对国家权力限制的危险的国家，这种迹象最为明显。即使在
不久以前还在嘲笑对个人自由的传统保障的一些社会主义者中
间，也能看到更加恭敬一些的态度。著名的社会主义法哲学家，，
已故的拉特布鲁赫在他晚期的一部著作中最坦率地表述过这种观
点的改变："虽然民主无疑是一个值得称道的价值，但法治国家
就像是每天必需的面包，我们所喝的水和所呼吸的空气；民主的
最大优点就在于只有它能适合维护法治国家。"② 事实上，民主
也不一定或总是这样，只有拉特布鲁赫对德国情况发展的描述才
清楚地表明了这一点。也许这种说法更加真实，如果民主不坚持
法治，它将不能长久存在。

战后司法审核原则的发展和德国自然法理论的复兴是同一趋

---

① 庞德的"行政程序立法——为了'少数人的报告'"，载《美国律师协会杂
志》（Roscoe Pound, "Administrative Procedure Legislation. For the 'Minori-
ty Report'", *American Bar Association Journal*）第 26 期（1941 年），第
664 页。关于目前的状况，见史瓦兹的《行政法院和它在法律秩序中的地
位》，载《纽约大学法律评论》（B. Schwartz, *Administrative Justice and Its
Place in the Legal Order*, *New York University Law Review*）第 30 卷
（1955 年），以及盖尔霍恩的《个人自由和政府限制》（W. Gellhorn, *Indi-
vidual Freedom and Governmental Restraints* [Baton Rouge: Louisiana State
University Press, 1956]），特别是书评，第 18 页。在这里，有人指出："行
政程序的某些支持者（包括作者本人）现在认为，那种基本上是假想的危险
已经变成了现实，并且是可怕的现实。"

② 见拉特布鲁赫的《法律哲学》（G. Radbruch, *Rechtsphilosophie*, ed. E. Wolf
[4th ed.; Stuttgart, 1950]）第 357 页。见这部著作中对法律实证主义在摧
毁法治国家之信念过程中的作用的重要评论，特别是上引书第 33 页："关于

势的其他征兆。①在其他欧洲大陆国家，类似的运动也在开展。在法国，里普尔以他的著作《法律的衰落》作出了意义深远的贡献。在这本书中，他正确地总结道："首先，我们必须谴责法学家。是他们在半个世纪里削弱了个人权利的概念，并没有意识到他们在把这些权利交付给政治国家的无限权力。他们中间的一些人希望证明自己是进步的，而另外一些人则相信他们正在重新发现十九世纪自由主义的个人主义所毁弃的传统学说。学者们经常表现出某种单一的思维倾向，这阻碍了它们得出一些实际的结论，而这些结论其他人从其不为情感所左右的学说中却能得出。"②

法律和法律效用的观点（我们把它叫做实证主义学说）使得法律工作者和人民无力抵抗那种专断的、残酷的、罪恶的法律。它说到底是把权利和权力等量齐观，只是在有权力的地方，才有权利。"还有第 352 页："实际上，法律实证主义以及它关于'法律就是法律'的信念使得法律人员无力抵抗具有专断和罪恶内容的法律。因此，法律实证主义没有能力用自己的力量来说明法律的效用。它相信，它已经由此证明了一部法律的效用，即法律已有力量，来贯彻自己。"因此，当布伦纳在其《司法和社会秩序》(*Justice and the Social Order* [New York，1945])第 1 页认为，"极权国家仅仅是政治家实践中的法律实证主义"时，这不是太大的夸张。

① 狄泽的"美国和欧洲：司法审核的衰落和形成"，载《维吉尼亚法律评论》(G. Dietze，"America and Europe——Decline and Emergence of Judicial Review"，*Virginia Law Review*)第 44 期（1958 年）。关于自然法的复兴，见科英的《法哲学的基本特征》(H. Coing，*Grundzüge der Rechtsphlosophie* [Berlin，1950])和米泰斯的《关于自然权利》(H. Mitteis，*Über das naturecht* [Berlin，1948])以及里特尔的《在自然权力和法律实证主义之间》(K. Ritter，*Iwischen Naturrecht und Rechtspositivismus* [Witten-Ruhr，1956])。

② 里佩尔的《法律的衰败》(G. Ripert，*Le Déclin du droit* [Paris，1949])。还参见鲁比埃的《法学的一般理论》(P. Roubier，*Théorie générale du droit* [Paris，1950])以及鲁吉埃的《寻求一种政体的法国》(L. Rougier，*La France à la fecherche d'une constitution* [Paris，1952])。

　　在英国，也不缺少类似的警醒之言。①。日益明显的担心的第一个表现发生在最近的立法领域，有一个重新出现的趋势试图重建法庭作为解决行政争端的最终权威的地位。在近来一个委员会对非普通法庭申诉程序的调查报告②中，我们可以发现令人鼓舞的迹象。其中，这个委员会不仅为消除许多现存制度的反常和缺陷作了重要建议，而且令人钦佩地重申了"对立面是行政的法律概念和对立面是专断的法治概念"的基本区别。接着，它又宣称："法治代表了这种观点，即决定是由公开的原则或法律作出的。一般来说，这种决定是可以预见到的，并且公民知道应怎样行为。"③ 但是，在英国仍然有一个"相当大的行政领域，在里面没有专门的法庭和质询程序"④（它的问题不在这个委员会的过问范围之内）；另外，在其中情况也如平常一样不能让人满意，公民实际上仍然受控于专断的行政决定。如果要制止住法治受损害的过程，某种独立的法庭看来是迫切需要的；这样，所有这样的案子都可诉诸法庭，正如几方面人士所建议的那样。⑤

---

① 见艾伦的《法律与秩序》（C. K. Allen，*Law and Orders*［London，1945］）；基顿的《议会的变化》（G. W. Keeton，*The Passing of Parliament*［London，1952］）；哈姆森的《行政酌处权与司法监督》（C. J. Hamson，*Executive Discretion and Judicial Control*［London，1954］）；拉德克利夫勋爵的《法律与民主国家》（Lord Radcliffe，*Law and the Democratic State*［Birmingham：Holdsworth Club of the llniversity of Birmingham，1955］）。

② 见行政法庭与行政质询委员会（弗兰克委员会）报告（*Report of the Committee on Administrative Tribunals and Enguiries*［"Franks Committee"］［London：H. M. Stalionery Office，1957］）第218页第31段。

③ 同上书，第28、29段。

④ 同上书，第120段。

⑤ 见本书前面提到的保守党人的小册子《法治》和罗布森的《司法与行政法》（W. A. Robson，*Justice and Administrative Law*［3d ed.；London，1951］）。关于美国"胡佛委员会"的相似建议，见专题论集"胡佛委员会和特别工作小组关于法律业务和程序的报告"，载《纽约大学法律评论》（"Hoover Commission and Task force Reports on Legal Services and Procedure"，*New York University Law Review*）第30卷（1955年）。

最后，我们可以提一下，作为一种世界规模的努力，在1955 年 6 月份举行的国际法学家大会所通过的"雅典法案"中，法治的重要性被重新确认。[1]

然而，不能说复兴一个旧传统的普遍愿望意味着人们已清醒地认识到这种传统包括哪些内容，[2] 也不意味着人们会积极支持这个传统的原则，即便当它们在通向理想目标的最直接、最显见的路途中成为障碍时也是如此。那些在不久以前似乎是常识并简直不值得重述的原则，那些可能即使在今天也将在外行人比在法学家看来更显而易见的原则遭到了遗忘，以致于对它们的历史和它们的特征的详尽描述就显得有必要。只是基于此，我们才能在下一章更详细地讨论使得许多现代的经济和社会政策的目标，在自由社会的框架里能或者不能得以实现的许多不同的方法。

---

[1]　海牙的国际法官委员会（现设在日内瓦）1955 年 6 月在雅典召开，通过了一个决定，庄严宣称："1. 国家要服从法律。2. 政府应该尊重法律统治之下个人的权利，并且为权利的实施提供有效手段。3. 法官判决要依据法律，无惧不偏地保护和执行判决，反对来自政府或政党对他们作为法官的独立性的侵犯。4. 世界上的律师都应该维护他们职业的独立性，维护法治之下个人的权利，坚持每个受指控的人应得到一次公平的审判。"

[2]　一位研究法理学的学者宣称（斯通的《法律的范围和作用》[J. Stone, *The Province and Function of Law*; Cambridge: Harvard University Press, 1950] 第 261 页），这里界定的法治的重建"将要求把在过去的半个世纪里所有民主立法机构都似乎认为最重要的立法措施颠倒过来"。这不是夸大其辞。民主的立法机构已经这样做了，这当然并不证明，为了取得预期的目标，采取这种措施是明智的或者说是必不可少的；更不说明如果他们认识到它们将带来未曾料想到的和不期望的结果时，他们不应撤销他们的决定。

第三篇　福利国家中的自由

在这群人的头上，高耸着一个强大的监护性权力，它只负责保证使他们满足，照看他们的一生。它是绝对的，无所不至的，有规则的，有预见的，而且是和善的。如果说它像父权那样，以教人如何长大成人为目的，那它就是像父权一样的权力。但与此相反，它的目的是使他们处于永恒的孩童状态，只要他们只去享乐，不想别的。它喜欢公民们享乐，而且认为他们只要设法享乐就可以了。它愿意为公民们造福，但它要充当公民们幸福的惟一监护人和仲裁人。它可以维护公民们的安全，测度和保障公民们的需要，为公民们的娱乐提供方便，掌管公民们的主要商业活动，领导公民们的工业，规定公民们的遗产继承，分配公民们的遗产。难道它不能干脆也完全免除公民开动脑筋和操劳生计的劳顿吗?*

——托克维尔

---

* 引自托克维尔的《论美国的民主》（Tocqueville，*Democracy*）卷 2，第 318 页，其后的三段，甚或整个第 4 部分第 6 章，也就是本引文的出处，值得引作为以下讨论的开场白。

第十七章　社会主义的衰亡和
福利国家的兴起

经验告诉我们，即使政府的用意是好的，我们也要最大程度地留神它对自由构成的威胁。生而自由的人类，天性就保有警惕以抵御心怀叵测的统治者侵犯他们的自由。自由的最大危险潜伏在狂热者的暗中进犯之中，他们原本是好意，但是缺乏头脑。[*]

——L. 布兰代斯

1. 在长达一个世纪左右的时间里，主要是社会主义理想在鼓舞着人们努力进行社会改革——在其中某些阶段，甚至于在一些像美国那样从未有过任何重要的社会主义政党的国家，情况也是如此。在这一百年里，一大部分思想界的领袖人物为社会主义所吸引，人们越来越广泛地把它看作必然和最终的社会发展目标。这一势头在"二战"结束后达到顶峰，当时英国正投身于社会主义试验之中。这似乎标志着社会主义发展的高潮。未来的历史学家也许会把 1848 年欧洲革命直至 1948 年左右这一时期看作

---

[*] 引自美国最高法院布兰代斯法官对少数表决的辩解，见《奥姆斯特德诉美国案》(*Olmstead v. United States*，XXX，277，U. S. 479 [1927])。

欧洲社会主义的世纪。

在这一时期，社会主义有着相当确切的含义和明确的纲领。所有社会主义运动的共同目标是实现"生产资料、分配和交换"的国有化，从而使得一切经济活动能够服从以某种社会公正为目标的国家综合计划。各种社会主义流派的主要区别在于它们想借以建立新社会的政治方法各不相同。马克思主义和费边主义的区别是，前者赞成革命，后者主张渐进。但是，它们对自己想要建立的新社会的设想其实是同出一辙的。社会主义意味着生产资料公有制和"以效益而不是以利润为目的来使用"生产资料。

上一世纪所发生的一大变化是，在作为某种旨在实现社会公正的方法这一严格意义上，社会主义已经崩溃。它不仅失去了知识上的吸引力，而且明显为民众所抛弃，以至于那些社会主义政党在到处寻求可望得到追随者积极支持的新纲领。① 它们没有放

---

① 英国对这些问题的讨论非常活跃。尤其应参阅克罗斯曼编《新费边评论》（*New Fabian Essays*, ed. R. H. S. Crossman [London, 1952]）；社会主义联盟编《社会主义：对其原则的重新申明》（*A New Statement of Principles*, presented by the Socialist Union [London, 1952]）；刘易斯著《经济计划的原则》；科尔著《这是社会主义吗?》，载《新政治家活页文选》（G. D. H. Cole, *Is This Socialism?* [New Stateman pamphlet, Londn, 1956]）；盖茨克尔著《英国社会主义的新近发展》（H. T. N. Caitskell, *Recent Developments in British Sociaism* [Lodon, n. d.]）；社会主义联盟编《二十世纪的社会主义》（*Twentieth Century Socialism*, by the Socialist Union [London, 1956]）；克罗斯兰著《社会主义的未来》（C. A. R. Crosland, *The Future of Socialism* [London, 1956]）；克罗斯曼著《社会主义与新专制主义》，载《费边论文》（R. H. S. Crossman, *Socialism and the New Despotism* ["Fabian Tracts", London, 1956]），第 298 号，以及在这些年份中《社会主义评论》（*Socialist Commentary*）和《新政治家》（*New Statesman*）杂志所展开的讨论。威尔逊的《社会主义思想的变化趋势》（T. Wilson, *Changing Tendencies is Socialist Thought*）对这些辩论进行了有用的综述，该文登载于《劳埃德不列颠评论》（*Lloyds B. R.* [July, 1956]）。外国观察家对英国试验富有启发的评论有德儒弗内的《英

弃其最终目标，即社会公正的理想，但已不再相信那些它们原本希望借以实现这一理想的方法，"社会主义"这个名字正是为这一方法而创造出来的。毫无疑问，在制定新的纲领时，任何一个现存的社会主义政党都将会沿用这一名称。但是，在某种旧的意义上，社会主义已在西方世界寿终正寝。

一种如此普遍性的断言还会引起某些惊异，但是，通观源自各国社会主义力量的大量悲观失望的文献以及综合社会主义政党内部的各种讨论，我们足以证实这一断言。[①]如果有人仅仅在个别国家里观察到这些发展状况，那么，对他来说，社会主义的衰亡似乎无非是一种暂时的挫折，一种对政治失利的反应。但是，各国形势发展的国际性特征和相似性几乎不容置疑地告诉我们：事情并非如此简单。如果说在 50 年前，教条式的社会主义似乎是对个人自由的最大威胁，那么在今天，再提

国的社会主义者的问题》（de Jouvenel，*Problèmes del' Angleterre socialiste* [Paris，1947]）；格里芬的《英国：一则为了美国人的案例分析》（C. E. Griffin，*Britain A Case Study for Americans*，[Ann Arbor：University of Michigan Press，1950]）；赖特的《战后西德和联合王国的复兴》（D. M. Wright，*Post-War West German and United Kingdom Recovery* [Washington：American Enterprise Association，1957]）以及梅斯纳的《英国的社会主义试验》（J. Messner，*Das englische Experiment des Sozialismus* [Innsbruck，1954]）。

① 有关大陆的发展，尤其应参阅巴丁格的《社会主义的曙光：一则有关奥地利派马克思主义的后记》（J. Buttinger，*In the Twilight of Socialism：An Epilogue to Austro-Marxism*，Trans. F. B. Ashton [Cambridge：Harvard University Press，1956]）；贝德纳里克的《今日新工人——一种新类型》（K. Bednarik，*The Young Worker of Today-a New Type* [London，1955]）；克莱纳的《在民主中的不快之处》（F. Klenner，*Das Unbehagen in der Demokratie* [Vienna，1956]）。美国社会主义者的一个类似的态度改变表现在托马斯的《民主社会主义：一个新的评价》（Norman Thomas，*Democratic Socialism：A New Appraisal* [New York：League for Industrial Democracy，1953]）。

出反对它的理由已经是多此一举。大多数曾经用来反驳严格意义上的社会主义的理由，如今在社会主义运动内部成为赞成修改纲领的理由。

2. 这一变化有着多种原因。对于一度最具影响力的社会主义流派而言，当代"最大的社会试验"所提供的例证是决定性的：在西方世界，俄国的事例扼杀了马克思主义。但是，在很长时间里，只有相当少的知识分子领悟到俄国所发生的情况正是它系统地应用传统社会主义纲领的必然结果。不过，即使是在社会主义圈子内部，现在发问说"既然你们想要百分之百的社会主义，你们对苏联还有什么可以指责的?"[①] 这是一个有效的论点。但是，从总体上说，该国的历程只是使得马克思主义的社会主义名声扫地。对社会主义的根本方法的普遍失望情绪来源于更为直接的体验。

也许有三个主要因素助长了这种失望情绪：首先，人们日益认识到，与私人企业制度相比，社会主义的生产组织方式不是具有更多的、而是具有更少的生产性；其次，人们还更清楚地认识到，这一组织方式似乎并未带来一种人们所设想的更大的公正，而是意味着一种新的、专断的、比以往更不易摆脱的等级制度；再次，人们认识到，这一组织方式似乎意味着一种新的专制主义的出现，而不是所承诺的更大自由的实现。

首当其冲的失望者是工会，它们感受到，当它们与国家、而不是与私人企业主打交道时，它们的实力大受削弱。但是，个人不久也发现，如果到处与国家权威对抗，这并不能改善个人在竞争性社会里的处境。这一认识过程恰恰发生在工人阶级（尤其是体力劳动者）的生活水平得到普遍提高的时候，它破坏了独立的无产阶级的概念，并由此破坏了工人的阶级觉悟。这样，大部分

---

① 　参阅对 1955 年在牛津费边夏季学校的一次讨论的描述，见克罗斯曼，前引书，第 4 页。

欧洲国家所出现的形势与美国雷同，它曾一直都在阻止着有组织的社会主义运动的产生。① 此外，在那些曾经遭受过极权统治的国家，较年轻一代当中还出现了一种带有强烈个人主义色彩的反应。在他们当中滋长着一种对一切集体行动的深深的不信任感和对一切权威的怀疑态度。②

但是，使得社会主义知识分子感到失望的最重要因素也许是，他们日益担忧社会主义也许意味着个人自由的毁灭。当一位反对者断言社会主义和个人自由互不相容的时候，③ 社会主义知识分子对之愤然拒绝，但到后来，他们自己内部也有人以有力的、带有文学色彩的方式道出同一断言，给人留下了深刻的印象。④ 近来，一位英国工党知识分子领袖十分坦率地描述了这一形势。克罗斯曼先生在他的题为《社会主义和新专制主义》小册子里说明了如何有"越来越多有忧患意识的人们开始怀疑那些一度在他们看来中央计划和扩大国家所有制所具有的明显好处"，⑤ 而且，他还进一步解释道，"人们发现，工党政府的'社会主义'

---

① 克罗斯曼，前引书，以及贝德纳里克，前引书。
② 尤其是参阅克莱纳，前引书，第 66 页及其下。
③ 正如我在拙著《通往奴役之路》"计划和法治国家"一章之首、又在第 16 章第 64 条注释引用的卡尔·曼海姆（Karl Mannheim）的语录清楚地说明了这一点。我 1955 年 6 月在雅典开会，大会通过了一项决议，它庄严宣告："1. 国家应服从法律；2. 政府应在法治原则下尊重个人的权利并为实行法治提供有效的手段；3. 法官应以法治原则为准则，无所畏惧地和毫无偏袒地保护和实行法治，抵制政府或政党对他们作为法官的独立性的任何侵犯；4. 全世界的律师应当维护他们的职业独立性，在法治原则下维护个人的权利，坚持对每一名被告给予公正判决。"（参阅《国际法学家大会报告》（*Report of the International Congress of Jurists* [The Hague, 1956]），第 9 页）。
④ 特别是参阅奥韦尔的《1984 年》（George Orwell, *Nineteen Eight-four* [London, 1949]）。也参阅他对《通往奴役之路》的书评，载于《观察家》杂志（*Observer* [London, April 9, 1944]）。
⑤ 克罗斯曼，前引书，第 1 页。

意味着建立庞大的官僚组织",① 即一个"庞大的集权的国家官僚体制,它对民主构成严重的潜在威胁",② 这一发现造成了这样一种局面:"社会主义者当前的主要任务是,说服国民相信他们的自由权利正受到这一新的封建主义的威胁。"③

3. 但在西方,即使没有剩下多少代表人物维护集体主义的社会主义的典型方法,它的最终目标却几乎没有失去任何吸引力。尽管社会主义者在如何实现其目标方面不再拥有明确的计划,但他们仍然想操纵经济,以使收入的分配符合他们的社会公正设想。但是,社会主义时代的最重要结果是摧毁对国家权力的传统限制。只要社会主义力求完全以新的原则重构社会,它就把现行制度所遵循的原则当作纯粹应予清除的障碍来对待。但是现在,由于它不再拥有自己的独立原则,它只能提出新的目标追求,但无法清楚地说明实现目标的手段。结果,我们是在毫无原则地着手完成由现代人类的欲求所规定的新任务,其程度是史无前例的。

重要的是,虽然人们由此普遍放弃了把社会主义作为一种刻意追求的目标,但是,绝对不能担保我们不会再去建立它,哪怕并非是有意的。如果革新者一味追求对实现其特定目的来说似乎是最为有效的方法,而不去关心若要维持一个有效的市场机制应

---

① 克罗斯曼前引书,第 6 页。
② 同上。
③ 克罗斯曼前引书,第 13 页。这一看法也影响了最近工党对这些问题的正式立场,参阅工党编印的《个人自由——工党对个人和社会的政策》(*Personal Freedom: Labour's Policy for the Individual and Society* [London: Labour Party, 1956])。尽管这一小册子阐述了大部分严重问题并且显示了即使在一个带有自由主义传统的国家里,在一个社会主义政府的领导下,我们所讨论的问题也如此显著地摆在中心位置,但它却是一个明显矛盾的文件。它不仅重复了"一个带有明显不平等的自由是几乎不值得追求的"的论调(第7页),而且甚至于明确重申行政专制主义的基本论点,即"在一些完全相同的个案中,部长应当保留作出不同决策的自由权"(第26页)。

该做些什么事情，那么他们很可能走向对经济决策施加越来越多的集中控制（即使在名义上可能还保留了私有财产），直到我们恰恰建立了在今天很少还会有人愿意看到的中央计划制度。此外，许多旧式社会主义者发现，我们已经朝着一种再分配型国家的方向漂移了这样地远，以至于比起竭力推行那种已经有些声名不佳的生产资料国有化来说，现在继续朝着这一方向推进显得容易得多。他们似乎已经认识到，政府对名义上仍属私有的工业加强控制，可以更为容易地实现收入再分配，而这本来也是更为醒目的私人财产没收政策的真正目标。

那些已经如此坦率地放弃了"热式"社会主义那些较为明显的极权主义形式的社会主义领袖，由于他们现在转向一种其效果也许与前者不相上下的"冷式"社会主义化而受到批评——保守主义者有时认为这一批评有失公正，这是他们的盲目偏见。不过，除非我们成功地分清哪些新的追求目标是可以在一个自由社会里得以实现的，哪些新的追求目标则必须依靠极权的集体主义方法才能得以实现，否则是危险的。

4. 与社会主义不同，福利国家这一概念没有精确的涵义。①

---

① "Welfare state（福利国家）"这一术语在英语里是较新的，而且在 25 年前大概还无人知晓。由于德国早已使用 Wohlfahrtsstaat（福利国家）一词，而且它所形容的东西最早出自德国，英文用词可能从德文派生而来。值得一提的是，这个德文术语最初形容的是警察国家概念的一个变体，而且它似乎首先被 19 世纪史学家用来描述 18 世纪政府制度较有益的方面。福利国家的现代概念首次由德国的学院派社会政策家或者"讲坛社会主义者"大约在 19 世纪 70 年代后完全发展起来，并且首先由俾斯麦付诸实践。

在英国的类似发展首先受到费边主义者和庇古、L. T. 霍布豪斯的拥护并由劳埃德·乔治和贝弗里奇投入实施，它们至少在最初受到了德国这一榜样的很大影响。由于庇古和他的学派所提供的理论基础以"福利经济学"而著称，这一事实有助于人们接受"Welfare state（福利国家）"这一术语。

当 F. D. 罗斯福步俾斯麦和劳合·乔治后尘的时候，美国以类似的方式已经为接受它作好了准备，而且最高法院自 1937 年始动用宪法"一般福利"条款，自然而然地导致了在其他国家业已使用的"福利国家"这一概念的引入。

该词有时被用来称呼任何以各种方式对维护法律和秩序问题之外的其他问题"操心"的国家。不过，即使一些理论家要求政府活动应限制在维护法律和秩序方面，他们也不能通过自由原则来为这一立场辩护。只有强制性的政府措施才需要受到严格限制。我们已经看到（见第15章），非强制性政府措施的范围很广，这是不可否认的，而且显然有必要通过征税为这些非强制性政府措施筹措资金。

　　事实上，在现代社会，没有一个政府把自己限制在偶尔有人描述的"个人主义的最小政府"的活动范围内，[①] 也没有"正统"的古典经济学家赞成以这等程度限制政府的活动。[②] 所有的现代政府为贫困、不幸和失去工作能力的人提供了救济，又为卫生事业和知识的传播问题操心。随着财富的普遍增长，我们没有理由不增加这些纯粹的服务性活动。社会中存在着一些共同的需要，只有通过集体活动才能满足它们，而且这样来满足共同需要才不会限制个人的自由。几乎毋庸讳言，随着我们变得越来越富足，社会将逐步提高一直来向那些不能自立的人所提供的最低生存保障水平，它是可以在市场之外提供的；政府还可以在那些努力中起扶助甚或领导作用，这种作用完全可能是有益而不造成任何损害的。我们也几乎没有理由不让政府在诸如社会保险或教育事业之类的领域发挥某些作用，甚或主动采取行动，或对试验性的发展项目提供暂时性补贴。这里，问题更多地在于政府活动的方法，而不是在于其目的。

　　人们经常述及那些有节制的、善意的政府活动目的，以此说

---

① 比较西奇威克的《政治学原理》（Henry Sidgwick, *The Elements of Politics* [London，1891]）第4章。

② 关于这一点可参阅罗宾斯的《经济政策理论》（Lionel Robbins, *The Theory of Economic Policy* [London，1952]）。

明对这类福利国家的任何反对是多么不合情理。但是，一旦放弃了政府根本就不应为这类事务操心这一严肃立场——这一立场是正当有理的，但与自由无甚关系，自由卫士们通常发现，福利国家纲领里包含了其他许多东西，它们也被说成是同样正当合理和无可非议的。比如，如果他们承认自己对反假冒食品法没有异议，这就被当作是在暗示他们不会反对任何一种旨在实现一项可取的目标的国家措施。因此，那些从目标角度、而不是从方法角度来寻求限制政府职能的人，一再发现自己处在这样一种境地之中：他们必须反对那些只是显得会有可取的结果的政府措施，或者不得不承认他们没有掌握可据以反对那些对特定目标有效、但在总体上会对自由社会造成破坏的政府措施的一般规则。只要我们只是把国家看作为一种强制机器，那么认为国家不应涉足与维持法律及秩序无关的事务的立场就似乎是合乎逻辑的；尽管如此，我们仍然必须承认，国家可以作为一个服务机构来提供服务，协助实现也许不能通过其他途径实现的合乎愿望的目标，而不会造成任何损害。政府的许多新的福利活动之所以对自由构成威胁，是因为尽管它们表现为纯粹的服务活动，但它们事实上意味着政府在行使一种强制权力，而且是以政府在某些特定领域内要求享有排他性权力为基础的。

5. 当前的形势大大地改变和加重了自由卫士的任务。只要危险来自直率的集体主义的社会主义，我们就有可能论证，社会主义者的信条根本就是错误的，社会主义不能实现社会主义者所欲实现的东西，它会带来他们所不喜欢的其他后果。对于福利国家，我们不能以类似方式反驳它，因为这一术语没有标识出一种确切的制度。我们可以把它理解为一种由如此多样的、甚至相互抵触的因素的混合体，以至于虽然其中有些因素可以把自由社会变得更为吸引人，但是另有一些因素则与它水火不容，或者至少对它的存在构成潜在的威胁。

　　我们将看到，某些福利国家的目标是可实现的，同时又会对个人自由丝毫无损，而且为此人们并非必定需要采用显得那些似乎理所当然的、因此也是最受人欢迎的方法；另有一些福利国家目标在某种程度上也是同样可以实现的，不过人们必须付出的代价要比他们所想象的或者愿意承担的大得多，或者它们只能随着财富的增长而缓慢和逐步地得以实现；而且最后还有一些其他的福利国家目标，它们是那些社会主义者最上心的目标，但是在一个想维护个人自由的社会里是不可实现的。

　　我们可以通过共同的努力提供种种公共设施，而且这也许符合所有社会成员的利益，如公园和博物馆，剧院和体育设施，虽然我们有强有力的理由足以说明最好由地方当局而不是由全国性当局来提供这些公共设施。还有重要的安全问题，规避所有人都一样会同样遇到的风险问题，政府在这方面往往要么可以减少这些风险，要么可以协助人们防范它们。但在这里，我们必须在两个安全概念之间划清重要的界限：一种是有限安全，在自由社会里，若要人人享有它，那是可实现的，因而它不是特权；另一种是绝对安全，在自由社会里，若要人人享有它，那是可望而不可及的。第一种安全是保障人们免受物质必需品严重匮乏之苦，保障人人享有一个给定的最低水平的生存需要；而第二种安全是保障某种给定的生活水平，它是通过将一个人或者一个团体的生活水平与他人或其他团体加以比较才决定的。其区别在于，前者是为人人保障一个同等的最低收入水平，后者是保障据认为一个人应得的特定收入水平。① 与后者密切相关的是第三个主要的福利国家目标，即意欲利用政府权力，保障一个更为公平或公正的物品分配。只要这意味着必须动用政府的强制权力以保障特定的一

―――――――――

　　① 这些句子选自拙著《通往奴役之路》第9章，在此我有意重复这些话，只作了很小的改动，该章详细阐述了这一问题。

部分人得到特定的东西，它就要求歧视性地和不公平地区别对待不同的人，而这是与自由社会水火不容的。这就是那种追求"社会公正"并"首先是一个收入再分配者"① 的福利国家，其根源必然在于社会主义及其强制性的、实质上是专断的方法。

6. 尽管福利国家只有借助不利于自由的方法才能实现它的某些目标，它也许可以用这类方法来追求它的所有目标。今天的主要危险在于，一旦承认了一个政府目标是合乎情理的，人们就会认为，运用违背自由原则的政府手段也是合乎情理的。不幸的事实将是，在大多数领域内，实现某一给定目标的最有效、最安全和最快捷的途径似乎是把所有可支配资源都用于这个已见端倪的解决方案。急于求成和缺乏耐心的革新者，对某种弊端愤愤不平，对于他们，似乎只有通过最快捷和最直接的手段完全消除弊端方能后快。如果目前应当马上解脱所有由于失业、疾患或者养老保障不足而忍受痛苦的人的忧愁，那么一个包罗一切的强制性行动计划便是必不可少的。但是，如果我们急不可耐，要马上解决这些问题，并赋予政府排他性的和垄断性的权力，那么我们会发现自己是缺乏远见的。如果只允许选取通向一个目前已见端倪的解决方案的最快捷途径，排除任何替代性的试验，如果把眼前似乎是满足一种需要的最佳方法的东西当作一切未来发展的惟一出发点，那么我们也许较快地达到了我们的眼前目标，但我们可能同时会妨碍自己发现其他更有效的替代性方案。那些最迫不及待地想充分利用我们现有的知识和力量的人，往往由于他们所采用的方法造成了对未来知识增长的最大损害。缺乏耐心和方便管理的动机往往使得革新者偏重于那种有控制的单向发展，尤其是

---

① 汉森对国家计划协会的讲话印发件"促进经济增长和稳定的任务"（A. H. Hansen, "The Task of Promoting Economic Growth and Stability", address to the National Planning Association [February 26, 1956]）。

在社会保险领域，这已经成为福利国家的典型特征，很可能成为改进未来发展的主要障碍。

如果政府不只是想为个人享有某种生活水平提供便利，而是想确保人人都可享有它，那么它只能通过剥夺个人在这方面的任何选择才能实现。这样，福利国家就成为家政型国家——在那种国家里，一个家长式的权力控制了社会的大部分收入，并以它所认定的个人所需或应得的形式和数量将它们分配给个人。

在许多领域，人们可以为国家独自承担某一服务提出令人信服的、建立在效率和经济性考虑基础上的理由；但是如果国家这样做的话，其结果通常是，不久之后就可证实不仅那些好处是虚无缥缈的，就连服务的性质也变得与本来由竞争性机构提供的服务完全不同。如果政府不是管理为提供某项服务而归它控制的有限资源，而是利用它的强制权力来保障人们得到某种据专家认为他们会需要的东西，如果人们由此不再能够在生活中的一些最重要的事务——如健康、就业、住房和养老——当中作出选择，而是必须接受一个指定的当局根据它对他们的需要的估计而为他们作出的决定，如果某些服务成为国家的排他性领域，而且整个行业——无论它是医药、教育还是保险事业——成为单一的官僚等级制度而存在，那么决定人们应当得到什么东西就不再是竞争性试验和消费者选择，而只能是当局的决定。①

---

① 比较穆勒的《论自由》第99—100页："如果街道，银行，保险机构，大型股份公司，大学和福利院等等一切都被国有化，再进一步，如果乡镇的管理当局和地方当局以及所有当今落在它们身上的东西一起成为中央管理当局的组成部分，如果所有这些不同企事业单位的雇员都由政府指派和付酬，而且他们的生活和升迁都指靠政府，那么就连新闻自由和立法机关受人欢迎的宪法也只能在名义上使得这一国家或任何其他国家保持自由。而且如果行政机器的组建结构越是有效和科学，也就是说，如果行政机构获得它赖以运作的最佳人手和智囊的制度安排越是高明，弊端也就越大。"

那些使得急于求成的革新者普遍指望以政府垄断的形式提供这类服务的同样的原因，也导致了他相信应当赋予有关的主管当局对个人的广泛的斟酌处置权。但是，如果他的目标本来只是依据一种规则提供某些特定的服务以改进所有人的机会，那么这可以借助基本的商业手段实现。但是，这样我们就永远也不能肯定，对所有人的结果是否恰恰是我们所想要的结果。如果应当让每个人都以某种方式受到影响，那么只有当存在一个当局，它有权歧视性地对待和斟酌处置各种人，并按照个体化的、家长式的方法行事，这才行得通。

倘若有人相信，如果某些公民需要已成为一个单一的官僚机器所关注的惟一事务，那么对这一官僚机器的民主监督可以有效地维护公民的自由，这纯粹是不切实际的幻想。只要事关维护个人自由的问题，一个只说应该做这或做那的立法者[①]和一部被授予执行这些指令的排他性权力的行政机器之间的分工是可能出现的最危险的制度安排。一切经验，"无论是美国的还是英国的经验，它们足够清楚地表明"，"行政当局急于实现它们眼前的直接目标，致使它们以错误的眼光看待自己的职能，并且相信宪法限制和受宪法保障的个人权利必须让位于行政当局为实现被它们看作为首要政府目标的东西的狂热努力。"[②]

几乎可以毫不夸张地说，今天对自由的最大威胁来自那些在现代政府里最为不可或缺的和最有实力的人，他们就是那些仅

---

① 比较马歇尔的《公民和社会阶层》（T. H. Marshall，*Citizenship and Social Class*［Cambridge：Cambridge University Press，1958］）第 59 页："这样我们发现立法……越来越具有宣布希望有朝一日会生效的政策的特征。"

② 参阅庞德的"服务型国家的兴起及其后果"，载《福利国家和国家福利》（Roscoe Pound，"The Rise of the Service state and Its Consequences"，in *The Welfare State and the National Welfare*，ed. S. Glueck［Cambridge，Mass，1952］）第 220 页。

仅操心于被他们看作是公共物品的东西的、干练的专家型行政官员。尽管理论家可能仍然就如何对这些活动进行民主监督高谈阔论，但所有对这一事务有着直接经验的人都一致同意（正如一位英国作家最近所道明的那样）："如果部长监督……已成为一种天方夜谭，那么议会监督则是而且一直是纯粹的神话。"① 这种大众福利管理机构变成一部专断任意的和不可监督的行政机器也就在所难免，在它面前，个人是无助的，而且它日益具有主权当局——即富有德国传统的 Hoheitsverwaltung（主权行政当局）或 Herrschaftstaat（统治型国家）——的神秘色彩，这些用语对于盎格鲁-萨克逊人过于陌生，以至于必须造出"hegemonic"（霸权的）② 这样一个生僻的术语，用以传达其含义。

7. 以下各章的意图不在于阐明一个适合于自由社会的完整的经济政策纲领。我们主要将着眼那些相对新的、尚未在自由社会里确定其位置的目标，我们对这种目标的各种立场也仍然在极端之间摇摆不停，而且我们在此亟需能够帮助我们分清善恶的原则。如果我们想要使许多更为有节制的和合理的目标避免名声扫地的下场——过高的企求很容易为福利国家的所有活动带来这一下场，我们就应主要选择那些显得特别重要的问题。

对于维护一个自由社会来说，许多方面的政府活动都是至关

① 参阅怀尔斯的"财产和公平"，载《非奴性的国家》（P. Wiles, "Property and Equality", in *The Unservile State*, ed. G. Watson [Lonodn, 1957]）第107页。另请比较保守党编制的小册子《法治》（*Rule of Law* [London, 1955]）第20页里的观点，以及"弗兰克斯委员会"的论述，见行政法庭及质询委员会的报告（*Report of the Committee on Administrative Tribunals and Enquiries* [Cmd. 218; London, 1957]）第60页，即"无论这一论点在理论上效力如何，我们中那些属于议员的人会毫不犹豫地说它与现实极少关联。议会既无时间、也无知识去监督部长并要求他对他的行政决策作出解释。"

② 参阅米瑟斯的《人类行为》第196页及其后。

重要的，但我们在这里无法对此作详尽的分析。首先，我们必须把由国际关系引起的一整堆问题束之高阁，这不仅是因为对这些问题进行认真探讨的任何尝试都会过分增添本书的篇幅，而且是因为充分处理这些问题所要求的哲学基础超越了本书给定的范围。对这些问题的令人满意的解决办法大概是找不到的，只要我们不得不把作为主权国家而众所周知的、历史给定的实体接受为最终的国际秩序单位。而且，如果可以作出选择，那么我们应当把不同政府的权力委托给哪些团体？这个问题也过于棘手，难以作出简明扼要的回答。在国际范围内，似乎仍然完全缺乏法治的道德基础，而且如果我们今天必须把某些新的政府权力移交给超国家机构，我们大概会失去法治在一国内部为该国所能带来的一切好处。我只想说这么多：在我看来，对国际关系问题只可能找到权宜性的解决方案，只要我们还不得不学会如何有效地限制各种政府的权力，如何在各级政府当局之间划分这些权力。还必须指出，比起在19世纪，现代的国家政策方面的发展使国际问题变得更为棘手得多。[①] 我想在此补充一下我的意见：在个人自由得到比现在更为坚实可靠的保障之前，创造一个世界国家对未来文明所带来的危险也许会比发动一场战争还要大。[②]

与分权对立的政府集权的问题几乎与国际关系问题同等重要。尽管它与我们将要讨论的大多数问题存在着传统的关联，我们对它将无法作系统性的观察分析。那些主张增加政府权力的人，其特点总是支持最大限度的权力集中，而那些主要注重个人自由的人一般都拥护分权。在那些不能依靠私人积极性来提供某

---

① 比较罗宾斯的《经济计划和国际秩序》（Lionel Robbins, *Economic Planning and International Order* [London, 1937]）。

② 比较伯恩斯的"反对世界政府的理由"，收录于《世界政治读物》（W. F. Berns, "The Case against World Government", in *World Politics*, ed. American Foundation for Political Education [3d ed.; Chicago, 1955]）。

些劳务因而需要某种集体措施的场合，地方当局的措施一般能提供次优的解决方法，之所以如此存在着一些强有力的理由：因为这一行动措施具有私人企业所具备的许多优点，又带有较少的政府强制措施所具有的危险。地方当局之间的竞争，或在一个存在着迁移自由的地区内的较大行政单位之间的竞争，在很大程度上提供了试验各种将会确保自由发展的大多数优越性的替代性方法的机会。即使大多数人也许从未认真考虑过更换居住地点的问题，但通常还存在足够的人，尤其是在年轻人和进取心较强的人中间，促使地方当局必须以与其竞争对手一样合理的成本提供同样好的服务。① 通常是专制的计划者，他为统一、政府效率和方便行政管理起见，支持集权趋势，并从中博取那些希望能够分享较富裕地区资源的较贫困的多数地区的有力支持。

8. 还有几个经济政策问题，我们在这里也只能稍加提及。没有人会否认，经济稳定和避免较大的萧条部分地要依靠政府措施。我们必须在就业和货币政策两大主题下考虑这一问题。但是，系统性的分析会把我们引向高度技术性的和引起争议的经济理论问题，而对于这些问题，我所应当采取的立场是我在这一领域内的专门研究的成果，大多与本书所讨论的原则无关。

同样，我们不得不结合住宅建设、农业和教育事业来考虑由所征取的税金来补贴某些特定努力的问题，这种补贴提出了一些带有普遍性质的问题。我们不能简单地主张从来就不该发放政府补贴而把这些问题置之不理，因为在一些无可非议的政府活动领域，如国防，由政府补贴常常可能是推动必要发展的危险性最小的上策，而且，政府完全包揽这些事项通常得到更优先的考虑。

---

① 比较施蒂格勒的"地方政府的可维持的职能范围"（George Stigler, "The Tenable Range of Functions of Local Government"［1957］），待版教材，油印件。

可以为补贴订立的惟一的一般准则也许是，绝对不能从直接受益者（无论他到底是指受补贴劳务的提供者，还是它的消费者）利益的角度，而是只能从所有公民可能享受的普遍利益角度来为补贴辩护，这种普遍利益也就是真实意义上的一般福利。当补贴不是作为收入再分配的手段，而是作为一种利用市场来供给不能由那些付费者排他性地享用的劳务的手段时，它才是一种合理的政策工具。

在以下分析中，最引人注意的欠缺可能是略去了对企业垄断的任何系统性讨论。这一题目是经再三斟酌之后才予以剔除的，主要原因是，它似乎并不具备人们通常所赋予它的那种重要性。[①] 对于自由主义者来说，反垄断政策通常是他们的改革努力的主要目标。我相信，我自己也曾动用过以下战术性论点：即我们不能指望抑制工会的强制性权力，除非我们同时抨击企业垄断。不过，我已经确信，把劳工领域内和企业活动领域内的现有垄断相提并论是不够坦诚的。这并不是说我赞同那些认为企业垄断从某些角度来看是有益和可取的作者的立场。[②] 像 15 年前一样，我仍然感到，[③] 如果把垄断者作为一种经济政策的替罪羊对待，这也许是一件好事；而且我承认，美国的立法已经成功地创造了不利于垄断的气候。只要一般性规则（如非歧视性规则）的实施可以抑制垄断权力，这类行动就最好不过。但是，我们在这一领域里可以有效落实的步骤，必须采取逐步改进我们的公司法、专利法和税法的形式，对此，三言两语说明不了多少问题。

---

① 对这些问题的详尽阐述见马赫卢卢的《垄断的政治经济学》（Fritz Machlup in *The Political Economy of Monopoly* ［Baltimore：Johns Hopkins Press，1952］）。

② 尤其是应参见熊彼得的《资本主义、社会主义与民主》（J. Schumpeter，*Capitalism，Socialism，and Democracy* ［New York，1942］）第 7 章。

③ 参阅《通往奴役之路》第 4 章。

不过，我越来越怀疑某些政府对某些特定垄断的处置措施是否真正有益，而且我对旨在限制个别企业规模的整个政策的任意性实在不安。如果一项政策所造成的现状是大公司不敢通过削减价格来展开竞争，惧怕这会引发针对它们的反托拉斯行动，就像一些美国企业那样，那么这项政策便是荒唐的。

当前的政策并未认识到，有害的不是这类垄断，也不是企业规模，而只是进入一个工业或商业部门的障碍以及其他有害的垄断行为。垄断当然不足取，但只是在短缺不足取这一同等的意义上；这意味着两者都是不可避免的。[①] 在生活中，某些能力（以及特定组织的某些优点和传统）是无法复制的，这是一个令人不快的事实，正如某些物品短缺也是一个事实一样。不正视这一事实，试图创造竞争"似乎"是有效率的这一假设条件，这毫无意

---

① 比较奈特的"价值冲突：自由和公正"，载《经济生活的目标》
（F. H. Knight, "Conflict of Values: Freedom and Justice", in *Goals of Economic Life*, ed. A Dudley Ward [New York, 1953]）第 224 页："公众有着最为夸张的想法，即认为垄断领域是十恶不赦的，不可救药的，而谈论'取缔'它则要么是愚昧无知的，要么是不负责任的。在正当、必要的利润和有问题的、有待采取行动的垄断利润之间不存在清晰的分界线。每一位有名望的医生或艺术家拥有一种垄断，而有些垄断是法律有意授予的，以便鼓励发明和其他创造性活动。而且，最后，大多数垄断以与'专利'之类东西相同的方式运作，而且它们是暂时地、并在很大程度上被亏损抵消。此外，更为糟糕的垄断限制是由那些工薪阶层和农民组织的，它们受到政府的纵容或者直接的支持，并且得到公众的赞同。"另请比较同一作者在"自由的含义"的较早期的论述，见《伦理学》第 52 章"自由的含义"（"The Meaning of Freedom", *Ethics* [LII, 1941—1942]）第 103 页："非常有必要申明，在公众意识中，'垄断'在当今经济生活里的作用是非常夸大的，而且一大部分真正的垄断，尤其是最坏的那一部分，是由于政府活动引起的。一般地（尤其是在美国的新政下），这些政府活动已经大大促进了—如果不是直接建立了——垄断，而不是创造或者强加市场竞争条件。简单地说，竞争所真正意味的是，个人有与任何个人以及所有其他个人'打交道'的自由，还有在所提供的那些条件中选择自己认为最好的条件的自由。"

义。法律不能有效地禁止现状，只能禁止行为方式。我们所能指望的仅仅是，一旦竞争机会重新出现，谁都可以利用它而不受阻拦。如果一种垄断以进入市场的人为障碍为基础，我们就有充分理由去消除它。我们也有强有力的理由去禁止价格歧视，只要我们能够应用一般性规则做到这一步。但是政府在这一领域内的记录是如此糟糕，以至于倘若还有人会指望政府得到酌处权会作成任何好事，而不是增添障碍，那才真正让人奇怪。所有国家都经历过，对垄断的酌处权很快就被用来区分"有利"和"不利"的垄断，而且当局更为关注如何保护它所认为有利的垄断，而较少关注如何避免不利的垄断。我怀疑是否存在真正值得保护的"有利"的垄断。但是，总是不可避免地存在着某种垄断，它们的过渡及暂时性质往往由于政府的操心而转变成一种永久性质。

但是，即使我们对政府针对企业垄断的任何特定行动只抱极少希望，情况也会变得更糟，如果政府有意识地促成垄断的发展乃至没有履行一个基本的政府职能，即由于授予对一般法律规则的豁免权而没有阻止强制行为，就像它长期以来在劳工领域内的所作所为那样。不幸的是，一个民主政体在经历了一个有利于某一特定团体的措施成为司空见惯的阶段之后，反对特权的理由成为反对一些团体的论据，这些团体最近受到公众的特别关照，因为据认为它们需要得到、也值得人们给予它们特殊的帮助。但是，毫无疑问，在最近，基本的法治原则无论在何处都没有像在工会的例子中那样受到普遍的破坏，而且后果如此严重。因此，工会政策将是我们将要考虑的首要问题。

第十八章 工会和就业

在长期反对其他的垄断之后，政府突然支持和促进广泛存在的劳动力垄断，民主政体不能容忍它，不能既控制它同时又不摧毁它，而且也许不能既摧毁它同时又不摧毁民主政体本身。[*]

——亨利·C.西蒙斯

1. 在略多于一个世纪的时间里，有关工会的公共政策从一个极端走向了另一个极端。从几乎没有工会可以做的合法事情——如果还说得上尚未完全禁绝的话——这样一个状态，我们现在到达了一个工会成为独一无二的、不再适用一般法律规则的特权机构的状态。它们成为政府在履行其基本职能方面——即在防范强制和暴力方面——明显失灵的惟一重要的事例。

最初工会能够呼吁诉诸一般的自由原则，[①] 后来，在停止对它们的一切歧视和它们得到了豁免特权很久之后，它们得到了自

---

[*] 引自西蒙斯的"汉森论财政政策"，收录于《一个自由社会的经济政策》(H. C. Simons, "Hansen on Fiscal Policy", reprinted form *J. P. E.*, Vol. L [1942], in *Economic Policy for a Free Society* [Chicago: University of Chicago Press, 1948])。

[①] 包括不加区别地支持结社自由的最"正统"的政治经济学家。特别是应参照麦

由主义者的支持。这一事实大大推动了上述的发展。在其他极少数地区，进步者是如此不情愿考虑某一措施的合理性，他们一般只是提问这一措施是否"拥护还是反对工会"，或者以通常的问法提问它是否"拥护或反对劳工"。[①]但是，只要稍加回顾工会历史，我们便易于理解，合理的立场必定介乎标志着工会演进过程的两大极端之间。

尽管如此，大多数人对究竟发生了什么事情知之甚少，以至于他们仍然支持工会的热望，相信他们是在为"结社自由"而斗争，而这一术语事实上已经失去了意义，真正的问题已经变为个人加入或不加入工会的自由问题。当前的困惑一部分是因为问题的性质变化迅速。在许多国家里，自愿的工人社团恰恰是在它们开始实施强制手段、胁迫不情愿的工人入会并把非会员排除在就业岗位之外后，才变为合法。大多数人大概仍然相信，一场"劳工纠纷"一般是指有关报酬和雇佣条件的意见分歧问题，但在多数情况下，惟一的原因是工会企图胁迫不愿入会的工人入会。

英国工会谋取特权的行动最为引人瞩目。在英国，1906 年的《劳资纠纷法》赋予了"工会享有民法责任豁免权，即使工会或

卡洛克的观点，见他的《关于工资率和劳工阶级的决定因素的论文》（J. R. McCulloch, *Treatise on the Circumstances Which Determine the Rate of Wages and the Condition of the Labouring Classes* [London, 1851]）第79—89页，他强调自由结社。对相关法律问题的古典自由主义立场的综述可参照班伯格的《从结社权利看工人问题》（Ludwig Bamberger, *Die Arbeiterfrage unter dem Gesichtspunkte des Vereinsrchtes* [Stuttgart, 1873]）。

① 有关工会的"自由主义"立场的典型描述见米尔斯的《新权贵》（C. W. Mills, *The New Men of Power* [New York, 1948]）第21页："在许多自由主义观念里，似乎存在一个隐约的思潮：'我不想批评工会及其领袖。我要为他们分清界限'。他们必定感到，这一界限把他们从那一大群共和党和右翼民主党分开，把他们划归左翼，保持了他们的社会清白。"

其职员犯下了最为令人发指的过失，简而言之，它给予每一个工会以没有任何其他人、其他协会及组织（无论是法人还是非法人）所享有的特权和保护"。① 类似有利的立法也帮了美国的工会的忙。在美国，最初是 1914 年的《克莱顿法案》豁免了《谢尔曼法案》中的反垄断规定对工会的约束；1932 年的《诺里斯—拉瓜迪亚法案》"走得如此远，以至于实际上确立了对劳工组织侵权行为的完全豁免权"；② 而且高等法院最后在一个关键性的裁决中维持了"工会在雇主前拒绝参与经济活动的权力要求"。③ 到了本世纪 20 年代，大多数欧洲国家逐渐出现了或多或

---

① 参阅戴雪著《法律和观点》（A. V. Dicey, *Law and Opinion*）第 2 版的导言，第 14—17 页。他进一步阐述道，法律"把工会变为一个特权组织，它享受对该国一般法律的豁免。国会在过去从未着意创造过享有如此特权的组织……它在工人中造成了灾难性的错觉：工人们的目标似乎应是获得特权，而不是获得平等。"也比较熊彼得在 30 年以后关于同一法律的评述，见《资本主义，社会主义与民主》第 321 页："在目前，要认识到这一措施在何等程度上惊动了那些仍然相信以私人财产权为中心的国家及法律制度的人们是困难的。因为在设立和平纠察岗方面放宽反对合谋的法律实际上等于把工会的胁迫行动合法化，而免予工会基金承担工会侵权行为所造成破坏的损失赔偿责任实际上等于通过立法规定工会干什么事都没错，因此这一措施事实上等于把国家的部分权威让位于工会，并赋予工会一种特权地位，而在形式上把豁免权扩展到雇主协会是无力影响工会这一特权地位的。"后来，北爱尔兰首席法官谈及同一法律，见麦克德莫特勋爵著《在英国法律下对权力形成的防范》（Lord MacDermott, *Protection from Power under English Law*[London, 1957]）第 174 页："简单地说，它把工会主义放置在与国王同等的特权地位，直至 10 年以前由于它以自身利益出发干下了恶劣的行径。"

② 见庞德的《工会的法律豁免权》（Roscoe Pound, *Legal Immunities of Labor Unions* [Washington: American Enterprise Association, 1958]）第 23 页，后来又收录于钱普林等人的《工会和公共政策》（E. H. Chamberlin, and oters, *Labor Unions and Public Policy* [Washington: American Enterprise Association, 1958]）。

③ 见杰克逊法官在《亨特诉克拉姆巴赫案》（Justice Jackson dissenting in *Hunt v. Crumbach*, 325 U. S. 831 [1946]）。

少同样的情况，其原因"很少在于法律的明文许可，更多的是当局和法院的默许"。[①] 到处都把工会的合法化解释为其主要目标的合法化，从而又承认了工会有权做对实现这一目标似乎必不可少的一切事情，亦即承认了工会有权垄断。人们越来越不把工会看作为一个追求合法和自私目标的、因而需要跟其他任何利益团体一样通过享有同等权利的竞争性利益团体来制衡的团体，而是被看作为一种其目标——即把所有劳工完全彻底地组织在一起——必须出于公众的利益而得到支持的团体。[②]

尽管在过去一段时间里，工会公然滥用自己的权力之类的事例常常触怒公众舆论，而且对工会赞同和不加批评的情感日渐消失，但公众肯定尚未意识到当前的法律状况是根本错误的，而且我们这个自由社会的全部基础受到了工会所僭取的权力的严重威胁。我们在这里不分析不久前在美国引起了很大关注的工会滥用权力的违法事例，尽管它们并非与工会依法享受的特权风马牛不相及。我们只分析那些工会在今天普遍拥有的权力，它们要么得到法律的明文许可，要么至少得到了执法者的默许。我们的论述将不针对工会本身，也不局限于针对目前被普遍承认为滥用权力的做法。但是，我们应当把注意力放到一些现在被广泛承认为合法权力的工会权力，即使它们还未成为"神圣的权利"。工会在

---

① 米瑟斯著《公共经济》（L. von Mises, *Die Gemeinwirtschaft* [2d ed.; Jena, 1932]）第 472 页。

② 也许没有几位同情工会的自由主义者敢于像一位来自英国工人运动的勇敢妇女那样如此坦率地说出显而易见的真理，即"工会的任务是反社会。如果工会官员和工会的各附属委员会停止把局部利益放在首位，工会会员们自然不满"。摘自伍顿著《计划经济中的自由》（Barbara Wooton, *Freedom under Planning* [London, 1945]）第 97 页。我在此不继续分析美国工会明显滥用权力的情况，请参阅佩特罗著《无限制的权力：工会领袖的腐败》（Sylvester Petro, *Power Unlimited: The Corruption of Union Leadership* [New York, 1959]）。

行使这些权力时所表现的较大节制这一事实,与其说弱化了毋宁说强化了人们反对它们的理由。在现有的法律状态下,工会可以造成比现在绝对多得多的损害。也恰恰是因为我们必须把情况没有更加恶化得多这一事实归功于许多工会领袖的节制和善意,所以我们才绝不能让现在这种状况继续下去。①

---

① 与几乎任何其他章节相比,我在本章中更可以利用在一个数量越来越大的、思想丰富的学者圈子里逐渐形成的主流观念——这是一些在动机和利益方面至少和那些在过去为工会特权而战的人一样同情工人的实际切身利益的人。尤其是应参见赫特著《劳资谈判理论》(W. H. Hutt, *The Theory of Collective Bargaining* [London, 1930]) 以及《经济学家和公众》(*Economists and the Public* [London, 1936]);西蒙斯著"一些有关工团主义的思考",载《政治经济学杂志》(H. C. Simons, "Some Reflections on Syndicalism", *J. P. E.* [1944] 卷 52,再版于《一个自由社会的经济政策》(*Economic Policy for a Free Society*);邓洛普著《工会控制下的工资决定》(J. T. Dunlop, *Wage Determiniation under Trade Unions* [New York, 1944]) 和《工资决定经济研究所和自由主义经济学》(*Economic Institute on Wage Determination and the Economics of Liberalism* [Washington: Chamber of Coimmerce of the United States, 1947]),尤其是其中瓦伊纳 (Jacob Viner) 和马赫卢普 (Fritz Machlup) 的论文;沃尔曼著《产业界的劳资谈判》(Leo Wolman, *Industry-wide Bargaining* [Irvington-on-Hudson, N. Y.; Foundation for Economic Education, 1948]);林德布罗姆著《工会和资本主义》(C. E. Lindblom, *Unions and Capitalism* [New Haven: Yale University Press, 1949]),比较迪雷克特的评述,见《芝加哥大学法律研究》(A. Director, *University of Chicago Law Review* [1950]),卷 18;邓洛普的论文,载《美国经济评论》(A. E. R. [1950]) 卷 40,和里斯的论文,载《政治经济学杂志》(P. E. J. [1950]) 卷 58;赖特编《工会的影响》(*The Impact of the Union*, ed. David Mc Cord Wright [New York, 1951]),尤其是其中弗里德曼 (Milton Friedman) 和哈伯勒 (G. Haberler) 的论文;马赫卢普著《垄断政治经济学》(Fritz Machlup, *The Political Economy of Monopoly* [Baltimore: Johns Hopkins Press, 1952]);里奇伯格著《工会垄断》(D. R. Richberg, *Labor Union Monopoly* [Chicago, 1957]);佩特罗著《自由社会的劳工政策》(Sylvester Petro, *The Labor Policy of the FreeSociety* [New York, 1957]);钱伯林著《工会权力的经济分析》

2. 允许工会所行使的、与一切在法治下的自由原则背道而驰的强制在根本上是对工人会员的强制，我们对此怎么强调也不为过。工会能够对雇主行使的任何真正的强制权力是它对其他工人拥有基本强制权力的结果；如果剥夺了工会胁迫其他工人非自愿地提供支持的权力，对雇主的强制就会失去大部分令人不快的特征。在此，成问题的既不是工人之间的自愿缔约权，也不是他们一致终止提供劳务的权利。但是，必须说明，虽然后一权利，即罢工权，是一个普通的权利，但几乎不能被视作为一种不可剥夺的权利。我们有很好的理由可以说明，在某些雇佣案例中应当把雇员放弃这一权利作为雇佣条件之一；也就是说，这类雇佣应当包含工人的长期义务，并且任何一致违背这类合约的企图应当是违法的。

任何掌握一个厂家或行业的所有潜在的工人的工会可以对雇主施加近乎无限的压力，尤其是在雇主已经把大量资本投资到专门设备的场合，这样一个工会实际上可以剥夺厂商的所有权，而

（E. H. Chamberlin，*The Economic Amalysis of Labor Power* ［1958］）；布雷德利著《不自愿参与工会主义》（P. D. Bradley，*Involuntary Participation in Unionism* ［1956］）；以及赖利著《国家权力和劳动关系法》（G. D. Reilley，*State Rights and the Law of Labor Relations* ［1955］），以上三篇著作均由美国企业协会再版（Washington，1958），一同再版的有与本书 409 页注①中庞德的小册子；罗伯茨著《在一个自由社会里的工会》（B. C. Roberts，*Trade Unions in a Free Society* ［London，institute of Economic Affairs，1959］）；此外还有达文波特著"自由社会里的工会"，载《幸福杂志》（John Davenport，"Labor Unions in the Free Society"，*Fortune* ［April，1959］），以及《劳动和法律》，载于同一杂志（"Labor and the Law"，ibid ［May，1959］）。有关一般的工资理论和工会权力的极限也可参阅希克斯的《工资理论》（J. R. Hicks，*The Theory of Wages* ［London，1932］）；斯特里格尔的《应用工资理论》（R. Strigl，*Angewandte Lohntheorie* ［Leipzig and Vienna，1926］）；以及邓洛普编《工资决定理论》（*The Theory of Wage Determination*，ed. J. T. Dunlop ［London，1957］）。

且几乎可以支配他的企业的全部收益——事情的确如此。[①] 然而，关键问题是，这绝不可能是出于所有工人的利益，除非出现了一个不大可能的情形：来自这种行动的全部收益被均等分配到他们的手中，不论他们是否被雇用。因此，工会若要做到这一步，它势必需要通过强迫一些工人违背自己的利益支持这种共同行动。

这里的原因在于，工人只有通过限制劳动力的供给，即通过保留一部分劳动力，才能把实际工资提高到一个高于本来会在自由市场形成的工资水平的水平。因此，那些会在较高的工资水平上受雇的工人，总是与那些只能相应地找到报酬较低的工作或根本找不到工作的工人的利益相互对立。

工会通常首先促使雇主同意某一工资，然后注意使没有人会以低于它的工资被雇用，这一事实说明不了多少问题。规定最低工资和其他旨在把那些只有接受较低的工资才能受雇的工人排除在外的手段是同样相当有效的。问题的本质在于，只有当雇主知道工会有把他人排除在就业市场之外的权力的时候，才会同意支付这一工资。[②] 在一般情况下，只有当所规定的最低工资（无论是由工会还是当局限定的）也高于所有愿意工作者能就业时的工资水平时，规定最低工资的行为才会使得工资水平高于其他情况下的工资水平。

虽然工会可能仍然以相反的信念行事，但它们在长期所能提高的所有愿意工作者的实际工资不能高于本应在自由市场里形成的工资水平，这在目前可谓毫无疑问——当然它们可以抬高货币

---

① 特别是参阅前面注释里提到的西蒙斯和赫特的著作。有关通过组建工会实现同等的谈判力量（劳资谈判力量的平等化）的必要性的旧论点无论曾经具有什么有限的效力，雇主投资规模扩大和专门化这两类现代发展，还有雇员的流动性日增（由于汽车的利用而变得可能）肯定破坏了这一效力。

② 必须强调这一点，特别是用来反驳林德布罗姆著作中的观点。

工资水平，但这样会带来一些我们在后文中将要分析的后果。如果把实际工资提高到自由市场工资水平之上，而且不仅仅暂时如此，那么只有某一群体可以从中受益，并且它必须以牺牲其他群体的利益为代价。因此，即使这一做法得到了所有人的支持，它也只是有利于局部利益。这意味着，那些吸收在严格意义上的自愿会员的工会，不能长期得到所有工人的支持，因为他们的工资政策不会符合所有工人的利益。因此，无权胁迫非会员的工会，不会强大到足以把工资强行抬高到所有寻找工作者都能就业时的工资水平之上，也就是抬高到在一个真正自由的劳动力市场上一般本应形成的工资水平之上。

但是，如果工会只能以失业为代价提高所有就业者的实际工资，那么在某些产业或者行业里，工会大概可以通过强制其他非成员就业者停留在报酬较低的就业岗位上而提高工会成员的工资。至于由此引起的工资结构扭曲程度到底有多大，我们很难道明。但是，如果不忘记某些工会认为以动用暴力的方式来避免非工会会员涌入它们的行业是适宜的，而其他工会能够收取高额入会费（甚或在行业中为目前在职会员的孩子保留工作岗位），那么我们大可不必怀疑这一扭曲会是非常可观的。重要的是，我们应该注意到，这类政策只是在相对兴盛和报酬丰厚的行业中才有成效，而且它们会因此导致富裕者对相对贫困者的剥削。尽管在任何单个工会的活动范围内，工会的活动也许趋向于拉平报酬差别，但是只要我们观察在主要工商业部门之间的相对工资关系，那么几乎不容置疑的是，当今的工会应在很大程度上对不平等的工资待遇负责，这一不平等是无谓的，完全是由工会特权造成的。[1] 这意

---

[1] 钱伯林，前引书，第4—5页。他正确地强调："毫无疑问，工会政策的一个效应……是仍然进一步降低真正低收入团体的实际收入，这些团体不仅包括低收入工资的领受者，也将包括作为'独立业主'和小商人的其他社会成员。"

味着它们的活动必然降低整体的劳动生产率，并由此降低一般的
实际工资水平，因为如果工会成功地把从事报酬较高工作的工人
数目维持在一个低水平之上，从而增加那些必须停留在报酬较低
工作岗位上的工人数目，那么其必然结果是，总体上的平均工资
水平变得更低。事实上，可以有把握地说，在那些工会很强大的
国家，一般的实际工资水平就会低于在不存在强大工会情况下的
水平。① 大多数欧洲国家的情况确实如此，那些国家由于普遍推
行带有"就业创造"特征的限制性做法，还强化了工会政策。

　　许多人仍然认为把一般工资水平提高得如此迅速是工会努力
的结果，并把这一点看作为显而易见和不容否认的事实。尽管存
在着这些理论分析的明白无误的推断以及经验性的反面例证，他
们仍然依然故我。比起工会势力强大时的情况，在工会势力较弱
情况下的实际工资往往要上升得快得多；此外，在一些未把工人
组织起来的个别工商行业里，工人的工资往往比在把工人高度组
织起来的、同样兴旺的行业上升得快得多。② 与实际情况相左的
普遍现象部分归因于，在今天，工人多数通过工会谈判才实现了
工资的提高，正是出于这一原因，人们以为只有通过工会谈判才
能提高工资，③ 导致这一现象的更大部分原因是，正如我们马上
要看到的那样，工会活动确实造成了超过实际工资升幅的货币工
资的持续上升。在不造成普遍失业情况下实现这种货币工资的上
升是可能的，这只是因为通常可以借助通货膨胀来消除普遍失业
的——确实，若要维持充分就业，必然会有通货膨胀。

---

① 比较本书中前面提到的马赫卢普的两篇论著。
② 最近一个突出例子是女佣的例子，众所周知，她们是未被组织的。在美国，
　女佣的年均工资（正如弗里德曼在赖特编的《工会的影响》第224页所说明
　的那样）在1947年比1939年增加了2.72倍，而在同一时期，高度组织的
　钢铁工人的工资只提高了1.98倍。
③ 比较布雷德利，前引书。

3. 事实上，工会借助工资政策所达到的要比人们一般信以为真的要少得多，然而他们在这一领域里的活动在经济上非常有害，在政治上也极其危险。他们行使自身权力的手法易于使得市场制度失效，并赋予自己对经济活动方向的控制权，这一控制权如若落在政府的掌心便很危险，但是，若由一个特定的团体来行使，那是不可容忍的。他们是通过影响不同工人团体的相对工资和不断保持上抬货币工资水平的压力才做到这一步的，这必然带来通货膨胀的后果。

对相对工资的效应通常是，每一个由工会控制的团体内部都产生较大的工资一致性和刚性，而在不同团体之间则出现较大的、非功能性的工资差别，这一过程伴随有对劳动力流动的限制，要么是其结果，要么是其原因。至于这也许会给特定团体带来好处，我们毋庸赘言，但是，这只会降低工人的生产率，由此也降低工人的总体收入。我们在此也不必强调，工会确保特定团体的工资维持较大稳定性的做法很可能给就业带来更大的不稳定性。重要的是，在各种工商业部门，工会权力的偶然差别不仅会在工人们之间造成无法从经济角度自圆其说的、严重的报酬不平等，而且带来不同产业之间的不经济的发展差别。在社会方面重要的产业，如建筑业，其发展将大受羁绊，而且明显不能满足迫切的需要，很简单，原因在于这些产业的特点为工会提供了从事强制性垄断的特别机会。[①] 由于资本投资最密集的地方，也是工会最强大的地方，它倾向于对投资起着遏制作用——目前，大约只有赋税有甚于它。最后，往往正是与企业串通一起的工会垄断成为对所涉及行业进行垄断控制的主要基础。

---

① 比较索博特卡的"工会对工资的影响：建筑工业"，载《政治经济学杂志》（S. P. Sobotka, "Union Influence on Wages: The Construction Industry", *J. P. E.* [1953]）卷 61。

当前工会主义发展的主要危险是，工会会建立对供给各类劳动力的有效垄断，妨碍了竞争成为一切资源配置的有效调节器，但是，如果竞争失去了作为这种调控手段的效力，那么它就应当由其他手段来代替。然而，对市场的惟一替代手段是当局的指令。这种指令权显然不可落到代表局部利益的个别工会的掌心，也不可由一个全体工人的统一组织充分行使，因为这样一来，这些组织不仅会成为一国之中最强大的力量，而且会成为一种完全统治国家的力量。然而，今天这样的工会主义，趋向于带来一种社会主义整体计划制度，这恰恰是几乎没有一个工会所希冀的，而且，避免这一体制的出现肯定符合它们的最佳利益。

4. 工会必须完全控制住他们所关心的各类劳动力的供给，否则工会就不能实现其主要目标；而且，既然服从这样一种控制不符合全体工人的利益，他们中就会有一些人必须违背自己的利益而行事。他们之所以这样做，在某种程度上仅仅是因为心理或道德压力，这助长了人们有关工会为所有工人都带来了好处的错误信念。当他们成功地制造了一种每位工人都应本着本阶级的利益支持工会活动的普遍气氛，强制就最终被接受为一种使得一个拒不顺从的工人履行其义务的合法手段。这里，工会依靠一种最为有效的工具，即这样一种神话：正是因为工会的努力，才如此迅速地提高了工人阶级的生活水平，只有通过工会的继续努力，才能进一步尽快地提高工人的工资。在这一神话的精心编织过程中，工会得到了其对手的积极支持。只有进一步看清事实，才能告别这一状态，至于能否做到这一步，还得看经济学家如何有效地使公众舆论摆脱偏见。

尽管工会施加的这种道德压力可能非常之大，但它仍然几乎不足以构成可造成真正损害的权力。工会领袖显然与那些研究这一方面的工会主义的学者们的看法一致：工会若要实现目标，就需要更为强有力的强制形式。给予工会真正权力的、被称为"组织活动"（在美国或称"工会安全"——个耐人寻味的委婉语）的东西，恰恰是工会为了事实上强制会员的目的而开发的强制诀窍。由于真正自愿的工会的权力应当只限于所有工人的共同利益，它们开始把主要努力放在强迫异己者就范。

如果工会没有得到受误导的公众舆论的支持和政府的积极帮助，它们就不可能做到这一步。不幸的是，它们在很大程度上成功地说服公众接受了把整个工人阶层吸纳到工会里不仅合法，而且符合公共政策的说法。但是，我们说工人有权组织工会，这并不等于说工会有权独立于各位工人的意志而存在。无论如何，如果工人觉得没有必要成立工会，这远非一场社会不幸，它反而是一个极为可取的状态。但是，工会的自然目标是劝诱所有工人加入工会，这一事实被诠释为：工会应该有权去干实现这一目标所必需的一切事情。类似地，工会努力确保更高的工资是合法的，这一事实被诠释为：应当允许他们干实现他们的努力目标所必需的一切事情。尤其是由于罢工已被承认为工会的合法武器，人们开始相信：必须允许他们干罢工成功所必需的一切事情。总而言之，工会的合法化开始意味着：被工会认定是实现其目的所必需的任何方法都应被看作是合法的。

工会当前的强制权力主要基于运用那些不容许用于任何其他目的的、与保护个人的私人权利领域对立的方法。首先，工会依靠——其程度要比通常所认为的要高得多——设置罢工纠察线作为恫吓手段。甚至连数目可观的所谓"和平"纠察岗也会具有性质严重的强制性，而且容忍它无异于为了工会自以为合法的目标的缘故而授予工会一项特权，这表现在以下事实中：那些本身不是工人的人可以、而且正利用这一权力来强制他人组建一个将由他们控制的工会，而且也可以把这一权力用于纯粹的政治目的，或向一位不受欢迎者发泄一种敌意。由于目标往往被认可而赋予这种做法以合法性，这不可以改变一个事实：它意味着对个人施加一种有组织的压力，而一个自由社会是不允许任何私人组织行使这一权力的。

除了容忍工会设立罢工纠察岗之外，使得工会有可能强迫个别工人就范的最主要因素是有关封闭型企业或工会企业以及类似企业的立法和司法可以惩处个别的工人。它们构成了一些行业限制协议，而且只有他们享受到对普通法律规则的例外豁免，他们才能成为"组织活动"的合法对象。立法往往走得过远，以至于它不仅要求由一个企业或者一个行业的多数工人的代表所达成的协议应对任何希望利用这一协议的工人开放，而且要求这一协议应适用于所有雇员，即使他们个人更愿意、也有能力达成不同的合同条款。[①] 对于不作为劳资谈判工具、而是仅仅用以强迫其他工人接受工会政策的所有派生性罢工和联合抵制，我们也必须把它们看作为不可苟同的强制方法。

此外，工会的大多数强制计策之所以能奏效，这仅仅是因为法律免除工人团体为其联合行动承担一般的责任，即要么准许它们免于组建正规的社团组织，要么明文规定这些工人组织可享受对适用于社团组织的一般法规的例外豁免。我们没有必要专门讨论当代工会政策的其他各个不同方面，比如工会为整个产业或在全国范围内的劳资谈判政策。它们的可行性基于上述做法，而且，如果取缔了基本的工会强制权力，这些做法就几乎肯定会销声匿迹。[②]

5. 几乎不可否认，在今天，工会的主要目的是通过使用强

[①] 至于工会如何强烈地阻止试验及逐步引入符合雇主和雇员双方利益的新的协定安排，我们几乎难以想象。比如，如果工会允许个人牺牲一部分工资来换取更高的安全度，一些工业部门可以从双方的利益出发同意采用"有保障的年度工资"，这本来是完全有可能的。

[②] 为了形象地描述美国当今许多劳资谈判的方式，钱伯林在本书 411 页注[①]所

制手段来抬高工资。但是，即使这是工会的惟一目的，在法律上
禁止工会也缺乏充分的理由。在一个自由社会里，人们必须容忍
许多不合意愿的东西，如果不通过歧视性立法就不能制止它们的
话。但是，甚至在今天，控制工资也不是工会的惟一职能；而
且，它们毫无疑问还可以提供一些不仅不招致反对，而且绝对有
用的服务。如果工会的惟一目的是通过强制措施抬高工资，那么
一旦剥夺了它们的强制权力，它们可能就会销声匿迹。但是工会
也有一些有用的职能需要履行，而且，即使仅仅考虑一下完全禁
绝工会的可能性，这也有悖于我们的一切原则，但指明这类行动
为什么没有经济基础，指明作为真正自愿和非强制性组织，工会
为什么可以有着重要的服务需要提供，这是可取的。事实上，只
要有效地防止工会使用强制手段，促使它们放弃当前的反社会目
标，它们就将很可能会完全发挥其潜在的用处。①

　　有拥有强制权力的工会也可能扮演一个有用和重要的角色，

　　列著作中打了一个绝妙的比方："也许通过想象将劳动力市场的窍门应用到
其他领域，这会是个什么样子，我们可能获得某些观点，如果甲与乙就销
售甲的房子进行讨价还价，而且甲被授予现代工会所拥有的特权，他便有
能力（1）与所有其他房主合谋不向乙提供其他替代性报价，在必要时使用
暴力胁迫他就范；（2）剥夺乙自己获取任何其他替代性报酬的权利；（3）
包围乙的房子，断绝所有的食品供应（除了邮包）；（4）阻止乙离开屋子，
以至于比如他是一个医生，也不能出售自己的劳务，无以谋生，而且（5）
抵制乙的业务。如果甲有能力实施所有这些特权，这会毫无疑问地加强甲
的地位。但是，任何人都不能把它们看作为'讨价还价'的组成部分——
除非甲是一个工会。"

①　比较佩特罗，前引书，第 52 页："工会能够、而且确实对雇员有用，而且它
们只是略微利用了自己有益于雇员的潜力。如果它们真的开始为雇员服务，
而不是胁迫和滥用雇员而败坏自己的名声，那么在确保和维持新会员方面，
它们的困难会比现在的要少得多。就像目前这副样子，工会坚持封闭型企业
制度等于承认自己确实没有很好地履行自己的职责。"

甚至在确定工资的过程中。首先，往往存在着提高工资和提供其他替代性好处两种选择。雇主可以以同等代价提供这种替代性的好处，只要所有或者大多数工人愿意放弃附加支付而更乐于接受替代性好处。至于个人在工资级别中的相对地位几乎经常同他的绝对地位同等重要，这也是事实。在每一个等级性组织里，多数人应当感觉到各种工种的计酬和晋升规则方面的差别是公正的，这很重要。① 确保意见一致的最有效途径应当是，在体现所有各种利益的集体谈判中对一般行动纲领达成一致。甚至从雇主的角度来看，也难以想象会有其他的途径来妥善协调这些在一个大型组织里存在的、所有应予注意的不同考虑，以议定一个满意的工资结构。大型组织的需要似乎要求劳资双方达成一系列标准条款，愿意利用它们的人都可以利用，而且也不排除在个案中订立专门条款。

除个人报酬问题之外，所有其他一般的劳动条件问题则更为如此。那些问题真正关系到所有雇员，应当出于雇员和雇主的双方的利益规定这些劳动条件，而且应当考虑到尽可能多样的欲望。一个大型组织在很大程度上必须按规则办事，而且如果这类规则是在工人的参与下订立的，它们就很可能最为有效。② 由于雇主和雇员之间的协议不仅规定了两者之间的关系，而且也规定了各种

----

① 比较巴纳德的"正规组织中身份体系的职能和弊病"，收录于怀特编《工业和社会》（C. I. Barnard, "Functions and Pathology of Status Systems in Formal Organizations", in *Industry and Society*, ed. W. F. Whyte [New York, 1946]），再版于巴纳德的《组织与管理》（reprinted in Barnard's *Organization and Management* [Cambridge: Harvard University Press, 1949]）。

② 比较斯利克特著《在自由社会里的工会》（Sumner Slichter, *Trade Unions in a Free Society* [Cambridge, Mass. 1947]）第12页，作者分析，这类规则"为工业界引入了相当于公民权的东西，而且它们大大拓宽了在法治下的、而不是心血来潮的人类活动范围。"另参阅古尔德纳的《产业管理制度的模式》（A. W. Gouldner, *Patterns of Industrial Bureaucracy* [Glencoe, Ⅲ., 1954]）第1章第11节，尤其是其中有关"法治"的论述。

雇员团体之间的关系，如果我们赋予这一协议以一个多边协议的性质并且在某些方面，如在投诉程序方面，规定某种程度的雇员自治管理，这往往是适宜的。

这样，工会最后还从事最古老和最有益的活动：它们作为"友好社团"负责帮助会员防范特殊的行业风险。从任何角度来看，都应把这一职能看作为一种极其可取的自助形式，尽管福利国家也逐步接受了它。然而，至于上述某项论点是否足以说明比起一个厂家或公司的工会来，规模更大的工会会有更大的存在合理性，我们在此必须撇开不谈。

还有一个完全不同的问题，我们在此也只能捎带提及。这就是工会要求参与企业的经营领导的问题，在"产业民主"名义下，尤其是在最近的"参与决定"的名义下，它尤其在德国，在略低程度上也在英国得到了厚爱。它表明，19 世纪社会主义的工团主义派别的思想出现了引人瞩目的复活，这一派别是这一学派里思想最不成熟、最不现实的派别形式。这些思想在表面上有某种吸引力，但是如果我们仔细考察，它们便露出了内在矛盾。一家企业或者一个工商部门的运作不能既出于某个特定雇员群体的长期性的利益，又同时必须服务于消费者的利益。此外，对企业领导的有效参与是一种全日制职业，而且无论是谁，只要他从事于这门职业，不久便将不再能够代表一个雇员的观点和利益。因此，不只是从雇主的角度来看应当拒绝这种计划；至于美国的工会领袖们为什么如此坚定地拒绝承担业务经营的责任，自然就有非常好的理由。但是，如果读者想进一步充分地探讨这一问题，我们必须提请读者参阅所有有关这一问题的现有的详尽研究资料。①

---

① 特别是参阅伯姆的"在企业中工人的经济参与决定权"，载《秩序》卷 4（Franz Böhm, "Das wirtschaftliche Mitbestmmungsrecht der Arbeiter im Betrieb", *Ordo*, Vol, IV, ［1951］）以及博里夫斯的《在资本主义和工团主义之间》（Goetz Briefs, *Zwischen Kapitalismus und Syndikalismus*［Bern, 1952］）。

6. 只要一般舆论认为工会强制是合法的，那么保护个人免受任何工会强制也许就是不可能的，但是，这一方面的大多数学者同意，在法律和司法中的较少变动，正如它们可能最初似乎如此，足以在现今的形势下引发一场具有深远的、可能是决定性意义的变化。① 只要剥夺了明确赋予工会的特权，或者剥夺了被工会僭取的、法院所容忍的特权，就已经足以剥夺它们正在行使的、更为严重的强制权力，并足以把它们的合理的自私利益引导到对社会有利的轨道上来。

为此，我们最基本的要求是保障真正的结社自由，而且不管强制行为是为了还是针对某一组织，不管它是由雇主还是雇员施加的，都应对它一视同仁，把它看作为非法行为。应当严格遵循不能借助目的而为手段开释的原则，即遵循工会的目标不能成其为不服从一般法律规则的理由的原则。在今天，这首先意味着，应当禁止设置较大数目的罢工纠察岗的行为，因为这不仅是暴力行为的主要和通常的根源，而且即使它采取的是最和平的形式，它也是一种强制手段。此外，应当不允许工会把非工会会员排斥在就业岗位之外。这就是说，应当把封闭型企业和工会企业协议（包括其他类似形式的协议条款，如"维持会员资格"和"优先雇用"条款）看作为行业限制协议，并且不对它们提供法律保护。从任何角度看，它们与禁止工人参加工会的"黄狗协定"异曲同工，通常已遭法禁。

宣布所有这些协议无法律效力会排除派生性罢工和集体联合抵制的主要目标，使得这些形式或类似形式的压力失效。但是，也有必要取缔所有有关与一家厂家或一个行业的多数工人的代表订立的协议对所有雇员有约束力的法律规定，剥夺所有有组织的

---

① 参阅本书前面提到的瓦伊纳、哈伯勒和弗里德曼的论著以及佩特罗的著作。

团体订立对没有自愿授权的他人具有约束力的协议的权利。[①] 最后，必须由那些掌握决定权的人来承担对有违协议义务或一般法律的有组织的一致行动的责任，不管所采取的有组织行动的特定形式如何。

坚持认为任何使得某些类型的契约无效的立法违犯契约自由原则，这不会有说服力。我们在前文中（在第十五章）已经看到，这一原则从不意味着所有协议都有法律约束力和强制力。它仅仅意味着，必须按照同样的一般规则来裁定所有协议，不得授予任何当局许可或不许可某些协议的支配权。应由法律剥夺其效力的协议包括行业限制协议。封闭型企业和工会企业协议也明显属于这一范畴。如果立法、司法和行政当局的容忍没有造成工会特权的话，那么在习惯法国家大概就不会产生对工会进行专门立法的必要性。这一必要性的存在是一件非常令人遗憾的事情，而且信仰自由者会抱着怀疑的态度看待任何这类立法。但是，一旦某些专门的特权已成为国法的一个组成部分，它们就只能通过专门立法得以重新消除。尽管应当没有必要立法通过专门的"劳动权利法"，但是很难否认，美国的立法和高等法院的判决所酿成的局面也许使得专门立法成为恢复自由原则的惟一可行的途径。[②]

在任何给定的国家里，为恢复劳工领域内的结社自由原则所必需的专门措施将取决于该领域本身的发展所酿成的局面。美国

---

① 在这一领域内，这类对第三者具有约束力的协议与通过"公平贸易"法规对非签署者强加价格保障协议一样招致反对。

② 如果这种立法要和我们的原则一致，它就不应超越把某些协议宣布为无效的范围，这已经足以消除所有谋求得到这些协议的托辞。它不应像《劳动权利法》这一名称暗示的那样，给予个人以某种就业的权利要求，甚或给予一项要求赔偿的权利（就像美国的一些州的法律规定），如果他被拒绝得到某项工作岗位，而且这种拒绝本来根据其他理由并不是非法的。对这类规定的异议与对《公平就业惯例》规定的异议同理。

的局面特别令人感兴趣，因为在对工会强制的法律承认方面，美国的立法和高等法院的判决大概要比任何其他地方走得更远，[①]而且美国在向行政当局授予基本上不负责任的酌处权方面也走得很远。但是，有关进一步的细节，我们必须提请读者参阅佩特罗教授的重要论著《自由社会的劳工政策》，[②] 该书详尽地阐明了应该进行哪些改革。

尽管为了遏制工会的有害权力，所需要的所有改变无非是使得工会必须服从也同样适用于其他任何人的一般法律原则，但现有的工会毫无疑问会全力抵制。他们知道，能否实现他们当前的愿望恰恰取决于他们的强制权力，而若要维持一个自由社会，就应限制这一权力。但是，事情还不至于到达不可救药的地步。目前存在着一些发展趋势，它们迟早会向工会证明，当前的局面是不能持久下去的。工会会发现他们面对各种不同的发展选择，而从长远角度来看，比起继续他们的当前政策来，工会更应遵守力戒一切强制行为的一般原则，因为继续当前的工会政策必定会导致两种不幸的后果中的一种后果。

7. 从长远看，工会不能根本改变所有工人能够挣得的实际工资的水平，事实上，工会更多的是降低而不是提高这一实际工资水平，但是货币工资水平却不是同一回事。对于货币工资，工会活动的效果取决于各项决定货币政策的原则。考虑到那些今天已被广泛接受的学说以及可以据此预期的货币当局的政策，几乎不容置疑，当前的工会政策必定导致持久和日趋严重的通货膨胀。其主要原因在于，占统治地位的"充分就业"学说明确开脱

---

① 参阅伦霍夫的"在欧洲的强制性工会主义问题"，载《美国比较法杂志》卷 5（A. Lenhoff，"The Problem of Compulsory Unionism in Europe"，*American Journal of Comparative Law*，Vol. V [1956]）。

② 参阅佩特罗，前引书，第 235 页及其后，以及第 282 页。

了工会对任何失业的责任，并把维持充分就业的义务压到货币和财政当局的头上。然而，后两者能够避免工会政策带来失业问题的惟一途径是，通过通货膨胀来对付工会引起的任何实际工资过度上升势头。

为了理解我们被带入的局面，我们有必要简单注意一下"凯恩斯"型充分就业政策的知识源泉。凯恩斯勋爵的理论发展是以以下正确的洞见为出发点的：大量失业通常是因为实际工资过高。他的下一步思考是，只有通过斗争才能实现直接降低货币工资，但这场斗争将是如此痛苦，如此旷日持久，以至于人们无法对它从长计议。于是，他从中得出推论，必须通过一个货币贬值过程降低实际工资。这事实上是整个"充分就业"政策的依据，它在今天已受到了如此广泛的公认，① 如果劳工阶层坚持过高的货币工资水平，以至于不能实现充分就业，那么当局必须增加货币供应量，以使价格上升到一个通行货币工资的实际价值不高于寻找就业者的生产率的水平。实际上，这必然意味着，在试图竞相赶超货币价值的过程中，任何单个工会将决不放弃进一步提高工资的做法，这样工会的整体努力就会导致日趋严重的通货膨胀。

甚至当个别工会只想阻止任何特定团体的货币工资下降时，这也会发生。当工会使得这类工资降低无法实现时，而且正如经济学家所说的那样，工资便普遍呈现"向下刚性"，那么由于情况的不断变化，就有必要实现所有不同团体的相对工资变化，而且必须采取提高除了必须降低其实际工资的那一团体之外的所有其他团体的货币工资的方式。此外，货币工资的普遍上升以及随后

---

① 参阅哈伯勒和拙文，收录于经济发展委员会编《美国经济发展问题》卷 1 (*Problems of United States Economic Development*，ed. by the Committee for Economic Development，Vol. I [New York，1958])。

的生活开支的增加总是导致各团体试图提高货币工资，即使必须降低实际工资的那一团体也一样，这样一来，必然会陆续发生几番工资攀升，直到重建正确的工资关系为止。由于总是出现调整相对工资的必要性，单单这一过程就已经导致了工资——价格的螺旋式上升，从二战以来，也就是从充分就业政策得到公认以来，这种现象一直很盛行。①

人们有时把该过程描述为，似乎是提高工资直接引起了通货膨胀。这是不对的。如果不扩张货币供应量和信贷供给量，工资的提高会迅速导致失业。但是在一种为保障在任何给定工资水平上的充分就业而把提供充足的货币看作货币当局的职责的学说的影响下，任何一轮工资提高都会导致进一步的通货膨胀，这在政策上是不可避免的。② 或者说，通胀是不可避免的，直到价格上涨足够引人瞩目和足够持久，以至于在公众中引起严重的不安。随后，当局才会付出努力，启动货币政策刹车。但是，由于这样一来经济到这时已根据会出现进一步通货膨胀的预期调整过自己，而且现有的就业状况取决于进一步的货币扩张，停止货币扩张的尝试会迅速导致大量的失业。这又带来新的和不可抵抗的、走向更大通货膨胀的压力。而且随着通货膨胀剂量越来越大，可

---

① 比较布朗的《大通货膨胀（1939—1951 年）》（Arthur J. Brown, *The Great Inflation*, 1939—1951 [London, 1955]）。

② 参阅希克斯的"工资政策经济基金会"，载《经济学杂志》第 65 期（J. R. Hicks, "Economic Foundtions of Wage Policy", *E. J.*, LXV [1955]），特别是在第 391 页："我们现在生活的世界是一个货币体系变得相对灵活的世界，以至于它可以自行适应工资的变化，而不是反向适应。不是实际工资必须适应一个均衡水平，而是货币政策会调整货币工资的均衡水平，使得它与实际工资水平一致。几乎可以不夸张地说，我们不是处于金本位制度当中，而是在劳工本位制度当中。"但是，也请参阅同一作者在后来的文章"工资的不稳定性"，载《三大银行评论》第 31 期（"The Instability of Wages", *Three Banks Review*, No. 31 [September, 1956]）。

以在较长时间里避免出现本来会由工资压力造成的失业。对于一般公众，他们似乎会以为，持续加剧的通货膨胀是工会工资政策的直接后果，而不是试图消除这些后果的后果。

尽管这样工资和通货膨胀之间的竞赛很可能还会继续走一阵子，但它不能无休止地走下去，人们最终会开始认识到，应以某种方式使它停顿下来。应拒绝考虑通过引起大规模的长期失业来打破工会的强制权力这样一种货币政策，因为它会带来政治和社会灾难。但是，如果我们不及时从根本上遏制工会权力，工会不久就会面对着一种必须采取措施的要求。对于个别工人，如果说不是对于工会领袖的话，这些措施会比工会屈从法治更为苦涩：人们的要求不久就会大声疾呼，要么由政府规定工资，要么完全取缔工会。

8. 在劳动力领域，如同在其他任何领域一样，排斥作为调控机制的市场会使得由一个行政命令体系来取代它成为必要。哪怕只是为了近似地实现市场的秩序协调职能，这种命令就不得不去协调整个经济，因此最终不得不来自一个惟一的中央当局。尽管这一当局也许最初只关心劳动力的配置和报酬，但它的政策必然导致把整个社会转变为一个集中计划管理制度，造成所有相应的经济和社会后果。

在那些一段时间以来已存在通货膨胀趋势的国家里，我们观察到人们对"总体工资政策"的要求变得越来越频繁。在这些趋势最为明显的国家，尤其是在英国，一般应当通过一项"统一政策"来确定工资，归根结底，也就是说必须由政府来确定工资——这似乎成为左翼知识分子领袖所接受的信条。[①] 如果以此

---

①　参阅贝弗里奇的《在一个自由社会里的充分就业》（W. Beveridge，*Full Employment in a Free Society* [London，1944]）；约瑟夫和卡尔多：《战后的经济重建》（M. Joseph and N. Kaldor，*Economic Reconstruction after the War* [London，1943]），系为公民教育协会出版的手册；伍顿著《工资政策社会

方式不可逆转地剥夺了市场的职能，那么除了由当局确定工资之外，就没有其他有效的方法可以用来在所有的行业、地区和职业部门配置劳动力。通过建立一部拥有强制权力的调解仲裁机器和设立工资委员会，我们一步步地滑向一种通过当局的实质上专断任意的决定来确定工资的状态。

所有这一切无非是当前工会政策的必然后果，这些工会为一种想看到根据某种"公正"设想，而不是由市场力量来确定工资的愿望所引导。但是，没有一个有运作能力的制度可以允许一伙人以暴力威胁来强行推行他们自认为应有的东西。而且如果不只是一些特权团体，而是大多数重要的劳工团体被有效地组织起来而参与强制行动，那么允许每一团体独立行事就不仅会带来不公正，而且也造成经济混乱。如果我们不再能够依靠市场以非人为的方式确定工资，那么维持一个有生存能力的经济制度的惟一途径就是由政府专断任意地确定工资。这样一种工资确定必定是任意性的，因为这里不存在可适用的客观公正标准。[①]如同所有其他价格或劳务一样，在对所有寻找工作者敞开工作机会条件下的工资

基础》（Barbara Wootton, *The Social Foundations of Wage Policy* ［London, 1955]）；以及关于当前讨论的现状，杰克著"一项工资政策是可取和可行的吗？"，载《经济学杂志》（D. T. Jack, "Is a Wage Policy Desirable and Practicable?" *E. J.* ［1957]）卷68。这一发展的一些支持者似乎相信，也许可以通过所有工会的共同行动实施"工人阶级"这一工资政策。这一安排似乎既十分可能，也不可行。许多工人团体当然会反对通过全体工人的多数表决来决定它们的相对工资，而允许这一安排的政府实际上会由此向工会移交所有的经济政策控制权。

① 比如参阅伍顿的《在计划经济中的自由》第101页："但是持续使用如'公平'之类的概念是非常主观的；没有得到普遍承认的伦理模式可供采用。倒霉的仲裁法官负责'公平和无派性地'行事，由此被要求在不能确定它们的内涵的情况下表现自己的这些品质，因为除了存在于被公认的法典的术语中，根本就没有公平和无派性这类东西。既然无规则可循，也就谈不上有无派性。在打板球时，只有当规则存在时，人们才能进行裁判。或者在一场拳

率与一个可确定品行或与一个独立的公正尺度并不匹配，而是必须取决于一些谁都不能控制的条件。

9. 一旦政府开始规定整个工资结构，而且因此被迫控制就业和生产，工会目前的权力就将大大被损害，其程度要比它对相关法律的服从大得多。[①]在此，为了改善局面，我们真正所需的全部东西就是重返法治原则和立法及执法当局坚定不移地坚持这些原则。

但是，这条路还走不通，因为有人提出了在所有时髦理由里属于最荒谬的一条理由，即"我们不能使时光倒流"。人们不禁想了解，习惯于这一老调的人是否意识到，它所表达的是我们不能从失误中接受教训这样一个灾难性的信条，等于最为怯懦地承认我们无力利用我们的智慧。我怀疑一个目光远大的人会不相信另有满意的解决办法可供多数人审慎选取，如果他们充分了解到当前的局势将走向何处的话。有迹象表明，一些有远见的工会领

击中，只有当禁止某些落点，如在腰部以下部位的落点，人们才能进行裁判。但是，像在决定工资方面就不存在规则和法典，那么对无派性的惟一可能的解释就是保守主义。"也请比较沃克的《澳大利亚的产业关系》（Kenneth F. Walker, *Industrial Relations in Australia* ［Cambridge：Harvard University Press，1956]）第 362 页："人们提请工业法庭——这与普通法庭相反——对不仅没有确切的法律，而且甚至没有任何公认的公平或公正标准的事务作出判决。还有威廉斯女士著《"公平"工资的奥秘》，载《经济学杂志》卷 66（Gertrud Williams ［Lady Williams]，"The Myth of 'Fair' Wages"，*E. J.*，Vol. LXVI ［1956]）。

① 见佩特罗，前引书，第 262 页及其后，尤其是第 264 页："我将在本章中阐明劳工关系中不存在法治；在那里，有人有权只在例外情况下出庭，无论他如何无法无天，作恶多端。"又见第 272 页："国会给予全国劳工关系委员会和它的总理事会拒绝受害者的出庭作证要求的任意权力，国会向受到联邦法律所禁止行为的伤害的人关上了联邦法院的大门。不过，国会不阻止那些被非法伤害者在州法院里寻找他们所能找到的任何补救办法。联邦最高法院粉碎了人人必须出庭的理想。"

袖也开始认识到，如果我们不想坐视自由遭到愈来愈严重的毁灭，我们就必须扭转这一发展势头，下定决心恢复法治，而且为了挽救工会运动中有价值的东西，工会必须放弃曾经引导了它们这么久的幻想。①

只有现行政策重新遵循已放弃的原则，我们才有可能消除对自由的严重威胁。亟需办理的事情是改变经济政策，因为在当前形势下，由于紧迫事件接踵而至，似乎为政府的短期需要所要求的战术性决定只能把我们进一步带入专断控制措施的荆棘丛。事实将证明，那些由于追求自相矛盾的目标而所需服用的镇痛剂的累积效果在战略上必定是毁灭性的。如同所有经济政策问题一样，我们也不可以通过在个别问题上的专门决策来满意地解决工会问题，而是只能通过自始至终地运用一种在所有领域内得到统一遵循的原则来解决。能维护一个自由社会的，只有一种这样的原则：除了可以强制贯彻对所有人同等适用的一般的抽象规则之外，要严防任何其他强制。

① 据说英国工会大会的主席格迪斯（Charles Geddes）先生大概在 1955 年说过："我并不相信英国工会运动可以在强制基础上持续一个非常长的时期。无论人们是否喜欢我们的政策，他们要么加入我们的行列，要么就饿死？不，我坚信工会证是一种被授予的荣誉，而不是一种提示不管你喜欢与否你都得做一些事情的标识。我们想有权在必要时把一些人排除在我们的工会之外，而我们不能在'要么入会要么饿死'的基础上这样做。"

第十九章　社会保障

> 建立旨在救助那些贫困潦倒者的社会安全网的信条，被那种我们当中那些有相当自立能力的人为也应公平分享的信条搞得毫无意义。[*]

—— 《经济学家》杂志

1. 很久以来，西方国家就已把向那些由于自己无法控制的因素而受到严重的贫困或饥饿威胁的人提供某些救济看作为社会的责任。随着大城市规模的扩展和人员流动日增解除了原有的近邻关系的纽带，那些最初用来满足这一需要的地方性制度安排变得不再适应；而且（如果地方当局的责任不是妨碍流动的话），国家必须在全国范围内组织这些服务，并为此设置专门的主管当局。今天，作为公共援助和救济为我们所知的东西也以各种形式存在于所有的国家，它们无非是根据现代的条件改头换面后的济贫法。在工业社会里，这类制度安排的必要性是毫无疑问的——哪怕它仅仅出自那些要求防范贫困者产生绝望行为的人的利益。

这一救济范围不会继续局限在那些无力供养自己的人（即"无辜贫困者"，正如人们通常所称呼的那样），在比较富裕的社

---

* 摘自《经济学家》杂志，伦敦，1958 年 3 月 15 日，第 918 页。

会里，目前发放的救济金额要比维持生活和健康所绝对必需的金额来得高，这可能在所难免。我们也必须料到，由于可以获得救济，这引致某些人疏忽了他们为防范紧急事件本应能够自己做好的准备。这样，对那些可能提出帮助要求，但本应能够自行供养的人，应当要求他们自行供养，这似乎是惟一合乎逻辑的。一旦关心老年、失业、疾病等情况下的最迫切需要成为公认的公共义务，而不论个人能否或应否自己做好准备，尤其是一旦所确保提供的帮助程度已经过高，以至于个人放松了自身的努力，那么应该强迫个人为自己通常的生活风险投保（或以其他方式预先准备），这似乎是顺理成章的。这里的理由并不在于应当强制人们去做合乎他们自己利益的事情，而是在于疏忽防范风险问题会给公众造成负担。同样，我们要求汽车司机为第三方责任风险投保，这一考虑不是出于他们的利益，而是出于那些由于他们的行为而可能受害的其他人的利益。

一旦国家要求每个人必须采取某种预防措施，而在过去仅仅一些人这样做，那么国家也应该在发展适当的制度方面提供支持，这似乎有着充分的理由。由于这是一项国家措施，是国家推动了加速发展，要不然发展将会迟缓得多，而且，人们把为试验和开发新型制度的开支与在其他有关公共利益领域内的研究开支或知识传播开支同等看待，把它们都看作为公共机构的责任。那些出于这一目的而从国家财政里拨付的扶助金应当是暂时性的，它是一种补贴，它的意图应当是促进一种因公共决策造成的加速发展，而且它只是为一个过渡阶段而安排的，它应当在现有机构发展壮大之后到能满足新的需求时而终止。

到这里为止，对整部"社会保障"机器的合理性评述也许能为最坚定不移的自由卫士所接受。尽管许多人认为走得这么远是不明智的，但我们不能说这与我们所申明的原则相抵触。像上述那样的计划虽然会涉及到某种强制，但是这种强制只是防范有人出于其本身利益对他人施加更大的强制；并且该论点不仅基于强迫个人为他们自己的需要作出更有效的预防的任何愿望，而且基于个人不愿受周围同胞的极端困难牵累的欲求。

2. 只有当"社会保障"的拥护者继续迈进了一步，才出现了严重的问题。早在 19 世纪 80 年代德国"社会保险"的初创阶段，国家不仅要求个人必须防范那些如果个人不加以防范就需要国家承担的风险，而且还强制个人必须从一家统一由政府管理的组织来接受这一保护。尽管有关这一新型组织的灵感来自那些由工人自发创建的机构，尤其是在英国，尽管在也涌现出这类机构的德国的有关领域——尤其是在医疗保险领域——它们被允许继续存在，但是政府决定，只要有必要推进新的发展，如为老年、工伤事故、无工作能力、无独立生活能力和失业等方面提供保障，就应当采用统一组织的形式，这一组织将是提供保险服务的惟一机构，并且所有那些应受保护者都必须加入该组织。

因此，这意味着，"社会保险"从一开始就是法定义务保险，而且投保人是义务性地成为一家由国家控制的统一组织的成员。这一决定一度颇有争议，但是人们现在通常认定它是雷打不动的，其主要原因是，人们想当然地认为这样一个统一组织的运行效率会更高，管理也简便（即经济性）。往往有人声称，这是一下子为所有的需要者提供足够保障的惟一途径。

这一论点虽有其合理之处，但不能令人信服。在任何给定的时刻，由当局所能筛选出来的最优秀专家设计一个统一的组织，它会是当局能够设立的最有运行能力的组织机构，这也许是正确的。但是，如果把它作为一切未来发展的惟一出发点，而且那些最初负责人还成为裁决今后需要何种改变的惟一法官，它似乎就很可能不能长期行之有效。如果有人相信，从长期来看，做任何事情的最佳和最便宜方式可以通过预先设计来解决，而不是通过不断地重新评价可支配资源来确保，这是错误的。随着时间的流逝，所有受到保护的垄断会失去效率，这一原则无论在哪里都适用，这里也一样。

　　如果我们在任何时候都想确保尽快地实现已经肯定有把握实现的一切事情，那么有意识地把所有资源组织在一起并用于这一目的，这确实是最好的办法。在社会保障领域，依靠适当制度的逐渐演进无疑会意味着，好些个人需要在一段时间内不能得到足够的重视，而换成一个集权组织的话，它们本会立即得到照应。急于求成的革新者只有即刻消除一切可以避免的弊端才能后快，因此对于他，惟一适宜的方法似乎是创建一个单一的机构，全权去做现在可做的事。但是，从长远看，即使在某一特定领域内取得了成果，我们不得不为此付出的代价也可能非常高昂。如果我们由于它的直接覆盖面更大的缘故而把管理社会保障的职责交付一个单一的综合性组织，那么我们很可能会阻碍其他组织的发育，而后者对福利的贡献也许会比前者更大。①

　　如果说最初支持单一的法定组织主要是基于对效率的强调，那么该组织的拥护者的内心从一开始就明显有着其他的考虑。事实上有两种有联系，但不同的目的，拥有强制权力的政府组织可以实现它们，但对于任何经营机构来说则是鞭长莫及。一个私人保险机构只能基于协议供给某些特定的保险服务，也就是说，它所提供的保险服务只是用来满足一种其产生与投保人的有意行为无关的，并且可按客观尺度衡量的需要；而且，它以这一方式只能为可预见的需要情况提供保险服务。无论我们如何扩充一个真

①　比较马歇尔在皇家老年贫民委员会上对一般养老方案的睿智剖析（1893年），见凯恩斯编《马歇尔的官方文件》（*Official Papers by Alfred Marshall*，ed. J. M. Keynes [London，1926]）第 244 页："我对它们的反对理由是，它们的教育效应尽管实际存在，但只是间接的；它们会很费钱；而且它们内部并不孕育走向自行消亡的种子。我担心，如果开始实施，它们就容易成为一种永久安排。我把这一贫困问题只看作为人们上进过程中的稍纵即逝的坏事；我不喜欢任何一种在开始运作后其内部并未孕育随着贫困的根基日渐萎缩自己也日渐萎缩根基的制度安排。"

正的保险制度，投保人将绝不会得到多于私人保险机构为满足协
议规定的要求所提供的东西，也就是说，投保人得不到根据某种
对他的境况的评判应当需要的东西。与此相反，一个垄断性政府
保险服务机构遵循按需分配的原则，不管是否存在协议规定的要
求。只有这种拥有酌处权的机构才有能力向个人提供他们"应
该"拥有的任何东西，或者使得他们做任何"应"做的事情，从
而达到统一的"社会水平"。它也会有能力在人员或团体之间以
似乎可取的方式实行收入再分配，这是第二个要点。尽管任何保
险意味着一种风险分摊，一种竞争性的私人保险永远也绝不会导
致从一个事先指定群体向另一群体的有意识的收入转移支付。①

　　在今天，这种收入再分配已经成为那种仍被称为社会"保

---

①　比较伯恩斯的"私人和社会保险以及社会保障问题"，载《加拿大的福利》
（Eveline M. Burns, "Private and Social Security", *Canadian Welfare* ［February 1 and March 15, 1953]），再版于《社会保障制度分析：在众议院方式
与手段委员会的一个下属委员会前的听证》（*Analysis of the Social Security
System: Hearings before a Subcommittee of the Committee on Ways and
Means, House of Representatives* ［83d. Cong., Ist sess., No. 38458,
Washington: Government Printing Office, 1954]）第 1475 页："这种事情不
再是向每个人提供一个机会，允许他根据保险统计员计算的应收保险费总额
决定购买多少保护。不同于私人保险商，政府不受竞争恐惧的制约，而且可
以放心地在统一费率的基础上发放分级保险金，或者歧视某些受保险团
体……在私人保险业里，保险公司的意图是通过向人们出售某些他们所想要
的东西而获利。决定任何诸如保险条件的基本尺度会对公司持续生存产生影
响。显然，如果该公司要在一个竞争世界里继续经营，它必须提供人们认为
值得为之支付的服务，它必须这样来运作以能够承兑它所提供的担保，一旦
它必须承兑时……在社会保险领域，目的是不同的。"比较同一作者的"在
进化中的社会保险"，载《美国经济学评论》卷 45，附录（"Social Insurance
in Evolution", *A. E. R.*, Vol. XLV, Suppl. ［1944]），以及她的著作《社
会保险和公共政策》 （*Social Security and Public Policy* ［New York,
1956]）；哈根布赫：《社会经济学》 （W. Hagenbuch, *Social Economics*
［Cambridge: Cambridge University Press, 1958]）第 198 页。

险"的东西的主要意图——这是一种误称,即使在这些制度的早期初建阶段。美国在 1935 年引入这一制度时,"保险"这一术语由于"营销天才的灵机一动"[1] 而被留用,简而言之是为了使得它更受欢迎。它从一开始就与保险几乎无甚干系,而且也从那时起丧失了它也许曾经具有的与保险的任何相似之处。今天,大多数原本开始于某种与保险有着更近的亲缘关系的制度的国家,情况也同样如此。

尽管收入再分配绝不是社会保险机构公开承认的最初意图,它现在已经到处成为一种实际的、被认可的目标。[2] 没有一个垄

---

[1] 参阅梅里亚姆和施洛特贝克的《社会保险的成本和资金》(L. Meriam and K. Schlotterbeck, *The Cost and Financing of Social Security* [1950])第 8 页:"社会保险的赞成者接受'保险'这一术语是营销天才的灵机一动。因此,社会保险利用了私人保险的善意,而且通过设立一种储备基金为自己披上了一个财大气粗的外衣。但是,在事实上,养老和人寿保险的实力不是建立在社会保险储备基金的基础上,而是建立在联邦的征税及借债权力的基础上。"

[2] 比较美国社会保险委员会的社会保障专员、前主席奥特迈耶博士 (Dr. A. J. Altmeyer) 的说法,见本书前页注释中所引用材料之第 1407 页:"我暂时不建议应该把社会保障基本上作为一种收入再分配方法使用。该问题不得不受到累进税的直接而正面的冲击……但是我也非常赞成采用累进税来弥补一大部分的社会保障开支。"拉罗克也有类似的观点,见"从社会保险到社会保障:在法国的演进",载《国际劳工评论》卷 57 (M. P. Laroque, "From Social Insurance to Social Security: Evolution in France", *International Labour Review*, LVII [June, 1948])第 588 页:"法国的社会保障计划的目的基本上无非在于向国民收入的分配引入更多一点的公正";另参见维泽尔的"社会安全",载《社会科学袖珍辞典》卷 9 (G. Weisser, "Soziale Sicherheit", *Handwörterbuch der Sozialwissenschaften*, LX [1956])第 401 页:"从文化角度看,保障制度的另一个本质特征是引人注目的。这些制度为了满足某种被当作客观存在的需要而强制使用一部分国民收入。"还有米勒-阿尔马克的《社会市场经济》,前引书,卷 9,第 391 页:"市场经济的收入过程为社会政策提供了进行国家收入转移支付的一个坚实基础,这种收入转移支付以救济、退休金、负担平衡支付、住宅建筑津贴、补贴等等形式来纠正收入分配。"

断性义务保险制度对这种向着某种完全不同的东西的转变——即向着一种法定收入再分配工具的转变——采取抵制行动。在这种制度里，不是由作为多数的施与者来决定应当给予作为少数的不幸者以何种东西，而是由作为多数的受施者来决定他们将从一个作为少数的较富裕者那里取走什么东西，对于这是一种什么样的伦理，我们将在下一章加以论述。在这里我们只研究一个原本旨在减少贫困的机构是如何转变为一个平均主义的再分配工具的过程。正是作为收入社会化的手段和创造某种向那些被认为是最应受益的人分配货币或者实物好处的家政型国家的手段，福利国家对于许多人已经成为过时的社会主义的替代物。福利国家试图以它认为适宜的比例和方式分配收入，实现一种"公正的分配"，这一诀窍作为目前已经名声不佳的直接生产控制方法的替代方法，实际上只是一种追求旧的社会主义目标的新方法。与比较旧式的社会主义相比，它受到了更为广泛得多的接受，原因在于它最初往往被渲染成它似乎无非是一种扶持特别贫困者的有效方法。但到后来，接受建立这一貌似合理的福利组织的建议被解释为对某种完全不同东西的支持。这一转变主要是由一些对多数人似乎只是事关次要的技术问题，而其根本区别则经常由喋喋不休的巧妙宣传着意掩盖的决定所引起的。但要紧的是，我们应该对以下两种状态分清界线：在一种状态里，社会承认有义务消除绝对贫困和保障一个最低福利水平；在另一种状态里，社会自以为有权决定所有人的"公正"地位，并向每一个人分配它认为他们各自应得的东西。如果授予政府提供某些特定服务的排他性权力，即一种为了达到目的而必须用来处置和强制个人的权力，自由就会受到严重的威胁。①

---

①　这里由于篇幅有限，不可能详尽地展示政府社会保障计划的雄心勃勃的目标如何使得向当局授予广泛的酌处权和强制权力在所难免。沃森在一本有趣的

　　3. 社会保障制度的极端复杂性和由此带来的不可把握性为
民主制造了一个严重的问题。几乎可以不夸张地说，尽管巨大的
社会保障体系的发展是我们的经济转型中的一个主要因素，它同
时也是被人最少理解的东西。这不仅体现在这样的执着信念
中：[①]各投保人在道义上人权要求得到保险金，因为他们已经为
此支付了保险费，而且也表现在这样耐人寻味的事实中：有时把
大部头的社会保险立法递交给立法机关审议，除了全盘接受或全
盘否定之外，立法机关没有选择更改的余地。[②] 这造成了一种悖

　　　书中清楚地指出了其中的一些问题，请参见《应当支配失业保险制度的结
构和法规的原则》（A. D. Watson, *The Principles Which Should Govern the
Structure and Provisions of a Scheme of Unemployment Insurance* ［Ottawa：
Unemployment Insurance Commission，1948]），他尝试着设计一个目的相
同的私人保险制度。此外，伯恩斯在另一注释中所引用的著作中阐述道：
"因此，沃森可能是最持久和最坚定地努力把社会保险和私人保险联系在一
起的作者。他说道：'违背合理的保险原则会导致混乱的状态，事情一旦到
了这一地步，也许就没有回头路可走了。'但是在尝试设计专门的失业保险
法规时，即使这位作者也发现自己被迫返回到必须以'合理'、'行政上可
行'或者'基本公平'之类的术语来说明的一些原则。但是，只有联系到
某些基础性的目的、某种特定的社会环境和一整套现行的社会价值才能解
释这类用语。因此，比如决定到底什么叫'合理'，这涉及到各种利益和目
标的平衡。"只有当人们认为私人保险制度必须提供一个国家保险制度所能
提供的一切时，这些困难才产生。即使带有更为有限的目标，竞争性的私
人保险制度仍然可能更可取。

① 有关这一错误看法在何等程度上引导了美国的政策的足够的例子可参阅斯托
　　克斯的《社会保险——事实和想象》（Dillard Stokes, *Social Security-Fact
　　and Fancy* ［Chicago，1956]）。英国也有同类例子。

② 参阅梅里亚姆和施洛特贝克，前引书，第9—10页，该文介绍了当时最新的
　　美国社会保障法律草案，这一草案"在1949年10月5日根据一项不允许从
　　议席中或者由方法和手段委员会的少数委员提出的修正动议的规定被国会通
　　过。持这一立场不是没有实质性的好处，之所以如此，是因为对于那些不熟
　　悉所有它的复杂性的人，众议院第 H. P. 6000 号法案过于复杂，技术性过
　　强，以至于不能进行大幅度修改。"

论：据称多数的民众没有能力为自己作出明智的选择，这一无能构成了政府为他们管理他们的一大部分收入的借口，现在又要求作为同一多数的民众集体决定应当如何花费个人的收入。[①]

但是，不仅对于普通公众中的外行来说，大部分错综复杂的社会保障问题是一个谜，在今天，就连一般的经济学家、社会学家或者律师也对这一复杂多变的制度的细节几乎同样知之甚少。作为其结果，现在专家开始在这一领域里占据了支配地位，正如在其他领域内一样。

这样一种新型专家，就像我们在诸如劳工、农业、住宅建筑业和教育等领域内看到的那样，是某个特定的制度化机构方面的专家。我们在这些领域内所建立的组织已经变得如此错综复杂，以至于或多或少要求一个人得付出毕生的时间和精力去把握它们。这种专家并非必然是了解所有必要的东西，从而能够判断该机构的价值的人，但也往往是惟一了解这一组织的人，因此也是不可或缺的人。他对这一特定机构感兴趣并赞成它的原因也经常与专家资格无甚关联。但是，这一新型专家几乎总是具有一种区别于他人的特征：他毫无保留地对这一机构抱有好感，而有关这一机构的专家就是他。之所以这样，并不是仅仅因为只有赞同这一制度的目的的人，才会有兴趣和耐心去把握细节，而且更因为对于其他任何人，付出这一努力几乎都是不值得的：一个不准备接受现有制度的原则的人，其看法很有可能不被人当真，并在决

---

① 比较米瑟斯的《人类行为》第 613 页："人们也许试图通过声明工薪阶层缺乏自发为自己的未来提供保障的远见和道义力量来为（这样一个社会保障制度）辩护。但是，这样一来就不容易平息那些提出以下问题的声音：把一国的福利交付那些法律本身就视之为无力管理其自身事务的投票人来决定是否自相矛盾？把那些明显需要有人看护，以防其胡乱花费收入的人在政府工作中置于至高无上的地位，这是否荒唐？"

定当前政策的讨论中无足轻重。①

　　作为这一发展的结果，在越来越多的政策领域内，差不多所有众所公认的"专家"，几乎都可以从其定义即可断定，是那些拥护据以确定这一政策的原则的人，这是一个相当重要的事实。这实际上是造成当代这么多的发展势头自动加速的因素之一。在推荐一项现行政策的某种未来发展方案时，一位政治家声称"这方面的所有专家都拥护它"，他的一番话往往是完全诚实可信的，因为只有那些拥护这一发展的人才能成为这一制度安排的专家，而那些反对这一政策的中立的经济学家或者法学家就不被归入专家之列。一旦建立了这一机构，它的未来发展就将由那些被提拔任职的人视作为必要的东西来决定。②

　　　———————————

①　一些最有名望的当代经济学家几年前参加了有关一个相关领域的"工会的影响"学术研讨会，会议上有人提出了一个非常富有启迪的例子。尽管会议对我们最紧迫的经济问题之一作了最深入的讨论，但它被"劳工关系专家"傲慢自大地对待。

②　专家统治的另一个作用值得我们稍加注意。由在同一组织内工作的一批不同专家的相继决定所左右的任何发展都容易得到进一步的推进，因为比起在一个竞争经济里，它遇到更少的实质性障碍。如果医药专家说，这样或那样是必要的，"必须"去做，这就是一位行政专家作出其决定的数据基础；而被他相应定为在行政上必不可少的东西，同理成为法学家在起草法律时的数据，依此类推。在这些不同的专家中，没有人可以觉得自己有能力纵观一切，把握整个结果，从而置其他专家的"必须"而不顾。在过去，这是有关政府负责部门的政治领袖的任务，那时的事情较为简单，适用"专家应当用来垫脚底，而不是让他骑上头顶"的规则。现代的政策措施的复杂性使得政治领袖几乎无力拒绝对一批专家的使用。这样，由此产生的政策措施的确越来越不是对各种决定协调和调整的结果，而是一种加法结果，在这一加法过程中，一项决定必然引出下一项决定，尽管作出前一决定的那些人并没有预见后一决定——这是一个无人能够叫"停"的过程。那些措施的产生并未基于这样一种分工方式：在每一步骤，一个人可以自由地决定是否接受其他某个部门向他建议的东西，以作为他的决定的基础。由此产生的方案是单一的，不存在替代方案，它取决于这一过程的内在必要性，与某个人是否了解

4. 有些自相矛盾的是，在今天，国家声称通过主管当局在某个领域里推行排他性的单向发展有其优越性，而这一领域也许比其他任何领域都更为清楚地说明了一些新的制度如何不是产生于一个设计方案，而是形成于一个逐步演进的过程。我们现代的通过保险来防范风险的方案设想不是由于某人看到这一需要并设计出一个理性的解决方法而产生的。我们如此熟悉保险的运作方式，以至于我们很容易想象，任何一位有才识的人只要稍加思索就会很快发现保险原则。但是，事实上保险事业的演进方式是最有说服力地鞭挞了那些想限制未来发展、使之沿着主管当局所强加的惟一道路继续的人的非分之想。有句话说得好："没有人曾经设想过要创立一项海上保险，后来要创立的社会保险也一样。"我们当前的技术应归功于一个逐步发展演进的过程，在这一过程中，由于"无名人物或历史人物的无数贡献"，人类前仆后继地迈进，"最终创造了一个如此完善的作品，以至于与这一整体作品相比，所有那些来自个人的创造性才智的巧妙的方案设计必定显得非常原始"。①

在过去，我们得益于未加计划的发展和根据新的目标逐步调整旧有制度安排的做法的帮助，在今天，难道我们真的可以如此

整个问题几乎无关。

　　确实，几乎不容置疑的是，比如对于完成对全体国民提供医疗保障这一头等任务，建立一个单一的综合性组织并不是最有效的办法，即使是从利用现有知识的角度来看也一样；这一办法对新知识的快速发展和传播更不利。正如在许多其他领域，任务的复杂性要求我们不能依靠由一个指令当局有意识地掌握和控制各个部分的协调技术，而是要求我们建立一种非人格化的协调机制。

① 参阅施莱埃格的《作为经济生活的精神产物的保险》 （J. Schreiegg, *Die Versicherung als geistige Schöpfung des Wirtschaftslebens* ［Leipzig and Berlin, 1934]）第 59 页。

肯定我们已经穷尽一切智慧，以至于我们为了更快地达到某些目前的可见目标而能够拒绝接受这些帮助吗？十分明显，在受到国家垄断威胁的两大领域，即养老和医疗保障领域，我们亲眼目睹只要是国家尚未全部控制的地方，就有各种新方法自发产生，并且发展最为迅速，多种多样的试验在进行，它们几乎肯定会找到解决当前一些需要问题的新答案，因应一些任何预先计划所不能设想的答案。① 由此从长远看，难道我们在一个国家垄断制度里真的能够过得更好吗？把在任何给定时刻里的最好的现有知识当作适用于一切未来努力的强制性标准，很可能是杜绝新知识出现的最可靠途径。

5. 我们已经看到，结合那种强迫人们为这些需要作义务保险从而不至于成为他人的负担的操作方式，从公共财政拨款为那些真正需要者提供保障的操作方式最终是怎样几乎在一切地方导致第三种不同的制度的产生，该制度向人们提供了某些诸如疾病和老年之类的保障，不论他们需要与否，不论他们是否已经自行

---

① 有关英国的私人养老制度尤其应参阅《经济与财政养老问题委员会报告》(*Report of the Committee on the Economic and Financial Problems of the Provisions for Old Age* [London：H. M. Stationery Office, 1954；Cmd. 9333])，有关对它的结果的综述，可参阅塞尔登著《在自由社会里的养老保障》(A. Seldon, *Pensions in a Free Society* [London：Institute of Economic Affairs, 1957]) 第4页，作者断定："在1936年，工商业界约有180万人享受养老保障。到1951年，人数达630万，其中390万人在私营部门工作，240万人在公共机构工作。到1953—1954年，总人数升高到710万人。现在（1957年6月）的人数接近850万人。其中约有550万人在私营部门工作。"美国在这一领域内的发展甚至更令人印象深刻，但在此，最明显的事实是新的医疗保险种类的迅速发展，参阅纳什的"人寿保险对美国社会保障事业的贡献"，载《国际劳工评论》(C. C. Nash, "The Contribution of Life Insurance to Social Security in the United States", *International Labour Review* [July, 1955]) 卷72。

作了预防。① 这一制度为所有人提供那种被认为他们理应享受的福利水平，不论他们能为自己做些什么，不论他们个人已经交纳了多少保险费，以及他们在将来还能交纳多少保险费。

向第三种制度的过渡一般是这样进行的：首先由公共基金对通过义务保险筹集而来的资金提供补充，然后把它发放给人们，由于这事关他们的权利，他们为此只支付了很少一部分的费用。把这些强制性的收入转移支付变为一种法定权利，这当然改变不了这样一个事实：只有出于特别需要的考虑才能构成正当的理由来提供这些支付，因此它总还是一种施舍。但是，通常通过给予所有人或几乎所有人这一接受施舍的权利，以及通过干脆从那些处境较好者的口袋里拿走他们所得到的各种东西，施舍特征得以掩盖。多数人对得到明明不是挣得而仅仅因为个人需要的缘故才得到的东西的所谓反感以及他们对"经济情况调查"的不快，成为一种借口，借以装饰整个制度安排，使个人不再能够知道他们对哪些服务已经付费或没有付费。② 所有这一切都属于通过掩盖事实来影响公众舆论的部分努力，它们旨在说服公众接受一种新的收入分配方法，而这一新机器的管理者似乎从一开始就只把它看作为一种过渡性的折衷方法，有待于发展到一种以再分配为明确目标的制度。③ 若要阻止这一发

---

①　不幸的是，英语当中没有与用来描述这些阶段的德文术语"Fürsorge（救济）"，"Versicherung（保险）"和"Versorgung（供养）"对应的术语。比较阿钦格著《社会保障》（H. Achinger, *Soziale Sicherheit* [Stuttgart, 1953]）第 35 页；以及比较同一作者的另一篇论文，收录于文集《社会转移支付的新秩序》（*Neuordnung der sozialen Leistungen* [Cologne, 1955]），另参阅汉斯迈耶著《通向福利国家的道路》（K. H. Hansmeyer, *Der Weg zum Wohlfahrtsstaat* [Franffurt a. M., 1957]）。
②　参阅斯托克斯，前引书，其中包括了众多的例子。
③　关于各国在何等程度上实现了这一目标，可参阅皮科克编《收入再分配和社会政策》（A. T. Peacock (ed.), *Income Redistribution and Social Policy* [London, 1954]）。

展，我们只能从一开始就清楚地区分哪些好处是受益人已经为之全额付费的，因此他无论是在道义上还是在权利上都是有合法权利要求得到的，哪些好处是基于受益人的需要而提供的，因此必须有赖于受益人提供确实存在这一需要的证明。

这里，我们必须注意统一的国家社会保险机器还有另一个独特性，这就是它拥有把通过法定手段征集的保险基金用于为扩充这一法定义务制度作宣传的权力。一个作为多数的群体对自己征税，以维持一个旨在劝说同一个多数群体走得比它愿意的更远的宣传组织，其内在的荒唐性应当是不言自喻的。至少在美国，公共机构利用在私营领域内十足合法的"公关"技术这一做法已被广泛接受，但是，在一个民主政体里，公共机构把公共基金用于宣传，以求扩大自己的活动范围，这是否适宜，仍然值得疑问。没有一个其他领域能像社会保险领域那样，这样一种现象无论是在国内还是在国际上都已变得如此普遍。这无异于允许一群对某种特定的发展感兴趣的专家出于自己的利益使用公共基金来操纵公众舆论。其结果是，无论是选民还是立法者，他们的信息几乎完全来自于那些其活动本应听命于他们的人。至于这一因素在何等程度上助长了加速发展，以至于它远远超越了公众原本允许的地步，我们几乎难以估量。这种得到补贴的宣传由一个以税金来维持的单一组织实施，绝对不能与竞争性的广告宣传相提并论。它赋予该组织操纵他人思考的权力，这一权力与掌握信息垄断的极权国家的权力同出一辙。[1]

---

[1]　除了国际劳工组织的许多出版物之外，由纳尔逊编，得到丹麦、芬兰、冰岛、挪威和瑞典诸国的社会事务部资助的篇幅过于浩繁的卷本《自由和福利：北欧国家的社会模式》(*Freedom and Welfare：Social Patterns in the Northern Countries of Europe* [ed. G. R. Nelson，1953]) 是在国际范围内进行这类宣传的一个突出的例子。搞清这一宣传的资金来源是会令人感兴趣的。

　　尽管现行的社会保险制度形式上是通过民主决策程序创建的，但人们很可能会怀疑，如果多数受益人完全清醒地认识到这一制度意味着什么，他们是否还会真正拥护它。由于他们允许国家划走他们的一部分收入，用以实现他们所选取的目标，他们承受了一种负担，在相对贫困的国家，这一负担尤其沉重，这些国家尤其急需提高物质生产率。一位普通的意大利半熟练工人，如果雇主把本应支付给他的总报酬的 44％ 交付国家，或者用具体数字来表达，如果雇主为这位工人的工作支付 49 美分的小时工资，工人只得到其中的 27 美分，而余下的 22 美分则交付国家，由国家为他支出——难道真的会有人相信这样做的话这位工人就会过得更好吗？[①] 或者，如果该工人了解了这一情况，而且有权在这一制度和一个虽然没有社会保险，但其个人可支配收入几乎加倍的制度之间作出选择，他会选取前者吗？或在法国，为所有工人所纳的社会保险缴款约占总劳动力成本的三分之一，难道这些工人愿意支付这么高的百分比，以换取国家向他们所提供的服务吗？[②] 或在德国，大约 20％ 的国民收入总值掌握在社会保险管理当局的手中，难道这不是把一部分资源强制移交给管理当局吗？难道它不比民众明显愿意缴纳的金额要大得多的吗？[③] 难道

---

① 国际清算银行第 24 期年报（Bank for International Settlements，*24th Annual Report*〔Basel，1954〕）第 46 页。

② 参阅拉罗克前引书，以及在皮科克前引书第 98 页中引用的 G. 洛蒂尔的著作。

③ 维泽尔，前引书，第 407 页。伯恩斯在《社会保障和公共政策》（E. m. Burns，*Social Security and Public Policy*）第 5 页给出了 1950 年前后五个最重要的英语国家在这方面的支出占国民收入的百分比。其中澳大利亚为 7.3％，加拿大为 7.99％，英国为 11.87％，新西兰为 13.18％，美国为 5.53％。较新的数字见于"自由贸易和社会保障"，载《计划》第 412 期（"Free Trade and Social Security"，*Planning*，No. 412〔1957〕），即：德国为 20.0％，法国为 16.5％，奥地利为 15.8％，英国为 11％，瑞士为 10％。

我们真的能够否认，如果把这些钱交到那些人的手里，如果他们可以自由自在地从私人企业购买保险，那么其中大多数人的处境会变好？①

6. 在这里，我们只能更有针对性地观察主要的社会保障领域：养老保障，为由其他原因引起的永久性伤残提供保障，对失去主要劳动力的家庭提供保障，提供医疗服务和住院护理，以及防范因失业引起的收入损失。各国所提供的数目众多的其他服务，要么作为这类保障的组成部分，要么单列，如孕产妇补助和儿童补助，它们带来不同的问题，因为这些服务被理解为所谓的"人口政策"的组成部分，这是现代政策的一个方面，我们在此不予讨论。

大多数国家已经走得最远、问题很可能最严重的领域是养老保障和家属保障（也许只有在英国，建立一个自由的国家卫生服务局造成了类似严重的问题）。老龄问题尤其严重，因为今天，在大多数西方国家，老年人被剥夺了本来可以用来努力实行自我供养的资金支持，这是政府的失误。由于这些政府不守信用，没有履行维持货币稳定的职责，它们到处造成了这样一个局面：将在本世纪第三个 25 年里退休的那一代人，被掠夺了他们为了退休养老而试图积累的一大部分东西，而且比平常多得多的人尽管在早期作出了防范陷入这一困境的努力，但仍然无辜地蒙受贫困。通货膨胀决不是一种不可避免的自然灾害，这怎么强调都不过分；它总是那些货币政策负责者的懦弱或无知的结果——尽管其责任可能分布很广，不能单独谴责某一人。当局也许把它们通过通货膨胀寻求摆脱的东西看作为更大的弊端；然而，造成通货

---

① 据我所知，在 12 年里，比利时的工资负担从 25％上升到 41％，职工最终自己动手结束了这一发展，见勒普克的《供求的彼岸》（W. Roepke, *Jenseits von Angebot und Nachfrage* [Erlenbach and Zurich, 1958]）第 295 页。

膨胀的总是他们对改革的选择。

但是，即使我们在处理养老问题，正如我们应该做的那样，而且已完全意识到政府承担的特殊责任，我们仍然可以怀疑，对一代人（他们毕竟也有连带责任）所造成的损害是否能够构成正当理由来说明应当对整个民族强加一种永久性的制度，在该制度下，上了某一年纪的人的一般收入来源是由政策决定的、从经常税收中支付的退休金。尽管如此，整个西方世界正在走向这一制度，这必然引发一些将主宰未来政策的问题，其程度是多数人所不能理喻的。在治疗某种疾患的努力中，我们很可能会向后代转嫁一个重于他们愿意承受的负担，从而束缚了他们的手脚，以至于他们在多次尝试解脱之后可能最终借助比我们这一代更严重失信于民的方式干下同样的事。

一旦政府不仅开始确保对每一个人提供一个最低限度的，而且是"适当的"的养老保障，并且不考虑个人是否需要或者个人自身是否交纳保险费，问题就变得严重。一旦国家实行独家垄断，以提供这一保护，它几乎总是要采取两个关键的步骤：首先，国家不仅向那些通过支付保险费而获得了受保护权利的人，而且也向那些还没有时间这样做的人提供保护；其次，当到了应该支付养老金的时候，养老金并非来自为此目的积累的附加资本的收益，从而也不是来自由于受益人的努力而带来的附加收入，而是来自当前生产者的部分劳动成果的转移支付。在此，政府是名义上设立了储备基金并把它"投资"到政府证券当中（也就是说政府把钱借贷给自己而且事实上经常性地开销这笔钱），还是公开用经常税收来抵补经常债务，① 两者并无差别（可以想象的，但从未付诸实施的替代方法是政府将储备基金投资到生产性资本当中去，这

---

① 参阅皮科克的《国民保险经济学》（A. T. Peacock, *The Economics of National Insurance* [London, 1952]）。

也许会很快导致政府对产业资本的控制与日俱增）。国家提供养老金通常造成的这两大后果往往也构成了为什么要坚决维护这类组织机构的主要原因。

容易看到，这样完全地放弃这一制度安排的保险特征并承认某一年龄以上的所有人（以及所有家属和无工作能力者）有权得到一项目前由多数人（其中受益者又构成了大多数）决定的"适当"收入，必然把整个制度变成一个政治工具，变成一个刻意捞取选票的蛊惑人心者的筹码。没有理由相信会存在任何客观的公正标准用来划定一个程度范围，在该范围内，那些达到特权年龄的人，即使还有工作能力，也可以坚持由那些在职上岗者"适当"支撑他们的生活——那些在职者回过头来只能从下述想法中找到慰藉：即在将来某一时候，如果他们人数甚至还相对更多而且相应地占有更强大的选举力量，那么他们届时就会更有能力让那些在职上岗者为他们的需要提供保障。

刻意宣传完全蒙混了这样一个事实：这一人人享有适当养老保障的方案必定意味着，许多最终已经达到期盼已久的退休年龄和可以退休并依赖其积蓄生活的人，不过是他人礼物的接受者，其代价是由那些没有达到退休年龄的人付出的，而且对于其中许多人，如果确保他们得到同样的收入，他们也愿意马上退休；[①]而且在一个富裕的、没有遭受通货膨胀破坏的社会，一大部分的已退休人员比在职者生活得更好，这一现象是司空见惯的。对于在这一事务中公众舆论受到多么严重的有意误导，人们经常引用一段断言（它也为美国高等法院所接受），它能很好地说明问题：1935 年，美国"近四分之三的 65 岁或 65 岁以上的人口，其生计可能完全或者部分依赖于他人"——一种基于统计的陈述，这些统计的明确假设前提是，所有老年夫妇的财产系丈夫所有，因

---

① 比较斯托克斯，前引书，第 89 页及其后。

而所有妻子是"家属"身份！①

　　除了在美国之外，这一现象也在其他国家变得司空见惯。其必然后果之一是，在每一大选年之初，人们就推测社会保障支出又将提高多少。② 人们敦促政府，欲壑难填。英国工党最近颁布了一则声明，它明显说明了这一点，根据该声明，一个真正适宜的养老金"意味着有权继续与同一近邻相处，享受同样的业余爱好活动和与同一朋友圈子交往"。③ 也许过不了多久就会有人争辩说，因为退休者有更多的时间花钱，应该给予他们比在职者更多的钱；而且如果我们进一步分析年龄分布情况，形成多数的四十岁以上的人若是没有企图马上让那些更年轻者为自己劳碌，那就于理不通。也许，只有到了这一地步，那些身强力壮者才会群起反抗，既剥夺老年人的政治权利，也剥夺他们维持生计的合法权利要求。

　　刚才提及的英国工党的声明文件之所以具有特殊意义，不仅是因为它的动机是帮助老年人的愿望，也是因为它如此明显地暴露了工党希望让老年人无力自助并最终让他们完全依赖国家供养的思想。这里贯穿了对一切私人养老保险计划或者其他类似制度安排的敌意；而且，更为值得注意的是，所建议计划里的数字以如下的冷静假设为前提：从 1960 年到 1980 年，价格将提高一

---

①　参阅艾伦的"联邦政府适宜的老年保障职能"，收录于《美国社会保障》，卷 10（Henry D. Allen，"The Proper Federal Function in Security for the Aged"，*American Social Security*，Ⅹ［1953］）第 50 页。

②　比如参阅《华尔街杂志》（*Wall Street Journal*），1958 年 1 月 2 日，该栏目带有醒目标题："社会保障。随着大选来临，新增保险金机会增大。国会可能提高 5％或 10％的月度保险金"等等。这一预期后来被证实。

③　《国家养老金：工党对养老保障的政策》（*National Superannuation*：*Labour's Policy for Security in Old Age*［London：Labour Party［1957］]）第 30 页。

倍。① 如果这是事先计划的通货膨胀程度，那么实际结果就很可能真的如此，以至于在本世纪末退休的多数人将依赖较年轻一代人的施舍。而且最终不会是由道德，而是由年轻人掌握警察和军队这一事实来决定：把不能供养自己的老年人安置在集中营也许成了其收入完全依赖对年轻一代的强制行为的老年一代的归宿。

7. 医疗保障领域不仅涉及到已经探讨过的多数问题，而且还有其特殊的问题。这些问题产生于这样一个事实：在看待对医疗保障的"需要"问题时，不能认为所有符合某类客观标准——如符合年龄标准——的人都有相同的需要：每一需要情况都体现了问题的紧迫性和重要性的问题，这种紧迫性和重要性的大小要根据满足需要的费用来权衡，而且这些问题的解决必定不是取决于个人自己，就是取决于他人。

医疗保险的出现是一个合乎愿望的发展，这几乎不容置疑。也许有理由实行义务医疗保险，因为许多人能够由此为自己提供保障，要不然就会成为集体的负担。但是，有重要理由反对实行单一的国家医疗保险制度，也有压倒一切的理由反对人人享受免费医疗保险服务。据我们对这类制度的观察，在那些存在这类制度的国家，尽管政治环境使得这些国家一旦引入了它们，就未必又放弃它们，但是它们的不适宜性很可能变得明显。反对这类制度的最强有力的理由之一恰恰是，引入它们属于在政治上没有退路的措施，一旦引入，就必须继续下去，即使事实证明这是一场错误。

拥护一项免费医疗保健服务的理由通常依据两个根本错误的看法。第一个看法是，相信人们对医疗的需要通常是可以客观确定的，从而它们无论如何可以、也应当得到满足，而不必考虑经济因素；第二个看法是，这在经济上是可行的，因为改进医疗保

---

① 《国家养老金：工党对养老保障的政策》，第 104 页和 106 页。

健服务一般导致经济能力或收入能力的恢复，从而是值得一做的。① 两个看法都误解了有关维持生命和健康的大多数决策所涉及问题的性质。不存在用来判断特定情况下需要提供多少医疗服务和付出多少努力的客观尺度；而且随着医学的进步，为了尽一切客观可能之能事，有益于治疗的花费可能是无穷无尽的，这已越来越明显。② 此外，据我们个人的评判，认为为了保障病人的健康和生命，尚可尽心的一切事情应当绝对优先，其他需要均靠后，这种想法也不对。如同在所有其他决定中一样，只要结果缺

---

① 对这一观点的最典型表述见于"贝弗里奇报告"，即贝弗里奇的《社会保险和相关的保险金支付》(*Social Insurance and Allied Services*：*Report by Sir William Beveridge* [London：H. M. Stationery Office，1942；Cmd. 6404，secs. 426—39])，该报告建议国家医疗服务制度应当"保证每一位公民得到所有他所要求的医疗服务，无论他提出何种形式的医疗服务要求，上门服务也好，医院诊疗也好，普通服务也好，专家服务或者咨询服务也好"(第 24 页)，而且，它应该成为这样"一种医疗服务制度，它将为全体公民无一例外地提供任何种类的、充分的预防和治疗服务，提供服务不应考虑任何收入限制，不应考虑任何在某种时候可能延误治疗的经济障碍。"(第 249 页) 在此也许应提及，在贝弗里奇报告中所提议的医疗卫生服务的年度开支估计为 1.7 亿英镑，目前已远远高于 4.5 亿英镑。见埃布尔-史密斯和蒂特姆斯著《英格兰和威尔士的国家医疗卫生服务的开支》(B. Abel-Smith and R. M. Titmuss，*The Cost of the National Health Service in England and Wales* [Cambridge：Cambridge University Press，1956])，以及《国家医疗卫生服务开支调查委员会报告》(*Report of the Committee of Enquiry into the Cost of the National Health Service* [London：H. M. Stationery Office，1956；Cmd. 9663])，即"吉尔博报告"(Guillebaud Reoport)；也比较克罗斯兰的《社会主义的未来》(C. A. R. Crosland，*The Future of Socialism* [London，1956]) 第 120 页和 135 页。

② 比较罗伯茨的《健康的成本》(Ffrangcon Roberts，*The Cost of Health* [London，1952]) 和博什的《病人·医生·账目》(W. Bosch，*Patient，Arzt，Kasse* [Heidelberg，1954])；也参阅米瑟斯的《公共经济》，第 2 版 (L. V. Mises，*Socialism* [new ed.；New Haven：Yale University Press，1951]) 第 476 页及其后，以及在该书中引用的早些时候的德文文献。

乏确定性，只有可能性，还得靠运气，我们就始终得冒风险，就得从经济性角度考虑某种防范措施是否值得，也就是说，必须根据其他需要权衡风险。即使最大的富豪一般也不能穷尽医药知识上的一切可能，以维持他的健康，也许因为他也需要对其他问题尽心尽力。谁都应当不断判断和决定附加的努力和附加的资源耗费是否值得。真正的问题在于，所涉及者是否有发言权，是否有能力通过附加的牺牲来引起更大的注意，或者这一决定是否由某个他人为他作出。尽管我们不喜欢在物质好处和诸如健康和生命之类的非物质价值之间作出权衡取舍这一事实，而且希望没有必要作出这一选择，但是我们所有人都不得不作出选择，因为我们不能改变事实。

　　有关存在可客观确定的、可以和应当向所有人提供的医疗服务的标准的设想，也是贝弗里奇计划和整个英国国家卫生服务局的思想基础，与现实毫无干系。① 像在当代医学这样一个变化迅速的领域，若要对所有人提供相同的医疗服务，它至多只是普通水平的、糟糕的医疗服务。② 但是，由于在每一个不断进步的领域，可以为所有人提供的、客观可能的东西取决于已经提供给某

---

①　参阅罗伯茨《健康的成本》，第 129 页，也比较朱克斯的"经济学家和经济变迁"，收录于《经济学和公共政策》（J. Jewkes, "The Econoist and Economic Change", in *Economics and Public Policy* ［Washington, D.C., 1955]）第 96 页："重要的经济问题（关于英国国家医疗卫生服务）是：如果存在一种人们在零价格下对它的需求几乎无限大的服务，如果不采取措施增加供给，如果成本曲线快速上升，如果不采用明显的定量配给方法，那么会发生什么事情？我记不清有哪位英国经济学家在事前提出过这些简单的问题，而在事后，正是医生自己、而基本上不是经济学家提出了这些问题。"

②　比较罗伯茨，前引书，第 116 页："我们的调查显示医学已经武装了科学的铠甲，已经具备永久的加速扩张的性质；医学蓄养了职业雄心和行业利益，又反过来为它们所蓄养；这一过程由于它自己在与其说通过治疗、毋宁说依靠药物护理延年益寿方面的成功而加速；而且，促成医学扩张主义的其他因素是生活水平的提高以及与怕病分不开的情绪和感情。"

些人什么样的东西，因此使得到高于平均水平的医疗服务，对于大多数来说过于昂贵的结果不久必然是，这一平均水平会低于它否则会达到的水平。

由免费医疗保健服务引起的问题甚至变得更为棘手，因为医学进步导致医疗保健服务趋向于不是主要加强恢复劳动力的工作，而是日益致力于缓解痛苦和延年益寿方面的工作；我们当然不能用经济原因，而是只能用人道原因来对提供这些服务作出解释。但是，与侵袭和使某些人失去劳动能力的重病作斗争的任务是相对有限的，而延缓最终必然导致我们所有人衰老的慢性过程的任务是无限的。后者的问题是，通过无限制地提供医药手段来解决这一问题是不可想象的，因此我们始终会面临一种痛苦的、在相互竞争的目标之间的选择。在一个国家医疗制度下，这一选择不得不由当局作出并强加给个人。在一种自由的制度下，那些壮劳力往往可以从一个暂时和不危险的疾患中快速复原，其代价是在某种程度上怠慢老年人和病危者，这也许听起来不顺耳，但是可能符合所有人的利益：在推行国家医疗制度的国家，我们一般会发现，那些能够很快恢复完全工作能力的人，必须耽搁很长时间，因为那些不再为他人的需要作出任何贡献的人已经占用了医院设施。①

————————

① 罗伯茨《健康的成本》，第 136 页："一个 80 岁的老人髋部骨折，需要马上住院，而当入院后，他在那儿待了好长一段时间。另一方面，一个身体轻度受损、从而损害了工作能力，本来只需短期住院就可治愈的人，也许就得等待一段很长的时间。"罗伯茨博士补充道："这一有关治疗方法的经济观点似乎有些冷酷。如果我们的目标是一个被视作为超人实体的国家的福利。这一做法就确实有其道理，而且我们几乎更不用提医生不关心病号的经济价值。不过，我们的目的是国民的福利，而且我们的资源不足以使得我们能够有效地对付一切疾患。

　　只有在更为幸运的条件下，科学进步也许会使之成为可能，这迫使我们必须在实现个人的短期直接效益和实现最终落实到个人头上的长期效益之间作出公正的权衡取舍。"

　　医疗服务国有化带来了这么多的严重问题，以至于我们甚至不能枚举其中更为重要的那些问题。但是，对于有一个问题的严重性，公众几乎没有意识到，而且它很可能至关重要。这个问题就是，医生作为自由职业者，他们首先对病人负责，他们不可避免地转变为领取薪金的公务员，成为接受当局指示的官员，只要涉及当局利益，他们必然开脱了为病人保守私人隐私的义务。在新近的发展中，最危险的问题很可能是，在某一个时候，医学知识的增加赋予那些掌握这些知识的人越来越多的主导人们思维的权力，人们变得依赖于一个接受统一领导的统一组织，并且受到国家一般性支配政策的同样理由的引导。一种制度为个人提供必不可少的帮手，这些帮手既是国家的代理人，又明察他人最私下关心的问题，这种制度还为他们对上级披露他们所掌握的情况并按照当局的意图去利用这些情况创造了条件，它展示了可怖的前景。俄国把国家医疗制度用作为整治劳动纪律的工具。① 这一做法使我们了解到政府利用这种制度可带来什么样的后果。

　　8. 在二战之前似乎最为重要的社会保障领域是失业救济，它在最近几年里已变得相对次要。虽然防范大规模失业问题毫无疑问要比失业救济方法更为重要，但我们不能肯定，我们是否已经一劳永逸地解决了前一问题，以及后一问题是否将不再有其重大意义。我们也不能肯定，我们的失业救济的特征不会被证明是决定失业规模的最重要因素之一。

　　我们又将假定公共救济制度的存在是理所当然的，它为任何可证明的需要情况提供相同标准的最低救济金，以至于没有一个社会成员缺乏食品和遮身之处。失业者引出的特别问题是：如何和通过谁给予失业者任何基于其普通收入的进一步扶持？尤其

---

① 参阅菲尔德的《在苏俄的医生和病人》（Mark G. Field, *Doctor and Patient in Soviet Russia* [Cambridge：Harvard University Press，1957]）。

是，根据某种公正原则，这一需要是否构成一种强制性收入再分配的理由？

　　赞成提供高于这种确保所有人享受的最低救济标准的保障的主要理由是，突然出现未预见的劳动力需求的变化是工人既不能预见，又不能控制的局面的结果。就一场较大萧条中的广泛失业现象而言，这一理由是有力的。但是失业还有许多其他原因。重复和可预见的失业出现在大多数季节性职业里，而且在这里，要么限制劳动力供给，以至于季节性报酬足以保持这位工人的全年生计，要么维持劳动力的流动，即维持从一个职业转向另一个职业的周期性流动形式，这明显符合一般利益。另有一个重要事例是，失业是某一个行业工资过高的直接后果，其原因要么是工会把工资抬得过高，要么是该行业正在衰弱。对于这两种情况，若要消除失业，都要求存在工资的灵活性和工人自身的流动性；然而，在一个确保所有失业者得到占他们过去所挣工资某个百分比的收入的制度里，工资灵活性和工人劳动力流动性都被降低。

　　毫无疑问，我们有理由在任何可行的地方推行真正的失业保险，在该种保险制度里，各行各业的不同风险应体现在投保人所应支付的保险费中。只要一个行业由于自身的不稳定性在大多数时间里需要一定数量的失业人员储备，那么值得期望的是，应通过提供足够高的工资诱导足够数量的工人保持待业状态，以补偿这一特殊风险。出于各种原因，对于某些职业（如农业工人和家庭佣人），似乎不能马上实施这样一种保险制度，而且正是主要出于这一理由，政府采纳了一些国家"保险"方案；[①] 这些方案实际上对这类团体的收入提供补贴，补贴金的来源是其他工人所缴纳的保险费或普通税收收入。但是，如果这一特殊行业所特有

---

　　①　比较伯恩斯的"在演进过程中的社会保险"（E. M. Burns, "Social Insurance in Evolution."）。

的失业风险不能由来自这一行业的收入，而是来自其他行业的收入来弥补，这意味着，这类行业的劳动力供给得到了补贴，从而使它扩张到经济上不足取的地步。

但是，所有西方国家所采纳的综合性失业补偿制度的主要特征在于，它们在由工会的强制行为所控制的劳动力市场上运作，而且它们是在强大的工会影响下设计成型的，有着支持工会的工资政策的目的。在某种制度下，一名工人据认为不能找到就业机会，从而有资格得到好处，因为在他寻求就业的企业或行业里工人们在罢工，这一制度必然是对工会保持工资压力的一大支持。这种制度为工会开脱了由于工会政策引起的失业责任，它把负担转嫁到国家头上，不仅供养那些因为工会政策才造成的失业工人，而且还要使他们满意，这一制度在长期只能把就业问题越搞越糟。①

在自由社会里，这些问题的合理解决方法似乎是，国家为所有不能供养自己的人提供统一的最低保障标准，而且付出努力，尽最大可能推行一项适当的货币政策，减少周期性失业，而维持普通生活水平所需的所有进一步的保障应该留待竞争性的自愿性的组织来提供。正是在这一领域，工会可以作出最有益的贡献，一旦它们所有的强制权力被剥夺；事实上，当国家大体上解除它们的这一任务的时候，它们会开始着手满足这一需要。② 但是，国家将一再推行一种所谓的义务失业保险制度，以"纠正"各种

---

① 希克斯是在这一领域内做了十分细致研究的英国学者之一，他在一些时候前指出："我们有着高失业数字的原因之一……是我们越来越发展的社会政策的一个直接后果；我们的失业统计数字的上升是与失业救济金的管理紧密相关的，而且当局非常慷慨地奉送领取失业救济金的权利。"见"追求经济自由"，收录于雅各布编《我们捍卫什么》（"The Pursuit of Economic Freedom", in *What We Defend*, ed. E. F. Jacob ［Oxford: Oxford University Press, 1942］）第 105 页。

② 参阅克拉克的《福利和税收》（Colin Clark, *Welfare and Taxation* ［Oxford, 1945］）第 25 页。

群体之间的相对报酬，牺牲稳定的行业来补贴不稳定的行业，支持工人的与高就业水平水火不容的高工资要求。因此，它在长期很可能加剧它本欲消除的弊端。

9. 各种社会保险制度到处面临的困难成为引发人们一再对"社会保障危机"展开讨论的原因，它们是以下事实的结果：原本为消除贫困设计的社会保障制度变为一种收入再分配工具，这种再分配据称基于某种在现实中不存在的社会公正原则，但实际上又取决于专门的决策。当然，为所有不能自我供养的人提供统一的最低保障标准也意味着某种收入再分配。不过，向所有不能在正常运作的市场中靠其收入维持生计的人提供这种最低标准的保障，与旨在所有较重要职业里实现"公正的"报酬收入的再分配大不相同，也就是说，作为多数的自食其力者赞成对那些不能自食其力者提供再分配，与作为多数群体因为少数群体拥有更多的东西而从少数群体夺走某些东西的再分配大不相同。第一种情况包含着一种非人格化的适应方法，人们在其中可以自由择业；第二种情况把我们越来越带近一种人们必须等待当局告知自己应该干些什么的制度。

所有这类统一的、根据政府命令实行的保障方案似乎注定要很快转变为决定多数群体相对收入的工具，而且一般也变为控制经济活动的工具。[①] 贝弗里奇计划的创始人并没有把它作为收入再分配工具来考虑，但是政治家很快就把它变成这种工具，这只是许多例子中最著名的一例。但是，一个自由社会有可能为所有

---

① 比较伍顿的"工党和社会服务"，载《政治季刊》（Barbara Wooton, "The Labour Party and the Social Services", *Political Quarterly* [1953]）第 24 期第 65 页："对社会服务的未来设计有待于更明确地回答一些问题，如为什么要提供这些服务？尤其是，它们是否旨在为一种社会公平政策作出贡献？或者，它们是否仅仅是在韦布的早期著作中所阐明的国家最低社会保障计划——也就是一种使得无人饿死、穷得无法就医或者缺乏基础教育的措施——的一个组成部分？对这些问题的回答必将左右我们的社会服务的全部未来。"

人提供最低水平的福利，而这样一个社会是与某种先入为主的公正观念互不相容的。为每个贫困者确保提供同等的最低标准的福利有其先决条件，即只有证明他存在这一需要，他才能有权要求享受这一最低福利，如果证明不了，社会就不能给予他只有付费才能有权要求得到的东西。个人的经济情况调查是提供认为应该根据需要方可提供的服务的基础，人们对它的完全非理性的反对总是一再导致出现这样荒唐的要求：人人应当得到这些服务，不论是否存在需要，这样便于那些真正需要帮助的人不感到低人一等。这导致出现这样一个局面：一般地，社会试图扶助贫困者，而同时允许他们觉得他们所得到的东西似乎是他们自身努力或品行的结果。①

自由主义者在传统上对当局的任何酌处权都抱有反感，这也

---

① 在这里提请大家注意一下有关这些问题的经典学说，这也许有用，如伯克在收录于《著作》卷 7 的《关于短缺的思想和细节》（Edmund Burke, *Thoughts and Details on Scarcity*，Works VⅡ）第 390—391 页里阐述道："无论在什么时候，如果一个人不可以按照商业规则和公正原则要求得到任何东西，他出了这个门，就只能接受他人的怜悯。"

据我所知，哈根布赫在这一领域内对当前的趋势作了最深刻的分析，参见他的论著"社会服务的合理性"，收录于《劳埃德不列颠评论》。在那里，他阐述道（第 9—12 页）："也许我们根本就没有意识到，我们正在滑向一种制度，在该制度下，每一个人出于某种基本需要变得永久性地依赖国家，而且必然会程度越来越大地依赖国家。社会服务体系不仅变得入不敷出；它们还搞自我宣传……在世界上，一个给予一些不幸者偶然和暂时的救济以使他们度过难关的制度和一个每个人的一大部分收入必须持续流经国家之手的制度之间肯定大有差别。在个人贡献了什么和获得了什么之间缺乏任何直接的联系，讨论任何种类的分配不公平问题所必然产生的政治形势，还有那种十足的家长作风——它们表明那一小股没有直接流经社会保障基金的国民收入在快速消失，也表明了整个制度正朝着 由国家完全控制所有收入的方向移动……因此我们也许可以这样来总结长期的政策冲突：一方面，我们追求一种社会服务体系，它通过使得每一个人变得贫困（或使得每一个人变得富裕，这得视您如何看待它而定），通过不给予任何救济（除非人人有份）以

许在促成这一发展过程中起到某种作用，但是，应当注意，对酌处权和强制权的反对不能构成一种允许任何一位负责人无条件地要求得到支持并成为自身需要的终审法官的理由。在自由社会里，在不考虑是否提供了需要证明的情况下授予要求"非威慑性的"或"非酌处性的"支持的权利，这不会是一项公正原则。如果这类权利要求是在"社会保险"的外衣下和通过得到认可的蒙骗公众的行为——这种行为是其创造者们引为自豪的根源之一 ①——得以引入的，那么它们肯定与法律面前人人平等的公正原则无关。

现在，自由主义者有时道出了这样的希望："必须把整个福利国家机器看作为一种暂时性的现象"，② 即把它看作为一种随着福利的普遍增长不久就会变得多余的过渡性发展阶段。但是，是否存在这样一种那些垄断机构的整体作用能够造福于人的特别

及通过对国民收入的社会主义化而消灭贫困。另一方面，我们可以追求一种社会服务体系，它也旨在消灭贫困，方法是通过把在贫困线以下的人拉到贫困线之上，通过向那些存在需要的群体提供有选择的救济——要么应用财产情况调查，要么应用保险种类法——以及通过期待在将来某一天，不再有必要搞社会服务，因为即使是最低收入群体的生活水平也高过了贫困线。"参见同一作者的《社会经济学》后记（*Social Economics*［Cambridge：Cambridge University Press，1958]），它复述了他的部分观点。也参阅同一作者的《福利国家及其财政》，载《劳埃德不列颠评论》；维尔格洛特："社会保障的危机和工资问题"，载《秩序》卷7（H. Wilgerodt，"Die Krises der sozialen Sicherheit und das Lohnproblem"，*Ordo*，Vol. VII［1955]）；阿钦格著《社会安全（H. Achinger，*Soziale Sicherheit*），以及勒普克（Roepke），前引书，第4章。

① 比较伯恩斯的第一篇评论，见注释2引文，尤其是第1478页。

② 怀尔斯："财产和公平"，收录于沃森编《非奴性的国家》（P. Wiles，"Property and equality"，in *The Unservile State*，ed. G. Watson［London，1957]）第100页。也比较多兹的《自由和福利》，前引书，尤其是第20页："对一个福利领域的国家垄断有某些非自由主义的后果，这已经显而易见，而且我们坚信，不仅仅是提供福利，而是提供多种多样的和竞争性的福利的时刻已经到来。"

发展阶段，这似乎值得怀疑，而且，如果建立了这些垄断机构，我们是否有可能在政治上重新摆脱它们，这更值得怀疑。在贫困国家，由于这一机器越来越庞大，所带来的负担大大地减缓了福利增长的速度（更不用说这些国家还存在人口过剩问题日益加剧的趋势），由此无限期地推移了人们最终认清这一机器属于多余的时间，而在那些较富裕的国家，它妨碍了可以承担它的部分职能的其他替代性机构的演进。

　　也许不存在把那些医疗和失业补贴制度逐渐转化为真正的保险制度的不可逾越的障碍。在这样一个真正的保险制度里，个人为竞争性机构所提供的劳务付费。若要搞清怎样才能取消一种每一代人为前一代人的需要付费，并由此获得要求下一代人提供支持的类似权利的养老保障制度，则更为困难得多。似乎一旦引入这种制度，人们就几乎只能要么永远继续下去，要么允许它全盘崩溃。因此，引入这种制度会束缚养老保障事业的发育，会对社会增加日益沉重的包袱，而社会又会尽最大可能一再尝试通过通货膨胀来解脱自己。但是，无论是选取这条路还是有意怠于履行所承担的义务，①都不能为一个公平社会提供赖以存在的基础。在可望合理地解决这些问题之前，民主政体将不得不体验到它得为自己所做下的蠢事付出代价，体会到不能为了解决它当前的问题而无限制地预支未来。

　　我们在过去习惯于经受社会弊端的折磨，现在却经受对付它的手段的折磨，这句话说得好。②差别在于，在过去那时候，社会弊端随财富的增长而日渐消失，而我们所引入的对付手段正开

---

①　有人对斯托克斯著作（前引书）中的改革建议提出过异议，这里也必须提出同样的异议。他的改革建议等同于拒不接受已经惹上的义务。应该说，无论"脱卸责任"的企图有多大，无论已经承接的负担会有多重，对我来说，如此开始一种建立更为合理的安排的尝试似乎是灾难性的。

②　克鲁奇（Joseph Wood Krutch）在一个非正式讲话中使用这段话。

始威胁到这一维系一切未来进步的财富增长的继续。我们现在呼唤起若干新的巨人，而不是贝弗里奇报告所称的福利国家应准备与之斗争的"五大巨人"，事实可能会证明，对于一个公平的生活方式，这些新的巨人会是更为强大的敌手。虽然我们已经略微加快了克服贫困、疾病、无知、肮脏和懒惰的步伐，但在将来，我们在这场斗争中甚至可能搞得更糟糕，如果主要的威胁来自于通货膨胀，使得经济瘫痪的税收，掌握强制权力的工会，来自政府对教育事业日益增加的控制，来自带有广泛的专断任意权力的社会服务官僚机构——个人是无法通过自己的努力逃脱这些危险的，而规模过分庞大的国家机器的惯性可能加大而不是减少这些危险。

第二十章　税收与再分配

开头微不足道，但是，如果不小心在意，税率就会很快翻倍，而且最终会到达没有人可以预见的地步，这合乎事物的本性。*

——F. 吉西亚蒂尼（约 1538 年）

---

* 引自 F. 吉西亚蒂尼的"第十次攀登"载，P. 吉西尼亚蒂尼和 F. 吉西亚蒂尼编《未曾发表的书稿》（F. Guicciardini，"La decima scalata"，*Opere inedite*，ed. P. and L. Guicciardini ［Florence，1867］）第 10 章第 377 页。这一观察的动因以及这一值得注意的、发生在 16 世纪的累进税讨论的动因值得一提。吉西亚蒂尼的这段文字即来自那时候的讨论。

在 15 世纪，佛罗伦萨共和国已经享受了 200 年之久的法治和个人自由，这是从古希腊和古罗马时代以来闻所未闻的。到那时候，梅迪奇家族开始统治佛罗伦萨，该家族借助对民众的感召力，日益攫取了专制权力。为了达到他们的目的，他们所采用的手段之一是累进税，正如吉西亚蒂尼在另一场合中所描述过的那样："众所周知，贵族和富人在何等程度上受到了科西摩的压迫，在后来又受到苛捐杂税的重压。其原因是，累进税是一种貌似合法的破坏手段，因为他们总是为自己保留了权力，以便随心所欲地打倒其他任何人。对于这一点，梅迪奇从未承认过。"见《论佛罗伦萨的政权》，载《第十次攀登》（"Del reggimento di Firenze"，*Opere indeite*）卷 2，第 40 页。在 16 世纪的某个时候，人们又开始主张累进税，吉西亚蒂尼撰写了两篇精彩的累进税论文（艾亨贝格："国家学手册"卷 4《财政学》（K. T. von Ehenberg，"finanzwissenschaft"，*Handwörterbuch der Staatswissenschaften* ［3d ed.，Jena，1909］）里所指的写作日期 1583 年，不过是一个推测），一篇是支持累进税的，另一篇则是反对累进税的，后者明显代表了他的观点。手稿一直保留到 19 世纪才被出版。他的基本反对意见是（第 10 章第 368 页）："我们必须追求

1. 从好多方面来看，我希望能够删除本章内容。本章的论点是反对那些人们如此广泛持有的信念的，以至于它必然伤害许多人的感情。连许多到此为止同意我的思路，并认为我的立场从总体上是合理的读者，也会认为我有关征税的观点是教条的、极端的、不切实际的。许多人也许会愿意重建我所捍卫的自由，只要适当的税收措施可以纠正他们认为会从中产生的不公正。在今天，人们几乎已经普遍承认通过累进税实行再分配是公正的。但是，如果避而不谈这一问题，我就不是一个真诚的人。此外，这样做等同于不顾及某些东西，对于我，这些东西似乎不仅是民主行动不负责任的主要根源，而且是事关未来社会的整体性质的决定性问题。从已经在这一事务中变为教条信仰的观念中解放自己，这可能要求我们付出很大的努力，但是，一旦阐明这一问题，我们就会清楚地看到，正是在这里，而不是其他地方，政策走向专断任意。

在经历了一个很长的、实际上对累进税原则不加怀疑并很少对之进行新的讨论的时期之后，人们最近对这一问题表现出一种

的平等在于：没有一个公民能够压迫另一个公民，而且所有公民都必须遵守法律，服从当局的领导，而且要把每一位能够进入议会的人的声音与其他人的声音一样算数。这就是自由平等的含义，而不是说不论是在哪一方面，人人都是平等的。"他进一步论证道（第 372 页）："社会中的一部分人被另一部分人压迫和虐待，这不是自由，也不是我们寻觅自由的目的，我们的目的是应当保障每一个人能够维持体面的处境。"对于他，主张累进税（前引书）是"人民的煽动者，是自由与美的共和国的败家子"。本章开头所摘引的一段话指出了累进税的主要危险，也许可以把意大利语原文再次摘录于此："但是，事情的性质是，最初数量不大，但如果人们没有意识到，很快就会成倍地增加，而且会扩展到后来没有人能及时为你们采取措施的地步。"比较里卡-萨莱诺的《意大利财政学历史》（G. Ricca-Salerno, *Storia delle dottrine finanziarie in Italia*［Palermo, 1896］）第 73—76 页，以及格拉拜恩的"累进税学史论文集"，选自财政档案（M. grabein, "Beiträge zur Geschichte der Lehre von der Steuerprogression", *Finanz-archiv*［1895］）卷 12，第 481—496 页。

更具批评性的立场。① 然而，对于这一问题，我们大有必要作更
深入的研究。遗憾的是，我们在本章中只能简短地综述我们的反
对意见。

应当马上指出，我们将要研究的、相信在长期与自由的制度
安排不可调和的累进，是指作为整体的税收累进，也就是指在笼
统地考虑所有税收的情况下，比对较高收入计征很高比例税更甚
的累进。个别种类的税收，尤其是所得税，可以分级计征，对此
我们有充足的理由，即：这样做是为了平衡许多间接税对较低收
入加以比例较大的税负的倾向。这是赞成累进的惟一有效的理
由。但是，它只适用于作为给定税制结构组成部分的某些税种，
不适用于作为一个整体的税制。在这里，我们将主要讨论累进所
得税的影响，因为它最近已经被用作把税收制度变成一种整体
累进程度很大的税制的主要工具。我们在此将不研究在给定制度

① 十年前，只剩下非常少的国民经济学家在原则上还反对累进税，其中值得一
提的有米瑟斯，如见他的《人类行为》第 803 页及其后，卢茨的《自由经济
的指导原则》（L. Lutz, *Guideposts to a Free Economy*〔New York，1948〕）
第 11 章。较年轻一代中第一位指出累进税的危险的学者似乎是赖特的《民
主和进步》（D. M. Wright, *Democracy and Progress*〔New York，1948〕）
第 94—103 页。至于重新广泛开展这一讨论，这主要归功于布卢姆和卡尔文
的细致研究《并不轻松的累进税案例》，最初发表在《芝加哥大学法律学刊》
（W. J. Blum and Harry Kalven, Jr., The Uneasy Case for Progressive Taxa-
tion, in *University of Chicago Law Review*〔1952〕）卷 19，而且于 1952 年
由芝加哥大学出版社特辑出版。我个人已经在以前讨论过这一问题，在"累
进税的不公正之处"，载《瑞士月刊》（"Die Ungerechtigkeit der Steuerpro-
gression", *Schweizer Monatshefte*〔1952〕）卷 32，以及在"对累进税的再
思考"，收录于森霍尔茨编《关于自由与自由企业：路德维希·冯·米瑟斯
纪念论文集》（"Progressive Taxation Reconsiderde", in *On Freedom and
Free Enterprise：Essays in Honor of Ludwig von Mises*, ed. M. Sennholz
〔Princeton，1956〕）。后者的一个较大部分被编入本章。最近出版的、非批
评性的、但富有高度教益的英国累进税史论文是谢哈伯的《累进税》
（F. Shehab, *Progressive Taxation*〔Oxford，1953〕）。

里如何适当地相互调整各税种的问题。

我们也不另行考虑由于以下事实引出的一些问题：尽管计征累进税在今天是主要的收入再分配工具，但它不是借以达到这一目的的惟一方法。一种比例税制显然也可能实现程度很大的再分配。要紧的只不过是要把足够大的一部分税收用来提供服务，这些服务主要是有利于某一特定群体，或者是直接补贴这一群体。不过，人们会问，属于较低收入等级的人在何等程度上愿意任由税收减少可供自己自由支配的收入，以换取那些免费的服务。我们也很难搞清，这一方法如何能够实质性地改变较高收入群体的收入级差。它很可能实现从富人阶层流向穷人阶层的可观的收入转移支付，但它应当不会导致削平收入金字塔尖顶的结果，而那是征收累进税的主要效应。对于相对富裕的人，这可能意味着，虽然他们所有人的全部收入被按相应的比例征税，他们所得到的服务与缴纳的税额相差微不足道。但是，恰恰是在这一阶层中，累进税造成的相对收入变化最为显著。技术进步，资源的配置，激励，社会流动性，竞争和投资——累进税主要通过它对这一阶层的影响才对所有这些因素发生影响。无论将来会发生什么，至少在当前，累时税无论如何都是主要的收入再分配手段，而且如果没有它，这样一项政策的影响范围就会十分有限。

2. 正像许多类似措施一样，累进税由于曾被乔装打扮而获得了它当前的重要地位。在法国大革命时期，包括在 1848 年革命前的社会主义者的煽动中，有人公开主张把累进税作为收入再分配手段，但遭到明确拒绝。"应当枪毙作者，而不是枪毙项目"，这是自由主义杜尔哥对这类早期建议的愤怒反应。[①] 在 19

---

① 根茨在下面的论文里收入了杜尔哥的边注"应当惩罚的是发起人，而不是项目"。参见"关于法国政府的支持来源"，载《历史学刊》第 3 期（F. Gentz, "Ueber die Hülfsquellen der französischen Regierung", *Historisches Journal*

世纪 30 年代更多的人主张这类建议，这时，J. R. 麦克洛克提出
了主要的异议，人们经常引用他那段话语："在您放弃向所有个
人抽走同样比例的收入或财产的基本原则的时刻，您是身处一片
汪洋之中，没有舵或指南针，这样一来，您就可能会做出任何不
公正和愚蠢的事情。"①1848 年，卡尔·马克思和弗里德里希·
恩格斯公开建议推行"一种有分量的累进或分级所得税制"，作
为在第一阶段的革命之后"无产阶级将把他们的政治支配权用于
从资产阶级中逐步夺取所有资本，把所有生产工具集中到国家手
里"的措施之一。而且他们把这些措施描绘成"对财产所有权和
资产阶级生产关系的专制进攻的手段……措施……它们似乎在经
济上力量不足，站不住脚跟，但它们在运动过程中会超越自己，
使得对旧社会秩序的进一步进攻成为必要，并且必然成为完全革
新生产方式的手段。"② 但是，仍然是 A. 梯也尔的话很贴切地总
括了一般性的看法："有比例性是一项原则，但累进简直是可恶

[1799]）第 138 页。根茨自己在那里评述了累进税："现在的任何一种税收，
如果它以一种不同于收入或者财产的纯粹（对比）累进的累进作为其基础，
如果它基于一个程度递增的累进的原则，都已经不比街头盗匪来得好。"
（当然，根茨在这里所使用的"累进"一词是针对绝对税额，而不是比例税
额。）

① 麦卡洛克："关于税收的意见和建议"，载《爱丁堡评论》（J. R. Mc Culloch,
"On the Complaints and Proposals Regarding Taxation", *Edinburgh Review*
[1833]），卷 57，第 164 页。他把这一早期文章的大部分作了改编加工，并
收入更为著名的扩大版，即《关于税收和基金制度的原则和实际影响的论
文》（*Treatise on the Principles and Practical influence of Taxation and the
Funding System* [London, 1845]），见第 142 页。

② 见马克思的《选集》，阿多拉茨基编（K. Marx, *Selected Works*, e-
d. V. Adoratsky [London, n. d.]）卷 1，第 227 页。正如米瑟斯在《为自由
而计划》（*Planning for Freedom* [South Holland, 1952]）第 3 章第 96 页
里所指出的那样，"使得对旧社会秩序的进一步进攻成为必要"这些字眼没
有出现在《共产党宣言》的原版中，但是被恩格斯插入英译文中。

的专断任意行为"，① 此外，约翰·斯图亚特·穆勒把累进称为"一种轻度的盗掠形式"。②

但是，这一首次攻击被击退之后，对累进税的煽动又表现为新的形式。社会改良主义者一方面从总体上抵赖自己有着任何改变收入分配的欲望，另一方面却开始声称，如果整个税负取决于其他考虑，它就应当根据"支付能力"来分摊，以保障"同等的牺牲"，而且以累进税率计征所得税应是实现这一目标的最好办法。在为数众多的、支持这一主张并在财政学教科书里仍一直有其一席之地的论点中，③ 有一个论点看上去最为科学，并最终占了上风。应该简短地注意它一下，因为有些人仍然相信它为累进税提供了某种科学论证。它的基本观念是连续消费行为的边际效用递减。尽管、或者也许由于它的抽象特征，它有着很大的影响：④ 它使得一种原来不可否认地建立于任意假设基础上的东西在科学上受到了尊重。⑤

---

① 见梯也尔的《论财产》（M. A. Thiers, De la propriété［Paris, 1848］）第319 页："有比例性是一项原则，但累进是可恶的、专断的。"

② 见穆勒的《政治经济学原理》，第 2 卷，第 353 页。

③ 对这些拥护累进税的论点的较新评述可参阅费根著"近代和当代累进税理论"，载《政治经济学杂志》（E. D. Fagan, "Recent and Contemporary Theories of Progressive Taxation", J. P. E.［1838］）卷 46 和阿列克斯著"累进税理论"，收录于《当代经济理论》（E. Allix, "Die Theorie der Progressiv Steuer", Die Wirtschaftstheorie der Gegenwart［Vienna, 1928］）卷 48。

④ 我记得我的老师冯·维泽尔，现代效用理论的创立者之一，而且是"边际效用"概念的创始人，把他为公平征税奠定了科学基础看作为他的主要成就之一。在英语国家，埃奇沃斯在这一方面是最有影响的作者，参见他的《政治经济学文集》（F. Y. Edgeworth, Papers Relating to Political Economy［London, 1925］）卷 2，尤其是第 234—270 页。

⑤ 直到 1921 年，乔赛亚·斯坦普爵士（后来成为勋爵）才在《税收的基本原则》（Sir Josiah Stamp, The Fundamental Principles of Taxation［London, 1921］）第 40 页中写道："并不是直到在心理学方面也彻底地发展了边际理论之后，累进税才原则上真正站稳脚跟。"甚至在后来，巴纳仍然可以在他

　　但是，当前在效用分析领域里的发展本身已经完全破坏了这一论点的基础。它已经失去效力，这部分是因为人们普遍放弃了有关不同人的效用可以比较的信条，[①]部分是因为，边际效用递减这一设想是否确实能够合理应用到作为一个整体的收入，也就是说，我们把一个人从使用其资源上得到的所有好处算作为收入是否有意义，这更值得怀疑。今天普遍持有的立场是，效用是一个纯粹相对的概念（也就是说，我们只能说，某件东西比另一件东西有着更大的、相同的或者更小的效用，而且道明这类东西的效用程度本身是没有意义的），由此得出，说到收入效用（或递减的收入效用），我们必须借用某些其他想得到的物品来表达它，比如借用闲暇（或避免付出一种努力）。但是，如果我们继续追根究底以所付出的努力来衡量收入效用递减这一说法的内在含义，我们便得出了耐人寻味的推论。事实上，这也许会意味着，随着某人的收入在增长，若要诱使他付出同样的边际努力，以附加收入衡量的激励必须增加。这也许会把我们推至拥护累退税的立场，但肯定不会是拥护累进税的立场。不过，我们几乎不值得

_____

的《通过公共财政的收入再分配》（T. Brna, *Redistribution of Incomes through Public Finance* [Oxford：Oxford University Press，1945]）第 5 页中写道："给定全部国民收入，随着一个公平的收入分配，满足达到了最大化。这一论点一方面基于收入的边际效用递减规律，另一方面基于有关相同收入的人拥有同等的享受能力的假设（这一假设与其说基于经济学，毋宁说基于政治民主）。此外，只要存在失业，目前所公认的经济原理就否定节俭是美德（高收入的存在使得这样做更为容易得多），而且那传统上为不平等辩护的主要理由也由此消失。"

① 尽管反复出现异议，因为我们中的大多数人都对一个人的给定需要与另一个人的相比是大是小有着明确的看法，但是也许可以认为这一推断是有充足理由的。我们对此有看法，这一事实无论如何不能说明，如果人们关于不同人的需要的相对重要性的观点相左，必定存在某一可用以决定谁是谁非的客观基础；也绝无迹象表明人们会容易就此达成一致意见。

付出努力来继续循着这一思路走下去。今天，很少会有人疑问，在税收理论里采用效用分析完全是令人遗憾的错误（就连当代某些最重要的经济学家也一起犯错）。我们应把自己从这一错误所造成的迷惘中解脱出来，而且越早越好。

3.19 世纪后叶，那些累进税的拥护者一般强调，他们的目标只是要实现同等的牺牲，而不是要实现收入再分配；他们还一般坚持认为，这一目标只能给予人们实行一种"适度"累进的正当理由，而且"过度"利用累进的行为（如在 15 世纪的佛罗伦萨，税率被抬高到 50％）当然应当受到谴责。尽管寻找用来衡量适宜的累进税率的客观标准的所有尝试都告失败，而且当有关人员一旦接受了这一原则就无法确定一个一经超越就不能以同样理由推行累进税的界限的看法遭到反驳时，没有人作出回应，但讨论的话题完全在可能的、对收入分配的任何作用显得微不足道的税率的范围内进行的。认为税率不会停留在这些限度内的任何提法，都被看作是对这一论点的恶意歪曲，是暴露了主张者对民主政府的智慧缺乏信心，从而应受谴责。

正是在德国，即当时"社会改革"的先行者，累进税的拥护者们首先克服了人们对累进税的抵制，由此开始了现代累进税的演进。1891 年，普鲁士引入了累进所得税，累进税率在 0.67％和 4％之间。鲁道夫·冯·盖斯特是当时刚好圆满结束的法治国家运动的德高望重的领袖，他徒劳地在普鲁士议会前抗议道，这意味着背弃法律面前人人平等的根本原则，背弃"那最为神圣的平等原则"，该原则为侵犯财产设置了惟一的一道屏障。[①] 恰恰

---

① 《普鲁士议会……谈判速记报告（1898—1899）》（*Stenographische Berichte der Verhandlungen……des preussischen Abgeordnetenhauses* [1898－9]）卷 2，第 907 页："但是，如果我们谈到累进税问题，平等这一最神圣的政治原则就会变得虚伪。在那里，甚至绝对民主自身也以千万个声音否定它的原则，如果事关更为尖锐地对付富人。"

是涉及新方案的税负的微小性使得任何把它作为原则问题而予以反对的尝试失效。

其他大陆国家不久也纷纷仿效普鲁士，但是，几乎费了 20 年的时间，这一运动才波及到强大的盎格鲁-撒克逊势力圈。正是在 1910 年和 1913 年，英国和美国才分别引入了分级所得税，最高税率分别达到 8.25％ 和 7％，这在当时是实属惊人的数字。但在 30 年后，这一数字分别升至 97.5％ 和 91％。

这样，在仅仅一代人的时间里，几乎所有累进税支持者花了半个世纪之久宣称不会发生的事情便已开始出现。这一绝对税率变化当然完全改变了问题的性质，它不仅改变了问题的程度，而且改变了问题的类型。根据支付能力为这些税率辩护的所有尝试不久都被放弃了，而且它的支持者返回到原来的、但已长期弃而不用的论点，把累进税作为一种带来更公平的收入分配的手段来辩护。① 可以为整个税收的累进规模辩解的惟一基础是改变收入分配的可取性，这一点现在又重新受到普遍接受，而且这一辩解不能立足于科学论证，必须坦率地承认它是一种政治要求，也就是说它是一种向社会强加一个由多数表决通过的分配模式的尝试。

4. 通常，对于这一发展的一种解释是：过去 40 年里，如果不求助于坡度很大的累进，政府就不能大幅度地增加公共开支；

---

① 尤其是参阅西蒙斯的《个人所得税》（H. C. Simons, *Personal Income Taxation* [Chicago：University of Chicago Press, 1938]）第 17 页及其后。也比较皮科克的"在一个自由国家中的福利"，收录于沃森编《非奴性的国家》（A. T. Peacock, "Welfare in the Liberal State", in *The Unservile State*, ed. G. Watson [London, 1957]）第 117 页："自由主义对累进税之类的支持并非出于效用学派的信念，即与一位富人相比，一个附加的英镑对于一位穷人更'有价值'或会对这位穷人'提供更大的效用'这一信念。它基于一个对较大不平等的、积极意义上的反感。"

或者如果没有它，政府至少不得不对穷人强加一项不可忍耐的负担，而且一旦承认有必要济贫，推行某种程度的累进就不可避免。然而，只要我们仔细分析一下，这一不切实际的解释就露出了马脚：首先，对高收入、尤其是对最高收入级别加征高税率的税收，与总税收相比很小，以至于它们与其他收入级别的税负相比几乎无甚差异；其次，在引入累进税后很长时间以来，受益者并不是最贫困阶层，而完全是那些处境较好的工人阶级以及下层中产阶级，他们是选民中人数最多的一部分。另一方面，人们幻想通过累进税把负担充分转嫁给富人的头上是税收上升如此迅速的主要原因，而且在这一幻想的影响下，民众已经开始接受比平时重得多的负担，这样说也许有道理。这一政策的惟一的主要后果是严厉地限制了最有成就者本能赚取的收入，由此满足了境况较差者的嫉妒心。

至于累进税率（尤其是对最高收入级别加征的惩罚性高累进税率）对总税入的贡献到底少到什么程度，我们可以用一些有关美国和英国的数字来加以说明。据称（1956年）美国"整个累进税结构的税收只占个人所得税总额的17％"，或占联邦税收总额的大约8.5％，而且其中"有一半来自对16000—18000美元应税收入级别的征税，加征税率达50％，而另外一半来自更高的收入级别和税率"。[①] 在英国，累进坡度还要来得大，比例税负也更大，有人指出，英国的"所有附加税（无论是对劳动所得还是非劳动所得）的收入仅约为所有公共收入的2.5％，如果我们对每笔高于2000英镑的年收入（合5600美元）一律加征1英

---

① 见国家制造商协会税收委员会编《面对所得税歧视问题》，扩大修订版（Taxation Committee of the National Association of Manufacturers, *Facing the Issue of Income Tax Discrimination* [rev. and enlarged ed.; New York, 1956]）第14页。

镑的税收，我们也只能净得额外 1.5％的收入……事实上，对所得税和收入附加税的主要贡献来自对介于 750 英镑和 3000 英镑（即 2100—8400 美元）之间的年收入的征税，也就是说来自于对那些从工头干到经理级别的人员、或从刚刚进入负责岗位的公务员干到就任公务或者其他服务领域的领导岗位的人员的征税"。①

一般说来，而且鉴于这两种税制在整体上的累进特征，这两个国家由于累进所带来的贡献似乎介于总税入的 2.5％和 8.5％之间，或者介于国民总收入的 0.5％和 2％之间。从这些数字，我们显然不能推断累进是惟一借以获得所需收入的办法。似乎至少可能的是（尽管谁都不能声称有完全把握），在累进税制下，累进税的收益低于它所造成的实际收入的减少额。

如果对富人计征高税率会对整个税入作出绝对必要的贡献这一信念因此是错觉，那么有关累进主要有助于减轻最贫困阶层的负担的说法，由于在民主政体引入累进税后的大部分时间里所发生的事件而被证明是一派谎言。人们从有关美国、英国、法国和普鲁士的相互独立的研究中得出一致的结论：一般说来，正是那些选民人数最多的、收入普通的群体最为轻松地躲过这一关，而不仅是那些拥有更多收入的群体，还是那些拥有更少收入的群体，其税负占总税收的比例要更为大得多。一项对英国国情的详尽研究的结果最能说明这一直至上次世界大战还相当普遍的情况：在 1936 年和 1937 年，带有一对孩子的英国家庭的全部劳动所得的总税负比例，对于年收入为 100 英镑的家庭为 18％，随着年收入逐渐增至 350 英镑，该税负比例逐渐下降，对于年收入

① 见赫顿著"累进的力度"，收录于《非奴性的国家》（D. G. Hutton, "The Dynamics of Progress", in *The Unservile State*）第 184—185 页。现在在工党圈子里，这甚至似乎已得到承认，如参见克罗斯兰的《社会主义的未来》第 190 页。在这方面，也可参阅弗里德曼，前引书。

为 350 英镑的家庭，税负比例为 11％，这一比例继而又回升，对于年收入达 1000 英镑的家庭，它才又达到 19％的水平。[①] 这些数字（以及其他国家的类似数字）明显表明，一旦放弃比例税原则，不一定是最贫困的人，而且更可能是选举力量最强的阶层受益最多，而且，通过累进所获得的一切，无疑也可以通过对普通收入群体征以与适用于最贫困群体的同样高的税率而得到。

从上次大战以来，在英国，或许还包括其他地方，其发展已

[①] 比较希拉斯和罗斯塔斯的《英国的税负》（G. Findlay Shirras and L. Rostas, *The Burden of British Taxation* [Cambridge：Cambridge University Press, 1943]）第 56 页。这一研究的主要成果见下表：

收入 （£）	税负 （占收入的百分比）	收入 （£）	税负 （占收入的百分比）
100	18	1000	19
150	16	2000	24
200	15	2500	25
250	14	5000	33
300	12	10000	41
350	11	20000	50
500	14	50000	58

也参见较早时候的一些讨论，参见《国家债务与税收委员会报告》（*Report of the Committee on National Debt and Taxation* [London：H. M. Stationery Office，1927；Cmd. 2800]），有关美国的情况，可参见科尔姆和塔拉索夫的《谁在纳税？》，收录于《临时国家经济委员会专题文选》第 3 号（G. Colm and H. Tarasov, Who Pays the Taxes? "*Temporary National Economic Committee Monographs*"，No. 3 [Washington：Government Printing Office, 1940]），以及阿德勒的"财政制度：收入的分配和公共福利"，收录于普尔编《财政政策和美国经济》（J. H. Adler, "The Fiscal System：The Distribution of Income and Public Welfare", in *Fiscal Policies and the American Economy*，ed. K. E. Poole [New York，1951]）；有关法国的情况，可参见布罗歇尔的《公共财政和收入再分配》（H. Brochier, *Finances publiques et redistribution des revenus* [Paris，1950]）；有关在普鲁士的一个类似结果，可参见诺曼的《个人所得税》（F. J. Neumann, *Die Persönlichen Steuern vom Einkommen* [Tübingen，1896]）。

经如此强化了所得税的累进特征，以至于税负到处变为累进性的，而且通过对补贴和服务的再分配性支出，恰恰是最低阶层的收入提高了22%（在能够有意义地衡量这些补贴和服务的程度内：所能衡量的总是只有所提供服务的成本而非价值），这当然是正确的。① 但是，这一新近的发展较少取决于当前的高累进税率，它主要得益于中层和上层中产阶级的各种缴款。

　　5. 为什么各种有关累进会保持在适度范围内的断言会被证明是错误的呢? 为什么它的发展远远超过了它的反对者的最悲观的预计?② 真实的原因在于支持累进的所有理由均可用来为任何程度的累进辩护。累进的拥护者也许认识到，在超过某一程度之后，对经济制度的效率的不利影响会变得如此严重，以至于再把它推前一步就会变为失策之举。但是，这一论点基于累进是公正这一想象之上，正如它的支持者往往承认的那样，而在超过某一金额以上的所有收入被充公，在该金额以下的收入则被免税之前，累进是没有限度的。与有比例性不同，在各种人员的相对税负应当如何这一问题上，累进不告诉我们任何原则。它无异于否

---

①　见卡特的《战后英国的收入再分配》(A. M. Cartter, The *Redistribution of Income in Postwar Britain* (New Haven: Yale University Press, 1955); 也参见皮科克编《收入再分配和社会政策》(*Income Redistribution and Social Policy*, ed. A. T. Peacock [London, 1954]); 另参见马斯格雷夫、卡罗尔、库克和弗雷恩著 "在各收入组别之间的税金分摊：对 1948 年的案例分析"，载《国家税收杂志》第 4 期 (R. A. Musgrave, J. J. Carroll, L. D. Cooke and L. Frane, "Distribution of Tax Payments by Income Groups: A Case Study for 1948", *National Tax Journal*, Vol. IV [1951])。

②　在这些悲观预测当中，最有名的是莱基的《民主与自由》(W. E. H. Lecky, *Democracy and Liberty* [new ed., New York, 1899]) 第 1 部分，第 347 页："累进程度过高的累进税最完全地构成了对民主的最大威胁，创造了一种状态，在该状态中，一个阶层向另外一个阶层强加负担，而后者并没有请求分担这些负担，而且前者把国家推进铺张过度的巨型计划，坚信整个开支会落到他人的头上。"

认有比例性，赞成歧视富人，而却没有任何用以限定这一歧视程度的尺度。由于"不存在可以由公式来表达的理想的累进税率"，①所以，仅仅是这一原则的新生性才妨碍了马上实行惩罚性税率。但是，不存在理由说明为什么"比以前多一丁点儿"不会永远公正和合理。

坚持一旦民主政体开始这类政策就必然要比原来的打算走得更远这一观点，这并不是诋毁民主政体，也不是不体面地怀疑民主政体的智慧。这不是说"自由和代议制是一种失败"，②"也不是说它必然导致对民主政府的完全不信任"，③它只是说，民主政体必须开始理会，为了变得公正，必须由一些普遍原则来引导它的行动。适用于个人行动的道理，也同样适用于集体行动，所不同的只是多数群体也许甚至更难明确权衡其决定的长期意义，从而更需要有原则对之引导。正如累进的情况，所采用的所谓原则无非是公开要求歧视，而且更糟糕的是，这是要求多数歧视少数，这样，这一自称的公正原则必然成为纯粹专断任意行为的托辞。

这里所需的是一条规则，它一方面仍然允许多数为扶持少数而对自己征税，但不鼓励多数对少数施加它认为正确的任何负担的行为。一个多数，仅仅因为自己是多数的缘故，就应当有资格只对少数、而不对自己应用一条规则，这是违背一项比民主本身

① 见皇家利润及所得征税委员会编《第二份报告》(Royal Commission on Taxation of Profits and Income, *Second Report* [London: H. M. Stationery Office, 1954, cmd. 9105]) 第 142 段。
② 怀特法官，收录于《诺尔顿诉摩尔案》 (Justice White in Knowlton v. Moore, 178 U. S. 41 [1900])。
③ 见塞利格曼的《累进税理论与实践》(E. R. A. Seligman, *Progressive Taxation in Theory and Practice* [2d ed., Baltimore: American Economic Association, 1908]) 第 298 页。

更为根本得多的原则，也就是一种民主的正当性赖以建立的原则。我们在前文（在第10章和14章）已经看到，如果要让法律必须利用的人员分类，既不导致特权也不导致歧视，那么这些分类必须依据一些区分标准，而且无论是属于那些符合这些区分标准的群体的人，还是不属于这一群体的人，都应当承认这些区分标准是中肯的。

征收比例税的一大优点是，它提供了一条规则，无论是那些将绝对支付得多的人还是那些将绝对支付得少的人，很可能都会同意这条规则，而且一旦接受了它，它不会带来一条只适用于少数群体的特殊规则所可能造成的问题。即使累进税不对那些被计以较高税率的个人指名道姓，它也歧视他们，因为它引入了一项区分标准，目的在于把那些确定税率的人的负担转嫁到他人的头上。无论如何，累进税率制不能被看作为一条对所有人同等适用的一般规则——我们无论如何不能说，对一个人的收入计征20％的税收是与对另一个人的更高收入计征75％的税收是同等的。对于应当把什么东西看作为公正或把什么东西看作为不公正，累进不包含任何衡量尺度。它也拿不出运用此类尺度的立足点，而且通常驱使累计的拥护者作为惟一保险所依赖的人们的"良好的判断"，[①] 无非是基于过去政策而定型的现行看法。

但是，事实上累进税上升得这么快，有其一直存在于过去40年里的特殊原因，亦即通货膨胀的原因。今天，很容易理解，货币收入的总体上升趋向于把所有人抬高到更高的应税收入级别，尽管实际收入保持不变。作为其结果，多数群体的成员发现自己一再出乎意料之外地成为歧视性税率的牺牲品，而且他们曾经因为相信不会连累自己而对这些税率投过赞成票。

累进税的这一作用经常被说成是一种优点，因为它在某种程

---

① 见《第二份报告》第150段。

度上趋于自动修正通货膨胀（通货紧缩）的影响。如果预算赤字是造成通货膨胀的根源，税收收入的增长比例将比收入的增长比例要大，从而由此弥合通胀缺口；如果预算结余造成一场通货紧缩，随之而来的收入下降不久会造成税收收入发生更大程度的下降，从而由此消灭结余。但是，这一作用主要偏重对通货膨胀的考虑，它是否真的是一个优势，这非常值得怀疑。即使没有这一作用，预算需要过去是一再出现通货膨胀的主要根源；而且正是了解通货膨胀一旦抬头就难以遏制这一事实，才在某种程度上起到一种威慑作用。如果在一种税制下，通过无须立法机关批准的隐蔽性增税，一场通货膨胀能带来比例更大的税入增加，那么这一税制安排就会变成一种几乎无法低御的诱惑。

6. 有时有人声称，比例税是一种与累进税一样任意的原则，而且除了它的数学简易性明显更大之外，就没有什么可以值得推荐的。但是，我们已经述及过一个理由，也就是：它提供了一种原则，而且那些支付不同金额的人们很可能都会同意遵从这一原则。除此之外，还有一些赞成比例税的有力理由。对于刚才那条旧理由，我们仍然有许多东西要说，即，既然几乎所有的经济活动都受益于国家的基本服务，这些服务就构成我们所消费和享受的一切东西的一个或多或少固定的组成部分，因此，如果一个人支配了更多的社会资源，他也将从政府成比例地获得更多的服务。

更重要的是，比例税可使得对各种工作的净报酬所得之间的关系保持不变。这与以下旧格言相当不同："没有一种税是好税，除非它把个人维持在与税前相同的相对位置上"，[①] 因为我们在

[①]　麦卡洛克的《税收论》（J. R. McCulloch, *Treatise on Taxation*）第 141 页。这一段话在后来经常被人使用，比如出现在沃克的《政治经济学》第 491 页。

这里不是事关对个人收入之间关系的效应，而是事关对所提供的某些特定劳务净报酬所得之间的相对关系的效应，正是后者才是经济学上的重要因素。它也不像我们针对那个旧格言所指出的那样通过简单地假设各种所得的比例大小应当保持不变而回避这一问题。

如果从两笔收入中减除相同的金额或相同比例的金额，那么两笔收入之间的关系是否能够保持相同？对于这一问题可能会有意见分歧。但是，对于税前相同的两项劳务的净报酬是否在税后继续保持相同的关系这一问题，可能不存在疑问。而且这里就是累进税的作用明显区别于比例税的作用的地方。某些特定资源的使用取决于劳务的净报酬，而且如果要有效利用这些资源，那么税收应维持因提供特定劳务而得到的、由市场规定的相对报酬，这是很重要的。累进税大大改变了这一关系，因为它把个人的某种特定劳务的净报酬与某一阶段（通常为一年）里该个人的其他所得挂钩。如果一位外科医生为一次手术和一名建筑师为一项住房设计所获得的税前报酬一样多，或者一名售货员为出售十辆汽车和一名摄影师为四十次人像摄影所得到的税前报酬一样多，那么在从他们的所得中扣除了比例税之后，同样的关系仍将存在。但是，在累进所得税制下，这一关系可能变动很大。不仅税前报酬相同的劳务可能带来不同的税后收入，而且即使一人为一项劳务得到了一笔相当高的支付，但其最终报酬也有可能比不上另一位得到一笔更小的税前支付的人。

这意味着，累进税必然违背可能惟一得到公认的经济公正原则，即"同工同酬"原则。如果两名律师接受了两件完全相同的案子，而允许他们从其酬金中保留的东西取决于每名律师在本年度挣得多少其他收入，那么他们事实上往往会为类似的努力得到非常不同的收入。如果一个人工作得非常努力，或者出于某种原因活儿非常多，那么对应于他的进一步努力，他可能比一名空闲的人或者运气差一些的人得到一笔金额更少的报酬。事实上，消费者对一个人的劳务估价越高，那么对于此人来说付出进一步的努力就越不值得。

虽然这一通常意义上的对激励的效应是重要的，而且屡屡受到强调，但它绝不是累进税的为害最大的效应。即使是在这里反对意见也不很多：作为其结果，人们不以在其他场合下应有的程度勤奋地工作，而是各种活动的净报酬的改变往往会把他们的精力转移到不能充分发挥他们的特长的活动上。在累进税制下，来自一项劳务的净报酬额会随着支付的时间间隔长短的变化而发生变化，这一事实不仅是不公正的根源，而且也是错误配置资源的根源。

在这里，对于在那些努力（或者花费）和报酬未大致同时发生的所有情况下，即在人们由于期望得到一种遥远或无把握的结果而付出努力的所有情况下——简而言之，在人们以一种有风险的长期投资形式付出努力的所有情况下，累进税所造成的人们所熟悉的、不可解决的困难，我们没有必要予以详尽讨论。不存在一个对于作家、发明家、艺术家或剧作家的平均收入也同等公正的可行的收入平均化方案，这些人员也许要付出长达几十年的努力，而只在几年时间内获得了回报。[①] 我们也没有必要进一步阐述坡度很大的累进税对从事风险资本投资的意愿的效应。很明显，这种征税方式歧视那些冒险行为，它们之所以值得，就是因为万一成功，它们能带来高额回报，足以补偿巨大的全部损失风险。所谓的"投资机会枯竭"在很大程度上是因为政府推行一种

---

① 见《皇家利润及收入征税委员会的最终报告》（*Final Report of the Royal Commission on the Taxation of Profits and Income* ［London：H. M. Stationery Office，1958；Cmd. 9474]）第 186—207 页中的详尽讨论，尤其是见第 186 页："累进税所固有的是，它对不公平和公平收入的影响是不同的。"

有效地排除了私人资本也许可以获利的广大的冒险领域的财政政策，① 这很可能是这一说法的真正症结所在。

我们必须从速结束对累进税对工作激励和投资意愿的有害影响的分析，这并不是因为它们不重要，而是因为它们在总体上已经足够为人所知。它们应将有限的篇幅留待分析较少被人理解的，但至少同样重要的其他影响。其中有一个影响仍然值得强调，那就是累进税时常限制或减少劳动分工。当职业工作不是按商业规范组织的而且倾向于提高某人的生产率方面的许多花费实际上未计入成本时，这一影响尤其引人注目。"自我负担"的趋势开始产生最荒唐的结果，比如，一个人希望投身于更为生产性的活动，他必须在一小时内挣得 20 倍甚或 40 倍的东西，以便能够向另一个时间价值较少的人支付一个小时的劳务报酬。②

我们也只能略微提及一下累进税对储蓄供应的非常严重的影响。25 年前，有关储蓄过高和应当降低储蓄的论调有过某

---

① 值得注意的是，同样是那些以最高的嗓门强调所谓的"耗竭投资可能性"的作者，现在要求"必须加强所得税的有效累进度"，而且强调，"当今美国政治所面对的惟一最重要的其他问题是我们的所得税的累进性问题"，并且严肃地主张，"我们处在这样一个形势下：比起工资袋里的 1 美元边际工资收入，1 美元的边际税额明显有着高得多的社会效用"。见汉森的"促进经济增长和稳定的任务"，在国际计划学会前的报告油印件（A. H. Hansen, "The Task of Promoting Economic Growth and Stability", address to the National Planning Association, February 20, 1956; mimeographed）。

② 这似乎甚至震动了一个作者，他曾如此坚信累进税的公正，以至于他希望在国际范围内运用它。见米德的《计划和价格机制》（J. E. Meade, *Planning and the Price Mechanism* [London, 1948]）第 40 页："这样，一个丰产作家每挣得一个英镑，就要缴纳 19 先令 6 便士的税收（也就是 97.5%），他必须挣得 200 英镑稿酬，如果他想留下足够的税后收入，以便负担起雇用一位女用的 5 英镑工资。也许他会决定不去搞写作，而是由自己干家务活。只有当他的写作生产率比家务劳动率高出 40 倍时，他才值得推行劳动分工，用写作劳动来换取家务劳动。"

种可信度，但在今天，有责任感的人很少会怀疑：哪怕为了能够完成仅仅一部分我们自己定下的任务，无论人们愿意提供多高的储蓄率，我们都需要。社会主义者对那些关注这一对储蓄的影响的人的回答事实上不再是他们不需要这些储蓄，而是应该由集体来提供储蓄，也就是说从税金中筹集。但是，只有当其长期目标是旧式社会主义，即生产资料的政府所有制时，这一论点才能成立。

7. 累进税得到如此广泛接受的主要原因之一是，大多数人认为一个适宜的收入是惟一合理的和符合社会愿望的计酬形式。他们所认为的收入与所提供劳务的价值无关，而且是赋予人们一种被视作为适当的社会地位的东西。有一个论点时常被用来支持累进税，它特别清楚地表明了上述看法，即："没有人能够一年值 10000 英镑，而且在我们目前的贫困状态下，大多数人的每周收入低于 6 英镑，只有少数特例人物每年应当得到超过 2000 英镑的报酬。"① 这一说法缺乏任何依据，只能唤起感情冲动和偏见，这一点会马上见分晓，只要我们细想一下，这一说法意味着对于社会，一个人在一年里——或就此而论在一个小时里——所能完成的任何行为，不可能值 10000 英镑（28000 美元）以上。它当然可以值这么多，有时还会值许多倍。在一个活动所占的时间和社会从中的受益程度之间不存在着必然的联系。

把高额报酬看作为不必要的和不符合社会愿望的东西的整个

① 见刘易斯的《经济计划的原则》第 30 页；似乎首先是霍布豪斯起用了这一观点，参见他的《自由主义》（L. T. Hobhouse, *Liberalism*［London, 1911]）第 199—201 页，他认为，征收额外税的理由是"一个值得尊重的怀疑：对于社会，是否任何单个人绝对有这样的价值，以拥有某些人所能一并得到的同样多的东西"，而且"如果我们的年收入达到 5000 英镑左右，我们就接近了个人的产业价值的极限"。

看法源自那些习惯于出卖自己的时间以换取一笔固定薪水或工资，从而把每单位时间挣得这么多报酬看作为常事的人的思维方式。[①] 但是，尽管这类计酬方法在越来越多的领域内占据了统治地位，但是，只有当人们出卖时间、按他人的指示或至少代表和服从他人的意旨而行事，它才是适宜的。对于下面那些人，它却是没有意义的：他们的任务是以自我承担风险和责任的方式来管理资源，他们的主要目标是通过自己赚取收入来增加自己手头掌握的资源。对于他们，生产资料的支配权是从业的先决条件之一，正如掌握某些技能或者特定的知识是从事各行各业的先决条件之一。盈亏主要是一种在他们之间进行资本再分配的机制，而不是一种糊口手段。对于工薪人员，认为经常净收入一般是为经常消费而准备的看法是自然的，但是，它对于那些目标在于建立一家企业的人来说，它却是格格不入的。对于他们，甚至收入概念本身在很大程度上也是由所得税强加给他们的抽象概念。这无异于他们根据其预期和计划而估计自己可以花费多少而不把他们的预期支出能力降低至当前水准以下。我怀疑，如果一个社会完全是由"自由职业者"组成，是否会像我们这样理所当然地使用收入这一概念，是否会想到对来自某项劳务的个人所得的征税必须视一定时间内的个人所得积累程度而定。

如果一个社会不承认被其多数成员看作不是适当收入的任何其他报酬，并且它不把在相当短的时间内获取一大笔财富视作对某些活动的合法报酬形式，那么这个社会能否长期维持私人企业制度，这是值得疑问的。虽然把一个组织良好的企业的财产权广

---

① 比较赖特，前引书，第96页："必须记住，我们的所得税法的大部分内容是由那些领取稳定工资收入的人为了那些领取稳定工资收入的人的利益制订和通过的。"

泛分配给大量小所有者并由地位介于企业主和支薪雇员之间的经理们来经营也许并无什么困难，但是建立新企业的任务仍然是、可能总是落在支配着可观资源的个人的头上。新的发展一般也仍然需要由一些熟知特定计划的少数人来推进；而且当然更令人不快的是，一切未来发展都应有赖于业已建立的金融公司的工业公司。

与这一问题密切相关的是累进税对资本形成问题的一个方面的影响，这一方面不同于业已讨论过的方面，它就是资本形成的地点。一个竞争制度的优势之一是，成功的新设企业可在短期内获得巨额利润，从而为发展所需的资本可由那些掌握最好的资本利用机会的人来形成。成功的创新者的巨额回报在过去意味着，在他证明了可以把资本有效地投入新的经营活动的能力之后，他不久有能力拥有更多的资金来为自己的判断撑腰。由于许多新的私人资本形成被他人的资本损失所抵消，我们可以完全现实地把它看作为一种在企业家之间持续进行的资本再分配过程的组成部分。以或多或少带有充公性质的税率对这类利润实行征税，等同于对那作为社会进步的推动力之一的资本周转额计征重税。

但是，在存在短暂的巨额盈利机会的地方打击私人资本形成的信心，其最严重的后果是限制竞争。这种制度一般偏重社团的储蓄行为，而不是个人储蓄局面的出现。由于税收在今天汲取了新进入企业的大部分"超额"利润，正如有人正确指出的那样，新进入企业不能"积累资本"，它不能扩大经营；它将永远成不了大企业，永远敌不过既得利益者。而旧公司不需要担忧来自它的竞争：它们受到税吏的保护。它们可以墨守陈规而不受惩罚，它们可以藐视公众的愿望，变得保守。虽然所得税也妨碍了它们积累新的资本，这是事实，但它也妨碍了危险的新进入企业积累资本，这对它们更为要紧。它们实际上享受着税制所赋予的特权。在这一意义上，累进税阻挡了经济进步，导致了僵化。"①

　　累进税还有一个影响，它更为自相矛盾，有着严重的社会后果，这就是："它虽然试图减少不平等，实际上助长了现有不平等的永久化，而且排除了最重要的、在自由企业制度社会里必然存在的对不平等的补偿。富人不是一个封闭的群体，成功者可以在相当短暂的时间内获取大量资源，这曾经是这种制度的调和特征。② 但在今天，在一些国家里，升入这一阶层的机会可能已经变少，比如在英国，这种机会比从现代纪元开始以来的任何时候都要来得少。它的一个突出影响是，越来越大的一部分世界资本的管理权被掌握在这样一些人的手中：他们虽然拥有很高的收入，享受由此得以保障的舒适生活，但是从来不以自掏腰包和自负风险的形式支配巨额财产价值。至于这是否构成一种收益，尚待我们仔细研究。

　　如果一个人获取新的财富的可能性越来越少，现有的财富就

---

①　见米瑟斯的《人类行为》第 804—805 页。也比较克拉克的《福利和税收》第 51 页："许多重税的支持者是对垄断的真诚反对者；但是，如果税收变低，或者如果对未分配利润免于征税，许多企业会异军突起，会与旧的垄断组织展开积极的竞争。事实上，当前过高的税率是垄断目前如此强大的主要原因。"类似的阐述见罗宾斯的"公共财政短评"，载《劳埃德不列颠评论》(Lionel Robbins, "Notes on Public Finance", *Lloyds B.R.* 〔October, 1955〕) 第 10 页："积累哪怕相当少的一笔财富也变得如此困难，这一事实必定对经营组织产生非常深刻的影响；而且我绝对不能理解这些结果竟然是出于社会的利益。难道这一切的必然后果不是法人企业发展积蓄变得越来越困难、从而越来越影响创新？难道不是越来越多的积蓄发生在大型康采恩内部？这些康采恩大多是过去个别企业的结果，而且在冰川纪消失之前成功地起步。"

②　见赖特，前引书，第 96—103 页；也比较巴特斯和林特纳著《联邦税对成长型企业的影响》(J. K. Butters and J. Lintner, *Effects of Federal Taxes on Growing Enterprises* 〔Boston: Harvard Graduate School of Business Administration, 1945〕)。

必定越来越多地表现为一种特权，而且不存在任何理由可以用来为这种特权辩护，这确实如此。这样一来，政府的政策就肯定图谋从私人手里剥夺这些财富，要么通过征收高额遗产税的缓慢途径，要么通过直接充公的较快捷途径。一个建立在私有制和生产资料的个人支配基础上的制度，其先决条件是任何成功者都可以获得这类所有权和支配权。如果已经把这一可能性搞得不复存在，那么甚至那些本会变为新一代最显要的资本家的人也必定成为地位业已稳固的富人的敌人。

8. 在所得税率非常高的国家，事实上较大的平等是通过确定每个人都可以挣得的净收入上限来实现的（在上次大战期间，英国的税后最高净收入约为 5000 英镑或 14000 美元——虽然这一金额由于未把资本利得算作为收入而有所调和）。我们已经看到，如果考虑到对较高收入级别所征收的累进税对国家税入的贡献并不显著，那么我们只能用谁都不应支配一大笔收入的观点来为累进税辩护。但是，怎样才叫一大笔收入？这取决于特定社会的看法，并最终取决于它的平均富裕水平。因此，一个国家越穷，它所允许的最高收入就越低，而且就其居民而言，他们就越难达到较富裕国家认为只是很平常的收入水平。至于这会导致怎样的发展结果，可以从印度国家计划委员会不久前勉强未获通过的一项建议中看清，根据该项建议，政府应该针对所有人的年收入确定金额为 6300 美元的年收入上限（对于所有人的工资，则确定金额为 4300 美元的工资收入上限）。[①] 我们只需想象一下，如果把同一原则应用于任何国家的不同地区或用于国际场合，这会意味着什么。这些后果当然是对特定群体中的多数有资格决定适宜的收入上限的道德信仰基础以及对那些相信这一方式将有助于大众幸福的人的智力水平的最好说明。贫困国家阻止个

---

① 见《纽约时报》，1956 年 1 月 6 日，第 24 页的报道。

人发家致富，这也会放缓财富的普遍增长，难道这还值得怀疑吗？而且，对于贫困国家如此，难道富裕国家就不至于如此？

当然，累进税问题最终是一个道德伦理问题，而且在一个民主政体中，如果人们完全理解这一原则是怎样运作的，它是否还会继续得到支持，这是真正的问题所在。累进税的实际操作可能是依据那些如果得到抽象阐述就会招致大多数人反对的想法。多数应当有权对少数强加一份歧视性的税收负担，应对同种劳务计以不同的报酬，而且对于整个阶层，仅仅因为它的收入与其他阶层的收入不合拍，就应该使得一般的激励机制实际失效——所有这一切都是一些不成其为公正的原则。此外，如果我们还考虑到累进税以如此多种多样的方式导致我们浪费精力和努力，[①] 我们就并非不可能说服有理性的人相信它是不可取的。但是，在这一领域内的经验表明人们的习惯很快会压倒公正意识，乃至上升到一种原则的高度，而该原则的最扎实的基础实际上不过是妒嫉。

若要实现一个合理的税制，人们就必须把决定征税总额应当多高的多数也应该最大程度地承受这一负担作为一种原则来接受。对于同一多数，如果它给予经济地位弱小的少数一些救济，其形式是一种比例较低的征税，那就可能不存在理由充足的反对意见。防止滥用累进税的任务由于以下事实而复杂化：正如我们所目睹的那样，作为平衡间接税影响的途径，在个人所得税方面实行某种累进可能是合理的。是否存在一条可望被人们接受的、

---

① 许多这些管理费所引起的浪费是累进税的一个间接后果，因为如果没有它，公司对高级经理人员支付更多的薪水，引导他们从自己的口袋里掏钱负担他们的代理费用，这往往更符合公司的利益。由累进税引起的律师费用，还比人们通常以为的要更为大得多；比较布卢姆和卡尔文，前引书，第431页："值得注意的是，从税是累进的这一简单事实出发，派生出多少日复一日的、在所得税领域的律师工作。可能他的多数问题就是由这一事实引起或加剧的。"

能有效地防止人们对累进税的那些内在诱惑着迷的原则？我个人不相信设置累进税率上限能实现这一目的。这种百分数字与累进原则同样任意，当政府需要附加收入，从而似乎需要变更它的时候，政府就同样很容易改变它。

我们所需的是一种根据直接税与总税负的某种比例关系而限定最高直接税税率的原则。一种最为合理的规则似乎是，把直接税的最高许可（边际）税率固定在国家税入占国民总收入的百分比率上。这就是说，如果政府拿走 25％的国民收入，那么 25％也就是对任何部分的个人收入计征的最高直接税税率。如果某件全国紧急事件要求政府提高这一比例，那么最高许可税率也可相应提高到同一数字；而且如果总税负降低，它就将相应地降低。这样，税收总还有些累进性，因为那些为其收入支付最高税率的人还会支付某些间接税，这会把他们的总的税负比例抬高到全国平均水平以上。奉行这一原则会带来值得欢迎的后果，即若要通过任何预算，就首先必须估算政府有意征取的税收收入占国民收入的份额有多大。这一百分比会提供标准的直接所得税税率，对于较低的收入，可以根据这些收入被计征间接税的比例来降低税率的百分比。其净结果会是一种轻度的总体累进，不过，在这一累进里，适用于最高收入的边际税率超出平均所得税率的程度，从其税额来看不会超过间接税额。

第二十一章　货币政策框架

没有比消灭货币更为微妙和保险的手段来推翻现存的社会基础，这一过程会把经济法则的所有隐蔽力量推向毁灭，而且以一种难以预料的方式。[*]

——约翰·梅·凯恩斯

1. 过去 50 年的教训告诉了多数人，一个稳定货币制度是多么重要。与上世纪相比，这一时期是存在剧烈的货币动荡的时期。各政府在控制货币方面承担了一个更为积极得多的角色，而且这既是不稳定的结果，也是不稳定的原因。因此，许多人认为，如果剥夺政府的货币政策控制权，也许事情会更好，这是十分自然的。有时有人会问，我们为什么不像在其他多数方面所做的那样，也依靠自发的市场力量来供给任何用作为一种令人满意

---

[*] 摘引自凯恩斯的《凡尔赛和约的经济后果》（J. M. Keynes, *The Economic Consequences of the Peace* [London, 1919]）第 220 页。凯恩斯的观察受到了列宁的一句类似的断言的启发，该断言是："消灭资本主义制度的最好方法是埋葬货币。"也比较凯恩斯后来的断言，参见《货币改革论》（*A Tract of Monetary Reform* [London, 1923]）第 45 页："今天的个人主义的资本主义，恰恰因为它把个人的储蓄交付各位个人的投资者和把生产交付各位雇主，才以存在一个稳定的价值衡量尺度为其假设前提，而且如果不存在这样一个尺度的话，它就会没有效率，也许就无法生存。"

的交换媒介所需要的东西？

我们应当从一开始便清楚地认识到，在今天，即使有可能这样做，它也不仅在政治上不可行，而且很可能不可取，这一点很重要。如果政府从未进行干预，也许就已经发展出一种不需政府谨慎监督的货币制度安排；尤其是如果我们没有开始如此广泛地把信用工具用作为货币或代用货币，我们也许已经能够依靠某种自动调节机制。① 但是，我们现在不再拥有这项选择。我们并不了解实质不同的、对现代工商业组织所高度依赖的信用制度安排的替代性制度安排；而且历史的发展创造了一些环境条件，在这些条件下，这些制度的存在要求我们谨慎监督各种相互影响的货币和信用制度。此外，另有一些其他的具体情况，我们是不能指望通过单纯改变我们的货币制度安排而改变它们的，在目前，它们必然要求大多由政府来行使这一控制职能。②

这一状况有三个基本原因，它们有着不同程度的普遍性和有效性。第一个原因涉及任何时候的一切货币，解释了为什么相对货币供应量的变化比影响价格及生产的任何其他情况的变化引起更为多得多的扰动作用。第二个原因涉及所有货币供应量与信用紧密相关的货币制度——整个现代经济生活都有赖于这种形式的

---

① 比较米瑟斯的《人类行为》第 429—445 页。
② 尽管我确信，像发展至今的那种现代信用银行制度要求存在某些公共机构，如中央银行，但我怀疑，它们（或政府）垄断对所有种类的货币发行是否有必要或可取。国家当然有权保护它（或另一机构）所发行货币的单位名称，而且，如果它发行"美元"，它有权阻止他人以同一货币名称发行代用货币。而且由于它的职责是强制执行合约，它必须有能力规定哪一种东西可以作为"法定清偿货币"用来清偿合约规定的支付义务。但是，不存在任何理由说明，为什么国家应该禁止使用其他种类的交易媒介，不论它们是某种商品还是由其他机构发行的货币，不论它们是国内的还是国外的。保护个人自由的最有效措施之一确实可以是由宪法规定在和平时期内禁止对所有货币种类或者贵金属交易的限制。

货币制度。第三个原因涉及当前的政府开支规模，从而也涉及一种我们可能最终希望改变的，但在目前的所有货币政策决策中必须接受的环境。

在这些事实中，第一个事实把货币变成一种在原本自行调控的市场机制中的较为松弛薄弱的环节，这一环节足以干扰调控机制，以至于反复误导生产，除非人们预见到这些影响，并采取慎重的反制措施。这是因为货币不同于通常的商品，它不是用于消费，而是用于传递。其后果是，货币供给（或货币需求）的变化影响不直接导致新的均衡的产生。货币的供需变化在特定意义上是"自行逆转"的。比如在货币存量之外，有人为某一商品或劳务首先花费一笔附加的货币，这不仅创造了一种新的、暂时性和过渡性的需求，而且还启动一连串的进一步影响，这些影响会逆转最初的需求增加影响。那些首先接受这笔货币的人反过来把它花在其他东西上。如同在池塘里扔入一块石头而掀起涟漪，需求的增加将向整个经济体系扩散，并在每一步都暂时性地改变相对价格，这一作用方式将持续下去，只要货币数量在继续增加，但是，在货币数量停止增加后，作用方式就会逆转。如果消灭了任何一部分货币存量，甚或如果人们开始根据其收支情况持有比平时更多的或更少的现金，也会适用同样的情况；任何这类变化均会启动一连串的需求变化，它们与其背后的实际因素的变化不相称，由此会引起价格和生产的变化，这些变化又破坏了供给和需求之间的均衡。①

出于这一原因，货币供应量的变化尤其具有扰动作用，而且据我们所知，货币供应量也特别容易发生有害的变化。重要的

---

① 在这些可以由货币供应量的变化引起的、短暂和自行逆转的需求变化中，最重要的是消费品和资本货物的相对需求变化；在此，如果我们不深入到经济周期理论当中的所有争论性问题中去，就不能探讨这一问题。

是，花费货币的速度不应过分波动。这意味着，在任何时候，如果人们改变了以与应付金额成一定比例的方式持有多少现金（或按经济学家的说法，他们决定保持更多或更少的流动性）的想法，货币数量就应得到相应地变动。无论我们如何定义"现金"，人们以这一方式持有它们的部分资金的偏好，无论是在短期还是在长期都明显有波动，而且它很可能受到各种自发的发展（如"信用卡"和旅行支票）的深远影响。在这类货币需求或代用货币供应量的变化已经对价格和就业产生强大和有害的影响之前，货币供给的自行调节很可能不会带来所期望的调整。

在所有现代货币制度里，货币供给不仅不能自我适应这类需求变化，更有甚者，它趋于朝着相反方向变化。在货币取偿权开始取代货币的任何时候——而且我们难以搞清楚如何防止这一现象的发生——这类代用货币的供给是"反向弹性"的。[①] 这是以下简单事实的结果：使得人们愿意持有更多现钞的同样考虑也会使得那些提供货币取偿权的人通过向外放贷而减少这类取偿权，反之也同理。如果每个人都愿意拥有更多的流动性，那么连银行也出于相同的原因愿意拥有更多的流动性并因此而提供更少的信贷，这一人们所熟知的事实只是多数信贷形式所固有的普遍趋势的一个例证。

只有某人有权有意地朝着相反的方向改变某种得到普遍接受的交换媒介的供给，才能避免这些自发的货币供给波动。人们普遍认为有必要把这种职能授予一个单一的国家机构，这在过去是中央银行。即使像美国这样长期抵制建立这种机构的国家，也最终发现，若要避免恐慌的反复爆发，一个广泛使用银行信用的制度必须依赖于这种中央机构，它总是有能力提供现金，还可以通

---

① 对这些问题的较为具体的探讨可参见拙著《货币国家主义和国际稳定》（*Monetary Nationalism and International Stability* [London, 1937]）。

过控制现金供应量影响信贷的总供给。

有一些强有力的、可能仍然适用的理由可以说明，这些机构尽可能广泛地独立于政府和它的财政政策是可取的。但是，这里我们已经谈到我们上述的第三点——一种虽然在严格意义上并非不可改变，但须在今后一段时间里接受的历史发展。一项独立于财政政策的货币政策是有可能的，只要政府开支只构成全部支付的一个相当小的部分，只要政府债务（尤其是短期债务）只占全部信用工具的一小部分。[①] 在今天，这一条件已经不复存在。因此，只有与政府的财政政策取得协调，才能推行一项有效的货币政策。但在这里，协调必然意味着，无论仍然存在着什么样的名义上独立的货币当局，它事实上都不得不根据政府的政策调整自己的政策。因此，无论我们愿意与否，政府的政策必定是决定因素。

这一似乎可以由此实现的、政府对货币状况的较有效控制受到一些人的欢迎。至于我们是否真的由此处于一个更好的地位来奉行一个合乎愿望的货币政策，我们将在后文中探讨。当前的重要事实是，只要政府开支占用了一大部分国民收入，像今天到处可见的那样，我们就必须接受这样一个现实：政府必然会支配货币政策，而且改变这一局面的惟一途径应是大幅度削减政府开支。

2. 随着政府对货币政策的控制，通货膨胀成为这一领域内的最大威胁。随时随地，政府是通货贬值的主要根源。尽管偶尔会有冗延日久的金属货币贬值，但过去较大的通货膨胀都是政府要么削减硬币的金属含量、要么发行过量纸币的结果。今天的一代人可能更防备那些政府通过发行纸币弥补开支、破坏货币的粗俗做法，但至今天，通过更微妙的、公众可能较少注意到的程序，政府也可以干下同样的事。

---

① 见塞耶斯的《白哲特之后的中央银行金融制度》（R. S. Sayers, *Central Banking after Bagehot* [Oxford, 1957]）第 92—107 页。

　　我们已看到，我们所观察到的任何一个主要的福利国家特征如何易于助长通货膨胀。我们已看到，来自工会的工资压力如何与当前的充分就业政策相互配合，以助长通货膨胀的方式运作，我们也已看到，由于政府提供养老保障而承担沉重的财政负担，这如何使得政府一再试图通过贬低货币价值来减轻这些负担。我们在此也应当注意，只要政府所提取的国民收入份额大约超过了25％以后，政府似乎总是求助通货膨胀来减轻其固定义务所带来的负担，即使两者兴许并无必然关联。① 而且，我们也已看到，在累进税制度下，通货膨胀趋于导致税入的提高比例大于收入的提高比例，这样，求助通货膨胀的诱惑就变得非常大。

　　但是，如果说福利国家的制度安排易于助长通货膨胀切合实际情况，那么通货膨胀的作用是强化对福利措施的需要，这就更切合实际情况。这不仅适合于我们已分析过的一些措施，而且适合于其他许多尚待分析的或者只能在此捎带提及的措施，比如住房租金限制，食品补助以及各类价格和支出控制。最近几次通货膨胀的影响为扩大政府控制提供了主要理由，其程度人们过于熟知，我们对此不必多费笔墨来说明。但是，在40年多年以来，整个世界的发展由一个史无前例的通货膨胀趋势所决定，其程度尚未得到人们的足够理解。若要真正理解它，也许得看一看通货膨胀对其工作寿命期正好落在这段时间内的那一代人为防老所作努力的影响。

　　我们可以观察一下一个小型统计调查的结果，这有助于我们了解通货膨胀对目前已处在退休年龄的一代人的储蓄到底干下了

---

　　① 见克拉克的"公共财政和货币价值的变化"，载《经济学杂志》（Colin Clark，"Public Finance and Changes in the Value of Money"，E. J.［1945]）卷55，以及比较对这一论点的讨论，见佩奇曼，迈耶和史密斯的文章，载《经济与社会评论》（J. A. Pechman，T. Mayer，and D. T. Smith in R. E. & S.［1952]）卷34。

什么事。① 该项调查的目的是确定在各国，一个人所积累的储蓄的现值是多少，该人在 45 年的时间里，即从 1913 年到 1958 年，每年节省一笔实际价值相同的货币的等价物，按 4％的固定利率把它用于投资。这大致相当于西方国家的小储蓄者从他有机会选择的投资种类中可得到的收益，无论它的实际形式是储蓄账户，政府债券还是人寿保险。我们把在货币价值保持不变情况下，该储蓄者在该时期结束时所拥有的金额设定为 100。那么，该储蓄者在 1958 年实际上拥有了这一实际价值的多大一部分？

在世界上，似乎只有在一个国家，即在瑞士，该比例高达 70％。美国和加拿大的处境也还比较好，差不多保留住 58％的实际价值。对于大多数英联邦国家和其他"英镑集团"国家，该数字约为 50％，而对于德国，尽管储蓄者损失了在 1924 年前的所有储蓄，该比例仍然达到 7％。但是，与法国或意大利的投资者相比，所有这些国家的投资者都还算是幸运的。在法国或意大利，投资者只能得到他们到 1958 年初时应得的储蓄价值的 11％

---

① 文中所引用的数字是费勒拉为我进行的计算结果，对他的帮助我十分感谢。这些数字必然限定在那些在全部 40 年时间里有着现成的生活开支指数的国家。

　　我有意在文中给出概数，因为我相信，这类计算结果不过是大略提示了所涉及国家货币贬值问题的相对严重程度。对于那些对此感兴趣的人，我可以在下面给出对之进行了计算的所有国家的结果（精确到小数点后 1 位）：

国家	百分比	国家	百分比	国家	百分比
瑞士	70.0	新西兰	49.9	德国	37.1
加拿大	59.7	挪威	49.4	比利时	28.8
美国	58.3	埃及	48.2	秘鲁	20.6
南非联盟	52.3	丹麦	48.1	意大利	11.4
英国	50.2	荷兰	44.0	法国	11.4
瑞典	50.1	爱尔兰	42.1	希腊	8.4

到 12%。①

目前，人们不认真考虑这一世界范围内的长期通货膨胀趋势的重要意义，认为事情一贯如此，历史大多是通货膨胀的历史——这一现象已经司空见惯。无论这种看法在总体上有多大的真实度，它当然不符合我们这个现代经济制度得以发展、财富和收入以前所未有的速度增长的时期的情况。在 1914 年前的 200 年时间里，由于英国坚持金本位制度，价格水平——在它这段时间可以得到有意义的衡量的限度内——围绕着一个不变的水平上下波动，它很准确地结束于其起点，上下波动幅度很少超过这一平均水平的三分之一（除了在拿破仑战争时期，当时放弃了金本位）。② 同样，在 1749—1939 年期间，美国似乎也没有发生明显的价格上升趋势。③ 相比之下，在过去 25 年里，这些国家以及其他国家的价格上升速度变化很大。

3. 尽管有许多人审慎地赞成一个持续的价格上升运动，但当前存在通货膨胀偏好的主要根源是，人们普遍相信更应担忧通货紧缩，即通货膨胀的对立面，为保险起见，人们就宁可反复犯下通货膨胀错误。但是，由于我们不知道如何才能完全维持价格

---

① 对于法国，这里当然没有考虑 1958 年法国法郎明显进一步跌价（和贬值）的影响。

② 不能得到全部 200 年的完整的指数。但是，我们还是可以结合以下两篇著作的内容估计大致的价格发展趋势：吉尔博耶的 "18 世纪英国的生活费用和实际工资"，载《经济与社会评论》（Elisabeth W. Gilboy, "The Cost of Living and Real Wages in Eighteenth Century England", *R. E. & S.* ［1936]）卷 18，以及塔克的 "1729—1935 年伦敦工匠们的实际工资"，载《美国统计学会学刊》（R. S. Tucker, "Real Wages of Artisans in London，1729—1935", *Journal of the American Statistical Association* ［1936]）卷 31。

③ 这一分析依据美国批发价格指数，见《劳工统计局系列图表》（*Bureau of Labor Statistics Chart Series* ［Washington：Government Printing Office，1948]），图 E—Ⅱ。

稳定，只能通过纠正朝着两个方向发展的小幅运动来实现稳定，因此以任何代价避免通货紧缩的决心必然导致累积性通货膨胀。而且，通货膨胀和通货紧缩经常是地区或部门现象，它们作为经济中资源再分配机制的组成部分，是必然会出现的，这一事实意味着，防止任何影响一个主要的经济领域的通货紧缩必然导致普遍的通货膨胀。

但是，从长远看，通货紧缩是否真的比通货膨胀更有害，这很值得怀疑。事实上，就某种意义而言，通货膨胀更为危险得多，要求我们对之加以多得多的警戒。在这两种错误中，要犯下通货膨胀的错误更容易得多。其原因是，适度的通货膨胀在其发展过程中大多令人振奋，而通货紧缩一发作，人们马上感到剧痛。① 我们几乎没有必要防范其坏影响会被马上和强烈感受到的任何动作；但是，我们有必要防范最初令人振奋或减轻暂时困难的任何行动，只要它包含着只有在以后才会感觉到的更大的危险。人们经常对比通货膨胀和吸毒，事实上，两者之间存在着不仅仅是表面上的类似性。

通货膨胀和通货紧缩都通过引起未预期的价格变化产生它们的独特效应，而且两者都必然两次使得人们的期望落空。第一次是当价格表现为比预期更高或更低时，而第二次是当人们现在已经开始预期这些价格变化，正如或早或晚必定会发生的那样，但是不再产生在未预见到它们时会出现的效应。通货膨胀和通货紧缩之间的区别在于，在通货膨胀出现时，它首先给人们带来兴奋和惊喜，而真正的反应却在后头，在通货紧缩出现时，它对工商业活动的最初效应就是带来萧条。但是，这两者的效应可以自行扭转。在一段时间里，那些引起通货膨胀或通货紧缩的力量趋于

---

① 比较勒普克的《福利、自由和通货膨胀》（W. Roepke, *Welfare*, *Freedom*, *and Inflation* [London, 1947]）。

自行加强，而且由此可以延长价格比预期变动更快的阶段。但是，除非价格运动在同一方向上持续加速，否则预期必定赶上它们。一旦发生了这一现象，这些效应的性质就发生了变化。

通货膨胀最初仅仅带来一种场面：更多的人赢利，利润比往常普遍来得大。几乎干什么都能成功，几乎不会有失败。利润一再显得比过去的预期要大，而且数目不同寻常的投机活动都取得了成功，这一事实创造了一种普遍乐于冒险的氛围。就连那些如果没有意料之外的价格普遍上涨从而使其暴发就无法在经济界继续立足的人，也能继续维持经营，保留他们的雇员，企望不久也能分享普遍繁荣。但是，只要等到人们开始预期价格将以同等速度持续攀升，这一场面就会结束。一旦他们开始意识到，这么多个月以来价格提高了这么大的百分比，他们就会把决定生产成本的生产要素价格向上哄抬到一个相当于他们所预期的未来价格水平。然后，如果价格的升幅不比他们的预期要高，利润将回落到平均水平，赢利者的人数比例就会下跌；而且由于在异常的高盈利时期，许多本来被迫改变他们的努力方向的人都在维持经营，比往常人数比例更大的企业家就会蒙受亏损。

也就是说，通货膨胀的刺激作用将只能在人们未预见到它的时候持续，一旦预见，只有持续加剧通货膨胀才能维持同等程度的繁荣。如果在这一情形下价格的上升幅度低于预期，其效应就与一种未预见的通货紧缩的效应相同。即使价格仅仅以普遍预期的幅度上升，这就不再提供一种不同寻常的刺激，而是在暂时刺激持续阶段累积下来的、被延误的大量待调整问题就会全部显露出来。价格的上升幅度低于预期，其效应就与一种未预见的通货紧缩的效应相同。为了保留通货膨胀的最初的刺激作用，通货膨胀就必须以一种总是高于预期的速度持续下去。

在这里，我们不能观察使得妥善适应预期价格变动，尤其是使得同等地调整长期和短期预期成为不可能的所有复杂关联；我们也不能深入探讨通货膨胀对经常生产和投资的各种效应，而它们在完整的工业景气波动研究中是相当重要的。对于我们，了解以下情况就已足够：如果通货膨胀不持续加速，通货膨胀的刺激作用就必然停止，而且随着通货膨胀的发展，不可能作全部调整这一事实所带来的某些不利后果就变得越来越严重。在这些后果中，最要紧的是：所有经营决策有赖于成本核算，而只有当货币价值还算稳定时，成本核算方法才有意义；如果价格加速上升，构成任何经营计划基础的资本及成本核算技术不久就会失去任何意义。实际的成本、利润或收入不久就不再能够借助任何常规或普遍接受的方法得以确定。而且根据现今这样的征税原则，政府把越来越多的东西当作利润而予以征税，而这些东西事实上本该仅仅为了维持资本存量的目的而用于再投资。

因此，通货膨胀从来就不过是一种暂时性的刺激作用，而且只有某人持续受骗上当，只有一些人的预期受到不必要的挫折，这一有利的作用才能持续。它的刺激作用基于它所引起的误解。它尤其危险，因为即使是小剂量通货膨胀的有害的后劲也只有通过更大剂量的通货膨胀才能得以消除。一旦它持续了一些时候，哪怕阻止它进一步持续加速也会造成一个难免发生一场自发性通货紧缩的非常棘手的局面。一旦只有通过持续通货膨胀才能维持某些已经广泛铺开的活动，它们的同步终止可能引发那种恶性的、有理由令人担忧的过程，该过程就是，一些收入的下降导致另一些收入的下降，并依此类推，一直进行下去。据我们所知，我们应当能够通过避免一般总是先行一步的通货膨胀来避免严重萧条，这似乎仍然是可能的，但是，萧条一旦发生，若要消除它，我们就几乎没有回天之力。不幸的是，必须对萧条操心的时候，恰恰是它距离多数人的意识最为遥不可及的时候。

通货膨胀的作用方式解释了为什么抵御它会这么困难，如果政府主要关注特定的情况而不是一般条件，关注短期问题而不是长期问题的话。无论对于政府还是对于私人企业，通货膨胀通常是摆脱任何暂时困难的捷径———一条障碍最少的通道，有时也是一条帮助经济越过政府的政策所设置的所有障碍的捷径。[①] 它是一种政策的必然结果，这种政策把所有其他的决策当作必须据以调整货币供应量的参考数据，以便尽可能掩饰由其他措施造成的损失。但是，从长远看，这种政策把政府变成了自己昔日的决策的囚徒，这些决策往往迫使政府采取一些它深知其害的措施。有一位作者的观点———也许是被误解———比任何其他人更为强烈地鼓励这些通货膨胀倾向，这不是偶然，这位作者也应为他根本上反自由主义的名言承担责任："就长期而言，我们都是死定的。"[②] 我们当今的通货膨胀偏好，很大程度上是短期思维占据上风的结果，后者的根源又在于人们很难认清当前一些措施的较遥远的后果，在于讲究实际者尤其是政治家不可避免的、首先关注即时问题和实现近期目标的倾向。

由于防范通货膨胀在心理上和政治上要比防范通货紧缩棘手得多，同时在技术上又容易得多，经济学家必须持之以恒地强调通货膨胀的危险。一旦通货紧缩的发展足以使人察知，人们就会

---

① 比较拙著"充分就业、计划和通货膨胀"，载《公共事务研究所学刊》（"Full Employment，Planning，and Inflation"，*Review of the Institute of Public Affairs* ［Melbourne，Victoria，Australia，1950]）卷 4，其德译文收录于胡诺尔德编《充分就业、通货膨胀和计划经济》 （*Vollbeschäftigung，Inflation und Planwirtschaft*，ed. A. Hunold ［Zurich，1951]）；还有卢茨的"通货膨胀的危险和景气政策"，载《瑞士国民经济与统计学杂志》（F. A. Lutz，"Inflationsgefahr und Konjunkturpolitik"，*Schweizerische Zeitschrift fur Volkswirtschaft und Statistik* ［1957]）第 93 期，以及他的《成本及需求引致型通货膨胀》，载《拉弗罗国民银行季刊》（"Costand Demand-Induced Inflation"，*Banca Nazionale de Lavoro Quarterly Review* ［1958]）卷 44。

② 见凯恩斯的《货币改革论》（J. M. Keynes，*A Ttract on Monetary Reform*）第 80 页。

马上尝试对付它——即使它只是事关一个不应阻止的、地方性的必要过程，人们也往往这样做。比起可能不采取必要的针对性措施来，更大的危险在于对通货紧缩的不合时宜的恐惧。一方面，没有人会把一个地方性的或局部的繁荣误以为是通货膨胀，另一方面，当出现地方性或局部萧条，人们又经常要求采取完全不恰当的货币上的针对性措施。

　　这些考虑似乎提醒我们，总的说来，与赋予当局更多的权力和酌处权限，从而在更大程度上受制于政治压力和自己高估眼前形势的紧迫性的倾向的原则相比，也许某种建立于值得希望的长期目标基础上的，把当局的作用限定在短期决策方面的机械性规则很可能会导致一种更好的货币政策。但是，这里提出了一些需要我们作出更系统分析的问题。

　　4. 在一篇有名的评论文章里，已故的亨利·西蒙斯坚定地主张"货币政策规则而非货币政策的权力"。① 该文所提出的、支持采用严格规则的论证是如此有力，以至于现在的问题很大程度上变为：可以在何等程度上通过适当的规则来拴住货币当局？如果人们对应追求什么样的货币政策目标这一问题的看法完全一致，一个独立的、完全不受政治压力影响的、并能自由决定用以实现所确定目标的手段的货币当局仍然可能是最好的安排。一些旧的、拥护独立的中央银行的理由也仍然大有用处。但是，一些主要关注政府财政的机构不可避免地部分承担当今货币政策的责任，这一事实强化了反对货币政策酌处权、赞成货币政策决策必须尽可能保持可预见性的理由。

---

① 见西蒙斯的"货币政策规则而非货币政策的权力"（Henry C. Simons, "Rules versus Authority in Monetary Policy"），该评论文章首次发表在《政治经济学杂志》（*J. P. E.*）卷 44，1936 年，后又收录于他的著作《自由社会的经济政策》（*Economic Policy for a Free Society* ［Chicago：University of Chicago Press，1948］）。

也许应当申明，反对货币政策酌处权的理由与反对政府在使用强制权力方面的酌处权的理由相当不同。即使货币控制权掌握在一家垄断组织的手中，对它的行使并不一定意味着对私人的强制。[1] 反对货币政策酌处权的理由所依据的观点是，货币政策及其影响应当尽可能是可预见的。该理由的有效性取决于，我们是否能够发明一个自动机制，比起任何很可能采用的斟酌处理措施来，它应使得货币的有效供给更为可预见，更少扰动性。答案不是肯定的。无不知晓任何可以准确地根据人们的愿望自行调节货币总供给的自动机制，而且为了支持一个机制（或者一项遵循严格规则的行动），我们最多可以说：在实际场合，某种有意控制是否会做得更好，这值得怀疑。之所以值得怀疑，一部分是因为货币当局必须身处其境作出决策的具体条件，通常不利于长远观点占上风，另一部分是因为我们不能过于肯定，这些货币当局在某些特定情形下应当干些什么，如果它们不遵从固定规则行事，从而对它们会做些什么的不确定性必然会变大。

从本世纪 20 年代和 30 年代的政策使得金本位制度解体以来，问题一直是严峻的。[2] 一些人把重返这一已经证明是正确的

---

[1] 这至少适用于传统的货币政策工具，即使不适用于这些较新的环保政策工具，如银行最低准备金的变化。

[2] 那些灾难性的错误开始在第一次世界大战以后，当时英国试图恢复英镑在过去的价值，而不是按照它在贬值之后新价值的平价重新挂靠黄金。这是不符合金本位原则的要求的，除了这一事实之外，它也不符合最古典的学说。李嘉图在一百年前明确说到过类似的情况，他说他"决不会奉劝一个政府恢复一种已经对票面价值贬值 30％的货币；我会建议，正如您的建议，但有所不同，应当通过降低本位把该货币固定在贬值后的价值水平上，而且不应当再发生偏差"。见 1821 年 9 月 18 日致约翰·惠特利的信，收录于斯特拉法编《大卫·李嘉图作品与通讯集》（Letter to John Wheatley, September 18, 1821, in *The Works and Correspondence of David Ricardo*, ed. P. Sraffa [Cambridge: Cambridge University Press, 1952]）卷 9，第 73 页。

制度看作为惟一真正的解决方法，这是理所当然的。而且在今天，数目更大的一批人很可能会同意：人们过于夸大了金本位制度的缺陷，同时放弃金本位是否得大于失，这也是值得怀疑的。但是，这并不意味着恢复金本位在当前是一项可行的建议。

首先，人们必须牢记，一个国家不能采取独立行动恢复金本位。金本位的运作以它也是国际本位为前提，而且假如美国今天重返金本位，这主要会意味着美国的政策将决定黄金的价值，而不一定会意味着黄金将决定美元的价值。

其次，国际金本位的运作基于某些很可能不复存在的态度和信念，这一点几乎与第一点同样重要。国际金本位的运作主要基于这样一个普遍的看法：与金本位决裂是一大不幸和一大国耻。但是，它很可能不会有多少影响，哪怕在有利的条件存在的时期，因为众所周知，没有一个国家愿意为了维持它而采取痛苦的措施。我坚信，黄金的这一神秘性将永远消失，这一看法可能有误，但在我看到更多的反面证据之前，我相信，恢复金本位的尝试最多不过是取得暂时的成功。[1]

拥护金本位的理由与一个拥护一个国际本位、反对国家本位的一般理由密切相关。鉴于我们在这里的篇幅有限，我们不能够进一步探究这一问题。我只想补充，如果冀望一个必须是高度自动的、同时可以是国际的本位，那么对于我来说，一个已经被较具体地设计出来的商品储备本位似乎仍然是最好的计划，它兼备

---

① 当然有强有力的理由说明应该完全放开黄金交易。事实上，在这一方向上还继续大步走下去似乎是可取的：大概没有比各国通过相互订立协议约束自己，不设置任何障碍来限制用它们的货币进行自由交易，更能有助于国际货币稳定。（也许，也有强有力的理由说明应该进一步采取行动，允许这些国家各自的银行在其他国家开展自由的经营活动）但是，尽管这会在重建一个稳定的国际本位的方向上走得很远，但是对这一本位的价值的控制权仍然会掌握在那些参与其中的大国的货币当局的手中。

金本位的一切长处，但没有金本位的短处。① 尽管这类有关这种本位的建议应得到更多的注意，但是，它们没有为近期提供可行的选择方案。即使有可能马上采用这种方案，若要让它运作得像它本该运作的样子，也就是说，若要实现只是稳定一大堆选定商品的总价格而不是稳定任何个别商品的价格的意图，这也是前景渺茫。

5. 我当然不至于希望削弱任何会迫使当局干正事的制度安排的论点。当公共财政考虑对货币政策施加不利影响的可能性增大时，支持这种机制的论点也变得强有力；但是，如果我们夸大它所能实现的东西，这与其说会强化、毋宁说会弱化这一论点。可能无可否认，我们虽然可以限制这一领域内的酌处权，但我们绝不能完全排除它；与此对应，在不可避免的酌处权限范围内可以做的事情不仅非常重要，而且在实际操作中很可能甚至决定是否允许这一机制投入运作。

有一个根本的两难境地，所有中央银行面对着它，它使得中央银行的政策不可避免地包含很多酌处行为。一个中央银行只能行使间接控制，从而只能有限地控制所有流通中的交换媒介。它的权力主要基于必要时可以威胁不提供现金。但它同时又要考虑到必要时以某种价格供给现金是它的义务。正是这一问题，而不是政策对价格或货币价值的一般效应，必然使得央行的银行家们首先忙于日常的行动。这一任务使得中央银行有必要始终早日预见或回应信用领域内的发展，而且不存在简单的规则足以引导这些发展。②

---

① 比较拙著"商品储备货币"，选自《经济学杂志》（"A Commodity Reserve Currency"，*E. J.* ［1943］）卷53，第210期，第176—184页，再版于《个人主义和经济秩序》（*Individualism and Economic Order* ［London and Chicago，1948］）第268页。

② 参阅拙著"货币国家主义和国际稳定"。

那些影响价格和就业的措施也几乎同理。它们必须更多地用来防患于未然，而不是用来在发生变化后纠正它们。如果中央银行总是伺机不动，直到某种规则或机制迫使它采取行动，那么由此产生的不必要的波动会大得多。而且，如果在它的酌处权限范围内，它所采取的措施与某种规则或机制后来强加给它的措施背道而驰，那么它很可能会制造一种不再允许该机制运作的局面。因此，归根结底，即使中央银行的酌处权大受限制，其结果仍取决于当局在其酌处权限范围内如何操作。

这实际上意味着，在目前条件下，我们必须通过预定目标而不是通过规定特定的行动措施限制货币政策，对此，我们几乎别无选择。在今天，具体的问题是，我们应当维持某个就业水平，还是某个价格水平？如果合理地解释，适当允许不可避免的、围绕一个给定水平的小幅度上下波动，那么这两大目标不一定相互冲突，其前提条件是，应当优先考虑对货币稳定的要求，并根据这些要求调整其他经济政策。但是，如果把"充分就业"作为主要目标并把它解释为——正如有时会发生的那样——可以通过货币手段在短期内实现的最大限度就业，两大目标之间就出现了冲突。这条路通向累进的通货膨胀。

我们很可能会保障高就业和稳定就业水平这个合理的目标，我们同样也知道在追求某种综合价格水平稳定目标的话。出于实用的考虑，对于如何限定这一价格水平，可能大多无关紧要，关键在于它不应该仅仅涉及最终产品（因为在快速的技术进步的时代，这样可能造成明显的通货膨胀趋势），而且它应当尽量基于国际价格，而不是当地价格。如果有两三个主要国家同时奉行这样一种政策，它也就会保持与汇率稳定协调一致。要点是，应当设置某些明确的、为人所知的界限，货币当局应该不允许价格运动跨越这些界限，甚或不许价格运动靠近使得货币当局有必要施行急剧的政策转向的位置。

6. 尽管有人会明确拥护持续性通货膨胀，但我们很可能会有持续性通货膨胀，当然不是因为多数人想要它。如果我们指出，哪怕维持每年 3% 这样一个似乎适度的价格增长，这也意味着价格水平每 23.5 年加倍一次，而且它在一个人一般工作寿命期内几乎会翻两番。之所以存在通货膨胀会持续的危险，与其说是因为有心拥护者的强大，毋宁说是因为它的反对者的弱小。为了阻止通货膨胀，公众有必要清醒地认识到我们能够做什么，不这样做就会带来什么样的后果。多数资深学者同意，阻止通货膨胀这一难题只是一个政治问题，而不是经济问题。但是，好像几乎没有人相信，货币当局有权阻止通货膨胀，而且也能行使它。在存在货币政策会实现短期奇迹这一最大的乐观主义思想的同时，还伴随着一种有关它在长期会带来什么这样一种十足的宿命论思想。

有两点东西，我们怎么强调也不为过：第一点，如果我们不遏制通货膨胀势头，我们似乎肯定不能阻止局势朝着越来越大的国家控制方向发展；第二点，任何的价格持续上升都是危险的，因为一旦我们开始依靠它的刺激作用，我们就已卷入一种局面，除了选择更多的通货膨胀或选择衰退或萧条来为我们的失误付出代价，我们别无其他选择。即使程度非常温和的通货膨胀也是危险的，因为它通过制造一种局面而束缚了那些负责政策的政治家的手脚，在该一局面下，每当出现一个问题，再增多一点通货膨胀似乎是惟一简便的出路。

我们没有篇幅来述及各种旨在保护个人免遭通货膨胀之苦的努力途径，比如规定了工资随生活费用成比例增减的协议，它们不仅趋于助长这一过程的自行加速，而且提高了为维持其刺激作用而必要的通货膨胀率。因此，请注意，通货膨胀总是使得普通收入者越来越不可能依靠自己防老；它打击人们的储蓄热情，鼓励负债；它通过消灭中产阶级，在完全无产者和富人之间制造危险的隔阂，对于遭受拖延日久的通货膨胀的社会，这一隔阂是其典型特征，也是这些社会如此紧张的根源。也许更为不幸的是较广泛的心理效应，在大量人口中传播不考虑长远观点的倾向，仅仅关注已经主导公共政策的直接好处。

那些要求有更多政府控制的人，当然不幸的是还有其他人，一般都拥护通货膨胀政策，这并非偶然。通货膨胀造成个人越来越依赖政府，从而也导致人们要求加强政府的活动，也许社会主义者会把这当作有利于他们的论据。但是，那些希望维护自由的人应当认识到，通货膨胀很可能是那种惟一最重要的因素，它造成了一种恶性循环，即政府行动使得政府控制变得越来越必不可少。出于这一原因，所有愿意阻止政府控制日增势头的人，应当把努力集中在货币政策方面。仍然有这么多才智横溢和消息灵通的人士，他们在其他多数方面捍卫自由，但是被扩张主义政策的直接利益所诱惑，支持某种长远看必然破坏自由社会的基础的东西。也许没有比这更为令人沮丧的了。

第二十二章　住房和城市规划

如果政府废止住房补贴，同时又削减对工人的税收，而且减税额度恰恰等同于住房补贴额，那么工人阶级在经济上不会变得更糟；但是，他们然后毫无疑问会更愿意不把钱花在住房上面，而是以另一种方式花钱，而且会住在拥挤不堪和设施简陋的住房里，有一些人是因为不认识住得更好所带来的好处，另有一些人则是因为他们通过对比各种花钱方式，过少地估计了改善居住条件的价值。这就是理由，也是赞成住房补贴的惟一理由，在这里我们一定最为简略地叙述一遍，因为左派作品中已经这么经常地讨论过这件事，而从不面对现实。*

——W. A. 刘易斯

1. 据我们所知，文明是与城市生活密不可分的。文明社会区别于初民社会的几乎所有的东西都是与我们称之为"城市"的大型人口集居中心紧密相关，而且如果我们谈及"教养"、"文明"或"礼貌"，我们指的是城市生活方式。即便当今农村人口

---

* 章首引言摘自刘易斯的《经济计划的原则》第 32 页。

的生活与初民生活之间的大多数差别也应归功于那些城市所提供的东西。在发达的文明里，也正是在乡村能够享受城市产品的可能性才往往使得悠闲的乡村生活呈现为一种文明生活的理想。

但是，城市生活的好处，尤其是由工业带来的极大地提高生产率的可能性，它装备了一小部分留居乡村的人口，以便他们可以养活所有其他人口，这些好处是付出巨大代价才买到的。城市生活不仅是比乡村生活更具生产性；它也是更为昂贵的。只有那些通过城市生活大大提高了生产率的人，才能获取超过这一生活方式所带来的附加开支的净好处。无论是随城市生活而来的各种开支还是便利，两者造成的结果是，维护一个体面的城市生活所需的最低收入要比在农村高得多。一种在农村尚可忍耐的贫困生活，在城市里不仅几乎不可容忍，而且还会制造令人震惊的、邋遢的外部标志。因此，城市几乎是所有这些赋予我们的文明以价值的东西的根源，它提供了从事科学和艺术的手段，也提供了物质舒适的手段，同时要对我们的文明的最大污点负责。

此外，大量人口集居所带来的费用不仅非常高，而且它们也在很大程度上是集体的事情，也就是说，它们不一定或自动落在那些带来它们的人身上，也许得由所有人共同承担。从许多角度上看，城市生活的紧密近邻关系使得任何作为简单的产权划分基础的假设失效。在这些情况下，认为无论所有者如何使用自己的财产，都只是他自己的事，不关他人的事——这种看法只是在有限程度内适用。经济学家们所称的"近邻效应"，也就是说，一个人使用自己的财产对他人财产的效应，具有了越来越大的重要意义。事实上，在一个城市里，几乎任何一件财产的可用性部分取决于财产所有人的直接近邻如何使用自身的财产，部分取决于市政部门的公共服务，没有这些服务，各单个所有者就几乎不可能有效地利用土地。

　　因此，私人财产权或缔约自由的一般准则没有为解决城市生活所引起的任何复杂问题提供直接的答案。即使没有拥有强制权力的当局，大单位的较大优势有可能推进新的法律制度的发展——即导致了在决定应开发大区的特征的一级权利持有者和使用较小单位的、在前者所确定的框架内有权决定特定问题的二级权利所有者之间的控制权划分。从许多角度来看，有组织的市政当局正在学习行使的职能相当于一级权利所有者的职能。

　　必须承认，直到不久前为止，经济学家还令人遗憾地很少注意到所有不同方面的城市发展的协调问题。① 尽管他们中有些人是城市住房建设弊端的主要批评者（大约 50 年以前，德国一家讽刺周刊建议说，可以这样定义经济学家：他是一个人，四处走动，丈量工人的住房，并说它们太小啦！），但只要事关重要的城市生活问题，他们都已长期仿效亚当·斯密的榜样，后者在讲座中解释道，清洁和安全问题，"就是有关从路面上搬走垃圾，以及主持公道的适当方法问题，只要它事关防止犯罪的规定或者维持城市治安的方法，它们虽然也许有用，但由于太不重要，不应在这样一篇论文中加以考虑"。②

----

① 不久前，特维进行了一次旨在改善局面的有价值的尝试，参见他的《不动产经济学》（R. Turvey, *Economics of Real Property* [London, 1957]）。在过去的著作中，有坎南对地方税收的讨论，特别是他的《地方税率的历史》（E. Cannan, *History of Local Rates* [2d ed., Lonson, 1912]），以及他的《备忘录》，收录于《皇家地方税委员会：主要涉及国内税及地方税种类和归宿的备忘录》（*Royal Commission on Local Taxation: Memoranda Chiefly Relating to the Classification and Incidence of Imperial and Local Taxes* [London: H. M. Stationery Office, 1899, Cmd. 9528]）第 160—175 页，这些著作仍然是论述这些严重问题的最有用的文献。

② 见亚当·斯密的《司法、警察、税收和军队讲义》（结稿时间为 1763 年），坎南编（Adam Smith, *Lectures on Justice, Policek, Revenue, and Arms* [ed. E. Cannan, Oxford, 1896]）第 154 页。

考虑到亚当·斯密出于对高度重要的课题研究的职业需要而疏忽了这一论题，一位经济学家也许不应当抱怨说，事情还非常不令人满意。事实上，在这一领域里的观点几乎完全是由那些关注消除某些特定弊端的人引导的，而且，人们也大大疏忽了应该如何相互协调各自为政的努力这一中心问题。但在这里，各所有人如何有效地利用知识及技能、把自己的行动保持在不以他人为代价获取好处这一界限内——这一问题也有特殊重要意义。我们不应忽视一个事实：市场在总体上成功地引导了城市的发展，这一成功即使不是十全十美，其程度却比人们普遍认识到的要高，而大多数改进建议不是让市场运作得更好，而是要在市场之上强加集中管理，这表明人们很少意识到，这样一种制度能做到什么，以在有效性方面要与市场平起平坐。

确实，如果人们看到政府似乎对决定城市发展的力量心中无数，看到它们在一般处理这些棘手问题时的随意方式，人们就会奇怪，怎么没有造成更大的弊端。许多应该对付某些弊端的措施，事实上只是加重了这些弊端。而且一些较新近的发展已经为当局直接控制个人的私生活创造了要比我们在任何其他政策领域所见到的更大的可能性。

2. 我们必须首先考虑一项措施，它虽然总是作为一种对付暂时的紧急情况的手段而引入的，并且从未作为一个永久的制度安排得到辩护，但事实上它通常有着一种持久的特性，并且在大部分西欧国家，在限制自由和繁荣方面大概已经要比任何其他措施做得更多，只是通货膨胀更甚于它。这项措施就是租金限制或者设置房租上限。在第一次世界大战期间最初引入它时，人们是出于防止租金上涨的考虑，但是，后来由于较大的通货膨胀，许多国家把它保留了40多年之久，其结果是租金被压低，只是在自由市场条件下可达租金的一小部分。这样实际上等同于把房产充公。从长远看，这一措施大概比任何其他同类措施都要更加重它本欲医治的弊端，而且造成行政当局攫取左右人员流动的高度任意的权力的后果。它也大大助长了人们弱化对财产的尊重和个人责任感。对于那些没有很长时间亲身体验这些效应的人，这些评述可能显得过分尖锐。但是，谁亲眼目睹住房条件的日益毁损以及它对巴黎、维也纳或伦敦居民的一般生活方式的影响，他就会估量单单这一措施就可以对经济的整体特征，乃至人民的整体特征产生致命的影响。

　　首先，把租金限定在市场价格以下的任何措施必然把住房短缺现象永久化。需求持续大于供给，而且如果要有效实行租金上限（也就是说防止了"溢价"的出现），就必须设立一种由当局调配住房的机制。流动性被大大降低，而且随着时间的流逝，人员在各街区和各住房类型之间的分布不再合乎需要或者愿望。一个家长年富力强、收入较好的家庭本来要比一对非常年轻的夫妇或者已退休夫妇居住更大的住房，但是这种正常循环也停止运作。既然不能安排人们迁移，人们就干脆赖在他们所占据的地方，而且租房成为一种不可剥夺的、世代流传的家产，而不管需要与否。那些继承了租房的人，往往要比没有继承租房的情况过得好，但是，比例越来越大的一部分人口要么根本就得不到各自的住房，要么通过官方的恩惠，或者通过牺牲自己本来就难以负担的资本，或者通过某种非法的或不光彩的手段才能得到住房。[1]

---

① 比较弗里德曼和斯蒂格勒的《住房还是限定房租?》（M. Friedman and G. J. Stigler, *Roofs or Ceilings?* [New York: Foundation for Economic Education, 1946]）；德朱弗内尔著《没有空房》（B. de Jouvenel, *No Vacancies* [New York: Fovndation for Economic Education, 1948]）；哈罗德著《这些困苦是必要的吗?》（R. F. Harrod, *Are These Hardships Necessary?* [London, 1950]）；佩什著"租金限制经济学"，载《劳埃德不列颠评论》（F. W. Paish, "The Economics of Rent Restriction", *Lloyds* B. R. [April,

与此同时，房东投资修缮住房的兴趣，仅限于法律规定他能为这一专门目的从房客手里回收这笔钱的数目内。像巴黎这样的、通货膨胀使得实际租金贬值到过去价值的二十分之一乃至更低的城市，房屋的破损到了前所未有的程度，以至于在今后几十年内都无法完成房屋更新的工作。

但是，物质损失并不是最重要的。由于租金限制，西方国家的大部分人口在日常事务中受制于当局的任意决策，习惯于在主要的生活决策中寻求当局的许可和指示。他们现在把以下事情看作为理所当然：应当由他人无偿提供用于他们的房屋的资金，个人的经济境遇的改善应仰仗掌权政党的恩惠，而这些政党又往往利用住房控制权来扶助它们的支持者。

人们不断求助当局对其住房需要的相对是非作出决定，分配重要的服务，根据它对各种个别需要的轻重缓急的判断而处理名义上仍然私有的财产，这损害了财产、法律和法庭尊严。比如，"一个房东带着一个患病的妻子和三个小孩子，他希望住到他的屋子里，而一个房客带着一个孩子和一个卧病在床的岳母，那么当局拒绝房东的申请给他带来的难处要比接受房东的申请给房客带来的难处来得大"，①是否真的如此，这是一个不能通过引证

1950])，再版收录于同一作者的《战后的财政问题》（*Post-War Financial Problems* [London，1950]）；勒普克著《住房管制经济——一个欧洲问题》（W. Roepke，*Wohnungszwangswirtschaft-ein europäisches Problens* [Düsseldorf，1951]）；安蒙著"从原则角度看住房经济的正常化"，载《瑞士月刊》（A. Amonn，"Normalisierung der Wohnungswirtschaft in grundsätzlicher Sicht"，*Schweizer Monatshefte* [June，1953]），以及我自己过去的论文《房客保护问题》（*Das Mieterschutzproblem* [Vienna，1929]），还有"租金限制的作用"，载《社会政策学会学刊》（"Wirkunger der Mietzinsbeschränkungen"，*Schriften des Vereins für Sozialpolitik* [1929]）卷182。

① 这段话见于佩什的论文，见前页注释中引用的再版论文，第79页。

公认的公正原则来处理的问题，它只能通过当局的任意干预来解决。作为上诉法院的德国行政法院的一例新近判决清楚说明了这种对个人私生活的重要决定权的控制赋予了当局多么大的权力。该法院认为，有必要宣布下述做法为不合法：地方政府的一家职业介绍所拒绝为一名居住在另一地区的人介绍工作，除非他首先从住房主管部门获准迁移和得到提供住房的承诺。这不是因为这两个部门都没有资格拒绝他的申请，而是因为它们的拒绝意味着一种"相互独立的行政利益的不可允许的结合。"① 事实上，计划者是如此钟爱不同主管当局活动之间的协调，这容易把在其他情况下仅仅是对个别决策的任意权力转化为对整个个人生活的专制权力。

3. 一方面，甚至在那些多数人已经无法记起它到底在什么时候开始生效的地方，租金限制仍然被看作为一种由于政治原因不能予以废止的应急措施，② 另一方面，通过提供公共住房或建筑补贴来降低较贫困人口的住房开支的努力，已被承认为福利国家的一个永久组成部分。人们很少理解，如果不十分小心谨慎地限制范围和方法，这类努力很可能会造成类似于租金限制所带来的结果。

首先必须注意，对于政府试图通过提供公共住房给予帮助的任何一个群体，只有当政府提供了该群体将得到的所有新居时，它才能真正受益。如果当局所提供的住房只占住房总供给的一部分，这实际上不是在私人建筑活动之外增加供给，而只是替代了私人建筑活动本应带来的住房供给。其次，政府必须严格限定只对那些它本

---

① 见福斯特霍夫的《行政法教程》（E. Forsthoff, *Lehrbuch des Verwaltungsrechts* [Munich, 1950]）卷1，第222页。

② 英国和德国都在不久前才作出决定，要作出全面系统的努力来废止整个租金控制制度。甚至在美国，这些租金控制还存在于纽约市。

来就打算帮助的人口阶层提供便宜住房，而且必须只以收取较低租金的方式满足需求，政府还将不得不向这一阶层提供比他们本来需要的明显得多的住房。再次，一般地，只有当政府不试图对这些最贫困家庭提供比他们以前的住房既更便宜、又要好得多的住房时，这样一种公共住房供给范围的限制才是可行的；否则那些接受如此帮助的人，会比那些在经济阶梯上直接位于他们上方的人住得还要好；而且后者要求同样加入这一待遇安排的压力会变得不可阻挡，这是一个循环往复、卷入越来越多人的过程。

正如住房制度改革派一再强调的那样，这样带来的一个后果是，实际上只有把整个城市住房事业看作为公共服务业并由公共财政负担，才能通过公共措施普遍改进居住条件。但是，这不仅意味着居民在总体上被迫为其居住花费比他们所意愿的更多的钱，而且也意味着他们的个人自由受到了严重的威胁。除非当局成功地供应了与人们在它所收取的租金水平上的需求量一样多的更好和更便宜的住房，否则就有必要存在一个永久性制度，由当局来配给可供应住房——就是说，在这种制度下，是由当局决定人们应该为住房花费多少钱，决定每一户家庭或每一个人应得到哪类住房。可想而知，如果一套住房或一座房屋的获得一般必须取决于当局的决策，当局会对个人生活拥有什么样的权力。

也应当认识到，在许多情况下，通过打击那些带动建筑成本逐步降低的力量，把住房建设事业转变成公共服务业的试图，已经成为普遍改善住房条件的主要障碍。所有垄断者都是不经济的，这是人所共知的，而政府的官僚机器则是有过之无不及；而且，废除竞争机制和抱定任何集中指导的发展趋势必定阻碍我们实现可取的、技术上并非不可行的目标——即实现实质性地、逐步地把成本降低到可以满足所有居住需要的成本水平的目标。

因此，公共住房（如补贴住房）最多是一个救济穷人的工具，但它有着必然的后果，即它会使得那些受益者依赖于当局，如果他们占了人口一大部分，这一依赖就在政治上到达了非常严重的地步。就像对一个不幸的少数群体所提供的救济措施，这种措施与一般的自由制度不是不可调和的。但是，它带来许多严重的问题，如果不想让它带来危险的后果，人们就应当正视它。

4. 城市生活所提供的更大的收入可能性和其他好处，很大部分被它的更高的费用所抵消，这些费用一般随着城市规模的增大而提高。那些由于在城里工作而大大地提高了自身生产率的人，会从中净得好处，即使他们得为有限的住房面积甚或为每日长距离的上下班交通花费多得多的钱。对于其他人，只有当他们不必把钱花费在交通或昂贵的街区方面，或者只有当他们因为要为其他东西花费更多的钱而不介意住在拥挤的居住环境里，他们才能净得好处。在城市发展的多数阶段里，那些旧房会存在于市中心，由于人们出于其他目的，对这一地段的需求如此巨大，在其上建造新的住房已经不再有利可图，而且较富裕者不再想要这一地段，这往往为那些生产率低的人提供了以拥挤不堪的居住条件为代价从城市所提供的可能性中获益的机会。只要这些人愿意在里面居住，那么把这些房屋留下来往往是利用这一地段的最有益方式。这样就出现了自相矛盾的现象，城市里最贫困的居民往往生活在地价非常高的街区，而房东们也从很可能是最破落的城区获得非常高的收入。在这种情况下，这类房产继续用于居住，只是因为这些旧房的居住密度大，房东很少花钱对它们进行修缮和维护。如果不能以这种方式提供或使用这些住房，那么对于在那里生活的大多数人来说，使得收入的提高幅度高于城市生活的附加费用的机会就不复存在。

在多数城市的发展过程中，都以或多或少严重的形式出现在这些贫民窟，它们的存在带来了两类问题，我们应对这两类问题加以区分，但它们通常易于混淆。这类不卫生的街区一般是肮脏不堪的，而且经常秩序混乱，它们存在可以对城市的其他部分产生有害的影响，而且会迫使市政管理机构或者其他居民代为承担那些搬入贫民窟的人所未加估计的费用，这是毫无疑问的。这些贫民窟居民之所以认为居住在市中心是有利的，只是因为他们不需要为所有由他们的决定所引起的费用付钱，只要情况如此，就有理由说明应当通过对这些贫民窟房产征收所有这些费用来改变这一局面——其可能的结果是贫民窟会消失，并取而代之以商业和工业建筑。这显然不能帮助这些贫民窟居民。在这里采取行动的理由并不符合他们的利益；这些问题是由"近邻效应"引起的，属于我们必须在后文讨论的城市规划问题。

　　与此相当不同的是主张出空贫民窟的论点，它们基于对人们所推测的贫民窟居民的利益或者需要的考虑。这些论点带来一种真正的两难问题。人们往往只是因为居住在拥挤的旧房里才能从城市里的附加收入机会中获得好处。如果我们要让贫民窟消失，我们必须在两项方案中任选其一：我们必须从这些存在着这些人的收入可能性的街区拆除便宜的、肮脏不堪的房屋，阻止他们利用作为其部分机会的东西，而且坚持某种适用于所有城市住房的最低居住标准，这实际上是行之有效地把他们从城市中驱逐出去；① 或者，我们必须以一种不足以抵偿成本的价格向他们提供更好的住房，由此不仅对他们留居城市、而且对更多的同类人员迁居城市提供了补贴。这等同于刺激城市朝着超越其经济合理性的规模发展，有意制造一个阶级，该阶级有赖于社会向它提供据认为它所需要的东西。我们几乎不能指望当局会不要求有权决定应当允许谁或不允许谁迁入一个给定城市而长期提供这些服务。

　　正如在许多领域内所发生的那样，这里所奉行的政策旨在为一个给定量的人口供应住房，而未加考虑作为其结果，当局也必须为一个额外数量的人口供应住房。虽然在大多数城市里，一部

────────

① 在世界各地，为了驱逐不受欢迎的少数民族，没少用过这一可能性。

分贫民窟人口由旧有的居民组成，他们只熟悉城市生活，换在农村环境里，他们甚至没有足够的能力谋取一个适当的生计。但是，一个更严重的问题是，大量人口从更贫困的地区、从仍以农村为主的地区涌入，对于他们，那些在破损的旧楼里的便宜住房就成为一级稳固的台阶，也许可以由此通往更富足的境地。他们觉得迁居城市对他们有利，尽管他们不得不居住在拥挤和不卫生的条件下。向他们以同样低的成本提供好得多的住区会吸引还要多得多的人。问题的解决办法要么是让经济威慑力量发挥作用，要么是直接控制人口的涌入。那些坚信自由的人会把前者看作为一种较小的弊端。

住房问题不是一个可以孤立解决的独立问题；它是贫困这一普遍问题的组成部分，只能通过普遍提高收入才能解决问题。但是，这一解决过程会被推迟，如果我们通过补贴刺激人们从他们的生产率还大于生活成本的地方迁入他们的生产率低于生活成本的其他地方，或者如果我们阻止那些认为通过迁居城市能够改善他们的前途，哪怕居住在对我们来说似乎是糟糕透顶的条件下。

我们没有篇幅在这里考虑所有其他旨在缓解给定人口的需要，但实际上倾向于为发展超出它们的经济合理规模的巨大城市提供了补贴支持的市政管理措施。多数公用事业费率政策旨在直接通过以低于成本的价格提供服务来缓解人口拥挤和进一步扩大郊区，这从长远看只能把事情搞得更糟。我们针对英国当前的住房政策所说的一番话也同样适用于其他大多数国家："我们已不知不觉地陷入这样一种做法当中：从全国征取税收，在财政上鼓励维持过分庞大和集中的城市结构，鼓励仍在进一步扩大规模的大城市继续进行根本不经济的规模扩张。"①

---

① 见奥斯本爵士的"补贴是如何扭曲住房建筑业的发展的"，载《劳埃德不列颠评论》（Sir Frederick Osborn, "How Subsidies Distort Housing Development", *Lloyds B. R.* [April, 1955]）第 36 页。

5. 在城市生活的紧密近邻关系中，价格机制只能不完全地反映一位房产所有人的行动可能对其他人带来的利益或损害，这一事实带来了一系列不同的问题。就动产而言，使用动产的利弊通常只限于与支配者有关。与一般存在于动产中的情况不同，一块地皮的使用经常不可避免地影响到相邻地皮的可用程度。在城市生活条件下，这既适用于私人土地所有者的土地使用，还更适用于对城市公共用地的使用，比如对街道和公共设施用地的使用，它们对城市生活至关重要。为了市场能够有效地协调各种个人努力，无论是私人土地所有者还是支配着城市公共用地的当局，都应该使得他们自己至少考虑到自己的土地使用行为对他人土地有着较为重要的影响。只有当个人及市政当局的土地价值反映了使用它们所造成的所有影响时，价格机制才会发挥它应有的作用。如果没有特别的制度安排，这一条件只能得到有限程度的满足。任何地产的价值会受到邻居对自己土地的使用方式的影响，而且更受到当局所提供服务和所实施条例的影响；除非各种决策考虑到这些影响，总收益大于总成本的可能性就很小。①

如果让私人的积极行动来推动城市发展，如果利用分散在许多人当中的所有知识和预见力，那么，虽然价格机制为城市土地的使用提供了不完善的引导，但它却提供了不可或缺的引导。我们有着有力的理由采取任何可以找到的实用措施，使得地产所有人考虑他们的决策所带来的所有影响，从而使得价格机制更为有效地运作。因此，在这一情况下，一个使得私人房产所有者的决策易于和公共利益保持一致的规则体系应当比针对其他类财产的

---

① 有关这些问题可参见特维，前引书，还有邓纳姆的"城市规划：对城市建筑指导规划内容的分析"，载《法律与经济学杂志》（Allison Dunham，"City Planning：An Analysis of the Content of the Master Plan"，*Journal of Law and Economics*［1958］）卷 1。

规则体系更为具体，更符合特定的地方条件。这种"城市规划"的运作方式主要是影响市场和建立一些一般的框架条件，一个区或一个地段的所有发展都应符合这些框架条件，但在这些框架条件之内，决策是留由各私人房产所有者作出，这种"城市规划"是使得市场机制更有效发挥作用的部分努力。

但是，还有一种完全不同的控制，它也动用"城市规划"的名义。与其他城市规划不同，这一控制受到了摒弃价格机制并通过集中管理取而代之的欲念的驱使。许多正在实际执行的、特别是由根本不懂价格在个人活动中的协调作用的建筑师和工程师执行的城市规划，① 就是这类东西。甚至在这种城市规划并非有意把未来的发展与一个规定了每一块土地的用途的预定计划维系在一起的地方，它也倾向于通过使得市场机制越来越失效而造成这种结果。

因此，问题不在于人们是否应当赞成或反对城市规划，而是在于所用措施是应当用来补充和支持市场，还是排挤市场并以集中管理取代市场。政策在这里制造的实际问题是非常复杂的，而且我们不能指望一种完美的解决办法。任何措施的有利特征会通过推动一种其具体细节大多不可预见的、可取的发展而显示出来。

实际主要的困难来自于大多数城市规划措施会提高一些房地产的价值，又降低另一些房地产的价值这一事实。如果这些措施会发挥有益的作用，那么收益之和必须大于损失之和。如果应当实现有效的损益平衡，那么因一项措施引起的所有损益均有必要归口规划当局管理，它必须有能力承担责任，收缴房地产所有人

---

① 对于奥姆斯特德（Frederick Law Olmsted）、格迪斯（Patrick Geddes）和芒福德（Lewis Mumford）这些人领导下的城市规划运动在何等程度上发展成为一种反经济的运动，这会是一个有趣的研究课题。

的房地产增值（即使实施那些引起增值的措施违背了某些所有人的意愿），而对那些房地产价值受损的人提供补偿。这是可实现的，不需要授予当局任意处置权和不可控的权力，只需赋予它仅以公平市场价充公不动产的权利。这一般足以使得当局不仅有能力收缴因它的措施带来的所有的房地产增值，而且有能力买空那些因为该措施减少了他们的房地产价值而反对这项措施的人的房地产。在实际操作中，当局一般不必收购，而是凭借它的强买权力，有能力与所有者议定一笔双方同意的收费或补偿金。只要当局的惟一强制权力是按市场价值充公房地产，所有合法权益都可获得保护。它当然会是一种美中不足的工具，因为在这类情况下，"市场价值"不是一个清晰的量度，而且有关什么是公平市场价的看法也可能大相径庭。但是，重要的是，这些争议可以最终由独立的法庭作出裁决，而不需留待规划当局的斟酌处置。

许多城市规划者不愿对他们的方案的所有成本作必要的计算，危险大多来自于此。他们往往辩解，如果以市场价值提供补偿，实施某些城市改进措施的成本会高得令人望而却步。但是，在情况确实如此的地方，它就意味着应当不实施所建议的计划。没有东西可比城市规划者所用以主张以低于公平市场价的价格充公房地产的理由更应值得怀疑。这些理由通常依据他们由此可以减少方案的社会成本的错误论点。但是，这种方案无非意味着，某些成本不在考虑之列：一些规划者干脆通过把许多成本加到私人的头上，然后无视这些成本，从而这种方案就显得有利。

事实上，在拥护城市规划的论点中言之成理的东西，多数是一种主张出于某些目的把规划单位搞得比私人所有的房地产的通常规模要大的论点。一些规划目标能够通过细分所有权来实现，即以这样一种方式：给予一级权力的持有人以某些决策权，也就是说，给予某个市政当局这些权力，它应代表整个区或地区，有权评估对各二级所有权持有人的收益和负担。在房地产开发方面，开发者对使用个别地块掌握着某种永久控制权，这种房地产开发至少对由政治当局行使这类控制提供了替代性的选择。另外的好处是，一个较大的规划单位仍然是许多规划单位之一，在行使它的权限时，由于有必要与其他类似单位竞争，它受到了制约。

在某种程度上，甚至在市政管理机构之间或其他下属行政部门之间的竞争也会产生类似的制约作用。但是，城市规划者通常要求制订一项在本地区或者甚至全国范围内的城市规划。在规划中总会存在几个只能由较大的规划单位考虑的因素，这当然有道理。但是，随着统一规划区的扩大，人们对有关地方情况的具体知识的利用必然更为低效，这更有道理。全国范围内的规划意味着，竞争性单位不是变大了，而是一概排除竞争。这肯定不是一个可取的解决办法。但是，只有一种方法才能得到满意的结果，它主要通过诱导和向私人土地所有者提供数据而运作，允许他自由使用某一特定地皮，因为其他方法都不能像市场那样充分利用有关开发前景和可能性的分散的知识。

仍然存在一些有组织的团体，它们声称，所有这些困难都可以通过引入"单一税"计划被一笔勾销，就是说，通过把所有土地的所有权让渡给集体，然后仅仅以由市场决定的租金租让给私人开发者。在社会主义者的所有方案中，这一土地社会化方案从其逻辑上看可能最具诱惑力，似乎最有道理。如果它所依据的事实假设是正确的，也就是说，如果有可能清楚地区分"永久性的和不可破坏的地力"的价值和那些由于市政当局和私人所有者的努力所带来的两种不同的土地改造所创造的价值，那么采用这一计划就有了强有力的理由。但是，几乎所有上述困难都源自任何这类区分都不保险这一事实。为了给予私人的土地开发以必要的行动余地，不得不以固定租金提供的租地期限必须足够长（这些租地也必须能够自由让渡），直到它们几乎与私有土地无异，这样所有私有土地的问题就会重新出现。尽管我们往往希望，事情能简单到与单一税计划所设想的那样，但我们不会从中找到对我们所关注的任何问题的解决办法。

6.1947 年英国市乡规划法案的严厉规定很好地说明了城市规划者如何倾向于使得整个经济屈服于行政专制主义。[1] 尽管英国在几年后就不得不又废止了这些规定，它们在其他国家不乏赏识者，而且在美国还被当作值得仿效的榜样。[2] 它们无非规定了市政当局有权完全没收因城市房地产所有人较大程度地改变了其土地的用途而得到的所有收益——而且该收益的定义是，任何土地增值超过在完全禁止改变土地用途的情况下的土地增值——它

---

[1] 也许应当请求英国经济学家谅解，应当说，这些荒唐之举竟然成为法律，这几乎是不可能的，如果不是准备立法的决定性阶段不凑巧的话，在那时候，经济学家几乎完全忙于战争任务，而城市规划者因此有时间利用这一空档去把他们的有关更好的战后世界的看法付诸实施。几乎可以毫不夸张地说，在通过法律的时候，议会里几乎没有人理解它的影响程度，而且很可能根本没有人能够预见到，主管部长会利用赋予他的权力来下令没收全部开发收益。有关这一法律可参见普兰特爵士的"土地规划和所有权的经济职能"，载《特许拍卖商与房地产商研究所学刊》（Sir Arnold Plant, "Land Planning and the Economic Functions of Ownership", *Journal of Chartered Auctioneers and Estate Agents Institute* [1949]）卷 29，作为对上文提及过的特维的文章的补充，还可参见他的文章"开发费和补偿——土地改进问题"，载《经济学杂志》（R. Turvey, "Development Gharges and the Compensation-Betterment Problem", *E. J* [1953]）卷 63，以及拙文"对提高的效率的征税"，载《金融时报》（"Alevy on Increasing Efficiency", *Financial Times* [London, April 26, 27, and 28, 1949]）。

[2] 见哈尔的《在自由社会里的土地规划法：英国乡镇和县规划法案研究》（C. M. Haar, *Land Planning Law in a Free Society：A Study of the British Town and Country Planning Act* [Cambridge：Harvard University Press, 1951]）；比较我的书评，见《芝加哥大学法律评论》（*University of Chicago Law Revies* [1951—1952]）卷 19。

当然也许就是零——的那部分差值。① 而对这一没收全部开发权的补偿只占一笔为此目的设立的一次总付基金的一部分。

这一方案所依据的设想是，人们可以按一种价格自由买卖土地，该价格建立在特定地皮的当前用途永久不变这一假设的基础上：任何来自更改该地皮用途的收益都应作为允许这一更改的代价上缴规划当局，而任何保持当前用途的土地的贬值损失只影响到土地所有者本人。如果保持当前用途的一块地皮不再带来任何回报，那么名为"开发费"的缴款金额由此会等于转入任何新用途后的全额土地价值。

由于为管理这些法规而成立的当局由此得到了对改变除农地外的所有土地的用途的完全控制权，它事实上被赋予一种为了新的工业或商业用途决定所有英国土地用途的垄断权力，它还被赋予全权行使这一权力，以便有效地控制所有这些发展。从其本质来看，这是一种不受规则制约的权力，而且，被授予这项权力的中央土地委员会从一开始便表白，它并不打算自加任何必须自始至终遵守的规则来作茧自缚。它在活动之初公布的"操作说明"，以一种很少能够比拟的坦率程度道明了这一点。这些工作说明明确保留了只要"出于特殊原因无法应用一般规则"就可规避它所颁布的工作规则的权利，规定有权"间或改变（它的）政策"并认定"一般工作规则是可变的，如果它不适合某一个案"。②

毫不令人吃惊，人们发现在这一法案里的这些条款是行不通的，而且在七年之后，又在支付对所有土地"开发价值的国有化"的补偿费之前，英国又不得不废止它们。留下来的是这样一

---

① 严格地说，主管部长所执行的这项法律授权他可以把开发费确定在占开发收益的一定百分比上，于是他选择了征收 100％的开发费。

② 见中央土地委员会编《操作说明（系列一）》（Centrtal Land Board ，*Practice Notes*（first series）［London：H. M. Stationery Office，1949］）第 2—3 页。

个情形：任何土地开发必须得到规划当局的批准，据信如果这一开发与一个业已公布的总体规划不相抵触，人们就可以获得这一批准。这样，各位土地所有者又开始有兴趣把土地用于更好的用途。如果说整个试验实际上不是人们广泛持有的设想的合乎逻辑的结果的话，我们也许可以把它看作为一则耐人寻味的插曲和一种对考虑不周的愚蠢立法的形象描述。在土地方面排除市场机制并以集中管理来取而代之的所有企图，必定导致某种同类的、赋予当局全权控制任何土地开发的制度。这一中途夭折的英国试验之所以没有引起较为广泛的注意，只是因为在那时候，法案虽则开始生效，执行法案所必需的机制却从未开始完全运作。执行这项法案所必需的法律和机构过于复杂，以至于除了少数几位不幸者被复杂的工作所缠身之外，没有人懂得这项法案到底是干什么用的。

7. 从许多角度来看，与一般的城市规划类似的问题是那些建筑条例问题。尽管它们未构成重要的原则性问题，但我们应该对它们作简要的分析。有两个原因说明为什么有关某些允许在城市中建造的建筑法规毫无疑问是可取的。第一个原因是目前常见的、对营造会构成火灾或健康隐患的建筑可能殃及他人的考虑；在现代条件下，必须附带考虑到的人包括邻居，所有不是一座建筑的居住者，而是居住者的顾客或委托人的使用者——这些使用者需要某种有关他们所进入的建筑安全可靠的保证（或者至少需要有某种查实手段）。第二个原因是，在建筑方面，实施某些标准可能是惟一防范建筑商欺诈和诓骗的有效方法：在建筑法规中规定的标准被用作为解释建筑合同的手段，它们确保了建筑商实际使用根据一般理解是适宜的建筑材料和技术，除非合同明文作出其他规定。

尽管这类条例的可取性几乎无可非议，但是，在少有的领域里，政府条例能够提供同样多的滥用机会，或被实际上这么广泛地用来对发展施加有害的或完全非理性的限制，并且如此经常地助长了地方生产者的准垄断地位的加强。只要这类条例超过了对最低标准要求的规定，尤其是如果它们倾向于把适用于给定的时间和地点的标准方法变成惟一允许的方法，它们就可以严重地阻碍一种合乎愿望的经济发展。它们妨碍了对新方法的试验，支持了地方企业垄断和劳动力垄断，由此，它们应对高额的建筑成本承担部分责任，也应对住房短缺和过分拥挤负很大的责任。在以下的地方，情况尤其如此，这些条例不仅要求建筑物符合一定的条件或者检验标准，而且预先规定了必须采用特定的技术。我们必须特别强调，比起后一类"规格标准"来，前一类"性能标准"意味着对自发的发展施加较少的限制，因而应优先考虑。后一类可能初看似乎与我们的原则更为统一，因为它们向当局赋予了很少的酌处权；但是，"性能标准"所赋予的酌处权不是惹人生厌的一类权力。一项法规中所规定的某项给定的技术是否满足性能标准，可以由独立专家查核，而且如果出现了任何纠纷，它可以由法庭来裁决。

另有一个问题有着某种重要性和难度，它就是：是否应由地方或中央当局颁布建筑条例？在地方垄断的影响下，地方条例更容易被滥用，这也许有道理，而且从其他角度看，它们可能更容易起到妨碍作用。可能会存在强有力的论点，它主张制订经过慎重考虑的国家标准或者规范，而地方当局可以采纳它们，并可以任何适合自己的方式对之进行修改。但是，一般来说，如果地方制订这些法规，地方当局之间的竞争能够较快地消除起着阻碍作用的或不合理的制约，而为全国或一大地区制定的统一立法则不然。

8.联系到全国范围内工业区位的选择，这类由城市规划引起的问题很可能会在将来有重大意义。这一主题开始吸引了规划者越来越多的注意，而且正是在这一领域，我们现在最经常听到的论点是：自由竞争的结果是非理性的和有害的。

　　声称实际工业区位选择是非理性的，想当然地认为中央计划有可能改进它——这里究竟隐藏着多少真理？如果正确预见了这些发展，许多工厂区位决策就会是另一副样子，这当然是对的。而且从这一意义上，如果我们回顾往事，以往的决策就显得不甚明智。但是，这并不意味着，借助那时的已有知识，我们可以指望作出一种不同的决策，也不意味着，如果由一个全国当局来控制这些发展，结果就会更令人满意。尽管我们在这里不得不再次与一个问题打交道，即价格机制只能发挥不完全的作用，而且没有考虑到许多我们希望得到考虑的东西这一问题，但是，一个中央计划者是否能像市场那样成功地引导发展，这更值得大加怀疑。值得注意的是，从这一角度来看，市场通过使得个人考虑那些他们并不直接了解，而只在价格中反映出来的事实，的确做到了这一点。A. 洛希对这些问题所作的有名的严谨分析的确得出了这样的结论："本书最重要的成果可能是，它阐明了自由力量能够发挥有利作用之程度是多么令人吃惊。"他然后继续阐述道，市场"尊重所有的人类愿望，明察秋毫，无论它们是否有益"以及"自由市场机制的运作对公益的贡献要比人们一般所以为的要大得多，即使存在某些例外"。①

---

　　① 见洛希的《区域经济学》（August Lösch, *The Economics of Location* ［New Haven: Yale University Press, 1954]）第 343—344 页。

第二十三章　农业与自然资源

　　我的意见是反对把任何一种管理做过头，特别是反对其中最最严重的一种，即站在领导的一方进行干预，干预人民的生计。*

——埃德蒙·伯克

　　1. 在近代西方世界，城市和工业人口总是随财富和文明的增长而增加，而这种增加则造成农业人口所占比例及绝对数字的减少。技术的进步使人们在粮食生产方面的生产率大为提高，因而比以前少的人就能满足更多人口的需要。然而，虽然人口增加使对食物的需求也按比例地增加，但一旦人口的增长减慢，而进一步的进展主要采取人均收入增长的形式，这种增长的收入中被用于增长的食物消费上的部分就会越来越少。如果供应给人们喜欢的品种，仍可让他们在食物上花费更多的钱；但是，超过某一点，谷类商品的人均消费便停止增长，并可能实际减少。生产率的增加再加上无伸缩性需求就意味着如果从事农业的人要维持其平均收入（且不说跟上收入方面的一般增长），其数目必须要

---

* 本章开头的引文系埃德蒙·伯克的《关于粮食短缺的一些想法和详情》（Edmund Burke, *Thoughts and Details upon Scarcity* [1795], in *Works*, Ⅶ, 419）的结束语。

减少。

如果在农业和其他行业之间人力的这种重新分布发生了，那么，从长期的观点看，就没有理由说，那些留在农业方面的劳动力为什么不应该像其他人一样从经济进展中得到同样的利益。但是只要农业人口相对而言过于庞大，这一变化在发生的过程中必然会给其造成不利。只有在农业收入与城市职业的收入相比有所减少的情况下，才会引发离开农业的自发行动。农民越是不愿转向其他职业，在过渡时期的收入差别就越大。特别是当这种变化会延续几代人时，这个差别将保持很小，假如职业转变相对较快的话。

然而，不管在什么地方，政策总是推迟这一调整，结果是问题变得越来越大。由于政策方面的有意安排而被留在农业的那部分人口变得很多，以致为保持农业和工业人口的生产率平衡，在很多情况下要求两者的数目要加以改变，而这在任何有限的一段时间内都似乎是完全行不通的。①

执行这种政策有一系列原因。在工业化进展迅速的欧洲国家，这种政策最初源起于在工农业间保持"适当平衡"的某种

---

① 参看奥贾拉的《农业与经济进步》（E. M. Ojala, *Agriculture and Economic Progress* [Oxford: Oxford leniversity Press, 1959]）；博尔丁的"经济分析和农业政策"（K. E. Boulding, "Economic Analysis and Agricultural Policy", *Canadian Journal of Economics and Political Science*, Vol. Ⅷ [1947], reprimted in *Contemporary Readings in Agricultural Economics*, ed. H. G. Halcrow [New York, 1955]）；舒尔茨的《不稳定经济中的农业》（T. W. Schultz, *Agriculture in an Unstable Economy* [New York, 1945]）；弗拉斯蒂埃的《二十世纪的伟大希望》（J. Fourastié, *Le grand espoir du XXᵉ sièle* [Paris, 1949]）；尼豪斯的《经济政策和农业政策的典范》（H. Niehaus, *Leitbilder der Wirtschaftsund Agrarpolitik* [Stuttgart, 1957]）、尼豪斯和普里博的《社会市场经济中的农业政策》（H. Niehaus and H. Priebe, *Agrarpolitik in der sozialen Marktwirtschaft* [Ludwigsburg, 1956]）。

含糊的想法，在这里"平衡"的意思只不过是保持两者之间的传统比例。在那些由于工业化而趋向于依赖进口粮食的国家，那些实施这种政策的论点受到战时自给自足的战略性考虑的支持。而且人们常常相信，人口转移的必要性是不会重复出现的，因此把这个过程延续较长时间就可以缓解这一问题。但是使政府进行干预的主要考虑是保证当时从事农业的人们有"适当收入"。

这项政策从一般公众得到的支持常常是由于人们有这样的印象，即农业人口整体，而不是单单其中生产率较低的那些部分，已不能挣得合理的收入。这一信念的基础是农业产品的价格在必要的再调整实现之前就会下降得比其可能不得不持久地下降的数额更低。但是也正是这种价格的压力不仅使农业人口得以有必要的减少，而且使新的农业技术得以采用，最后降低成本并使合适的单位得以生存下去。

边角土地和农庄的消灭会减少平均成本，而且通过减少供应会使产品价格下降的趋势停止或甚至部分地使其发生逆转，但这只是必要调整的一部分而已。对恢复农业兴旺同等重要的是改变其内部结构，这种变化将因改变其不同产品的相对价格而引起。但是，那些想要帮助农业渡过困难的政策常常会妨碍那些使之产生效益而进行的再调整。

在这里我们可以仅仅提供一个这样的例子。如前所述，一旦收入方面的一般增长超过了某一水平，人们不大可能增加其花在粮食上的支出，除非提供给他们的是他们喜欢的品种。在西方世界，这主要意味着高蛋白食品，例如肉类和奶制品，取代谷类和其他淀粉类食品。如果能使农业以更少的相对花费生产更多的这类产品，那将有助于这一进程。这是可以实现的，如果能使谷类价格降低到用它来饲养家畜也有利可图的话；这样也就间接地生产了消费者所需要的食品。这一发展将使粮食的总消费不致有用其他办法所造成的减缩；而与此同时，这还会降低肉类等的成本。然而，如果有一种政策要将谷类的价格保持在人的消费不能吸收供应，并且这些谷物也不能移作他用而获利的水平上的话，这就常常要成为不可能的事了。

作为说明政策阻碍农业适应改变了的条件之各种不同方式的实例，这已足够了。通过适当的调整，有少数的生产者（仍比用其他方法获得成功的人要多）可以增加其生产率，以共享繁荣的普遍增长。当然，农业方面的部分难题确实是生产者及生产过程的特性很容易特别不利于适应变革。但是补救的方法显然不能是使之去抗拒变革。然而，这正是大多数政府采取的重要控制措施以及特别是所有控制价格的措施正在做的事情。

2. 应该不须重复的是，从长远的观点看来，价格控制达不到良好的目的，而且即使只限于有限的时期，它们也只有在同直接控制生产的措施结合起来的条件下才能有效。如果要使它们有益于生产者，就必须由当局的决策来加以补充，例如说决定由谁来生产，生产多少以及生产什么等等。既然目的在于使现在还在耕作的人们留在土地上并得到使他们满意的收入，既然消费者并不愿意花足够的钱在食物上以使他们保持在那一水平，所以当局必须求助于强制性转移收入才行。这究竟要走多远可以用英国的例子来说明，人们预期在英国，对于农业的财政援助总额将很快达到"大约农业净收入总额的三分之二"。①

对于此项发展应特别提出两点。一个是在多数国家使农业脱离市场机制和使之更受政府指导的进程在工业之前开始，以及它的实施通常是得到保守派的支持或甚至由他们创议；这些保守派对于社会主义的措施并不很反对，如果这些措施有利于达到他们

---

① 恩费尔德的 "多少农业?" (Sir Ralph Enfield, "How Much Agriculture?" *Lloyds B.R.*, April, 1954) 第 30 页。

赞许的目标的话。第二点是，在那些农业人口只占总人口中较小比例，但由于具有特殊的政治地位获得了类似群体从未获得过的以及在任何制度下都不可能给予全部人口的特权的国家中，这种趋势或许甚至更强烈些。一旦政府把原则抛之脑后并着手保证特定集团的地位，不会有任何发展比这更使人有这么多的理由怀疑民主政府有无能力理性地采取行动或者能否执行明智的计划。我们已经在农业方面到达了这样的现状，即几乎在所有地方，更善于思考的专家不再问什么是合理的政策，而只问哪种方针看起来在政治上可行而造成的损害最小。

但是，在我们这类书中可以不去注意政府的舆论状况强加给目前决策的政治需要。我们必须只限于说明在大多数西方国家农业政策一直是被这样一些概念统治着，这些概念不仅是自拆台脚的而且如果普遍应用会形成对所有经济活动的极权控制。我们不能只为了一个集团的利益而应用社会主义原则；如果我们这样做，我们便不能期望反对其他集团根据所谓的公平原则也要求使其收入同样地由当局决定。

这种政策所造成的后果的最佳说明大概是在美国经过二十年努力应用"平等"概念所造成的状况。[①] 试图向农业生产者保证其产品价格与工业生产者的价格保持固定关系，一定会使某些力量暂时不再发挥作用，否则这些力量会给最低成本的生产者以及

---

① 由于人们很少了解大概值得提到的是在这一领域，鼓励人们采取控制的办法的动力也似乎是来自德国。参看小施莱辛格所著《罗斯福时代：旧秩序的危机，1919—1933》（A. M. Schlesinger, Jr., *The Age of Roosevelt: The Crisis of the Old Order* 1919—1933 [Boston, 1957]）第 110 页："劳拉·斯佩尔曼·洛克菲勒基金会（Laura Spelman Rocke-feller Foundation）的比尔兹利·拉姆尔（Beardsley Ruml）对他在德国看到的一个正在实施的农业控制计划印象很深，就要求现在在哈佛的约翰·布莱克（John Black）研究一下是否适用于解决美国的农业问题。1929 年，布莱克研究出他命名为志愿者的国内分配计划的细节……"

那些仍可获利的产品施加农业生产方面的必要限制。不容否认，如果这些力量要起作用，在过渡时期，农业收入的增长将滞后于其他人口。但是，除了停止技术和财富的发展以外，我们怎样做都无法避免去采取适应措施。而试图强迫性地把收入从城市转移到农业人口来减轻其效果一定会因延续这一进程而使延期的适应行为有更多的积压，从而增加问题的困难。

这一政策在美国的结果是：过剩的存货堆积得越来越多，这对于美国以及世界农业的稳定构成新的威胁；另外，基本上是随意而又无效和不合理地指派耕种面积种种。这种结果已广为人知，不须赘述。不能否认，主要问题是政策如何从其造成的形势中把自己解救出来，以及如果政府从不干预价格、数量和生产方法，美国的农业会处于更健康的状态。

3. 虽然现代农业政策的不合理性和荒谬性或许最容易在美国看到，但我们要充分了解这类政策在得到系统贯彻的条件下，会给农民（其"坚定的独立性"与此同时常被当作用公众开支来维持其生活的论据）强加多大的限制，并在多大程度上把农民变成所有生产者中最有组织的和最受监督的一部分，我们就必须转向其他国家。

这一发展可能在英国走得最远，在那里已建立了对多数农业活动一定程度的监督和控制，这是在铁幕这一边难以比得上的。也许不可避免的是一旦在很大程度上用公共开支来经营耕作，也就应强制实施一定的标准，甚至对当局认为不好的耕作所给予的惩罚应是冒犯者被赶出他自己的地产。然而，一种奇怪的幻想是：如果耕作方法受到邻里委员会的控制，如果多数人或某些高层权力机构认为属于良好的耕作被当作普遍推行的标准的话，农业就能更有效地适应不断改变的条件。这种限制也许是保留我们了解的而且很多人（人们猜想其中大多数住在城市）出于感情的原因希望保留的耕作方法的最好办法；但其结果只能是农业人口越来越具有依附性。

事实上，英国公众对农业的命运所表现出来的显著的焦虑可能是由于美学的考虑而不是经济方面的考虑。在奥地利或瑞士这样的国家，公众更加关心保留山区农民也是出于同样原因。在所有这些例子中，人们心中都有一种沉重的负担，原因是担心由于眼下耕作技术的消失而使人们熟悉的乡村面貌会发生改变以及农民如不特别加以保护会全都消失殆尽。正是这种担心使人们对于农业人口的任何减少都大惊小怪，并在心中想象出一种完全荒芜的乡村的图像，或一旦有些自耕农场被弃后的乡村景象。

然而，正是这种"保留"才是具有生命力的农业的大敌。说所有农民同样受到任何发展的威胁根本是错误的。在类似的条件下工作的农民中，贫富之间的差距同在其他职业中一样大。[①] 同在其他任何领域一样，如果在农业中要不断适应改变了的条件，必须让那些由于找到了对变化应作出的适当反应方式而取得成功的人的实例得到其他人的仿效。这总是意味着有某些类型会消失。特别是在农业，这就意味如果农民要取得成功，他必须逐渐地变成商人才行——这一过程虽然必要但使很多人感到痛惜并希望避免。可是，对农业人口而言，另一种选择就是越来越成为国家公园的附属品，成为保留下来以点缀自然风景的特殊种族，并且这种选择会有意地阻止他们进行能使他们自食其力的思想和技术上的调整。

这种把农业人口中的一些特定成员保护起来使之能抵御那些强大的传统和习惯发生必要变化的企图，必定会使他们受到政府

---

① 参见韦伯的"国民经济发展中的农业"（Hilde Weber, Die Land wirtschaft in der Volkswirtschaftlichen Entwicklung, "Berichte Über Land Wirtschaft", *Sonderheft* No, 161 ［Hamburg, 1955］)。

的永久性监护，成为生活在其他人口之外的抚恤金领取者，并永远依赖政治决策生活。如果一些偏远的宅基地消失了，如果在有些地方牧场或甚至森林取代了在不同条件下曾经是可耕的土地，那么这种结果造成的害处可能更小。确实，如果我们允许某些生活方式完全消失而不是把它们当作过去时代的样板而保留下去的话，我们对人的尊严会表现出更多的尊重。

4. 有种论点说在农业根本无法控制价格或实行任何类型的全面计划，而且多数此类措施既在经济上很不明智，对个人自由也是一种威胁；这种论点并不意味着农业政策上不存在真正的和重要的问题，也不意味着政府在此领域不能发挥重要的作用。但是在这里和其他地方一样，这些任务一方面涉及逐步改进法律机构，这样会使市场更有效地发挥作用以及使个人更重视他的行动的效果；另一方面则涉及那些真正的服务性活动，而这些活动中政府作为人民的代理人提供一定的方便，主要采取提供信息的形式，而这些信息至少在发展的一定阶段不可能以其他任何方法提供，虽然在此处政府也还是不应冒称拥有专有的权利，而应该促进志愿性的努力，以在一定时候取代政府的那些功能。

属于第一类的是那些既在城市事务也在农业中由于邻里效应以及由于利用某块土地而给该社团的其余部分造成的更加深远的后果而产生的那些问题。[①] 有些这类问题我们将在后面谈及自然资源的保护时加以考虑。但是，也有一些特殊的农业问题，与其有关的法律框架，特别是涉及所有权和使用权的法律可以得到改

---

① 关于在任何程度上"土壤保持"常常仅充当经济控制的借口，参看哈丁的《农业政治：美国农村的土壤保持和权力斗争》（C. M. Hardin, *The Politics of Agriculture*: *Soil Conservation and the Struggle for Power in Rural America*，[Glencoe，Ⅱ11.，1952]）。

善。在物价机制中很多更严重的缺点，只能通过处于单一控制下的企业的适当单位的进化而得到补救，有时候只能通过为某种目的而合作的适当集团加以补救。适当的组织形式发生进化的程度如何，将主要取决于土地法的性质，包括在必要的保障下它为强制性征用所提供的可能性。毫无疑问，在欧洲合从中世纪继承下来的分散的财产或在英国围圈公地都是一些必要的立法措施，使个别的努力取得改进成为可能。虽然在"土地改革"方面的实际经验并不给人信心，但至少可以想象的是在某些情况下改变土地法可能有助于解散大庄园，这些大庄园已变得很不经济，但由于现存法律的某些特征而仍然存在。在法律框架内存在着这种逐步改进的余地，而越是可以自由地对现行安排做出实验，就越有可能朝正确方向作出变革。

具有服务性质的政府行为是大有可为的，特别是在传播信息方面。在一个有生气的社会中，农业的真正困难之一是，农业人口的性质恰恰很容易使它与知识的进步和变化脱节。这一点意味着多数个人甚至不知道有有用的知识可用并值得为之付出代价，就像那些固守传统耕作方法的农民一样，在这样的地方，社会负担一些传播这类知识的费用常常是有利的投资。我们对于同胞被置于可以明智地进行选择的地位都感兴趣，并且如果有些人对于技术发展所提供的可能性尚未开窍的话，一点较小的花费常常就会足以诱使一些个人去利用新的机会，然后靠其自己的积极性进一步前进。政府还是不应该成为惟一的知识传播者，用权力决定个人应该了解什么，不应该了解什么。政府的行动如果太多也可能会阻碍更有效的志愿性努力和成长，从而造成危害。无论如何，对于由政府提供这类服务不能在原则上反对；这类服务中哪些是值得的以及应做到何种程度，是个权宜的问题，不涉及更多的问题。

5. 虽然我们在这里不能试图认真地考虑"不发达"国家的

特有的问题，[①] 但我们不简单地论述一下下述荒谬事实就不能离开农业这个话题，这个事实是：虽然老的国家为避免其农业人口减少都被许多荒谬透顶的复杂问题所缠身，而新的国家却似乎更急于用人为的办法加速其工业人口的增长。[②] 就后者而言所作的很多努力都似乎基于"因一事随另一事而发生，故后者为前者所造成"（Post hoc ergo propter hoc）这类的相当幼稚的谬见：因为从历史上看，财富的增长经常伴随迅速的工业化而来，人们假定工业化会带来更加迅速的财富增长。这明显地混淆了中途结果和原因。的确，随着人均生产率由于在工具上投入更多资金，更由于在知识和技能上投资而有所增长，将需要越来越多的工业产品形式的额外产出。而且确实，在那些国家要大量增加食物的生产就需要更多地供应工具。但这两种考虑都不能改变这样的事实：如果大规模工业化要成为提高平均收入的最迅速的方法，就必须有农业余额，从而使工业人口有饭可吃。[③] 如果无限的资本可以随手得到，如果仅仅随手得到足够的资本就能迅速改变农业

---

① 关于不发达国家的问题及对其经济发展的援助，尤宜参看鲍尔的《不发达国家的经济分析及政策》（P. T. Bauer, *Economic Analysis and Policy in Under-developed Countries* [Cambridge: Cambridge University Press, 1958]）；弗兰克尔的《对不发达社会的经济影响》（S. H. Frankel, *The Economic Impact on Under-developed Societies* [Oxford, 1953]）；贝纳姆的"关于不发达国家的思考"（F. Benharm, "Keflexiones sobre los paises insufficientemente desarrollados", *El Trimetre economirco*, Vol. XIX [1952]）；弗里德曼的"外国经济援助"（M. Friedman, "Foreicgn Economic Aid", *Yale Review*, Vol, XLVII [1958]）。

② 我想佩什第一个指出，对这事实要有其补充：现在富有国家经常多付报酬给农民，而贫穷国家则一般少付报酬。

③ 在迅速工业化可以带来财富增长之前必须出现农业余额的重要和确定的事实在注 1 所引的 K. E. 博尔丁撰写的文章中得到了很好的论述，尤其是其再版的第 197 页："所谓的'工业革命'并非因纺织工业中几个不很重要的技术变革而引起的；它是以在 18 世纪上半叶出现的萝卜、苜蓿、四道轮作及家畜改进为基础的农业革命的直接产物。工业社会之父是萝卜，而不是珍妮纺纱机。"

人口的知识和态度，那么这类国家按照最先进的资本主义国家的榜样有计划地实行经济重建就是明智的。然而，这显然不处于实际可能的范围之内。实际情况似乎是，如果诸如印度和中国之类的国家要迅速提高其生活水平的话，就应只将手中资本的一小部分投入到开发复杂的工业设备上去，也许对于那些劳动力价值很高的国家特有的高度自动化，资本密集型工厂根本不应投资；另外，这些国家应致力于把资本尽可能分散地投入到可以直接提高粮食生产的那些方面。

　　一些在资金方面极为贫穷的地区，如果它们的经济采用先进的技术，那么会产生怎么样的发展，这从根本上来说是无法预测的，但是，如果给它们自由发展的机会，那么，所产生的发展就有可能得到加速，而反之，如果从另一些社会那里，即从那些在可预见的将来其劳资比例完全不同于较新的经济体系的社会借用一些模式，生搬硬套，那么，所产生的发展，就不大可能这样迅速。不管在这类国家有多么强烈的理由要政府主动提供范例，自愿在传播知识和教育上投资，据我看来反对全面规划和指导所有经济活动的理由在那里要比在较先进的国家更为强有力。我是从经济和文化两方面出发这样说的。只有自由增长才可能使这类国家发展其自己的、可行的、能够为人类的需要做出独特的贡献的文明。

　　6. 西方的最聪明的人都知道，农业政策的问题是把政府从它们已难以自拔的一种控制体制中解救出来，并恢复市场运转的问题。但在自然资源开发的相关领域，普遍的意见仍是，此处存在的特殊情况要求政府采取广泛的控制。在美国这种观点尤其强烈，在那里"保护运动"在一定程度上已经是鼓吹经济规划的根源，并且对激进的经济改革者的固有思想也有所影响。[①] 几乎没

---

① 很有意义的是斯科特在《自然资源：保护的经济学》（Anthony Scott, *Natural Resources: The Economics of Conservation*［Toronto: University of Toronto Press, 1955］）第 37 页所指出的那样，"土地经济学派（及其旁支的制度经济学）"大体都可追溯到美国人关心的这种问题。

有哪个论点像所谓私人企业浪费自然资源的说法那样被广泛和有效地用来使公众相信"竞争的浪费性"以及中央控制重要的经济活动的合理性。

在一个移民迅速定居下来而且带来先进技术的新国家中，为什么保护资源的问题会比以前的欧洲更为严重，可能有几种原因。在欧洲进化是渐进的，很早以前便已确立了某种平衡（毫无疑问，部分原因是在早期开发的后果最为严重，例如阿尔卑斯山的南坡有很多地方遭到毁林，从而造成土壤侵蚀），而在美洲迅速占据大片的处女地提出了重要性不同的问题。在一个世纪中第一次使一整个大陆被开垦所涉及的变化本应造成自然平衡的破坏，而今天看来虽然似乎很可惋惜，但不一定会使我们惊奇。[1]但是，对于所发生的事有所抱怨的人当中很多是事后聪明，没有理由相信以当时的知识水平而言甚至最明智的政府政策能避免那些现在十分令人悔恨的结果。

不容否认，的确有浪费；但是必须强调的是，其最重要的实例——森林的耗尽——在很大程度上是因为森林未成为私人财产，而继续作为公有土地根据一些不足以刺激开发者采取保护措施的条件交付给私人开发。确实，对有些自然资源来说，一般条件下合适的财产安排将不能保证有效的利用，可能需要在这方面制订一些特别的法律条款。在这方面不同的自然资源提出不同的问题，我们必须逐个加以考虑。

对某些自然资源如矿藏而言，其开发必然意味着它们逐渐被

① 参见西尔斯的"科学和自然资源"（P. B. Sears, "Science and Natural Resources", *Amerian Scientist*, Vol, XLIV [1956]）和"人类改变环境的过程"（"The Processes of Environmental change by Man", in *Man's Role in Changing the Face of the Earth*, ed, W. L. Thomas, Jr. [Chicago: University of Chuago Press, 1956]）。

用光，而别的资源可以设法使之无限期地不断还原。① 环境保护主义者的通常抱怨是前者——"贮存的资源"——很快会用完，而后者——"流动的资源"——没有被这样加以利用，以提供它们能够做到的高水平的永久性还原。这些论点部分地基于认为私人开发者没有长远的观点或不像政府那样对未来的发展有很多超前的知识，我们还将看到这还部分地由于一种简单地谬见，它使通常的保护主义者的大部分论点变得软弱无力。

在这方面还提出了邻里效应的问题，它在某种情况下也导致浪费的开发方法，除非财产单位的大小使得至少任何一个所有者的行动的所有更重要的结果都反映在其本身财产的价值上。这一问题尤其产生于各种"易消失的资源"，如猎物、鱼、水、油或天然气（以及在不远的将来或许还有雨水），这些资源都是我们只有用它们时才占有它们，另外这些也是没有一个开发者有兴趣保存的，因为他如不拿自然有人会拿走。这样会导致下面的情况：或者私人财产不能存在（例如在深海捕鱼及大多数其他形式的野生资源），结果我们不得不寻找替代的办法，或者私人财产将会带来合理使用的结果，如果统一控制范围与同一资源（例如，一个油田）可以开发的范围一起扩大的话。不容否认，在由于这种技术原因我们不能让个别所有者单独控制某些特定资源的场合，我们必须求助于另外的管理形式。

当然，在某种意义上说，多数无法替代资源的消费基于某种有信心的行为。我们一般都很有信心，一旦一种资源枯竭了，就一定有新的东西被发现，它或者可以满足同样的需要，要不然就

---

① 主要参看前述的斯科特的文章；另见戈登的"经济学及保护问题"（Scott Gordon, "Economics and Conservation Question", *Journal of Law and Economics*, Vol. I [1958]）和西里奥西-万特鲁普的《资源的保护：经济与政策》（S. Von Ciriaoy-Wantrup, *Resource Conservation: Economics and Policies* [Berkeleg: University of California Press, 1952]）。

至少可以补偿我们不再拥有的东西，因而在整体上说我们还是和以前一样生活得很好。我们使用资源时常常基于一种可能性——即我们对于可利用资源的知识会无限增长——就不断消耗资源，而这种知识的确在增长的部分原因是我们以那样飞快的速度消耗着现有的资源。的确，如果我们要充分利用可以得到的资源，我们必须根据资源会继续增加这一假设去行动，即使我们某些特定的期望注定会落空也必须如此。如果六十或八十年前环保主义者就已提出的关于煤的供应将要枯竭的警告得到重视的话，工业发展就会被大大地延迟。而内燃机将不会使运输革命化，如果其使用只限于那时已知的油资源（在汽车和飞机的时代的头几十年当中，以当时的速度使用油的已知资源，油将会在十年内枯竭）的话。虽然在所有这些事情上，必须听取专家们关于实在事实的意见，但如果他们有权力把他们的看法强加到政策上的话，在很多事例中结果都会是很有害的。

7. 劝说人们相信在保护自然资源方面有必要实行中央指导的主要论点是，社会比个人对未来有更大的利益和更多的预见性，并且对特定资源的保护提出的问题是与将来一般性供应问题不大相同的。

说社会比个人更有兴趣为将来做好准备的论点远远超出了自然资源保护的问题。这种论点不仅仅是说有些将来的需要，例如安全或国防，只能由社会作为一个整体为此做好准备。它还表示社会一般应将更多的资源用于为未来做准备，而个人的个别决定则不然。或者如人们常常指出的那样，社会比个人更重视未来的需要（或较小打折扣）。如果这一论点正确它确实将证明大多数经济活动由中央规划是合理的。但是，尚无任何事实支持这一论点，而支持它的只有保有这一论点之人的专断。

有一个自由的社会，解除个人对未来的责任并不比要求过去历代人应为我们做出更多的准备理由更充分。这一论点不会由于下面这个被人们常常使用的错误论点而更有说服力。这种论点认为由于政府可以以更便宜的利率获得贷款，它能更好地考虑未来的需要。这是错误的，因为政府在这方面具有的优势完全在于这样的事实，即在其投资中失败的风险不是由他们承担，而是由纳税人承担；事实上，仅就判断某个特定投资是否值得而言，风险性一点也不少。但是，如果投资没有预期的利润，政府可以用征税的办法补偿自己，由于政府通常只计算它实际上作为所用资金的花费支付的利息，因此该论点不利于而不是有利于政府投资。

说政府在知识方面具有优越条件，提出了一个更为复杂的问题。不容否认，对某些有关可能的未来发展的事实，政府可能要比多数自然资源的个人拥有者更了解。很多最近的科学成就说明了这一点。然而，总会存在大量关于某些特殊情况的知识，这些情况是对某些特殊资源作出决定时必须要加以考虑的，而这些特殊资源只为个人所有者所拥有，不可能集中于一个权威手中。因此，固然可能有些情况是政府了解而很少有其他人了解的，然而，必然有更多的情况，是某些别人所知而为政府所不知，这也同样是真实的。惟有将政府所掌握的一般的知识分散下放，而不是将一个个人所掌握的特殊知识往上集中，我们才有可能将关系到各个特殊问题的知识收集到一起。很可能没有哪一个例子能说明当局对某一具体决定必然有所影响的所有一切情况都可以拥有高超的知识；而对于特定资源所有者，却可能将他们所必须顾及的更全面的考虑传给他们，而反之，当局是不可能洞察所有个人所了解的各种不同的事实的。

在问题涉及贮存性资源，例如矿藏应以什么速率被使用时，这看起来或许最为清楚。一个明智的决定必须预料到所涉及的材料的价格以后会如何升降发展，而这又取决于对未来技术和经济发展的预测，个别的小拥有者通常不可能明智地做到这一点。但是，这并不意味着市场不会促使个别的拥有者好像他们早已把这些考虑仔细推敲那样采取行动，或者这种决定不应留给那些只有他们知道决定着特定矿藏目前有用与否的很多情况的人去做。虽然他们可能对未来发展所知甚少，他们在做决定时将受到别人知识的影响，所谓别人包括那些把计算这类可能性当作自己关心的事情的人以及那些准备为这些资源提供由这些计算决定的价格的人。如果所有者可以通过出售资源给希望保存它们的人，获得比自己开发特定资源得到更高的利润的话，他就会这样做。正常来说资源将有一个潜在的出售价格，它反映的是人们对于可能影响其未来价值的所有因素的看法，并且，根据比较作为一种可出售财产的价值与如果开采可能带来的价值而作出的决定可能会比一个中央权力的任何决定都更多地考虑所有有关知识。事实常常证明，由一个垄断集团开采稀有的自然资源可能会更长久地利用这些资源，而且或许可能这是这类垄断集团形成并在自由经济下存在下去的惟一事例。[①] 我不能完全同意那些以此作为赞成这类垄断的论点的人，因为我不同意说一个垄断集团可能实行的更大程度的保护从社会观点看是合乎需要的。但是，在这类事例中自发形成的垄断集团为那些因相信市场习惯于低估未来需要而要求更多环保的人提供了答案。

8. 然而，很多赞成资源保护的论点只是以毫无道理的偏见为基础的。其支持者想当然地认为，在一种特定资源任何时候都可以提供的丰富的服务中有特别为人所需的东西，以及这种产出率应永远得到保持。虽然他们承认对于贮存的资源来说这是不可能的，但他们认为那是一种灾难，如果流动资源的回归率减小到在物质上不能保持自身的水平的话。人们常在一般说来的土地肥沃程度和猎物、鱼等存货的问题上采取这一立场。

为了最有力地强调关键的一点，我们将在这里考察这一偏见

---

　　① 　参看米瑟斯的《社会主义》第 392 页，以及斯克特的前引书第 82—85 页。

的最惹人注目的实例，那就是多数人都倾向于不加批判地接受自然资源保护主义论点的谬误。这些论点相信土地的天然肥沃性应在任何情况下加以保护，凡以"土地开采"为招牌的事在任何情况下均应加以避免。可以很轻易地说明，作为一般建议，这种说法是不正确的，而且应保持的肥沃程度与某已知地块的最初条件无关。事实上，"土地开采"在某种情况下可能和消费任何贮存资源一样符合社会的长远利益。

一块土地常常是由有机物质的累积沉积物使其肥沃程度增加到一定水平的，一旦那块土地被开垦种植，这种肥沃程度只能用超过利润的费用来加以保持。在一定的情况下，最好人工使土地肥沃到每年的投入将由产品增加来补偿的办法来增加一块土地肥沃程度，而在某些其他情况下则最好使肥沃程度下降到投资仍有收益的水平，在有些事例中，这甚至可能意味着，把目的定在永远耕作上并不经济合算，而在自然累积起来的土地肥沃性被消耗光之后，那块土地就该放弃，因为在已知的地理或气候条件下不可能永远耕作它而获得好处。

在这类事例中一次性地用光自然白白赐予的礼物并不比对贮存资源进行类似的开发更浪费或更应受到指责。当然，可能会有一些其他已知或可能的结果，那是持续改变一块土地的性质所可能有的，并是人们应加以考虑的：例如由于临时的耕种，一块地可能丧失一些它以前拥有的和可以用于其他一些目的的特性或潜在可能性。但这是另一个问题，与我们的讨论没有关系。我们只想检验一下这样的信念是否正确，即在可能的任何地方，从任何一种自然资源中获得的服务量都应保持在可能达到的最高的水平上。在某一事例中，这可能偶然是正确的，但如果考虑到某块已知土地或某些其他资源的特性，就绝不是正确的了。

这类资源与社会的大多数资本一样并非是取之不竭的财富。如果我们想保持或增加我们的收入，我们必须能够用一种对未来收入有同样贡献的新资源来取代正在被耗尽的资源。然而，这不意味着需要以实物的形式加以保持或用另一种同类的东西来代替，或者自然资源的总储量应保持完整无缺。从社会以及个人的角度考虑，任何一种自然资源只不过是我们天赋的可枯竭的总资源中的一种，我们的问题不是以某种特定形式保护这种资源，而是永远使之保持在一种可以对总收入做出人们最佳期望之贡献的形式中。某种特定自然资源的存在只意味着，只要它还存在，它对于我们的收入的暂时贡献将帮助我们创造在将来会同样帮助我们的新资源。正常情况下，这不意味我们应该用同类的一种资源来取代另一种资源。我们必须记住的各种考虑中的一个就是：如果一类资源稀少了，依赖它的产品将在将来也会变得稀少。由于一种天然资源变得越来越少而造成的产品价格可预见的上升确实将是决定用于保持该资源的投资量的因素之一。①

也许简明地说明这个主要之点的最佳方法是说明所有的资源保护都构成投资，应完全像其他所有投资一样用相同的尺度来判断资源保护。② 在保护自然资源方面，没有什么比人造设备或人的能力更能成为投资的理想目标；并且只要社会预见到某种资源会枯竭，并这样来按排投资，以使社会总收入与以用于投资的资金可能带来的收入一样多，这在经济上也就没有保护任何一种资源的理由了。把用于保护某特定自然资源的投资扩大到其利润低于该资本在别的地方所得利润的程度，就会使将来的收入低于如不这样做时的收入。有人说得好，"那些要求我们为将来做好更多的准备的自然资源保护主义者事实上是在呼吁人们为后代做更少的准备。"③

---

① 参看拙著《资本纯理论》第 7 章，尤其是 88 页的注。
② 参看斯科特前引书第 8 页。
③ 斯科特前引著作第 97 页。

9. 虽然赞成对保护自然资源方面的私人活动进行政府控制的论点很不正确，虽然在这些论点中除了提供更多信息和知识这一点外没有更多的内容，但当其目的为提供消遣机会，或保护天然美景、历史古迹或具有科学价值的场所时，情况就大不相同了。这些消遣机会所给予广大公众的服务常常使个别受益人得到好处，但人们却不能向他收费，这种服务以及通常需要的土地的规模会使之成为采取集体性行动的合适园地。

天然公园、自然保护等等与市政当局小规模提供的消遣机会是同一种类的东西，要说明的是，它们应尽可能由自愿组织（例如英国的国家信托基金会）提供，而不是通过政府的强制性力量。但是在政府恰好是该土地拥有者或在它必须用赋税凑集的基金来购买，或甚至用强制购买的方法获得这些土地的情况下，只要社会成员充分了解其花费情况而持赞同态度，并认识到这是一个与其他目标竞争的目标，而不是超越其他需要的独一无二的目标，就不可能有人反对由政府来提供这些消遣的设施。如果纳税人了解必须支付的账单的大小，并在决策中有决定权的话，那就无须要再一般性地谈论这些问题。

第二十四章　教育与研究

普遍的国家教育只是一种把人们塑造得相互雷同的发明，而用来塑造的模子就是那些政府中的当权者的好恶，而不管当权者是君主、教士、贵族或现存一代人的多数。只要有效和成功，它就会对人们的头脑实行专制，并自然而然地导致对人们的身体的控制。*

——J. S. 穆勒

1. 知识或许是人们可以得到的重要的有价物，但是那些还没有拥有知识的人常常不能认识它的有用。更重要的是，要想走进现代社会运行所必需的知识宝库之门就以掌握某些技术（尤其重要的是阅读技术）为条件，而这些技术是很好地判断何者对他们有用所必须掌握的。虽然我们争取自由的理由在很大程度上在于这样的论点：竞争是传播知识的最有力的工具，它通常会向那

---

* 本章开始时所引的一段引文出自 J. S. 穆勒的《论自由》第 95 页。参看罗素于 95 年后在其演讲"约翰·斯图尔特·穆勒"（Bertrand Russell，"John Stuart Mill"，*Proceedings of the British Academy*，XLI，1955，57）中对同一问题所作评述："在那些采用（费希特）原则的国家里，国家教育只要取得成功，就会产生一群愚蠢无知的狂热者，他们一听到命令就会按照要求投入战争或进行迫害。这种罪恶极大，因而如国家教育从未被开创的话，世界反而更美好（无论如何我的意见是如此）。"

些不拥有这些知识的人表明其价值，但是，毫无疑问，有意的努力可以大大地增加知识的利用。愚昧无知是为什么人们的努力常常使错地方因而对其同胞不是最为有用的主要原因之一；有各种理由说明为什么把知识给予那些没有动力去寻求知识或做出牺牲去得到知识的人是符合整个社会利益的。对儿童说来，这些理由是很有说服力的，但有些论点对成人也完全适用。

　　关于儿童，重要的事实当然是他们不是那种关于自由的论点完全适用的责任人。虽然通常说来其身心两方面的幸福交由其父母或监护人照看最符合儿童的利益，但这并不意味着父母应有无限制的自由按照他们自己的喜好对待他们的孩子。社会的其他成员对儿童的幸福也具有真正的利害关系。要求父母或监护人为处于其照顾之下的儿童提供最低限度的教育的理由显然是很强有力的。①

　　在当代社会中，对于达到一定的最低标准的义务教育的争论有两个方面。有一种普遍的论点认为，如果我们的同胞与我们共享某些基本的知识和信念，我们所有人都将面临较少的风险，我们便会从我们的同胞那里得到更多的益处。而在具有民主制度的

---

①　参看穆勒前述文章第 94—95 页："正是就儿童而言，错用的自由概念对于国家履行其职责是个真正的障碍。人们几乎都认为一个人的子女实际上而不是抽象地被假定为是他自己的一部分，家长对子女的绝对和排他的控制权若受到法律最低限度的干涉，舆论就会十分妒忌；比对他自己的行动自由的干涉还要妒忌，普遍而言，人类不像重视权力那样重视自由。例如，让我们考虑一下教育的情况。国家应要求和强制每个生来就是其公民的人达到一定标准的教育程度，这不是差不多不言而喻的原则吗？……如果政府拿定主意要求每个孩子都享受良好教育，它就可能使自己不必费心去提供这样的教育。它可以让父母按照他们自己的喜好决定在哪里和如何进行教育，并可以满足于帮助较穷阶级的儿童支付学费，或为那些无人替他们付钱的儿童支付全部学费。那些针对国家教育提出的合理的反对意见并不适用于由国家强制实施教育，而适用于由国家操纵教育，那是完全不同的一件事。"

国家中，还有一个更加重要的考虑，那就是民主不大可能在部分文盲的人民中实现，除非在最小的地方范围内。①

　　普遍教育不单纯是，或许也不主要是一个传播知识的事情，承认这一点十分重要。人们需要某种价值的通用标准，虽然过分强调这一需要会导致极端非自由的后果，但没有任何标准，人类和平地生存显然是不可能的。如果说在定居时间很长的其成员大都是本地人的社会中，这不大可能成为一个严重问题的话，那么确实存在着某些有这种严重问题的例子，如美国。相当肯定的是，如果美国没有通过公立学校制度有意推行"美国化"的政策的话，美国不可能成为那样有效的"大熔炉"，并可能已面临极其困难的问题。

　　然而，所有教育都必须而且应该由一定的价值观来指导的事实也是任何公众教育制度中真正危险的来源。必须承认，在这方面多数十九世纪的自由主义者受一种过度天真信念所支配，相信单纯传播知识所能达到的结果。在其理性主义的自由主义中，他们是这样来说明普遍教育的问题，好像传播知识可以解决所有主要问题，好像只需要把受过教育的人已经拥有的那一点额外的知识传授给广大群众，以便使"征服无知"这一使命能开创出自己的一个新纪元。没有什么理由让人相信，如果在任何时候把有些人拥有的最佳知识传播给所有人，其结果将是一个更好得多的社会。知识和无知是十分相对的概念，没有事实证明，在受过较多教育的和受过较少教育的社会成员之间任何时候都存在的知识差异会对其性格有决定性的影响。

　　2. 如果我们接受赞成义务教育的一般性论点，那么剩下的就是以下这些主要问题：这种教育应如何提供？其中有多少应提供

---

① 从历史上看，采取普遍兵役制的需要比采取普选制的需要对多数政府实行义务教育产生了更具有决定性意义的影响。

给所有人？如何挑选那些应受更多教育的人以及由谁来支付费用？采取义务教育的一个必然后果是：对那些这笔教育费用将成为其严重负担的家庭而言，费用应由公众基金支付。然而，存在的问题还有：多大比例的教育应靠公共费用提供。以及应以何种方式提供。从历史上看，在义务教育之前，确实是政府首先通过提供国立学校而不断增加了教育机会，后来才实行义务教育。使教育成为义务性的最早试验，是在 18 世纪初的普鲁士，当时这种试验事实上都局限于政府已提供学校的地区。毫无疑问，通过这种办法使教育普遍化的进程大大加快了。把普通教育强加给多数不熟悉其制度和优越性的人的确很困难。但这并不意味着，义务教育或甚至今天政府提供经费的普通教育要求教育机构由政府来管理。

非常让人奇怪的是，最初把义务教育与由政府提供大多数教育机构的方法结合起来的有效制度中的一个却是由伟大的个人自由提倡者威廉·冯·洪堡创立的，而仅在 15 年前他还争辩说由于公立教育妨碍教育的多样性因而是有害的，并且也是不必要的，因为在自由国家不会缺乏教育机构。他说过："据我看来，教育应完全不受政府机构所应受到的那些适当的限制束缚。"① 使他放弃早期立场的是拿破仑战争期间普鲁士的困境和对国防的需要。对有组织的强大国家之愿望使他用其后半生的大部分精力去建立一种国家教育的制度，而这成了世界其他国家的典范。这时，激发他写作早期著作的"发展最多样化的个性"的愿望变成了第二位的。很难否认，普鲁士这样所达到的普遍教育的水平是它以及后来整个德国迅速在经济上兴起的主要原因之一。然而，

---

① 参见洪堡的《论国家的作用》（Wilhelm Von Humboldt，*Ideen Zu einem Versuch die*，*Gränzen der Wirksam keit des Staates Zu bestimmen*［写于 1792 年，但第一次全部出版是在 1851 年，布雷斯劳］）一书的第 4 章开头的总结和最后的结论。在英译本《政府的管辖范围和职责》（*The Sphere of Duties of Governmeut*，London，［1854］），总结已移至目录表。

人们可能会问，获得这一成功的代价是否太高。普鲁士在后来几代人期间所扮演的角色可能使人怀疑，受到大量赞美的校长们对世界，或甚至对普鲁士是否是纯粹的好事。

　　一个高度集中和受政府支配的教育制度赋予当局以控制人们心灵的权力，正是这种巨大权力会使人在欣然接受这种教育制度之前犹疑不决。在一定程度上，证明义务教育有道理的论点也要求政府应规定教育的基本内容。我们前面已经提到，可能在某些情况下要当局为所有公民提供共有的文化背景的理由变得非常充分。可是我们必须记住，正是由政府提供的教育才造成这样的问题，就像在美国对黑人的隔离问题——在政府控制传播文化的主要工具的地方，就一定会出现这种种族或宗教上少数派方面的困难问题。在多民族国家中，由谁来控制学校制度的问题越来越成为民族间产生磨擦的主要来源。对于那些曾经在像旧的奥匈帝国这类国家中见过这种情况发生的人，下面的论点是有力的，即有些儿童不受正规教育总比他们在为谁来控制教育的战斗中被杀要好一些。①

　　然而，即使在种族单一的国家中，也有人强烈地反对把教育内容的控制委托给政府到那样的程度，而如果政府直接管理向广大民众开放的多数学校的话，它就将要拥有这样的权力。即使教育是一种科学，向我们提供达到某些目标的最佳方法，我们几乎也不能希望它们最能普遍应用的、并完全排除其他的方法的最后方法，我们更不能希望目标应是千篇一律的。但是，这些问题中很少有哪些问题是可以由任何客观测试来确定的科学问题，问题大多数是直截了当的价值问题，或至少是这样一些问题，即相信有些人的判断而不是相信其他人的判断的惟一理由是，前者在其

　　① 参看米瑟斯的《民族、国家和经济》（Ludwig Von Mises, *Nation*, *staat und Wirtschaft* [Vienna, 1919]）。

他方面显示了更好的见识。确实，在一种政府掌管教育的制度下，所有的小学教育可能逐步受到一个特定集团的理论的控制，这集团真正相信他们对那些问题有科学的答案（就像在很大程度上过去 30 年来在美国发生的那样）；上述可能性应足以警告我们把整个教育体系交给中央指导要承担风险。

3. 事实上，人们对教育可以对人的头脑具有的影响力评价越高，人们就越应确信将此力量置于任何一个权威之手是十分危险的。但是即使人们不把其做好事的能力评价得像有些 19 世纪的理性主义的自由主义者那样高，仅仅承认此能力也会使我们得出的结论几乎与他们相反。如果说现在为什么应该有最多种类的教育机会的理由之一，就是我们真的不太知道不同教育技术可能做到什么的话，要求教育种类多样性的论点就会更有力，假如我们像不久可能做到的那样更多地了解了产生某些结果的方法的话。

对自由的最大危险可能来自心理技术的发展，它不久可以使我们具有比以前大得多的能力来有意地塑造人们的思想。这在教育领域，也许更甚于其他领域。如果我们能控制人们发展的必要条件，我们便能知道我们能将人塑造成什么样，虽然，这将提供一个很大的诱惑，但不一定意味着我们将利用这种知识改进本来可以自由发展的人类，一点都不清楚如果我们能制造出大家都认为我们需要的类型的人，这究竟是否一项收获。在此领域中的这个大问题完全可能很快变成如何防止我们利用所拥有的权力的问题，这种权力会为那些认为有控制的结果总要比没有控制的结果好得多的人提供一个强烈的诱惑。确实，我们可能不久就发现，解决办法在于政府不再做教育的主要施与者，而变成个人的公正的保护人，以控制使用这种最新发现的权力。

不仅现在反对政府管理学校的论点比以前强大，而且过去可以用来支持它的多数理由都已不复存在。不管当时是否正确，现在毫无疑问的是由于普遍教育的传统和机制已经确立，由于现代运输已解决了距离方面的大部分困难，已无必要不仅让政府为教育筹措经费，而且让政府提供教育。

　　米尔顿·弗里德曼教授曾经指明，[①] 现在完全可以在不保留国立学校的条件下，用公众开支支付普通教育的费用，具体方法是发给家长可以抵补一个孩子全部学校费用的凭单，而家长可以将这些凭单移交给他们自己选择的学校。政府在几个与世隔绝的社区直接提供学校仍可能是很好的办法，因为在那些地方儿童太少（因此平均教育费用太高），不适合办私立学校。可是对绝大多数人口而言，无疑可能把教育的组织和管理完全让私人去负责，政府只提供基本的经费和保证所有可以使用政府教育凭单的学校都有最低的标准。这种计划的另一个大优点是，家长不再面对要么接受政府提供的任何教育，要么自己必须支付一种不同的略为昂贵的教育的全部费用的选择，如果他们要选择一个特殊管理的学校，他们只需支付额外的费用就行了。

　　4. 一个更困难的问题是用公众的花费应提供多少教育以及超过提供给所有人的最低限额的教育应该提供给谁。无疑，通过超过一定阶段的教育可能会增加某些人对公共需要所作的贡献，这足以证明教育费用没有白花，但这种人的人数总是在总人口中占很小比例。而且，我们也许无法否认，我们没有一定的办法来事前确定在青年人当中哪些人将从高级教育中获取最大利益。此外，不管我们怎样做都难以避免，在得到高级教育的人当中很多后来享受的物质利益，超过其同伴，原因仅仅是别的某些人觉得值得对其教育投更多的资，而不是他们自己有更大的天生的能力

---

　　①　米尔顿·弗里德曼著《政府在教育方面的作用》（Milton Friedman, *The Role of Government in Education in Economics and Public Interest*, ed. R. A. Solo, [New Brunswick, N. J., Rutgers University Press, 1955]）。

或做了更大的努力。

我们不应只停留在考虑给所有人应提供多少教育或应要求所有儿童接受多久的学校教育。答案一定部分取决于特定的环境，例如社会的普遍财富、其经济的特点以及甚至影响青春期年龄的气候条件。在较富裕的社会，问题通常不再是什么样的教育会增加经济实力，而是如何以一种将在以后帮助儿童更好地利用余暇时间的方式去占据儿童的时间，直到他们可以自食其力为止。

真正重要的问题是如何选择那些让其教育超过一般的最低限度的人。从物质资源和人力资源的角度看，延长了的教育的费用即使对富裕国家也是很大的，所以想给大部分人以高级教育的想法总在一定程度上与为所有人延长教育的愿望相冲突。看起来一个想要在教育上用有限的花费就得到最大的经济回报的社会可能应集中力量于较少的杰出人物的高等教育上，[①] 这在今天就意味着增加得到最先进教育的那部分人的人数，而不是为大多数人延长教育。但是，如果在国立教育体制下，这似乎在民主国家中并不太实际可行，而由当局决定谁应获得这种教育也不太令人向往。

如同在所有其他领域一样，给高等教育（以及研究）补贴的理由并不一定在于它给予接受高等教育的人的好处，而在于它对整个社会所产生的好处。因此，也没有什么理由去补贴任何类型的职业培训，在那里得到的较高熟练程度将反映在更大的挣钱能力上，而这将是衡量在这类培训上是否需要投资的相当合适的尺度。在需要这类培训的职业中所增加的收入有很多只是所投资本的一种回报。虽然这样的安排可能遇到相当大的实际困难，但最佳的解决办法似乎是要让能保证这类投资获得最大利润的人能够

[①] 参看斯蒂格勒的尚未发表的文章《教育的经济理论》（*The Economic Theory of Edncation*）。

借到这种资本，并能以后在其增加了的收入中归还。①

　　然而，在以下两类职业中的情形略有不同，一类是高等教育所需费用不会让受到更好训练的人向别人出售自己的服务时使其价格有相应的增加（如医生、律师、工程师等职业），但另一类是目的在于为整个社会进一步扩散和增加知识的职业，社会从它的科学家和学者那里得到的好处不能用这些人能出售其特殊服务的价格来衡量，因为他们的贡献有很多是免费提供给所有人的。因此有充分的理由帮助那些表现出有出息，并对从事这类研究有爱好的人。

　　可是，假定所有在智力上能够获得高等教育的人都有权获得它，那就是另外一回事了。说使所有特别聪明的人都能变成有学问的人是符合大家的利益的；说他们所有人都会因这样的高等教育在物质上获益，或甚至说这样的教育应只给予无疑具有能力获得它的人，并使这种教育成为通往较高地位的正常或惟一通路，所有上述说法的理由都并不是显而易见的。最近已有人指出，如果有意和成功地让所有更有智力的人进入有钱人的行列，如果较穷的人就不那么聪明的说法不仅是一种一般的假设，而成了普遍的事实的话，那么阶级间的区别可能会更加明显，不幸的人不可能更会被人所忽视。还有另一个我们必须记住的问题，它在某些欧洲国家显得非常严重，那就是这些国家拥有的知识分子过多我们无法将其全部利用起来并获得利润。对政治稳定来说，没有比存在有着一个有知识但无从应用自己学问的无产者阶级更危险的了。

　　那么，我们在所有高等教育中面对的普遍问题是这样的：必须用某种方法把某些年轻人在那种人们还无法有把握地知道谁能获益最多的年龄选拔出来，给他们一种教育，使他们能比旁人赚得更高的收入。为了使投资不致落空，选择时必须保证就总体而

---

　　① 参看弗里德曼在另一篇文章中提出的很有趣的建议。该建议值得仔细研究，虽然人们对其可行性有所怀疑。

言他们将有资格获取较高收入。最后，我们必须接受这样的事实，即由于通常是某个他人将不得不支付教育费用，因此那些从中获益的人享受的是"不劳而获"的好处。

5. 近来，解决这个问题变得更加困难了，由于越来越多地使用国立教育作为达到平均主义目的的工具，找到一个合理的解决办法几乎是不可能的。虽然可以论证说应尽可能保证那些最有望从教育中获益的人有机会得到高等教育，但政府对教育的控制大部分都被用来使所有人有相同的前途，而这是极其不同的。虽然平均主义者常常抗议人们对他们的污蔑，人们指责他们说他们的目标是一种机械的平等，将把不可能给予所有人的好处从一些人那里剥夺掉，但在教育方面有明显的迹象说明确实存在着这种趋势。这种平均主义的立场通常不像在托尼的文章《平等》中表示得那样清楚明白，在那篇很有影响的文章中，作者主张"在愚者的教育上比在智者的教育上花费小气"① 将是不公平的。但是在某种程度上使机会平均和按智能调整机会（正像我已了解的那样，这与任何道德意义上的品行无关），这两种相互冲突的愿望在各处都变得混淆不清了。

应该承认，对用公众开支所办的教育而言，同等对待所有人的论点是很强有力的。然而，如果联系到反对给更幸运的人以任何特殊机会的论点，它实际上意味着任何一个孩子得到的东西就应给予所有人，凡是不能给予所有人的就不应给任何一个人。假如这个论点得到坚定的贯彻，它就意味着教育投资要对所有孩子一视同仁。如果这是公共教育的必然后果，它就将构成了反对政府管理那种可以给予所有人的初等教育以上的教育，赞成将高等教育让私人管理的强有力的论据。

无论如何，有些福利只能局限于某些人，这并不意味着一个

---

① 托尼著《平等》（R. H. Tawney, *Equality* [London, 1931]）第52页。

机构应有独占的权力来决定这些福利应归于何人。在当局手中的这类权力不大可能最后会真正使教育有所进步，也不可能创造出某些社会条件，使人比在其他条件下更感到满意或公正。首先应该明确，没有一个机构可以拥有垄断权去确定某种教育是否有价值以及应投资多少去改善教育或对哪种教育投资。不存在（在自由社会也不可能存在）可以确定不同目标中哪个更重要或不同方法中哪个更合乎需要的惟一标准。或许在任何领域是否可以不断得到可选择的其他方法都没有像在教育领域那么重要，在教育领域任务是使年轻人为不断变化的世界做好准备。

说到公平，我们应该清楚的是，那些从普遍的公共利益看最"应得到"高等教育的人并不一定就是那些经过努力和牺牲而得到最大的主观性之品行表现的人。天然的能力和天生的才能与环境的偶然性一样都是"不公平的优势"，而把高等教育的好处局限于那些我们可以有信心地预见到最能从中获益的人，将必然增加而不是减少经济地位和主观品行表现之间的矛盾。

以"社会正义"的要求为基础的、消除偶然因素之作用的愿望，只有通过消除所有不受人为控制影响的机会才能得到实现，这在教育领域中如同在其他领域一样。但文明的成长大多依赖于个人最充分地利用他们碰到的所有意外的机遇，以及基本上无法预测的有利条件，这些有利条件是一种知识在新条件下将给予那些个人的，它们使这些人超过其他人。

不管那些从公正的利益出发狂热地要求应使所有人从同样的机会起步的人的动机如何值得赞许，他们的动机毕竟是一种理想，实际上不可能实现。此外，伪称这种理想已经实现或几乎已经实现，对于不太成功的人说来只会使事情更糟。虽然有各种理由排除现有制度可能给某些人的发展造成的任何特殊障碍，但使所有人都从同样的机会起步既不可能也不令人向往，因为这只能通过从一些人手中夺走那些无法提供给所有人的可能性才能实现。我们希望每个人的机会都尽可能地大，而我们肯定会减少大多数人的机会，如果我们要防止他们的机会超过那些不那么幸运的人的话。要求所有生活在同一时代和任何已知国家的人都应在同一地点起步，与要求这种平等应保证给予生活在不同时代或不同地方的人，同样与发展着的文明不相一致。

有些人在学术和科学研究方面表现出异乎寻常的能力，应给予他们从事该项事业的机会，而不论其家庭是否富裕，这样做可能符合社会的利益。但这并没授予任何人以获得这种机会的权利，也不意味着只有那些异常能力已得到证实的人才能获得这种机会，或者确保谁能通过同样的客观测试，谁就能获得它，否则便没有人应拥有这种机会。

不是所有使人做出特殊贡献的品质都可用考试或测试来加以确定，至少某些具有这类品质的人拥有机会比让所有满足同样要求的人都有机会更为重要。热切地渴望知识或不寻常地具有多种兴趣要比更显见的天赋或任何可测试的能力更为重要；一般知识和兴趣的背景或由于家庭环境所造成的对知识的极端重视常常对成就的影响比天生能力更大。有些人享有良好家庭气氛的优势，对社会来说是一笔财富，平均主义政策可以毁坏这笔财富，而不出现不当的不平等这笔财富就不能得到利用。由于对知识的渴望是一种可能在家庭中相互传递的爱好，有充分的理由使那些很关心教育的父母能够在做出物质牺牲的条件下使其孩子得到教育，即使在其他方面这些孩子可能不比得不到教育的孩子更值得得到。①

---

① 在目前条件下没有注意到的一个问题，就是有时有些年轻人虽有追求知识的渴望却对标准的教授课目没有任何公认的特殊天赋。对这种渴望应给予更加充分的重视，念完大学的机会并不真正解决更高层次的问题。我一直认为有强有力的理由让学院履行以前寺院的功能，在寺院中那些对教育很上心的人，可以以抛弃生活中的舒适和乐趣为代价，却获得把其发展的成型期完全献给寻求知识的机会。

6. 由于坚持教育应只给予那些能力已得到证实的人，结果会产生一种情况，即整个人口按照某种客观测试划分等级，而在哪类人有资格得益于高等教育问题上只有一种意见会占上风。这就意味着官方把人分成等级，被证明为天才的人在顶上面，而被证实为低能的则在底层；这种等级制度，由于被假定为表达的是所谓"品行"，并决定着谁能得到那些价值会在其中表现出来的机会的，因而变得更为糟糕。在为了"社会正义"而完全依赖国立教育体制的地方，对于什么构成高等教育以及具有哪些能力才有资格获得这样的教育只有一种见解，这种见解在该社会普遍适用。有的人已得到高等教育就将假定这表明他"有资格"得到它。

在教育领域，如其他领域一样，公众帮助一些人自己也有益，这是公认的事实，但绝不能把这理解为，只有那些根据公认的观点判断为值得用公共基金加以援助的人才应被允许得到高等教育，或不应允许任何人出于其他理由去帮助特定的个人。可能还要多说几句的是这样一种事实：有些群体中的最好的成员似乎也比其他群体中没有得到机会的人更差一些，即使如此也要让人口中不同群体中的每一个都有一些成员得到机会。为了这个原因，不同的地方、宗教、职业或种族集团应能够帮助一些他们自己的某些年轻成员，以便使各个集团大体上将按照本集团对教育的重视程度而在那些获得高等教育的人中占有相应的比例。

至少看起来很值得怀疑的是，一个根据推测的能力而把受教育的机会普遍地给予一切人的社会，将比出生这种意外因素被公认起很大作用的社会更能容忍那些不成功的人。在英国，战后的教育改革已朝建立以推测的能力为基础的制度接近了一大步，其后果已引起人们的关注。最近对社会流动性的一项研究提出，现在"将由普通中学提供新的杰出人物，这种杰出人物显然不太受到攻击，因为它是因有已测定的智力而被选中的。选择的过程将趋向于加强已经有很高社会地位的职业的声望并把人口分成几种人，有些人可能会或确实已经把这几种人看得就像绵羊和山羊那样明显不同。从未上过普通中学将是一个比以前更为严重的不合格的标准，当时大家知道在教育系统中存在着社会不平等。而怨恨的感情可能变得更为剧烈，而不是不那么剧烈，原因仅在于有关的个人认识到使他人不能进入普通中学的选择过程具有一定的合法性。在这方面表面的公平可能比不公正更难让人承受。"①"或者正像另一位英国学者更通常地指出的那样，"正是福利国家的这一出乎意料的结果应使社会模式不是不那么僵化而是更为僵化。"②

让我们用一切办法努力增加给所有人的机会。但是我们在这样做时应充分认识到，增加给所有人的机会很可能有利于那些更能从中获益的人，而且可能常常首先增加了不平等。在要求"机会平等"而导致试图消灭那种"不平等的有利条件"的地方，这种要求只可能造成损害。一切人类的差别，不管是天赋方面或机会上的差别，都会造成不平等的有利条件。但是，既然任何个人的主要贡献都是最好地利用他遇到的偶然之机遇，那么成功在很大程度上是一个机会问题。

7. 在高的层次上，通过讲授传播知识同用研究推进知识发

---

① 见格拉斯（D. V. Glass）在其所编的《英国的社会流动性》（*Social Mobility in Britain* [London，1954]）第 25—26 页；还参看柯尔的书评《新国务活动家和国家》（A. Curle，*New Statesman and Nation*，N. S.，XLVIII [August 14，1954]，190），他在此文中提出："教育的两难之处是，创造一个更为'开放'的社会的愿望所得到的结果却是，虽然个人很灵活，但社会却根据智商被刻板地分成不同阶层，就像一度根据出身一样。"还参看迈克尔·扬的《天才教育的兴起》（Michael Young，*The Rise of Meritocracy*，1870—2033 [London，1958]）。

② 查尔斯·P. 斯诺爵士（Sir Charles P. Snow），引自《时代周刊》1957 年 5 月 27 日。

展是不可分离的。对那些处于知识边缘的问题的介绍只能由主要
从事研究的人来提供。在十九世纪,尤其是欧洲大陆上的大学事
实上发展成一些研究机构,在那里最多把教育当作研究的副产品
来提供,而学生是靠给具有创造性的科学家或学者当学徒来获得
知识的。自那时以来,由于在达到知识极限之前必须掌握的知识
越来越多,也由于接受大学教育而根本不想达到那一阶段的人越
来越多,大学的性质大为改观。现在仍称为"大学工作"中的更
大部分在性质和内容方面只是中小学讲授的继续。只有"研究
生"院——事实上,只有其中最好的——仍主要致力于构成上一
世纪欧洲大陆各大学特点的那些工作。

　　然而,没有理由认为我们已不那么非常需要更高一级的工
作。一个国家智力生活的水平主要依赖的就是这类工作。虽然在
实验科学中,年轻的科学家当学徒的研究所在一定程度上满足了
这一需要,但在有些学术领域中,仍存在的危险是:以民主方式
扩大教育可能对让知识保持活力的原始工作之进展产生有害的
影响。

　　很可能为目前在西方世界生产的、经过大学培训的专家数量
不足而担忧的理由,[①] 要比为具有真正顶尖质量的人产出不足而
担忧的理由似乎要少。虽然造成这种情况的责任至少在美国(在
其他地方也在越来越大的程度上)主要在于学校所做准备不足以
及那些只关心授予职业资格的学校倾向于功利主义,但我们一定
不要忽视,民主制把向大量的人提供更好的实际机会,比推进知
识发展看得更重,推进知识发展永远是相对而言少数人的工作,
确实有最充分的权利要求公众的支持。

　　为什么像专门从事知识边缘研究和教学的老大学那样的院

---

　　① 布连克和斯蒂格勒著《科学人员的供与需》(D. Blank and G. J. Stigler, *The Demand and Supply of Scientific Personnel* [Newyork, 1957])。

校，似乎可能会继续成为新知识的主要来源，原因在于只有这类院校能够在选择问题以及不同学科的代表间进行接触方面提供这种自由，而这种接触为新思想的构成和寻求提供最佳条件。不管朝着某项已知目标有意识地组织各项工作可以在某已知方向上加速多么大的进步，但在一般进步中决定性和不可预测的步骤通常不发生在对特定目标的追求上，而发生在那些特定知识和才能、特殊环境和接触的意外结合使某些个人所获得的机会的利用上。虽然专门研究机构对所有具有"应用"特性的任务是最有效率的，但这类机构内的研究总是在一定程度上有指导的研究，其目的由专门化的设备、特定的人员队伍和该机构致力于追求的具体目标所决定。但是在知识外缘的"基础"研究中常常没有固定的题目或领域，而决定性的进展常常是由于忽视传统的学科分类而取得的。

8. 因此，最有效地支持知识进步的问题是与"学术自由"问题紧密联系着的。这一名词所表示的概念是在欧洲大陆各国发展起来的，在那些国家，大学一般都是国立机构；所以它们几乎都反对对这些机构的政治干扰。① 然而，真正的问题是一个更为广泛得多的问题。有很强有力的理由反对一个由最享盛名的科学家和学者组成的立法机构来决定所有研究的计划和方向，就像反对由与之无关的当局来指导一样。虽然当对个别科学家选择和探讨问题所进行的干扰来源自某些不相关的考虑时，他会最怨恨这种干扰，但是如果有大量这样的机构，而各个机构都承受不同的外界压力，可能倒不那么有害，如果它们都处于一个单一概念的控制之下，而这概念告诉人们在某个已知时间什么是符合最佳科学利益的话，它们就更加有害了。

---

① 很有意义的是，在英国大学都是捐赠的组织，每个都包括大批自己管理自己的实体，学术自由从来没有像在政府设立大学的情况下那样，成为严重的问题。

　　当然，学术自由不可能意味着每个科学家应该做他最向往的事，也不意味着把科学当成一个整体来自我管理。它更意味着应有尽可能多的独立的工作中心，在这些中心中至少已经证实其推进知识之能力和其对工作之献身精神的人可以自己决定他们在哪些问题上花费精力，在哪些问题上他们可以阐述所达成的结论，不管这些结论是否合其雇主或广大公众的心意。①

　　在实践上，这意味着要让那些在上级眼中已证明了自己，并因此已被给予使他们可以决定自己和其下级工作的职位的人，有获得这些职位的稳固保证。这是和使法官的职位有保障出于同样的原因给予的特权，给予特权并不是从个人的利益考虑，而是因为大家有理由相信，处于这种职位的人，就总体而言，能最好地为公众利益服务，如果保护他们不受外界舆论的压力的话。当然那不是无限的特权，它只意味着一旦被授予就不能撤销，除非由于在最初任命时就已专门提出的理由。

　　没有理由不应像我们获得新的经验那样为新的任命改变这些规定，虽然那些新的条件不能适用于那些已得到在美国称为"职位占有"之特权的人。例如，最近的经验似乎说明任命条件中应规定，这一职位的获得者应丧失该项特权，如果他在了解情况的状态下参加或支持任何反对此特权依据的原则的运动。容忍不应包括对不容忍的提倡。根据这一理由，我觉得一个共产党员不应给予"职位占有"，虽然一旦他被给予而没有明确的限制，那么这项特权也将必须像其他类似的任命一样受到尊重。

　　然而，所有这些只适用于"职位占有"的特权。除了与"职位占有"有关的这些考虑外，几乎不存在任何正当理由让任何人

---

　　①　参看波拉尼的《自由的逻辑》，特别是第33页："学术自由在于选择自己研究的问题的权利，不受外界控制从事研究的权利以及按照自己的意见教授自己的课题的权利。"

当作一种权利来要求去做想做之事或教授所喜之见的自由，或另一方面任何严格的条款也没有理由规定，任何有特定意见的人都应被普遍排除在外。虽然以高标准为目标的机构很快将发现，只有给予其最年轻的成员广泛的选择奋斗目标和意见的权利，才能吸引一流的人才，但没有人有权让一个机构不考虑其兴趣和观点就去雇用他。

9. 今天人们已很好地认识到需要保护学术机构不受用政治或经济利益所进行的粗暴的干扰，结果在声誉好的院校成功地开展这项工作已无很大危险。但仍需要小心戒备，特别是在社会科学方面，在那里人们常常借助于那些高度理想化的并被广泛赞同的目标来施加压力。对不受欢迎的观点施加压力比反对受欢迎的观点更有害。应该对我们成为一种警告的是，甚至托马斯·杰斐逊也争辩说，在政治学的领域内，弗吉尼亚大学所教授的原则和所遵循的文本应由当局方面规定，因为下一位教授可能是"前联邦主义派中的一员"。[①]

但是，今天的危险不在于明显的外部干涉，而更在于不断增长的研究经费的需要给予那些掌握钱袋的人的控制权增大了。这对科学进步的利益构成真正的威胁，因为要对它为之服务的科学方面的一切努力进行统一和集中指导的理想，已为有些科学家自己所共有。虽然以规划科学的名义和受马克思主义的影响在19世纪30年代发动的第一次大进攻已被成功地击退，[②] 虽然它所

① 见 T. 杰斐逊致约瑟夫·C. 卡贝尔（Joseph C, Cabell）的信，1825年2月3日；载于华盛顿编《托马斯·杰斐逊文集》（*Writings of Thomas Jefferson*, ed, by H. A. Washington, Vol. VII〔New York, 1855〕）第397页。应该说杰斐逊反对学术自由与其在此类事务的一般立场相当一致，而这又使得他以最教条主义民主党人的方式同样反对法官的独立。

② 参看贝克的《科学与计划国家》（J. R. Baker, *Science and the Planned State*〔London and New York, 1945〕）。

引起的讨论使人对这种领域中的自由的重要性有了更清醒的认识，但看起来很可能试图"组织"科学方面的工作并指引它到达特定目标的做法将以新的形式重新出现。

俄国人在某些领域取得的引人注目的成功，使人们对有意识地组织科学方面的努力又重新感到兴趣，这一点并不使我们感到惊奇，也不应让我们有理由改变我们对自由重要性的看法。如果在中央分配资源时给予优先的话，已知可以达到的任何一个目标或任何数量有限的目标似乎可以更快一点达到，那是无可争论的。这是为什么一个极权主义组织确实可能在一场短暂的战争中更有效率，以及为什么当这样一个政府能选择最佳时刻进行战争时对别人十分危险的原因。但是这并不意味着，如果所有努力都指向现在看来最重要的目标或如果从长远看那种更周密组织其工作的国家将更强大些，知识的进步在总体上可能会更快。[①]

对于有指导的研究的优越性有所贡献的另一个因素是，人们对于现代化工业进步归功于几家大工业实验室有组织的配合的程度，多少带点夸张的看法。事实上，正像最近比较详尽地表明得那样，[②] 近年来主要技术进步中靠个人努力引起的进步所占比例比人们一般认为的更大，它们常常来自那些寻求业余兴趣的人或意外地碰到其问题的人。适用应用领域的情况，对基础研究甚至更为如此，在基础研究中由于其性质，重要进展更难被预见。在此领域，目前强调协作和合作可能确有危险，很可能是欧洲人的个人主义较强烈（这部分地由于欧洲人不习惯于，因而也不那么

---

① 这里不是讨论俄罗斯教育制度的地方。但可以简要提到它与美国教育制度间的主要差别与不同的社会制度无关，事实上俄国只是遵循大陆欧洲的传统。在关键方面，德国、法国或斯堪的纳维亚的学校的成就会像俄罗斯的学校一样值得研究。

② 参看朱克斯、索耶斯和斯蒂勒曼的《发明之源》（John Jewkes, D. Sawyers, and R. Stillermann, *The Sources of Invention* [London, 1958]）。

依赖于充裕的物质支援），使欧洲人在基础研究的最有独创精神的领域具有超过美国科学家的一定优越性。

我们主要论点的最重要的应用莫过于下面的认识，即在科学研究不由对其社会效用的某些统一认识来决定的地方以及在每一个经过证明的人可以献身于他在其中找到有做出贡献的最佳机会之工作的地方，知识的进步似乎最快。因此，当不再通过向每个合格学生保证他们有可能决定如何利用他们自己的时间而给予这一机会（在所有实验领域情况确实越来越如此），而是多数种类的工作要求大量物质手段时，进展的前景可能最有利，前提是并非由一个根据一元计划运营的机构掌管奖金，而是存在很多独立的奖金来源，以致于甚至非正统的思想家也会有机会找到一个同情者。

虽然关于如何最好地管理支持研究工作的独立基金，我们还有很多要学的，虽然不太肯定大基金会的影响（它们不可避免地依赖大多数的意见，结果必然趋向于加强科学方法的摇摆不定）是否一直像它可能的那样有益，但毫无疑问只对有限领域有兴趣的大多数私人捐赠是美国最有希望的特色之一。然而，虽然目前的税法可能暂时增加这类基金的流动，但我们还应记住这一税法也使新财富的积累更为困难，这些资金来源将来可能干枯。如别处一样，在思想和精神范围保持自由从长远看将取决于取消对物质手段的控制以及继续存在可以向他们认为重要的目标提供大量基金的人。

10. 自由在我们最为无知的地方最重要——在知识的边缘，换句话说，在没有人可以预言下一步将是什么的地方。虽然在那里自由也曾受到威胁，但在那里我们仍然可以指望多数人认识到威胁时，会团结起来保卫它。如果在这本书里我们主要关心其他领域的自由，那是因为我们常常忘记思想自由依赖于一个更为宽阔的自由的基础，没有这个基础思想自由就不能存在。但是自由的最终目的是扩大人们借以超过其祖先的能力，对这种能力每一代人都必须努力作出自己的一份贡献，即对知识增长和道德及美学信仰的逐渐进步作出自己的贡献，在这方面没有一个上级可以推行一套观点，确定什么是正确的，什么是错误的。只有进一步的经验可以决定什么应该占上风。

在人超越其现时的自身所达到的地方，在出现新事物以及评价存在于未来之中的地方，正是在这些地方自由最终显示出其价值。教育和研究的问题就这样让我们回到本书的最重要的主题，从那些自由和限制的后果在其中较为间接并不太明显的问题到那些最直接影响终极价值观的问题。我们找不到比威廉·洪堡的话更好的话作出我们的结论，而100年以前约翰·斯图亚特·穆勒就在其论文《论自由》的开头引用过："最重要、居于首位的原则，这些书页中阐明的每个论点所集中论证的原则，就是人类最丰满、最多样的发展具有绝对和根本的重要性。"①

---

　　①　见洪堡的前引书。

后记　我为什么不是一个保守主义者

> 自古以来，自由的忠实的朋友总是罕见的，它的成功总得力于少数人。他们凭借与那些目标和自己不同的援军联合而获胜；而这种总是很危险的联盟，由于给予对手以正当的反对理由，有时候是灾难性的。*

——阿克顿爵士

1. 当大多数被认为是进步性的运动都拥护对个人自由的进一步侵犯的时候，[①] 那些珍惜自由的人可能会不遗余力地投身于反抗运动之中。在这里他们发现自己很多时候和那些习惯于反抗变化的人站在一边。在现实政治方面他们除了支持保守的政党之外通常别无选择。然而，我试图界定的立场经常也被说成是"保守主义的"，但它和传统的保守主义差别很大。在这种含混不清的关系中存在着危险；也正是这种含混不清的关系把自由斗士和真正的保守主义都带到一起来共同反抗发展，因为发展同样地威

---

* 章首的语录引自阿克顿爵士的《自由的历史和其它论文》（Lord Acton, *History of Freedom and Other Essays* [Londen, 1907]）。

① 这种情况已经存在了不止一个世纪的时间，早在 1855 年穆勒就说过："那时候几乎社会改革家的所有计划实际上都是扼杀自由的。"见拙著《穆勒和泰勒》（*John Stuart Mill and Harriet Taylor* [London and Chicago, 1951]）第 216 页。

胁到它们不同的理想。鉴于此，把我们在这里所持的立场和历来（也许更恰当地）被当作保守主义的立场，进行清楚地区分是有重要意义的。

　　严格意义上的保守主义是对剧烈变化的一种合理的、可能是必要的、并且理所当然广为流传的反对态度。自从法国大革命以来的一百五十年时间里，它在欧洲政治中一直扮演着重要角色。在社会主义兴起之前，它的对立面一直是自由主义。在美国历史上没有任何和这对矛盾相对应的东西，因为在欧洲被称作"自由主义"的东西在这里是美国政体所赖以建立的共同传统；因而美国传统的捍卫者便是欧洲意义上的自由主义者。① 这种业已存在的混乱被最近向美国移植欧洲类型的保守主义的企图弄得更加糟糕；欧洲类型的保守主义由于和美国传统相距甚远，具有某些奇怪的特征。在这之前一些时候，美国的激进分子和社会主义者已开始称自己为"自由主义者"。但是现在，在我论述我所坚持并且相信与真正的保守主义和社会主义同样区别很大的立场时，我仍将继续称它为自由主义的。然而，请允许我马上说一句，我这样作的时候心中满是顾虑，在以后的篇幅里我不得不考虑什么是自由党的最合适的称谓。其原因不仅是因为在美国"自由主义的"一词是今天经常发生的误解的原因，而且因为在欧洲占主导地位的理性主义的自由主义，很久以来一直是社会主义的开路先锋之一。

　　请让我现在说明，反对据我认为任何有资格被如此称呼的保守主义的最有决定性的理由。这就是它天生不能为我们正在前进

① 克里科在"对美国保守主义的奇特探索"（B. Crick, "The Strange Quest for an American Conservatism", *Review of Politics*, XVII [1965], 365）一文中很正确地指出："称自己为'一个保守主义者'的一般美国人，实际上是一个自由主义者。"好像这些保守主义者不愿意以那个更恰当的名字称呼自己，这只是自从那个名称在新政年代被人们滥用后才开始的。

的方向提供另外一种选择的可能。它可以做到通过对当时趋势的反抗成功地使不期望的发展缓慢下来，但是，因为它不提示另一个发展方向，所以它不能制止这种不期望的发展持续下去。因为这个原因，保守主义的命运永远是被拖在一个不是由自己选择的道路上。在保守主义者和进步论者之间的拔河比赛只能影响到当时发展的速度，而不是方向。然而，虽然有"在前进的车轮上安装一个刹车"① 的需要，但我个人不满足于仅仅有助于使用一个刹车。自由主义者要问的问题，首先不是我们应该行驶多快或多远，而是我们应该驶向哪儿。事实上，它与今天的集体主义激进分子之间的差别比他与保守主义者之间的差别更大。后者一般只是持有一种对时代偏见的温和、中庸的解释，而今天的自由主义者则必须更坚定地反对大多数保守主义者和社会主义者共同坚持的一些基本概念。

2. 通常用来展现这三党相对位置的图示未能说明它们之间的真正关系，相反更使其模糊不清。它们通常被认为是在一条线上，而具有不同的位置，社会主义者在左，保守主义者在右，自由主义者在中间的某个地方。没有什么东西比这更容易误导了。如果我们需要一个图示，把它们安置在一个三角形内会更加合适，保守分子占领一角，社会主义者拉向第二个角，自由主义者则拉向第三个。但是，因为社会主义者在过去很长一段时间里能够更卖力地，向自己的那个方向拉，所以保守分子倾向于跟从社会主义而不是自由主义的方向，并且相当长一段时间里接受了那些由激进的宣传而备受重视的观念。和社会主义妥协并抢先实践其理想的人一般都是保守主义者。保守主义者是中间路线② 的倡

---

① 这是科林伍德的用语。见科林伍德的《新利维坦》第 209 页。
② 现任英国首相哈罗德·麦克米伦的纲领性著作《中间道路》（Harold Macmillan, *The Middle Way* [London, 1938]）特地选择了这个书名。

导者，他们没有自己的目标，由一个信念引导，那就是，真理必定位于两个极端之间的某个地方——结果是，每次任何一边出现一个更加激进的变动，他们都改变其位置。

所以，能够正确无误地被描述为保守的立场在任何时候都取决于现存趋势的方向。因为在过去的几十年里，发展大体上是沿着社会主义的方向的，因此保守分子和自由主义者都主要热衷于阻止那个发展。但是自由主义的主要之点是要走向另外的地方，而不是静止不动。虽然今天正好相反的印象可能有时候由以下事实引起，那就是曾有一段时间自由主义更加广泛地为人接受，它的一些目标接近于被实现，但是它从来不是一个朝后看的学说。从来没有一个时候自由主义的理想被完全实现，也从来没有一个时候自由主义不盼望制度的进一步改善。自由主义者不反对进化和变迁；在自发的变化被政府控制所遏止的地方，它要求大幅度改变政府政策。就当代的许多政府的行为而言，现今的世界上没有理由让自由主义者保持事物现状。事实上，在自由主义者看来，世界上大多数地区最迫切需要的是彻底扫除自由成长的障碍。

在美国，通过维护由来已久的制度而维护个人自由仍然是可能的，但绝不能由于这个事实而模糊自由主义和保守主义之间的区别。对自由主义者来说，这些制度值得珍惜主要不是因为它们由来已久，或者因为它们是美国的，而是因为它们符合他所珍爱的理想。

3. 在一些主要论点上，自由主义的看法和保守主义尖锐对立。在阐述这些之前，我应该强调一下，自由主义者可能利用优势已经从一些保守主义的思想家著作中汲取了营养。他们对自发成长出来的制度的价值情有独钟，并很虔诚地进行研究，我们由此得到（至少在经济学领域之外的）一些深刻见解，而这些实在有助于我们理解一个自由社会。下面这些人，比如柯尔律治、波拿得（Bonald）、梅斯特（De Maistre）、缪泽尔（Justus）、或者柯特（Donoso Cortès），不管在政治中如何反动，但他们的确显示出了对自发成长的制度的意义的理解，比如语言、法律、道德和规范，这些东西是现代科学方法的先行者，并且自由主义者也从它们中获益不浅。但是保守主义者对自由成长的景仰通常只适用于过去。对于人类奋斗的新工具将从中出现的、同样未经事先安排的变化，他们特别缺少欢迎的勇气。

这就把我带到了保守和自由两种倾向明显相异的第一点上来。正如保守主义的作家经常承认的一样，保守观点的一个基本特征是对变化的恐惧，对新事物怀有忧心忡忡式的不信任；[①] 而自由主义的立场建立在勇气和信心的基础之上，基于有充分准备让变化沿着自己的道路发展，即使我们不能预见它将导向哪里。如果保守主义者仅只是不喜欢制度和公共政策方面太快的变化，那也就没有太多可反对的了；在这里赞成谨慎行事和缓慢的过程的理由实在是很充分的。但是保守主义者倾向于使用政府的权力来阻止变化或限制它的发展速度，以迎合更加胆小怕事者的那一套。在展望未来时，他们缺乏对自发调节力量的信心；然而正是这种力量使自由主义者毫不犹豫地接受变化，即使他不知道怎样促成这种调节。的确，尤其是在经济领域，假定市场的调节力量将会通过某种方式导致必要的调整，这恰恰是自由主义观点的一部分，虽然没有人能预言在具体条件下这种力量将会怎么做到这一点。人们没有能力想象某些必要的平衡，比如供给与需求、出口与进口等，是怎样在没有有意的管理控制的情况下实现的。这种情况比任何单个因素都更能促使他们经常地不情愿让市场自行

---

① 参阅塞西尔的"保守主义"（Lord Hugh Cecil, *Conservatism*, "Home University Library"［London, 1912］）第 9 页："自然保守主义是一种厌恶变化的倾向；它部分来源于对未知事物的不信任。"

运作。保守主义者只有在他确信有某种更高的智慧在观察和监视变化时，只有在他知道有某种权威负责使变化"有秩序"时，才感到安全和满足。

这种对信任不受控制之社会力量的恐惧和保守主义的其他两个特征紧密相连：偏爱权威和缺乏对经济力量的理解。因为它不信任抽象的理论和普遍的原理，① 所以它既不理解那些自由政策建立于其上的自发力量，也不拥有一个基础以阐述政策的原则。在保守主义者看来，秩序是权威经常照管的结果，为这个目的，权威必须被允许做特定情况所要求的一切，而不受生硬的规则所约束。遵守原则以理解那种使社会中的各种努力互相协调的一般性力量为前提，但是保守主义者却明显缺少这样一个社会理论，尤其是经济机制的理论。保守主义在创造一个关于社会秩序是怎样保持的总的概念方面如此无能为力，以至于它的现代信徒们在尝试构建一个理论基础时，总发现自己过分求助于那些把自己当作自由主义者的作家。麦考利、托克维尔、阿克顿勋爵和莱基不用说都认为自己是自由主义者，并且这也是公正的；即使伯克，直至生命的最后一息仍是一个老辉格派，如想到被人当作一名托利党，大概会感到毛骨悚然。

还是让我们回到主要论点上来，这就是保守主义分子所特有的对现有权威行为的满意，并且他们主要关注于这种权威不应受

①　参阅法伊林的《19世纪人物传记小品》（K. Feiling, *Sketches in Nineteenth Century Biography* [London, 1930]）一书第174页，一个保守主义者的自我描述很有启发意义："根据大量考察，右翼对思想有一种恐惧，因为，用迪斯累利的话说，难道不是实干家'重复着祖先的错误吗'？自其存在以来，他们经常不加分别地反对改进，口口声声尊敬祖先，却把祖先的意见贬为陈腐的个人偏见。如果我们补充说，右翼正在不断地接管左翼的地盘；它靠不时地吸收自由主义思想而生存着，因而也由于那种永无完美可能的妥协状态而遭受着痛苦，那么他们的地位会变得更安全，但却更复杂了。"

削弱，而不是对这种权威要加以限制。这和维护自由是难以一致的。大体上可以说，只要强制和专断权力用于保守主义者认为是正确的目的，保守主义者不会去反对。他相信如果政府掌握在正人君子的手中，它便不应该被太多僵死的规则所约束。因为他本质上是一个机会主义者，没有原则，所以其主要希望必然是智者和好人进行统治——不仅仅像我们都希望的一样，通过他们的榜样，而是通过授予他们且由他们强制实施的权力来统治。[①] 像社会主义者一样，保守主义者对怎样限制政府权力问题较少关心，更多考虑的是谁去行使它；另外，像社会主义者一样，保守主义者认为自己有权把自己的价值观念强加于人。

　　当我说保守主义者缺乏原则的时候，我不是指他们缺乏道德信念。典型的保守主义者通常实际上是道德观念很强的人。我的意思是他没有一种政治原则，使他能够和道德价值与自己迥异的人一起为一个政治秩序工作；并且在这种秩序中，他们都能遵循自己的信念。正是对这种允许不同价值体系和平共处的原则的认识，使得建立一个最小限度地使用武力的和平社会成为可能。接受这些原则意味着我们同意容忍许多我们不喜欢的东西。保守主义有许多价值观念比社会主义更引起我的兴趣；然而对一个自由主义者来说，他个人赋予特殊目的的重要性不是强迫他人服务于那些目的的充分理由。我几乎不怀疑，我的一些保守主义的朋友们将会被在他们看来我在本书的第三部分对某些现代观点所作的"妥协"而震惊。但是，虽然我可能和他们一样不喜欢一些有关

---

①　先前，我曾用下面这些话表述过一个重要观点，现在又在这重复，我相信读者会对此给予谅解。"亚当·斯密和他的同时代人倡导的个人主义的主要优点在于，它是一个体制，在这个体制之下坏人所能造成的祸害最小。这个社会体制的运行不依赖于发现好人来管理，也不依赖于所有的人会变得比现在更好，但是它会利用各种各样具有复杂性的人们，他们有时好，有时坏，有时聪明，更多的时候是愚蠢的。"见《个人主义与经济秩序》第11页。

的具体措施，并可能会反对它们，然而我不知道有任何一个能够援引的普遍原则，来劝说那些观点不同的人相信，那些措施在我们双方都向往的这种类型的社会里是不允许的。和他人在一起成功地生活和工作需要的不仅是对自己的具体目标的忠实。它要求理性地信奉一种秩序，在这种秩序里，即使在那些对某一个人来说是根本性的问题上，其他人也应该被允许去追求不同的目标。

正是由于这个原因，对自由主义者来说，道德和宗教的理想都不是强制的适当对象，然而保守主义者和社会主义者都未认识到这种限制。有时候我感觉到，把自由主义同保守主义和社会主义区别开来的最明显特征是这个看法：有关并不直接冒犯他人受保护之领域的行为的道德信条不能为强制提供合理根据。这也许可以解释为什么那些改过自新的社会主义者在保守主义的群体比在自由主义的群体中找到精神的家园要容易得多。

最后，保守主义立场建立在下列信念上：在任何社会里总有一些明显优秀的人，他们与生俱来的标准、价值和地位应该得到保护，他们比其他人在公共事务方面应该有更大的影响。自由主义者当然不否认一些较他人优秀者存在——他不是一个主张人人平等的人——但他否定任何人有权威决定谁是这些优秀的人。保守主义者倾向于捍卫一种特殊的、现存的等级制度，并且希望权威去保护那些他所重视的人的身份，而自由主义者却认为，任何对现存价值的尊重都不能为出于庇护这些人不受经济变化力量的影响的目的而诉诸特权、垄断权以及任何其他国家强制力量提供正当理由。虽然自由主义者充分认识到文化和精神方面的精英人物在文明进化中扮演了重要角色，但他同时又相信，这些精英分子必须通过在应用于所有其他人的相同规则之下保持自己的位置的能力来证明自己。

和这紧密相连的是保守主义对民主的一般观点。在这之前，我已经很清楚地阐明，我不把多数决定原则当作一个目的，而仅看作是手段，或者甚至看作是我们不得不从中选择的许多政府形式中危害最轻的一个。但是我相信，当保守主义者把我们时代的罪恶归责于民主的时候，他们在自己欺骗自己。最大的罪恶是未受到限制的政府，并且任何人都没有资格行使无限的权力。[1] 现代民主所拥有的权力在一小撮精英人物手中会变得更加不可容忍。

人们普遍公认，只有当权力由多数人决定的时候，对政府权力的进一步限制才认为没有必要。在这个意义上，民主和未受限制的政府是相连的。但是，要反对的是未受限制的政府，而不是民主。我不明白为什么人们不应该去学会限制多数人统治的范围，像对其他任何政府形式一样。不管怎样，民主作为一种和平变革和政治教育方法，其优势和其他任何政治体制相比起来都显得如此明显，以至于我对保守主义反民主的倾向毫不同情。在我看来根本问题不在于谁统治，而是政府有权去做什么。

保守主义者反对太多的政府控制不是一个原则问题，而涉及的是政府的特殊目的，这一点在经济领域被清楚地显示出来。在工业领域，保守主义者通常都反对集体主义和行政指令方法，这点上自由主义者在他们中间经常能找到盟友。但是同时，保守主义者通常是保护主义者，在农业方面总是支持社会主义者的方法。实际上，虽然今天仍然存在于工业和商业上的限制主要是社会主义者观点的结果，但农业上同等重要的限制通常是由保守主义者在更早的年代引入的。另外，许多保守主义的领导人在设法

---

[1]　阿克顿爵士在《致玛丽·格莱德斯通书信集》(*Letters of Lord Acton to Mary Gladstone*, ed. H. Paul [London, 1913]) 第 13 页中说过："危险不在于某个特定的阶级不适于统治。每个阶级都不适于统治。自由的法律将会消灭种族对种族的统治、信仰对信仰的统治、阶级对阶级的统治。"

使自由企业丧失信誉方面，和社会主义者是争先恐后的。[①]

4. 我已经指出了保守主义和自由主义在纯粹思想领域内的区别所在，但是我必须再回到这些点上，因为这里独特的保守态度不仅是保守主义的一个严重弱点，并且会给和它结盟的任何事业造成伤害。保守主义者本能地感到新思想比任何其他东西更能引起变化。但是，正是根据这种观点保守主义害怕新思想，因为它没有自己特有的原则去反对它们；另外，由于对理论的不信任和对除了经验已经证明的东西之外的一切缺乏想象力，它使自己失去了在思想斗争中不可或缺的武器。和自由主义十分相信思想的长期性的力量不同，保守主义受到从某个时候承继下来的思想的束缚。并且，因为它并不真正相信争论的力量，它最后的一招通常是采取声称自己有超常智慧，而这种智慧是根据其超常的特性自认为能够获得的。

这种区别在两种传统对待知识发展的不同态度上表现最明显。虽然自由主义者当然不认为所有变化都是进步，但是他把知识发展看作是人类奋斗的主要目标之一，期望从中能得到逐步解决我们希望能解决的那些问题和困难的方法。自由主义者偏爱新事物不仅因为它是新的，他认识到人类新的创造物是其成就的本质；他有准备容忍新知识，不管他是否喜欢其立即可见的后果。

我个人认为，保守观点最不能接受的特征是它喜欢反对业已

---

① 在这方面希克斯曾正确地谈到"同样地由青年迪斯累利（the young Disrae-li）、马克思和戈培尔所画的讽刺漫画"。见他的"追求经济自由"，载雅各布编《我们在捍卫什么》（J. R. Hicks, "The Pursuit of Economic Freedon", in *What We Defend*, ed. E. F. Jacob ［Oxford: Oxford University Press, 1942］）第 96 页。关于保守主义者在这方面的角色，也可参阅我给《资本主义与历史学家》（*Capitalism and the Historians* ［Chicago: University of Chicago Press, 1945］）一书写的序言。

论证详实的新知识，因为它不喜欢似乎是随之而来的一些后果——或者不客气地说，就是它的反启蒙主义。我不否认，科学家和其他人一样也会追求时尚和时髦，我们有很多理由要在接受他们从最新的理论中抽取的结论时做到小心谨慎。但是，我们克制行动的理由本身应该是理性的，必须和我们惋惜新理论干扰我们所珍惜的信念的情感分开。有一些人比如说，之所以反对进化论或者所谓对生命现象的"机械"的解释，仅仅因为某些道德后果一开始就好像会随之而来，对这些人我不会费神去评论；对那些认为提出某些问题就是不敬和不虔诚的人，我更加缺少耐心。保守主义者拒绝面对事实，这只会削弱他自己的立场。通常，理性主义观点能从新科学认识中得出的结论，是保守主义观点从中得不出来的。只有积极地参与对新发现的后果的研究，我们才能清楚它们是否适合于我们的世界图像；如果适合，又是怎样适合的。如果我们的道德信念确实是建立在被证明为不正确的事实假设之上，那么以拒绝承认事实的方法捍卫它们很难认为是符合道德的。

　　和保守主义对新奇事物的不信任相连的是它对国际主义的仇视和对严格的民族主义的好感，这是它在思想斗争中另一弱点的来源。它不能改变这个事实，即正在改变我们文明的思想是没有边界的。但是，拒绝使自己熟悉新思想只是剥夺了自己在必要时有效地反击这些思想的力量。思想的成长是一个国际性的过程，只有那些充分参加讨论的人才能够施加有意义的影响。说某个观念不是美国的、不是英国的，或者不是德国的，这并不是有意义的争论，一个错误的或者是谬误的理想也不因为由我们的一个爱国者想出来而变得更好。

　　关于保守主义和民族主义的密切联系有很多其他的东西可说，但是我将不再去讨论这一点，因为有人可能会觉得，我个人的立场使我不能同情任何形式的民族主义。我想补充说，正是这种民族主义的偏见经常提供保守主义转变成集体主义的途径：根据"我们的"工业或资源这样的措辞来思考问题，这与要求国有财产根据国家利益进行调派只偏离一小步。但是在这方面，源于法国大革命的欧洲大陆的自由主义比保守主义好不了多少。几乎用不着我说，这种类型的民族主义和爱国主义非常不同，对民族主义的厌恶和对民族传统的遵循完全可以相容。我更喜爱并尊敬我们社会的某些传统，但这一事实不应该成为对新奇和相异的东西怀有仇恨的理由。

保守主义的反国际主义经常同帝国主义发生联系，这一点只有在初看起来才似乎是自相矛盾的。但是一个人越不喜欢新奇事物，越认为自己的方式优越于他人，越容易趋向于把"开化"其他人当作自己的使命①——不是通过自由主义者所支持的、自愿的、没有妨害的交往，而是通过带给他们以高效率政府的许诺。有意义的是，这儿我们再次发现保守主义者和社会主义者联合反对自由主义者。在英格兰，有韦伯夫妇和他们的费边社成员是公开的帝国主义者，在德国，国家社会主义和殖民扩张主义同流合污，在同一些"讲坛社会主义者"中找到支持。保守主义和社会主义者在这方面的联合不仅发生在这两个国家，而且也发生在美国，在那儿，就是在老罗斯福时也能看到："极端爱国主义者和社会改革派凑在一起；他们组成了一个政治党派，威胁要控制政府，用它实施建立凯撒式专制政治的纲领。这种危险在现在看来只有其他政党通过一种在较轻程度上用较温和的形式采纳它们的纲领的方式才得以避免。"②

---

① 参见穆勒的《论自由》第 83 页："我未认识到任何团体有强迫其他团体接受开化的权利。"

② 见伯吉斯的《政府与自由的和解》（J. W. Burgess, *The Reconciliation of Government With Liberty* [New York, 1915]）第 380 页。

5. 然而，在某个方面可以说，自由主义者取得了社会主义者和保守主义者中间的一个位置：他和试图按照个人理性所规定的样式来重建社会制度的社会主义者的粗俗的理性主义保持一定距离，他跟保守主义者经常求助的神秘主义也保持一样远的距离。被我描述为自由主义的立场和保守主义一起对理智都有一定程度的不信任，以至自由主义者清楚地认识到，我们并不知道所有的答案，一个自由主义者不能肯定他现有的答案是否当然正确，甚至不能肯定我们能否找到所有这些答案。一个自由主义者也不轻视从非理性的制度或习惯已证明了其价值的事物中寻求帮助。自由主义者和保守主义者不同，他愿意正视这种无知，并且承认我们知道的是多么少，在理智不及的地方不去要求承认一个超自然的知识来源的权威性。必须承认，在某些方面，自由主义者本质上是一个怀疑主义者[①]——但是，这种怀疑主义似乎是要求一定程度的不自信以便让他人以自己的方式追求幸福，并且始终坚持那种作为自由主义者的一个基本特征的宽容。

没有理由说明为什么这种需要意味着自由主义者摒弃宗教信仰。和法国革命时期的唯理主义不同，真正的自由主义和宗教没有争执，我能哀叹的只是那种尚武和本质上不容异己的反宗教主义，它曾使 19 世纪欧洲大陆的自由主义如此活跃。这不是自由

---

① 参见汉德的《自由的精神》（Learned Hand, *The Spirit of Liberty*, e-d. I. Dilliard [New York, 1952]）第 190 页："自由的精神是对正确性不过分确信的精神。"也可参见奥利弗·克伦威尔在其《给苏格兰教会大会的信》（Oliver Cromwell, *Letter to the General Assembly of the Church of Scotland*, August 3, 1650）中经常被引用的话："为了我主基督仁慈的缘故，我恳求你们，去相信你们也可能会有错。"很有意义的是，这应该是英国历史上这位惟一的"独裁者"的最可能为人记颂的名言。

主义的本质，自由主义的英国祖先老辉格党人已经清楚地表明这一点。如果说对老辉格党人有什么可挑剔的话，那就是他们和一种特定的宗教信仰联系过紧了。这里把自由主义者和保守主义者区别开来的是，不管他自己的精神信仰多么奥妙，他决不会认为自己有权把它强加于人，并且对他来说，神的世界和世俗世界是不同的领域，不应该被混淆。

6. 以上所说已足以说明为什么不把自己当作一个保守主义者。然而许多人会觉得，由此形成的立场很难认为是他们经常称谓的"自由主义的"。因此我现在必须回答这个问题：今天这个名称是不是自由党的恰当的名称。我已经指出过，虽然我终生都把自己说成是一个自由主义者，但最近一段时间我这样做的时候，内心中带有越来越多的疑虑——不仅因为这个称谓在美国不时引起误解，而且因为我越来越清楚地意识到我的立场和理性主义的大陆自由主义，甚至英国功利主义者的自由主义之间的巨大差别。

1827 年，一位英国历史学家能够把 1688 年的革命说成是"用今天的话要叫做自由和宪政的那些原则的胜利"。① 如果自由主义的含义仍然与这位英国历史学家的意思一样的话；或者如果有谁仍然可以和阿克顿勋爵一起，把伯克、麦考利和格莱德斯通说成是三个最伟大的自由主义者的话；或者如果有谁仍然可以和哈罗德·拉斯基一起，把托克维尔和阿克顿勋爵认为是"19 世

---

① 见哈勒姆的《宪法史》（H. Hallam, *Constitutional History* ［1827］［"Everyman" ed.］）第 3 卷，第 90 页。通常认为，"自由的"一词来源于 19 世纪早期的西班牙自由党。我更倾向于相信它源于亚当·斯密的《国富论》*W. o. N.* 第 2 卷第 41 页和第 216 页那些话中的用语："自由进出口的自由体制"和"允许个人以自己的方式，按照平等、自由和正义的自由计划追求他自己的利益。"

纪最重要的自由主义者"① 的话，那么我的确只应该为用那个名字称谓自己而感到十分自豪。但是，我多想把他们的自由主义叫作真正的自由主义，我必须认识到大陆自由主义者中的大多数赞成的是这些人强烈反对的思想，引导欧洲大陆上的自由主义者的是一种去给世界强加一个预想的理性模式的想往，而不是提供一个自由成长机会的愿望。至少从劳合·乔治时代起，称自己为自由主义的那种东西在英国的情况也大致如此。

因而，有必要认识到，我所称的"自由主义"和今天在那个名义之下的任何政治运动几乎没有任何关系。那个名字今天所包含的历史联系是否有助于任何运动的成功也是值得怀疑的。在这些情况下，是否应该去努力把这个术语从人们感到的对它的滥用中拯救出来，这是一个分歧很大的问题。我自己越来越觉得，在未对它进行充分解释之前使用它，会引起太多的混乱，它作为一个标签已更多地成为一个负担，而不是力量的来源。

在美国，按我已经使用过的意义来使用"自由主义者"一词已经几乎成为不可能了，"自由意志论者"一词已取代了它。它可能是解决问题的办法，但是我认为它非常不具魅力。在我看

---

① 见阿克顿爵士的《致玛丽·格莱德斯通书信集》第 44 页。也参阅他在《法国革命演讲录》（Lord Acton, *Lectures on the French Revolution* [London, 1910]）第 357 页对托克维尔（Tocqueville）的评价："托克维尔是一个最纯种的自由主义者——一个自由主义者而决非其他，他对民主及其同类物、平等、集权和功利主义有着程度很深的怀疑。"在《十九世纪》（*Nineteenth Century*, XXXIII [1893]）第 885 页中也有类似的话。拉斯基的说明出现在《托克维尔和民主》，载《维多利亚时代一些代表性思想家的社会和政治思想》一书第 100 页（H. J. Laski, "Alexis de Tocqueville and Democracy", in *The Social and Political Ideas of Some Representative Thinkers of the Victorian Age*, ed. F. J. C. Hearnshaw [London, 1933]）。他在这里指出："有无可辩驳的理由可以证明，他（指托克维尔）和阿克顿勋爵是 19 世纪最重要的自由主义者。"

来，它带有太多的生造词语和替代品的味道。我想要的是一个表述有生命的、赞成自由成长和自发进化的政党的术语。但是我绞尽脑汁，未能找到一个令我满意的描述性词语。

7. 然而，我们应该记住，当我一直试图重新阐明的理想开始传遍西方世界的时候，代表它们的政党已经有了被一个广泛接受的名字。正是英国辉格党人的理想鼓舞了后来作为自由运动在整个欧洲闻名的那种运动，[1] 并且提供了一种观念，被美国殖民地开拓者带到美洲，这种观念指导他们为争取独立而斗争，指导他们制定了宪法。[2] 法国大革命以随之而来的极权民主制和社会主义学说曾给这个传统添加了一些内容，这些添加物改变了这一

---

[1]　早在 18 世纪之初，一位英国观察家就说过他"很少知道有哪个在英国定居的外国人在经过同我们相处一小段时间之后，而不变成一个辉格党人，无论他是来自荷兰、德国、法国、意大利还是土耳其。"引用自格特里奇的《英国辉格主义和美国革命》（G. H. Guttridge, *English Whiggism and the A-merican Revolution*，[Berkeley：University of California Press，1942]）第 3 页。

[2]　在美国，"辉格"这个词在 19 世纪被人们使用，不幸的是这使人忘记了这个事实，即在 18 世纪它代表了一种引导革命、赢得独立和形成宪法的原则。正是在辉格人圈子中，青年詹姆斯·麦迪逊（the young James Madison）和约翰·亚当斯（John Adams）发展出他们的政治理想。参见伯恩斯的《詹姆斯·麦迪逊》（E. M. Burns, *James Madison* [New Brunswick, N. J.：Rutgers University Press，1983]）第 4 页；正如杰斐逊告诉我们的，正是辉格原则指导了构成独立宣言的签名者和制宪会议成员的大多数的法学家们。见《杰斐逊作品集》（*Writings of Thomas Jefferson*，"Memorial ed."[Washington，1905]）第 16 章第 156 页。对辉格原则的信奉发展到了这种地步，甚至华盛顿的士兵们都着上了辉格党传统的"蓝黄"色服装，英国议会里的福克斯党人（the Foxites）也如此，并一直被保留至今，出现在《爱丁堡评论》（*Edinburgh Review*）封页上。如果社会主义者的一代人把辉格主义作为他们攻击得最多的目标，这便成为今天社会主义的对手们为这个名字辩护的最重要理由。它是今天正确地描述格拉德斯通自由主义者（Glad-stonian）的信仰、梅特兰、阿克顿和布里斯那代人的信仰、把自由看作是比平等和民主更重要的目标的最后一代人的信仰的惟一名字。

传统的性质，实际上在此之前"辉格"一直是自由政党众所周知的名称。

这个名字在其诞生的国家死亡了，部分是因为它所倡导的原则不再是某个具体政党的特点，部分是因为倡导这个名字的人不再忠实于那些原则。在 19 世纪的英、美两国，辉格党人最终在激进派中间使这个名字名誉扫地。但是，因为只是在自由运动吸收了法国革命的粗糙好战的理性主义之后，自由主义才取代辉格主义的位置；因为我们的任务主要是把这种传统从渗入其中的过分理性主义的、民族主义的和社会主义的影响中解放出来，所以从历史角度看，辉格主义是我信奉的观念的正确的名字。随着我对思想进化进程了解得越来越多，我也更加意识到我只是一个不悔悟的老辉格党人——我要强调一下"老"字。

当然，某人承认自己是辉格党徒并不意味着他要回到 17 世纪末我们所在的地方。这本书的一个目的是要揭示出，那时最初被阐明的学说直到 70 或 80 年前，都一直在成长和发展，即使它们不再作为某个具体的政党的主要指导思想。到目前为止，我们已经知道了很多能使我们以一种更令人满意、更行之有效的形式来重新阐明它们的途径。虽然它们要求根据现在的知识进行重述，但基本原则仍然是老辉格党的。的确产生这个名字的政党后来的历史已经使得一些历史学家怀疑，哪里有什么独特的辉格党的原则，但是我只能同意阿克顿勋爵所说的观点，他认为，虽然一些"这个学说的创始人是最不名誉的人，但作为辉格主义出发点的、法律高于市政条例的概念，是英国人的最高成就和他们的留给民族的遗产。"[1]——我可以补充说，是给予全世界的遗产。

---

[1]　见阿克顿爵士的《近代史讲演录》（Lord Acton, *Lectures on Modern History* [London，1906]）第 218 页（我已把阿克顿的句子略作变动，以简单明了地再现其所言的意思）。

这个学说构成了盎格鲁-萨克逊国家的共同传统之基础。大陆自由主义也从中吸取了珍贵的东西。美国政府体制也建立在这个学说基础上。纯粹的辉格主义在美国不是由杰斐逊的激进主义,也不是由汉密尔顿甚至约翰·亚当斯的保守主义,而是通过詹姆斯·麦迪逊这个"宪法之父"①的理想而被体现出来的。

我不知道去使那个老名字复活是否真的可行的办法。无论对盎格鲁-萨克逊世界还是对其他地方的民众来说,今天它可能都是一个没有确定联系的概念。这与其说是不利,不如说是优势。对那些熟悉思想史的人来说,它可能是惟一一个充分表达了传统意义的词语。对那些真正的保守主义者来说,辉格主义一词就是他们最讨厌之物的代名词,对于那些转向保守主义的社会主义者来说就更是如此。这显示出这些人有一种健全的本能。辉格主义曾经是一贯反对所有专断权力惟一思想体系的名称。

8. 有人很可能会问,这个名称是否真的如此重要。像美国这样一个国家,从总体上来说,这里仍然存在自由制度,因而维护现存制度经常就是维护自由,在一个这样的国度里,如果自由的战士把他们自己称为保守主义者可能影响不大,虽然甚至在这里同保守主义本性联系起来也是很麻烦的。甚至,当不同的人同意同样的安排时,也必须问一下,他们同意是因为它们是既成事实呢,还是因为它们本身就是他们所期望的。对集体主义浪潮的

---

① 参见帕多弗为其《完整的麦迪逊》(S. K. Padover, *The Complete Madison* [New York, 1953])写的序言:"如果用现代术语,麦迪逊可能会被贴上半个自由主义者的标签,而杰斐逊则会被当成是一个激进的自由主义者。"这是真实的和重要的,虽然我们应该记住麦迪逊后来的表现,它被科温称作是"对杰斐逊的强烈影响的投降。"见科温的"詹姆斯·麦迪逊:普通人、政论家和评论家",载《纽约大学法学评论》(E. S. Corwin, "James Madison: Layman, Publicist, and Exegete", in *New York University Law Review*)第 27 期 [1952 年]。

共同反抗不应掩盖这一事实，即对整体自由的信念是建立在本质上朝前看的观点之上的，而不是基于任何怀旧情绪或者对曾有的东西的浪漫的推崇。

正如欧洲许多地方的情形一样，保守主义者已经接受了集体主义相当大一部分信条——这些信条指导政策时间很长，以其为依据的许多制度已被看作是理所当然的，并被创造它们的"保守的"政党引以为自豪。① 在这种情形下，划清界限就绝对必要了。在这些地方，信奉自由的人只能和保守主义发生冲突，采取根本性的激进立场，矛头直指世俗偏见、受到保护的地位和业已确立的特权。荒唐和恶习一旦被确定为政策的指导原则，他们不可能得到好转。

有些时候，"无为而治"可能是政治家聪明的格言，但它不可能使政治哲学家满足。他可能希望政治要小心谨慎地发展，并且事先取得公众舆论的支持；但他不能仅仅因为当时舆论支持某些安排，就接受它们。在 19 世纪之初最大的需要就是把自发成长过程从人类愚蠢地设置的那些桎梏和障碍中解放出来。在这样的一个世界里，他的希望必定依赖于规劝和取得好些倾向于进步主义的人的支持，也就是那些虽然现在可能在错误的方向追求变革，但至少愿意批判性地审视现实，并愿意在必要的地方改变现实的人的支持。

当一群维护某种思想和道德原则的人在我脑海中出现的时候，我偶尔管他们叫"政党"。我希望我这样做没有误导读者。任何国家的党派政治都不是本书关心的内容。我把传统的碎片拼

---

① 参阅英国保守党的政策说明，见《英国的正确道路》（*The Right Road for Britain* [London，1950]）第 41—42 页。这项说明十分有根据地断言："（社会服务）这种新概念是（由）那个保守党大臣在其中占多数，并且取得了下院保守党多数的充分支持的联合政府提出来的……（我们）公布下列计划的原则：养老金、疾病和失业救济、工伤补助、全民健康计划。"

凑在一块企图予以重建的原则，怎样才能转化成有大众感召力的纲领？这个问题，政治哲学家必定会留给"那个阴险狡猾，被通俗地称为政治家或政客的动物，而政治家的决定都是受当下情况的起伏变化所左右的".① 政治哲学家的任务只能是去影响公众意见，而不是组织人们去行动。他只有不注重现实政治的可能性，而坚持不懈地去维护"总是相同的普遍原则",② 才能卓有成效地完成这一任务。在这个意义上，我怀疑是否曾有保守主义的政治哲学这个东西。保守主义可能经常会是一个有益、实用的准则，但它不可能给予我们任何会影响长时段发展的指导原则。

---

① 见亚当·斯密的《国富论》第 1 卷第 432 页。
② 同上。

致　谢

　　在这本书中我试图阐明的观点中的很多观点，前人已作过如此透彻的说明，以致我已无法再完善它们。但他们的论述散见于各处，或者包含这些论述的著作是现代读者不可能熟悉的，因此，使注释超出单纯参考书目的范围，在一定程度接近成为一部关于个人主义自由思想的选集，便似乎是可取的了。引用这些语录不仅意在说明，这些今天经常被看作是奇怪和陌生的思想曾经是我们文明的共同传统，并且，在我们根据这一传统进行建设的同时，使这些思想统一起来，形成一个可直接应用于我们这个时代的、连贯一致的思想体系，仍是一项需要我们完成的任务。正是为了给我试图建造一座新的大厦提供砖瓦，所以我让注释部分有这样的规模。然而，本书的注释并没有提供出一个关于自由思想的、完整的文献目录。人们可以在黑兹利特的《自由人文库》（H. Hazlitt，*The Free Man's Library* ［New York，1956］）一书中，找到一个有用的、相关著作的目录。

　　这些注释也远不是一种表示鸣谢的适当方式。本书中所表达的思想的形成过程必然先于我准备用这本书的形式阐述这些思想的计划。当我决定这样做以后，我料想我同其观点一致的作者们的书，我很少读，这通常是因为过去我已从他们那里学到了许多东西。在阅读过程中，我的目的更注重于发现我必定要遇到的反对意见、我必须予以反击的论点以及过去人们用以表达这些思想的形式。因此，那些对我这些思想的形成作出过极大贡献的人的名字，无论是我的老师，还是共同奋斗的同行们，都很少出现在注释部分。如果我把表达所有的感激之情和介绍所有的一致性当作我的任务，那么，这些注释中就会处处看到以下这些人的著作，他们是：路德维希·冯·米瑟斯、弗兰克·H. 奈特和埃德温·坎南；沃尔特·尤肯和亨利·C. 西蒙斯、威廉·勒普克和莱昂内尔·罗宾斯；卡尔·R. 波普尔、迈克尔·波拉尼以及贝特朗·儒弗内。的确，如果我曾打算在本书的献辞中表达我的感激而不是我的目的的话，那么最合适的是将此书献给蒙特·佩勒林学社（Mont Pelerin Society）的成员们，特别是他们的两位思想领袖，路德维希·冯·米瑟斯和弗兰克·H. 奈特。

　　然而，我还希望在这里表达一些更具体的感激。E. 班菲尔德、C.I. 巴纳德、W.H. 布克、约翰·达文波特、P.H. 古德里奇、W. 弗勒利希、大卫·格雷恩、F.A. 哈珀、D.G. 赫顿、A. 肯普、F.H. 奈特、威廉·L和雪莉·莱特文、弗里茨·马克卢普、L.W. 马丁、L. 冯·米瑟斯、A. 莫林、F. 莫利、S. 佩特罗、J.H. 赖斯、G. 斯托兹、拉尔夫·特维、C.Y. 王以及R. 韦尔都曾阅读过这本书早期手稿的不同部分，他们读后的评论曾给我不少帮助。他们中的许多人以及 A. 迪莱克特、V. 埃伦伯格、D. 福布斯、M. 弗里德曼、M. 金斯伯格、C.W. 吉尔博、B. 利奥尼、J.U. 内夫、玛格丽特·G. 里德、M. 赖茵施坦、H. 罗特菲尔斯、H. 舍克、艾琳·希尔斯、T.F.T. 普鲁克内特以及雅各布·瓦伊纳，都曾给我提供过重要的参考或事实，我很犹豫提到他们的名字，因为我几乎必不可免要遗漏某些曾以这种方式帮助过我的人。

　　在写作这本书的最后阶段，我从埃德温·麦克莱伦先生给予的帮助中受益匪浅。如果说这本书比我所能达到的程度更令人爱读的话，这主要是由于麦克莱伦先生，（我明白）还有麦克莱伦夫人，充满同情心地帮我润色了那些复杂难懂的句子。本书的进一步修改是由我的朋友亨利·黑兹利特承担的，他充满善意地阅读和评论了最后打字稿的一部分。我还感激洛伊斯·弗恩夫人和维恩利亚·克劳福德女士，前者校验了注释中的全部引文，后者则编制了主题索引。

　　虽然本书不是目前很普遍的那种集体合作的成果（我甚至还从没有学会如何利用助教的帮助），但这部书却在其他方面极大地得益于不同的基金会和机构提供的机会和便利。在这方面，我从福尔克尔基金会、古根海姆基金会、艾哈德基金会以及雷尔姆基金得到许多恩惠。我在开罗、苏黎世、墨西哥城、布宜诺斯艾利斯、里约热内卢以及美国各大学和学院所作的演讲，不仅为向听众试验性地说明本书中的某些思想提供了机会，而且也为获得对写作本书极为重要的经验提供了机会。某些章的较早文稿已发表过，我在注释中对最初发表的地点作了说明。各个不同的编辑者和出版者允许我重印这些章节，我对此感激不已。我也希望对芝加哥大学图书馆给予的帮助表示感谢，在写作这部书的工作中我几乎仅仅依赖于这个图书馆，它的馆际互借业务曾不断地为我提供我需要的文献。应该感谢的还有芝加哥大学的社会科学研究委员会以及社会科学部的打字人员，是这些机构为一遍遍打印本书的文稿提供了资金和劳务。

　　然而，我最应该感谢的还是芝加哥大学社会思想委员会和委员会主席本人约翰·U. 内夫教授。他使我有可能在几年时间内把完成本书作为主要任务，而我在这个委员会的其他职责与其说是妨碍还不如说是促进了这一任务的完成。